D1729491

Christian Metzenthin

Jesaja-Auslegung in Qumran

Abhandlungen zur Theologie des Alten und Neuen Testaments

herausgegeben von

Erhard Blum, Christine Gerber, Shimon Gesundheit,
Matthias Konradt, Konrad Schmid, Jens Schröter,
Samuel Vollenweider

Band 98

TVZ

Theologischer Verlag Zürich

Zürich 2010

Christian Metzenthin

Jesaja-Auslegung in Qumran

T V Z

Theologischer Verlag Zürich

Zürich 2010

Publiziert mit freundlicher Unterstützung des Schweizerischen Nationalfonds zur Förderung der wissenschaftlichen Forschung, der Emil Brunner-
Stiftung Zürich in Verbindung mit der Evangelisch-reformierten Landes-
kirche des Kantons Zürich, der Lang-Stiftung sowie der Evangelisch-
reformierten Kirchgemeinde Zollikon.

Bibliographische Informationen der Deutschen Nationalbibliothek

Die Deutsche Nationalbibliothek verzeichnet diese Publikation in der
Deutschen Nationalbibliographie; detaillierte bibliographische Daten sind
im Internet über http://dnb.d-nb.de abrufbar.

Umschlaggestaltung
Simone Ackermann, Zürich

Druck
AZ Druck und Datentechnik GmbH, Kempten

ISBN 978-3-290-17545-0
© 2010 Theologischer Verlag Zürich
www.tvz-verlag.ch

Vorwort

Die vorliegende Arbeit wurde von der Theologischen Fakultät der Universität Zürich im Frühjahrssemester 2009 auf Antrag von Prof. Dr. Konrad Schmid und Prof. Dr. Thomas Krüger als Dissertation angenommen. Für die Drucklegung wurde sie leicht überarbeitet. Das Dissertationsprojekt wurde vom Schweizerischen Nationalfonds zur Förderung der wissenschaftlichen Forschung unterstützt.

Zum Gelingen dieser Arbeit haben Viele beigetragen. Danken möchte ich an erster Stelle meinem Doktorvater Konrad Schmid für die Anregung und die engagierte Betreuung der Arbeit. Ihm, Erhard Blum und Shimon Gesundheit habe ich auch für die Aufnahme der Arbeit in die Reihe «Abhandlungen zur Theologie des Alten und Neuen Testaments» zu danken. Thomas Krüger und Christoph Uehlinger danke ich für ihre kritischen Rückmeldungen im Rahmen des Promotionverfahrens. Freundliche Unterstützung habe ich von den Mitarbeitenden der Theologischen Fakultät der Universität Zürich erfahren, an welcher ich die Arbeit verfassen durfte. Ihnen allen gebührt dafür ein herzlicher Dank. Wertvolle Austauschmöglichkeiten ergaben sich in den biblischen und alttestamentlichen Forschungsseminaren, aber auch im Austausch mit den weiteren Assistierenden und Doktorierenden in den Fachbereichen Altes Testament und Religionswissenschaft. Namentlich möchte ich mich an dieser Stelle bei Veronika Bachmann, Felipe Blanco Wißmann, Jürg Hutzli, Annette Schellenberg, René Schurte und Christine Stark für verschiedene fachliche Anregungen bedanken. Ein besonderer Dank gilt Regula Metzenthin sowie Samuel Arnet vom Theologischen Verlag Zürich für die sorgfältige Lektoratsarbeit.

Winterthur, im Dezember 2009

Christian Metzenthin

Inhaltsverzeichnis

I Einleitung

1. Gegenstand der Untersuchung

1.1 Aufgabenstellung und Ziel der Untersuchung

Die in den Jahren 1947 bis 1956 in den Höhlen bei Chirbet Qumran gefundenen Schriftrollen stossen seit ihrer Entdeckung sowohl in der wissenschaftlichen Fachwelt als auch in einer breiteren Öffentlichkeit auf nachhaltiges Interesse. Ohne Übertreibung können die Schriftrollen aus Qumran für die Bibelwissenschaft und die Judaistik als einer der bedeutendsten Textfunde des letzten Jahrhunderts betrachtet werden. In verschiedenen Grabungen in und um Qumran wurden zwischen 1947 und 1956 in insgesamt elf Höhlen (die heute als 1–11Q bezeichnet werden) Überreste von über 800 Handschriften entdeckt. Einige dieser Rollen waren in Tonkrügen gelagert und blieben daher gut erhalten, von anderen existieren nur noch einzelne Fragmente, die von den Forschenden in mühevoller Kleinarbeit wieder zusammengesetzt werden mussten. Erst in den letzten Jahren ist diese Editionsarbeit der Qumrantexte zu einem Abschluss gekommen.

Mit den Schriften von Qumran verfügt die Wissenschaft zum ersten Mal über hebräische und aramäische Originaltexte aus dem palästinischen Judentum aus vorchristlicher Zeit. Neben den Überresten von nahezu 200 biblischen, apokryphen und deuterokanonischen Texten wurden zum grössten Teil bis dahin unbekannte Schriften entdeckt.[1] Während Erstere wertvolle Zeugen der biblischen bzw. apokryphen und deuterokanonischen Textüberlieferung darstellen, geben Letztere faszinierende Einblicke in das palästinische Judentum in hellenistisch-römischer Zeit. Lange Zeit galt das Interesse der judaistischen und neutestamentlichen Forschung vor allem diesen bis dahin unbekannten Texten, während die alttestamentliche Wissenschaft sich hauptsächlich auf die in Qumran gefundenen *biblischen* Texte konzentrierte im Hinblick auf deren Beitrag für die Textkritik der Hebräischen Bibel.

---

[1] Zu den Textfunden vgl. VanderKam, *Einführung*, 49–91. Mit ebd., 50, werden mit «biblisch» diejenigen Texte bezeichnet, die später Teil der Hebräischen Bibel wurden. Eine Situationskarte von Qumran und seiner Umgebung findet sich auf Seite 8.

Die Entdeckung biblischer Texte aus vorchristlicher Zeit in Qumran war
eine Sensation; waren diese doch rund tausend Jahre älter als die bislang
bekannten mittelalterlichen hebräischen Manuskripte, der Codex von Alep-
po (920 n. Chr.) und der Codex Leningradensis (1008 n. Chr.).[2] Doch auch
der Wert der nicht-biblischen Texte für die Wissenschaft ist kaum zu un-
terschätzen. Waren die Forschenden zur Rekonstruktion des Judentums in
hellenistisch-römischer Zeit vornehmlich auf die späteren rabbinischen
Überlieferungen sowie auf die Darstellung antiker Historiker angewiesen,
sind mit den Schriftrollen von Qumran nun eine grosse Zahl von Original-
dokumenten aus dieser Zeit verfügbar. Die Textfunde von Qumran haben
die Kenntnisse über diese Zeit nicht nur stark erweitert, sie haben auch das
bisherige Bild vom Judentum in dieser Zeit nachhaltig verändert.[3]

Grosse Aufmerksamkeit zog die in Höhle 1 gefundene, gut erhaltene erste
Jesaja-Rolle (1QJes^a) auf sich. Aufgrund ihres guten Erhaltungszustandes
bildet sie das Paradestück der von Qumran bezeugten Textüberlieferung
der Hebräischen Bibel.[4] Eine neue Fragerichtung bezüglich der Jesaja-Rolle
eröffnete 1998 die Arbeit des verstorbenen Zürcher Alttestamentlers Odil
Hannes Steck, die sich aufgrund der textgraphischen Aufteilung und Darstellung des Textes von 1QJes^a auch der Problematik widmete, wie das
Jesajabuch damals verstanden wurde.[5] Das Jesajabuch gehört zu den theologisch einflussreichsten Büchern des Frühjudentums.[6] Dass es auch in
Qumran hochgeschätzt wurde, zeigt sich darin, dass bei textlichen Aufnahmen und Anspielungen in den nichtbiblischen Qumranschriften von
allen biblischen Schriften am meisten auf das Jesajabuch Bezug genommen
wird.[7]
    Das Jesajabuch ist in den Qumrantexten aber auch Gegenstand inten-
siver Auslegung geworden. Diesen Auslegungsvorgängen des hochgeschätzten Propheten wendet sich die vorliegende Arbeit zu. In den
Qumrantexten finden sich zu Jesaja einerseits eigentliche Kommentartexte,
die Jesaja-Pescharim, andererseits sind in weiteren Schriften Jesaja-Zitate
zu finden, die ausgelegt werden. Die Jesaja-Auslegung in Texten wie der
Gemeinderegel und der Damaskusschrift lässt erahnen, wie wichtig das
richtige Verständnis des Prophetenbuches für die Verfasser dieser Texte
war. Insbesondere bei den Jesaja-Pescharim steht die Intention, die *prophetischen Vorraussagen* in diesem Buch richtig zu deuten, im Zentrum. Die
Pescharim sind eine vor den Textfunden von Qumran unbekannte Form

---

[2]   Siehe dazu Tov, *Handschriften*. Dabei ist auf die Textvielfalt der biblischen Qumran-
      texte hinzuweisen; vgl. ebd., 8–29.
[3]   Vgl. Stegemann, *Schriftrollen von Qumran*, 13.
[4]   Mit Tov, *Handschriften*, 1f, ist zu betonen, dass die grosse Jesaja-Rolle (1QJes^a) mit
      ihrem guten Erhaltungszustand, ihrer eindrücklichen Länge, aber auch mit ihrer
      Schreibweise gerade kein typisches Beispiel für die Qumranfunde darstellt.
[5]   Steck, *Jesajarolle von Qumran*.
[6]   Vgl. Steck, *Jesajarolle von Qumran*, 13.
[7]   Vgl. Maier, *Qumran-Essener III*, 10f.

antiker Kommentartexte, in denen den jeweiligen biblischen Ausgangs-
zitaten eine spezifische, auf die Gegenwart ihrer Verfasser hin gedeutete
Auslegung gegenübergestellt wird. Ihren Namen haben die Pescharim
daher, weil die Deutung oft mit dem hebräischen Wortstamm פשר eingeleitet wird. Pescharim wurden in Qumran zu den Propheten Jesaja,
Hosea, Micha, Nahum, Habakuk und Zefania, aber auch zu einzelnen
Psalmen gefunden.

Die in den Pescharim und in den weiteren Qumranschriften mit biblischen
Zitaten vorfindlichen Schriftauslegungen weisen auffällige Gemeinsamkeiten mit der Art und Weise der Schriftauslegung sowohl im Neuen Testament als auch in der rabbinischen Literatur auf. Insbesondere im Gebrauch
und in der Deutung der alttestamentlichen Schriften zeigen sich Ähnlichkeiten, die nicht zufälliger Natur sein können. Die Parallelen zwischen der
Schriftauslegung in Qumran und in der rabbinischen Literatur sind der
Forschung bereits länger bekannt.[8] Auch die Gemeinsamkeiten zwischen
der in Qumran gefundenen Sonderliteratur[9] und dem NT im Umgang mit
den von beiden Seiten als autoritative Schriften betrachteten Texten wurden schon lange gesehen;[10] andererseits sind da auch spezifische Unterschiede festzustellen.[11] So betreffen die quantitativ vorherrschenden
Schriftinterpretationen in Qumran nicht wie im NT die prophetischen
Schriften, sondern die Tora. Weit gewichtiger sind bekanntlich die theologischen Differenzen.[12] In Qumran wird eine derart strenge Gesetzlichkeit
vertreten, der gegenüber sogar die in neutestamentlichen Schriften vielfach
pauschal als gesetzlich kritisierten Pharisäer als zu nachgiebig gelten.[13] Da
eine direkte Abhängigkeit neutestamentlicher Autoren von Qumran –
besonders der theologischen Differenzen wegen – als unwahrscheinlich
gelten kann, liegt die Annahme nahe, dass es sich bei diesen Gemeinsamkeiten in der Schriftauslegung um ein gemeinsames jüdisches Erbe
handelt.[14]

---

[8] Insbesondere durch Brooke, *Exegesis at Qumran*.
[9] Gemeint sind die in Qumran gefundenen Texte ohne biblische, apokryphe und deuterokanonische Schriften; da diese Texte das Spezifikum von Qumran ausmachen,
werden sie im Folgenden mit dem Begriff «Qumranschriften» bezeichnet.
[10] Als wegweisende Arbeit dafür ist Fitzmyer, *Use of Quotations*, zu nennen.
[11] Vgl. Brooke, *Biblical Interpretation*.
[12] Vgl. Betz/Riesner, *Verschwörung*, 206–210. Eine ausführliche und differenziertere
Darstellung der Ähnlichkeiten und Unterschiede zwischen Qumran und NT ist bei
VanderKam, *Einführung*, 182–209, zu finden.
[13] Vgl. Charlesworth, *Pesharim and Qumran History*, 97f.
[14] Zur Einschätzung der Gemeinsamkeiten in der Schriftauslegung als gemeinsames jüdisches Erbe vgl. Brooke, *Biblical Interpretation*, 70. In diesem gemeinsamen Erbe der
verschiedenen jüdischen Gruppierungen in den Jahrhunderten um die Zeitenwende
selbst lassen sich sicher auch hellenistische Einflüsse nachweisen; dies ist aber nicht
Gegenstand der vorliegenden Untersuchung.

Die Gemeinsamkeiten betreffen einerseits den Umgang mit der Schrift,[15] wie dies verschiedene Arbeiten bereits gezeigt haben,[16] andererseits aber auch allgemein ihre Einschätzung und Hochachtung, so etwa eine relative Übereinstimmung darüber, welche Schriften als autoritativ gelten. Im NT werden mehrfach «Gesetz» und «Propheten» bzw. in Lk 24,44 «Gesetz», «Propheten» und «Psalmen» genannt; ähnlich besassen in Qumran, wie dies etwa 1QS I,2f und VIII,15f zeigen, sicher «Tora» und «Propheten» autoritativen Rang.[17] Als weitere Gemeinsamkeit ist die Tatsache zu nennen, dass sowohl in Qumran als auch im NT die Psalmen als Prophetie von David galten, was 11QPs[a] XXVII,11 und Mk 12,35–37 parr illustrieren: In Qumran zeigt die Notiz in der Psalmrolle 11QPs[a] XXVII,11 «Und all diese sprach er [sc. David] durch Prophetie, die ihm von dem Höchsten gegeben worden war» deutlich, dass die Psalmen als prophetische Texte wahrgenommen wurden. Ein zusätzlicher Hinweis auf diese Tatsache besteht darin, dass ausschliesslich zu den Prophetenbüchern *und den Psalmen* Pescharim gefunden wurden. Diesen Beobachtungen gegenüber steht neutestamentlicherseits der Befund, dass in Mk 12,35–37 parr Ps 110,1 *als von David durch den Heiligen Geist gesprochene Prophetie* zitiert wird.[18] Der «Kanon» der Prophetenschriften war in Qumran – aber offenbar auch für die Synoptiker – weiter gefasst als im späteren Judentum. Wie sich aus den Zitaten (beispielsweise in 4QFlor Frg. 1,II.3.24,3) zeigt,[19] gilt in den Qumrantexten neben den Psalmen auch das Danielbuch als prophetische Schrift. Demgegenüber steht die Beobachtung, dass das Danielbuch, insbesondere die Verheissung vom kommenden Menschensohn, auch für die neutestamentlichen Schriften eine wichtige Rolle spielt.[20] Eine weitere Übereinstimmung findet sich in der Überzeugung, die prophetischen Schriften seien vornehmlich für die eigene Zeit geschrieben.

---

[15] Mit dem Begriff «Schrift» werden die jeweils als autoritativ betrachteten Schriften bezeichnet. Die in den Qumrantexten und im NT als autoritativ betrachteten Schriften sind zwar nicht deckungsgleich, aber überschneiden sich zum grossen Teil mit den später in die Hebräische Bibel aufgenommenen Büchern. Siehe dazu auch im Folgenden das Kapitel *2.1 Schriftrezeption und Intertextualität*, Seiten 16–18.

[16] Neben Fitzmyer, *Use of Quotations*, sind Kister, *Common Heritage*, und Brooke, *Biblical Interpretation* sowie Brooke, *Shared Intertextual Interpretations*, zu nennen. Eine exemplarische Darstellung der Parallelen der Schriftauslegung von Qumran und NT anhand eines Vergleiches der Damaskusschrift mit dem 1. Korinther- und dem Galaterbrief ist bei Metzenthin, *Abraham*, zu finden.

[17] Die autoritative Geltung der Tora kann für alle Gruppierungen des antiken Judentums als konstitutiv gelten, während in der Frage, ob weiteren Texten autoritative Geltung zugesprochen wird, Differenzen bestanden. Für Sadduzäer und Samaritaner galt die Tora als exklusive Grösse. Offenbar war sie auch für Philo massgebliche Gottesurkunde; vgl. dazu Stegemann, *Mitte der Schrift*, 158f.

[18] Vgl. Brooke, *Biblical Interpretation*, 61f.

[19] Vgl. die Behandlung der Stelle auf Seiten 295f dieser Arbeit.

[20] Vgl. Koch, *Bedeutung der Apokalyptik*, 213f.

Wenn die verschiedenen Auslegungstechniken in Qumran, ebenso wie die Ein- bzw. Hochschätzung der Schrift, ein gemeinsames jüdisches Erbe darstellen, das die Trägerkreise der Qumrantexte mit anderen zeitgenössischen jüdischen Strömungen teilten, dann stellt sich jedoch die Frage, woher diese Tradition jüdischer Schriftauslegung selbst stammt. Zu vermuten ist, dass die von Qumran, Neuem Testament und rabbinischer Literatur gemeinsam als autoritativ betrachteten Schriften sowie weitere, von allen dreien hochgeschätzte frühjüdische Schriften (die sogenannten Apokryphen und Pseudepigraphen) dabei eine wichtige Rolle spielen. Diese Fragestellung soll innerhalb der vorliegenden Arbeit mitbedacht werden. Als Vergleichsgegenstand der Schriftauslegung in Qumran werden aus diesem Grund nicht die oben genannten, historisch späteren neutestamentlichen und rabbinischen Texte herbeigezogen, sondern nur bei Abfassung der Qumrantexte bereits vorliegende frühjüdische Texte: die in Qumran gefundenen alttestamentlichen sowie apokryphen und pseudepigraphischen Schriften.

Die vorliegende Arbeit will die in den Qumranschriften vorfindliche Auslegung des Jesajabuches untersuchen und diese in einen grösseren historisch-hermeneutischen Kontext stellen. Engere Textbasis der Untersuchung sind die Jesaja-Pescharim sowie die weiteren Qumrantexte, in denen sich Jesaja-Zitate finden. Zur Klärung der Vorgeschichte der Schriftauslegung in Qumran werden Überlegungen zur innerbiblischen Schriftauslegung im Alten Testament und zur Prophetenrezeption in den Apokryphen und Pseudepigraphen einbezogen. Dabei sollen nicht nur die Art und Weise der Schriftauslegung, sondern auch die ihr jeweils zugrundeliegenden hermeneutischen Grundentscheidungen bedacht werden. Mit der Frage nach der Vorgeschichte wird untersucht, inwiefern sich für die vorfindliche Schriftauslegung in Qumran (und damit aber auch für die oben skizzierte jüdische Schriftauslegungstradition) Anhaltspunkte im Alten Testament selbst, aber auch im Schriftgebrauch und Schriftverständnis in den Apokryphen und Pseudepigraphen finden.

Zur Erhellung der alttestamentlichen Vorgeschichte der Prophetenauslegung in Qumran spielt zudem die neuere Forschung zur innerbiblischen Auslegung bei der Redaktion alttestamentlicher Prophetenbücher im Hinblick auf deren Hermeneutik (namentlich im Bereich Jesaja) eine wichtige Rolle. Die vorliegende Arbeit kann diesbezüglich an einen alttestamentlichen Forschungsstrang anschliessen, dem sich die Wissenschaft gerade in jüngerer Zeit intensiv zugewandt hat und dem in neuerer Zeit verschiedene Arbeiten zur innerbiblischen Exegese und zur Redaktionsgeschichte gefolgt sind.[21]

---

[21] Wegweisend für diesen Perspektivenwechsel waren gerade auch Forschungsarbeiten an der Universität Zürich, insbesondere Steck, *Prophetenbücher*, Kratz, *Kyros*, Bosshard-Nepustil, *Rezeptionen von Jesaja 1–39*, Schmid, *Buchgestalten*.

Neben der für die Prophetenauslegung in den Qumranschriften bedeut-
samen Aufnahmen prophetischer Aussagen und Motive in verschiedenen
Apokryphen und Pseudepigraphen ist auch die Behandlung der Prophetie
selbst bzw. ihrer Träger, der Propheten, in diesen Schriften zu beachten.
Bei den in Qumran gefunden apokryphen und pseudepigraphischen Schriften ist anzunehmen, dass sie in Palästina breiter rezipiert wurden und aus
diesem Grund den Trägerkreisen der Qumrantexte bekannt waren. Insofern war auch die Art und Weise der Rezeption der biblischen Schriften in
diesen Texten den Verfassern und der damaligen Leserschaft der Qumrantexte aller Wahrscheinlichkeit nach vertraut. Für die Untersuchung heran-
zuziehen sind daher im Besonderen Jesus Sirach, Tobit, der Brief Jeremias,
die Henoch-Literatur sowie das Jubiläenbuch – alles Texte, die (in frag-
mentarischem Erhaltungszustand) in Qumran bezeugt sind.[22] Die zeitlich
der Qumranliteratur am nächsten stehenden Schriften sind bezüglich ihrer
Aufnahme und Verarbeitung von Jesaja-Überlieferungen sowie generell
prophetischer Aussagen und Überlieferungen von besonderem Interesse.
Auch wenn einzelne Forschungsarbeiten hierzu bereits vorliegen, ist die
Untersuchung, welches Bild der Prophetie bzw. der Propheten sich in
diesen Texten zeigt, noch weitgehend zu leisten.[23] Ziel dieser Untersuchung der apokryphen und pseudepigraphischen Schriften aus Qumran
ist es, aufzuzeigen, inwieweit die Schriftauslegung in Qumran durch diejenige in den zwischentestamentlichen Schriften, aber auch dem diesen
Schriften zugrundeliegenden Schriftverständnis sowie dem dort vorfindlichen Prophetenbild beeinflusst ist.

Für den *Aufbau dieser Arbeit* ergeben sich daraus folgende Konsequenzen:
Um die Jesaja-Auslegung der Qumranliteratur historisch-hermeneutisch zu
profilieren, muss hinter diese zurück nach der Jesaja-Auslegung *vor* Qumran gefragt werden. Der vorliegenden *Einleitung*, die den ersten Teil dieser
Arbeit bildet, folgt daher ein zweiter Teil, in welchem die *Grundlagen* für die
Untersuchung der Jesaja-Zitate und ihrer Auslegung in den Qumrantexten
bereitgestellt werden. Dazu gehören die Überlegungen zur innerbiblischen
Schriftauslegung und die Untersuchung der Schriftauslegung in den apokryphen und deuterokanonischen Schriften. Ihnen vorgeschaltet werden
eine Begriffsklärung sowie Überlegungen zu den sozial- und religionsgeschichtlichen Hintergründen von Verfasserschaft und Erstadressaten der
Qumrantexte. Dies dient dazu, die für die Interpretation der zu untersuchenden Qumrantexte relevanten Hintergründe bereitzustellen. In den
folgenden *Einzel-Untersuchungen* im dritten Teil der Arbeit werden alle
Qumrantexte untersucht, in denen sich Jesaja-Zitate mit zugehörigen

---

[22] Einen Überblick, welche Apokryphen und Pseudepigraphen in Qumran gefunden
      wurden, sowie Überlegungen, welchen Stellenwert diese Schriften in Qumran hatten,
      bietet Flint, «*Apocrypha*».
[23] Bei Steck, *Abschluss der Prophetie*, und Steck, *Prophetenbücher*, wird diese Fragestellung
      bloss summarisch behandelt.

Auslegungen finden. Zunächst sind die Regelwerke aus Qumran, die Damaskusschrift, die Gemeinschaftsregel und die Kriegsregel, zu untersuchen, dann die Jesaja-Pescharim selbst sowie bei den thematischen Pescharim der Midrasch zur Eschatologie und der Melchisedek-Midrasch. Bei den übrigen Qumranschriften finden sich entweder keine Jesaja-Zitate oder aber nur Jesaja-Texte ohne überprüfbare zugehörige Auslegungen. Die zu untersuchenden Jesaja-Auslegungen in den genannten Texten sollen dabei (soweit vorhanden) mit ihren jeweiligen Pendants im Alten Testament und in den deuterokanonischen Schriften verglichen werden. Da sich bei einigen der zu untersuchenden Auslegungen eine auffällige Nähe zu den biblischen Traumdeutungen in der Josephsgeschichte und im Danielbuch zeigt, werden die Einzeluntersuchungen mit einem Kapitel zum Vergleich der Pescher-Exegese mit der Traumdeutung abgeschlossen. Schliesslich soll im vierten Teil der Arbeit, den *Schlussfolgerungen*, versucht werden, die Jesaja-Auslegung in Qumran – als Ausschnitt der Auslegungsgeschichte der alttestamentlichen Prophetenliteratur vom Abschluss der Prophetenbücher bis zum Neuen Testament – historisch-hermeneutisch einzuordnen.

Eine besondere Herausforderung für die Untersuchung stellt die Tatsache dar, dass die zu untersuchenden Texte zum Teil nur sehr lückenhaft erhalten sind. In den jeweiligen Übersetzungen wird daher versucht, die originale Satzstellung soweit wie möglich beizubehalten, um damit die Textlücken auch im Deutschen textgraphisch dem Original möglichst getreu nachzubilden. Die mit der fragmentarischen Überlieferung der Texte verbundenen Schwierigkeiten und Probleme werden so auch in der deutschen Übersetzung bzw. ihrer Darstellung nachvollziehbar.

Die Entstehung der Qumranschriften überschneidet sich historisch teilweise noch mit den letzten, literarisch produktiven Formierungsvorgängen im Alten Testament; einige Qumranschriften sind beispielsweise deutlich älter als das biblische Buch Daniel. Die jüngsten Prophetenauslegungen in den biblischen Prophetenbüchern sind also kaum älter als diejenigen in Qumran und daher für die in den Qumrantexten vorfindliche Prophetenauslegung historisch bedeutsam. Umgekehrt können die Texte aus Qumran ein Licht darauf werfen, wie man sich die Entstehung bzw. Fortschreibung alttestamentlicher Texte vorzustellen hat.

Diese Fragestellungen, so nahe sie im Grunde liegen, sind bislang in der alttestamentlichen Forschung noch wenig behandelt worden. Ein Grund dafür mag darin liegen, dass die Qumranforschung im deutschsprachigen Bereich vorrangig von neutestamentlichen Forscherinnen und Forschern wahrgenommen worden ist, während die alttestamentliche Wissenschaft erst seit kurzer Zeit zu entdecken beginnt, dass die nun komfortabel zugänglichen Befunde aus Qumran von eminenter Bedeutung für ihr Fach sind. Ein wichtiges Ziel der vorliegenden Arbeit besteht daher auch darin, *die Bedeutung der Qumrantexte* für die alttestamentliche Wissenschaft, aber auch für die Bibelwissenschaft allgemein, exemplarisch herauszuarbeiten.

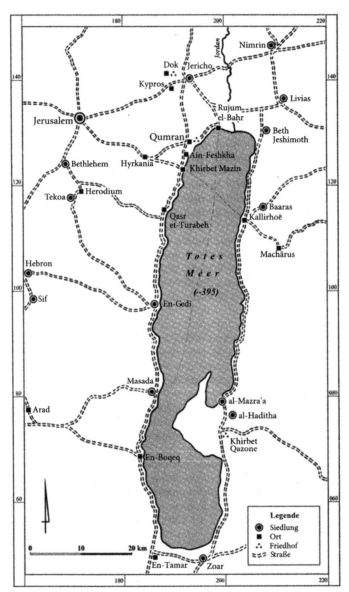

Abb. 1: Wegnetz im Gebiet des Toten Meeres in herodianischer Zeit, aus: Hirschfeld, Y., *Qumran die ganze Wahrheit. Die Funde der Archäologie – neu bewertet,* Gütersloh 2006, 29

Die vollständige Publikation der 1947 bis 1956 bei Chirbet Qumran gefundenen Schriftrollen liess bekanntlich lange auf sich warten. Zwar wurden die gut erhaltenen Texte aus der ersten Höhle von Qumran schon in den 50er-Jahren des letzten Jahrhunderts editiert und der interessierten Öffentlichkeit zugänglich gemacht, doch dauerte vor allem die Publikation der fragmentarischen Texte länger als ursprünglich geplant. Die Gründe für diese Verzögerung sind vielfältig. Einerseits bestand das internationale Herausgeberteam, dem die Edition der fragmentarischen Texte anvertraut worden war, zur Hauptsache aus Hochschullehrern, die nur in ihren Ferien in der Lage waren, sich um die Herausgabe der ihnen anvertrauten Texte zu kümmern, andererseits waren auch verschiedene andere unglückliche Umstände für die Verzögerung verantwortlich.[24] Nach einer jahrzehntelangen Veröffentlichungspause wurden in den letzten fünfzehn Jahren alle noch verbliebenen Fragmente in der Reihe *Discoveries in the Judaean Desert* (DJD) editiert, so dass nun alle dem Herausgeberteam anvertrauten Texte in wissenschaftlichen Editionen zugänglich sind. Die Kontroversen um die Veröffentlichung der Qumrantexte und ihre Verzögerung sind damit Geschichte.[25]

Eine Einführung in die Publikationen mit Verzeichnissen und Registern bietet der letzte Band der Reihe DJD.[26] In DJD wurden die allermeisten der 1947–1956 gefundenen Fragmente und Fundgegenstände publiziert; eine wichtige Ausnahme bilden die grossen Texte aus Höhle 1, die in Separatausgaben veröffentlicht wurden.[27] Trotz Publikation aller Textfunde und zahlreicher Veröffentlichungen zum Thema liegt die Forschung zu Qumran noch in den Anfängen. Mit Abschluss der Editionsarbeit können bei der Interpretation der Qumrantexte endlich Aussagen auf materiell gesicherter Basis gemacht werden, die nicht mehr unter dem Vorbehalt stehen, dass noch zu edierende Texte neue Erkenntnisse bringen könnten.

 Neben DJD ist die Ausgabe des *Princeton Theological Seminary Dead Sea Scrolls Projekt* (fortan als PTSDSSP bezeichnet) zu nennen, die eine kritische Ausgabe aller Qumrantexte mit englischer Übersetzung bietet, ausgenom-

---

[24]   Vgl. Maier, *Stand der Qumranforschung*, 24.

[25]   Zur Publikation der Qumrantexte vgl. Tov, *Veröffentlichung*. Zu den Kontroversen siehe auch Betz/Riesner, *Verschwörung*; kritisch dazu vgl. Metzenthin, *Wirbel*.

[26]   Tov/Abegg, *Indices and an Introduction*. Die in dieser Arbeit zu untersuchenden Texte finden sich in folgenden DJD-Ausgaben: Baillet/Milik/de Vaux, *Les ‹petites Grottes›* (DJD 3) und Allegro, *Qumrân Cave 4* (DJD 5).

[27]   Burrows/Trever/Brownlee, *DSSSMM 1*, Burrows/Trever/Brownlee, *DSSSMM 2*, sowie Sukenik, *DSSHU*.

men der biblischen Texte.[28] Wie auch bei DJD ist die Qualität der Princetoner Ausgabe recht unterschiedlich; verschiedene Textausgaben aus
PTSDSSP sind jedoch ihren Pendants in DJD überlegen.[29] Eine grosse Hilfe für die Untersuchung der Qumrantexte bietet die Ende 2006 erschienene Computerkonkordanz *The Dead Sea Scrolls Electronic Library* (DSSEL),[30]
insbesondere die darin mitgegebenen hochauflösenden Fotos der jeweiligen Fragmente (gegenüber den Fotos der DJD-Ausgaben in einer erheblich besseren Qualität). Auch die in DSSEL enthaltenen elektronischen
Suchmöglichkeiten erwiesen sich als grossen Gewinn für die Untersuchungen dieser Arbeit. Als Hilfsmittel für die wissenschaftliche Untersuchung
stehen zudem Konkordanzen sowie Indices der biblischen Passagen in den
Qumrantexten zur Verfügung.[31]

Eine wichtige Hilfe zum Verständnis und zur leichteren Zugänglichkeit
einiger ausgewählter Texte sind die Ausgaben von Eduard Lohse und
Annette Steudel, welche einen vokalisierten hebräisch/aramäischen Text
mit Einleitung und deutscher Übersetzung bieten.[32]

---

[28] Die in dieser Arbeit zu untersuchenden Texte finden sich in folgenden PTSDSSP-
     Ausgaben: Charlesworth, *Pesharim* (PTSDSSP 6B), Charlesworth, *Damascus Document*
     (PTSDSSP 2), und Charlesworth, *Damascus Document II* (PTSDSSP 3).
[29] Vgl. Davies/Brooke/Callaway, *Qumran*, 28.
[30] Tov, *DSSEL*.
[31] Abegg/Bowley, *Dead Sea Scrolls Concordance*, Washburn, *Catalog*.
[32] Lohse, *Texte aus Qumran*, Steudel, *Texte aus Qumran II*.

1.3.1 Die Pescharim aus Qumran

Zu den bereits in den 50er-Jahren publizierten, gut erhaltenen Texten aus Höhle 1 gehört auch ein Kommentar zum Propheten Habakuk. Dem Habakuk-Pescher widmeten sich bereits in der Frühphase der Qumran-forschung mehrere Arbeiten. Diesem Umstand ist es zu verdanken, dass Schriftauslegung in Qumran in erster Linie mit den Pescharim und insbesondere mit dem Pescher Habakuk in Zusammenhang gebracht wird. Die Pescharim bilden zwar eine bislang unbekannte und besonders origi-nelle Form der Schriftauslegung und sind auch als die ältesten Textzeugen der Gattung biblischer Kommentare anzusprechen; sie sind aber nicht die einzigen auslegenden Texte in Qumran. Breit bezeugt sind daneben auch interpretierende Nacherzählungen biblischer Inhalte. Schriftauslegung findet sich zudem auch in Regel-Texten wie der Gemeinderegel oder der Damaskusschrift sowie in poetischen Texten.

Seit Beginn der Qumranforschung werden die Pescharim in fortlaufende und thematische Pescharim unterteilt. Auch wenn diese Kategorisierung der Pescharim kritisiert worden ist,[33] so sind diese Bezeichnungen auch heute noch gebräuchlich.[34] Mit fortlaufend (*continuous pesharim*) werden Werke bezeichnet, welche einen bestimmten Text grundsätzlich Vers für Vers kommentieren. Zu den fortlaufenden Pescharim werden die Pescher zu den Propheten Jesaja, Hosea, Nahum, Micha, Habakuk, Zefania sowie zu den Psalmen gezählt. Die Bezeichnung thematisch (*thematic pesharim*) wird für Werke gebraucht, die, ausgehend von einem bestimmten Thema, verschiedene Schriftstellen kommentieren. Von den zu untersuchenden Texten gehören der aus Florilegium (4Q174) und 4QCatena[a] (4Q177) bestehende Midrasch zur Eschatologie (4QMidrEschat[a.b]) sowie der Melchisedek-Midrasch (11Q13) dazu.

Alle Pescharim sind nach derselben Grundstruktur aufgebaut: Zuerst wird aus der Schrift zitiert, danach folgt vielfach eine Einleitungsformel für die Schriftdeutung (Deutungsformel) und schliesslich die Auslegung bzw. Deutung des Schriftzitates. Bei einigen fortlaufenden Pescharim und bei allen thematischen Pescharim finden sich gelegentlich zusätzlich noch Einleitungsformeln vor dem Zitat (Zitationsformel). Damit kann die Herkunft des Zitates angegeben werden, indem explizit auf dessen Autor oder das entsprechende Buch verwiesen wird, oder das Zitat kann lediglich

---

[33] Vgl. Bernstein, *Introductory Formulas*.
[34] Vgl. Berrin, *Art. «Pesharim»*.

als aus der Schrift stammend ausgewiesen werden. Im Gebrauch dieser Einleitungsformeln zeigt sich in den Pescharim kein einheitliches Muster.[35] Ein stark strukturierter Pescher ist der bereits ausführlich untersuchte Habakuk-Pescher (1QpHab), bei welchem Zitat und Kommentar durch entsprechende Einleitungsformeln sehr deutlich unterschieden sind.[36] In der Frühphase der Qumranforschung galt dieser Pescher diesbezüglich als Modell für die anderen Pescharim. Dies hängt, wie Moshe Bernstein gezeigt hat, jedoch vor allem damit zusammen, dass er als eine der ersten Qumranschriften publiziert wurde. Tatsächlich aber ist die Verwendung der Einleitungsformeln in 1QpHab kein modellhaftes Exempel für ihren Gebrauch in den Pescharim.[37] Andere Pescharim (etwa die zu untersuchenden Jesaja-Pescharim) zeigen einen viel freieren Umgang mit den Einleitungsformeln. Neben den mit dem hebräischen Wortstamm פשר (Deutung) gebildeten Deutungsformeln (etwa in den Ausdrücken פשרו, פשרו על und פשר הדבר), welchen die Pescharim wie erwähnt ihre Namensgebung verdanken, zeigen sich auch Fälle, in denen die jeweiligen Schriftdeutungen nur durch ein einzelnes Pronomen eingeleitet werden oder gar keine Einleitung aufweisen.

1.3.2 Forschungsarbeiten zu den Pescharim und zur Schriftauslegung in Qumran

Gegenstand ausführlicher Untersuchungen ist wie bereits erwähnt insbesondere der Habakuk-Pescher geworden. Dies hängt nicht nur damit zusammen, dass er als einer der ersten Texte publiziert wurde; 1QpHab ist zudem der besterhaltene Pescher aus Qumran. Auch wenn mittlerweile neuere Arbeiten zu diesem Pescher vorliegen,[38] ist die Monographie von Karl Elliger, die wenige Jahre nach der Publikation dieser Schriftrolle erschien, immer noch lesenswert.[39] Als Standardwerk zu den Pescharim ist die ausführliche Untersuchung von Maurya Horgan zu nennen.[40] Sie bietet Edition und Kommentierung aller in Qumran gefundenen Pescharim sowie eine kürzere literarische Untersuchung zur Struktur, zu den verwendeten Formeln, zu den verschiedenen Arten der Interpretation und zum Inhalt der Pescharim. Bei Horgan werden zwar die verschiedenen Auslegungen in den Pescharim miteinander verglichen, aber nicht mit denjenigen in der übrigen Qumranliteratur. Insbesondere versucht Horgan

---

[35] Mit Brooke, *Isaiah in the Pescharim*, 627, sind Versuche, einheitliche Muster in den Pescharim zu definieren, wegen der sich in den Pescharim zu findenden Vielfalt von Einleitungsformeln als inadäquat zu beurteilen.

[36] Elliger, *Studien*. Im Weiteren sind aber auch Brownlee, *Midrash Pesher*, und Feltes, *Gattung des Habakukkommentars*, zu nennen.

[37] Vgl. Bernstein, *Introductory Formulas*, 30–32.

[38] Nitzan, *Pesher Habakkuk*.

[39] Elliger, *Studien*. Als weitere wichtige Arbeit ist Brownlee, *Midrash Pesher*, zu nennen.

[40] Horgan, *Pesharim*.

nicht, die vorfindlichen Jesaja-Auslegungen bzw. die in ihnen sich zeigenden Hermeneutiken in einen grösseren historischen Kontext zu stellen. Dies ist, wie Charlesworth pointiert festgestellt hat, generell immer noch ein Manko in der Pescharim-Forschung.[41] Als neuere Arbeiten zu weiteren Pescharim sind die Monographien von Gregory Doudna und Shani Berrin zum Hosea-Pescher zu nennen, deren Schwergewicht auf der Textrekonstruktion und der historischen Verortung liegt.[42]

Der Inhalt der Jesaja-Pescharim wurde in der Qumranforschung dagegen bisher noch kaum untersucht. Ein wichtiger Beitrag der vorliegenden Arbeit ist daher in der dezidiert inhaltlichen Analyse der Jesaja-Pescharim zu sehen. Dass die Jesaja-Pescharim noch wenig behandelt wurden, mag mit ihrem fragmentarischen Erhaltungszustand zusammenhängen. Mit Ausnahme von 3Q4 stammen alle Jesaja-Pescharim aus Höhle 4, in welcher die Texte nicht in Tonkrügen gelagert waren, weshalb sie nur schlecht erhalten sind. Insbesondere gilt dies für 4QpJes^c (4Q165). Dieser Pescher ist derart fragmentarisch erhalten, dass der Inhalt seiner Auslegungen als verloren betrachtet werden muss.[43]

Bereits Elliger machte in seiner Untersuchung auf Parallelen zwischen der Schriftdeutung in Qumran und dem bloss wenig älteren biblischen Buch Daniel aufmerksam. Insbesondere Dan 9 steht nach Elliger mit seiner Prophetenhermeneutik sachlich den Pescharim aus Qumran sehr nahe. Im Rahmen der Untersuchung der innerbiblischen Prophetenauslegung als Vorgeschichte der Schriftauslegung in Qumran wird es wichtig sein, dieser und vergleichbaren Parallelen nachzugehen.

Verschiedentlich wurden die Pescharim mit später entstandenen Schriften verglichen (dies gilt vor allem für den schon früh publizierten Habakuk-Pescher). Vergleichbare Auslegungen finden sich etwa in frühjüdischen Schriften (den Targumen oder den rabbinischen Midraschim). Für diesen Forschungsbereich ist besonders die Dissertation von George Brooke zu nennen, die auch eine generelle Einführung zu den Pescharim bietet.[44] Andererseits gibt es verschiedene Untersuchungen zum Vergleich mit der Schriftauslegung im Neuen Testament. Als ältere wichtige Arbeit gilt der Aufsatz von Joseph Fitzmyer;[45] als neuere Arbeiten sind etwa diejenige von Menahem Kister und weitere Arbeiten von Brooke zu nennen.[46]

---

[41] Charlesworth, *Pesharim and Qumran History*, 17.

[42] Doudna, *Pesher Nahum*, Berrin, *Pesher Nahum*.

[43] Siehe dazu im Folgenden das Kapitel *7.4 4QpJes^c (4Q165)*, Seiten 224–229.

[44] Brooke, *Exegesis at Qumran*.

[45] Fitzmyer, *Use of Quotations*.

[46] Kister, *Common Heritage*, Brooke, *Biblical Interpretation* und Brooke, *Shared Intertextual Interpretations*.

Neueren Datums sind Arbeiten zum Vergleich der Rezeption und Aus-
legung eines bestimmten Prophetenbuches sowohl in Qumran als auch im
Neuen Testament. Die Monographie von Barbara Fuß vergleicht die
Rezeption und Auslegung von Hosea in Qumran mit derjenigen im NT.[47]
Speziell mit der Auslegung von Jesaja in den nichtbiblischen Schriften aus
Qumran (ohne die Pescharim) befasst sich die Dissertation von Shiu-Lun
Shum.[48] In dieser Arbeit wird die Jesaja-Auslegung im Römerbrief mit
derjenigen in den Sibyllinischen Orakeln sowie mit denjenigen in der Ge-
meinderegel und der Damaskusschrift verglichen; die Jesaja-Auslegung in
der Kriegsregel, diejenige in den thematischen Pescharim und die Jesaja-
Pescharim selbst werden dagegen nicht untersucht. Dennoch wird der
Abschnitt *The Use of Isaiah in Qumran Literature* dieser Monographie für die
nachfolgende Untersuchung wichtig sein.

Für die vorliegende Arbeit sind besonders Untersuchungen zu den
ältesten Teilen des Neuen Testamentes, welche Qumran zeitlich noch am
nächsten stehen, von Interesse. Diesbezüglich sind die Monographie von
Dietrich-Alex Koch,[49] welche die ältesten Schriften des Neuen Testamentes, die Briefe des Apostels Paulus, mit Blick auf ihre Schriftrezeption
untersucht, sowie die Arbeiten von Florian Wilk zu nennen,[50] die sich
speziell mit der Verwendung von Jesaja bei Paulus befassen.

---

[47] Fuß, *Zeit.*
[48] Shum, *Use of Isaiah.*
[49] Koch, *Schrift als Zeuge.*
[50] Wilk, *Bedeutung*, sowie der bereits genannte Aufsatz: Wilk, *Paulus als Nutzer*. Daneben
sind auch Moyise/Menken, *Isaiah in NT*, und Wagner, *Heralds of the Good News*, zu
erwähnen.

II Grundlagen

2. Begriffsklärung

Für die Fragestellung der vorliegenden Arbeit ist die Auslegung des Jesaja-buches sowie der weiteren Prophetenbücher in den nicht-biblischen Qum-ranschriften von Interesse. Dabei wird auch der den jeweiligen Auslegun-gen zugrundeliegenden Hermeneutik (die Art und Weise, wie die rezipier-ten Texte ausgelegt werden) Beachtung geschenkt. Die in den Qumran-texten beobachtbare Rezeption biblischer Textstellen ist insofern Gegen-stand der Untersuchung, als die Bezugnahme auf einen anderen Text in der Form eines Zitates in den zu untersuchenden Texten den Ausgangspunkt seiner jeweiligen Auslegung darstellt. In diesem Kapitel soll der Gebrauch der Begriffe «Schriftrezeption», «Intertextualität» und «Hermeneutik» im Rahmen dieser Arbeit geklärt werden. Die Behandlung der Begriffe ist in den Arbeiten, die sich damit beschäftigen, uneinheitlich, insbesondere der fehlende Konsens bei der Beschreibung verschiedener Schriftrezeptions-formen ist für die vorliegende Arbeit von Belang.[1] Die Notwendigkeit einer eigenen Begriffsklärung zeigte sich aber nicht nur beim Studium der Sekundärliteratur, sondern ergab sich auch bei der Auseinandersetzung mit den Texten selbst. Daher wird im Folgenden nicht nur der Gebrauch der Begriffe «Intertextualität», «Schriftrezeption» und «Hermeneutik» im Rah-men dieser Arbeit definiert, sondern auch versucht, ein für die Unter-suchung der einzelnen Texte einheitliches Instrumentarium zur Verfügung zu stellen.

---

[1] Zur uneinheitlichen Terminologie und dem fehlenden Konsens bezüglich des Ver-ständnisses und der Funktion von Zitaten in den Prophetenbüchern vgl. Schultz, *Search for Quotation*, 18–114.

Der Begriff «Intertextualität» stammt aus der Literaturwissenschaft und fand (zusammen mit ihren weiteren Methoden) seit den 70er- und 80er-Jahren des letzten Jahrhunderts in der in der Bibelwissenschaft immer breitere Anwendung. Der Begriff «Intertextualität» stellt in der Literaturwissenschaft jedoch kein eindeutig beschriebenes Konzept dar[2] und wird sowohl in der alt- als auch in der neutestamentlichen Exegese verschieden verstanden.[3] In einem engeren Sinn verstanden bezieht sich Intertextualität auf literarische Bezüge sowie literarische Entlehnungen innerhalb der Literatur. In einem breiteren Sinn verstanden bezieht sich Intertextualität nicht nur auf Texte, sondern auch auf die Interrelation von Text und Kultur. Als Archegetin des Begriffes «Intertextualität» gilt Julia Kristeva, die diesen Begriff zunächst sprachphilosophisch verwendete und mehr in dem oben skizzierten breiteren Sinn verstand.[4] Intertextualität (im engeren Sinne) als literaturwissenschaftliche Kategorie ist dagegen mit Gérard Genette verbunden. Nach ihm bezeichnet der Begriff die effektive Präsenz eines Textes in einem anderen, etwa in Form eines *Zitates* oder einer *Anspielung*. Da der Fokus der vorliegenden Arbeit auf den zwecks Auslegung *intendierten* Schriftaufnahmen liegt, ist die effektive Präsenz von Aussagen aus den prophetischen Schriften in den Qumrantexten zu untersuchen. Für «Intertextualität» wird daher im Folgenden die Definition von Genette zu Grunde gelegt.[5]

Aus der Art und Weise wie prophetische Schriften des Alten Testamentes in den Qumrantexten zitiert werden, ist ersichtlich, dass diesen Schriften autoritativer Rang zukam. Dies zeigt sich beispielsweise daran, dass Schriftzitate mit Einleitungen wie «Und wenn es heisst» u. Ä. eingeführt werden, oder daran, dass Schriftzitate dazu vielfach dazu dienen, eine vorgängige Aussage zu belegen.[6] Ein Kanon heiliger Schriften so wie im späteren Juden- und Christentum ist in den Qumrantexten so noch nicht greifbar. Eine kanonische Büchersammlung gerät frühestens durch die Erwähnung von 22 für die jüdischen Gemeinden massgeblichen Büchern

---

[2] Dies stellt Wilk, *Paulus als Nutzer*, 93, anhand der Untersuchung der Verwendung des Jesajabuches bei Paulus klar.

[3] Vgl. O'Day, *Art. «Intertextuality»*.

[4] Siehe Schmitz, *Literaturtheorie*, 91f.

[5] Siehe Schmitz, *Literaturtheorie*, 94f. Zu diesen beiden Formen wird unten noch der *Verweis* als Zwischenform erörtert werden.

[6] Vgl. dazu VanderKam, *Einführung*, 173f. Weiterführende Überlegungen zu den Einleitungsformeln finden sich unten unter *2.2.4 Einleitungsformeln für Zitate in den Qumranschriften* (Seiten 26–28).

durch Josephus ins Blickfeld.[7] Der Sache nach ist aber eine gewisse Abgrenzung autoritativer Schriften bereits in den Qumrantexten feststellbar.[8]

In der vorliegenden Arbeit soll unter Schriftrezeption die intendierte Aufnahme von Aussagen aus den als autoritativ betrachteten Schriften des alten Israels sowie frühjüdischen Schriften verstanden werden. Konsequenterweise müsste man eigentlich von Schrift*en*rezeption sprechen. Mit dem Begriff «Schriften» wird aber üblicherweise der dritte Teil der Hebräischen Bibel bezeichnet. Zudem wird bei den in Qumran vorfindlichen Einleitungsformeln für Zitate oft nicht unterschieden, aus welcher Schrift das jeweilige Zitat stammt, was darauf hindeutet, dass die in den Qumrantexten zitierten Schriften durchaus als Einheit wahrgenommen wurden. Nachfolgend wird daher für die in Qumran als autoritativ betrachteten Schriften der Oberbegriff «Schrift» verwendet.

In Qumran findet sich keine explizite Nennung der als autoritativ geltenden Schriften in der Form einer abschliessenden Liste.[9] Welche Schriften in Qumran gewissermassen als «Schrift» galten, muss daher indirekt erschlossen werden. Mittels der Kriterien *Verschriftung, Bezeugung durch Zitation, Anzahl Kopien, Interner Anspruch, Kommentierung* sowie *Nennung als autoritativ* kann die Wertschätzung einer bestimmten Schrift ermessen werden.[10] Diese Kriterien sind zwar grösstenteils als notwenige, nicht aber als hinreichende Bedingungen für *autoritative* Geltung zu betrachten. So kann etwa die Anzahl der Schriften beispielsweise durch gewisse archäologische Zufälligkeit mitbedingt sein. Ob eine Schrift nicht bloss wertgeschätzt, sondern auch als autoritativ betrachtet wird, lässt sich neben ihrer expliziten Erwähnung als autoritative Schrift nur dann erhärten, wenn diese Schrift als autoritativ zitiert wird.[11] Wie bereits erwähnt, werden mehrfach «Tora» und «Propheten» als autoritative Schriften bzw. Schriftkorpora genannt, wobei keine genaue Angabe gemacht wird, welche Schriften konkret zu diesen «Propheten» gehören. Gegenüber dem späteren jüdischen Kanonteil der «Propheten» ist jedenfalls auffällig, dass in Qumran offenbar auch das Danielbuch und die Psalmen als prophetische Schriften

---

7 Ap I,37–43. Nach Stegemann, *Mitte der Schrift*, 157f, war der spätere, dreiteilige, aus Tora, Propheten und Schriften bestehende Kanon des rabbinischen Judentums den Trägerkreisen der Qumrantexte noch unbekannt. Der Begriff «Kanon» selbst wird erstmals durch Athanasius auf die Bibel angewandt; vgl. dazu Dohmen, *Art. «Kanon»*.

8 Vgl. Fabry, *Handschriften vom Toten Meer*, 14f. Skeptischer äussert sich diesbezüglich Brooke, *New Perspectives*.

9 Vgl. Tov/Hendel/Bernstein, *Art. «Scriptures»*, 839.

10 Vgl. Fabry, *Handschriften vom Toten Meer*, 14–18.

11 Vgl. Tov/Hendel/Bernstein, *Art. «Scriptures»*, 839f.

galten.[12] Aus 4QMMT[d] IV,10 lässt sich ersehen, dass sicherlich die «Tora», die «Propheten» sowie die «Psalmen» als autoritativ angesehen wurden:[13]

> IV,10 Wir haben dir geschrieben, damit du Einblick gewinnst ins Buch Moses [und] in die Büch[er der Pro]pheten und in Davi[d.

Ein ähnliches Bild zeigt sich, wenn danach gefragt wird, aus welchen Schriften in Qumran zitiert wird. Zitate aus der Tora und aus Jesaja sind häufig, Zitate aus Ezechiel, Jeremia und aus dem Zwölfprophetenbuch gelegentlich zu finden. Von den im christlichen Kanon als «Geschichtsbücher», im jüdischen Kanon dagegen als «Vordere Propheten» bezeichneten Schriften wird nur aus den Samuelbüchern zitiert. Vom jüdischen Kanonteil der «Schriften» wird in Qumran nur aus Psalmen und Sprüche zitiert; hingegen findet sich in 4Q228 ein Zitat aus dem üblicherweise als nicht-kanonisch gezählten Jubiläenbuch.[14]

Da die Psalmen und auch Daniel in Qumran als prophetische Schriften galten, obwohl beide im späteren jüdischen Kanon zu den «Schriften» gehören, und da vornehmlich «Tora» und «Propheten» als autoritative Schriftkorpora genannt werden, ist davon auszugehen, dass der «Schriftenkanon» in Qumran im Wesentlichen noch als *zweigeteilt*, aus «Tora» und «Propheten» bestehend, wahrgenommen wurde.[15]

---

[12]   Siehe oben, Kapitel *1.1 Aufgabenstellung und Ziel der Untersuchung*.

[13]   Anders als bei Fabry, *Handschriften vom Toten Meer*, 14f. sollte diese Erwähnung noch nicht als «Kanonliste» bezeichnet werden, da die autoritativen Bücher nicht abschliessend aufgezählt, sondern nur grob umrissen werden.

[14]   Vgl. Tov/Hendel/Bernstein, *Art. «Scriptures»*, 839–840. Anders VanderKam, *Einführung*, 173–176, wo Jer nicht aufgeführt wird. Jer gehörte jedoch sicherlich mit dazu. Die Worte in 4QpJes[c] Frg. 1,4 leiteten wahrscheinlich einmal ein Jeremia-Zitat ein. Das Zitat selbst ist nicht mehr erhalten. Weiter nimmt CD VIII,21 auf ein Wort Jeremias Bezug; auch hier ist das Wort selbst nicht erhalten. In 4QCatena[a] Frg. 12–13,I,3 sind Reste aus Jer 18,18a zu erkennen.

[15]   Mit Schmid, *Literaturgeschichte*, 214f. Vgl. auch Stegemann, *Mitte der Schrift*, 161f.

2.2.1 Schriftrezeptionsformen

Unter «Schriftrezeptionsformen» werden in dieser Arbeit die in den Qumrantexten vorfindlichen Typen von Aufnahmen aus anderen Schriften verstanden. Diese Aufnahmen fremder Texte in den eigenen Text darf man sich nicht so vorstellen, als ob die Verfasser der zu untersuchenden Qumrantexte mehrere Schriftrollen vor sich hatten, aus denen sie etwa Zitate abschrieben oder unter gezielten Wortaufnahmen auf diese Texte anspielten, vielmehr haben sie aller Wahrscheinlichkeit nach Schriftstellen aus dem Kopf zitiert oder zwecks Anspielung Textpassagen so aufgenommen, wie sie sie im Gedächtnis hatten. David Carr hat neulich darauf aufmerksam gemacht, dass Schriftrezeption in den antiken Schriftkulturen im Wesentlichen über Memorierungsvorgänge vermittelt war.[16] Den Verfassern der Qumrantexte sind nicht nur eine ausgezeichnete Kenntnis der Texte, die später als Hebräische Bibel kanonisiert wurden, sowie weiterer frühjüdischer Texte zuzugestehen; es ist auch davon auszugehen, dass sie etliche Textpassagen auswendig rezitieren konnten.

In den nicht-biblischen Qumranschriften sind verschiedene Rezeptionsformen biblischer Schriften zu finden, die im Folgenden als «Schriftrezeption» bezeichnet werden. Als auffälligste Art der Rezeption ist das *explizite Zitat* zu nennen, bei welchem die Rezeption vom übrigen Text durch sprachliche Markierung deutlich getrennt ist. Die am wenigsten deutlich erkennbare Rezeptionsform dagegen ist diejenige der *Anspielung*, die nur geringe wörtliche Übereinstimmung mit der jeweiligen biblischen Schriftstelle aufweist, bei der aber aus dem Zusammenhang und aufgrund prägnanter Worte oder Formulierungen klar wird, dass sie sich auf diese Stelle beziehen muss.

Aus der Beobachtung der Vielfältigkeit der Rezeption biblischer Schriften in den Qumrantexten geht hervor, dass unter dem *einen* Begriff Schriftrezeption verschiedene Phänomene beschrieben werden müssen. Umgekehrt ist aber auch eine klare Abgrenzung notwendig; nicht jede Wort- oder Sachparallele mit biblischen Texten ist auch eine Schriftrezeption.[17] Die Identifizierung nicht ausdrücklich als solcher bezeichneter

---

[16] Carr, *Writing*. Die Trägerkreise der Qumrantexte werden ebd., 215–239, als Gemeinschaft profiliert, die sich insbesondere der *Unterweisung* der autoritativen Schriften Israels widmete.

[17] Bereits 1962 kritisierte Sandmel, *Parallelomania*, die Tendenz der unkontrollierten Erhebung von biblischen Parallelen in den Qumrantexten.

Schriftrezeptionen ist zudem methodisch problematisch.[18] Lyle Eslinger
machte bereits vor einiger Zeit darauf aufmerksam, dass beispielsweise
auch bei gleichem Wortlaut nicht einfach von einem Zitat gesprochen
werden könne. Ist etwa von Schriftauslegung die Rede, wird vorausgesetzt,
dass das Abhängigkeitsverhältnis bekannt ist und dass ein gemeinsames
Zitieren eines dritten Textes oder eine gemeinsame Aufnahme einer Tradition ausgeschlossen werden kann.[19] Dabei ist besonders die Abgrenzung
gegenüber dem gemeinsamen Gebrauch von bestimmten traditionellen
sprachlichen Ausdrucksweisen sowie theologischen Traditionen zu beachten.

Vielfach kann beobachtet werden, wie in den Qumranschriften
sprachliche Ausdrucksweisen, geprägte Formen und Ausdrücke, Motive
oder feste Vorstellungen aufgenommen werden, die in der jeweiligen
Kultur (ggf. auch in Nachbarkulturen) verbreitet waren und daher oft auch
in mehreren verschiedenen biblischen und nicht-biblischen Textstellen zu
finden sind. Im Unterschied zur Schriftrezeption liegen dabei jeweils keine
Abhängigkeiten und keine Bezüge zu bestimmten biblischen Schriften vor.
Eine «biblische» Sprache und Ausdrucksweise kann auch mit der oben
dargestellten hohen Kenntnis biblischer Texte zusammenhängen.[20]
Ähnlichkeiten zwischen Qumrantexten und alttestamentlichen Texten
müssen demnach nicht immer auf Abhängigkeit der meist jüngeren
Qumrantexte von älteren biblischen Texten hindeuten, sondern lassen sich
zu einem guten Teil auch dadurch erklären, dass ihre jeweiligen Verfasser
in einer ähnlichen geistigen Welt beheimatet waren.

Von solchen traditionellen Aufnahmen muss die Schriftrezeption klar
abgegrenzt werden. Ob Rezeption und damit ein Bezug zur Schrift bzw. zu
bestimmten Schriftstellen vorliegt und um welche Art von Rezeption es
sich dabei handelt, muss von Fall zu Fall entschieden werden. Eine wertvolle Hilfe zur Kategorisierung der verschiedenen Rezeptionsformen ist
die oben dargestellte literaturwissenschaftliche Theorie der Intertextualität,
die zwischen *Zitat*, *Verweis* und *Anspielung* unterscheidet.[21]

Als *Zitate* werden bewusste und für die Leserschaft erkennbare Übernahmen fremder Formulierungen durch die jeweiligen Verfasser/-innen in
ihre eigene Schrift bezeichnet.[22] In bibelwissenschaftlichen Arbeiten wird
zumeist zwischen implizitem und explizitem Zitat unterschieden.[23] Die
Beobachtungen, wie Zitate in Qumran sprachlich markiert werden,

---

[18] Mit Schwagmeier, *Untersuchungen*, 76.
[19] Vgl. Eslinger, *Inner-Biblical Exegesis*, 49.
[20] Vgl. Carr, *Writing*, 228–234.
[21] Vgl. Piegay-Gros, *Introduction à l'intertextualité*, 52.
[22] Zur Abgrenzung des Zitates, aber auch zu seiner Verwendung in (jüdisch-)hellenis-
      tischen Texten vgl. Koch, *Schrift als Zeuge*, 11–17.
[23] Bezüglich nicht-biblischer Texte aus Qumran, Apokryphen und Pseudepigraphen
      vgl. etwa die Unterscheidung bei Kratz, *Judentum*, 135.

machen es aber notwendig, beim expliziten Zitat nochmals zu unterscheiden. Denn einerseits finden sich in den Qumranschriften Zitate, bei
denen *explizit* angegeben wird, aus welchem Buch sie stammen, andererseits finden sich auch solche, *die bloss als aus der Schrift (d. h. aus den autoritativen Texten) stammend ausgewiesen werden* (ohne genaue Buchangabe). Im Rahmen dieser Arbeit werden somit die folgenden Rezeptionsformen unterschieden, die im Folgenden anhand von Beispielen dargestellt werden.

a) Das ausgewiesene Zitat

Als Beispiel für ein *ausgewiesenes Zitat* dient CD I,13f. Die Damaskusschrift beginnt mit
einem Überblick über die Geschichte Israels bis zu den Anfängen der Gruppierung, die
hinter der CD steht. Dieser Überblick wird in CD I,13f kommentiert mit den Worten:

> Dies ist die Zeit, von der geschrieben steht: *Wie eine störrische Jungkuh, so war Israel
> störrisch.* (Hos 4,16)

Wie das Beispiel zeigt, ist das ausgewiesene Zitat sehr einfach zu erkennen, weil hier das
Zitat *als solches kenntlich gemacht ist*. Ausgewiesen wird das Zitat in diesem Beispiel mit
dem Wort כתוב («Es steht geschrieben»). Damit wird ausdrücklich auf die Schrift verwiesen, die genaue Quelle des Zitates (das Buch des Propheten Hosea) aber nicht angegeben. Die Worte, mit denen Zitate in den Qumranschriften angezeigt werden, sind
verschieden, doch bei allen Rezeptionen, die diesem Typus zugeordnet werden, ist der
Ausweis als Zitat sprachlich ähnlich deutlich gemacht wie im oben zitierten Beispiel.

b) Das explizite Zitat

Noch deutlicher ist das *explizite Zitat* zu erkennen, wie nachstehendes Beispiel aus
CD III,21–IV,2 zeigt:

> Wie Gott es für sie bestimmt hat durch Ezechiel, den Propheten, folgendermassen:
> *Die Priester und Leviten und die Söhne Zadoks, die die Wache über mein Heiligtum gehalten
> haben, als die Söhne Israels abirrten von mir, sie sollen mir darbringen Fett und Blut.* (Ez 44,15)

Wie beim ausgewiesenen Zitat wird hier durch die Formulierung klar gemacht, dass es
sich bei den nachfolgenden Worten um ein Wort aus der Schrift handelt, in diesem Fall
durch die Worte «Wie Gott es ihnen bestimmt hat.» Zusätzlich wird aber vor dem Zitat
noch *die zitierte Schrift explizit angegeben*. In diesem Beispiel wird mit den Worten «durch
den Propheten Ezechiel» auf das gleichnamige Prophetenbuch verwiesen.

c) Das implizite Zitat

Ein implizites Zitat ist ein Zitat, das weder eingeleitet noch anderswie als solches
kenntlich gemacht wird; Haupttext und Zitat stehen ohne Absatz oder Überleitung
nebeneinander. Für das implizite Zitat muss *eine grössere wörtliche Übereinstimmung* mit der
zitierten Quelle gegeben sein, damit es von den Lesenden als solches wahrgenommen
werden kann. In CD XX,17–21 finden sich nacheinander drei implizite Zitate aus
Mal 3,16.18. Das angeführte Beispiel (XX,20f) ist das letzte dieser Zitate:

> Bis dass offenbar wird Heil und Gerechtigkeit für die, die [Gott] fürchten. [*Und
> dann] werdet ihr wieder den Unterschied [sehen] zwischen einem Gerechten und einem Gottlosen,
> zwischen einem, der [Go]tt dient, und einem, der ihm nicht dient.* (Mal 3,18)

Die Übereinstimmung mit Mal 3,18 ist bis auf kleine Abweichungen nahezu wörtlich, die entweder für die Lesenden fast unmerklich sind oder aber die Wiedererkennbarkeit des Satzes nicht stören.[24]

d) Der Verweis

Beim Verweis wird der genannte Text zwar nicht vollständig zitiert, aber der Bezug zu diesem wird deutlich gemacht. Vom Haupttext ist der Verweis erkennbar abgesetzt, so dass klar wird, dass nun auf etwas anderes als auf die vorliegende Schrift verwiesen wird. Im Unterschied zum Zitat gibt es beim Verweis aber keine oder nur eine geringe wörtliche Übereinstimmung mit dem Bezugstext. In CD II,17f ist ein Verweis gleich mit einer Auslegung verbunden:

> Da sie wandelten in der Verstocktheit ihres Herzens, sind die *Wächter des Himmels gefallen*, dadurch wurden sie gefangen, weil sie nicht die Gebote Gottes eingehalten hatten.

Die Aussage verweist erkennbar auf die Geschichte vom *Fall der Engel*, die sowohl aus Gen 6 wie aus dem Wächterbuch bekannt ist. Da die «Engel» nur in Letzterem als «Wächter des Himmels» bezeichnet werden, ist dies ein klarer Verweis auf das Wächterbuch, wenn auch bei diesem Beispiel nicht auf eine bestimmte Stelle, sondern auf die Geschichte als Ganzes angespielt wird. Die Aussagen, dass die Wächter des Himmels *wegen der Verstocktheit ihres Herzens* gefallen sind und *wegen Nicht-Einhaltens der Gebote* gefangen wurden, findet sich so im Wächterbuch nicht explizit formuliert. Die beiden Aussagen bilden eine nachträgliche Begründung für den Fall der Wächter und sind somit eine Auslegung zu dieser Geschichte.

e) Die Anspielung auf eine bestimmte Schriftstelle

Im Gegensatz zum impliziten Zitat sind bei der *Anspielung* oft nur einzelne Worte parallel, die aber für sich oder aus dem Zusammenhang heraus bewirken, dass diejenigen, die sie lesen, sich an den angespielten Text erinnern. Hier ist zu beachten, dass einzelne parallele Worte zwar genügen *können,* um von einer Anspielung zu sprechen, dass aber umgekehrt einzelne parallele Worte noch kein Nachweis für eine Anspielung sind. Mehr noch als für das implizite Zitat gilt für die Anspielung daher, dass aus dem Vorgang selbst oder aus dem Zusammenhang klar werden muss, auf welche Schriftstelle(n) sich die Aussage bezieht.[25] Bei der Anspielung muss zudem der Bezug auf die rezipierte Schriftstelle so klar sein, etwa durch eine typische wiedererkennbare *Wortfolge* oder *Wortkombination,* aber auch durch *thematische Verbindungen*, dass ein alternativer Bezug ausgeschlossen werden kann. Die Worte einer biblischen Anspielung müssen also so gewählt sein, dass sie den Lesenden deutlich signalisieren, auf *welche biblische Stelle* Bezug genommen wird. Die Anspielung verlangt demnach den Lesenden mehr ab als die oben genannten Rezeptionsformen; ihre Identifikation ist daher auch schwieriger. Aus diesem Grund soll bei der Anspielung nicht nur ein positives, sondern auch ein negatives Beispiel gegeben werden.

---

[24] Zu Beginn von XX,21 steht die Präposition ל, in Mal 3,18 (MT) hingegen ist das entsprechende Wort mit ו an den vorangehenden Satzteil angehängt, und statt wie bei Mal אלהים gebraucht CD XX,21 die Kurzform אל. Der Gebrauch von אל anstelle von אלהים ist auch sonst in Qumrantexten belegt. Möglicherweise sind die Differenzen aber auch rein textkritisch zu erklären.

[25] Vgl. Chazon, *Emanuel*, 85f.

In CD III,15f findet sich eine Anspielung auf Ez 20,10–13:

«... seine gerechten Zeugnisse und die Wege seiner Wahrheit und die Wünsche seines Willens, *was der Mensch tun soll, damit er durch sie lebe,* hat er ihnen aufgetan.»

Die Worte finden sich beinahe wörtlich in Ez 20,11: «Dort gab ich ihnen meine Satzungen und tat ihnen meine Gebote kund, *die der Mensch tun soll, damit er durch sie lebe*». In CD III fehlt gegenüber Ez 20 das Pronomen אותם (hier relativisch übersetzt mit «die»), weiter bezeugt CD anstelle von וחי die Form וחיה; ansonsten stimmt der Wortlaut mit Ez 20,11b überein. Somit teilen sich die beiden Stellen praktisch dieselbe markante Wortfolge, die für Ez typisch ist. Zusätzlich verweisen das weitere, in den CD III,15f vorangehenden Zeilen gebrauchte Vokabular (Gebote, Sabbate) sowie die thematische Ähnlichkeit ebenfalls auf Ez 20,10–13. Diese weiteren Hinweise im Kontext der Anspielung sind notwendig, da Wortparallelen allein noch keine Anspielung ausmachen. Erst alle die in diesem Beispiel genannten Faktoren *zusammen* lassen hier eine Anspielung als wahrscheinlich erscheinen.

Dass auch eine markante Wortfolge allein noch nicht genügt, zeigt das nachfolgende Beispiel aus CD I,5–7:

«Und in der Zeit des Zornes, dreihundertundneunzig Jahre, nachdem er sie gegeben hatte *in die Hand Nebukadnezars, des Königs von Babel,* hat er sie heimgesucht.»

Trotz wörtlicher Übereinstimmung ist CD I,5–7 keine Anspielung auf Jer 27,6. Der Ausdruck «durch die Hand von XY» ist weit verbreitet. Auch wenn die Worte *«in die Hand Nebukadnezars, des Königs von Babel»* gehäuft in Jer zu finden sind (5 Vorkommen in Jer, ausserhalb Jer nur in Ez 30,10), ist diese Wortfolge in CD I,5–7 keine Anspielung auf das Jeremiabuch, da in CD I,5–7 und seinen Nachbarversen nichts auf Jer hindeutet. Selbst wenn der Autor den Ausdruck aus Jer 27,6 genommen hätte, wie zum Teil vermutet wird,[26] so könnte die Lesenden dies nicht erkennen. Aus all diesen Gründen ist die Formulierung daher nicht als Anspielung, sondern viel eher als eine *sprachlich traditionelle Formulierung* zu betrachten.

Während sich die oben genannten Rezeptionsformen alle auf eine bestimmte Schriftstelle oder bestimmte Schriften beziehen, sind auch solche zu beobachten, die sich auf ein Motiv oder ein Thema beziehen, die in verschiedenen (biblischen) Schriften oder an verschiedenen Stellen derselben Schrift eine Rolle spielen. Von *Motivaufnahme* wird in der vorliegenden Arbeit dann gesprochen, wenn ein aus den prophetischen Schriften bekanntes Motiv, etwa die Jhwh-Erkenntnis aller Völker, aufgenommen wird, während *thematische Aufnahme* die Rezeption eines grösseren Komplexes (etwa der Messiaskonzeptionen) kennzeichnet. Da die zwei Phänomene meist ebensogut traditionsgeschichtlich erklärt werden können,[27] ist ihre Identifizierung mit noch grösseren Schwierigkeiten verbunden als diejenige der Anspielungen.

---

[26] Vgl. Campbell, *Use of Scripture*, 61.
[27] Zur Traditionsgeschichte und ihrer Abgrenzung vgl. Steck, *Exegese*, 126–149.

2.2.2 Problematik der Anspielungen

Wie oben bei der Darstellung der verschiedenen Schriftrezeptionsformen erwähnt, ist die Identifizierung von Anspielungen mit methodologischen Schwierigkeiten verbunden. Dies hat zur Folge, dass sich eine systematische Erhebung von biblischen Anspielungen kaum durchführen lässt. Da sich die vorliegende Arbeit der Untersuchung der Jesaja-Auslegung in Qumran widmen will, sollen nachfolgend am Beispiel von möglichen Jesaja-Anspielungen in der Damaskusschrift die jeweiligen konkreten Schwierigkeiten erörtert werden, diese als Anspielungen auf eine bestimmte Jesaja-Stelle zu erhärten. Als Grundlage dieser Auseinandersetzung dient die Arbeit von Jonathan Campbell, die, ausgehend von Wortparallelen, versucht, die biblischen Anspielungen im ersten Teil der Damaskusschrift zu identifizieren.[28]

In der Damaskusschrift findet sich in CD I,1 der Aufruf «Und nun hört, alle Kenner des Rechts» (ועתה שמעו כל יודעי צדק). Diese Formulierung findet sich nahezu identisch in Jes 51,7 (שמעו אלי ידעי צדק עם תורתי בלבם), wo die Aufforderung zu «hören» sowie der prägnante Ausdruck «Kenner des Rechts» (יודעי צדק ist innerhalb der Hebräischen Bibel ein Hapax legomenon) auch vorkommen. Die Parallelität der Ausdrucksweise allein ist noch kein Argument für Rezeption, doch könnten gegenüber der Darstellung von Campbell noch weitere Argumente gewonnen werden, die für eine bewusste Rezeption sprechen würden.[29] Die Worte יודע und צדק sind zwar sehr häufig in der Hebräischen Bibel, aber aufgrund des prägnanten Ausdrucks wäre eine bewusste Anspielung auf Jes 51,7 dennoch möglich. Ein zusätzliches Argument liesse sich vom Inhalt her gewinnen. Bei DtJes ist die Aufforderung Teil der Trostbotschaft an das Volk, die allen gilt, die sie hören. In der CD hingegen ist die Botschaft nur an die Auserwählten gerichtet, die sich vom sündigen Israel abgewendet haben. Es wäre also verlockend, die Worte als bewusste Anspielung und somit auch als bewusste Auslegung zu interpretieren, in welcher die dtjes Trostbotschaft sowohl religiös-ethisch als auch soziologisch eingeschränkt würde auf diejenigen, die den religiösen und ethischen Ansprüchen der Verfasser genügen und sich «dem Bunde im Lande Damaskus» angeschlossen haben.

Gegen die Interpretation von שמעו כל יודעי צדק als auslegende Anspielung auf Jes 51,7 können jedoch nicht unerhebliche Einwände geltend gemacht werden. Wie vorhin gezeigt, ist bei der Identifizierung von Anspielungen auch der Kontext der zitierten Stelle zu berücksichtigen. Beim Kontext von CD I,1ff deutet jedoch nichts Weiteres auf Jes 51,7 hin. Das in Zeile 13 folgende Zitat aus Hos 4,16 lädt vielmehr dazu ein, den Kontext *dieser* Stelle als mögliche Quelle von Anspielungen in CD I,1ff genauer zu prüfen. In Hos 4 findet sich mit שמעו דבר יהוה בני ישראל in Vers 1a nicht nur eine adäquate Aussage wie in CD I,1; gleich anschliessend in Versteil b findet sich die in CD I,2 ebenfalls anklingende Thematik des Rechtens Jhwhs mit den Menschen (כי ריב ליהוה עם יושבי הארץ). Die Identifizierung von שמעו כל יודעי צדק als Anspielung auf Hos 4,1 wäre thematisch demnach ebensogut denkbar. Damit erscheint aber ועתה שמעו כל יודעי צדק als Anspielung auf *eine bestimmte* Stelle zweifelhaft. Ein zusätzlicher Einwand gegen eine Anspielung ergibt sich aus der Beobachtung der

---

[28] Campbell, *Use of Scripture*. Vgl. auch im Folgenden die Auseinandersetzung mit Campbell bezüglich der *Damaskusschrift* auf Seiten 118–121.

[29] Campbell, *Use of Scripture*, 60.

Damaskusschrift selbst. Die Aufforderung mit den prägnanten Worten ועתה שמעו kommt nämlich nachfolgend gleich mehrmals in der Damaskusschrift vor (neben I,1 in II,2 und II,14), weshalb ein interner Verweis vorliegt.[30] Wie die nachfolgende Behandlung dieser Stellen zeigt, wird der Ausdruck ועתה שמעו jedes Mal zur Einleitung einer Rede gebraucht. Zudem ist diese Rede-Einleitung innerhalb von CD I,1–II,21 ein strukturierendes Element, mit welchem jeweils ein neuer Abschnitt eingeleitet wird (nämlich I,1–II,1, II,2–13 und II,14–IV,12a).[31]

Der Abschnitt II,2–13 beginnt praktisch mit gleichen Worten wie I,1, nämlich mit ועתה שמעו אלי כל באי ברית. Zusätzlich zum Aufruf in I,1 steht אלי und anstelle der Kenner des Rechts (יודעי צדק) sind diesmal diejenigen angesprochen, die in den Bund eingetreten sind (באי ברית). Wie oben dargestellt liegt es nahe, ועתה שמעו als internen Verweis zu I,1 und II,14 zu betrachten. Mit den Worten ועתה שמעו wird jedesmal eine längere Rede eingeleitet, weshalb diese Worte als die Einleitung strukturierende Elemente anzusehen sind. Campbell verweist als Quelle für die Worte שמעו אלי in II,2 neben Jes 51,1.7 zusätzlich auf Jes 46,3 und 55,2.[32] Für eine Anspielung auf Jes 46,3 könnte zwar שארית in Zeile 6 sprechen, das ein weiteres paralleles Wort zu Jes 46,3 darstellt; auf Jes 55,2 würde aber nur das inhaltlich ähnliche Versprechen in I,8 hinweisen. Insgesamt berühren sich CD II,2.6 und Jes 46,3 nur über drei parallele Einzel-Wörter (כל, שמעו, שארית); mit Jes 55,2 teilt die Stelle ausschliesslich den Ausdruck שמעו אלי. Doch nicht nur die materiellen Parallelen sind dürftig; sachlich gibt es keine weiteren Anhaltspunkte, um an Jes 46,3 oder 55,2 zu denken. Gegenüber den von Campbell genannten biblischen Referenzen sind die internen Verweisstrukturen der Damaskusschrift als viel gewichtiger anzusehen.

In II,14 wird die nachfolgende Rede mit ועתה בנים שמעו eingeleitet. Die Aussage ועתה בנים שמעו ist, trotz des gegenüber I,1 und II,2 eingeschobenen בנים, als interner Verweis zu diesen Stellen zu betrachten. Die nur einige Zeilen weiter oben zu findenden ähnlichen Formeln in I,1 und II,2 sind den Lesenden wohl noch in Erinnerung. Campbell notiert als Anspielung für diese Stelle Jes 51,1.7 (wie bereits für I,1).[33] Die einzige Parallele mit diesen Stellen ist aber das Wort שמעו. Somit liegt auch bei dieser Stelle der schriftinterne Verweis zu den beiden anderen Vorkommen von ועתה שמעו, die in II,2 und I,1 eine Rede einleiten, näher als eine Anspielung auf einen externen Text.

Mit ועתה שמעו wird in CD If dreimal ein interner Verweis gebildet. Eine Anspielung auf eine bestimmte Schriftstelle liegt in keinem der drei Fälle vor. Dass der Ausdruck ועתה שמעו mehrfach in der Bibel zu finden ist, dürfte damit zusammenhängen, dass ועתה שמעו eine traditionelle Formel zur Einleitung von Reden darstellt. Die von Campbell notierten Parallelen zu I,1, II,2.14 zeigen daher keine direkten Abhängigkeiten auf, sondern sind als geprägte, traditionelle sprachliche Wendungen erklärbar.

Die hier behandelten Stellen zeigen, dass die Verifizierung bzw. Falsifizierung von Anspielungen mit erheblichem Aufwand verbunden ist. Bereits die Identifizierung von möglichen Anspielungen, ausgehend allein von Wortparallelen, ist mit grossen Schwierigkeiten verbunden. Für die vorliegende Arbeit ergibt sich daraus, dass eine systematische Suche nach Anspielungen in allen Qumrantexten als wenig sinnvoll erscheint.

---

[30] Campbell, *Use of Scripture*, 60, weist zu I,1 und II,14 beide Male Jes 51,1.7 aus, für II,2 hingegen Jes 46,3, 51,1.7, 55,2.
[31] Vgl. Davies, *Damascus Covenant*, 56–104.
[32] Vgl. Campbell, *Use of Scripture*, 112f.
[33] Vgl. Campbell, *Use of Scripture*, 79.

2.2.3 Eingeleitete Zitate als vergleichbare Rezeptionsform

In den Pescharim sind die Schriftzitate immer deutlich vom Text abgesetzt
und somit als ausgewiesene Zitate zu betrachten. In den thematischen
Pescharim finden sich neben ausgewiesenen auch explizite Zitate. In den
fortlaufenden Pescharim ist von ihrer Gattung her klar, dass es sich bei den
jeweiligen Zitaten immer um Zitate aus der durch diesen Pescher jeweils
kommentierten Schrift handelt. Die Zitate in den fortlaufenden Pescharim,
die formal betrachtet ausgewiesene (teilweise gar nur implizite) Zitate
darstellen, müssen aus inhaltlichen Gründen als explizite Zitate gezählt
werden.

Die Fragestellung nach dem Vergleich der Schriftaufnahme und deren
Auslegung in den Pescharim mit denjenigen in der weiteren nicht-
biblischen Qumranliteratur macht es notwendig, vergleichbare Rezeptionsformen zu finden. Um eine gute Vergleichbarkeit mit der Schriftrezeption
und -auslegung in den Pescharim zu erreichen, wird sich die vorliegende
Untersuchung der übrigen Qumranschriften von allen möglichen Formen
von Schriftrezeption und -auslegung auf diejenigen der *ausgewiesenen und
expliziten Schriftzitate* und ihrer jeweiligen Auslegung konzentrieren, da diese
den Schriftaufnahmen in den Pescharim am nächsten stehen.[34] Untersucht
werden somit ausschliesslich diejenigen Texte, in denen sich explizite oder
ausgewiesene Jesaja-Zitate finden. Die oben dargestellten weiteren Formen
von Schriftrezeptionen wie implizite Zitate, Verweise oder Anspielungen
werden nur insofern in die Untersuchung aufgenommen, als sie sich
ebenfalls in diesen Texten finden.

2.2.4 Einleitungsformeln für Zitate in den Qumranschriften

Wie bereits erwähnt, lassen sich in den Qumranschriften neben Einleitungen, die bloss auf die Schrift verweisen, auch Einleitungen feststellen, bei
denen explizit angegeben wird, aus welchem Buch das nachfolgende Zitat
stammt. Einerseits werden durchaus verschiedene Einleitungsformeln
verwendet, andererseits ist in manchen Schriften ein *in gewisser Weise bereits
geprägter* Gebrauch von Einleitungsformeln zu beobachten. Ein standardi-
siertes Muster im Gebrauch der Einleitungsformeln für Schriftzitate in der
Qumranliteratur lässt sich jedoch nicht festmachen.[35]

Die Verwendung der Einleitungsformeln ist zudem von Text zu Text
unterschiedlich. Während etwa die Damaskusschrift noch eine grosse Freiheit bezüglich der Formulierung der Einleitungsformeln zeigt, beginnen
sich in den Pescharim bestimmte Einleitungsformeln für Schriftzitate zu
etablieren. Wo solche Einleitungsformeln mehr oder weniger fest geprägte

---

[34] Vgl. Kratz, *Judentum*, 135f.
[35] Mit Brooke, *Isaiah in the Pesharim*, 627.

Formen annehmen, sind sie treffender als *Zitationsformeln* zu bezeichnen.[36] Solche Zitationsformeln werden in den Qumrantexten mit den hebräischen Verben אמר und כתב gebildet. Sie werden in den Qumrantexten meist mit vorangehendem אשר gebildet, das seinerseits noch um die Präposition כ oder die Partikel ו ergänzt werden kann.

In der Hebräischen Bibel werden zur Einleitung eines Schriftzitates bzw. zu Anspielungen auf Schriftworte noch keine fest geprägten Termini verwendet (vgl. die ungleich längere Einleitung zu einem Zitat aus Mi 3,12 in Jer 26,18 sowie zur Anspielung auf die 70-Jahr-Prophetie Jeremias in Dan 9,2). Einleitungsformeln werden da notwenig, wo Schriftzitate als solche ausgewiesen und vom übrigen Text unterschieden werden. Spezifische Termini zur Einleitung von Schriftzitaten zeigen sich erst in Qumran und in der späteren jüdischen bzw. jüdisch-christlichen Literatur. Sowohl in den fortlaufenden als auch in den thematischen Pescharim, aber auch in der Damaskusschrift belegt ist die Formel ואשר אמר. In manchen Pescharim kommt auch כאשר אמר bzw. auch einfaches אשר אמר vor. Vornehmlich in den thematischen Pescharim sind die Formeln ואשר כתוב und כאשר כתוב zu finden. Ausschliesslich in 1QpHab, in der Damaskusschrift und in den Toharot ist die Formel כיא הוא אשר אמר anzutreffen.

Bei ואשר אמר zeigt sich deutlich, dass diese Zitationsformel in zwei verschiedenen Funktionen gebraucht wird. In 1QpHab wird die Formel כיא הוא אשר אמר dreimal (III,2.13, V,6), die Formel ואשר אמר fünfmal (VI,2, VII,3, IX,2, X,1, XII,6) ausschliesslich für Wiederaufnahmen von Worten aus einem vorangehenden Zitat verwendet.[37] In 4QpJes^a findet sich die Formel ואשר אמר in II,6 und III,25. Mit Sicherheit dient diese Formel in 4QpJes^a III,25 zur Wiederaufnahme aus dem vorangehenden Zitat; bei II,6 ist das vorangehende Zitat nicht mehr erhalten. Unklar ist ihre Funktion ebenfalls in 4QpJes^c Frg. 6–7,II,7, da das anschliessende Zitat nicht mehr erhalten ist. Die Verwendung der Formel im selben Pescher in Frg. 8–10,4 mit nachfolgendem Zitat aus Jes 14,26 kann dagegen kaum als Wiederaufnahme charakterisiert werden, da vorangehend Jes 14,8 zitiert wurde. Dieses Zitat müsste dann ebenfalls als Wiederaufnahme charakterisiert werden, was unwahrscheinlich ist. In 4QpJes^b I,3 und 4 dient die Formel jeweils als Wiederaufnahme. (Die in Zeile 4 zu lesenden Worte ואשר אשר sind als Abschreibfehler von ואשר אמר zu interpretieren.) In 4QFlor Frg. 1–2.21,I,7 wird mit ואשר אמר לדויד ein neues Zitat eingeleitet, nämlich 2Sam 7,11aβ. Zuvor wurde zuerst 2Sam 7,10a–11aα zitiert und mithilfe eines sekundären Zitates von Ex 15,17 ausgelegt. Die Formel ואשר אמר leitet in diesem Fall somit zum nächsten Abschnitt des ausgelegten Haupttextes über. Im Gebrauch der Formel ואשר אמר sind in den Pescharim somit deutlich zwei verschiedene Verwendungsweisen zu erkennen. Die Formel dient zwar mehrheitlich zur Wiederaufnahme bereits zitierten Materials; sie kann aber auch zur Einleitung eines neuen Zitates gebraucht werden.[38]

Die mit den Worten אמר und אשר gebildeten Zitationsformeln dienen einerseits dazu, Schriftzitate einzuleiten, andererseits weisen sie die nach-

---

[36] Terminologie und nachfolgende Definition mit Tov/Hendel/Bernstein, *Art. «Scriptures»*, 840.
[37] Vgl. Bernstein, *Introductory Formulas*, 35.
[38] Vgl. Bernstein, *Introductory Formulas*, 68.

folgenden Worte als aus der Schrift stammend aus; schliesslich werden die
beiden Formeln vereinzelt auch dazu gebraucht, durch Namensangabe die
Herkunft der Zitate noch genauer, nämlich auf die entsprechende Schrift
einzugrenzen. In 4QFlor Frg. 1–2.21,I,7 leiten die Worte ואשר אמר לדויד
ein Zitat von 2Sam 11aβ ein, und in 11QMelch II,18 finden sich die Worte
כאשר אמר דניאל als Einleitung eines Zitates von Dan 9,25. Daneben ist
auch einfaches אמר plus Autorenangabe (wie ומשה אמר in CD V,8) belegt. Die Zitationsformeln mit כתוב (wie כאשר כתוב und ואשר כתוב,
gelegentlich auch einfach כתוב) werden deutlich weniger häufig gebraucht
und sind vornehmlich in den thematischen Pescharim, aber auch in der
Damaskusschrift und in der Gemeinderegel bezeugt.

In der rabbinischen Schriftauslegung ist u. a. die Einleitungsformel
שנאמר («Wie es heisst») zu finden.[39] Im NT findet sich die damit vergleichbare Einleitungsformel ὅτι εἴρηται lediglich einmal (Lk 4,12). Der singu-
läre Ausdruck καθάπερ καὶ Δαυὶδ λέγει (Röm 4,6) würde dagegen auf
Hebräisch wohl כאשר אמר דויד lauten und stellt damit eine auffällige
Parallele zu den oben genannten ähnlichen, in den Qumranschriften gebrauchten Einleitungsformeln dar. Mehrfach wird als Zitateinleitung
einfach λέγει oder λέγει plus «Autorenangabe» (z. B. Δαυίδ, Ἡσαΐας)
gebraucht. Die häufiger zu findenden Formeln καθὼς γέγραπται,
γέγραπται γαρ schliesslich entsprechen der Formel כאשר כתוב.

Die mit den Worten אמר und אשר gebildeten Einleitungsformeln verweisen nicht einfach allein auf die Schrift, sondern, wie die Verwendung
des Verbs אמר in diesen Formeln zeigt, auf das in der Schrift überlieferte
Wort. Vereinzelt kann dabei (wie die oben zitierten Stellen zeigen) durchaus das Wort einer bestimmten Person (etwa eines Propheten oder von
Mose) bezeichnet werden. Mehrheitlich wird aber bei den Formeln mit
אמר nicht angegeben, aus welchem Buch das Zitat stammt. Es fällt zudem
auf, dass erstens mit den mit אמר und אשר gebildeten Einleitungsformeln
aus allen drei Teilen der Hebräischen Bibel zitiert wird und dass zweitens
Zitate aus den Propheten oder Schriften für Auslegungen aus der Tora als
Schriftbeweise dienen können (und umgekehrt). Diese Beobachtungen
lassen darauf schliessen, dass die Schrift durchgängig als das *eine Wort Gottes*
angesehen wurde. Die mit den Worten אמר und אשר gebildeten Einleitungsformeln ohne Personenangabe verweisen daher, ähnlich wie die aus
der rabbinischen Schriftauslegung bekannte Formel שנאמר, indirekt auf
Gottes Sprechen in der Schrift. Die so gebrauchten Formeln אשר אמר,
כאשר אמר und ואשר אמר sind daher als festgeprägte *Zitationsformeln* anzusehen und werden, da sie in erster Linie auf die Schrift verweisen, in der
vorliegenden Arbeit im Deutschen grundsätzlich mit «Wie es heisst» usw.
wiedergegeben.

---

[39] Vgl. Tov/Hendel/Bernstein, *Art. «Scriptures»*, 840.

Die Schriftauslegungen in den Qumrantexten zeigen, wie der auszulegende Text von den Verfassern der jeweiligen Auslegung verstanden wurde. Den in den Qumrantexten zu beobachtenden Auslegungsvorgängen liegt ein bestimmtes Verständnis biblischer Schriften zugrunde. Im Rahmen dieser Arbeit werden die in den nicht-biblischen Qumranschriften zu findenden verschiedenen Hermeneutiken unter historischem Gesichtspunkt betrachtet. Dabei soll die in diesen Texten vorfindliche Auslegungskunst beschrieben und nach dem sich darin zeigenden Verständnis des biblischen Textes gefragt werden. Eine wichtige Frage besteht dabei darin, ob es für die in den Schriftauslegungen in den Qumranschriften zugrundeliegenden Hermeneutiken historische Vorbilder gibt und inwiefern sich diese weiterentwickelt haben. Der Schwerpunkt der vorliegenden Arbeit liegt bei der Beschreibung der *Prophetenhermeneutik*. Unter «Prophetenhermeneutik der Qumranschriften» wird die Art und Weise verstanden wie, aber auch die Voraussetzungen, unter welchen biblisch-prophetische Schriften in den *nicht-biblischen* Qumranschriften ausgelegt worden sind.

Das Verständnis der jeweils ausgelegten Prophetenschrift zeigt sich einerseits implizit in den jeweiligen Auslegungen bzw. kann daraus erhoben werden. Untersuchungsgegenstand für die Hermeneutik der Schriftauslegung in Qumran war in der Forschung andererseits wiederum insbesondere der Habakuk-Kommentar (1QpHab), dessen fortlaufende Auslegungen von Hab 1–2 gut erhalten und damit wissenschaftlichen Untersuchungen am besten zugänglich sind.[40] Bemerkenswert ist zudem, dass über die seiner Auslegung zugrundeliegende Hermeneutik in VII,1–5 explizit reflektiert wird.

1QpHab VII,1–5 (Übersetzung von Lohse)[41]
1   Und Gott sprach zu Habakuk, er solle aufschreiben, was kommen wird
2   über das letzte Geschlecht. Aber die Vollendung der Zeit hat er ihm nicht kundgetan.
3   Und wenn es heißt: *Damit eilen kann, wer es liest* (Hab 2,2b),
4   so bezieht sich seine Deutung auf den Lehrer der Gerechtigkeit, dem Gott kundgetan hat
5   alle Geheimnisse der Worte seiner Knechte, der Propheten ...

---

[40] Überlegungen zur Hermeneutik von 1QpHab finden sich bereits bei Elliger, *Studien*, 150–153. Vgl. auch die kritische Auseinandersetzung mit den von Brownlee formulierten 13 hermeneutischen Grundsätzen, ebd., 157–164.

[41] Siehe Lohse, *Texte aus Qumran*, 235, (Hervorhebungen ebd.).

Diese Reflexion der im Habakuk-Kommentar praktizierten Auslegung geschieht anhand einer Auslegung von Hab 2,2b. Sie basiert auf der Isolie-
rung eines einzelnen Elementes aus diesem Vers und dessen allegorischer
Interpretation. Aus dem Zitat wird das substantiviert verstandene Wort
קורא «Derjenige, der es liest» aufgenommen und auf den Lehrer der Gerechtigkeit gedeutet. Anschliessend folgt eine Explikation: Auf Grund der
ihm von Gott geschenkten Offenbarung aller prophetischen Geheimnisse
kann der Lehrer der Gerechtigkeit die Prophetenschriften geläufig lesen,
sprich ihre rätselhaften Worte verstehen.[42]

Die Offenbarungen Gottes an den Propheten Habakuk sind nach
dieser Auslegung nicht *per se* verständlich; sogar der Prophet selbst konnte
die Deutung der an ihn ergangen Worte noch nicht vollständig verstehen,
da Gott ihm noch nicht alles offenbart hat. Erst der Lehrer der Gerechtigkeit, dem Gott *alle* Geheimnisse offenbart hat, kann die wahre Bedeutung
verstehen und daher die Worte Gottes an Habakuk richtig deuten. Wie die
in 1QpHab praktizierte Auslegung zeigt, führt dieses zweistufige Offen-
barungsverständnis dazu, dass beim Habakuk-Text dementsprechend zwei
unterschiedliche Sinnebenen angenommen werden.[43] Hinter dem unmittelbar wörtlichen Sinn wird ein verborgener *eigentlicher Sinn* angenommen,
welcher nur mit Hilfe göttlicher Offenbarung entschlüsselt werden kann.
Nicht nur die auszulegenden Worte Gottes an Habakuk, sondern auch ihre
rechte Deutung werden dabei als Offenbarung verstanden.[44]

Es muss auffallen, dass die Worte des Propheten Habakuk in diesem
Beispiel auf die Gegenwart des Auslegers bezogen sind. Dies ist generell
das Charakteristikum der Auslegung in 1QpHab. Die Ausleger in diesem
Pescher gingen offenbar davon aus, dass sich die Prophetie Habakuks auf
die Endzeit bezieht und dass ihre Gegenwart diese Endzeit ist. Bereits
Elliger hatte das hermeneutische Prinzip des Habakuk-Kommentars daher
mit folgenden zwei Punkten zusammengefasst: *1. Prophetische Verkündigung
hat zum Inhalt das Ende* und *2. Die Gegenwart ist die Endzeit.*[45] Aufgrund des in
1QpHab VII,1–5 explizit reflektieren Verständnisses ist dem aber noch
hinzuzufügen: *3. Der wahre Sinn der prophetischen Worte ist verborgen und bedarf
zur rechten Deutung der göttlichen Offenbarung.*[46] Der Prophet Habakuk *konnte*
die genaue Zeit und die Umstände, auf die sich die an ihn offenbarten
Worte bezogen, noch gar nicht verstehen.[47] Erst jetzt in der Endzeit wird
dankt divinatorischer Interpretation die wahre Deutung der geheimnis-

---

[42] Mit Betz, *Offenbarung*, 77.
[43] Vgl. Koch, *Neutestamentliche Profetenauslegung*, 326–328.
[44] Vgl. Lange, *Interpretation*, 18–22; bei Koch, *Bedeutung der Apokalyptik*, 200, wird die
      Schriftauslegung in 1QpHab VII,1–5 als «Zweit- und Entschlüsselungsoffenbarung»
      charakterisiert.
[45] Vgl. Elliger, *Studien*, 150f.
[46] Implizit findet sich eine solche Ergänzung des hermeneutischen Prinzips von
      1QpHab bereits bei Mertens, *Buch Daniel*, 121f.
[47] Vgl. Elliger, *Studien*, 154f.

vollen Worte der Propheten offenbar.[48] Die den Deutungen des Habakuk-
Kommentars zugrundeliegende Hermeneutik ist in ihrem Charakter daher
als revelatorisch zu beschreiben.[49]

Die sich in der vorliegenden Auslegung von Habakuk zeigende Voraus-
setzung, dass die Worte des Propheten deutungsbedürftige Offenbarungen
für die Endzeit darstellen, die nun angebrochen sei, ist kein Spezifikum der
Qumrantexte. Ebenfalls ist das sich in den Prophetenauslegungen von
Qumran zeigende Verständnis von Interpretation als Offenbarung keine
Sonder-Hermeneutik der Qumrantexte. Beides ist ebenso in Auslegungen
sowohl in rabbinischen als auch in neutestamentlichen Texten zu finden.[50]
Diese zeigen ebenfalls kein Interesse an der historischen Deutung der auszulegenden prophetischen Texte, sondern an ihrer Deutung *als Prophetie für
die Gegenwart*. Ein solches Verständnis der Prophetenworte als Worte für
die eigene Zeit ist als die gängige Rezeptionsweise im Juda der Zeitenwende zu bestimmen.[51] Die in den Qumrantexten vorfindliche Offenbarungs-Hermeneutik ist somit als Teil einer gemeinjüdischen Tradition
der Schriftauslegung zu verstehen.

Inwiefern dieses am Beispiel der Auslegung in 1QpHab dargestellte hermeneutische Verständnis auch für die Jesaja-Auslegung in Qumran gilt, wird
die Untersuchung zeigen. Um die Jesaja-Auslegung der nicht-biblischen
Qumranschriften im Ganzen verstehen und beschreiben zu können,
müssen zuerst die einzelnen Auslegungen betrachtet werden. Dabei muss
aber auch die Rezeption prophetischer Überlieferung in den Apokryphen
und Pseudepigraphen, aber auch diejenige in biblischen Schriften mitbedacht werden. Die Prophetenhermeneutik der Qumranschriften ist nicht
einfach eine Erfindung ihrer Verfasser. Vielmehr ist (wie oben in Kapitel 1
bereits erwähnt) zu vermuten, dass ein gewisser Zusammenhang mit der
innerbiblischen Prophetenauslegung sowie der Prophetenrezeption in den
apokryphen und deuterokanonischen Schriften besteht. Inwiefern die
innerbiblische Prophetenauslegung sowie die Prophetenrezeption in den in
Qumran gefundenen apokryphen und deuterokanonischen Schriften als die
Vorgeschichte der in den Qumranschriften sich findenden Hermeneutiken

---

[48] Der (von neuzeitlicher Sicht bestimmten) Kritik von Elliger, *Studien*, 142, dass die
Auslegung in 1QpHab auf Kosten des Textsinns gehe, ist entgegenzuhalten, dass es
nicht Absicht dieser Auslegung ist, den historischen Textsinn zu kommentieren. Die
Pescharim sind *keine Kommentare im modernen Sinn*, sondern Deut-Texte.

[49] Vgl. Lange, *Interpretation*; ebd. 32f, allerdings als «divinatorische» Hermeneutik bezeichnet. Mit Koch, *Bedeutung der Apokalyptik*, 200, ist bei 1QpHab aber der Offenbarungsvorgang als Grundlage der Schriftdeutung des Lehrer der Gerechtigkeit zu
betrachten, weshalb der Begriff «revelatorisch» angemessener ist. Im Folgenden wird
dafür der Begriff «Offenbarungs-Hermeneutik» gebraucht.

[50] Vgl. dazu Koch, *Neutestamentliche Profetenauslegung*, 328–333, sowie die ebd. genannten
Beispiele.

[51] Mit Koch, *Neutestamentliche Profetenauslegung*, 331.

betrachtet werden können, wird im Folgenden geprüft. Aus diesem Grund werden nachfolgend zuerst einige grundsätzliche Elemente innerbiblischer Prophetenauslegung bedacht und danach die in Qumran gefundenen apokryphen und deuterokanonischen Schriften untersucht. Erst aufgrund der Auswertung dieser Arbeitsschritte soll dann die Jesaja-Auslegung in den Qumranschriften angegangen werden.

3. Sozial- und religionsgeschichtliche Hintergründe

Innerhalb der Qumranforschung prägte in den letzten fünfzig Jahren die bereits von Eleazar Sukenik formulierte, massgeblich aber auf den ersten Ausgräber von Qumran, Pater Roland de Vaux, zurückgehende (traditionelle) Qumran-Essener-Hypothese unangefochten den Mainstream der Forschung.[1] In diesem Modell wurden sowohl die Texte als auch die Ruinen von Qumran mit der bei Josephus neben Pharisäern und Sadduzäern erwähnten dritten wichtigen jüdischen Gruppierung, den Essenern, in Verbindung gebracht. In der gegenwärtigen Diskussion spielt dieser Zugang nach wie vor eine wichtige Rolle, gleichzeitig wird er aber von zwei Seiten her stark kritisiert Zum einen zweifeln namhafte Archäologen daran, dass man die in den Höhlen von Qumran gefunden Texte mit der dortigen Siedlung verbinden kann, und plädieren dafür, die Siedlung Chirbet Qumran zunächst einmal losgelöst von den Texten zu erforschen. Zum anderen wird bezweifelt, ob die Texte tatsächlich mit den Essenern in Verbindung zu bringen seien.

Auch wenn sich die vorliegende Arbeit nicht um die Frage dreht, in welchem Verhältnis Texte und Siedlung zueinander stehen, haben die archäologischen Ergebnisse dennoch eine gewisse Relevanz. Dies betrifft vor allem die Frage, ob die in den Höhlen von Qumran gefundenen Texte als Bibliothek einer bestimmten Gruppierung anzusprechen seien, wie dies die traditionelle Qumran-Essener-Hypothese getan hat. Falls die gefundenen Texte lediglich eine zufällige Sammlung von Schriftrollen verschiedener Herkunft darstellen würden, wie dies zum Teil von massgeblichen Kritikern und Kritikerinnen der klassischen Qumran-Essener-Hypothese behauptet wird (siehe unten), wäre es unmöglich, die theologischen Positionen in den Texten summarisch einer bestimmten religiösen Bewegung zuzuordnen.

---

[1] Vgl. de Vaux, *Art. «Qumran»*. Ausführliche Dokumentationen dieser Grabungen sind erst seit Kürzerem erhältlich: de Vaux, *Ausgrabungen von Qumran*, sowie Humbert/Gunneweg, *Khirbet Qumrân*. Ein dritter Band ist in Vorbereitung. Die ausgegrabene, eindrückliche Anlage von Chirbet Qumran ist auf Seite 44 abgebildet.

Die Archäologen Yizhar Hirschfeld und Jürgen Zangenberg übten aufgrund ihrer Untersuchungen berechtigte Kritik am traditionellen «Qumran-
Essener-Modell».[2] Das von de Vaux gezeichnete Bild einer zölibatär leben-
den Essener-Gemeinde, die sich in die Einsamkeit der Wüste zurückgezogen hatte, ist so nicht mehr haltbar. Zwar wurden in den Gräbern der
Friedhöfe von Qumran vorwiegend Skelette von jungen Männern, daneben aber eben auch Skelette von Frauen und Kindern gefunden. Der auf
de Vaux zurückgehende, im Grunde aber anachronistische Vergleich von
Qumran mit einem Kloster geriet damit ins Wanken.[3] Bedeutsam ist der
Einwand, dass Qumran offenbar gar nicht so wüstenhaft und abgeschieden
war, wie de Vaux sich dies vorstellte. Paläobotanische Untersuchungen
haben gezeigt, dass in römisch-byzantinischer Zeit in der Gegend um das
Tote Meer ein günstigeres Klima herrschte als heute. Dattel- und Balsam-
strauch-Plantagen (aus Letzteren wurde Harz als Grundstoff für Medizin
und Kosmetika gewonnen) sind rund um das Tote Meer bezeugt.[4] Sie
waren eine wertvolle Grundlage weitreichender ökonomischer Handels-
beziehungen. Tatsächlich sind in Qumran neben landwirtschaftlichen Ge-
räten auch Importwaren wie Steingefässe aus Jerusalem sowie Glas aus
Italien zu finden. Regen Austausch mit den Bewohnern der übrigen Region
legen auch die Saumpfade nach Jericho und gegen Süden nahe.[5]

Der Methodenstreit in der Debatte um die Archäologie von Qumran zeigt sich gegenwärtig generell auch in der Diskussion um die Rolle der Archäologie in der Bibelwissenschaft.[6] Zu Unrecht wird die biblische Archäologie vielerorts immer noch nur als Hilfs-
wissenschaft betrachtet. Beim Streit um die Interpretation der Ruinen von Chirbet
Qumran geht es daher auch darum, dass die Archäologie nicht mehr nur als Anhängsel
der Bibelwissenschaft, sondern als eigenständige Disziplin wahrgenommen werden

---

[2] Hirschfeld, *Qumran in Context*, und Zangenberg, *Region*. (Zur Bezeichnung der
Qumran-Essener-Hypothese als «Modell» vgl. ebd., 25f.) Die Bestreitung, dass
Qumran ein essenisches Gemeinschaftszentrum war, ist an sich nicht neu. So wurde
die Anlage von Chirbet Qumran (siehe Abb. 2, Seite 44) schon als militärische
Festung oder als herrschaftliche Villa mit Speisesaal interpretiert; zur Forschungs-
geschichte vgl. VanderKam, *Einführung*, 44–47.

[3] Zur Archäologie der Friedhöfe von Qumran vgl. Fabry, *Archäologie*, 91–93. Natürlich
können Frauen und Kinder auch als Besuchende oder Verwandte der Einwohner
von Qumran gedeutet werden. Die Funde müssen demnach nicht notwendigerweise
gegen eine monastische Gemeinschaft sprechen; vgl. Fabry, *Friedhöfe von Chirbet Qumran*, 186.

[4] Vgl. Zangenberg, *Region*, 32–40; anders Broshi/Eshel, *Agriculture* und Patrich, *Development*.

[5] Vgl. Zangenberg, *Region*, 40–48; siehe auch Abb. 1, Seite 8. Gegen eine Verbindung
nach Süden vgl. Fabry, *Archäologie*, 84, Anm. 42.

[6] Vgl. dazu Zwickel, *Biblische Archäologie (I)*, 152–155.

will.[7] Dies mag die Heftigkeit der Debatte erklären. Andererseits sind einige Thesen von de Vaux heutzutage nicht mehr haltbar. Besonders der problematische Vergleich von Qumran mit einem Kloster ist kritisch zu hinterfragen,[8] denn Klöster gab es im Nahen Osten erst ab dem 4. Jh. n. Chr. Hinzu kommt, dass die zölibatäre Lebensweise nicht aus den Qumrantexten selbst erhoben wurde, sondern aus der Beschreibung der Essener durch Josephus und vor allem durch Plinius (dazu siehe unten). Doch nur weil verschiedene Teil-Hypothesen von de Vaux überholt sind, heisst dies noch nicht, dass die Qumran-Essener-Hypothese insgesamt aufgegeben werden muss. Auch unabhängig von den Untersuchungen durch die genannten Archäologen wurde die von de Vaux begründete Qumran-Essener-Hypothese kritisch weiterentwickelt, so dass eine Falsifizierung bestimmter Teilaussagen von de Vaux nicht genügt, um die gesamte Hypothese umzustossen.[9] Da die Qumrantexte in unmittelbarer Nähe zur Siedlung Chirbet Qumran gefunden wurden, muss auch die Frage, inwiefern Texte und Siedlung zueinander in Beziehung zu stehen, plausibel beantwortet werden können.

Die archäologischen Ergebnisse sprechen dagegen, Qumran als einen abgeschiedenen Ort in der Wüste zu betrachten, sie sprechen aber nicht grundsätzlich gegen die Präsenz von Essenern in dieser Siedlung. Mit dem Fehlen von Privatgemächern zeigt Qumran eine auffällige Besonderheit gegenüber andern Siedlungen. Dies könnte auf eine egalitäre Gemeinschaft hindeuten, wie dies die Qumran-Essener-Hypothese postuliert. Die Alternative Zangenbergs, eine teilweise aus Sklaven bestehende Arbeitsgemeinschaft unter der Leitung eines Verwalters, ist dieser Deutung nicht überlegen. Gegen Zangenberg besteht kein Zwang, die in den Höhlen von Qumran gefunden Texte von der Siedlung von Qumran vollständig zu trennen. Auch aufgrund der neueren archäologischen Ergebnisse ist es möglich, ja wahrscheinlich anzunehmen, dass in Qumran Essener gelebt und die in den Höhlen gefunden Texte (bzw. einen Teil davon) verfasst haben. Allerdings muss man dann – und diesbezüglich ist Zangenberg zu folgen – die Qumran-Essener-Hypothese wesentlich modifizieren.[10] In Qumran hat keine Gruppe weltabgewandter Sektierer gelebt, sondern eine Gemeinschaft, welche mit der Aussenwelt Handel getrieben hat.

Bei den zahlreichen Stufenbecken der Ruinen von Chirbet Qumran ist davon auszugehen, dass zumindest einige davon als Tauchbäder zu gelten haben und somit dokumentieren, dass die Bewohner Juden waren und das

---

[7] Vgl. Zangenberg, *Region*, 28–32.

[8] Der Vergleich Qumrans mit einer religiösen, klosterähnlichen Anlage geht auf die Arbeiten von de Vaux zurück. Gar explizit als «monastery» wird Qumran in Broshi/Eshel, *Qumranites*, 267, bezeichnet; de Vaux, *Fouilles*, 210, nannte es noch zurückhaltender «un édifice communautaire».

[9] Vgl. Fabry, *Archäologie*, 79–87; er bemängelt, dass die beiden Archäologen Hirschfeld und Zangenberg die Weiterentwicklung innerhalb der Qumran-Essener-Hypothese zu wenig zur Kenntnis genommen hätten, ebd. 86f. Die Qumran-Essener-Hypothese lässt sich zudem nicht auf ein bestimmtes, einfach zu falsifizierendes Modell reduzieren, sondern weist verschiedene Ausprägungen mit unterschiedlichem Verständnis auf, wie etwa die *Groningen-Hypothese* oder *Enoic-Essene-Hypothesis* (siehe dazu das nachfolgende Kapitel *3.2 Religionsgeschichtliche Positionierung*).

[10] Vgl. Zangenberg, *Region*, 57f.

Bedürfnis nach ritueller Reinheit hatten.[11] Die wenigen Grabfunde, die bisher gemacht werden konnten, zeigen das Bild einer homogenen Gruppe, die alle einem Heiratskreis entstammen. Auffällig ist, dass die vorwiegend männlichen Skelette wenig Verschleissspuren aufweisen. Dies könnte darauf hindeuten, dass in Qumran nicht allzu schwer körperlich gearbeitet wurde.[12] Die Siedlung Chirbet Qumran ist zwar mit grosser Sicherheit auch als landwirtschaftliches Produktionszentrum anzusprechen,[13] doch die über 800 gefundenen Schriftrollen können kaum von einem anderen Ort stammen.[14] Zum Transport der vielen Schriftrollen bräuchte es ganze Karawanen. Es ist kaum denkbar, dass in den Wirren des jüdisch-römischen Krieges eine solch wertvolle Ware unbehelligt nach Qumran hätte transportiert werden können, geschweige denn, dass jemand das Risiko eines solchen Transportes auf sich genommen hätte.[15] Aus diesem Grund gewinnt auch die These, die gefundenen Schriftrollen seien als die ausgelagerte Tempelbibliothek von Jerusalem zu bestimmen, wenig an Plausibilität. Gegen diese Sicht spricht zudem, dass die in den Texten zu findende Opposition gegen den Tempel und den dort verwendeten Kalender viel zu massiv ist.[16] Die Annahme einer Verbindung zwischen den Texten und der Siedlung ist diesbezüglich als die einfachste Erklärung den alternativen Interpretationen vorzuziehen. Die aus den weiteren archäologischen Indizien sich ergebende Schlussfolgerung, dass Qumran neben Jericho und Jerusalem eine wichtige Produktionsstätte von Gebrauchskeramik war,[17] spricht jedenfalls nicht dagegen, dass dort auch Texte gelesen und verfasst wurden.[18]

Für eine Verbindung zwischen der Siedlung Chirbet Qumran und den in den umliegenden Höhlen gefundenen Schriftrollen gibt es mehrere gute Gründe. Neben der unmittelbaren Nähe von einigen Höhlen zur Siedlung sind die Tatsachen zu nennen, dass einige Höhlen in der fraglichen Zeit als

---

[11] Vgl. Zangenberg, *Region*, 50, und Fabry, *Archäologie*, 93.
[12] Zu den Grabungsfunden vgl. Fabry, *Archäologie*, 91–94.96f, sowie Fabry, *Friedhöfe von Chirbet Qumran*, 189f. Da nur 60 der ca. 1200 Gräber freigelegt wurden, ist dabei jedoch mit Zangenberg, *Region*, 55f, die statistisch völlig unzureichende Datenmenge anzumahnen.
[13] Vgl. Fabry, *Archäologie*, 85. Ob man mit Hirschfeld, *Qumran in Context*, 59–87 und 90–111, die Anlage als *«fortified farmstead»* beschreiben will, ist dabei sekundär.
[14] Gegen Zangenberg, *Region*, 64–67, der für die Deponierung von Schriften unterschiedlicher Herkunft votiert.
[15] Mit Bergmeier, *Rez. Hirschfeld*, 147, der diese These bei Hirschfeld kritisiert.
[16] Mit Lange/Lichtenberger, *Art. «Qumran»*, 68; Weitere Literaturangaben zur archäologischen Deutung Qumrans vgl. ebd., 75–79. Die Theorie, dass die Schriftrollen von Qumran die ausgelagerte Tempelbibliothek seien, wurde von Norman Golb in die Diskussion eingebracht. Vgl. kritisch dazu VanderKam, *Einführung*, 117–119; weitere Literatur vgl. ebd.
[17] Vgl. Zangenberg, *Region*, 45.
[18] Auch eine *dezidiert* religiöse Gemeinschaft, die heilige Texte rezipiert, kann landwirtschaftlich und handwerklich tätig sein; vgl. Rohrhirsch, *Wissenschaftstheorie*, 260.

Wohnhöhlen genutzt wurden und sowohl in allen Höhlen als auch in der Siedlung dieselbe Keramik verwendet wurde. Die in der Siedlung gefundenen Tintenfässer bezeugen, dass in der Anlage geschrieben wurde. Schliesslich ist auch das 1996 an der Aussenmauer von Qumran gefundene Jachad-Ostrakon erwähnenswert. Wahrscheinlich enthielt es einen Vertragstext, mit welchem ein Privater sein Eigentum der «Jachad» übergab.[19] Der Terminus «Jachad» wird in einigen Qumrantexten und vor allem in der Gemeinschaftsregel als Selbstbezeichnung der eigenen Gemeinschaft gebraucht. Allerdings ist bei diesem Ostrakon, insbesondere beim Wort «Jachad», die Lesung umstritten.[20] Die hier erwähnten Hinweise liefern zwar gewichtige Argumente, sind aber keine stichhaltige Beweise. Obwohl sie somit nicht zur Annahme einer gemeinsamen Verbindung von Texten und Siedlung zwingen, kommt ihnen dennoch eine erhebliche Bedeutung zu. Da umgekehrt keine stichhaltigen Gründe erkennbar sind, Texte und Siedlung vollständig voneinander zu trennen,[21] ist die Annahme einer Verbindung von Texten und Siedlung wie dargestellt als die plausibelste Erklärung anzusehen.

---

[19] So Cross/Eshel, *Ostraca*, 17–27.
[20] Vgl. Hirschfeld, *Qumran in Context*, 46.
[21] Mit Fabry, *Archäologie*, 87–94. Literaturangaben zu den einzelnen Fundgegenständen vgl. ebd.

Die sozial- und religionsgeschichtlichen Hintergründe von Verfasserschaft und Erstadressaten der zu untersuchenden Texte sind für deren historische Einordnung von Bedeutung. Die Stellung der Trägerkreise der Qumrantexte innerhalb des damaligen Judentums ist selbstredend von eminenter Bedeutung für deren Umgang mit den heiligen Schriften. Die auf Eleazar Sukenik zurückgehende Verbindung der Qumrantexte mit der bei Plinius, Strabo, Philo und Josephus beschriebenen jüdischen Gruppierung der Essener ist von Anfang an nicht ohne Widerspruch geblieben. Dennoch war die Verbindung von Qumran mit den Essenern lange die in der Forschung mehrheitlich vertretene Hypothese. Trotz der auffälligen Übereinstimmungen in Glaubens- und Lebensweise, die sich zwischen den Qumrantexten und den antiken Beschreibungen der Essener zeigen lassen, kann die Qumran-Gemeinschaft aus verschiedenen Gründen nicht einfach mit den dort beschriebenen Essenern gleichgesetzt werden.

Plinius beschreibt in seiner *Naturkunde* (V,73) die Essener als zölibatäre Gemeinschaft, die an der Westseite des Toten Meeres lebt. Einige Qumranschriften (etwa die Gemeinschaftsregel oder die Damaskusschrift) erwähnen dagegen Frauen und Kinder als Teil der Gruppierung. Josephus kennt zwei Verbände der Essener, die unterschiedlich rigide Einstellungen zur Ehe haben.[22] Die Existenz von verschiedenen essenischen Gemeinschaften legt auch die von Josephus und Philon geschätzte Zahl der Essener auf 4000 nahe, da die Kapazität der Siedlung von Qumran auf maximal 150–300 Personen geschätzt wird. Zur Bezeichnung der Qumrangemeinschaft als Teil einer grösseren essenischen Bewegung hat sich im Deutschen die Bezeichnung «Qumran-Essener» eingebürgert.[23] Die etymologische Herleitung des Namens «Essener» ist umstritten;[24] wahrscheinlich ist die Bezeichnung mit dem aramäischen Wort חסיה (die Frommen) zusammenzubringen, das in 4Q213a Frg. 3–4,6 belegt ist, und dessen hebräisches Äquivalent חסיד sich als Teil der Ortsbezeichnung מצד חסידין (Festung der Frommen) in den Textfunden von Wadi Murabba'at (Mur 45,6) findet.[25] Gestützt wird die Herleitung des Namens «Essener» von חסי durch die philologische Erklärung des Namens

---

22 Vgl. Josephus, *Bellum* II,119–121 und II,160. Zur Essener-Hypothese im Vergleich mit den antiken Quellen siehe VanderKam, *Einführung*, 92–112.

23 Vgl. VanderKam, *Einführung*, 121ff.

24 Vgl. Lichtenberger, *Art: «Essener/Therapeuten»*, 1591. Eine Übersicht der verschiedenen Herleitungen findet sich bei Vermes, *Etymology of «Essenes»*, 427ff; gar als spekulativ wird die Frage bei Bergmeier, *Essener-Berichte des Flavius Josephus*, 117f. angesehen.

25 Vgl. Lange, *Art. «Essener»*, 142. חסיה ist die Schreibweise für den Plural determinatus im Qumrantext, die Lexikalform ist חסי (fromm, rechtschaffen). Zum Bezug der Ortsbezeichnung מצד חסידין auf Chirbet Qumran siehe ebd.; trotz des unsicheren Bezugs von Mur 45,6 auf Qumran bildet dieser Text nach Frey, *Auswertung*, 49f eine weitere Stütze für diese Etymologie; anders Bergmeier, *Essener-Berichte des Flavius Josephus*, 117f.

«Ἐσσαῖοι» durch Philo (Prob. 75) von ὅσιος (heilig, rechtschaffen), welches die LXX für חסיד verwendet.[26]

Da sich die Bestimmungen in der Gemeinderegel und in der Damaskusschrift in verschiedenen organisatorischen und ethischen Bestimmungen widersprechen, liegt es nahe, mehrere Trägerkreise für die Qumranschriften anzunehmen, die – wenn man damit rechnen kann und muss, dass nicht alle Qumranschriften in oder bei Qumran geschrieben worden sind – möglicherweise auch ausserhalb Qumrans anzusiedeln sind. Während die Damaskusschrift von einer «Gemeinschaft des Neuen Bundes im Lande Damaskus» spricht, ist die Selbstbezeichnung für die eigene Gruppierung in der Gemeinderegel die des «Jachad».[27] Letztere dürfte in Chirbet Qumran gelebt haben und ist daher als Qumran-Gemeinschaft anzusprechen. Da die von ihr tradierten und rezipierten Qumranschriften nicht eine einzige Gruppierung repräsentieren, ist anzunehmen, dass die Qumrangemeinschaft zu einem grösseren Verband gehörte. Ebenfalls deuten auch die verschiedenen theologischen Gemeinsamkeiten in den Texten wie Prädestination, Dualismus, apokalyptische Vorstellungen, die Erwartung zweier Messiasse, die rigide Gesetzlichkeit, aber auch die Ablehnung des Tempelkultes darauf hin, dass die Qumrantexte einem grösseren gemeinsamen Trägerkreis zuzuordnen sind.[28] Ob dies die Essener sind, ist dann nochmals eine andere Frage.

Die einfache Identifizierung von Qumran mit den Essenern, wie dies von der klassischen Qumran-Essener-Hypothese postuliert wurde, wird heute nicht mehr vertreten; vielmehr wurde die Qumran-Essener-Hypothese verschiedentlich weiterentwickelt. Im deutschen Sprachraum hat vor allem Stegemann daraufhin gewirkt, Qumran lediglich als einen Teil einer breiteren Essener-Bewegung zu sehen.[29] Im englischen Sprachraum ist die sogenannte Groningen-Hypothese breit rezipiert worden, die Qumran als eine Abspaltung von den übrigen Essenern betrachtet.[30]

Für die Verbindung der Qumrantexte mit den Essenern spricht einerseits die Lokalisierung dieser Gruppierung durch Plinius an der Westseite des Toten Meeres, andererseits die Parallelen in Lebens- und Glaubensgestaltung, die Josephus den Essenern zuschreibt, im Vergleich mit derjenigen in den Schriften von Qumran selbst.[31] Umgekehrt finden sich in den

---

[26] Vgl. Hengel, *Judentum und Hellenismus*, 319f. Gemäss ebd., 319, leitet sich die Bezeichnung «Ἐσσηνοί» vom Status absolutus Plural (חסין), die Bezeichnung «Ἐσσαῖοι» vom Status determinatus Plural (חסיא) ab. Mit Frey, *Auswertung*, 49f, ist dies als die plausibelste Erklärung für die bei Josephus vorfindlichen Doppelbezeichnung «Essener»/«Essäer» anzusehen.

[27] Vgl. Fabry, *Qumran*, 141–143.

[28] Zu den theologischen Vorstellungen vgl. VanderKam, *Einführung*, 131–142.

[29] Vgl. Stegemann, *Essener*, 197–226.

[30] Zu den verschiedenen Qumran-Essener-Hypothesen vgl. Fabry, *Qumran*, 136–143.

[31] Vgl. VanderKam, *Einführung*, 97–120.

Qumrantexten jedoch Vorstellungen wie die doppelte Messiaserwartung oder die Präferenz des Sonnenkalenders, welche die antiken Texte nicht mit den Essenern in Zusammenhang bringen.[32] Wegen der starken Opposition in den Texten gegen den am Tempel verwendeten Mondkalender formulierte Gabriele Boccaccini die Theorie, dass nur die Qumran-Gemeinschaft, die sich von den Essenern abspaltete, den in 1Hen propagierten Sonnenkalender übernommen hätte.[33] Da bereits die Groningen-Hypothese von einer inneressenischen Spaltung ausging, ist die von Boccaccini entworfene *Enoic-Essene-Hypothesis* im Grunde eine Weiterentwicklung der Groningen-Hypothese.[34]

Neben Modifizierungen der Qumran-Essener-Hypothese sind auch alternative Lösungsvorschläge zu finden. Da verschiedene Ansichten in den Qumranschriften mit denjenigen übereinstimmen, welche die rabbinische Literatur den Sadduzäern zuschreibt, postulierte Lawrence Schiffman einen priesterlich-sadduzäischen Ursprung der Gemeinschaft.[35] Doch die Darstellung der Sadduzäer nach der Mischna divergiert stark gegenüber denjenigen im Neuen Testament und bei Josephus. Daher ist festzuhalten, dass die Qumrantexte nicht Sadduzäer beschreiben, wie sie aus dem Neuen Testament und von Josephus her bekannt sind.[36] Die Thesen Schiffmans werden gegenwärtig von Fabry wieder in die Diskussion eingebracht, insbesondere betont er die Dominanz priesterlichen zadokidischen Denkens. Fabry selbst ist jedoch zurückhaltend mit einer Identifizierung und spricht vorsichtig von den «Qumranern». Die Qumrangemeinschaft liegt seines Erachtens jedoch aufgrund ihrer Reinheitsbestimmungen und der wichtigen Rolle priesterlichen Denkens näher bei den Sadduzäern als bei den Essenern, doch seien sie wahrscheinlich mit keiner der drei von Josephus erwähnten Gruppierungen zu identifizieren.[37] Tatsächlich vermag keine der erwähnten Theorien ein widerspruchsfreies Gesamtbild zu zeichnen. Es ist jedoch auch nicht zu erwarten, dass sich das Selbstbild in den gefundenen Texten mit dem Fremdbild in den antiken Quellen harmonisch in Übereinstimmung bringen lässt.

Die Einteilung des damaligen Judentums in die drei Strömungen Pharisäer, Sadduzäer, Essener greift zu kurz und wird seiner Vielfalt in hellenistisch-römischer Zeit nicht gerecht. Aus den Schriften Josephus lässt sich indirekt erschliessen, dass das Judentum zur damaligen Zeit wesentlich vielgestaltiger war. Neben den Zeloten sind einzelne prophetische Gestalten erwähnt, die jeweils eine gewisse Zahl von Anhängern für ihre Sache begeistern konnten; prominente Beispiele dafür sind Johannes der Täufer oder Jesus

---

[32] Vgl. Fabry, *Archäologie*, 95.
[33] Boccaccini, *Essene Hypothesis*.
[34] Vgl. Fabry, *Qumran*, 139f.
[35] Vgl. VanderKam, *Einführung*, 114–117.
[36] Vgl. VanderKam, *Einführung*, 116, sowie Weiß, *Art. «Sadduzäer»*.
[37] Vgl. Fabry, *Archäologie*, 96–99.

von Nazareth.[38] Mit der Beschreibung der Pharisäer, Sadduzäer und Essener als philosophische Schulen wollte Josephus vor allem das Judentum dem römischen Publikum näher bringen. Eine genaue religionsgeschichtliche Beschreibung des damaligen Judentums lag nicht in seiner Intention. Zudem ist fraglich, wie gut Josephus die von ihm beschriebenen Essener aus eigener Erfahrung kannte und inwiefern er sekundäre Informationen verarbeitet hatte.[39]

Entgegen seiner Darstellung in *Vita* 8–12 war Josephus kaum je Mitglied bei den Essenern.[40] Die Tatsache, dass theologische Besonderheiten der Qumrantexte (etwa der Dualismus, aber auch die Kalenderfrage) nicht in den Beschreibungen Josephus' zu finden sind, muss daher nicht auf deren Fehlen bei den Essenern hindeuten. Vielmehr ist zu erwarten, dass das römische Publikum, für welches Josephus schreibt, weniger an theologischen Spitzfindigkeiten als an gesellschaftlichen Besonderheiten interessiert war. Nun sind gerade hier Parallelen zu finden. Diese betreffen etwa die Güter- und Tischgemeinschaft, die besonderen Reinheitsvorschriften und die damit verbundenen Waschungen, der strikte Gehorsam den eigenen Aufsehern gegenüber sowie die Ablehnung des Tempelkultes; auch bei Details wie dem Spuckverbot oder der Ablehnung von Öl können Belege in den Qumrantexten gefunden werden.[41] Die eher oberflächliche theologische Darstellung ist bei den Essenern, aber auch bei den Sadduzäern und den Pharisäern (Letztere werden mit der Stoa verglichen) einer starken *interpretatio graeca* unterzogen. Um so gewichtiger ist daher die Feststellung, dass sich für den bei Josephus den Essenern zugeschriebenen Determinismus eindrückliche Beispiele in verschiedenen Qumrantexten finden.[42]

---

[38] Zu den Zeloten vgl. Josephus, *Antiquitates* XVIII,23 (als deren Begründer nennt Josephus den auch in XVIII,4–9 erwähnten Judas den Galiläer, von dem es in Apg 4,37 heisst, dass er Leute um sich scharte). Als prophetische Gestalten mit grösserer Anhängerschaft sind erwähnt: der Magier Theudas (*Antiquitates* XX,97–99, vgl. aber auch Apg 4,36), ein namenloser Prophet aus Ägypten (*Antiquitates* XX,169–172/*Bellum* II,261–263). Auch bei Johannes dem Täufer ist eine Anhängerschar vorausgesetzt (vgl. *Antiquitates* XVIII,116–119). Jesus und seine Nachfolger sind im sogenannten *Testamentum Flavii* (*Antiquitates* XVIII,63–64) erwähnt.

[39] Vgl. die Diskussion zwischen Bergmeier, *Wert der Essenerberichte*, und Frey, *Auswertung*.

[40] Mit Frey, *Auswertung*, 37. Die Zeit reicht für die in der Biographie von Josephus zwischen 16 und 19 Jahren angesiedelten Lehr- und Wanderjahre bei allen drei Parteien einfach nicht aus, da nur schon das Aufnahmeverfahren bei den Essenern gemäss seinem eigenen Zeugnis drei Jahre gedauert haben soll (*Bellum* II,137f). Zusätzlich will Josephus in dieser Zeit noch drei Jahre mit dem Asketen Bannus verbracht haben; vgl. ebd. 30.

[41] Vgl. VanderKam, *Einführung*, 102–112; Stegemann, *Qumran Essenes*, 108–114. Die letzten beiden Regelungen sind mit Frey, *Auswertung*, 52f, gerade wegen ihrer sachlichen Marginalität als besonders signifikant zu beurteilen.

[42] Vgl. VanderKam, *Einführung*, 96–102.

Für die vorliegende Arbeit, die der Interpretation der prophetischen Bücher in der Qumranliteratur besondere Beachtung schenkt, sind zudem Hinweise auf Prophetie bei Josephus und Philo von besonderem Interesse. So erwähnt Josephus in *Bellum* II,159, dass bei den Essenern sich solche finden, welche, geschult durch die heiligen Bücher, behaupten, die Zukunft zu kennen. Dies kann mit der Beobachtung zusammengebracht werden, dass die Pescharim die Prophetenbücher eschatologisch auf die nahe Zukunft hin auslegen. Dass die Essener sich mit Schriftauslegung beschäftigen, bezeugt auch Philo, der in *Prob.* 82 schreibt, dass sie für die Erklärung von unverständlichen Schriftstellen die Technik der Allegorie verwenden würden. Diese Technik entspricht auch Philos eigenem hermeneutischen Zugang zur Bibel. Die Vorgehensweise der allegorischen Deutung, Worte nicht nach ihrem literarischen Sinn, sondern als Träger einer neuen Bedeutung zu behandeln, um somit zu einer aktualisierten Deutung der Schrift zu gelangen, ist als Interpretationsmodell aber auch in den Qumrantexten zu finden.[43]

Es ist kaum sachgerecht, die Essener als Sekte darzustellen, wie dies in der Frühzeit der Qumranforschung teilweise vorgenommen wurde.[44] Da das Judentum in jener Zeit sehr vielgestaltig war, lassen sich die Essener nicht als eine Abspaltung von einer jüdischen Hauptströmung charakterisieren.[45] Hinzu kommt, dass die Essener durch Philo und Josephus nicht als marginale Randgruppe, sondern im Gegenteil bewundernd als jüdische Elite dargestellt werden.[46] Aufgrund der oben erwähnten Besonderheiten, durch welche sich die Essener von anderen jüdischen Strömungen stark unterschieden, ist es m. E. sachgerecht, von den Essenern als einer Sondergruppe im damaligen Judentum zu sprechen. Dies allerdings nur, solange man Sondergruppe auch positiv konnotiert und damit die Essener auch *als etwas Besonderes* im damaligen Judentum anspricht. Nur so wird man auch der sehr positiven Beurteilung dieser Bewegung in den Quellentexten gerecht. Obwohl die Essener als Sondergruppe im damaligen Judentum anzusprechen sind, hatten sie als restaurative Bewegung dennoch einige Wirkung im Volk. Sie waren keine homogene Gruppierung, sondern mehr ein Verband von einzelnen Gemeinschaften, die sich in wesentlichen Punkten vom übrigen Judentum stark unterschieden, daneben aber auch – etwa in gewissen Techniken der Schriftauslegung – viele Gemeinsamkeiten mit anderen jüdischen Gruppierungen aufwiesen.

---

[43] Vgl. Klauck, *Art. «Allegorie/Allegorese III».*

[44] Anders als das englische *sect* («Schulrichtung») wird «Sekte» im Deutschen meist pejorativ als Abspaltung von einer grösseren religiösen Gemeinschaft verstanden (entsprechend dem englischen «cult»); vgl. Dehn, *Art. «Sekten».* Paradigmatisch für die Bezeichnung von Qumran als Sekte im Deutschen ist etwa die sogar in Lexika übernommene Bezeichnung «Sektenregel» für 1QS; vgl. Lange, *Art. «Sektenregel».*

[45] Mit Lange, *Art. «Essener»;* vgl. dazu auch die ausführliche Analyse von Stemberger, *Mainstream Judaism.* Nach Stegemann, *Qumran Essenes,* 138f, sind die Essener gar als *main Jewish union* anzusehen; anders Frey, *Auswertung,* 55.

[46] Vgl. Frey, *Auswertung,* 32f. Hierzu passt der archäologische Befund, dass die in Qumran gefundenen Skelette vornehmlich von Männern stammen, die offenbar wenig körperlicher Arbeit nachgehen mussten (siehe oben Anm. 12). Mit Fabry, *Friedhöfe von Chirbet Qumran,* 189f, ist es daher möglich, sie als vorindustrielle Führungsschicht anzusehen.

Als Trägerkreise der Qumrantexte sind jedenfalls priesterliche Gruppierungen anzunehmen, die sich vom Tempelkult in Jerusalem abgewandt
haben, sich selbst als das neue Israel und ihre Gemeinschaften als geistlichen Tempel verstanden. Kennzeichnend für sie war zudem eine rigide
Gesetzlichkeit sowie ein Interesse an kultischer Reinheit und an der eschatologischen Auslegung der Schrift.[47] Trotz allen Kontroversen vermag
die Hypothese, dass die Qumranschriften von essenischen Gruppierungen
verfasst wurden, die Gesamtheit der Zeugnisse m. E. nach wie vor am
besten erklären.[48] Aufgrund der Qumrantexte muss das Essenerbild, das
aus den antiken Quellen (Philo, Josephus und Plinius) zu entnehmen ist,
korrigiert werden. Gegenüber der klassischen Qumran-Essener-Hypothese
ist einerseits mit einer breiteren, über Qumran hinausgehenden Essener-
bewegung zu rechnen, andererseits ist die Dominanz priesterlichen Denkens hervorzuheben.[49]

Im Rahmen dieser Arbeit wird somit eine *modifizierte Qumran-Essener-
Hypothese* vertreten, die sich massgeblich auf die Weiterentwicklungen der
ursprünglichen Hypothese durch die Qumranforschung selbst abstützt.
Gegenüber der klassischen Qumran-Essener-Hypothese sind die Einwohner von Chirbet Qumran (wie oben dargestellt) nicht als weltabge-
wandte sektiererische, sondern als agrarisch produktive und ökonomisch
partizipierende Gemeinschaft anzusprechen. Die Qumrangemeinschaft
kann weiter nicht einfach als «die Essener» gelten, sondern war allem
Anschein nach Teil einer grösseren essenischen Bewegung, so wie dies bei
Stegemann bzw. in der Groningen-Hypothese formuliert wird.[50] Schliesslich sind die Trägerkreise der Qumrantexte nicht unkontrolliert mit dem
Essenerbild von Philo, Josephus oder Plinius zu identifizieren, da das
jeweilige Essenerbild dieser Autoren eine *interpretatio graeca* bzw. *romana*
darstellt, demgegenüber die Quellentexte notwendigerweise ein differen-
zierteres Bild zeichnen.

---

[47] Mit Frey, *Auswertung*, 55. Auch Fabry, *Archäologie*, 96–99, sieht die Qumran-
gemeinschaft als Priestergruppe an, die sich von Jerusalem abgewandt hat; vgl. auch
Fabry, *Qumran – Jahrestag* 60f.

[48] Vgl. García Martínez, *History of the Qumran Community*, der die Qumran-Essener-
Hypothese noch einmal im Lichte aller publizierten Texte überprüfte.

[49] Mit Fabry, *Archäologie*, 96–99. Die Frage, ob es mit diesen Korrekturen noch legitim
ist, von Essenern zu sprechen, ist aufgrund der hier angesprochenen deutlichen
Parallelen zwischen den Texten und den antiken Essenerberichten zu bejahen.

[50] Siehe oben Anm. 30.

44

Abb. 2: Chirbet Qumran – Gesamtansicht der Anlage von Norden, aus: Hirschfeld, Y., *Qumran die ganze Wahrheit. Die Funde der Archäologie – neu bewertet,* Gütersloh 2006, 28

4. Innerbiblische Prophetenauslegung

4.1 Innerbiblische Schriftauslegung

Die Beachtung von Vorgängen innerbiblischer Schriftauslegung ist eine neuere Fragestellung innerhalb der alttestamentlichen Forschung, welche die Bezugnahme biblischer Texte untereinander untersucht.[1] Im Zentrum der Aufmerksamkeit stehen dabei die in den Texten vorfindlichen Auslegungen älterer Buchteile des Alten Testamentes durch jüngere bzw. durch redaktionelle Fortschreibung in den Texten selbst. Das Textwachstum biblischer Bücher wird dadurch zu nicht kleinen Anteilen als Vorgänge innerbiblischer Schriftauslegung wahrgenommen, während die Redaktionsgeschichte der biblischen Bücher sich als innerbiblische Rezeptionsgeschichte beschreiben lässt.[2] Innerbiblische Auslegung kann als Vorform der Schriftexegese charakterisiert werden. Ein explizites Gegenüber von Text und Auslegung (wie etwa in den in dieser Arbeit zu untersuchenden Pescharim oder in den späteren Midraschim) ist zwar bei den Einzelzufügungen und Buchredaktionen innerhalb der alttestamentlichen Schriften noch nicht gegeben; dennoch finden sich literarische Wort-, Sach-, Kontext- und Positionsbezüge auf vorgegebene Texte, so dass man von einem Auslegungsverhältnis sprechen muss.[3]

Mit den Fragestellungen der innerbiblischen Schriftauslegung geht ein bedeutsamer Richtungswechsel in der alttestamentlichen Wissenschaft einher. Während das Interesse in der klassischen alttestamentlichen Prophetenexegese sich auf die (rekonstruierten) Erstverfasser der Texte konzentrierte, die sekundären Passagen dagegen als unwichtige «Ergänzungen» beiseite geschoben wurden, richtet sich die Aufmerksamkeit der heutigen Forschung vermehrt gerade auf diese «Ergänzungen». Dabei werden diese (heute als Fortschreibungen oder Redaktionen bezeichneten) Texte zunehmend als schriftgelehrte und dezidiert theologische Beiträge beschrieben.[4] Gleichzeitig werden die Autoren dieser «Ergänzungen» nicht mehr als

---

[1] Vgl. Schmid, *Innerbiblische Schriftauslegung*, 1–4. Methodisch entsteht dabei auch die Möglichkeit, analytische Urteile zugleich der synthetisch-redaktionsgeschichtlichen Gegenprüfung zu unterziehen, vgl. ebd., 2.

[2] Vgl. Steck, *Prophetenbücher*, 165f, der sie als explizierende Auslegung charakterisiert.

[3] Vgl. Steck, *Prophetenbücher*, 157f.

[4] Vgl. Schmid, *Ausgelegte Schrift*, 125–127. Der Umbruch vom Fokus auf die prophetische Einzelgestalt hin zur prophetischen Überlieferung lässt sich nach Schmid, *Klassische und nachklassische Deutungen*, 244–246, schon bei Gerhard von Rad beobachten.

stümperhafte Glossatoren diffamiert, sondern mehr und mehr als innovative Ausleger gewürdigt.[5] Dabei wird auch zunehmend anerkannt, dass die Fortschreibungen des ursprünglichen Schriftwortes keine Randerscheinung innerhalb der Bibel darstellen, sondern weitgehend für ihre Substanz verantwortlich zu machen sind. Die alttestamentliche Literatur ist über weite Strecken als Auslegungsliteratur anzusehen.[6]

Einen besonderen Beitrag zur innerbiblischen Schriftauslegung verdankt die alttestamentliche Wissenschaft der Prophetenforschung, die das Anwachsen der Prophetenbücher anhand zahlreicher Textbeobachtungen als *Auslegung* zu beschreiben begann.[7] Die Tradenten der biblischen Prophetenbücher haben nicht einfach nur die auf die Propheten zurückgehenden Worte überliefert, sondern diese – im intensiven Rückbezug zu der in eben diesen Worten enthaltenen prophetischen Botschaft – unter veränderten Bedingungen neu bedacht und fortgeschrieben. In diesem Traditionsprozess der Prophetenbücher, im Spannungsfeld zwischen Bewahrung der alten Worte und Aneignung von neuen Fragestellungen durch Auslegung eben dieser Worte, wird die Auslegung der älteren Worte nicht (wie mehrheitlich in den in dieser Arbeit zu untersuchenden Pescharim) *neben* die auszulegende Prophetenschrift gestellt. Sie ist vielmehr *in diese selbst eingewoben,* so dass die Auslegung der «alten Worte» diesen als gleichgestellt erscheint. Damit will auch die Fortschreibung des ursprünglichen Prophetenwortes als Wort des der Schrift namengebenden Propheten selbst wahrgenommen werden.[8]

Die innerbiblische Prophetenauslegung ist daher selbst als prophetisch zu begreifen, welche durch Fortschreibung die Bedeutung der in der Prophetie überlieferten Worte für die aktuellen Zeitereignisse expliziert.[9] Dabei wird vorausgesetzt, dass die prophetischen Worte nicht nur Worte für die entsprechende Situation und Zeit sind, in die sie hineingesprochen wurden, sondern dass ihnen darüber hinaus auch eine wesentliche Bedeutung für spätere Generationen zukommt.[10] Für diese im Wachstum der Prophetenbücher durch die Tradition hinzugefügte Auslegung früherer prophetischer Worte hat Steck den Begriff der *prophetischen Prophetenauslegung,*[11]

---

[5] Vgl. Schmid, *Klassische und nachklassische Deutungen*, 246f. Ein wichtiger Beitrag für diese Sichtweise ist auch Donner, *Redaktor*.
[6] Mit Schmid, *Ausgelegte Schrift*, 122.
[7] Siehe dazu insbesondere Steck, *Prophetenbücher*, 157–166.
[8] Vgl. Steck, *Prophetenbücher*, 127–129.
[9] Vgl. Steck, *Prophetenbücher*, 169f.
[10] Vgl. Jeremias, *Proprium*, 29f.
[11] Siehe Steck, *Prophetenbücher*, 128. Steck formulierte den Begriff in bewusster Anlehnung an: Gerhard Ebeling, *Evangelische Evangelienauslegung*, FGLP X,1, Tübingen 1942. Mit dieser Anlehnung an Ebelings Begriff soll, wie dem Originalbeitrag, Steck, *Prophetische Prophetenauslegung*, 198, zu entnehmen ist, offenbar die intendierte Sachkohärenz der Prophetenauslegung zur Prophetie sowie die Verpflichtung der Ausleger dem prophetischen Erbe gegenüber betont werden. Der Rekurs auf Ebelings

für ihre vollmächtige Explikation traditioneller Prophetenworte und ihre innovative Anwendung dieser Worte auf Herausforderungen ihrer eigenen Zeit dagegen den Begriff der *schriftgelehrten Tradentenprophetie*[12] geprägt. Die Tradenten der Prophetenbücher werden damit zu Schriftpropheten im doppelten Sinne. Einerseits, indem sie sich auf die bereits vorliegende Prophetie *in der Schrift* beziehen, andererseits, indem ihre prophetische Prophetenauslegung selbst im Kanon der Schriftpropheten aufgenommen wird.[13]

Je jünger die Texte sind, desto mehr können sie (nur schon in numerischer Hinsicht) auf ältere Prophetenworte Bezug nehmen. Allerdings spielen in späten Prophetentexten des Alten Testamentes mitunter nicht mehr nur Einzelworte, sondern umfassendere Perikopen oder auch inkludierende Aufnahmen ganzer Prophetenbücher in den innerbiblischen Auslegungsprozessen eine Rolle. Dabei lässt sich beobachten, dass nicht primär nach der Botschaft eines bestimmten Propheten, sondern vielmehr nach dem in den Prophetenbüchern bezeugten Gesamtwillen Gottes gefragt wird. Mit anderen Worten: Nach dem Verständnis der Tradentenpropheten *kann* beispielsweise Jeremia im Wesentlichen nichts anderes sagen als Jesaja. Prophetische Prophetenauslegung richtet sich damit – im Rahmen ihrer innerbiblischen Entwicklung – an der Rekonstruktion des *einen Willen Gottes* aus, der aus dem Gesamtzeugnis der biblischen Prophetenbücher erhoben wird.[14]

Im Zentrum des Interesses an der innerbiblischen Schriftauslegung steht für diese Arbeit insbesondere die *innerbiblische Jesaja-Auslegung* und die Frage, ob und inwiefern diese als Vorform der Jesaja-Auslegung in den Qumranschriften zu begreifen ist. Wie Jesaja von den Trägerkreisen der Qumrantexte gelesen wurde, lässt sich durch Textdarstellung der prächtigen Jesaja-Rolle aus Höhle 1 ansatzweise erschliessen.[15] Da die Qumrantexte eine starke Orientierung an biblischen Gesetzen und Vorschriften, aber auch am Vorbild biblischer Figuren und Geschichten zeigen, liegt die Vermutung nahe, dass sich auch die in Qumran vorfindliche Schriftauslegung nach biblischen Vorbildern ausrichtete. Neben der in den redaktionellen Teilen des Jesajabuches greifbaren Jesaja-Auslegung selbst liegt es im Folgenden aber auch nahe, Dan 9 als einzige explizite Darstellung einer Schriftprophetenauslegung im Alten Testament zu behandeln.

Schrift darf jedoch nicht dazu verleiten, wie bei Steck, *Prophetenbücher*, 187–204, in diese «prophetische Prophetenauslegung» Grundlagen *protestantischer* Schriftauslegungspraxis zurückzuprojizieren.
[12] Siehe Steck, *Prophetenbücher*, 166f.
[13] Vgl. Schwesig, *Prophetie*, 79.
[14] Vgl. Jeremias, *Proprium*, 32f.
[15] Siehe dazu oben auf Seiten 1f.

Was oben bezüglich der Prophetenbücher allgemein festgestellt wurde, gilt im Besonderen für das Jesajabuch. Die Auslegung der Worte des namengebenden Propheten beginnt schon in diesem Buch selbst. Dies zeigt sich bereits daran, dass das Jesajabuch aus zwei deutlich verschiedenen Teilen besteht, die aber literarisch-exegetisch miteinander verbunden sind.[16] Das Jesajabuch bietet über weite Strecken hinweg Auslegung seiner selbst. Innerhalb des «Proto-Jesajabuches» ist als besonders prominente, interpretierende redaktionelle Fortschreibung die heilsprophetische Neubearbeitung der Jesaja-Überlieferung durch die sogenannte «Assur-Redaktion» zu nennen.[17] Der redaktionelle Brückentext Jes 35 als schriftgelehrte Tradentenprophetie aus der frühen Diadochenzeit hat dagegen bereits das durch eben diese textliche Verbindung entstehende *Gross-Jesajabuch* im Blick.[18] Durch die Verbindung von Proto- und Deuterojesaja wird aus einem Prophetenbuch, das im Wesentlichen die israelitische Königszeit behandelt, ein Prophetenbuch der Weltgeschichte. Jes 56–66 ist als schriftgelehrte Tradentenprophetie zu verstehen, die sich zunächst an den Texten aus Jes 40–55 (in dessen jüngeren Partien), dann aber am Gross-Jesajabuch insgesamt orientiert.[19] Bezüglich der innerjesajanischen Auslegung in Tritojesaja, in der nach dem Selbstverständnis des Buches kein anderer als der Prophet Jesaja selbst redet (nun allerdings zu einer anderen Zeit mit neuen, anderen Worten), kann man daher mit gutem Recht mit Steck von einem «sich selbst aktualisierenden Jesaja» sprechen.[20]

Im Folgenden sollen Jes 65,16b–17 als Beispiel der in den späten Redaktionen des Jesajabuches zu findenden Auslegungen älterer Worte dieses Buches und Jes 59,21 als Reflexionstext über die prophetische Prophetenauslegung im Jesajabuch genauer betrachtet werden.[21] Die letzten Redaktionen des Jesajabuches stehen nicht nur bezüglich des auszulegenden

---

[16] Vgl. Schmid, *Hintere Propheten*, 326–328.

[17] Abgrenzung und Profil der sogenannten Assur-Redaktion wurden durch Barth, *Jesaja-Worte*, in die Forschungsdiskussion eingebracht. Anders Becker, *Jesaja*, 212–219, der nur zwei Assur-Texte gelten lässt und insbesondere die Datierung der Assur-Worte in die Zeit Josias durch Barth kritisiert.

[18] So Steck, *Bereitete Heimkehr*.

[19] Zur Verabschiedung der These eines mündlich wirkenden Propheten «Tritojesaja» und zur konsequenten Interpretation von Jes 56–66 als literarische Fortschreibung siehe Steck, *Studien*.

[20] Vgl. Steck, *Jesaja in Jes 56,9–59,21*, insbesondere 230.

[21] Die ebenfalls zu einer späten Redaktion gehörende Auslegung von Jes 40,3 in Jes 57,14 wird bei der Auslegung von Jes 40,3 in der Gemeinderegel behandelt (Seiten 183–188).

Gegenstandes, sondern auch *zeitlich* der Jesaja-Auslegung in Qumran nahe.[22]

4.2.1 Die Auslegung von Jes 43,16–21 in Jes 65,16b–25

Das Textstück Jes 65,16b–25 gehört zur dritten (65,13–25) von fünf Gottesreden (65,1–66,24),[23] die das vorangehende Gebet (63,7–64,11) beantworten, und ist Teil der jüngsten Redaktionsstufen[24] des Jesajabuches aus frühhellenistischer Zeit,[25] wobei diese Redaktion das Gross-Jesajabuch als Ganzes im Blickfeld hat.[26]

16b Denn die früheren Nöte werden vergessen und vor meinen Augen verborgen sein.

17 Denn siehe, ich bin daran, einen neuen Himmel und eine neue Erde zu schaffen. Und an das Frühere wird man nicht mehr denken, und es wird nicht mehr in den Sinn kommen.

18 Vielmehr freut euch und jubelt für immer über das, was ich am Erschaffen bin! Denn siehe, ich bin daran, Jerusalem als Jubel und ihr Volk als Frohlocken zu erschaffen.

19 Und jubeln werde ich über Jerusalem, und frohlocken werde ich über mein Volk. Und die Stimme des Weinens und die Stimme des Geschreis wird in ihr nicht mehr zu hören sein.

20 Dort wird es kein Kleinkind mehr geben, das nur wenige Tage lebt, noch einen Greis, der seine Tage nicht vollendet hat, denn als junger Mann wird gelten, wer mit hundert Jahren stirbt, und wer hundert Jahre nicht erreicht, wird als verflucht gelten.

21 Und sie werden Häuser bauen und darin wohnen und Weinberge pflanzen und deren Früchte essen.

22 Sie werden nicht bauen, damit ein anderer wohnt, sie werden nicht pflanzen, damit ein anderer isst, denn wie die Tage des Baums, so werden die Tage meines Volks sein, und was ihre Hände erarbeitet haben, werden meine Erwählten geniessen.

23 Sie werden sich nicht umsonst mühen, noch für den Tod gebären, denn sie sind die Nachkommen der Gesegneten von Jhwh, und ihre Sprösslinge werden ihnen bleiben.

24 Und bevor sie rufen, werde ich antworten, bevor sie reden, werde ich erhören.

25 Wolf und Lamm werden zusammen weiden, und der Löwe wird Stroh fressen wie das Rind, aber Staub wird das Brot der Schlange sein. Nichts Böses wird es geben und nichts Verderbliches wird man tun auf meinem heiligen Berg, spricht Jhwh.

---

22 Zur generellen Datierung der Qumranrollen vgl. Stegemann, *Essener*, 20–22. Die genaue Datierung der zu untersuchenden Jesaja-Pescharim sowie weiterer Texten mit Jesaja-Zitaten und deren Auslegung ist in den diese Schriften behandelnden Kapiteln angegeben.

23 Literarische Abgrenzung mit Steck, *Himmel*, 350f; vgl. auch Steck, *Studien*, 248–265; anders Sweeney, *Prophetic Exegesis*, 458f.

24 Vgl. Steck, *Studien*, 34–44, sowie Schmid, *Literaturgeschichte*, 196.

25 Mit Steck, *Himmel*, 362f.

26 Vgl. dazu Sweeney, *Prophetic Exegesis*, 455–472, der insbesondere die Verbindungen zu Jes 1 und 6 betont, aber auch Steck, *Knabe*, 104–113, der den Beziehungen von Jes 65,25 und 11,6–8 nachgeht.

In diesem Text wird einerseits die deuterojesajanische Gegenüberstellung
von neuem und altem Exodus, Jes 43,16–21, andererseits das Motiv der
Erschaffung von Himmel und Erde aus dem Schöpfungsbericht der Prie-
sterschrift (Gen 1,1) aufgenommen.[27] Die unten wiedergegebene prophetische Verheissung Jes 43,16–21 sowie Gen 1,1 dienen in Jes 65,16b–17
als Quellen für eine neue prophetische Offenbarung.

16 So spricht Jhwh, der einen Weg gibt im Meer und einen Pfad in mächtigen
    Wassern,
17 der ausziehen lässt Wagen und Pferd, Heer und Held – zusammen liegen sie da,
    stehen nicht wieder auf; sie sind erloschen, verglommen wie ein Docht:
18 Denkt nicht an das Frühere, und auf das Vergangene merket nicht auf!
19 Siehe, ich bin daran, Neues zu wirken! Jetzt sprosst es auf. Erkennt ihr es nicht?
    Ja, ich lege durch die Wüste einen Weg, Ströme durch die Einöde.
20 Die Tiere des Feldes werden mich ehren, Schakale und Strausse, weil ich in der
    Wüste Wasser gegeben habe, Ströme in der Einöde, um mein Volk zu tränken,
    mein auserwähltes.
21 Dieses Volk, das ich mir gebildet habe, sie sollen meinen Lobpreis erzählen.

Ähnlich wie in Jes 65,16b–25 findet sich bereits in Jes 43,16–21 die Aufforderung, nicht mehr an das Frühere zu denken, sondern sich auf das
Neue zu konzentrieren. In Jes 65,16b–17 ist aber die inhaltliche Bestimmung sowohl des Früheren als auch des Neuen gegenüber Jes 43,16–21
deutlich ausgeweitet. Während in Jes 43,16–21 mit dem Früheren, dessen
man nicht mehr gedenken soll, *der alte Exodus* und mit dem Neuen der
neue Exodus, d. h. *das Ende des Exils* gemeint ist, geht es in Jes 65,16b–17
um nichts weniger als um eine Neuschaffung von Himmel und Erde,
welche durch ihre heilvolle Konzeption (vgl. Jes 65,18–25!) die Knechte
Jhwhs die alte Schöpfung (also ihre gegenwärtige Zeit) vergessen lassen
wird. Jes 65,16b–17 stammt aus einer Zeit, die mit dem Problem konfron-
tiert war, dass das in Jes 43,16–21 angekündigte Heil nicht eingetroffen
und auch die Gola nicht, wie verheissen, (vollständig) nach Israel zurück-
gekehrt war. Die Konzeption der Verheissung von Jes 43,16–21, welche
die Geschichte Israels vom Exodus her neu schreiben wollte, wird in
Jes 65,16b–17 noch weiter gedacht.[28] In massiver Überbietung gegenüber
Jes 43,16–21 nun aber derart, dass nicht nur die Geschichte Israels seit
dem Exodus, sondern vielmehr die ganze *Weltgeschichte seit der Schöpfung*
durch eine Neuschöpfung noch einmal neu geschrieben werden soll. Bemerkenswert ist dabei, dass die Verheissung des neuen Himmels und der
neuen Erde nur noch den Knechten Jhwhs gilt. Gegenüber Jes 43,16–21,
aber auch gegenüber DtJes insgesamt, wird in Jes 65,16b–17 die *Einheit des*

---

[27] Vgl. Steck, *Himmel*, 354–363. Insbesondere die Verse Jes 65,18–25 dieser Ver-
      heissung des neuen Himmels und der neuen Erde sind in deutlichem Kontrast zur
      alten Schöpfung gestaltet; vgl. ebd., 357–361 (zur deutlichen Bezugnahme auf
      Gen 3,14 bei der Nahrungsangabe der Schlange siehe ebd., 357–359). Anders
      Sweeney, *Prophetic Exegesis*, 464–474.
[28] Vgl. Steck, *Himmel*, 356.

Gottesvolkes zum ersten Mal aufgegeben und das Heil *nur noch für die Frommen* vorgesehen, während den Frevlern das Gericht droht.[29]

In diesem Punkt besteht eine auffallende sachliche Nähe zur Heilskonzeption in den zu untersuchenden Qumrantexten. In diesen wird (wie die Untersuchung der Schriftauslegungen in diesen Texten im Folgenden zeigt) das Heil nur denjenigen zugesprochen, die zur eigenen Gruppierung gehören, da diese als die einzigen vor Gott Rechtschaffenen angesehen werden. Den Aussenstehenden wird dagegen Gericht angedroht. Mit dieser, eine innerisraelitische Scheidung voraussetzende Heilsbegrenzung auf die eigene Gruppierung als die *wahren Frommen* Israels stehen die Verfasser der Qumrantexte diesbezüglich der Heilskonzeption von Tritojesaja nahe.[30]

4.2.2 Die Selbstreflexion prophetischer Prophetenauslegung in Jes 59,21

Jes 59,21 gehört einer Redaktionsschicht an, der Jes 1–62 bereits vorlag und die von Steck als *Heimkehrredaktion* bezeichnet wurde.[31]

> 21   Ich aber, dies ist mein Bund mit ihnen, spricht Jhwh: Mein Geist, der auf dir ist, und meine Worte, die ich in deinen Mund gelegt habe, werden nicht aus deinem Mund weichen, noch aus dem Mund deiner Nachkommen, noch aus dem Mund der Nachkommen deiner Nachkommen, spricht Jhwh, von nun an bis in Ewigkeit.

Der Text weist vielfältige Bezüge zum Jesajabuch auf.[32] Angeredet wird mit diesen Worten der Prophet, also Jesaja selbst. Er hat zu seiner Zeit Gottes Wort empfangen, darunter auch Worte, die nun im Wirken seiner Tradenten erst gegenwärtig werden. Aus der Tatsache, dass die späteren Hinzufügungen, genauso wie auch dieser Reflexionstext, in das Jesajabuch als originär jesajanische Prophetie eingeschrieben wurden, ist zu schliessen, dass unter den verheissenen Worten auch die hinzugefügten Worte von Jesajas Tradenten zu subsumieren sind. Die Botschaft Jesajas wirkt demnach nicht nur durch die Weitererzählung seiner Worte durch seine Nachkommen, sondern gerade auch in den Hinzufügungen seiner Tradenten weiter, beginnend von den ersten Tradenten seiner Worte bis hin zu den Tradenten seiner Worte in hellenistischer Zeit. Aus Jes 59,21 lässt sich somit das Selbstverständnis der Tradenten der Jesaja-Worte erheben, die in den von ihnen hinzugefügten Worten nichts anderes als die sachlich legitime Explikation der Botschaft dieses Propheten aus dem 8. Jahrhundert v. Chr. sahen.[33]

---

[29] Vgl. Schmid, *Literaturgeschichte*, 196.

[30] Vgl. Schmid, *Hintere Propheten*, 302.

[31] Vgl. Steck, *Gottesknecht*, 166–169.

[32] Durch das Stichwort «Bund» mit Jes 55,3 und 54,10, durch «Geist» mit Jes 42,1 und 61,1. Die Thematik, dass Jhwh seine Worte in den Mund des Propheten legt, findet sich in 51,16; anders Steck, *Prophetenbücher*, 175f (vgl. auch ebd., Anm. 98).

[33] Vgl. Steck, *Prophetenbücher*, 174–176.

Wie die beiden Beispiele zeigen, beginnt die Auslegung der Worte Jesajas nicht erst in den Schriften, die nach dem Jesajabuch entstanden sind, sondern bereits im Jesajabuch selbst. Diese innerjesajanische Auslegung findet sich namentlich auch noch in den letzten Redaktionen des Jesajabuches aus hellenistischer Zeit – die Zeit, in welcher auch die meisten Qumrantexte entstanden sind.[34] Inwiefern die oben skizzierten redaktionellen Auslegungen von Jesaja denjenigen in Qumran auch inhaltlich und methodisch nahestehen, wird der weitere Verlauf der Arbeit noch zeigen.

---

[34] Siehe oben Anm. 22.

Dan 9 ist eine der wenigen Stellen in der Hebräischen Bibel, in welcher explizit eine vorgegebene Bibelstelle ausgelegt wird, und sie ist die einzige Erzählung, in welcher der Auslegung auf der Erzählebene explizit ein Schriftstudium vorausgeht. In Dan 9 wird vom Protagonisten Daniel erzählt, dass er in den Schriften Einsicht gewinnt bezüglich des Wortes an Jeremia, dass 70 Jahre über den Trümmern Jerusalems erfüllt sein müssen. Da Daniel als Protagonist des Danielbuches eine Vorbildfunktion zukommt, kann davon ausgegangen werden, dass die in Dan 9 erzählte Schriftauslegung von ihren Verfassern als mustergültig angesehen wurde. Somit kann aus der Analyse dieser Auslegung darauf geschlossen werden, nach welchem Ideal Schriftauslegung zu der Zeit erfolgte, als Dan 9 geschrieben wurde. Dan 9 ist wegen 9,24–27 leicht zu datieren und gehört in etwa dieselbe Zeit wie die Qumrantexte. Die dargestellte Schriftauslegung ist daher für die Fragestellung der Arbeit von wesentlicher Bedeutung.

Bereits das Danielbuch selbst wird mit seiner Prophetenhermeneutik zeitlich und sachlich den Schriftauslegungen in Qumran als nahestehend gesehen. Insbesondere gilt dies für die erzählte Deutung der 70 Jahre aus Jer durch den Protagonisten Daniel in Dan 9.[35] Auffällig ist neben formalen Ähnlichkeiten auch die weltanschauliche Nähe zu den in den Qumranschriften vorfindlichen Exegesen,[36] so dass Dan 9 verschiedentlich sogar *als Pescher beschrieben* wurde.[37] Der Vergleich der Schriftdeutung in Dan 9 mit dem im Habakuk-Pescher explizit formulierten Schriftverständnis lag ebenfalls nahe, da bei beiden Texten nicht nur das Schriftstudium, sondern darüber hinaus auch eine himmlische Offenbarung eine wichtige Rolle spielt.[38] Nach 1QpHab VII,1 bedürfen die Worte der Propheten einer

---

[35] Schon in Elliger, *Studien*, 156f, wird auf die Verwandtschaft zwischen dem Habakuk-Kommentar und dem Danielbuch bzw. der Schriftauslegung in Dan 9 hingewiesen. Die postulierte Nähe spielt vor allem bei der ausführlichen Studie von Mertens, *Buch Daniel*, eine wichtige Rolle, bei der für den «Endgestalter» des Danielbuches angenommen wird, dass er zum Kreis der chassidischen Frommen gehörte, aus denen sich später die «Gemeinde vom Toten Meer» gebildet habe.

[36] Vgl. dazu neben der oben genannten Studie von Elliger: Bruce, *Book of Daniel*, sowie Mertens, *Buch Daniel*, 168–170.

[37] So Kratz, *Visionen des Daniel*, 233, aber auch Rigger, *Siebzig Siebener*, 216; anders Berner, *Jahre, Jahrwochen*, 43, der jedoch ebenfalls Ähnlichkeiten zur Methodik in den Pescharim konstatiert.

[38] Nach Jassen, *Divine*, 214, stellt Dan 9 den Locus classicus für die Behandlung frühjüdischer revelatorischer Exegese dar.

Zusatz-Offenbarung, damit ihr Geheimnis gelüftet werden kann.[39] Eine ähnliche Zweistufen-Hermeneutik wurde auch für Dan 9 postuliert.[40]

4.3.1 Die Stellung von Dan 9 im Danielbuch

Dan 9 bildet nach Kratz die letzte Fortschreibungsstufe im Danielbuch[41] und stammt aus makkabäischer Zeit.[42] Im unmittelbaren Kontext von Dan 9 finden sich die Vision von Widder und Ziegenbock in Kapitel 8 und deren Deutung durch Gabriel sowie die Vision über die Endzeit in Kapitel 10, auf welche sich Daniel nach 10,2 durch Fasten vorbereitet. Kapitel 8 endet mit dem Unverständnis Daniels (8,27) über die ergangene Vision, der in Kapitel 10–12 weitere Visionen und Erklärungen folgen. In den ursprünglichen Zusammenhang dieser Visionen wurde Kapitel 9 nachträglich eingeschoben.[43] Die sich in Dan 9 findende Exegese der «siebzig Jahre» Jeremias liegt daher zeitlich noch näher bei den Texten von Qumran als das Danielbuch insgesamt.

Der Aufbau von Dan 9 lässt sich wie folgt beschreiben: Der Einleitung (9,1–3) folgt ein längeres Bussgebet mit Ein- und Überleitung (9,4–20), das von der durch den Engel Gabriel mitgeteilten Jahrwochen-Offenbarung (9,21–24) und deren nachfolgenden näheren Erläuterung (9,25–27) abgebrochen wird. Stilistisch hebt sich das Bussgebet (9,4b–19) vom restlichen Teil von Kapitel 9 auffällig ab, was schon seit früher Zeit Anlass zu literarkritischer Hypothesenbildung gab.[44] Als Konsens der neueren Forschung gilt, dass das Bussgebet kein ursprünglicher Bestandteil von Dan 9 war.[45] Dennoch lässt sich das Gebet nicht einfach als orthodoxer Nachtrag abtun, da sich zwischen Gebet und der Rede Gabriels sowie der Deutung der 70 Jahre zu 70 Jahrwochen deutliche inhaltliche und theologische Parallelen zeigen.[46] Das Bussgebet hat daher eine nicht unwichtige Funktion für die Interpretation der in Dan 9 dargestellten Schriftauslegung, weshalb das Gewicht der vorliegenden Interpretation nicht auf mutmassliche literarkritische Vorstufen, sondern auf die Interpretation des Endtextes gelegt wird. Ob Vers 27 eine spätere Ergänzung darstellt,[47] kann für diese Untersuchung ebenfalls dahingestellt bleiben.

---

[39] Zur Hermeneutik von 1QpHab siehe oben Seiten 29–32.

[40] Vgl. etwa Koch, *Bedeutung der Apokalyptik*, 200f.

[41] Kratz, *Visionen des Daniel*, 230f.

[42] Vgl. Berner, *Jahre, Jahrwochen*, 19–22.

[43] So Berner, *Jahre, Jahrwochen*, 21.

[44] Zur Forschungsgeschichte von Dan 9,4b–19 vgl. Berner, *Jahre, Jahrwochen*, 26–28.

[45] So Redditt, *Daniel 9*, 240; ausführlicher bei Berner, *Jahre, Jahrwochen*, 26–35.

[46] Siehe Berner, *Jahre, Jahrwochen*, 26–35. Mit Steck, *Weltgeschehen*, 72–74, ist zu vermuten, dass es bei der Aufnahme des von deuteronomistischer Tradition geprägten Gebetes auch zu Angleichungen bei der Rahmenhandlung gekommen ist.

[47] So Berner, *Jahre, Jahrwochen*, 37–40.

Nach der innertextlichen Darstellung in Dan 9,1 findet das erzählte Schriftstudium Daniels im ersten Jahr des Meders Darius statt. Dieser (und nicht etwa der Perserkönig Kyros) löst nach der Darstellung des Danielbuches die Babylonier ab.[48] Nicht nur bezüglich des Exil-Endes, sondern auch bei dessen Beginn hat das Danielbuch bekanntlich eine eigenwillige Sichtweise. Die 70 Jahre des Exils beginnen nach Dan 1,1 mit einem postulierten Feldzug Nebukadnezars gegen Jojakim 607/606 v. Chr., der die *translatio imperii* vom judäischen König zum babylonischen Herrscher zur Folge hat.[49] Diese Datierung widerspricht nicht nur allen historisch zuverlässigen Quellen, sondern auch den Darstellungen in den übrigen biblischen Büchern, wonach das Exil erst mit den Wegführungen durch Nebukadnezars 597 und 587 v. Chr. beginnt.

Grössere Uneinigkeit herrscht bei den biblischen Darstellungen bezüglich der Frage, wann *das Ende des Exils* anzusetzen sei. Nach 2Chr 36 beginnt das Exil explizit mit dem 2. Feldzug Nebukadnezars 587 und ist mit dem Kyrosedikt (538 v. Chr.) zu Ende. Die Chronik verkürzt damit faktisch die Zeit des Exils auf 50 Jahre (587–538). Für Sach 1,12 hingegen endet die Zeit des 70-jährigen göttlichen Zorns über Jerusalem und die Städte Judas offenbar erst mit dem Tempelneubau; jedenfalls ist das erste Nachtgesicht Sacharias (Sach 1,7), welches das entsprechende Trostwort über das Ende des göttlichen Zornes beinhaltet, auf das zweite Regierungsjahr Darius' datiert, welches sich historisch mit dem Tempelneubau zusammenbringen lässt. Erst Sach 1,14–16 bringt jedoch Exil-Ende und Tempelneubau explizit zusammen. Als Exilszeit wird somit neu die Zeit zwischen Tempelzerstörung und Wiederaufbau ins Blickfeld genommen, die ebenfalls fast 70 Jahre dauert (586–519).[50]

Ähnlich wie in 2Chr 36 wurde offenbar auch im vormakkabäischen Danielbuch vorausgesetzt, dass das Exil mit der sich 538 v. Chr. einstellenden Rückkehrmöglichkeit zu Ende ist. Für das Verständnis der 70 Jahre dagegen wurde im Danielbuch eine andere Lösungsmöglichkeit gefunden. Den Weg einer faktischen Verkürzung, wie dies in 2Chr geschieht, wollte Dan offenbar nicht gehen. Durch das Postulieren eines ersten Feldzugs Nebukadnezars im 3. Jahr Jojakims (607/606 v. Chr.) in Dan 1,1 dauert das Exil nach der Darstellung des Danielbuches zwar ebenfalls bis zum Kyrosedikt, aber dennoch beinahe 70 Jahre (607–539). Somit kann dessen Ende als Weissagungsbeweis dienen.[51] Der Beginn der 70 Jahre (nach der Darstellung des Danielbuches) fällt damit praktisch mit der auf das 4. Jahr

---

[48] Einerseits werden damit Weissagungen, die ein Ende Babels durch die Meder voraussagen (Jes 13,17f, 21,2, Jer 51,11.27f), aufgenommen, andererseits stellt der Verfasser dem in der Antike geläufigen Vier-Reiche-Schema (Assur, Medien, Persien, Griechenland) eine eigene Interpretation entgegen (Babylon, Medien, Persien, Griechenland); vgl. dazu Koch, *Dareios der Meder*.

[49] Vgl. dazu Koch, *Bedeutung der Apokalyptik*, 186–190.

[50] Vgl. Berner, *Jahre, Jahrwochen*, 78f.

[51] Vgl. Koch, *Bedeutung der Apokalyptik*, 189.

Jojakims datierten Verkündigung des Wortes durch Jeremia zusammen (Jer 25,1).

4.3.2 Schriftstudium und -auslegung in Dan 9

Schon die in 9,1 gegebene Datierung «Im ersten Jahr des Darius, des Sohnes des Ahasveros, vom Geschlecht der Meder, der über das Reich der Chaldäer König geworden war» ist demnach bezüglich der 70-jährigen Exilszeit, welche den Inhalt des beschriebenen Studiums darstellt, bedeutsam. Mit dem Untergang des Babylonischen Reiches 539 v. Chr. sind 69 Jahre seit dem in Dan 1,1 postulierten Feldzug 607/606 v. Chr. vergangen. Ob damit aber auch das Ende der 70-jährigen Jeremiafrist bevorsteht, ist jedoch bereits mit Vers 2 als zweifelhaft dargestellt, da in diesem die 70 Jahre nicht als Jahre der Verbannung, sondern als Jahre, in denen Jerusalem in Trümmern liegt, näher bestimmt werden. Die Zerstörung der Stadt bzw. insbesondere des Tempels fand jedoch erst im letzten Feldzug Nebukadnezars 587/586 statt. Das Ende der Jeremiafrist wäre demnach erst in 20 Jahren zu erwarten.

    Ausgangspunkt der Auslegung der durch Jeremia geweissagten 70 Jahre auf 70 Jahrwochen ist das in Vers 2 erzählte Schriftstudium Daniels. Dieses und die durch den Engel offenbarte Deutung in Vers 24aα sind nun bezüglich der dargestellten Schriftauslegung besonders zu beachten.

2 בִּשְׁנַת אַחַת לְמָלְכוֹ אֲנִי דָּנִיֵּאל בִּינֹתִי בַּסְּפָרִים מִסְפַּר הַשָּׁנִים

אֲשֶׁר הָיָה דְבַר־יְהוָה אֶל־יִרְמְיָה הַנָּבִיא לְמַלֹּאות לְחָרְבוֹת יְרוּשָׁלַם שִׁבְעִים שָׁנָה

2   Im ersten Jahr seines Herrschens gewann ich, Daniel, Einsicht[52] in den Schriften über die Zahl der Jahre, die nach dem Wort Jhwhs zu Jeremia, dem Propheten, über die Trümmer Jerusalems vollendet sein müssen: die siebzig Jahre.

24 שָׁבֻעִים שִׁבְעִים נֶחְתַּךְ עַל־עַמְּךָ וְעַל־עִיר קָדְשֶׁךָ

24   Siebzig Siebener sind über dein Volk und deine heilige Stadt gegeben.

In der in Vers 2 erzählten Einsicht, die Daniel gewinnt (בין), geht es einerseits um ein Jeremia-Wort, die siebzig Jahre beinhaltend, andererseits liest der Protagonist offenbar nicht nur das Jeremiabuch. Gegenstand seines Forschens sind explizit «die Schriften» (wie dies בספרים anzeigt). Mit der pluralischen Bezeichnung ist daher sicher mehr als eine einzige Bibelstelle gemeint. Die verschiedenen Schriftworte, die bedacht werden, sind als die 70–Jahr-Prophetie Jeremias beinhaltend näherbestimmt, stammen aber ex-

---

[52] Zur Übersetzung von בין in Dan 9,2: Als «achten auf» siehe Ringgren, *Art. «בין»*, 621–624; ebenso (בין + ב) Köhler/Baumgartner, *HAL³ 1*, 117f. Anders: «verstehen», Schmid, *Art. «בין»*, und in dessen Gefolge Rigger, *Siebzig Siebener*, 75–77 sowie 180–182. Mit Letzterem ist das Verb als semantisch ambivalent zu beschreiben; siehe ebd., 17. Die obige Übersetzung versucht dies zu berücksichtigen und postuliert eine durch ein Studium gewonnene Erkenntnis. Daniel achtet zuerst in den Schriften auf die 70 Jahre und gelangt durch sein Schriftstudium zu einer Einsicht.

plizit aus *verschiedenen* Schriften. Was der Protagonist Daniel unternimmt, ist daher nicht einfach als blosse Lektüre, sondern als ein eigentliches Schrift-*Studium* zu begreifen, in dem Sinne, dass Daniel in den Schriften forscht und durch dieses Forschen Einsicht gewinnt.[53] Zusätzlich zur erzählerischen Darstellung des Schriftstudiums Daniels stellt sich die Frage nach der exegetischen Leistung *des Verfassers* dieser Verse. Diese ist jedoch von dem in der Erzählung dargestellten Studium zu unterscheiden.

Als mögliche Ausgangsstellen des *erzählten* Studiums Daniels werden in der Forschung Jer 25,11f und 29,10 genannt.[54] Aufgrund des Vorkommens der beiden Wörter מלא und חרבה in Dan 9,2 ist als «Wort des Herrn an Jeremia» zuerst einmal Jer 25,8–14 anzunehmen.[55] Von dieser Stelle ausgehend sind aufgrund des Plurals ספרים auch weitere Stellen in Jer mitzubedenken, in denen die 70 Jahre eine Rolle spielen (so auch Jer 29,10). Schwieriger ist die Frage zu entscheiden, ob sich ספרים auf verschiedene Bücher oder nur auf die im Zusammenhang mit den siebzig Jahren sogenannten Briefe, wörtlich jeweils als ספר (Buch) bezeichnet, in Jer 25,13, 29,1 bezieht. Im letzteren Fall ginge die Erzählung davon aus, dass zur Zeit «Daniels» das Jeremiabuch noch nicht als einheitliche Schrift vorlag, bzw. dass «Daniel» Zugriff zu den einzelnen Buchteilen, wie etwa den Brief an die Exulanten (Jer 29), gehabt hätte. Es ist jedoch anzunehmen, dass ספרים die autoritativen Schriften Israels bezeichnet.[56] Für eine Bezeichnung von Buchteilen von Jer, wäre nicht bloss ספרים, sondern eine nähere Bezeichnung (etwa «Schriftrollen Jeremias») zu erwarten. Tatsächlich ist בספרים (im MT mit bestimmtem Artikel geschrieben) nicht weiter determiniert. Die Bezeichnung «die Schriften» ohne nähere konkrete Angabe kann jedoch für die «heiligen» Schriften Israels stehen.[57] Dieses Verständnis ist für Dan 9,2 vorauszusetzen.[58] Auch wenn die Kanongrenzen zu dieser Zeit noch nicht festgelegt sind, bezieht sich der Ausdruck ספרים auf ein schon recht feststehendes Korpus von autoritativen Schriften (das aber kaum deckungsgleich, möglicherweise sogar noch etwas grösser war als die später kanonisierte Bibel).[59] Die Figur Daniel in Dan 9 studiert demnach nicht nur das Jeremiabuch, «Daniel» liest auch in anderen damals massgeblichen Schriften.

Das dargestellte Schriftstudium Daniels kann aufgrund der Angaben im Kontext noch genauer eingegrenzt werden. Nach der Darstellung von Dan 9 studiert «Daniel» jedoch nicht einfach planlos in den Schriften, die Angabe ist diesbezüglich präziser!

---

[53] Anders Jassen, *Divine*, 215–217.

[54] Nach Berner, *Jahre, Jahrwochen*, 43, ist es nicht möglich, eine sichere Entscheidung für eine der zwei Stellen zu fällen.

[55] Mit Applegate, *Jeremiah*, 106; gegen Wilson, *Prayer of Daniel 9*, 93.

[56] Gegen Applegate, *Jeremiah*, 106.

[57] Innerhalb des Dan ist ספרים ein hapax legomenon. Das Wort ספר kommt 5-mal darin vor und wird in Dan 1,4.17 für die Schrift der Chaldäer bzw. für jegliche Schrift verwendet. In Dan 12,1.4 bezeichnet ספר ganz bestimmte Bücher. ספר bezeichnet in der Hebräischen Bibel zuerst einmal einfach Schriftstücke (Briefe bzw. Bücher); in späterer Zeit wurden damit aber auch Sammlungen autoritativer prophetischer Worte bzw. Zusammenstellungen von Rechtssätzen (vgl. etwa das Bundesbuch) bezeichnet; vgl. Kühlewein, *Art. «ספר»*, 169–173.

[58] Mit Kühlewein, *Art. «ספר»*, 170f, und Hossfeld/Reuter, *Art. «ספר»*, 936f; vgl. auch Rigger, *Siebzig Siebener*, 182–184.

[59] Vgl. Berner, *Jahre, Jahrwochen*, 43. Anders Wilson, *Prayer of Daniel 9*, 92f. Nach Koch, *Bedeutung der Apokalyptik*, 192, gehören zu den ספרים nur Pentateuch und die «frühen Propheten».

«Daniel» bedenkt offenbar vielmehr jene Stellen, in welchen dem Wort oder der Sache nach von einem Wort Jeremias, die Prophezeiung über die 70 Jahre beinhaltend, die Rede ist. Explizit als Jeremiawort wird die 70-Jahr-Prophetie ausserhalb des Jeremiabuches (abgesehen von Dan) nur noch in 2Chr 36,21 bezeichnet.[60] Dort stehen die 70 Jahre nicht nur zusammen mit dem Verb מלא, sondern sie werden wie in Dan 9 als ein durch Jeremia vermitteltes Gotteswort qualifiziert (דבר יהוה בפי ירמיהו) und zusätzlich mit einer Erfüllungsformel versehen. Das Verb «erfüllen» (מלא) wird sogar zweimal gebraucht. Einerseits wird die vom Chronisten erzählte Exildauer bis zum Übergang der Macht an das Perserreich als Erfüllung des genannten Jeremiawortes dargestellt, andererseits beinhaltet das vom Chronisten gebotene «Jeremiawort» das Erfüllen der 70 Jahre, in denen das Land Ruhe hat.

Allein mit dem Verweis auf 2Chr 36,21 ist die in Dan 9,2 verwendete Formulierung jedoch noch nicht hinreichend erklärt. Sowohl in 2Chr 36,21 als auch in Jer 25,11f und 29,10 vergehen die 70 Jahre *nicht über Jerusalem*, so wie dies in Dan 9,2 der Fall ist. Eine Aussage über 70 Jahre, die über Jerusalem vergehen müssen, findet sich nur in Sach 1,12. Im Gegensatz zur Darstellung in Dan 9 sind die Worte Jeremias weder in Jer noch in 2Chr 36,21 auf Jerusalem bezogen. In Jer sind die 70 Jahre auf das Volk bzw. auf Babylon bezogen. In Jer 25,11 wird vorausgesagt, dass jenes Volk dem König von Babel 70 Jahre dienen wird, und im folgenden Vers geht es darum, dass Jhwh Babylon nach 70 Jahren bestrafen wird. Nach Jer 29,10 wird Jhwh die Verbannten erst nach den 70 Jahren für Babel heimsuchen und zurückführen. In 2Chr 36,21 schliesslich sind die 70 Jahre auf das Land bezogen, das durch eine Ruhepause die ihm fehlenden Sabbatjahre ersetzt bekommt. Der *Bezug auf Jerusalem*, welcher in Dan 9,2 vorausgesetzt wird, kann daher weder aus Jer noch aus 2Chr 36,21, sondern nur aus Sach 1,12 stammen.[61] Sach 1,12 nimmt implizit Bezug auf die 70-Jahr-Prophetie. Auf der Darstellungsebene ist ein Rückverweis auf Sach 1,12 allerdings nicht möglich, da das Schriftstudium Daniels in Dan 9,1 auf das 1. Jahr der Regierungszeit Darius', das erste Nachtgesicht Sacharias in Sach 1,7 explizit jedoch auf sein 2. Regierungsjahr datiert wird. Auf der Darstellungsebene findet demnach das Schriftstudium Daniels ein Jahr vor dem ersten Nachtgesicht Sacharias statt, weshalb Sach 1,12 nicht zum dargestellten Schriftstudium Daniels gehören kann. Dennoch ist vorauszusetzen, dass auf der Ebene des Verfassers auf Sach 1,12 im Sinne einer Anspielung Bezug genommen wird – nicht als dargestelltes Schriftstudium, sondern so, dass den Lesenden von Dan 9 durch die bewusste Vordatierung des Schriftstudiums Daniels für Sach 1,12 die Leseanweisung gegeben wird, die dortigen Angaben im Licht der Auslegung des Wortes durch Dan 9 zu verstehen.

Es ist demnach davon auszugehen, dass das dargestellte Studium Daniels in den Schriften durch die Worte דבר יהוה אל ירמיה הנביא sowie למלאות לחרבות ירושלם שבעים שנה (neben einem Verweis auf die 70-Jahr-Weissagungen in Jer) zunächst ein Verweis auf 2Chr 36,21 ist. Neben dieser Stelle bringt der Verfasser mit dem Bezug auf Jerusalem aber wie dargestellt auch Sach 1,12 mit ins Spiel – in der Erzähllogik nicht Gegenstand des Schriftstudiums Daniels, sondern Leseanleitung für die ein Jahr später an Sacharja ergehende Botschaft. Auf der Ebene des Verfassers wird dagegen deutlich, dass beide Stellen, 2Chr 36,21 und Sach 1,12 aufgenommen werden und damit auch die bei der Abfassung dieser Auslegungserzählung bereits bestehende *Diskussion* über die Auslegung der 70 Jahre

---

[60] Zu einer ausführlichen Auslegungsgeschichte der 70 Jahre vgl. Berner, *Jahre, Jahrwochen*, 78–84.

[61] Mit Steck, *Weltgeschehen*, 68.

Jeremias vom Verfasser von Dan 9 rezipiert wird. Auf der Ebene des Verfassers ist nun danach zu fragen, inwiefern sich die in Dan 9,2.24–26 gebotene Auslegung der 70-Jahr-Prophetie der Beschäftigung mit diesen beiden Stellen sowie mit Jer 25,11f, 29,10 verdankt. Dazu sind diese und ihre Aufnahme der 70-Jahr-Prophetie genauer anzusehen.

Aus Sach 1,12 stammt wie dargestellt der Bezug auf Jerusalem, während das Zusammenbringen des Exil-Endes mit dem Tempelneubau, der sich im unmittelbaren Kontext findet (Sach 1,14), von Dan 9 nicht übernommen wird. Wichtig für die Rezeption in Dan 9,2 ist, dass in Sach 1,12 vorausgesetzt wird, dass zu dem Zeitpunkt, auf welchen das erste Nachtgesicht in Sach 1,7 datiert wird (das zweite Regierungsjahr Darius), die 70 Jahre vorüber sind. Das Ende der 70 Jahre wäre auch innerhalb der Darstellung von Dan aufgrund von Dan 1,1 auf das zweite Regierungsjahr des «Darius des Meders», zu erwarten.[62] Durch die Datierung des Schriftstudiums Daniels ein Jahr vor dieser Vision, spielt die Szene in Dan 9,2 demnach im vorletzten Jahr der Jeremiafrist. Einen wesentlichen Einfluss auf die in Dan 9,24 gebotene Auslegung hat 2Chr 36,21 gehabt. Dieser Vers bietet kein wörtliches Zitat eines Jeremiawortes, das die 70 Jahre beinhaltet, sondern eine auf innerbiblische Exegese zurückgehende spezifische Auslegung dieser Weissagung. Die 70 Jahre Jeremias werden in Bezugnahme auf Lev 26,34 mit der Sabbatruhe in Verbindung gebracht.[63] In Lev 26,34 (und in dessen Gefolge auch der in Darstellung von 2Chr 36,21) beinhaltet das Exil nicht einfach einen bestimmten Ablauf von Jahren; vielmehr geht es darum, dass dem Land die Sabbatjahre ersetzt werden. In 2Chr 36,21 werden die 70 Jahre und das Ersetzen der Sabbatjahre als Hendiadyoin verstanden, so dass das Exil 10 Sabbatjahre (die 70 Jahre ausmachen) dauert. Ganz anders verstand der Verfasser der 70-Jahr-Auslegung in Dan 9 das Vorkommen der beiden Begriffe in 2Chr 36,21. Er sah dies so, dass hier nicht von 70 normalen Jahren, sondern von 70 Sabbatjahren die Rede ist, d. h. er addiert die beiden Informationen und kommt so auf 70 mal 7 Jahre (שבעים שבעים), also auf 490 Jahre. Das Wort Sabbatjahre (שבתות) aus 2Chr 36,21 wird in die Auslegung in Vers 24 nicht aufgenommen, wohl aber ihr Resultat, die Versiebenfachung, da auf ein Sabbatjahr immer sechs normale Jahre folgen.

Das Jahrwochenorakel selbst (Verse 24–26) bietet nicht nur eine Lösung des exegetischen Problems, sondern auch eine Offenbarung darüber, was in diesen 70 Jahrwochen geschehen wird. Damit wird in diesen Versen auch die von Daniel nicht verstandene Vision aus Kapitel 8 ausgedeutet. Die Aufteilung dieser Zeit in den nachfolgenden Versen in sieben, zweiundsechzig und zwei halbe Wochen zeigt, dass der Autor/Redaktor von Dan 9 mit der Einteilung der Zeit in Jubiläen vertraut war. Auch wenn diese Einteilung nicht so gründlich nach Jubliäen aufgeteilt ist wie die Zeiteinteilungen im Jub, ist zumindest davon auszugehen, dass er dieses Konzept der Zeiteinteilung kannte.[64]

Gegenüber Dan 1,1 werden in 9,24–26 Anfang und Ende der (in diesen Versen neu ausgelegten) Jeremiafrist neu bestimmt. 9,25 lässt sie mit dem «Wort», dass Jerusalem wiederhergestellt (שוב hi.) und aufgebaut würde, beginnen. Mit Berner ist darin eine Anspielung auf Jer 29,10 «Um euch an diese Stelle zurückzuführen» (שוב hi.) zu sehen,

---

[62] Koch, *Bedeutung der Apokalyptik*, 193f, verweist darauf, dass aufgrund von Dan 1,1 mit dem Zeitpunkt der in 5,30, 6,1 dargestellten Eroberung des Meders Darius das Ende der 70 Jahre unmittelbar zu erwarten ist.

[63] Vgl. Berner, *Jahre, Jahrwochen*, 84.

[64] Vgl. Redditt, *Daniel 9*, 246–249. Kenntnisse des Jub selbst sind dafür jedoch nicht unbedingt vorauszusetzen.

die aber gegenüber ihrer Vorlage einen deutlichen Akzent auf den Wiederaufbau setzt.[65] Das aufgenommene Wort stammt aus dem Brief, den Jeremia an die Exilierten schreibt. Dieser wird in Jer in die Zeit zwischen der ersten und zweiten Deportation datiert, also zwischen 597 und 587 v. Chr. Aufgrund dessen, dass in Vers 25 die Zeit bis zur Rückkehrmöglichkeit (538 v. Chr.) mit 49 Jahren (verstanden als die ersten sieben Jahrwochen) angegeben wird, ist anzunehmen, dass der Verfasser von 9,24–26 diesen Brief Jeremias auf die Zeit kurz vor der zweiten Wegführung datierte. Somit wird die bisherige Auslegung der 70 Jahre in Dan durch diese Verse im später hinzugekommenen Kapitel 9 korrigiert.

Die in Dan 9,24 gebotene exegetische Neukonzeption der 70-Jahr-Prophetie hat gegenüber der in Dan 1 gebotenen Auslegung der 70-Jahr-Prophetie verschieden Vorteile. Erstens wird der Beginn des Exils gemäss Dan 9 auf die zweite Deportation datiert und diesbezüglich mit der Darstellung von 2Chr 36 und Sach 1 harmonisiert und zweitens kann Dan 9 die Rückkehrmöglichkeit aufnehmen, die sich mit dem Ende der babylonischen Herrschaft ergibt. Somit stimmt Dan 9 bezüglich des Exil-Endes einerseits mit 2Chr 36,21 überein, nämlich bezüglich der mit dem Ende der babylonischen Herrschaft sich ergebenden Rückkehrmöglichkeit, andererseits harmoniert diese Sicht auch mit Sach 1, da in Dan das babylonische Reich nicht vom Perserkönig Kyros, sondern vom Meder Darius abgelöst wird und die Rückkehrmöglichkeit sich somit auf das Jahr 2 seit dessen Regierungsantritt in Verbindung bringen lässt, wie dies Sach 1,7 voraussetzt. Schliesslich kann Dan 9 ein weiteres Problem lösen, welches die Auslegung der 70-Jahr-Prophetie vor ihr hatte. Unabhängig davon, ob man das Exil bis zum Kyrosedikt oder bis zum Tempelneubau dauern lässt, erfüllt wird jeweils nur die in Jer 25,11 anklingende und in 29,10 vorausgesagte Rückführung Israels. Nicht erfüllt wird jedoch die in Jer 25,12 vorausgesagte Bestrafung Babylons. Das Ausbleiben einer Strafe für Babylon, infolge seiner (entgegen der Erwartung) kampflosen Einnahme durch Kyros, wurde theologisch zum Problem. Nicht nur weil damit prophetische Voraussagen nicht eintrafen, sondern weil die Feindesmacht, die Israel so viel Übles angetan hatte, nicht abgestraft wurde. Dieses Problem kann die Auslegung der 70 Jahre auf Jahrwochen dadurch lösen, dass sie die Prophetie Jeremias einerseits auf die Rückführung nach 7 Jahrwochen bezieht, andererseits die Sühnung der babylonischen Schuld und ein Ende mit Verheerung (darin inkludiert auch Babylons Ende) durch das eschatologische Eingreifen Gottes auf das Ende der 70 Jahrwochen verheisst.

Während für den Verfasser der Schriftauslegung von Dan 9 davon auszugehen ist, dass er, geprägt vom Bibelverständnis seiner Zeit, die in 9,24 gebotene Auslegung der 70 Jahre Jeremias aus innerbiblischer Exegese aller hier genannten Stellen herleitete, präsentiert sich die Problemlage auf der Ebene der vorliegenden Erzählung etwas anders. Aufgrund des Plurals ספרים ist (wie oben dargestellt) anzunehmen, dass mit dem erzählten Schriftstudium neben den Worten Jeremias in Jer 25,11f; 29,10 auch auf das Jeremiawort in 2Chr 36,21 angespielt wird. Für Sach 1,12 wird dagegen die Leseanweisung gegeben, das Wort auf das zweite Jahr der Perserherrschaft zu datieren. Der Antritt von Darius I. wird dabei gegenüber den historischen Fakten vordatiert, denn nach dem Danielbuch löst dieser die babylonische Herrschaft ab. Nach Dan 9 erbarmt sich Jhwh nicht erst nach 70 Jahren über Jerusalem. Wie aus Dan 9,24f hervorgeht, ist das Exil bereits nach 7 Jahrwochen, d. h. nach 49 Jahren zu Ende.

---

[65] Berner, *Jahre, Jahrwochen*, 60.

4.3.3 Das Verhältnis von Schriftstudium und Offenbarung in Dan 9

Zu beachten ist nun eine viel weiterreichende Differenz zwischen der exegetischen Leistung des Verfassers dieser Auslegung und der erzählerischen Darstellung. Die den Versen 20–23 folgende Auslegung ist nämlich nicht als das Ergebnis des Schriftstudiums Daniels, sondern als *himmlische Offenbarung* dargestellt.[66] Dies gilt sowohl für die Versiebenfachung der 70 Jahre als auch für die Offenbarung, was in diesen 490 Jahren geschehen wird. Letztere Auslegung entstammt nicht wie die Versiebenfachung aus innerbiblischer Exegese, sondern beruht auf einer neuen Information.[67] Die hinter der Versiebenfachung stehende exegetische Leistung des Verfassers steht aber in einer eigentümlichen Spannung zur Erzählung in den Versen 20–23, in welcher die gesamte Auslegung der 70 Jahre als Offenbarung des Engels Gabriel dargestellt wird.[68]

Diese Spannung zwischen Schriftforschung und Offenbarung findet sich aber bereits auf der Erzähl-Ebene, da von Daniel in Vers 2 erzählt wird, dass er im Schriftstudium Einsicht gewann und eine erste Einsicht sich bereits in diesem Vers zeigt, da darin (anders als in den beiden 70-Jahr-Prophetien in Jer) die 70 Jahre als *über die Trümmer Jerusalems vergehend* näherbestimmt werden. In den Versen 24–26 dagegen ist eben dieser Daniel für das rechte Verständnis auf die Engelsbotschaft angewiesen. Somit stellt sich die Frage nach dem Verhältnis des erzählten Schriftstudiums in Vers 2 und der Offenbarung in den Versen 20–23. Ist die Erzählung so zu verstehen, dass der Protagonist Daniel bereits nach dem Studium der Schriften versteht und Gabriel dies nur noch bestätigt und ausführt, oder so, dass «Daniel» die Schriften zwar studiert, aber für deren korrektes Verständnis auf die Offenbarung durch den Engel angewiesen ist?

Zur Beantwortung dieser Frage müssen drei Teilbereiche näher angeschaut werden: 1. Was ist das Ergebnis des Schriftstudiums «Daniels»? 2. Welche Funktion hat das Bussgebet? 3. Welche Funktion spielt die Rede des Engels Gabriel?

1) Ob Daniel nach Darstellung von Dan 9 die studierten Schriften versteht, hängt zu einem Teil davon ab, wie das gebrauchte Verb בין zu übersetzen ist. Nach Rigger ist Dan 9,2 bereits eine Mitteilung, dass «Daniel» das Wort Jeremias verstanden hat.[69] Wie dargestellt ist aber aufgrund des Plurals ספרים auf jeden Fall davon auszugehen, dass

---

[66] Vgl. Berner, *Jahre, Jahrwochen*, 44f.

[67] Auch wenn sich bei den Formulierungen möglicherweise biblische Anklänge finden; vgl. Berner, *Jahre, Jahrwochen*, 47–66.

[68] Diese Spannung lässt sich auch redaktionskritisch klären; vgl. etwa Rigger, *Siebzig Siebener*, 131 und 171ff, der eine Grundschicht postuliert, in welcher Daniel die Versiebenfachung allein durch innerbiblische Exegese erreicht, und die Offenbarung durch den Engel einer zweiten Bearbeitungsschicht zuschreibt. Dennoch ist auch bei einem solchen Modell die Frage zu stellen, wie die Darstellung des nun vorliegenden Textes zu verstehen ist.

[69] Zu den zwei Möglichkeiten der Übersetzung von בין siehe Rigger, *Siebzig Siebener*, 18, Anm. 23. Zur Übersetzung von בין als «verstehen» siehe oben Anm. 52.

der Protagonist in dieser Auslegungserzählung zuerst die verschiedenen Stellen in den Schriften zu diesem Jeremiawort zur Kenntnis nimmt, massgeblich die Prophezeiung selbst, aber auch ihre Auslegung in 2Chr 36,21, und dann erst zu Einsicht gelangt. Man kann daher nicht ein Prima-vista-Verständnis der 70-Jahr-Prophetie durch «Daniel» voraussetzen. Vielmehr unternimmt die Figur Daniel hier ein eigentliches Schriftstudium, in welchem sie dieser 70-Jahr-Prophetie nachgeht. Daher ist Vers 2 m. E. so zu lesen, dass Daniel die Schriften auf die Weissagung der 70 Jahre durch Jeremia durchforscht und dabei mehr und mehr an Einsicht gewinnt. Ein allfälliges Verstehen ist frühestens nach dem erfolgten Schriftstudium zu postulieren.

2) Auffällig ist, dass Daniel in seinem Gebet nicht um Einsicht in eine dunkle Schriftstelle bittet, sondern dass er ein Schuldbekenntnis für Israel ablegt. Ein Gebet als Mittel zum Zweck ist zwar keine zwingende Voraussetzung für eine Offenbarung; dennoch erscheint ein *Bussgebet* als eine angemessenere Reaktion auf eine Erkenntnis als auf eine Nicht-Erkenntnis.[70] Ebenfalls eine Reaktion auf das Wissen und keine Bitte um Wissen ist der Inhalt des Gebetes in Dan 2,19b–23. Daher ist eher davon auszugehen, dass Daniel nach seinem Schriftstudium eine Einsicht gewinnt,[71] wofür wie dargestellt auch das verwendete Verb בין spricht.[72] Zu einem Verstehen der 70 Jahre als 70 Jahrwochen von insgesamt 490 Jahren stehen jedoch diejenigen Bitten im Bussgebet in einer gewissen Spannung, in denen es um das Erbarmen Gottes, die Beendigung des Exils und das Ende der Verwüstung von Jerusalem geht (9,9.15–19). Insbesondere im letzten Vers des Gebetes (9,19) wird Gott aufgerufen, mit der Vergebung nicht zu zögern. «Daniel» geht demnach (wie auch Dan 1,1 dies nahelegt) mit 2Chr 36,21 davon aus, dass das Exil bis zum Ende der babylonischen Herrschaft 538 v. Chr. dauert und dass danach die verheissene Heilszeit anbricht. Dies hat zur Folge, dass die JeremiaProphetie nicht mehr auf die Exilszeit bezogen werden kann. Denn die 70-jährige Jeremiafrist wird in 9,2 explizit als über die Trümmer Jerusalems ergehend näherbestimmt. Da die Zerstörung Jerusalems 587 stattfand, würde demnach die Jeremiafrist 538 noch andauern. Die Erkenntnis «Daniels» aufgrund des Schriftstudiums ist somit zuerst einmal eine negative: Mit der Jeremiafrist kann nicht die Exilsdauer gemeint sein. Doch welche Bedeutung kommt nun der Jeremiafrist zu?

3) Nach der Darstellung von Dan 9,21 wird das Gebet vom Kommen des Engels Gabriel unterbrochen, der Daniel Einsicht geben soll. Daniel soll auf sein Wort merken und die «Vision» verstehen (והבן במראה). Dabei stellt sich die Frage, was mit מראה (Vision) gemeint ist. Das in 9,2 dargestellte Schriftstudium kann nicht gemeint sein. Auch ein Bezug auf die kommende Offenbarung über den Ablauf der 70 Jahre in den Versen 24–27 ist nicht plausibel. Was bleibt, ist, dass der Begriff die vorangegangene Vision in Kapitel 8 bezeichnet, welche «Daniel» nicht verstanden hat (8,27). Die Vision in Kapitel 8 beschreibt die Religionsnot unter Antiochus IV. Ebenfalls auf dieses Ereignis zielt der in 9,24–27 gebotene Überblick über die 70 Jahrwochen. Nach dem Verständnis dieser Auslegung der 70-Jahr-Prophetie Jeremias sind die Ereignisse der Vision schon in diesem Jeremiawort mitbedacht. Daniel wird in dieser Auslegung der 70-Jahr-Prophetie nicht nur über die richtige Deutung der von ihm studierten Schriftstellen, sondern auch über die Deutung der Vision aus Kapitel 8 belehrt. Wie dargestellt wird die 70-Jahr-Prophetie in dieser Auslegung (unter Rückgriff auf 2Chr 36,21) um das Siebenfache ausgedehnt. In der Auslegung in Vers 24 selbst zeigen sich jedoch keine Spuren der Beschäftigung mit 2Chr 36,21, etwa so, dass שבעים שבתות stehen würde. Auch diese Beobachtung spricht eher dagegen, dass auf der Darstellungsebene «Daniel» von selbst auf die Versiebenfachung gekommen ist.

---

[70] Vgl. Berner, *Jahre, Jahrwochen*, 41f. Anders Koch, *Bedeutung der Apokalyptik*, 193f.
[71] So auch Jassen, *Divine*, 217.
[72] Siehe oben Anm. 51.

Die als Offenbarung Gabriels dargestellte Versiebenfachung wird durch eine verschiedene Vokalisierung des Wortes שבעים aus Jer 25,11f und 29,10 erreicht. Damit können die beiden Jeremiaworte anders interpretiert werden, ohne dass ihr Konsonantenbestand verändert werden muss. Die englische Offenbarung, wie das Wort zu vokalisieren sei, führt nicht nur zu einem neuen Verständnis des Jeremiawortes selbst, es leitet auch dazu an, die bereits vorhandenen innerbiblischen Auslegungen dieses Wortes neu zu lesen und zu verstehen. In 2Chr 36,21 führt dies dazu, die siebzig Jahre als siebzig Sabbatjahre zu lesen. Auch Sach 1,12 muss dann anders gelesen werden. Dem Zuspruch in Sach 1, dass Gott sich Jerusalem wieder zuwendet, wird nicht widersprochen. Aufgrund des apokalyptischen Fahrplanes in Dan 9,24–27 werden die Lesenden jedoch angehalten, diese Zuwendung *nur als vorübergehend* zu lesen und das in der 70-Jahr-Prophetie verheissene Heil nicht in diesem Ereignis zu sehen, sondern dieses erst nach dem Ablauf der 70 Jahrwochen zu erwarten.

Am Ende von Kapitel 8 wird berichtet, wie bestürzt Daniel über die Vision ist, die er empfangen hat; zudem wird gesagt, dass er sie nicht verstehen kann (8,27). An diesem Punkt konnte der Verfasser dieser Fortschreibung mit Dan 9 gut anknüpfen. Auf das dargestellte Unverständnis hin ist eine Belehrung durch eine himmlische Botschaft natürlich nur zu willkommen. Insbesondere in der narrativen Bestürzung «Daniels» hatte die Überzeugung des Fortschreibers, dass die bisherige Deutung der 70-Jahr-Prophetie nicht stimmen konnte, ihr literarisches Pendant gefunden. Mit der Bestürzung Daniels konnte der Fortschreiber die eigene Problematik mit der Auslegung der 70-Jahr-Prophetie verbinden, dass er nämlich in seiner Gegenwart nicht die für nach dem Ende der 70 Jahre verheissene Heilszeit erkennen konnte.[73]

Auf der Ebene der Erzählung wird Daniel, der nach seinem Schriftstudium davon ausgeht, dass das Exil nun bald zu Ende sei, dass jedoch die von Jeremia geweissagten 70 Jahre sich noch nicht erfüllt hätten, vom Engel Gabriel über den wirklichen Sinn der 70-Jahr-Prophetie belehrt. «Daniel» liegt mit der Erwartung des baldigen Exil-Endes richtig, doch in der englischen Belehrung wird nun erst wirklich deutlich, warum damit die von Jeremia geweissagten 70 Jahre noch nicht erfüllt sind. Das Exil-Ende wird durch den Engel Gabriel als die Zeit nach 7 der insgesamt 70 Jahrwochen bestimmt. Hinter der Figur Daniel, die nach dem vollzogenen Schriftstudium mit dem Exils-Ende 538 (gemäss Dan 1,1 eine Dauer von 70 Jahren seit der ersten Eroberung Nebukadnezars) nun das Heil erwartet, steht die bisherige «innerbiblische» Auslegung der 70-Jahr-Prophetie (insbesondere auch die Auslegung des vormakkabäischen Danielbuches). Hinter der Figur des Engels dagegen steht der Verfasser dieser letzten Fortschreibung von Dan,[74] der durch die Erzählung der englischen Belehrung Daniels die Auffassung des ihm bereits vorliegenden Danielbuches bezüglich der 70-Jahr-Prophetie korrigiert.[75] Durch die Darstellung seiner Schriftdeutung als himmlische Offenbarung erhält diese

---

[73] Vgl. Koch, *Bedeutung der Apokalyptik*, 192f, aber auch Steck, *Weltgeschehen*, 69.
[74] Siehe oben Anm. 41.
[75] Diese Korrektur der Auffassung des dem Verfasser vorliegenden vormakkabäischen Danielbuches erklärt die verschiedenen sprachlichen Bezüge zwischen Bussgebet und der Offenbarung der genauen Deutung der 70-Jahr-Prophetie durch Gabriel.

noch besonderes Gewicht. Mit der Offenbarung durch die Figur des Engels wird daher nicht nur «Daniel», sondern sozusagen auch das Danielbuch (bzw. dessen Auffassung, wie sie sich aus Dan 1,1 ergibt) über die wahre Deutung der 70-Jahr-Prophetie «belehrt». Zudem wird mit dieser Schriftdeutung auch die Auffassung der übrigen Schriftstellen korrigiert, auf welche in 9,2 angespielt wurde.

Nach der Darstellung von Dan 9 ist die Versiebenfachung der 70-Jahr-Prophetie Jeremias *eine durch das Wortspiel des Engels offenbarte Leseanweisung*, für die von «Daniel» studierten Bibelstellen. Auf der Ebene des Verfassers ist aber gerade diese Versiebenfachung dezidiert als exegetische Leistung aufgrund des Studiums der bisherigen innerbiblischen Auslegung dieses Jeremiawortes anzusehen. Erzählebene und Leistung des Verfassers stehen diesbezüglich in einer eigentümlichen Spannung, die aber aufgelöst werden kann. Das für diese Exegese notwendige Schriftstudium spielt wie dargestellt auch auf der Erzählebene eine wichtige Rolle. Wenn die Figur Daniel in 9,2 berichtet, dass sie in den Schriften zur Erkenntnis gelangt sei, so schliesst dies sowohl ein erstes, nur teilweises Verstehen der Schriften, aber auch die in der Offenbarung ergangene Erkenntnis mit ein. Zwar erhält der Protagonist Daniel die entscheidende Erkenntnis erst durch die Offenbarung und nicht durch das Schriftstudium, aber er erhält die Offenbarung auch nicht ohne Schriftstudium. Erst *nach* seinem Studium und nach dem daraus resultierenden Missverstehen bzw. nur teilweisen Verstehen kann Daniel über die rechte Deutung der von ihm studierten Schriftstellen belehrt werden. Dies zeigt, dass nicht bloss die Offenbarung, sondern auch *das Schriftstudium* mit dem ersten (Miss-)Verstehen Daniels ein notwendiger Bestandteil der rechten Schrifterkenntnis ist. Umgekehrt ist für den Verfasser vorauszusetzen, dass er seiner Meinung nach diese Exegese des 70-Jahr-Wortes nicht nur seinem Schriftstudium, sondern auch göttlicher Offenbarung verdankte. Zur richtigen Deutung der Schriften sind daher sowohl für die Figur Daniel als auch nach der Meinung des Verfassers Offenbarung *und* Schriftstudium notwendig.[76] Indem Daniel für die rechte Deutung der 70-Jahr-Prophetie eine Offenbarung empfängt, wird er selbst zum Propheten. Die Auslegung der 70 Jahre in Dan 9 ist daher nicht nur Schriftauslegung; sie ist daneben auch als *prophetische Prophetenauslegung* zu begreifen.[77]

---

[76] Anders Jassen, *Divine*, 214–221.
[77] Mit Rigger, *Siebzig Siebener*, 132f.

5. Prophetenrezeption in den Apokryphen und Pseudepigraphen

Die Rezeption der Prophetenbücher in den alttestamentlichen Apokryphen und Pseudepigraphen[1] ist von einiger Bedeutung für das Prophetenbild und allgemein für das Verständnis der Prophetie in den Qumranschriften. Soweit diese zwischentestamentlichen Schriften auch im palästinischen Judentum bekannt und verbreitet waren, stellen sie ein gemeinsames Schriftgut dar, das die Trägerkreise der Qumrantexte mit anderen jüdischen Gruppierungen teilten. Die Art und Weise, wie darin Prophetenbücher rezipiert und behandelt werden, lag den Trägerkreisen der Qumrantexte zum Teil schon vor. Ein Einfluss der Prophetenrezeption in den alttestamentlichen Apokryphen und Pseudepigraphen auf diejenige in Qumran kann daher erwartet werden. Durch die Untersuchung der Prophetenrezeption in den alttestamentlichen Apokryphen und Pseudepigraphen wird daher versucht, nach der *Vorgeschichte* der Prophetenrezeption in Qumran zu fragen und damit den historisch-hermeneutische Vorbedingungen der Prophetenauslegung in Qumran nachzugehen.

Um einen Einfluss auf Qumran wahrscheinlich zu machen, sollen nur die in Qumran gefunden Schriften berücksichtigt werden.[2] Bei den Apokryphen sind Sirach, Tobit sowie der aus dem apokryphen Buch Baruch bekannte Brief Jeremias (EpJer) fragmentarisch in Qumran belegt. Ebenso ist bei den in Qumran gefunden und auch im übrigen damaligen Judentum breit bekannten Pseudepigraphen, dem 1. Henochbuch und dem Jubiläenbuch zu prüfen,[3] inwiefern die biblischen Prophetenbücher rezipiert

---

[1]   Die Terminologie richtet sich nach TRE. Als *Apokryphen* werden die zwischen dem 3. und 1. Jh. v. Chr. entstandenen jüdischen Schriften bezeichnet, die nicht in die Hebräische Bibel, wohl aber in die LXX aufgenommen worden sind; vgl. Rüger, *Art. «Apokryphen I»*, 289–296. Im katholischen Sprachgebrauch werden die nachfolgend untersuchten Texte hingegen als *Deuterokanonische Schriften* bezeichnet; vgl. ebd., 294. Als Pseudepigraphen werden weitere frühjüdische Schriften bezeichnet, die meist eine Offenbarung als ihren Inhalt beanspruchen und pseudepigraphisch einer atl. Gestalt zugeschrieben werden; vgl. Charlesworth, *Art. «Pseudepigraphen»*.

[2]   Zu den in Qumran gefunden Apokryphen und Pseudepigraphen und ihrem Stellenwert in Qumran vgl. Flint, *«Apocrypha»*. Die Tatsache, dass diese in der LXX bezeugten Texte auch in Qumran gefunden wurden, lässt darauf schliessen, dass diese im damaligen Judentum einen breiteren Bekanntheitsgrad aufwiesen. Zwar ist auch ein Einfluss weiterer ausserbiblischer Schriften auf Qumran denkbar, dieser lässt sich jedoch nicht erhärten.

[3]   Das 1. Henochbuch (1Hen), auch Äthiopisches Henochbuch (ÄthHen), ist vollständig nur auf äthiopisch überliefert. 1Hen ist eine typisch apokalyptische Schrift, deren Ursprache aramäisch war und von der aramäische Fragmente von mehreren Handschriften in Qumran gefunden wurden. Mit hebräischen Fragmenten von mehr als 10 verschiedenen Handschriften ist auch das Mitte des 2. Jh. v. Chr. entstandene Jubiläenbuch (Jub) in Qumran breit bezeugt.

werden. Die Testamente der zwölf Patriarchen werden dagegen nicht in die Untersuchung einbezogen,[4] da die in Qumran gefundenen möglichen Vorstufen zu einzelnen Büchern von Test XII entweder zu fragmentarisch sind[5] oder keine Prophetenrezeption zeigen.[6]

Beim apokryphen Buch Sirach war es schon Gerhard von Rad, der auf das erstaunliche Prophetenbild in dieser zwischentestamentlichen Schrift aufmerksam gemacht hat.[7] Ein spezielles Prophetenverständnis zeigt wie dargestellt auch der in Qumran gefunden Habakuk-Pescher.[8] Es stellt sich daher die Frage, inwiefern die Auslegung in Qumran von einem bestimmten Bild der Prophetie beeinflusst ist und woher dieses Prophetenbild stammt. Im Rahmen der vorliegenden Arbeit soll daher in allen zu untersuchenden apokryphen und deuterokanonischen Schriften auch das jeweilige Prophetenbild erhoben werden.

Die zu untersuchenden Bücher werden in der Reihenfolge ihrer mutmasslichen Entstehungszeit behandelt. Die Untersuchung kann sich dabei teilweise auf Vorarbeiten stützen, die Prophetenrezeption und Prophetenbild dieser Texte mehr oder weniger ausführlich behandelt haben. Die Anlage der Untersuchung bringt es mit sich, dass der Fokus bezüglich Prophetenrezeption und Prophetenbild nicht auf den jeweiligen spezifischen Besonderheiten, sondern auf den Gemeinsamkeiten der zu untersuchenden Schriften liegt.

---

[4]   In Qumran wurden Fragmente gefunden, die sich zu den Schriften *Testament des Joseph, Testament des Juda, Testament des Levi und Testament des Naphtali* zuordnen lassen. Sie könnten zu den Quellen der Schrift *Testamente der zwölf Patriarchen* (Test XII) gehört haben. Diese müssten dann aber überarbeitet worden sein, da sie von den entsprechenden Teilen der jetzigen Test XII abweichen. Da in Qumran keine weitere Fragmente gefunden wurden, ist die Grundschrift der Test XII wohl erst im 1. Jh. n. Chr. entstanden; vgl. Beyer, *ATTM I*, 191. Die jetzige Form der Test XII kann daher nichts zur Vorgeschichte der Prophetenrezeption in den Qumranschriften beitragen.

[5]   Das Fragment 3Q7, das als Vorlage von Test Jud in Frage kommen könnte, weist lediglich zwei Verse auf, die nichts für die Fragestellung der Arbeit bringen. Gleiches gilt für das Fragment 4Q215, auch 4QTNaph genannt, das die Vorlage für Test Naph bildet. Es enthält 11 Verse, die jedoch keine Anspielungen oder Verweise auf, noch Zitate von prophetischen Schriften bieten. Von der Abschiedsrede Josephs (4Q539) sind lediglich neun fragmentarische Verse erhalten, welche ebenfalls nichts zu Prophetenrezeption und Prophetenbild beitragen können.

[6]   Die im jetzigen Text von Test Levi zu beobachtenden auffälligen Anspielungen auf prophetische Schriften (XIV,8, XVI,2, XVII,4) sind in den aramäischen Fragmenten in Qumran (1Q21, 4Q213–4Q214, 4Q540, 4Q541) nicht zu finden. Es ist daher nicht auszuschliessen, dass sie erst einer nachträglichen Bearbeitung entstammen, weshalb sie für die Untersuchung nicht berücksichtigt werden können.

[7]   Siehe von Rad, *Weisheit in Israel*, 331.

[8]   Siehe oben Seiten 29–31.

1Hen, von dem zahlreiche aramäische Fragmente in Qumran gefunden wurden,[9] wird zu den sogenannten Pseudepigraphen des AT gezählt. Das Buch umfasst eine umfangreiche Sammlung apokalyptischer Henoch-Traditionen mit unterschiedlicher Entstehungszeit. Üblicherweise wird 1Hen in sieben Teile (5 Teilbücher und 2 Anhänge) unterteilt. Die älteren Teile von 1Hen, die im 3. Jh. v. Chr. entstanden sein dürften, handeln vom Fall der Engel (vgl. Gen 6,1–4) und vom darauffolgenden göttlichen Strafgericht. Ebenfalls vergleichsweise früh dürfte das Astronomische Buch entstanden sein (3./2. Jh. v. Chr.). Vom jüngsten Teil, der Bilderrede von der Erwartung des Menschensohns, gibt es keinen Beleg in Qumran; seine Entstehung wird üblicherweise erst in das 1. Jahrhundert n. Chr. angesetzt.[10] Die in den Bilderreden zu findenden Jesaja-Zitate können daher zur Prophetenhermeneutik in Qumran nichts beitragen.

1Hen war der Forschung schon vor Qumran bekannt. Neben den in Qumran gefundenen Fragmenten sind Textteile in Griechisch, Syrisch und Koptisch schon seit längerer Zeit Gegenstand wissenschaftlicher Untersuchungen gewesen. Vollständig ist das Werk nur in Äthiopisch überliefert. Dies ist der Tatsache zu verdanken, dass 1Hen Teil des Kanons der Äthiopischen Kirche ist. Die äthiopische Übersetzung beruht wahrscheinlich auf griechischen Henochschriften.[11] Die verschiedenen Übersetzungen, aber auch sein Einfluss auf das NT (besonders bemerkenswert ist das Zitat von 1Hen 1,9 in Jud 14) und die frühchristliche Literatur zeigen,[12] dass 1Hen auch ausserhalb der Trägerkreise der Qumranliteratur vielfach rezipiert wurde.

Mit Ausnahme der Bilderreden sowie dem Anhang II wurden zu allen Buchteilen von 1Hen Fragmente in Qumran gefunden.[13] Aus der Tatsache, dass in Qumran *Fragmente von mehreren Handschriften* gefunden wurden, kann geschlossen werden, dass 1Hen in Qumran einige Beachtung fand. Umgekehrt finden sich in 1Hen inhaltliche Übereinstimmungen mit Qumran, insbesondere bei kalendarischen Fragen, weshalb einige Forschende davon ausgehen, dass 1Hen auf eine den Trägerkreisen der Qumrantexten ver-

---

[9] Vgl. Nickelsburg, *1 Henoch 1*, 9f. Anders Uhlig, *Äthiopisches Henochbuch*, 483f, der zusätzlich noch zwei hebräische Fragmente nennt.

[10] Zur Datierung der verschiedenen Buchteile von 1Hen vgl. Uhlig, *Äthiopisches Henochbuch*, 494.

[11] Vgl. Uhlig, *Äthiopisches Henochbuch*, 486f.

[12] Siehe Uhlig, *Äthiopisches Henochbuch*, 470f.

[13] 1Hen war damals aller Wahrscheinlichkeit nach noch in den einzelnen Teilen im Umlauf, die erst nach der Zeitenwende zu einer Komposition zusammengefügt wurden; vgl. Uhlig, *Äthiopisches Henochbuch*, 494.

wandte Gruppierung zurückführen sei.[14] Aufgrund seiner Nähe zu Qumran sowie wegen seines Einflusses auf weitere frühjüdische Gruppierungen
muss deshalb im Rahmen dieser Arbeit der Frage nachgegangen werden,
ob ein Einfluss von 1Hen auf die Prophetenrezeption bzw. -auslegung in
Qumran festgestellt werden kann.

Für die nachfolgende Untersuchung wird der neuere Kommentar von Nickelsburg hinzugezogen, der das Verhältnis von 1Hen zur prophetischen
Literatur intensiv behandelt. Aufmerksamkeit verdient dabei insbesondere
Nickelsburgs These, dass 1Hen in einigen Fällen Modelle aus der biblischen Prophetie imitiere.[15] Selbstverständlich würde 1Hen die biblischen
Bücher nie *explizit* zitieren, da die fiktive Verfassungszeit des Henochbuchs
ja vor Mose angesetzt sei.[16] Für Nickelsburg steht 1Hen in deutlicher Abhängigkeit zu den biblischen Schriften. Zwar verweist er daneben auch auf
mündliche Traditionen und die sprachlichen Gemeinsamkeiten der Verfasser von 1Hen mit den biblischen Verfassern, doch steht für ihn fest,
dass die Verfasser von 1Hen die Schriften Israels nicht nur kennen, sondern von ihnen mitunter bis ins Wörtliche hinein Gebrauch machen.[17]
    Nicht alle von Nickelsburg genannten Phänomene lassen sich als *Schrift-
rezeption* aus der biblisch-prophetischen Literatur beschreiben, so wie sie
eingangs dieser Arbeit definiert wurde.[18] Gerade die vorgenommene
Abgrenzung gegenüber traditionsgeschichtlichen Erklärungen erweist sich
dabei als wesentlich. Massgebliche Differenzen gegenüber der Darstellung
von Nickelsburg zeigen sich bereits bei der Einleitung, 1Hen 1–5.

5.1.1 Aufnahme prophetischer Motive in der Einleitung (Kapitel 1–5)

Die Kapitel 1–5 beschreibt Nickelsburg als ein um weisheitliche Motive
angereichertes prophetisches Orakel,[19] dessen Funktion darin bestehe, die
Verlässlichkeit der folgenden Aussagen zu untermauern. Die Überschrift
und Einleitung in 1,1–3b sieht er als von den Bileam-Sprüchen her beeinflusst an.[20]

---

[14] Vgl. Uhlig, *Äthiopisches Henochbuch*, 492, und VanderKam, *Jubilees*, 65. Die genannten
    Parallelen sind Anlass für die These des *Enochic Judaism* bei Boccaccini, *Essene
    Hypothesis* (siehe oben Seite 40).

[15] Nickelsburg, *1 Henoch 1*. Zur These siehe ebd., 28–34.

[16] Siehe Nickelsburg, *1 Henoch 1*, 57. Das Argument ist wenig überzeugend. Das Jub
    kann nämlich, obwohl es sich Mose als Verfasser zuschreibt, trotzdem auf die fiktiv
    späteren Schriftpropheten hinweisen (vgl. die nachfolgenden Untersuchung des Jub).

[17] Siehe Nickelsburg, *1 Henoch 1*, 57, zu den sprachlichen Gemeinsamkeiten sowie ebd.,
    31 und 129ff, zum wörtlichen Gebrauch.

[18] Zur Schriftrezeption der biblisch-prophetischen Literatur (im Folgenden als «Pro-
    phetenrezeption» bezeichnet) siehe oben Seiten 19–23.

[19] Siehe Nickelsburg, *1 Henoch 1*, 31.

[20] Vgl. Nickelsburg, *1 Henoch 1*, 137–141.

Unter Verweis auf ältere Arbeiten[21] postuliert Nickelsburg für 1Hen 1,2 enge Parallelen in Sprache und Form zu Num 24,15–17 (Bileamprophetie).[22] Seine Interpretation der Stelle basiert mehrheitlich auf den antiken äthiopischen bzw. griechischen Übersetzungen von 1Hen. Die Perikope ist auch in den Fragmenten von Qumran in einer aramäischen Fassung belegt, welche aber sehr lückenhaft ist. Um der Frage nachzugehen, inwieweit bereits in der Qumranfassung von 1Hen tatsächlich biblisch-prophetische Literatur in dieser Perikope rezipiert wird (die Bileamperikope miteingerechnet), ist es unabdingbar, vom aramäischen Text auszugehen.[23] Die Untersuchung basiert auf dem rekonstruierten Text von Klaus Beyer; die weitergehenden Rekonstruktionen der Textlücken bei Józef Milik lassen sich nicht erhärten.[24]

1Hen 1,2

a [כדי נסב] מתלוהןי או]מר

b [חנך גבר קשיט די חזו מן אלהה לה פתיחן

c [חזות קדישה ושמיה אתחזית לי

d ומן מלי [עירין וקדישין כלה [שמעת]

e [אנה וכלקבל די שמעת מנהן אנה כלה ידעת ואתבננת אנה]

a [Da hob er] seine <u>Bildrede[n</u> an und <u>sp]rach:</u>

b [Mir, Henoch, einem wahrhaftigen <u>Mann</u>, wurde eine Erscheinung Gottes zuteil;

c eine <u>Vision</u> des Heiligen und des Himmels wurde <u>mir</u> <u>gezeigt.]</u>

d Und aus den Worten von [Engeln] und Heiligen [<u>hörte</u>] ich alles.

e [Und dementsprechend, was ich von ihnen hörte, <u>erkannte</u> ich alles und verstand, was ich sah.]

Spezielle Aufmerksamkeit legt Nickelsburg auf die Einleitungsformel in 1,2a. Hier sieht er eine parallele Formulierung zur Einleitung des Bileam-Orakels Num 23,7 (vgl. Num 23,18, 24,3, 24,15) «Und er hob an seine <u>Bildrede</u> und <u>sprach</u>» (וישא משלו ויאמר). In beiden Texten wird für «Rede» und «sprechen» jeweils der gleiche Ausdruck gebraucht (das aramäische מתל entspricht dem hebräischen משל). Als weitere, vergleichbare prophetische Rede-Einleitungen nennt Nickelsburg Jes 14,4 «So wirst du dieses Lied anheben wider den König von Babel und sagen» (ונשאת המשל הזה על מלך בבל ואמרת), Mi 2,4 «An jenem Tag wird man einen Spruch von euch anheben und klagen»

---

21 In der Fussnote (vgl. Nickelsburg, *1 Henoch 1*, 137) werden die «commentators» nicht näher spezifiziert. In den folgenden Fussnoten wird jedoch auf Hartman, *Asking*, und Suter, *Masal*, verwiesen.

22 Siehe Nickelsburg, *1 Henoch 1*, 129 und 137. Die Parallelen werden ebd., 138, in einer Tabelle zusammengestellt. Obwohl in späterer Zeit nicht zum Kanon der «Propheten» zugehörig, spielt die Bileamprophetie in zwischentestamentlicher Zeit eine wichtige Rolle (vgl. die nachfolgenden Untersuchungen zur Damaskusschrift und der Kriegsregel in Kapitel *6. Jesaja-Auslegung in den Regeltexten*).

23 Aufgrund des in privatem Besitz befindliche und nun publizierte Fragment XQpapEnoch kann erschlossen werden, dass die griechische, aber auch die äthiopische Version einige Differenzen aufweisen. Vgl. Eshel/Eshel, *New Fragments*, 156f. Denkbar sind auch *interpretatorische* Zusätze.

24 Vgl. Beyer, *ATTM I*, 232, bzw. Milik, *Book of Enoch*, 141–145. Die Einteilung von 1Hen 1,2 in a–e entspricht derjenigen von Nickelsburg, *1 Henoch 1*, 137f. Text nach Beyer, die weitergehenden Rekonstruktionen Miliks sind grau wiedergegeben; gleiche Wortstämme von 1Hen 1,2 und Num 24,15f sind unterstrichen.

(ביום ההוא ישא עליכם משל ונהה) und Hab 2,6 «Werden nicht alle diese einen Spruch von ihm anheben?» (הלוא אלה כלם עליו משל ישאו). In den aramäischen Texten ist מתל das einzige mit Sicherheit lesbare Wort. Die hebräische Parallele משל kommt in der BHS 40-mal vor, 14-mal in prophetischem Kontext. In Kombination mit אמר kommt משל in der BHS 14-mal vor.[25] Zusammen mit נשא erscheint es neben Num 24,23 und weiteren, prophetischen Stellen auch in Hiob 27,1 und 29,1: «Und Hiob hob abermals an mit seiner Rede und sprach.» Diese Befunde sprechen dagegen, dass die Einleitungsformel allein auf prophetische Vorbilder verweist. Der Ausdruck נשא משל ist keine besonders prophetische, sondern vielmehr eine traditionelle Formel, mit welcher die Rede einer Person eingeleitet werden kann. Zwar ist die Einleitungsformel «Da hob er seine Bildreden an und sprach ...» aus 1Hen 1,2 sprachlich möglicherweise in Anlehnung an biblische Vorbilder gestaltet; eine direkte Abhängigkeit *von bestimmten Schriftstellen* lässt sich aber nicht erhärten.

Das Ausweisen von Parallelen auf der Grundlage der rekonstruierten Versteile ist hypothetisch, weshalb die Versteile 2b und c hier nicht untersucht werden. Erwähnenswert ist bei Vers 2b, dass Nickelsburg nur dadurch mehrere Parallelen zu Num 24,15b «Spruch Bileams, der Sohn Beors, Spruch des Mannes, mit geöffneten Augen» (נאם בלעם בנו בער ונאם הגבר שתם העין) geltend machen kann, weil er gegenüber den Rekonstruktionen von Milik und Beyer von einem anderen Urtext ausgeht.[26] Dazu postuliert er, ausgehend vom äthiopischen Text, eine griechische Lesart, die nirgends bezeugt ist.[27] Seine Lesevariante bietet nicht nur eine parallele *Wortfolge*, sondern hat mit der Formulierung «ein Mann, dem die Augen geöffnet sind» auch einen *wiedererkennbaren Ausdruck*. Wäre die von Nickelsburg postulierte Formulierung ursprünglich, liesse sich damit eine Rezeption von Num 24,15b plausibel machen. Da dies aber zweifelhaft ist, sind die von Nickelsburg präsentierten Parallelen zu Num 24,15b ungesichert. In den weiteren Versen zeigen sich Parallelen ebenfalls nur noch im rekonstruierten Text und auch da nur vereinzelt. In 2c sind es gegenüber Num 24,16bα verschiedene Bildungen zum Wortstamm חזה, die als Parallelen ausgemacht werden könnten. In Versteil 2d ist nur das rekonstruierte Verb שמע zu Num 24,16aα parallel. In 2e ist gegenüber Num 24,16aβ das rekonstruierte Verb ידע die einzige Parallele.[28]

Wenn man vom aramäischen Text ausgeht, so finden sich in 1,1–3b gegenüber der Bileamprophetie zwar die parallele Wortkombination משל/מתל und אמר und mehrere parallele Wörter, aber keine parallelen *Wortfolgen* oder Ausdrücke, welche die Lesenden klar auf eine bestimmte

---

[25] Für משל ergibt die Suche mit «Bible Windows» 40 Stellen, für die Kombination von משל und אמר 14 Stellen; vgl. auch die Angaben bei Nickelsburg, *1 Henoch 1*, 138.

[26] Bei Beyer, *ATTM I*, 232, findet sich das Wort nicht in der Rekonstruktion, wohl aber bildet es offenbar die Grundlage für seine Übersetzung.

[27] Vgl. Nickelsburg, *1 Henoch 1*, 137–139. Nickelsburg geht bei seiner Übersetzung offenbar davon aus, dass der ursprüngliche Wortlaut gleichermassen parallel formuliert ist. Erwägenswert ist aber die Möglichkeit, dass diese Parallele *erst beim Übersetzen von 1Hen ins Äthiopische* eingetragen wurde.

[28] Nickelsburg verweist in seinem Kommentar auf Hartman, *Asking*, 22–24, der in 2e–f Parallelen zu Ps 78 sieht. Parallel sind die Ausdrücke שמע (hören), ידע (erkennen) und לדר (für die Generation). Im Ps 78 geht es thematisch aber nicht um Prophetie. Mit denselben Argumenten könnte ebenso eine Anspielung auf Jes 6,9 postuliert werden, wo es darum geht, dass die Menschen zwar hören (שמע), aber nicht verstehen (ידע). Demgegenüber würde sich Henoch als *der* ausweisen, der hört *und* versteht. Eine Rezeption von Ps 78 lässt sich daher nicht erhärten.

Bibelstelle verweisen. Dass der Autor von 1Hen mit der biblischen Überlieferung gut vertraut war, kann nicht bestritten werden, aber dass er sich für die Formulierung dieser Perikope stark an die Bileamperikope anlehnt, lässt sich nicht wahrscheinlich machen. Das Vorkommen gleicher Wörter, ähnlicher Formulierungen und Motive in 1Hen 1,2 und der Bileamperikope lässt sich einfacher und besser traditionsgeschichtlich erklären. Die beobachtbaren Ähnlichkeiten zur prophetischen Rede ergeben sich daher, dass die Rede Henochs Elemente der Weissagung enthält. Diese sind daher als gattungsbedingt zu betrachten. Neben inhaltlichen Ähnlichkeiten zur Prophetie sind auch Parallelen zur Segensrede der biblischen Patriarchen auszumachen.[29]

Für die Darstellung der Theophanie in 1,3c–7 werden nach Nickelsburg traditionelle Sprache und Bilder biblischer Theophanien verwendet, nämlich Dtn 33,1–3, Jer 25,31 (in der Einleitung zu seinem Kommentar wird hingegen Jes 66,15 genannt) und Mi 1,3–4, ohne dass erkennbar wäre, dass eine bestimmte biblische Theophanie zitiert würde.[30]

Die Parallelen zu den angeführten Texten in den erhaltenen Versen beschränken sich auf ganz wenige Wörter. Allerdings ist dabei zu berücksichtigen, dass die Wortstämme und ihre Bedeutungsfelder im Hebräischen und Aramäischen nicht deckungsgleich sind. Selbst bei Nickelsburg sind die Parallelen nicht als Zitate bezeichnet. Vielmehr geht er davon aus, dass die Verfasser traditionelle Sprache und Bilder verwenden, die auch in verschiedenen biblischen Theophanien zu finden sind. Diese These entspricht aber einer *traditionsgeschichtlichen Erklärung*. Mit Verwendung traditioneller Motive lässt sich insbesondere auch das Vorkommen des Berges Sinai beim Herabsteigen und Erscheinen Gottes in Zeile 4 sowie der Ausdruck «Bis an die Enden der Erde» in Vers 5d erklären.[31] Auch die in Vers 9 anklingende Vorstellung, dass Gott einen Hofstaat an Engeln, Heiligen etc. hat (Nickelsburg selbst verweist auf Dan 7), ist weit verbreitet. Mit Dtn 33,1–3 zeigen sich nur wenige, mit den anderen Texten gar nur einzelne wörtliche Berührungen.

Es ist kaum anzunehmen, dass der Verfasser von 1Hen 1,3c–9 zur Darstellung seiner Theophanie verschiedene biblische Theophanieschilderungen benutzt hat, um jeweils nur einzelne Begriffe daraus aufzunehmen. Auch Nickelsburg geht davon aus, dass sich gewisse Ähnlichkeiten durch Sprachkonventionen oder breit bezeugte theologische Traditionen erklären lassen. Seine These, die Verfasser imitierten prophetische Formen und gebrauchten biblisch-prophetische Formulierungen,[32] lässt sich demzufolge nicht erhärten. Die Erklärung, dass sich die Verfasser von 1Hen in

---

[29] Dazu vgl. Bachmann, *Welt im Ausnahmezustand*.

[30] Siehe Nickelsburg, *1 Henoch 1*, 31, 143f.

[31] Die Rede von den vier Ecken (קנפות), dem Ende (קצה) oder den Enden (קצות) der Erde ist ein weit verbreitetes Motiv; vgl. Bergmann/Ottosson, *Art. «ארץ»*, 426f.

[32] Siehe Nickelsburg, *1 Henoch 1*, 31.

biblisch-traditioneller Sprache ausdrückten, ist wesentlich einfacher und daher für die oben untersuchten Fälle vorzuziehen. Die Beobachtung, dass der Verfasser von 1Hen 1,3c–9 seine Formulierungen im Horizont biblischer Denkkategorien wählt, lässt sich sehr gut traditionsgeschichtlich erklären.

Für 2,1–5,5 sowie in 5,7–9 werden von Nickelsburg keine biblischen Parallelen genannt; hingegen macht er bei 5,6 auf die interessante Parallele von Jes 65,15f aufmerksam: das Überlassen von Namen für ein Fluch(-Wort). Allerdings wird für «Fluch» und «fluchen» in 1Hen eine andere Wurzel (לוט) gebraucht als in Jes (לשבועה). Segen und Fluch ist im Alten Orient eine weit verbreitete Thematik, so dass in 1Hen 5,6 keine Rezeption von Jes 65,15f vorliegt, sondern ein geläufiges Motiv aufgenommen wird.

Die in der Einleitung von 1Hen beobachtbaren Ähnlichkeiten zu biblischer Sprache und Ausdrucksweise sind dadurch zu erklären, dass die Verfasser von 1Hen traditionelle biblisch-prophetische Motive sowie biblisch geprägte Formulierungen gebrauchten. Die Vermutung, dass die Verfasser der Einleitung (1,1–2), der Theophanie (1,3c–9) sowie des Urteils (5,5–9) aufgrund bestimmter Schriftstellen ihre jeweiligen Formulierungen wählten oder bestimmte biblische Motive aus klar festzumachenden Schriftstellen vor Augen hatten, ist wie dargestellt wenig wahrscheinlich, denn dann müssten sich in der Wortwahl des Textes deutlichere Parallelen zu den genannten Schriftstellen zeigen lassen. Die von Nickelsburg genannten Parallelen zur prophetischen Überlieferung sind nicht als Rezeptionen auf bestimmte Schriftstellen im Sinne der in dieser Arbeit vorgenommenen Begriffsklärung,[33] sondern als traditionelle Motive zu bestimmen.

Die ausführliche Betrachtung von 1Hen 1–5 (bzw. ihrer auf den Qumranfragmenten enthaltenen Überreste) zeigt, dass die alleinige Zusammenstellung von Parallelen und Ähnlichkeiten zu den Prophetenbüchern für die Fragestellung dieser Arbeit, die den Fokus auf die *Auslegung* der Prophetenschriften richtet, methodisch unzulänglich ist. Allein aus der Tatsache, dass sich in 1Hen gleiche Vorstellungen, Gedanken und sprachliche Ausdrucksweisen wie in den Prophetenbüchern finden, darf noch nicht geschlossen werden, dass die Formulierungen in 1Hen von Letzteren abhängig sind, insbesondere, wenn sich dieselben Motive auch in weiteren biblischen und nicht-biblischen Schriften zeigen lassen. Die Abgrenzung gegenüber der Traditionsgeschichte ist notwendig. Da die Fragestellung der vorliegenden Arbeit den Blickpunkt gegenüber der Arbeit von Nickelsburg gezielter *auf Prophetenrezeption und -auslegung* richtet, kann bei der Untersuchung der weiteren Kapitel von 1Hen darauf verzichtet werden, alle mögliche Parallelen so ausführlich wie in Kapitel 1–5 zu betrachten. Vielmehr soll der Fokus nur noch auf diejenigen Stellen gelenkt werden, bei denen eine Rezeption aus den Prophetenbüchern in der Forschung bereits diskutiert wurde.

---

[33] Siehe Kapitel *2.2 Rezeption biblischer Prophetenschriften.*

5.1.2 Der Fall – und die Bestrafung der Engel (Kapitel 6–16)

Der Abschnitt 1Hen 6–11, *der Fall der Engel*, ist für Nickelsburg ein Beispiel von «rewritten biblical narrative»,[34] nämlich von Gen 6,1–4, das aus zwei einzelnen Erzählungen zusammengesetzt wurde. Die erste handelt *von der Vereinigung von Engeln und Frauen*, die zweite *vom Verrat himmlischer Geheimnisse durch die Engel an die Menschen*. Für die zweite Erzählung könnte gemäss Nickelsburg die Sage von Prometheus als Vorbild gedient haben. Die biblische Darstellung sei durch 1Hen uminterpretiert worden: Die Sintflut richte sich nun nicht mehr gegen die bösen Menschen, sondern gegen die Sünden der Riesen (Nachkommen der Engel). Für die Kapitel 12–16, *Henochs Vision der Engelbestrafung*, sieht Nickelsburg das Vorbild in den prophetischen Berufungsberichten, insbesondere die Thronvision Ez 1–2 sowie Ez 40–48.[35] Auch die Funktion sei dieselbe wie in den Prophetenbüchern: Die Auftragsvergabe soll den Inhalt des Buches als authentisch-prophetische Botschaft beglaubigen.

Da die Kapitel 6–11 vor allem eine ausführliche Erzählung der Geschichte von Gen 6 bieten, finden sich dort praktisch keine Anspielungen auf prophetische Motive; Zitate sind keine bezeugt. Prophetenrezeption findet sich dagegen in den Kapiteln 12–16.

Zur prophetische Beauftragung, 13,6–16,4, meint Nickelsburg: «This whole section corresponds most closely to the prophetic commissioning form, especially Ezekiel 1–2.»[36] Die prophetische Beauftragungsformel selbst ist ein traditionsgeschichtliches Motiv. Gemäss Nickelsburg steht aber 1Hen 14,8–16,4 in vielen Details Ez 1–2 nahe und gewisse Details hätten auch Gegenstücke in Dan 7.[37] Für die Erklärung des Letzteren schliesst sich Nickelsburg der Meinung von Kvanvig an, der in seiner Untersuchung zum Schluss kommt, dass Dan 7 von 1Hen 14 abhängig ist.[38] In dieser ausführlichen, auf den aramäischen und hebräischen Text zurückgreifenden Untersuchung wird aufgrund der *ähnlichen Gattungs- und Inhaltsstruktur* sowie dem Vorkommen *identischer und ähnlicher Wörter* zudem eine Abhängigkeit von 1Hen 14,8–15,2 zu Ez 1,1–2,3 ausgewiesen.[39] Zwar entstamme das Motiv der Reise des Urzeitweisen in den Himmel der mesopotamischen Tradition, doch habe der Verfasser dieser Kapitel die Visionssprache von Ezechiel benutzt, um diese Reise des Urzeitweisen im jüdischen Kulturraum auszudrücken.[40] Somit werden in 1Hen 14 nicht nur Themen und Motive aufgenommen, sondern auch die Konzeption und bis ins Wörtliche hinein Formulierungen aus der Thronvision Ezechiels übernommen. Es handelt sich aber um eine Rezeptionsform, welche die Lesenden nicht auf die rezipierte Stelle verweisen will, sondern prophetische Vorstellungen übernimmt, um der eigenen Gestaltung einen biblischen Anstrich zu geben.

---

[34] Siehe Nickelsburg, *1 Henoch 1*, 29.

[35] Siehe Nickelsburg, *1 Henoch 1*, 30.

[36] Siehe Nickelsburg, *1 Henoch 1*, 248.

[37] Vgl. Nickelsburg, *1 Henoch 1*, 254. Die weitergehende Vermutung, ebd. 254, dass Ez 40–44 als Modell für 1Hen 14,8–16,4 dient, lässt sich aufgrund nur weniger paralleler Motive nicht erhärten. Ebenfalls sind die Übereinstimmungen zu Jes 6 zu klein, als dass von Rezeption gesprochen werden könnte.

[38] Kvanvig, *Henoch*.

[39] Vgl. Kvanvig, *Henoch*, 104–107.

[40] Siehe Kvanvig, *Henoch*, 130.

Prophetenrezeption ist in 1Hen 6–16 nur in 13,6–16,4 zu finden. Es besteht eine klare Abhängigkeit zu Ez 1–2. Die beobachtbaren Ähnlichkeiten mit Dan 7 sind mit Kvanvig als Abhängigkeit Daniels von 1Hen zu verstehen.[41] Die Art der Rezeption kann mit den Begriffen *Zitat, Verweis, Anspielung* nicht hinreichend beschrieben werden. Wie bei der Anspielung werden zwar erkennbare Teile aus einem Text aufgenommen, aber ohne die Absicht, darauf hinzuweisen. Vielmehr wird eine biblische Beschreibung dazu übernommen, um die Authentizität der eigenen Darstellung auszuweisen. Man könnte diese Rezeptionsform am treffendsten mit *Anlehnung an eine Schriftstelle* umschreiben.

5.1.3 Die Himmelsreisen (Kapitel 17–36)

Die *Himmelsreisen in 1Hen* 17–36, haben gemäss Nickelsburg ihr Vorbild in hellenistischen Texten und sind die Basis für die Kalenderfragen.[42] Sie bestätigten, dass Henoch in diesen Dingen verständig ist, da er die Geheimnisse der Himmel geschaut hat.

Der Schriftgebrauch in Kapitel 17–19 ist Gegenstand einer neueren Untersuchung von Knibb.[43] In diesem Aufsatz kann er zwar weder Zitate noch Verweise auf bestimmte biblische Schriften ausmachen, präsentiert jedoch viele Anspielungen zur Hebräischen Bibel, vor allem zu kosmologischen Vorstellungen aus Hiob und den Psalmen.[44]

Als Anspielung auf Ez 28,13 nennt Knibb die Aussage «Wo die Berge aus Edelsteinen sind» in 18,6f.[45] Da die einzige Parallele im Wort «Edelstein» liegt, kann eine Rezeption von Ez 28,13 nicht erhärtet werden. Bei der Beschreibung des Berges «... gleich dem Throne Gottes von *Phouka*-Stein ...» in 18,8 macht Knibb Einflüsse von Jes 54,11, 1Chr 29,2 und Ez 28,13 geltend.[46] Bei Jes 54,11bα ist wahrscheinlich von der Grundlegung von Steinen in Mörtel die Rede.[47] Da lediglich 18,8–12.15 in den Qumranfragmenten bezeugt ist, kann für 18,6f nicht auf den aramäischen Text zurückgegriffen werden. Bei 18,8 fehlt das entscheidende Wort, aus welchem Stein der Thron Gottes ist. Knibb geht davon aus, dass in 18,8 für die Bezeichnung des Steines ursprünglich das in Jes 54,11 sowie in 1Chr 29,2 vorkommende hebräische Wort פוך stand, welches dann wörtlich ins Griechische mit φουκά übersetzt wurde. Obwohl die LXX in Jes 54,11 und 1Chr 29,2 für פוך je ein anderes Wort benützt, hat seine These durchaus eine gewisse Plausibilität, da sie die Verwendung des im Griechischen unbekannten Wortes φουκά in 1Hen 18,8 zu erklären vermag.[48] Allerdings ist nicht Jes 54,11, sondern die wahr-

---

[41] Vgl. Kvanvig, *Henoch*, 130.

[42] Vgl. Nickelsburg, *1 Henoch 1*, 30f

[43] Knibb, *Use of Scripture in 1 Enoch 17–19*.

[44] Vgl. Knibb, *Use of Scripture in 1 Enoch 17–19*. Die Feststellung, dass 1Hen 17–19 keine expliziten Zitate bietet, findet sich ebd., 169.

[45] Vgl. auch Nickelsburg, *1 Henoch 1*, 286.

[46] Vgl. Knibb, *Use of Scripture in 1 Enoch 17–19*, 174f.

[47] Die genaue Bedeutung von אנכי מרביץ בפוך אבני ist unklar (vgl. auch die Behandlung der Stelle in Kapitel *7.6 4QpJes*[d]).

[48] Vgl. Knibb, *Use of Scripture in 1 Enoch 17–19*, 175. Zur Verwendung von אבני פוך in 1Chr 29,2 vgl. Japhet, *I and II Chronicles*, 567, bzw. Japhet, *1 Chronik*, 454.

scheinlich davon beeinflusste Verwendung des Begriffes in 1Chr 29,2 als Referenz-grösse zu bestimmen, da sich dort nicht nur das Wort פוך, sondern die Wortfolge אבני פוך (*Phouka*-Steine) findet, die in 1Hen 18,8 aufgenommen wurde.

Die Kapitel 20–36 sind eine Weiterverarbeitung der Kapitel 17–19.[49] Bezüglich bib-lischer Parallelen macht Nickelsburg auf den Ausdruck in 22,4 aufmerksam: «Und siehe, dies sind die Gruben ihres Gefängnisses, [die] zu diesem Zweck gemacht wurden, bis zu dem Tage, an dem sie gerichtet werden ...» Er sieht darin eine Parallele zu einem Ausdruck in einem Targum zu Jes 24,22: «... dass sie versammelt werden in einem Haus des Gewahrsams und verschlossen werden in einem Gefängnis ...»[50] In 1Hen 22,4 steht für Gefängnis der Ausdruck בית עגנון, im Targum Jes 24,22 בית עגנא, in Jes 24,22 MT und in 1QJesᵃ dagegen מסגר. Parallelen sind allenfalls zum Targum auszumachen; mit Jes 24,22 «Und sie werden eingesperrt, als Gefangene eingesperrt in eine Zisterne» bestehen nur Motivähnlichkeiten.

Es soll hier nicht bestritten werden, dass in 1Hen 17–19 biblische Motive eine Rolle spielen. Mit Ausnahme von 18,8, der Aufnahme der Materialbe-schreibung aus 1Chr 29,2, kann aber nicht wahrscheinlich gemacht werden, dass dabei *bestimmte* biblische Schriftstellen rezipiert werden. Vornehmlich lässt sich die Aufnahme traditionsgeschichtlicher Motive beobachten. Für die vorliegende Arbeit lässt sich daher nicht mehr gewinnen als der Hin-weis, dass biblische (aber daneben auch gemeinorientalische oder hellenis-tische) Vorstellungen aufgenommen werden. Da die Bildreden (Kapitel 37–71) wahrscheinlich erst in nachchristlicher Zeit verfasst wurden (siehe oben), können sie im Rahmen dieser Untersuchung nicht berücksichtigt werden. In den Kapiteln 72–82 (in Qumran repräsentiert durch die Frag-mente 4QEnastrᵃ⁻ᵈ) zeigt sich keine spezifische Prophetenrezeption.[51]

5.1.4 Das Buch der Traumvisionen (Kapitel 83–91)

Die *Kapitel 83.84* und *85–90* werden als zwei *Traumvisionen* eingeleitet. Wie schon die prophetischen Beauftragungen in 14–16 sind sie als Traumvisio-nen gestaltet. Der Abschnitt Kapitel 85–90 ist im literarischen Kontext als Offenbarung gestaltet und fasst gemäss Nickelsburg als «rewritten biblical narrative» Genesis 1 bis Esra/Nehemia zusammen, welche anhand von Bildern aus Ez 34 gestaltet sei. Gleichzeitig charakterisiert er die Kapitel als ein Rückblick auf die Geschichte, der wie bei Dan in Perioden eingeteilt sei.[52] Prophetenrezeption ist in diesen Kapiteln nicht auszumachen.

Zu erwähnen ist die Bildrede von Gerippen bzw. Gebeinen und ihre detaillierte Be-schreibung in 90,4: «Und ich schaute, bis jene Schafe von Hunden, Adlern und Habich-ten gefressen waren; und sie liessen an ihnen überhaupt kein Fleisch, keine Haut und

---

[49] Siehe Nickelsburg, *1 Henoch 1*, 290.

[50] Siehe Nickelsburg, *1 Henoch 1*, 305.

[51] Auch Uhlig, *Äthiopisches Henochbuch*, der sonst in allen Kapiteln biblische Parallelen ausweist, hat bei 72–82 keine Hinweise auf Prophetenbücher. Thematisch ist im Astronomischen Buch auch keine Prophetenrezeption zu erwarten.

[52] Vgl. Nickelsburg, *1 Henoch 1*, 32.

keine Sehne übrig, bis nur ihr Gerippe dastand, und ihr Gerippe fiel auf die Erde und die Schafe wurden weniger.» Nickelsburg sieht in 90,4 eine Anspielung auf Ez 37,5–6.[53] Bei dem in 1Hen 90,4 beschriebenen Vorgang ist der Vorgang gegenüber Ez 37,5–6 umgekehrt. Da keine aramäischen Textzeugen existieren, kann nicht überprüft werden, inwieweit die Formulierungen sich gleichen. Bemerkenswert ist aber, dass in 1Hen kein Äquivalent für das in Ez wichtige Wort רוח (Geist) vorkommt. Eine Anspielung auf Ez kann zwar nicht ausgeschlossen, aber auch nicht erhärtet werden.

5.1.5 Henochs Epistel (Kapitel 92–105) und die Anhänge (106f, 108)

Für den *Brief Henochs, Kapitel 92–105,* sieht Nickelsburg Ähnlichkeiten zum Brief Jeremias (Jer 29,1–23), spricht aber nicht von Rezeption; bei den Wehe-Rufen in 94,6–9 und 99,13–15 hingegen macht er zudem einen Einfluss von Jer 22,13–15 geltend.[54] Die Berührungen mit Jer 22 sind aber lediglich thematischer Natur. Der Abschnitt 93,1–3a ist für Nickelsburg eine Imitation der Einleitung ins Wächterbuch (1Hen 1,2.3). Der Befund bezüglich Prophetenrezeption ist auch hier negativ.[55]

Die Anhänge von 1Hen können den negativen Befund bezüglich Prophetenrezeption in 1Hen nicht mehr verändern. Da die Abdeckung von 1Hen durch die Qumranfragmente lediglich bis Kapitel 107 reicht, kann nicht ausgeschlossen werden, dass Kapitel 108 erst später hinzugefügt wurde, weshalb es nicht in die vorliegende Untersuchung aufgenommen wurde. In 106f ist (auch für Nickelsburg) keine Prophetenrezeption auszumachen.

5.1.6 Schlussfolgerung zur Prophetenrezeption in 1Hen

Die von Nickelsburg beobachteten Berührungen mit den Prophetenbüchern sind zum grössten Teil traditionsgeschichtlich zu erklären. Prophetenrezeption in dem Sinne, dass zitiert, verwiesen oder auf bestimmte Stellen aus den biblischen Prophetenschriften für die Lesenden erkennbar angespielt wird, ist nicht zu finden. Die Ausdrucksweise von 1Hen ist durchaus biblisch-traditionell gehalten. Die Rede von Gott etwa oder der Bericht über Visionen geschehen in traditioneller Weise und sind in dem Sinn auch derjenigen der biblischen Propheten ähnlich. Den Verfassern von 1Hen 1 ist zudem eine gute Kenntnis der biblischen Prophetenbücher zuzugestehen. Die beobachtbaren Berührungen mit den Prophetenbüchern ergeben sich daher nicht nur deswegen, weil die Verfasser von 1Hen in einer ähnlichen Welt wie die Verfasser der Prophetenbücher lebten, sondern auch aufgrund ihrer Absicht, die Weissagungen in 1Hen *als authentische Prophetie* bzw. *1Hen insgesamt als autoritative Schrift zu profilieren.*

---

[53] Vgl. Nickelsburg, *1 Henoch 1*, 359.
[54] Vgl. Nickelsburg, *1 Henoch 1*, 33f sowie 497.
[55] Vgl. Nickelsburg, *1 Henoch 1*, 441 und 137f. Die Ähnlichkeiten zum Bileam-Orakel wurde schon in der Besprechung der Kapitel 1–5 behandelt.

Prophetenrezeption im Sinne der literarischen Rezeption einer spezifischen Stelle wurde einzig in 1Hen 14,8–16,4 beobachtet, wo aus Ez 1,1–2,3 nicht nur Vorstellungen, Motive und Konzeption, sondern auch wörtliche Formulierungen aufgenommen und übernommen werden. Diese Anlehnung an die Vision Ezechiels dient jedoch nicht dazu, auf Ezechiel zu verweisen, sondern dazu, Henochs Vision authentischer zu gestalten. Auch weitere Vorstellungen aus den Prophetenbüchern könnten so durchaus in 1Hen aufgenommen worden sein. Aber mit der oben besprochenen Ausnahme lassen sich diese nicht als Aufnahme aus einem bestimmten Prophetenbuch ausweisen und könnten ebensogut aus der weiteren biblischen Tradition oder gar aus dem weiteren (altorientalischen oder hellenistischen) Umfeld stammen. Die beobachtbaren Ähnlichkeiten zur sprachlichen Darstellung in den Prophetenbüchern sind somit nicht auf Abhängigkeit von bestimmten Schriftstellen zurückzuführen. Sie ergeben sich vor allem daher, dass 1Hen einem ähnlichen *Genre* wie die biblischen Prophetenbücher folgt.

Gegenüber den sprachlichen Ähnlichkeiten und den parallelen Motiven zu den Prophetenbüchern ist das Schweigen zu prophetischen Voraussagen auffällig. Explizite Erwähnungen der Propheten bzw. Prophetenbücher finden sich nirgends. Wie das Gegenbeispiel des Jubiläenbuches zeigt, ist dies nicht nur dadurch bedingt, dass die Erzählungen des Henochbuchs zeitlich *vor* den Propheten angesetzt sind, sondern offenbar auch darum, weil die Verfasser von 1Hen kein Interesse hatten, die Propheten bzw. ihre Voraussagen in ihre Darstellung aufzunehmen. 1Hen kann daher zum Thema Prophetenbild wie auch zur Art und Weise der Auslegung der biblischen Prophetenbücher in zwischentestamentlicher Zeit kaum etwas beitragen. Zwar ist übernimmt Henoch als Mahner und Visionär Funktionen, die ebenfalls in den biblischen Prophetenbüchern eine Rolle spielen, aber daneben auch in der Apokalyptik und in den Segensreden der Patriarchen. Inhaltlich und von der Darstellungsform her steht 1Hen jedenfalls deutlich näher bei diesen zwei Gattungen als bei der Prophetie.

Der Brief Jeremias (EpJer) gehört zum erweiterten Bestand des jeremianischen Schrifttums und beruht sehr wahrscheinlich auf einem verloren gegangenen hebräischen oder aramäischen Original.[56] Der älteste Textzeuge ist (sofern die Zuordnung stimmt) ein winziges griechisches Fragment aus Qumran. Unglücklicherweise sind auf dem griechischen Qumranfragment 7Q2, das wahrscheinlich einmal EpJer enthalten hat, nur noch zwei Wörter vollständig bezeugt; von weiteren sieben Wörtern sind noch Teile lesbar. Die Zuordnung des Fragmentes zu EpJer ist daher nicht ganz abgesichert, erscheint durch die Position der Buchstaben aber plausibel.[57] Ausserdem kann davon ausgegangen werden, dass EpJer zu der Zeit, als die Qumranschriften entstanden, schon vorlag. Aus inneren Überlegungen heraus kann die Abfassungszeit von EpJer auf das 3.–2. Jh. v. Chr. datiert werden.[58] Da EpJer auf Griechisch übersetzt wurde, ist anzunehmen, dass der Brief im damaligen Judentum einem breiteren Kreise bekannt war.

EpJer ist schon als solcher Prophetenrezeption, da er Jeremias Brief an die Deportierten (Jer 29) mit der Götzenpolemik aus Jer 10,1–16 verbindet. Ebenso ist der Brief als solcher eine Fortschreibung zum Jeremiabuch.[59] Beides ist für das Verständnis der Prophetenrezeption in Qumran von Interesse. Reinhard Gregor Kratz hat in seinem Kommentar EpJer auf die Benutzung biblischer Spendertexte hin untersucht.[60] Die in seinem Kommentar dazu genannten Schriftstellen können hier allerdings nicht einfach übernommen werden, da dieser nicht der gleichen Fragestellung nachgeht und nicht die gleiche Terminologie benützt wie diese Arbeit. Die von Kratz angegebenen Schriftstellen müssen nochmals gezielt daraufhin überprüft werden, ob ihre Aufnahme in EpJer auf Motivübernahme oder Schriftrezeption beruht. Dabei wird der Aufsatz von Kratz zur Rezeption von Jer 10 und 29 mitberücksichtigt.[61] Aus den oben dargestellten Gründen ist der materielle Bestand der Untersuchung die griechische Überlieferung von EpJer in der LXX.[62] Nachfolgend werden diejenigen Verse genauer untersucht, bei denen eine Rezeption bestimmter Aussagen aus den prophetischen Schriften als wahrscheinlich erscheint.

---

[56] Vgl. Kratz, *Brief des Jeremia*, 74. Gunneweg denkt eher an ein hebräisches als ein aramäisches Original; vgl. Gunneweg, *Brief Jeremias*, 186.

[57] Vgl. Flint, *«Apocrypha»*, 37f.

[58] Vgl. Kratz, *Brief des Jeremia*, 83.

[59] Vgl. Kratz, *Brief des Jeremia*, 77–79.

[60] Kratz, *Brief des Jeremia*.

[61] Kratz, *Rezeption von Jeremia 10 und 29*.

[62] Wie die Übersetzung im Kommentar von Kratz basiert die Untersuchung auf Ziegler, *Ieremias*.

5.2.1 Untersuchung der Prophetenrezeption in EpJer

Die Überschrift weist EpJer als Abschrift des Briefes auf, den Jeremia an die Exulanten geschrieben hat:

> Ü. Abschrift des Briefes, den Jeremia an die gesandt hat, die vom König der Babylonier als Gefangene nach Babel weggeführt werden sollten, um ihnen kundzutun, was Gott ihm aufgetragen hatte.

Die Situation lehnt sich an Jer 29,1 an, wobei (im Unterschied zu dem dort genannten Brief) EpJer den Menschen *vor* der Wegführung übergeben werden soll. EpJer versteht sich somit als ersten Brief Jeremias an die Exulanten, dem dann ein zweiter Brief an die bereits Exilierten (eben Jer 29,1–28) nachfolgt. Dazu wird der Rückblick in Jer 29,1.2 in Zukunftsweissagung umgewandelt.[63] Dies dient zwar zunächst einmal der historischen Fiktion; doch gegenüber der Aufforderung in Jer 29,5ff, sich im fremden Land einzurichten, wird Jer 29 durch den Inhalt von EpJer dahingehend präzisiert, dass dies nur unter der Einschränkung des Verbotes des dort praktizierten Götzendienstes gelten würde.[64] EpJer selbst ist demnach in bewusster Auslegungsabsicht (Präzisierung) von Jer 10 und 29 geschrieben worden.

In Vers 2 werden die verschiedenen Zeitangaben aus dem Jeremiabuch (die «70 Jahre» aus Jer 29,10 und die «lange Zeit» aus Jer 29,28) aufgenommen und zusammengefasst:[65]

> 2 Seid ihr dann nach Babylon gekommen, werdet ihr dort viele Jahre und eine lange Zeit bleiben, bis zu sieben Generationen; danach will ich euch von dort in Frieden wieder herausführen.

Gegenüber Jer 29,10 wird damit die Zeitspanne von 70 Jahren auf 7 Generationen ausgedehnt.[66] Mit dieser ausweitenden, zwar nicht wie in Dan 9 explizit dargestellten[67] Auslegung der 70 Jahre Jeremias wird die Heilsansage in Jer 29 vom Autor von EpJer in die eigene Zeit hinein verlegt.[68]

In Vers 3 werden die Götter beschrieben, die in der Prozession dargebracht werden:

> 3 Nun werdet ihr in Babel silberne, goldene und hölzerne Götter sehen, die man auf den Schultern trägt, um die Völker das Fürchten zu lehren.

---

[63] Vgl. Kratz, *Rezeption von Jeremia 10 und 29*, 19–21.

[64] Vgl. Kratz, *Rezeption von Jeremia 10 und 29*, 28–31.

[65] Anders Kratz, *Brief des Jeremia*, 89. Die Aufnahme von Jer 29,6 und 27,7, die Zählung in je drei Generationen (insgesamt also sechs und nicht wie in EpJer sieben) ist m. E. für diese Auslegung nicht notwendig.

[66] Vgl. Wolff, *Jeremia*, 113.

[67] Siehe oben das Kapitel *4.3 Schriftauslegung in Dan 9*.

[68] Vgl. Kratz, *Brief des Jeremia*, 89.

Die für die Beschreibung verwendeten Wörter («silbern», «golden», «hölzern», «Götter») stammen aus Jer 10,3f.8f; die Motive der «Furcht der Völker» und des «Getragenwerdens» finden sich in Jer 10,2.5. Aufgrund dieser vielen Parallelen sowie die Tatsache, dass EpJer in einem Abhängigkeitsverhältnis zum Jeremiabuch steht, ist die Annahme, das die Wörter für die Götterbeschreibung aus Jer 10 übernommen wurden, sehr wahrscheinlich. Allerdings werden die aus Jer 10 übernommenen Attribute als historisierende Beschreibung einer Götterprozession verwendet. Vers 3 ist kein Zitat, noch will er auf Jer 10 verweisen oder anspielen, vielmehr handelt es sich um eine Aufnahme bzw. Übernahme jeremianischer Sprache und Bilder.

Das *Unvermögen zu reden*, mit welchem die Götter(-Bilder) in Vers 7 negativ qualifiziert werden, könnte von Jer 10,5 her inspiriert sein:

> 7   Ein Handwerker hat ihnen eine glatte Zunge angefertigt; sie selbst wurden mit Gold und Silber überzogen; doch sind sie Fälschungen und können nicht reden.

Zwar sind es nur wenige Wortparallelen, doch dafür, dass dennoch eine Rezeption vorliegt, spricht, dass der Autor von EpJer in den Versen 14 und 69 noch einmal einen Ausdruck aus demselben Vers aufgenommen hat (siehe dort). Verweis- oder Auslegungsabsicht ist dabei nicht zu erkennen. Im weiteren Verlauf (Verse 7–13) werden Materialien genannt, die in Jes 40,19f, 41,7, 44,9ff, 45,20, 46,6 vorkommen. Die Formulierungen sind aber nirgends eng an diese Schriftstellen angelehnt; zudem finden sich gegenüber den Jesaja-Stellen auch neue Gedanken. Im Übrigen spiegelt die Beschreibung (wie auch Kratz zeigt) historische Realität,[69] und es ist durchaus denkbar, dass der Autor von EpJer diese vom Hörensagen oder sogar aus eigener Anschauung[70] kannte. Von Jesaja-Rezeption kann aus diesen Gründen nicht gesprochen werden, vielmehr handelt es sich um eine Aufnahme verschiedener Motive, die eigenständig weitergeführt werden.

Die tröstliche Ermahnung «Darum, *fürchtet euch nicht!*» in den Versen 14, 22, 28, 64, 68 entspricht dem traditionellen, altorientalischen Heilsorakel. Sie ist jeweils fester Bestandteil der Abschlussformeln, mit denen in EpJer, abgesehen von der Einleitung (Verse 1–6), jeder Abschnitt beendet wird, und bildet so auch einen internen Verweis. Da im ganzen EpJer immer wieder mit Jer 10 gearbeitet wird, ist es wahrscheinlich, dass dieser Ausspruch nicht einfach eine traditionsgeschichtliche Aufnahme, sondern eine Aufnahme darstellt, die aus Jer 10,5bα übernommen worden ist. Diese

---

[69]   Vgl. Kratz, *Brief des Jeremia*, 92. Kratz spricht in diesem Fall auch nicht von Rezeption, sondern davon, dass die Beschreibung nach dem Vorbild der genannten Jesaja-Stellen gestaltet sei; s. Kratz, *Brief des Jeremia*, 91.

[70]   So Gunneweg, *Brief Jeremias*, 185. Das babylonische Akitu-Fest mit seinen Götterprozessionen beispielsweise wurde nach Zgoll, *Festtraditionen*, 15f, noch im 1. Jh. v. Chr. durchgeführt.

Aufnahme diente aber nicht als Anspielung, sondern als reine Material-
verwendung (Argumentation und Sprache Jeremias) ohne besondere
Auslegungsabsicht.[71] Die Erkenntnisaussage in diesen Abschlussformeln
sind ähnlich in Jer 10,14 zu finden. Da sich in Jer 10,14 und EpJer zwar
gemeinsame Wortstämme finden, doch keine erkennbaren *Wortfolgen*
zeigen, lässt sich eine Rezeption nicht erhärten.[72]

Für die Verse 23–68 ist der Befund trotz der bei Kratz genanten Parallelen bezüglich
Prophetenrezeption durchgehend negativ. Die Verse 23–28 sind für Kratz «im Wesentlichen inspiriert von Jer 10,4f.14 und Jes 46,6f».[73] Dort kommen das Schmücken mit
Gold und das Tragen der Götter(-Bilder) auf den Schultern vor. Daneben sind in EpJer
23–28 aber noch andere Motive zu finden, so etwa der Vorwurf, dass Götter(-Bilder)
keinen Atem haben oder dass sie selbst nicht gehen können; beides könnte durchaus
von Jes 46,7 her inspiriert sein, stellt aber aufgrund der unterschiedlichen Formulierung
keine Rezeption einer bestimmten Schriftstelle dar. In den Versen 23–28 ist insgesamt
keine Rezeption, wohl aber eine Zusammenstellung verschiedener biblischer Motive
bzw. Argumente zu finden. Diese Zusammenstellung folgt aber nicht sklavisch dem
Bibeltext, sondern formuliert unter Aufnahme neuer Gedanken eigenständig. Der Prozess kann am ehesten als *Fortschreibung* biblischer Motive zur Götzenpolemik gedeutet
werden.
    In den Versen 29–39 wird aufgezählt, was die Götter(-Bilder) alles nicht können.
Kratz verweist auf biblische Stellen, aber etwa auch auf die Aufgabe von Marduk am
Neujahrsfest sowie auf die Beschwörungsliteratur, in welcher die in diesen Versen dargestellten Aufgaben den Göttern zugeschrieben werden.[74] Viel eher als eine Rezeption
verschiedener Bibelstellen, die Kratz daneben auch noch nennt, ist daher dieser Abschnitt als Rezeption babylonischer Bräuche bzw. als Rezeption der Kenntnisse über
die babylonischen Bräuche zu betrachten. Zu den Versen 40–44 werden im Kommentar von Kratz keine Bibelstellen als Vergleich oder als Quelle der Inspiration genannt.
Für die Verse 45–64 lassen sich dagegen viele parallele biblische Formulierungen nennen.[75] Da aber keine erkennbare Wortfolge auf eine bestimmte biblische Stelle verweist,
kann nicht von Rezeption gesprochen werden, sondern lediglich von traditionsgeschichtlichen Aufnahmen.

Im letzten Abschnitt von EpJer wird Bilanz gezogen. In Vers 69 werden
die Götzen mit einer «Vogelscheuche in einem Gurkenfeld» verglichen,
eine Aufnahme aus Jer 10,5. Jer 10 erweist sich als das Kapitel, mit dem
der Autor dieses Traktates am meisten gearbeitet hat.[76]

---

[71] Jer 10,5 wurde bereits in Vers 7 aufgenommen und wird in Vers 69 wieder gebraucht. Jer 10,5 wird in EpJer, verteilt auf verschiedene Verse, vollständig wiedergegeben, wobei die Abfolge der Argumente beibehalten wird; vgl. Kratz, *Rezeption
von Jeremia 10 und 29*, 9f.

[72] Anders Kratz, *Rezeption von Jeremia 10 und 29*, 11f.

[73] Vgl. Kratz, *Brief des Jeremia*, 97.

[74] Vgl. Kratz, *Brief des Jeremia*, 100.

[75] So Kratz, *Brief des Jeremia*, 104.

[76] Vgl. Wolff, *Jeremia*, 150.

5.2.2 Schlussfolgerung zur Prophetenrezeption in EpJer

EpJer argumentiert zwar nicht mit expliziten Prophetenzitaten, doch werden in ihm Gedanken und Motive, aber auch wörtliche Formulierungen aus Jer 10 und 29 aufgenommen und weiterverarbeitet. Jer 10,5 wird – unterteilt in einzelne Sinneinheiten und verteilt über den ganzen EpJer – vollständig zitiert. Literarische Vorbilder von EpJer sind also im Wesentlichen Jer 10 und 29. Daneben spielen zwar ebenso die dtjes Götzenpolemik, aber auch eigene Gedanken und als Negativ-Folie ausserbiblische Motive (etwa Kenntnisse über babylonische Götterprozessionen) eine Rolle. Obwohl die Götzenpolemik von DtJes für den Brief als grundlegend betrachtet werden kann, wird nirgends explizit auf DtJes Bezug genommen. Vielmehr werden in einer systematisierenden Zusammenfassung sämtliche Argumente zu diesem Thema referiert, die sich in Tora, Propheten und Schriften finden lassen.

EpJer kann somit als eine *Summa alttestamentlicher Götzenpolemik* betrachtet werden.[77] Durch Übernahme und Fortschreibung will EpJer weniger auf das Jeremiabuch verweisen, sondern sich selbst in den jeremianischen Schriftbestand einordnen und diesen somit aktualisieren bzw. dadurch auch auslegen. Auslegung findet statt, indem die 70 Jahre Jeremias auf 7 Generationen ausgeweitet werden, aber auch dadurch, dass EpJer in der historischen Fiktion *vor* Jeremias Brief an die Exilierten (Jer 29) platziert wird und damit diesen um das Verbot des Götzendienstes präzisiert. Ansonsten ist EpJer mehr ein weisheitliches Traktat, das die verschiedenen Argumente (eigene und biblische) zu einer Argumentationslinie verdichtet.

5.2.3 Prophetenbild in EpJer

Mit Ausnahme von Jeremia wird kein Prophet erwähnt; auch die Wörter προφήτης, προφητεία und προφητεύω kommen nicht vor. Zum Prophetenbild kann EpJer daher nur soviel beitragen, als hier der Prophet Jeremia (der fingierte Autor dieser Schrift) als weisheitlicher Lehrer für die Lebenspraxis (Ethik) erscheint. Auffällig ist, dass der eigenen Kult in EpJer nirgends thematisiert wird. Damit fehlt auch das kritische Element Jeremias gegenüber dem eigenen Kult. Dies mag damit zusammenhängen, dass EpJer die Diaspora-Situation im Blick hat.

In diesem «Brief» tritt den Lesenden ein *sich selbst aktualisierender* sowie seine und weitere biblische Aussagen zum Thema Götzenkritik zusammenfassender *Jeremia* entgegen. EpJer ist als solcher Auslegung von Jer 10 und 29 und kann somit als ein schönes Beispiel «innerbiblischer» Schriftauslegung angesehen werden.[78]

---

[77] Vgl. Kratz, *Brief des Jeremia*, 77.
[78] Mit Kratz, *Brief des Jeremia*, 79.

In Qumran wurden einerseits kleine Fragmente gefunden, die einige wenige Worte aus Sir 6,14f beinhalten. Andererseits enthält die Psalmenrolle 11QPs[a] gegenüber der MT-Version des Psalmbuches verschiedene Zusätze, darunter auch Sir 51,13–19.30. In Masada wurde schliesslich eine Rolle gefunden, die Sir 39,27–43,30 umfasst. Die Funde zeigen nicht nur, dass Sir, der in hellenistisch-römischer Zeit in der griechisch sprechenden Welt weit verbreitet war, auch in Qumran bekannt war; sie bestätigten auch die Ursprünglichkeit der hebräischen Sirachüberlieferung, was bis dahin, trotz der 1896 entdeckten hebräischen Sirachhandschriften in der Kairoer Genizah, noch Gegenstand von Kontroversen war. Aus inneren Gründen ist die Entstehung des Werkes zwischen 195–175 v. Chr. anzunehmen.[79] Diese Zeitspanne kann aufgrund der historischen Daten der Vorrede auf ca. 190 v. Chr. als Abfassungszeit eingegrenzt werden.[80]

Sir ist nicht nur die einzige Weisheitsschrift, welche die Propheten explizit darstellt,[81] sie macht auch als einzige der in dieser Untersuchung behandelten zwischentestamentlichen Schriften ausführliche Aussagen über die einzelnen Propheten. Mit den Lehrsprüchen und dem Väterlob finden sich in Sir zwei unterschiedliche Gattungen, die daher separat untersucht werden.

Der hier durchgeführten Untersuchung, inwiefern biblische Prophetenbücher in Sir rezipiert werden, soll der gesamte Sirachtext zugrunde gelegt werden. Der durch die verschiedenen Funde bekannte und ca. 68 % des Gesamtbestandes aufweisende hebräische Text (MS A–F, M, 2Q18, 11QPs[a])[82] wird dort, wo nötig, durch die griechische Sirachüberlieferung (GI/GII) ergänzt.[83] Die Verszählung folgt der Textausgabe von Vattoni.[84] Im Folgenden werden Formulierungen, die sich auf Propheten, Prophetie oder prophetische Themen und Motive beziehen, genauer untersucht.

---

[79] Dies ergibt sich daraus, dass Sir offenbar den Tod des Hohepriesters Simon II. voraussetzt, die Absetzung von Onanias III. dagegen nicht erwähnt; vgl. Pietsch, *Spross Davids*, 164.

[80] Vgl. Sauer, *Jesus Sirach – Ben Sira*, 22.

[81] Der Begriff נביא ist in der Weisheitsliteratur sonst nicht bezeugt; vgl. Hildesheim, *Prophet*, 86.

[82] Die Abkürzungen der Manuskripte richten sich nach der Textausgabe von Beentjes, *Ben Sira*, der auch die in dieser Arbeit verwendeten Sirachtexte zugrundeliegen.

[83] Vgl. Sauer, *Jesus Sirach – Ben Sira*, 35. Zu den Abkürzungen der griechischen Sirachüberlieferung vgl. ebd., 26f; zur Textüberlieferung von Sir insgesamt, vgl. ebd., 22–28.

[84] Vgl. Sauer, *Jesus Sirach*, 487.

5.3.1 Prophetenrezeption in den einzelnen Lehrsprüchen

Weisheitlich-prophetisches Wissen in Kapitel 34

In Sir 34,1–8 finden sich Argumente für die Nichtigkeit von Träumen, die entfernt an Jer erinnern (vgl. Jer 29,8):

> 1   Eitel ist die [Hoffnung des Toren] und eine trügerischer Erwartung, und Träu-
> me [beunruhigen törichte Menschen].[85]

Das Wort «Träume» (חלומות) ist allerdings das einzige gemeinsame Wort von Sir 34,1 (gemäss MS E) und Jer 29,8 (gemäss MT). Sir 34,2ff fehlt in den hebräischen Handschriften und ist nur in Griechisch überliefert.[86] Von einer thematischen Ähnlichkeit mit Jeremias Warnung vor den Träumen falscher Propheten und Wahrsager kann kaum gesprochen werden. Ver-schiedene Stellen in der Bibel äussern sich skeptisch zur Verlässlichkeit von Träumen; neben Jeremia (Jer 23,23–29, 27,9, 29,8) ist auch Koh 5,6a zu nennen: «Denn bei vielen Träumen sind auch viele Nichtigkeiten und Worte.» Die Stelle ist daher weder als Zitat noch als Anspielung, sondern als Motivaufnahme anzusehen. Sir nimmt die bei Jer aber auch Koh zu findende Skepsis gegenüber Träumen für seine weisheitliche Mahnung auf und mahnt diesem Phänomen gegenüber zur Zurückhaltung; gleichzeitig zollt er der denjenigen Stellen in der Bibel Tribut, die Träume unbefangen mit Gottesoffenbarungen gleichsetzen (etwa Gen 28,10–22, Num 12,6–8, aber auch die Träume in der Josephsgeschichte), indem er in Vers 6 nich-tige Träume von solchen unterscheidet, die durch Gott gesandt sind. Eine besondere Auslegungsabsicht ist in 34,1–8 dabei nicht zu erkennen.

In Sir 34,22f heisst es: «Geschenke von Gottlosen sind nicht wohlgefällig.» Diese Aussage könnte als eine Zusammenfassung der ausführlicheren Kultkritik in Jes 1,11–15 gesehen werden. Da die Verse 34,2–31 in den hebräischen Teilen nicht enthalten sind, lässt sich nicht prüfen, ob es vereinzelte wörtliche Übereinstimmungen gibt. Aufgrund der Häufigkeit des in den prophetischen Schriften wichtigen Themas «Opferkritik» (vgl. u. a. Jer 6,20, Am 5,22, Mi 6,7) ist aber eher an eine Motivaufnahme zu denken. Die Sir 34,22 innerhalb der Bibel am nächsten stehenden Stellen sind allerdings Prv 15,8 und 21,27.[87] Die Formulierung von Sir 34,22f bezieht sich somit weniger auf eine einzelne Stelle, sondern stellt einen Versuch dar, die Gesamtaussage von Propheten und Schriften zu diesem Thema zu summieren.

---

[85]   Ergänzungen in Klammern mit Hilfe von **G**; vgl. Sauer, *Jesus Sirach*, 588. Das hebräische Fragment MS E liest תוחלת כזב וחלומות [...] ריק תד; vgl. Beentjes, *Ben Sira*, 107. Die nachfolgenden Verse sind bloss griechisch erhalten.

[86]   Vgl. Sauer, *Jesus Sirach*, 588f.

[87]   Nach Di Lella, *God and Wisdom*, 4, ist Prv gar das Lieblingsbuch des Siraziden.

In Sir 34,30f geht es wie in Jes 58,3–5 um das nicht aufrichtige Fasten: «Wer eine Leiche wieder berührt, nachdem er sich gewaschen hat, was hilft die Waschung? So ist es mit einem Menschen, der seiner Sünden wegen fastet und dann hingeht und das Gleiche tut. Wer wird sein Gebet erhören, und was hilft ihm seine Bussübung?» Die sprachlichen und sachlichen Ähnlichkeiten mit Jes 58,3–5 reichen allein nicht aus, um von einer Anspielung auf diese Stelle zu sprechen (thematische Berührungen ergeben sich beispielsweise auch mit Hos 6,6). Die Formulierungen verweisen nicht eindeutig auf eine bestimmte Bibelstelle. Wie bei den oben besprochenen Versen aus Kapitel 34 geht es Sir auch hier mehr darum, das weisheitlich-prophetische «Wissen» aus den Propheten und Schriften zu bestimmten Themen zusammenfassend zu referieren und in die eigene Weisheitslehre einzubauen.[88]

Das Bittgebet in Kapitel 36,1–17

Vers 4a teilt mit Ez 20,41, 28,25, 36,23, 38,16, 39,27 den prägnanten und damit deutlich erkennbaren Ausdruck «Sich als heilig erweisen vor den Augen von ...» (... נקדש לעיני). Dieser Ausdruck spielt in Ez eine wichtige Rolle.[89] Die Aussage steht in Ez im Zusammenhang mit der verheissenen Rückkehr aus dem Exil und der damit verbunden Jhwh-Erkenntnis des Volkes Israel. Durch die Aufnahme dieses Ausdruckes in Sir 36, ergibt sich ein klarer *Verweis auf das Ezechielbuch* und diese mehrfach darin stehenden *Verheissungen des Heiligkeitserweises*. Aus der Perspektive der Zeit Sirachs hat sich diese Vorhersage mit der Rückkehr Israels aus dem Exil erfüllt. Dies wird in Vers 4a aufgenommen: «So wie du dich als heilig erwiesen hast vor ihren Augen an uns» (נקדשת לעיניהם), und wird verbunden mit der Bitte um Erfüllung einer noch nicht eingetroffenen Vorhersage: «So erweise dich vor unseren Augen als herrlich an ihnen» (כן לעינינו הכבד בם), in Vers 4b, was thematisch den Vorhersagen in Ez 28,22 und 39,21, dem *Herrlichkeitserweis an Fremdvölkern*, entspricht.[90]

Vers 5, «Damit sie erkennen, wie wir erkannten, dass kein Gott ist aus-ser dir», führt den Gedanken weiter, indem er aus Ez 20,42, 28,26, 36,23, 38,16, 39,28 das *Motiv der Jhwh-Erkenntnis* aufnimmt: «Und ihr werdet er-

---

[88] Ähnlich urteilt Kaiser, *Furcht*, 45, über das Verhältnis von Sirachs Weisheitslehre zur Tora. Seiner Meinung nach würde Sirach die Tora jeweils nicht zitieren, sondern es den Lesenden überlassen, den Zusammenhang zwischen seiner (durch den Kontakt mit der hellenistischen Weisheit erweiterten) Lehre und der Tora zu erkennen.

[89] קדש ni. kommt im MT nur 11-mal vor, davon 6-mal in Ez, wobei 5-mal im gleichen Vers auch לעיני steht. Zusammen mit לעיני kommt es noch in Num 20,12 und 27,14 vor. Neben der Parallelität dieses prägnanten Ausdruckes ist es der Kontext, der für eine Ezechielrezeption spricht: Vers 5 nimmt die mit dem Heiligkeitserweis verbundene Jhwh-Erkenntnis aus Ez auf. Ausserdem geht es im Bittgebet wie in Ez um die verheissene Rückführung aus dem Exil (vgl. Sir 36,11).

[90] Ez 28,22 teilt mit Vers 4 das Verbum כבד pi. (sich verherrlichen), während 39,21 das Substantiv כבוד (Herrlichkeit) benutzt.

kennen, dass ich Jhwh bin» (sowohl in Sir wie auch in Ez jeweils mit dem Verb ידע, gefolgt von כי, formuliert, ausser in 38,16, wo למען דעת steht). Auch hier hat sich in der Perspektive von Sir eine ezechielsche Voraussage erfüllt, nämlich die Jhwh-Erkenntnis des Volkes Israel. Die Jhwh-Erkenntnis der Fremdvölker, von der in Ez ebenfalls mehrfach die Rede ist, wird dagegen als noch unerfüllte Prophezeiung angesehen. Die noch nicht eingetroffene Voraussage der Jhwh-Erkenntnis der Fremdvölker wird dann als Grund für die Bitte um Erfüllung des ebenfalls noch nicht ergangenen Heiligkeitserweises Jhwhs an eben diesen Fremdvölkern angegeben.

Die für Vers 4f gemachten Beobachtungen weisen (von allen Parallelen zu Ez) Kapitel 28 als dasjenige aus, mit dem Sir in den Versen 4f gearbeitet hat, da nur in diesem Kapitel alle drei besprochenen Formulierungen zu finden sind. Im Vergleich der beiden Verse zeigen sich in Sir deutliche Verschiebungen, die theologisch zu interpretieren sind:

Ez 28

22 Und sprich: So spricht der Herr Jhwh: Siehe, ich will an dich, Sidon, *will mich verherrlichen* in deiner Mitte, *damit du erkennst, dass ich Jhwh bin*, wenn ich an dir Gericht vollstrecke und mich als der Heilige erweise an dir.

25 So spricht der Herr Jhwh: Wenn ich die vom Haus Israel aus den Völkern, unter die sie zerstreut worden sind, wieder sammle, dann will ich mich an *ihnen als heilig erweisen vor den Augen der* Heiden, und sie sollen in ihrem Lande wohnen, das ich meinem Diener Jakob gegeben habe.

26 Und sie werden in Sicherheit darauf wohnen, wenn ich Urteile vollstrecke an all denen rings um sie her, von denen sie verachtet werden, *und sie werden erkennen, dass ich Jhwh,* ihr Gott *bin.*

Sir 36

4 Wie du *dich als heilig erwiesen hast vor ihren Augen* an uns, so *erweise dich* vor unseren Augen *herrlich* an ihnen.

5 *Und sie werden erkennen,* wie wir erkannt haben, *dass* es keinen Gott gibt ausser dir.

Wie oben schon dargestellt, ist der Heiligkeitserweis am Volk Israel und seine damit verbundene Jhwh-Erkenntnis Vergangenheit und damit erfüllte Prophezeiung, der Herrlichkeitserweis an den Fremdvölkern wird aber noch als ausstehend gesehen. Die damit verbundene Gotteserkenntnis, sowohl durch Israel als auch die noch ausstehende durch die Fremdvölker, ist bei Sir (anders wie bei Ez 20,42, 28,26, 36,23, 39,28) nicht mehr auf den Namen Jhwh, sondern auf die Einzigkeit Gottes bezogen. So wie Israel erkannt hat, sollen auch die Völker erkennen, «dass es keinen Gott gibt ausser dir». Die Formulierung אין אלהים זולתך verweist zuerst auf DtJes (die Formulierung אין אלהים findet sich in Jes 44,6, 45,5 und zusätzlich mit עוד in 45,21). Die Stelle kann aber noch genauer eingegrenzt werden: Die Selbstprädikation von Jhwh mit זולתי אין אלהים («ausser mir ist kein

Gott») ist im AT einmalig (Jes 45,5).[91] Mit Hilfe von Jes 45,5 wird demnach die Aussage von Ez umgedeutet. Das Motiv der Gotteserkenntnis ist in Sir gegenüber Ez 20,42, 39,28 gleich wie in Ez 36,23, 28,22.26 *von Israel auf die Völker ausgeweitet* und durch die Übernahme der Formulierung aus Jes 45,5 weitergeführt zur universalen monotheistischen Gotteserkenntnis. Die Bitte um den Herrlichkeitserweis Gottes und der damit verbundenen Gotteserkenntnis unter den Völkern (36,4f) ist ein Zitat und zugleich Weiterführung der prophetischen Voraussage in Ez 39,21.27b.28 mit Hilfe von Jes 45,5.

In Vers 6 spielen die Hand und die Rechte Gottes, zwei traditionelle Motive (vgl. u. a. Ez 39,21), noch eine Rolle, ohne dass Auslegung geboten wird. In den Versen 11f, der Bitte um Sammlung der Stämme Jakobs, wird thematisch die aus Jes 56,8, Jer 29,14, 31,10 und 32,37 bekannte prophetische Voraussage der Heilsrestitution aufgenommen. Der Ausdruck «Stämme Jakobs» (שבטי יעקב) kommt in der Hebräischen Bibel dagegen nur in Jes 49,6 vor.[92] Beentjes sieht es als wahrscheinlich an, dass nicht nur Vers 11f, sondern die Verse 1–17 insgesamt im Blick auf die Passage Jes 49,1–6 gestaltet wurden.[93] Vers 11 zeigt aber ansonsten keine grössere wörtliche Übereinstimmung mit Jes 49,1–6, so dass der parallele Ausdruck שבטי יעקב allein zu wenig Material hergibt, als dass man von Rezeption sprechen könnte. Die Wörter יעקב und שבט sind in der Traditionsgeschichte häufig verwendete Ausdrücke; nur diese Kombination ist in der Hebräischen Bibel einmalig.

Die Aussage in Vers 12, dass Israel nach dem Namen Gottes benannt ist, findet sich zwar auch bei Jeremia (Jer 14,9), aber auch bei weiteren Propheten. Hingegen wird in Jer 31,9 nicht Israel, sondern Ephraim als Erstgeborener bezeichnet. Beides sind traditionsgeschichtliche Motive, welche Sirach hier referiert und adaptiert.

Vers 15 bittet dann explizit um die Erfüllung der «Weissagung», die im Namen Gottes geschah. Wahrscheinlich sind damit die oben noch als unerfüllt dargestellten Weissagungen der Gotteserkenntnis der Fremd-völker und des Herrlichkeitserweises Jhwhs gegenüber diesen gemeint. Vers 16 bittet in der Folge darum, dass die Propheten als verlässlich erscheinen mögen. Bemerkenswert ist dabei die Tatsache, dass um die Erfüllung prophetischer Voraussagen gebetet wird.

---

[91] Marböck, *Jesaja in Sirach 48,15–25*, 315, verweist auf die ebenfalls im AT einmalige Bezeichnung אין זולתי in Jes 45,21, doch liegt 45,5 m. E. näher, da dort alle drei Wörter vorkommen, wenn auch nicht in der gleichen Reihenfolge wie in Sir 36,5. Mit Beentjes, *Relation*, 158f, verweist Marböck, *Jesaja in Sirach 48,15–25*, 315, schliess-lich auch auf Sir 36,10, die überhebliche Selbstübernahme dieser Gottesprädikation aus Jes 45,21 durch den Fürsten von Moab.

[92] Marböck, *Jesaja in Sirach 48,15–25*, 315; ebd., Anm. 46 mit Verweis auf Beentjes, *Relation*, 158f.

[93] Beentjes, *Relation*, 159, legt Wert auf die Beachtung des Kontextes. Neben dem Ausdruck שבטי יעקב (Stämme Jakobs) verweist er auf das Verbum אסף (sammeln), das in Jes 49,5 vorkommt, und ein weiteres paralleles Wort (פעלת) in Vers 16, cf. Jes 49,4. Er verweist zudem auf die thematische Ähnlichkeit beider Passagen: Vers 6 enthalte das Thema *Rettung im Exodus*, das in Jes 48,20b–21 vorkommt, Vers 11 *Die erneute Landnahme*, das Thema von Jes 49,8.

Für die Schlussaussage des Gebetes «Und es werden erkennen [all]e Weltenden, dass du Gott bist» (וידעו [כ]ל אפסי ארץ כי אתה אל) in 36,17 ist die Aussage Gottes in Jes 45,22 «Lasst euch retten alle Weltenden, denn ich bin Gott» (הושעו כל אפסי ארץ כי אני אל) die nächste Parallele.[94] Die grössere wörtliche Übereinstimmung weist diesen Satz als abgeändertes Zitat aus, mit welchem eine prophetische Voraussage in die Gebetsintention übernommen wird.

Das Bittgebet in Sir 36,1–17 nimmt verschiedene traditionsgeschichtlich-prophetische Motive auf. Wie dargestellt finden sich darin aber auch Zitate aus Ez und DtJes. Zitiert wird aus Ez 28,22.25 und Jes 45,5.22. Ausserdem wird auf verschiedene prophetische Motive angespielt, die der Verfasser von Sir kaum aus den verschiedenen Schriftrollen abschrieb, sondern wahrscheinlich auswendig kannte. Hauptsächlich wird in diesem Kapitel jedoch mit den erwähnten Ezechiel- und Jesaja-Stellen gearbeitet. Einerseits werden die Heiligkeits-/Herrlichkeitserweis-Aussagen und die damit verbundene Jhwh-Erkenntnis aus Ez 28 aufgenommen, andererseits wird diese mittels eines Zitates von Jes 45,5 in 36,4f universalisierend auf die Erkenntnis der Einzigartigkeit Gottes ausgeweitet. Somit wird in diesen Versen eine Aussage aus der Schrift mit einer weiteren Schriftstelle ausgelegt. Die dabei zu beobachtende universalisierende Tendenz (Einzigkeit Gottes anstelle der Anerkennung der israelitischen Nationalgottheit Jhwh) kann damit in Zusammenhang gebracht werden, dass Sir sich als weisheitliche Schrift für einen breiteren Empfängerkreis versteht.

Der rechte Schriftgelehrte (Kapitel 39,1–11)

In den nur griechisch bezeugten Versen 38,34b–39,5 erscheinen das Studium der «prophetischen Lehren», die «Weisheit der Alten» und die «Belehrungen namhafter Männer» zusammen mit weiterem Bemühen um Weisheit als diejenigen Dinge, die jemand tut, der sein Herz auf Gottesfurcht ausrichtet und über die Tora nachsinnt. Die Verse bieten keine Schriftrezeption, enthalten aber eine wichtige Aussage zur Wertschätzung der «prophetischen Lehren», und werden daher im Folgenden wichtig sein, um das Prophetenbild Sirachs festzumachen.

Lobpreis des Schöpfers (Kapitel 39,12ff)

In 39,29 stehen nach dem Text von MS B «Feuer, Hagel, Übles und Pest» als Gerichtsmittel. Wahrscheinlich ist textkritisch ein ב zu ergänzen,[95] so dass von «*Hunger* und Pest» die Rede ist. Diese Kombination als Gerichts-

---

[94] Anders Beentjes, *Relation*, 158. Danach spielen neben Vers 17 auch die Verse 5 und 10 auf Jes 45,21f an.

[95] Mit Sauer, *Jesus Sirach – Ben Sira*, 272.

mittel kommt vielmals bei Jer und Ez vor. Die Variante von MS B «Übles und Pest» dagegen nur in Jer 28,8. Die Lesevariante mit ב («Hunger und Pest») ist plausibler, da davon auszugehen ist, dass Sirach in 39,29 kein Zitat bieten wollte, sondern, wie an vielen anderen Stellen, ein verbreitetes prophetisches Motiv aufgenommen hat.

Lobpreis der Schöpfung (42,15–43,33)

Die Aussage in 42,19, «Gott offenbart das Vergangene und Künftige», erinnert an die Gerichtsreden in DtJes (vgl. Jes 41,22, 43,9, 44,7, 45,1). Die hebräische Formulierung Sirachs ist aber nicht biblisch belegt und kann daher nicht als Anspielung auf DtJes betrachtet werden. Die Formulierung, die wörtlich auch mit «Gott offenbart die sich wechselnden Ereignisse» übersetzt werden kann, muss als eine eigenständige Leistung Sirachs angesehen werden. Da sie aber dennoch Referenzen zu traditionellen Formulierungen aufweist, ist sie durchaus in das weitere Feld der Traditionsgeschichte einzuordnen. Auch die Gottesprädikate in den folgenden Versen stammen aus der Traditionsgeschichte.

5.3.2 Prophetenrezeption im Lobpreis der Väter (Kapitel 44–50)

Samuel (46,13–20)

In Kapitel 46,15 wird von Samuel berichtet, dass er als Seher aufgesucht wurde. Auch wenn das Wort Seher (ראה) in der Hebräischen Bibel häufig vorkommt, ist die Aussage wahrscheinlich ein Verweis auf 1Sam 9,9, wo die Bezeichnung «Seher» für einen Propheten erklärt wird. Zudem geht es im Kontext dieser Schriftstelle bekanntlich darum, dass Saul den Propheten Samuel aufsuchen will. Sirach erweist sich durch diesen Bezug als guten Kenner der Literatur Israels, verbindet mit der Referenz auf 1Sam 9,9 bzw. ihren Kontext aber keine Auslegungsabsicht.

Elia (48,1–11)

Ebenfalls deutliche Verweise auf die entsprechenden biblischen Geschichten zeigt der Abschnitt zu Elia. Mit der Bezeichnung Elias als «Prophet wie Feuer» (נביא כאש) in Vers 1 wird deutlich auf diejenigen Eliageschichten verwiesen, in denen Feuer eine Rolle spielt: 1Kön 18,21ff (אש יהוה), 2Kön 1,9ff (אש מן השמים) und 2Kön 2,11 (רכב אש וסוסי אש).[96] Im zweiten Teil des gleichen Verses wird in der parallelisierten Aussage «... sein Wort war wie ein brennender Ofen» (כתנור בוער) ein Ausdruck aus

---

[96] Für die Kombination von «Elia» und «Feuer» listet *Bible Windows* nur 1Kön 18,25 und 2Kön 1,10.12 auf. Für «Prophet» und «Feuer» gar nur 1Kön 18,25, da in 2Kön 1,9ff nicht von einem «Propheten», sondern von einem «Gottesmann» die Rede ist.

Mal 3,19 zitiert, die Ankündigung von dem «Tag wie ein Ofen brennend».[97]
In Mal 3,19ff ist zudem vom *Elia redivivus* die Rede. Es ist anzunehmen,
dass Sirach auf diese Erwartung anspielt.[98] Dagegen kann eingewendet
werden, dass ein einziger Begriff noch zu wenig ist, um von einer
Anspielung zu sprechen. Das Motiv des Elia redivivus war im Judentum in
hellenistisch-römischer Zeit jedoch weit verbreitet, so dass man davon
ausgehen kann, dass die damalige Leserschaft beim Hören des Namens
Elia durchaus von selbst schon an den Elia redivivus dachte.[99]

In Sir 48,1 findet durch Verweise und durch das Zitat eines in der Hebräi-
schen Bibel einzigartigen Ausdrucks gleich mehrfach Auslegung statt:
Durch den Verweis mit dem Feuer wird auf wichtige Stationen der Elia-
Geschichte angespielt. Ebenso werden Elias Wundertaten mit dem Feuer
im Lob Sirachs zu einem Charakterzug dieses Propheten (ein *Prophet wie
Feuer*).[100] Durch den Rückgriff auf einen Ausdruck aus Mal 3,19 werden die
Feuer-Wundertaten im Sirachtext mit Elias Wort(en) verbunden. Gleichzeitig wird mit diesem Zitat auf die erwartete Rückkehr Elias *vor* dem Tag
des Herrn verwiesen. Diese ist in Vers 10 explizit erwähnt und gilt als «aufgeschrieben» – ein indirekter Verweis auf die entsprechende Prophetenschrift. Im Lobpreis Sirachs wird gegenüber Mal 3,19 die Funktion des Elia
redivivus als Versöhner von Anfang an betont, während das angedrohte
Gericht nur noch am Rande erwähnt ist.

Jesaja (48,22–25)

Von Jesaja wird im Vers 24 gesagt, dass er in die Zukunft schaute
(חזה אחרית). Das Wort «Zukunft» (אחרית) findet sich vor allem bei
DtJes.[101] Beide Wörter zusammen finden sich hingegen bei der Völkerwallfahrt nach Zion (Jes 2,1a.2a). Es ist jedoch kaum so, dass Sirach mit
der Rezeption dieser Wörter konkret auf Jes 2,1a.2a anspielt. Viel wahrscheinlicher ist, dass er mit diesen Wörtern typische Themen aufnimmt, die
im Jesajabuch immer wieder vorkommen.[102] Bei der nachfolgenden Aus-

---

[97] Mit Stadelmann, *Ben Sira*, 197, sind Feuer und glühender Ofen in der Hebräischen
Bibel als Ausdrücke des Gerichtes anzusehen. Der Ausdruck בער כתנור in Mal 3,19
ist im MT singulär. In Sir Ms B 48,1 ist er plene geschrieben und in umgekehrter
Reihenfolge bezeugt; siehe Beentjes, *Ben Sira*, 85. Mit Beentjes, *Inverted Quotations*,
522, ist כתנור בוער in Sir 48,1 als eine «inverted quotation» zu betrachten.

[98] So auch Hildesheim, *Prophet*, 87. Für ihn erscheint somit am Anfang und am Ende
der Passage über Elia eine Bezugnahme auf Maleachi. Das Feuer ist seiner Meinung
nach deswegen so prominent erwähnt, um die Verbindung zu Mal 3,19 zu schaffen;
siehe ebd., 121.

[99] Vgl. etwa Lk 17,10f. In Sir 48 selber wird das Motiv wieder in Vers 10 aufgegriffen.

[100] Der direkte Vergleich einer Person mit Feuer kommt in der Hebräischen Bibel nicht
vor. Vielfach werden Charaktereigenschaften verglichen (etwa Zorn wie Feuer).

[101] Vgl. Hermisson, *Deuterojesaja*, 130–133.

[102] Vgl. dazu die Erwägungen bei Marböck, *Jesaja in Sirach 48,15–25*, 312f.

sage «Er tröstete die Trauernden Zions» (וינחם אבלי ציון) ist das Trösten (נחם pi.) nicht nur die *Einleitung* zu Beginn von DtJes (vgl. Jes 40,1), sondern auch ein bekanntes Motiv aus DtJes insgesamt. *Alle drei Wörter* kommen hingegen in Jes 61,2b–3aα vor,[103] allerdings nicht unmittelbar hintereinander. «Alle Trauernden trösten» (לנחם כל אבלים) kommt in 61,2 vor; der Ausdruck «die Trauernden Zions» (אבלי ציון) steht in der parallelisierten Aussage 61,3 (לשום לאבלי ציון). Sir 48,24 könnte dann aber immer noch ein gekürztes Zitat darstellen,[104] doch ist Jes 61,3aα textkritisch unsicher. Es liegt daher auch bei diesem Versteil nahe, anzunehmen, dass die Worte zwar auf das Jesajabuch insgesamt, nicht aber auf eine bestimmte Jesaja-Stelle hinweisen. Ein solcher Umgang Sirachs mit der Deutero- und Tritojesaja-Überlieferung passt zur der oben gemachten Beobachtung, dass Sir in den Lehrsprüchen zu bestimmten Themen das jeweilige prophetische Wissen zusammenfassend referiert. Die beschriebene Rezeptionsform ist daher als Anspielung auf ein Prophetenbuch (bzw. *Teil* eines Prophetenbuchs) zu werten. Sie bezieht sich nicht auf eine bestimmte Stelle, wohl aber auf bestimmte Buchteile (nach heutiger Einteilung: Jes 40–66) und auf ihre wichtigsten Themen *Zukunft* und *Trost*.

Die Aussage in Vers 25 «Er tut kund, was sein wird bis zur Ewigkeit» (עד עולם הגיד נהיות) erinnert an die Weissagungsbeweise in den Gerichtsreden DtJes;[105] auch hier wird nicht wörtlich aus einer bestimmten Jesaja-Stelle zitiert.[106] Obwohl die Wortparallelen dürftig sind, ist es wegen der thematischen Ähnlichkeiten und aus der Vers 25 vorangehenden Anspielung auf DtJes und TtJes in Vers 24 allerdings wahrscheinlich, dass hier auf die verschiedenen Weissagungsbeweise in DtJes *angespielt* wird. In diesen geht es ja darum, dass die Fremdgötter ihre Göttlichkeit ausweisen müssen, indem sie das, was kommen wird (die Zukunft), mitteilen. Die Pointe dieser Weissagungsbeweise liegt dann darin, dass die fremden Götter dies nicht können, sondern nur Jhwh allein dies kann. Wenn nun hier von Jesaja gesagt wird, dass er das Zukünftige mitteilt, werden damit seine Worte gemäss diesem Kriterium als wahre, göttliche Prophetie qualifiziert (bzw. als Worte, die vom wahren Gott stammen). Sir 48,25 ist demnach als eine Auslegung zu betrachten, welche die Technik der Anspielung gebraucht, um die Worte «Jesajas» mit einem Kriterium aus DtJes zu würdigen. Damit wird wiederum «Schrift durch die Schrift» ausgelegt.

---

[103] Vgl. Beentjes, *Relation*, 157.

[104] So Beentjes, *Relation*, 157. Beentjes spricht sich gegen eine Aufnahme von Jes 40 aus.

[105] Mit Marböck, *Jesaja in Sirach 48,15–25*, 313.

[106] אחרית und נגד zusammen kommen in Jes 41,22, 46,10 sowie in Gen 49,1 vor; עולם und נגד finden sich u. a. in Jes 44,7. Allerdings machen diese Wortparallelen allein noch kein Zitat.

Jeremia (49,7), Ezechiel (49,8f) und die Zwölf Propheten (49,10)

In 49,7 wird Jeremia erwähnt. Die Worte für seine Charakterisierung in diesem Vers stammen aus Jer 1,5.10. Es sind keine wörtlichen Zitate, sondern zusammenfassende Anspielungen, die zwar wie bei Jesaja auf das Prophetenbuch als Ganzes zielen, aber eigentlich nur eine Referenz zu Kapitel 1 erkennen lassen.[107] In den vorangehen Versen wird auf Jeremias Verkündigung und auf seine Misshandlung durch die Jerusalemer angespielt.[108] Der Doppel-Auftrag zum Ausreissen und Pflanzen, der beim Jeremiabuch eher am Anfang steht, erscheint bei Sirach am Schluss und gibt so den Ausblick von der erfüllten Unheilsweissagung weg zur angesagten Heilszeit. Diese Umstellung ist deshalb als Auslegungsvorgang zu werten.

Ezechiels Vision (49,8) wird mit der Merkaba aus 1Chr 28,18 in Verbindung gebracht.[109] In Ez selbst wird das, was Ezechiel sieht, nur beschrieben, aber nicht mit einem Namen genannt. Hier nun wird durch die Auslegung Sirachs die Vision Ezechiels (durch den Bezug auf eine andere Schriftstelle) als Merkaba gedeutet. Damit wird, wie schon mehrmals beobachtet, «Schrift durch die Schrift» ausgelegt. Bemerkenswert ist noch, dass bei der Erwähnung der Worte Ezechiels in Vers 9 Hiob als Prophet bezeichnet wird.[110] Auf die Zwölf Propheten kommt Sir nur summarisch am Schluss seines Lobpreises zu sprechen. Sie werden nicht in ihrer historischen, sondern in ihrer kanonischen Reihenfolge behandelt. Auch spielen die einzelnen prophetischen Gestalten keine Rolle, vielmehr bildet Vers 10 einen Verweis auf das Zwölfprophetenbuch als Ganzes.

5.3.3 Schlussfolgerungen zur Prophetenrezeption in Sirach

Generell werden in den *Lehrsprüchen* traditionsgeschichtlich-prophetische Aussagen (etwa zum Thema Ethik) zusammengefasst (Charakter der Lehrschrift) und Motive aus den Propheten aufgenommen, oft ohne dass auf (eine) bestimmte Bibelstelle(n) verwiesen würde, sondern auf den Gesamtkorpus.[111] Prophetenzitate und Motive aus Ez und Jes finden sich allein im Bittgebet (Kapitel 36). Diese erscheinen dort als Zukunftsweissagungen, die teilweise als erfüllt, teilweise als (noch) nicht erfüllt

---

[107] Vgl. Hildesheim, *Prophet*, 199f.

[108] Die Charakterisierung Jeremias als vom Mutterleib her zum Propheten Erwählter ist schon von der Tradition vorgegeben.

[109] Vgl. Hildesheim, *Prophet*, 212f.

[110] Vgl. die Erwähnung Hiobs in Ez 14,14.20.

[111] Ähnlich urteilt Di Lella, *God and Wisdom*, 3, für das ganze Sirachbuch: «Ben Sira's affirmations about God reflect, of course, Israelite traditions found in the earlier biblical books. But there is no single OT book or passage that can be identified as his major source.»

gelten, wobei um die Erfüllung der noch ausstehenden Voraussagen gebetet wird. Daraus lässt sich erschliessen, dass die Nicht-Erfüllung gewisser prophetischer Voraussagen als Problem empfunden wurde, das gelöst werden musste. Die Prophetenzitate aus Ez und Jes erscheinen im Bittgebet aber in einem anderen Zusammenhang als ursprünglich und werden gegenüber der Vorlage so miteinander verbunden, dass die Aussagen aus Ez durch das Jesaja-Zitat universalisierend weitergeführt werden. In diesem Vorgang wird somit «die Schrift durch die Schrift selbst ausgelegt», wobei durch die Kombination der beiden Schriftstellen gegenüber den ursprünglichen Aussagen neue, weiterführende, aber dennoch «schriftgemässe» Aussagen gemacht werden können.

Im *Lobpreis der Väter* erweist sich Sirach als guter Kenner der biblischprophetischen Überlieferung. Im Lobpreis der jeweiligen prophetischen Figuren greift er auf unterschiedliche biblische Traditionen zurück,[112] mitunter sogar auf wörtliche Formulierungen oder auf typische Wortwendungen. Die dadurch entstehenden kunstvollen Auslegungen sind zwar eigenständig, bewegen sich aber durchaus im Rahmen damaliger gemeinjüdischer Vorstellungen und Erwartungen. Die beobachteten Auslegungen funktionieren so, dass eine Schriftstelle aufgenommen und durch eine andere Schriftstelle oder durch biblische Worte, Wendungen oder ein biblisches Motiv ausgelegt oder weitergeführt wird. Dabei werden in der Auslegung Propheten nicht nur mit ihren Taten (der Feuerprophet Elia), sondern auch mit ihrer weiteren Wirkungsgeschichte (Elia – Elia redivivus, Jesaja – DtJes/TtJes) verbunden. Ein wichtiges Thema der Auslegungen scheint auch die angekündete heilvolle Zukunft zu sein, während die genannten Visionen der Propheten mehr zum Charakterzug ihrer Wunderhaftigkeit zu gehören scheinen, was nachfolgend beim Prophetenbild Sirachs nochmals bedacht werden muss. Unheilsaussagen treten zurück bzw. werden im Falle von Jesaja und Ezechiel gar nicht erwähnt.

Zusammenfassend lässt sich für die Prophetenrezeption in Sir Folgendes sagen: Wiederkehrende bzw. verbreitete ethische Motive (in Kapitel 34 etwa die Skepsis gegenüber Träumen, die Kritik an Geschenken der Gottlosen und die Gedanken zum richtigen Fasten), die sich an verschiedenen Stellen in den Prophetenbüchern finden, werden ohne Bezugnahme auf eine bestimmte Stelle zusammenfassend in die weisheitliche Lehre aufgenommen. Die Darstellung in den Lehrsprüchen Sirachs versucht dabei eine Summa dessen zu bieten, was Propheten und Schriften zu dem jeweiligen Thema lehren. Ein weiteres wichtiges Thema sind aber auch die prophetischen Vorraussagen. Bei ihrer Aufnahme und Auslegung zeigen sich eine universalisierende Perspektive sowie eine Betonung der Heilsweissagungen. Im Lobpreis der einzelnen Propheten sind Literatur- und Wirkungsgeschichte grundlegend – nicht die historischen Figuren. Wie bei den Lehr-

---

[112] Mit Hildesheim, *Prophet*, 114.

sprüchen sind die prophetischen Voraussagen auch im Väterlob ein wichtiges Thema; ethische Themen finden sich, anders als in den Lehrsprüchen, dort nicht. Der Lobpreis der Väter widmet sich vielmehr den Wundertaten der Propheten, von denen vorhin noch nicht die Rede war (diese Differenz wird bei der Behandlung des Prophetenbildes noch bedacht werden). Für alle untersuchten Auslegungen gilt, dass sie durch die Kombination mit anderen Schriftaussagen (bzw. Schriftstellen) erfolgen, so dass jeweils die Schrift durch die Schrift selbst ausgelegt wird.

5.3.4 Das Prophetenbild Sirachs

Im Urteil Gerhard von Rads hat Sirach ein erstaunlich dürftiges Prophetenbild, da er die Propheten auf Wundermänner reduziere.[113] Dieses Urteil greift allerdings zu kurz, wie die Untersuchung von Hildesheim zu Sir 48,1–49,16 zeigt.[114] Das explizite Prophetenbild Sirachs soll im Rückgriff auf die Untersuchung Hildesheims nun genauer angeschaut werden, weil davon auszugehen ist, dass es den Umgang Sirachs mit den Propheten beeinflusst. Dabei soll vor allem das Väterlob, wo die einzelnen Prophetengestalten behandelt werden, genauer betrachtet werden. Zudem stellt sich die Frage, ob nicht auch die anderen Teile dieser Schrift von einem ähnlichen Prophetenbild beeinflusst waren. Das implizit in den Lehrsprüchen verwendete Prophetenbild muss daher anschliessend mit dem explizit verwendeten Prophetenbild verglichen werden.

Als Propheten (נביא) werden im Väterlob Josua, Samuel, Nathan, Elija, Elisa, Jesaja, Jeremia und die Zwölf Propheten bezeichnet, nicht aber Ezechiel. Die Untersuchung von Hildesheim beschränkt sich auf die Kapitel 48f. Ausserhalb des Väterlobes (Kapitel 44–50) kommt die Wortwurzel נביא noch in 24,33, 36,15f, 39,1 vor.[115]

Das Prophetenbild in den *Lehrsprüchen* lässt sich aus den verschiedenen expliziten Aussagen zur Prophetie erschliessen. Aus den autobiographischen Versen aus dem Lob der Weisheit in 24,30–34 geht hervor, dass Sirach sich selbst als Weisheitslehrer versteht, der seine Lehre als vergleichbar zur Prophetie qualifiziert.[116] Eine explizite Erwähnung des Studiums der Propheten(-Bücher) findet sich in 39,1–6. Dort geht es um weisheitlich-schriftgelehrte Tora-Interpretation, u. a. durch das Studium der Prophetie. Die Prophetie wird zusammen mit anderen, mehr hellenistischen Weisheitsbemühungen der schriftgelehrten Tätigkeit eingeordnet und erhält somit eine hohe Wertschätzung. Dabei weiss sich der Schriftge-

---

[113] Siehe von Rad, *Weisheit in Israel*, 331.

[114] Hildesheim, *Prophet*.

[115] Vgl. Marböck, *Jesaja in Sirach 48,15–25*, 317f.

[116] Vgl. Marböck, *Jesaja in Sirach 48,15–25*, 318.

lehrte angewiesen auf den Geist der Einsicht, um zu verstehen.[117] Sir versteht die Prophetenbücher als wichtiges Mittel zur Tora-Auslegung und ordnet (wie schon in 24,30–34) seine eigene Lehre in diese prophetische Interpretation der Tora ein.[118] Als Instrument der Tora-Interpretation bildet die Prophetie eine der Voraussetzungen für die Arbeit des Schriftgelehrten und wird damit der Tora untergeordnet. Da nur die Rede davon ist, dass die Tora durch das Studium der Propheten erforscht (und damit auch ausgelegt) werden kann und nicht umgekehrt, ist in Sir bereits eine klare Tendenz erkennbar, die Propheten gegenüber der Tora zurückzustellen.

Durch die Aufnahme ethischer Aussagen aus den Prophetenbüchern erscheinen die literarischen Prophetengestalten implizit als *weisheitlich-ethische Lehrer*, andererseits gelten sie, wie etwa das Bittgebet zeigt, als Künder der Zukunft. Dabei wird die von ihnen verkündete Zukunft in einer universalisierten und für den Kontext der Lesenden aktualisierten Auslegung geboten. Dem Problem, dass einige der angekündeten prophetischen Aussagen (noch) nicht eingetroffen sind, begegnet Sirach damit, dass um die Erfüllung Letzterer gebetet wird (explizit thematisiert in 36,15f, implizit in 36,4).

Im *Lobpreis der Väter* erscheinen zuerst die Erzväter, dann Mose, die Richter und neben den Propheten auch die Könige. Im der summarischen Einleitung wird in 44,3, dem Lobpreis begnadeter Männer, auf diejenigen verwiesen, die in ihren Prophetenworten (בנבואת) als Seher alle Dinge kündeten (וחוזי כל). Die Bezeichnung Prophet wird dabei nicht verwendet. Vielmehr wird mittels einer für sie typischen Eigenschaft auf die Propheten verwiesen, nämlich der *Sehergabe*. Bereits in der Einleitung wird demnach die Gabe der Zukunftsweissagung als ein besonderes Charakteristikum der Propheten dargestellt, etwas, das dann später, etwa bei Jesaja, noch explizit ausgeführt wird.

In 46,1 wird Josua als Diener Moses im Prophetenamt (בנבואה) bezeichnet. Mose wird offenbar wie in Dtn 18,15.18, 34,10 usw. als Prophet angesehen. Allerdings wird er selbst im Väterlob nicht so bezeichnet. Erst hier, bei der Erwähnung Josuas, wird von seinem Prophetenamt gesprochen. Josua gilt traditionell als Diener Moses.

«Samuel, der Geweihte des Herrn im Prophetenamt» (בנבואה), wie er in 46,13 bezeichnet wird, ist zugleich auch Richter und Priester. Nach Vers 15 gilt er als zuverlässig (נאמן) in seinen Worten als Seher (ראה).[119] Samuel ist der erste Prophet, von dem wunderhafte Geschichten in das Lob der Väter aufgenommen werden. Seine Prophetie

---

[117] Vgl. Lange, *Interpretation*, 33, der dies als Beleg dafür wertet, dass Sir Interpretation als Offenbarungsakt versteht. Aufgrund der Qualifizierung seiner Lehre als ὡς προφητείαν in Sir 24,33 ist es m. E. angemessener, von einer prophetischen Auslegung zu sprechen.

[118] Mit Marböck, *Jesaja in Sirach 48,15–25*, 318.

[119] Zur Aussage, dass Samuel als Seher aufgesucht wurde, siehe oben die Untersuchung der *Prophetenrezeption im Lobpreis der Väter*. Die Verwendung von ראה (möglich wäre auch חוזה) hat literarische Gründe (siehe ebd.).

erklingt gar noch nach seinem Tode (Vers 20): «Er wird befragt» und «erhebt seine Stimme aus der Erde» (Saul in Endor).

Wie bereits erwähnt, wird Elia in 48,1 als ein Prophet wie Feuer bezeichnet (נביא כאש) und gleichzeitig wird dieses Bild mit dem Prophetenwort verbunden. Elias Wort (דבר) war «wie ein brennender Ofen» (Mal 3,19). Das hebräische דבר kann jedoch auch als «Dinge», «Sachen» übersetzt werden. Im Folgenden werden nämlich vor allem die (Wunder-)Taten Elias gepriesen sowie die seines Nachfolgers Elisa, der zweifach so viele Zeichen und Wunder-Aussprüche tat und noch Wunder[120] wirkte in seinem Grab (s. 2Kön 13,20). Für Hildesheim erscheinen Elia und Elisa im Väterlob als Zeugen für Jhwh.[121] Die Charakterisierung als «Eiferer für die Sache Jhwhs», sachlich so auch bei Hildesheim,[122] ist m. E. zutreffender, da diese Bezeichnung dem breiten Raum, den die Wundertaten im Väterlob einnehmen, gerechter wird. Quelle für die Darstellung Elias im Väterlob ist nicht bloss der «historische» bzw. literarische Elia aus 1/2Kön. Daneben ist auch der Einfluss der Wirkungsgeschichte spürbar. Elia ist im Väterlob nicht nur der helden- und wunderhaft agierende Eiferer für Jhwh, sondern (wie oben bei der Untersuchung der *Prophetenrezeption im Lobpreis der Väter* dargestellt) in Aufnahme von und in Anschluss an Mal 3,23 auch eschatologischer Wegbereiter (Elia redivivus).

Das Prophetenbild von Jesaja in Sirach lässt sich nach Hildesheim aus drei Funktionen erschliessen, die Jesaja im Väterlob erhält. Jesaja erscheint 1. als Wegweiser, 2. als Retter und 3. als Vorhersager der Zukunft.[123] Als *Wegweiser* erscheint er, indem er als Ratgeber des Königs figuriert (Sir 48,22), daneben wird aber auch auf Schau-Wunder verwiesen (48,23), die bereits im Jesajabuch selbst dazu dienen, dem König den Weg zu zeigen. *Retter* ist eine etymologische Ausdeutung des Propheten-Namens,[124] was an der Rettung Jerusalems von der Belagerung Sanheribs konkretisiert wird (vgl. 48,18.20). Als «in seinen Gesichten vertrauenswürdiger» *Vorhersager* schaut Jesaja in die Zukunft und tröstet die Trauernden Zions (48,24). Sirach hat demnach das Grossjesajabuch vor sich,[125] so dass er die dtjes Aussagen Jesaja selbst zuordnen kann. Für Hildesheim hat Sirachs Laudatio trotz der Wunderbetonung eine theologische Gestaltung, die sich aber, wie hier gezeigt, nicht auf die historische Person Jesaja, sondern auf das Jesajabuch als Ganzes bezieht.[126]

Jeremia wird in 49,7 eng mit der Zerstörung Jerusalems verbunden, so dass er bei Sir nicht nur als Ansager, sondern auch als Vollstrecker des Gerichtes erscheint und somit einen machttätigen Zug bekommt.[127] Ezechiel erscheint in 49,8 als Visionär (vgl.

---

[120] Im griechischen Text steht ἐπροφήτευσεν («er wirkte prophetisch»)! Offenbar verstand der griechische Übersetzer von Sirach die Propheten konsequent schon als Wundertäter.

[121] Vgl. Hildesheim, *Prophet*, 124.

[122] Vgl. Hildesheim, *Prophet*, 115f.

[123] Vgl. Hildesheim, *Prophet*, 167f.

[124] Vgl. Hildesheim, *Prophet*, 136 sowie 163. Ähnlich wird auch Hiskija etymologisch gedeutet als der, der an den Wegen Davids festgehalten sowie die Stadt befestigt hat. Die beiden Namen Hiskija und Jesaja eignen sich natürlich auch sehr gut für die verwendeten Wortspiele.

[125] Vgl. Steck, *Abschluss der Prophetie*, 137.

[126] Anders Hildesheim, *Prophet*, 168. Die Worte «Er tröstete die Trauernden Zions» beziehen sich, wie oben gezeigt, auf DtJes bzw. TtJes. Wie bei Elia wird die Wirkungsgeschichte in die Gestaltung der Person im Väterlob einbezogen.

[127] Vgl. Hildesheim, *Prophet*, 202–206.

Ez 1.2).[128] Besonders ist der nachfolgenden Erwähnung Hiobs in Vers 9 Beachtung zu schenken. Hiob kommt (wie bereits erwähnt) nur indirekt vor, und zwar durch den Verweis, dass Ezechiel ihn erwähnt habe. Textkritisch nicht ganz sicher ist, ob Hiob als Prophet bezeichnet wird.[129] Sicher ist, dass er – wie die Propheten – Gegenstand des Lobes ist.

Die Zwölf Propheten – diese Bezeichnung ist in Sir 49,10 erstmalig zu finden – sind für Sirach ausschliesslich Heilsweissager. Sie verschaffen Jakob Heilung und geben ihm untrügliche Hoffnung. Die Mahnungen und Drohworte, die im Zwölfprophetenbuch zu finden sind, werden nicht erwähnt.[130] Das Zwölfprophetenbuch war in damaliger Zeit wahrscheinlich auf *eine* Rolle geschrieben und daher galten die Zwölf Propheten faktisch als *ein* Buch.[131] Im Väterlob werden die Propheten in Kanonreihenfolge behandelt und mit traditionellen Titeln versehen. Eine Ausnahme bildet die Erwähnung Hiobs, auf den Sir allerdings nur indirekt, bei der Erwähnung Ezechiels, zu sprechen kommt.

Sirach hat im Väterlob auch nicht die historischen Propheten, sondern *die literarischen Prophetengestalten* sowie ihre weitere Wirkungsgeschichte (etwa den Elia redivivus) im Blick.[132] Dies zeigt sich auch daran, dass die erwähnten Taten einiger Gestalten im Väterlob etymologisch mit ihren Namen in Zusammenhang gebracht und gedeutet werden. Das Väterlob verweist demnach weniger auf die Geschichte Israels als auf seine Literatur und ist somit *Rezeptionstheologie*. Sie ist allerdings eine Form der Schriftrezeption, die sich nicht nur mit den Schriften Israels auseinandersetzt, sondern auch mit der hellenistischen Weisheit, und die versucht, die eigene Überlieferung gegenüber dem «Mainstream»-Denken jener Zeit zu profilieren.

In Väterlob erscheinen die Propheten hauptsächlich als Wundermänner und Voraussager der Zukunft. Machttaten und Wunder stehen im Vordergrund, was mit der aus dem Hellenismus bekannter Gattung des *Lobes berühmter Männer* zusammenhängen mag. Aber die Propheten werden nicht

---

[128] Vgl. Hildesheim, *Prophet*, 217.

[129] Nach Beentjes, *Ben Sira*, 88, steht dort wahrscheinlich אי[ ]נ; die Lesung ist unsicher. Dezidiert für die Lesung «Prophet» spricht sich Hildesheim, *Prophet*, 206f sowie 213, aus. Andererseits wird bestritten, dass nach Hiob überhaupt noch ein Wort stand. Bei Skehan/Di Lella, *Wisdom of Ben Sira*, 542, wird die Auffassung vertreten, dass dort lediglich ein Tinten-Abdruck zu finden sei; dennoch wird aber davon ausgegangen, dass Hiob für Sirach aufgrund seiner kanonischen Platzierung zwischen den Grossen und den Zwölf Propheten als Prophet gilt, und darauf verwiesen, dass Hiob für gewisse Rabbinen als Prophet der Heiden galt, sowie auf Josephus, der in *Contra Apionem* Hiob ebenfalls unter die Propheten platzierte; vgl. ebd., 544.

[130] Vgl. Hildesheim, *Prophet*, 114 und 221.

[131] Ähnlich wie bei Jesaja bezieht sich das Lob Sirachs hier nicht auf die konkreten prophetischen Einzelgestalten, sondern auf das Buch der Zwölf Propheten als Ganzes.

[132] Goshen-Gottstein, *Ben Sira's Praise of the Fathers*, 240–242, kommt ebenfalls zum Schluss, dass Sirach im Lobpreis der Väter den Kanon beschreibt.

auf Wundertaten allein reduziert, wie von Rad einst urteilte;[133] daneben
wird eben auch das Voraussagen der Zukunft, aber auch das Vermitteln
von Gottes Willen betont. Die Propheten sind für Sirach helden- und
wunderhaft agierende Eiferer für die Sache Jhwhs, dessen Wort und Wille
sie verkünden, sowie erstaunliche Visionäre und Voraussager der Zukunft.
Diese Gabe der Zukunftsvision ist sogar das besondere Charakteristikum,
das die Propheten von anderen *viri illustrati* unterscheidet. Von ihren
Voraussagen gelten einige, wie oben dargestellt, schon als erfüllt und tragen
damit zum Ruhme der entsprechenden Propheten bei, andere werden noch
als ausstehend gesehen, wobei um die Erfüllung Letzterer gebetet werden
kann. Die Prophetenfiguren bei Sirach sind durchaus theologisch gestaltet,
aber gegenüber den historischen Propheten bzw. gegenüber den in den
Prophetenbüchern zu findenden Prophetendarstellungen und -sprüchen
fehlt im Väterlob jegliche Erwähnung der prophetischen Sozial- und Kultkritik.[134]
Zwar werden in den ethischen Mahnungen, die ausserhalb des Väterlobes
als weisheitliche Sprüche dienstbar gemacht werden, auch sozialethische
Aussagen aufgenommen, aber das kritische Element der Prophetie gegenüber dem eigenen Volk und dem eigenen Kult kommt m. E. in Sir nicht
zum Zug.

Diesem expliziten Prophetenbild des Machttäters, Lehrer von Gottes
Willen und Zukunftskünders steht das implizite Bild des ethischen Lehrers
und Zukunftskünders gegenüber. Die Betonung der Machttaten im Väterlob ist gattungsbedingt, womit eine ziemlich gute Übereinstimmung von
explizit und implizit verwendetem Prophetenbild festgestellt werden kann.
Das Väterlob weist eine starke Betonung der Zukunftsweissagung als besonderes prophetisches Charakteristikum auf, während im Bittgebet das
Problem der Nicht-Erfüllung populärer prophetischer Voraussagen angegangen wird.

Trotz des breiten Raumes, den Propheten und ihre Machttaten in Sir
einnehmen, kommt für Sir von allen Schriften nicht den Prophetenbüchern, sondern der Tora die höchste Wertschätzung zu. Die ebenfalls
hochgeschätzten prophetischen Schriften sind ihr klar nachgestellt. Die
Prophetie ist für Sir noch nicht abgeschlossen, da Sirach seine eigene Lehre
als ebenso prophetisch versteht, so dass sie wie diese zur Tora-Auslegung
dienen kann.

---

[133] Siehe von Rad, *Weisheit in Israel*, 331. Hildesheim, *Prophet*, 116f, macht darauf aufmerksam, dass Wundertaten betont und weniger heroische Seiten der Propheten,
etwa Zweifel, übergangen werden. Dies hat m. E. aber auch mit der Gattung des
Lobpreises berühmter Männer (de viris illustratibus) zu tun. Die Machttaten stehen
jedoch nicht für sich allein, sondern scheinen für Sirach zur Verkündigung dazu-
zugehören; vgl. ebd.

[134] Siehe Marböck, *Jesaja in Sirach 48,15–25*, vgl. insbesondere ebd., 306 und 316.

Das Buch Tobit ist eine Lehr-Erzählung, welche aufzeigt, wie ein frommer
Israelit bzw. eine fromme Israelitin in einer heidnischen Umwelt gott-
gefällig leben soll. Das Buch enthält viele didaktisch-paränetische Mahnungen, die dem Protagonisten Tobias von seinem Vater Tobit oder von
seinem Reisebegleiter, dem Engel Raphael, übermittelt werden. Das Buch
dürfte Mitte des 2. Jh. v. Chr. abgeschlossen worden sein.[135] Im 1. Jh. v.
Chr. wurde Tob als Erbauungsbuch gelesen. Es ist daher nicht erstaunlich,
dass es nicht nur im hellenistischen Judentum, sondern auch in Qumran
rezipiert wurde. Tob ist in Qumran in den Fragmenten 4Q196–4Q199
(aramäisch) und 4Q200 (hebräisch) zu finden. Zusammen repräsentieren
die Fragmente ungefähr ein Fünftel des Buches.[136] In der griechischen
Überlieferung gibt es verschiedene Fassungen. G[I] (Vaticanus, Alexan-
drinus, Venetus u. a.) und G[II] (Sinaiticus u. a.) sind voneinander abhängige
Textfassungen, wobei G[II] die ursprüngliche sein dürfte.[137]

Tob war im nachbiblischen Judentum trotz seiner Nicht-Kanonizität
sehr beliebt und hat auch in der talmudischen Tradition seinen Platz.[138] In
der Vulgata ist die Hochzeitsnacht moraltheologisch noch zu drei Nächten
des Gebetes ausgebaut (Tobias-Nächte). In die in Sprache und Stil humor-
volle, aber auch hintergründige Erzählung dieses Einzel- bzw. Familien-
schicksal wurden mit Witz zahlreiche Elemente älterer Traditionen
(theologische Themen und Motive wie auch Anspielungen und Zitate)
aufgenommen und umgeformt,[139] so dass Tob an sich ein interessantes
Rezeptionsphänomen darstellt.

Der Untersuchung, inwiefern biblische Prophetenbücher in Tob rezipiert
werden, soll (wie bei Sir) der gesamte Text zugrundegelegt werden. Ausgehend von der griechischen Überlieferung (G[I], G[II]) soll, dort wo nötig
und möglich, auf das hebräische Frg. 4Q200 bzw. auf die aramäischen
Qumranfragmente zurückgegriffen werden. Formulierungen, die sich auf
Propheten, Prophetie oder prophetische Themen und Motive beziehen,
werden nachfolgend genauer untersucht. Dabei wird auch geprüft,
inwiefern diese als Prophetenrezeption zu charakterisieren sind.

---

[135] Vgl. Schüngel-Straumann, *Tobit*, 38f. Danach ist die Reise des Tobias eine Metapher
für das Leben.

[136] Siehe Beyer, *ATTM I*, 298–300; Beyer, *ATTM II*, 172–186.

[137] Vgl. Ego, *Tobit*, 875f. Bezeichnungen nach Schüngel-Straumann, *Tobit*, 39f.

[138] Vgl. Schüngel-Straumann, *Tobit*, 44.

[139] Siehe Schüngel-Straumann, *Tobit*, 40.41f.

5.4.1 Propheten und Prophetie in Tobit

Prophetenrezeption in der Exposition (1,1–3,15)

Die Aussage in 1,17 «Meine Brote gab ich den Hungernden und Kleider den Nackten» zeigt Anklänge an das in Jes 58,7aα genannte Beispiel eines «Fastens» das Gott wohlgefällig ist: «Besteht es nicht darin, mit den Hungrigen dein Brot zu brechen?»[140] Die Formulierung in Tob 1,17 steht jedoch besonders nahe bei der Aussage von Ez 18,16b:[141] «Sein Brot gab er dem Hungrigen und den Nackten bedeckte er mit Kleidung» (futurisch formuliert ist die Aussage bereits in Vers 7b zu finden). Die Formulierung soll die vorbildliche Lebensweise von Tobit zeigen (vgl. Vers 11, aber auch Dan 1,8). Das Begraben toter Volksgenossen ist in dieser Form erstmals im AT betont (vgl. aber Sir 7: Ehrfurcht vor den Toten).[142] Bei 4Q196 Frg. 1, ist der entsprechende Versteil leider nicht mehr enthalten; dennoch ist die Ähnlichkeit gross genug, um eine Abhängigkeit postulieren zu können. Die Aufforderungen, Hungrige zu speisen und Nackte zu bekleiden, gehören zwar zu den gängigsten Mahnungen im gesamten Alten Orient.[143] Doch die Kombination der beiden Aufforderungen findet sich in der Hebräischen Bibel nur in den oben genannten Parallelen. Bei Jes 58,7 werden noch zusätzliche Fälle genannt, so dass Ez 18,16b der Referenztext für Tob 1,17 sein dürfte. In Ez stehen diese Taten als *Beispiele des Handelns eines Gerechten*.[144] Dabei wird verheissen, dass einem Menschen, der so handelt, seine Gerechtigkeit zugute kommt.

Die Form der Rezeption hier in Tob ist diejenige eines Zitates. Seine Verwendung in der Ich-Erzählung Tobits lässt erkennen, dass der Verfasser Ez 18,7 als ethisches Gebot aufgefasst und übernommen hat. Hinzugefügt wird die nicht explizit in der Bibel zu findende tugendhafte Tat, die Volksgenossen zu begraben. Die Betonung dieser beiden Taten steht

---

[140] Vgl. Rabenau, *Studien zum Buch Tobit*, 151ff. Für Rabenau nimmt der Redaktor hier bewusst die Verheissung aus Jes 58,6–11 auf. Vers 9 LXX, der gegenüber dem MT eindeutig so zu verstehen sei, dass Gebet und Erfüllung gleichzeitig geschehen, sei literarisch schon in der Grunderzählung aufgenommen, da noch während des Gebetes von Tobit und Sarah, ihre Bitten gleichzeitig erfüllt würden.

[141] Nach Deselaers, *Tobit*, 43, greift Tobit auf beide Texte zurück.

[142] Siehe Schüngel-Straumann, *Tobit*, 62f. Eine besondere Pietät gegenüber den Toten wurde sowohl im Alten Orient als auch im Hellenismus als Tugend angesehen; vgl. Rabenau, *Studien zum Buch Tobit*, 59f. Josephus zitiert das Gebot, Tote zu begraben, als Gesetzesbestimmung (Ap II, 211).

[143] Vgl. Schüngel-Straumann, *Tobit*, 97.

[144] Die Möglichkeit der Übernahme eines ethischen Vorbildes ist ein zusätzliches Indiz dafür, dass hier nicht bloss ein altorientalischer Gemeinplatz wiedergegeben, sondern bewusst Ez 18,7 rezipiert wird. In Sir konnte schon beobachtet werden, dass prophetische Aussprüche als ethische Mahnungen übernommen werden und dass die Propheten selbst als ethische Vorbilder gelten. Dass Gleiches auch für Tob gilt, wird die weitere Untersuchung noch zeigen.

gleichwertig neben der Betonung, dass sich Tobit an die jüdischen Speise-
gebote gehalten hat. Spezifisch jüdische und biblische Gebote werden mit
ethischen Vorstellungen aus dem Alten Orient und aus dem Hellenismus
zusammengebracht. Besonders mit dem Verweis auf biblische Tugenden
wird nicht nur die Gerechtigkeit Tobits illustriert, sondern gegenüber der
Verheissung in Ez 18 (dem Gerechten kommt seine Gerechtigkeit zugute)[145] auch eine Spannung aufgebaut, da die Lesenden einerseits von den
gerechten Taten Tobits, andererseits auch von seinem Unglück wissen.

In 2,6 muss Tobit, der nicht an einem Festmahl teilnehmen kann, an die
Weissagung (G I/II: προφητεία) von Amos denken.[146] Im Folgenden wird
Am 8,10 zitiert: «Da verwandle ich eure Feste in Trauer und all eure Lieder
in Klagegesang.» Das Zitat findet im Erleben von Tobit eine *existentielle*
Erfüllung.

Prophetenrezeption in der Unterweisung Tobits (4,1–12)

In 4,12f ergeht die Mahnung an Tobias, keine fremde Frau zu heiraten,
weil sie Söhne von Propheten seien. Die Warnung vor der fremden (bzw.
fremdländischen) Frau ist in der Hebräischen Bibel verbreitet. Demnach
wird hier ein biblisches Motiv aufgenommen. Allerdings geht Tobit mit der
Mahnung, nur eine Frau aus dem eigenen Stamm zu heiraten, weiter als die
biblischen Gebote.[147] Meistens wird die Warnung vor der fremden Frau
mit der Gefahr der Fremdgötterei begründet, hier hingegen mit dem prophetischen Erbe.

In 4,16 findet sich in der Ermahnung Tobits an Tobias eine Anspielung
auf die Taten in der Ich-Rede in 1,17 (und damit nochmals eine Anspielung auf Ez 18,7), nur dass statt von einem «Hungernden» von einem
«Armen» die Rede ist.

Prophetenrezeption in Tobits Lobgesang (13)

Die Formulierung in 13,4 «Er ist unser Vater in alle Ewigkeit» erinnert an
Jes 63,16b: «Denn du, Jhwh, bist unser Vater; unser Erlöser ist von Ewigkeit her dein Name.» Leider fehlen die entsprechenden Worte im hebräischen Tobit-Fragment und werden von den aramäischen Fragmenten
nicht abgedeckt. Die Bezeichnung Jhwhs als «unser Vater» ist in der
Hebräischen Bibel nur bei der genannten Jesaja-Stelle sowie bei Jes 64,7a

---

[145] Die theologische Vorstellung des Tat-Ergehens-Zusammenhanges ist in der Hebräischen Bibel häufig anzutreffen. In Tob wird diese Vorstellung positiv rezipiert,
indem der positive Ausgang der Geschichte den Beweis für die Richtigkeit der in der
Geschichte erhaltenen Paränese bringt.

[146] Der Vers und damit das Zitat sind auf den entsprechenden Qumranfragmenten
nicht mehr enthalten.

[147] Vgl. Schüngel-Straumann, *Tobit*, 103f. Auch hier kann die originale Formulierung
mangels eines materiellen Textzeugen nicht mehr konsultiert werden.

zu finden. Da in Jes 63,16b, im Gegensatz zu Jes 64,7a, ebenfalls von «Ewigkeit» die Rede ist, kommt Jes 63,16 als Referenztext in Frage. Vielleicht hat der Verfasser von Tob für die Vorsilbe von עולם (Ewigkeit) statt eines מִן (seit Ewigkeit her) ein בּ (in Ewigkeit) gelesen, möglicherweise ist dies aber auch eine bewusste Abänderung. Jedenfalls werden in Tob 13,4 die Gottesbezeichnung «unser Vater» sowie die Qualifikation in «Ewigkeit» aus Jes 63,16 übernommen, doch verbindet der Autor mit diesem Zitat keine weitergehende Auslegungsabsicht.

13,6 hat sowohl Anklänge an Jer 29,13 («Wenn ihr nach mir fragt von ganzem Herzen») und Mal 3,7 («Kehret um zu mir, so will ich zu euch umkehren») als auch an Dtn 4,29, 6,5 (Sch‘ma), im Weiteren auch an Dtn 10,12, 11,13.18, 13,3, 30,2.6.20.[148] Ein eindeutiger Referenztext, der hier rezipiert würde, ist nicht zu finden, so dass 13,6 als Konglomerat aus traditionsgeschichtlichen Motiven zu betrachten ist.

Die von Schüngel-Straumann beobachteten Ähnlichkeiten von 13,13 zur Völkerwallfahrt auf den Zion (Jes 2,3, 45,22, 60,3–9, Jer 16,19 u. a.)[149] sind im aramäischen Text nicht mehr enthalten. Die Formulierung in Tob ist aber zu keinem der genannten Texte derart ähnlich, dass eine Rezeption naheliegen würde, so dass hier das Motiv der Völkerwallfahrt zwar aufgenommen sein dürfte, ohne aber an einen bestimmten Text zu denken.

Bei der Beschreibung des himmlischen Jerusalems in Vers 17 wird (ähnlich wie in Jes 54,11f) gesagt, dass Jerusalem mit wertvollen Steinen wieder aufgebaut würde. Gegenüber anderen Erwähnungen des eschatologischen Jerusalems ist Jes 54,11f die einzige Stelle, in der Jerusalem als mit Edelsteinen gebaut erscheint.[150] Allerdings sind die konkreten Namen der Steine in den beiden Texten verschieden, so dass hier kein Zitat, sondern eine *Anspielung auf dieses Motiv* geboten wird.

Prophetenrezeption in der Schlussermahnung Tobits

In der letzten Verfügung Tobits in 14,4 findet sich ein Verweis auf die Weissagung des Propheten «Nahum» über die Zerstörung von Ninive (vgl. Nah 3,7, 2,8–10, 3,8–19).[151] Weiter gibt sich Tobit gewiss, dass alles, was die Propheten Israels gesagt haben, zur passenden Zeit eintreffen wird, was keine Rezeption darstellt, aber für das Prophetenbild in Tob fruchtbar gemacht werden kann. In 14,5 wird dann auf die verheissene Rückführung

---

[148] Siehe Schüngel-Straumann, *Tobit*, 167f.

[149] Siehe Schüngel-Straumann, *Tobit*, 173.

[150] Diese ist wiederum abhängig von neubabylonischen Inschriften; vgl. Westermann, *Jesaja 40–66*, 224 (siehe dazu auch unten die Behandlung von Jes 54,11f auf Seiten 258–260).

[151] In G I steht «Jona» (vgl. Jona 3,4), wobei Nahum ursprünglich sein dürfte. Der Name des Propheten ist auf dem Fragment 4Q198 leider nicht mehr erhalten. Jona ist wahrscheinlich wegen der attraktiven Geschichte hineingerutscht, obwohl Ninive im Jonabuch gerade nicht zerstört wird.

aus dem Exil verwiesen (im narrativen Kontext prophetisch, vgl. Esr 3,8, 6,14) sowie auf den Wiederaufbau des Tempels gemäss den Weissagungen der Propheten.[152] In 14,8 findet sich die Mahnung, aus Ninive fortzuziehen, die in G I damit begründet wird, dass die Weissagung des Propheten Jona sicherlich eintreffen wird, was wiederum einen recht allgemeinen Verweis auf den Propheten darstellt.

5.4.2 Schussfolgerung zur Prophetenrezeption in Tobit

Wie dargestellt werden gewisse Prophetenworte in Tob als ethische Mahnungen übernommen. Ihnen hinzugefügt werden teilweise weitere ethischen, im Alten Orient bzw. im Hellenismus breiter rezipierte Mahnungen. Andere Prophetenworte gelten als Zukunftsweissagungen. Die Anspielungen und Motivaufnahmen aus den Prophetenbüchern *in ethischen Teilen* zeigen die vorbildhafte Lebensweise Tobits oder sollen Tobias zur ethischen Lebensweise anleiten. Diese Prophetenworte zählen offenbar mehr als ethische Anweisungen denn als Gebote, da recht frei darüber verfügt wird. Dort wo *Prophetie explizit erwähnt* wird, gilt sie immer als Zukunftsweissagung, z. B. die im Kontext der Erzählung noch ausstehende Rückkehr aus dem Exil, verbunden mit dem Wiederaufbau des Tempels, oder die von Jona bzw. Nahum vorausgesagte Zerstörung Ninives. Diese Verweise sind aber allgemein gehalten und auf keine bestimmte Stelle bezogen. Explizit zitiert wird lediglich Am 8,10, wobei der Voraussage eine *existentielle Erfüllung* im Erleben von Tobit gegenübersteht.

Die Rezeption von Unheilsweissagungen durch das Zitat von Am 8,10 sowie der Verweis auf Nahum vermögen gegenüber dem beobachteten Zurücktreten der Unheilsweissagungen in Sir erstaunen. Allerdings richten sich die Unheilsweissagungen von Nahum gegen die Fremdvölker; ausserdem konnten sie, da Ninive zur Abfassungszeit von Tob bereits seit Jahrhunderten zerstört war,[153] als Beweise der Richtigkeit von Nahums Voraussagen gelesen werden.[154] Der Verweis dient demnach dazu, dem Bekenntnis Tobits, dass sich alle Prophezeiungen erfüllen werden, durch die Anführung einer erfüllten Prophezeiung Gewicht zu geben. Die Unheilsweissagung aus Am 8,10 dagegen ist mit dem narrativen Spannungsablauf verbunden.

---

[152] An welche Propheten dabei gedacht ist, wird nicht ausgeführt; die Weissagung ist so allgemein gehalten, dass die Lesenden nicht auf bestimmte Propheten, sondern auf alle Propheten, die sich mit diesem Thema befasst haben, verwiesen werden. Der Eindruck, dass die Propheten als kollektive Grösse wahrgenommen werden konnten, wird noch dadurch verstärkt, dass G I (wie oben in Anm. 151 argumentiert wurde) «Nahum» durch «Jona» ersetzt.

[153] Ninive wurde 612 v. Chr. durch die Babylonier zerstört.

[154] Anders Schüngel-Straumann, *Tobit*. Sie sieht «Ninive» in Tob nicht als historische Grösse, sondern als Chiffre für Unrecht.

5.4.3 Prophetenbild in Tobit

Die Propheten gelten für Tob als etwas Besonderes. Ihr Erbe verpflichtet
zu einer besonders hohen Ethik. So etwa soll Tobias keine fremde Frau
heiraten, *weil sie Söhne von Propheten sind* (4,12.13).[155] Tobit weiss sich diesem
Erbe verpflichtet. Offenbar gelten die Propheten für ihn als ethische Lehrer, da prophetische Aussprüche als ethische Mahnungen übernommen
werden können, allerdings ohne dass dies explizit dargestellt würde. Explizit betont werden die Zukunftsweissagungen der Propheten, wobei diese
offenbar als Einheit angesehen werden konnten. Tob 14,4 gibt zu erkennen, dass das Nicht-Eintreffen bestimmter Prophetenworte als Problem
empfunden wurde (wie das schon bei Sir 36,4.15f beobachtet werden
konnte). In der bekenntnishaften Aussage von Tobit wird das Problem
dadurch gelöst, indem die Erfüllung in die Zukunft verschoben wird. Diese
Aussage, dass die Propheten lediglich das Ereignis, nicht aber seinen Zeitpunkt angekündigt hätten, findet sich ebenfalls in 1QpHab VII, was zeigt,
dass die Nicht-Erfüllung bestimmter Prophetenworte auch in Qumran ein
Problem darstellte.

---

[155] 4,12.13 ist in keinem Qumranfragment enthalten und findet sich nur in G I, wo
προφητῶν bezeugt wird.

Allein schon der materielle Befund des Mitte des 2. Jh. v. Chr. entstandenen[156] Jubiläenbuches (in Qumran wurden hebräische Fragmente von
mehr als 10 verschiedenen Handschriften gefunden) zeigt, dass der Schrift
in Qumran ein hohe Bedeutung zukam. Das Buch hat die Damaskusschrift
beeinflusst[157] und wird in CD XVI,3 als autoritative Schrift genannt;[158] in
4Q228 wird gar aus dem Jub zitiert. Die Überlieferung des Jub hat demnach den Trägerkreisen der Qumrantexte schon vorgelegen und galt ihnen
wahrscheinlich als autoritativ. Übersetzt wurde das Jub wahrscheinlich zuerst ins Griechische, wovon dann die weiteren Übersetzungen abhängen.[159]
Wichtige Textzeugen stellen die alte lateinische und syrische Übersetzung
dar; vollständig überliefert ist das Werk nur auf Äthiopisch, da Jub (wie
auch 1Hen) zum Kanon der äthiopischen Kirche gehört. Die Ursprache
des Buches dürfte Hebräisch sein.[160] Die genannten Übersetzungen zeigen,
dass das Buch weit über Qumran hinaus verbreitet war.

Das Jubiläenbuch – nach seinem Selbstverständnis Wiedergabe der
vollständigen Sinai-Offenbarung an Mose – ist ein Midrasch zu Gen 1 bis
Ex 12 mit Interesse auf die Datierung dieser Zeit nach Jubiläen, der
einerseits einen Rückblick auf die Vergangenheit bietet, andererseits auch
Prophetien über die Zukunft beinhaltet.[161]

5.5.1 Einzelne Prophetenrezeptionen im Jubiläenbuch

Bei der nachfolgenden Untersuchung wird *dann* auf die Qumranfragmente
verwiesen, wenn die entsprechenden Verse auch durch die gefundenen
Fragmente bezeugt werden. Für Kapitel 1–2 kann auf die Untersuchung
von Brooke zurückgegriffen werden.[162]

---

[156] Zur Datierung vgl. VanderKam, *Origins an Purposes*, 3, Berger, *Jubiläen*, 299f, sowie
Berner, *Jahre, Jahrwochen*, 235–238.

[157] Zu Selbstverständnis, Theologie und Abfassungszweck vgl. Berger, *Jubiläen*, 279–
286, zur Verwandtschaft mit Qumran und insbesondere der Damaskusschrift vgl.
ebd., 295–298; anders VanderKam, *Jubilees*, 17–21.

[158] Mit Berner, *Jahre, Jahrwochen*, 234, ist die Bezeichnung ספר) מצלקות העתים) in
CD XVI,3 wie auch in 4Q228 1,I,2.9 als der originale Name des Jub anzusehen.

[159] Vgl. Berger, *Jubiläen*, 287–294.

[160] Zur Textüberlieferung und zur Frage nach der Originalsprache vgl. Berger, *Jubiläen*,
285–294.

[161] Vgl. Brooke, *Exegetical Strategies*, 45. Nach ihm versteht sich das Jub selbst, trotz
seiner vielen gesetzlichen Vorschriften, als Prophetie.

[162] Brooke, *Exegetical Strategies*.

Da die Aussage עזבתים לא («Ich werde sie nicht verlassen») in 1,5 in der Hebräischen Bibel nur in Jes 42,16 vorkommt, sieht Brooke darin eine Reminiszenz an Jes 42.[163] Jedoch sind die Wortparallelen zu gering und der jeweilige Kontext der Aussagen zu unterschiedlich, so dass m. E. keine Rezeption vorliegt.

In 1,8 sieht Brooke ein Zitat aus Dtn 31,21, in welchem das Wort שירה (Lied) durch das Wort תעודה (Zeugnis) aus Jes 8,14–16 ersetzt worden sei.[164] Brooke kann soweit zugestimmt werden, als es Parallelen zu Dtn 31 gibt, da Jub 1,7f einige Wortfolgen mit Dtn 31,20 gemeinsam hat.[165] In beiden Versen steht aber kein wörtliches Zitat. *Gegenüber Dtn 31,21 hingegen* ist die Formulierung in 1,8 trotz der sachlichen Ähnlichkeit recht verschieden, so dass keine Rezeption vorliegt.[166] Ebenso in Jes 8,14–16; dort finden sich nur einzelne, verstreute Wörter, die sich auch in Jub 1,9f finden, jedoch keine erkennbaren Wortfolgen oder Formulierungen. Noch weniger plausibel ist die These, dass ein einzelnes Wort genau aus diesem Text stamme und in ein Zitat von Dtn 31,21 übernommen worden sei.[167]

In der Zukunftsweissagung an Mose in 1,16 findet sich ein abgeändertes Zitat aus Jer 32,41 (im Text kursiv):

> 16 «Und *ich werde sie umpflanzen* als Pflanze der Gerechtigkeit *mit meinem ganzen Herzen und mit meiner ganzen Seele*. Und sie werden zum Segen sein und nicht zum Fluch, Kopf und nicht Schwanz.»[168]

Dabei stammen die Formulierungen «Ich werde sie umpflanzen» und «mit meinem ganzen Herzen und mit meiner ganzen Seele» aus Jer 32,41. Die Bezeichnung der Israeliten als «Pflanzung der Gerechtigkeit», welche zusätzlich eingearbeitet wurde, ist eine Motivaufnahme aus Jesaja, wo die Bezeichnung Pflanzung für den Menschen gebraucht wird und wo damit zusammenhängend von Gerechtigkeit die Rede ist. Die Bezeichnung «Pflanzung der Gerechtigkeit» selbst kommt so aber nicht vor (vgl. etwa Jes 5,7). Diese Rezeption ist keine Auslegung der genannten Prophetenschriften, sondern Auslegung und Erweiterung der Darstellung der Mose-Geschichte aus Ex durch die rezipierten Prophetenschriften.

Die Bundesformel in 1,17 (im unten stehenden Text kursiv hervorgehoben) wird mit Jer 31,31 in Zusammenhang gebracht:

> 17 «Und ich werde erbauen mein Heiligtum in ihrer Mitte, und ich werde wohnen mit ihnen, *und ich werde ihnen Gott sein, und sie werden mir mein Volk sein*, welches in Wahrheit und welches in Gerechtigkeit.»

---

[163] Vgl. Brooke, *Exegetical Strategies*, 45.

[164] Vgl. Brooke, *Exegetical Strategies*, 43.50–53.

[165] Siehe Brooke, *Exegetical Strategies*, 50. Dort findet sich auch eine Zusammenstellung der gemeinsamen Worte bzw. Formulierungen der Texte.

[166] Gegen Brooke, *Exegetical Strategies*, 50f.

[167] Gegen Brooke, *Exegetical Strategies*, 50–53. Zur Gegenüberstellung der Texte von Jub 1,8–11 und Jes 8,14–16 siehe Brooke, *Exegetical Strategies*, 50f.

[168] Die Übersetzungen aus Jub stammen aus Berger, *Jubiläen*, 317ff (Hervorhebungen durch den Verfasser der vorliegenden Arbeit).

Gegen die These, dass in 1,17 eine Abhängigkeit aus Jer 31,31 vorliege, hat sich Wolf gewehrt und eine Abhängigkeit zu Bar 2,35a postuliert.[169] Da sich aber im vorangehenden Vers wie dargestellt ein Zitat aus Jeremia 32 findet und in den Versen 1,23f Anspielungen zu Jer 31,9.33 zu finden sind (siehe unten), ist ein Zitat aus Jer 31,31 nicht von der Hand zu weisen. Zwar ist die Formulierung in Jub 1,17 nicht einfach von Jer 31,31 *abhängig*, wogegen sich Wolf zu Recht wehrt, aber es wird mit Jer 31,31 gearbeitet. Die hier zitierte Bundesformel aus Jeremia wird in die eigene Weissagung übernommen, um somit nicht nur eine prophetische Sprache, sondern eine eigene prophetische Aussage zu generieren. Die Bundesformel wird damit an den Sinai transferiert und im fiktionalen Zeitablauf *als Offenbarung an Mose* der Aussage von Jeremia vorangestellt.

Die Formulierung «Ich will ihnen Gott[170] sein und sie werden meine Kinder sein» in 1,24 steht Jer 7,23 und 31,33 nahe. Die Bezeichnung «Vater» für Gott könnte ebenfalls dem Jeremiabuch entnommen sein (vgl. Jer 31,9). Die im vorangehenden Vers erwähnte Beschneidung des Herzens hat ebenfalls eine gewisse Ähnlichkeit zu Jer 31,33. In den Versen 23f finden sich somit verschiedene Anspielungen zu Motiven aus Jer 31,33 und möglicherweise auch zu Jer 31,9. Auch hier ist die Funktion der Rezeption weniger eine Anspielung auf Jeremia als eine Übernahme, um eine eigene prophetische Aussage zu machen. Somit wird auch diese Aussage von Jeremia schon als Offenbarung an Mose vorweggenommen.

Ebenso kein Zitat mit Verweisfunktion, sondern ein Zitat im Sinne einer Übernahme stellt die Rezeption von Jer 17,21.29 in Jub 2,29 dar. Die Heiligung des Sabbats in 2,29 wird durch die Verbote des Wasserschöpfens und des Lastentragens am Sabbat, die aus Jer 17,21.27 stammen, präzisiert bzw. ergänzt. Die Vorlage aus Ex wird so durch eine Prophetstelle erweiternd ausgelegt.

Ebenfalls als Übernahmen zu bewerten sind die Rezeptionen der Götzenpolemiken aus Jer 10,3.5.9, Am 5,26, Jes 46,7 in 12,5, dem Versuch Abrahams, seinen Vater und seine Brüder zur Abkehr vom Götzendienst zu bewegen. Durch die Übernahme prophetischer Argumente in die Rede Abrahams werden diese Argumente innerhalb der Darstellung des Jub von Abraham inhaltlich schon vorweggenommen.

Die Götzenpolemik in 22,18 weist zwar Ähnlichkeiten zu Jer 2,27 und Hab 2,19 auf, doch sind nach Wolf die Unterschiede zu gross, um von Rezeption zu sprechen.[171] Ebenso ist bei 23,23 Wolf recht zu geben, dass keine Rezeption von Jer 8,2 vorliegt, sondern eine feste Wendung, die auch sonst in der Bibel zu finden ist.[172]

In 36,10, im Testament Isaaks, wird Übeltätern die Tilgung aus dem Buch der Ermahnung und Nichtaufnahme ins Buch des Lebens angedroht. Ein ähnliches Motiv findet sich in Mal 3,16. Dort ist aber von einen Buch des Gedenkens die Rede; weiter ist im Alten Orient das Motiv der Schicksalstafeln bekannt, die eine ähnliche Funktion haben. Da der Originaltext nicht einsehbar ist (der entsprechende Teil des Verses ist auf den Fragmenten von 4QpapJub[h] nicht mehr erhalten), kann nicht nachgeprüft werden, welche hebräische Formulierung genau benutzt wurde. Daher kann allenfalls eine Mo-

---

[169] Vgl. Wolff, *Jeremia*, 122.
[170] Nach anderen Handschriften «Vater».
[171] Vgl. Wolff, *Jeremia*, 124.
[172] Siehe Wolff, *Jeremia*, 124.

tivaufnahme, aber keine Rezeption konstatiert werden. Eine Auslegungsabsicht ist jedenfalls nicht zu erkennen.

In 37,21f wird von Esau das Motiv des Tierfriedens ironisierend aufgenommen: «Und *wenn die Wölfe Frieden machen mit den Lämmern*, dass sie sie nicht fressen und dass sie ihnen nicht Gewalt antun, und wenn ihre Herzen auf sie gerichtet sind, Gutes zu tun, dann wird in meinem Herzen Friede gegen dich sein». Als vergleichbare Texte sind Jes 11,6–8, aber auch dessen sekundäre Verwendung in 65,25 zu nennen. In der Rede Esaus werden möglicherweise bei drei von vier Tieren die Bezeichnungen aus Jes 65 gebraucht.[173] Die Tätigkeiten der Tiere sind jedoch gegenüber beiden Referenztexten verschieden, so dass kein Zitat vorliegt. Eine *Anspielung auf die Utopie der beiden Texte* ist aber klar erkennbar. Im Gegensatz zu Jesaja dient das Bild hier aber dazu, die Unmöglichkeit einer Handlung darzustellen. Die Feindschaft von Esau und Jakob wird danach nicht in der gegenwärtigen Zeit, sondern erst im eschatologischen Friedensreich überwunden.

In 50,8 wird wie in 2,29 das Arbeitsverbot am Sabbat erweiternd ausgelegt. Die Erweiterung gegenüber den Anweisungen aus Ex und Dtn geschieht u. a. durch die Übernahme des Verbots des Lastentragens am Sabbat aus Jer 17,21f. Die ethischen Anweisungen aus dem Jeremiabuch werden dadurch den Geboten aus Ex 20,8–11, 31,12–17, 35,1–3 sowie Dtn 5,12–15 gleichgestellt.

5.5.2 Schlussfolgerung zur Prophetenrezeption im Jubiläenbuch

Gewisse Verwendungen von Motiven oder sprachlichen Wendungen aus den Prophetenbüchern dienen eher zur Generierung einer prophetischen Ausdrucksweise (1,17.24). Andererseits aber werden Motive und sprachliche Wendungen aus den Prophetenbüchern sowie prophetische Aussagen (etwa als ethische Weisungen) ohne direkten Verweis aus den Prophetenbüchern aufgenommen und dienen dazu, Gebote aus der Tora mittels der Prophetenschriften erweiternd auszulegen (2,29, 12,5, 21,11, 50,8) oder einfach dazu, einzelne Argumente oder Motive zu übernehmen, ohne dass sie explizit als solche erwähnt werden (1,16f).[174] Das Jubiläenbuch enthält gemäss seinem Selbstverständnis selbst schon Prophetie, die zum Teil durch die späteren Propheten dann nochmals expliziert wird. In der

---

[173] In Jes 11,6 ist vom Wolf, vom Schafbock, vom Leoparden, von der Jungziege sowie vom Kalb, vom Junglöwen und vom Mastvieh die Rede. Jesaja 65,25 lässt זאב (Wolf) und טלה (Lamm) miteinander weiden und אריה (Löwe) und בקר (Rind) miteinander Stroh fressen. In Jub XXXVII,21f sollen gemäss 4QpapJub[h] [זאבי[ם (Wölfe) und טלים (Lämmer) Frieden machen und [אריה] (Löwe) und שור (Rindvieh) Freunde werden.

[174] Die griechische Konkordanz etwa zeigt weder für προφητεία noch für προφητεύω noch für προφήτης eine Belegstelle im Jub.

Erzählwelt des Jub werden damit prophetische Aussagen *in der Sinai-Offenbarung* bereits vorweggenommen.

Jub ist eine «rewritten bible» zu Genesis bis Exodus, die das Original nicht ersetzt, sondern es u. a. durch Aufnahme prophetischer Motive wie auch durch Prophetenzitate auslegt.[175] Die Verfasser von Jub gebrauchten die Prophetenrezeption zur Auslegung (oder Übernahme) innerhalb dieser Nacherzählung, wobei sie nie explizit zitieren oder auf ein bestimmtes Prophetenbuch anspielen. Da das Jub fiktional vor der Zeit der Propheten angesetzt ist, sind explizite Aufnahmen oder Auslegungen ethischer oder prophetischer Aussagen aus den Prophetenbüchern darin auch nicht zu erwarten.

5.5.3 Prophetenbild im Jubiläenbuch

Nach dem Konzept des Jubiläenbuches hat Mose am Sinai nicht nur das ganze Gesetz, sondern auch den Überblick auf die ganze Heilsgeschichte empfangen. Die Propheten werden nicht explizit erwähnt, aber implizit wird auf sie angespielt, indem im Geschichtsüberblick in prophetischer Vorausschau auf «Mahner» verwiesen wird, welche Gott seinem Volk senden werde. Auch implizit gelten die Propheten als ethische Mahner, da Aussagen aus den Prophetenbüchern als ethische Anweisungen übernommen werden. Die prophetischen Anweisungen sind den Geboten der Tora insofern gleichgestellt, als beide *als Wille Gottes* gelten, der Mose am Sinai offenbart wurde. Dies hat zur Folge, dass Aussagen aus den Prophetenbüchern als Belegstellen für gesetzliche Bestimmungen zitiert werden können wie etwa in 50,8. Soweit prophetische Aussagen im Jub schon vorweggenommen sind, werden die Propheten dadurch nicht nur – wie im späteren Judentum – zu Auslegern der Tora, sondern teilweise auch zu *Mittlern der an Mose bereits ergangenen göttlichen Willenskundgebung* inklusive der darin enthaltenen Prophetie. Damit werden die Propheten einerseits in ihrer Funktion als Mittler des Willen Gottes Mose gleichgestellt, andererseits sind sie Mose deutlich nachgestellt, da sie keine neue Offenbarungen mehr erbringen.[176] Die Propheten erbringen nach Jub dann keine originelle Leistung mehr, sondern sind lediglich «Mahner», die an den göttlichen Willen erinnern, der an sich durch die Offenbarung an Mose bereits bekannt ist.

---

[175] Vgl. Kratz, *Innerbiblische Exegese*, 139.
[176] Anders Jassen, *Prophets as Lawgivers*.

5.6 Prophetenrezeption und -auslegung in den in Qumran gefundenen Apokryphen und Pseudepigraphen – Ergebnisse der Untersuchung

5.6.1 Ergebnisse für die Prophetenrezeption und -auslegung

Das Urteil von Pierre Jay über die Prophetenrezeption in den alttestamentlichen Apokryphen («Generell benutzen Zitate und Anklänge in den Apokryphen Prophetenstellen nur punktuell und sind weniger darauf bedacht, eine Deutung zu liefern») kann aufgrund obiger Beobachtungen nicht vollumfänglich geteilt werden.[177] Natürlich finden sich gegenüber exegetischen Schriften wie etwa den Qumran-Pescharim verhältnismässig wenig Zitate. Die Propheten sind aber in den Apokryphen und Pseudepigraphen allgemein hoch angesehen, auch wenn ihre Aussagen oft weniger gelten als die Mose-Tora (vgl. Sir, Jub). Aussagen und Motive aus den Prophetenbüchern können daher dazu dienen, die Tora auszulegen bzw. zu aktualisieren, aber auch (mit Ausnahme von Jub) dazu, andere prophetische Aussagen und Motive auszulegen oder weiterzuführen. Mehrmals konnte beobachtet werden, wie somit «Schrift durch Schrift» ausgelegt wurde (v. a. in Sir, aber auch in EpJer). Die Rezeption oder Auslegung prophetischer Aussagen steht im Zusammenhang mit dem Empfängerkreis der entsprechenden Schrift; leitendes Thema ist dabei die Relevanz für die eigene Zeit. Bei den Weissagungen kann eine Akzentsetzung auf die Heilsweissagungen beobachtet werden. Zwar werden aus den Prophetenschriften viele ethische Aussagen oder Motive aufgenommen, doch das *kritische Element* der Prophetie gegenüber dem eigenen Volk sowie gegenüber dem eigenen Kult bzw. dem eigenen Glaubensleben spielt keine Rolle mehr.

Teilweise kann auch beobachtet werden, dass prophetische Motive oder Aussagen aufgenommen werden, ohne dass auf diese angespielt wird oder dass Auslegung stattfindet. Vielmehr werden diese Motive oder Aussagen einfach übernommen, sei es, um die eigene Schrift als prophetisch auszuweisen (wie das oft in 1Hen, aber auch in EpJer und in Jub beobachtet werden konnte), sei es, um prophetische Argumente für den eigenen Argumentationsgang zu übernehmen (so in Sir und Tob). Ein grosser Teil der Ähnlichkeiten in Sprache und Motiven ist traditionsgeschichtlich zu erklären (besonders in 1Hen).

Vornehmlich rezipiert werden Jesaja und Jeremia, gelegentlich auch Ezechiel. Die Vorderen Propheten spielen, ausgenommen im Väterlob Sirachs, keine Rolle. Themen der eher seltenen Auslegungen sind: die 70 Jahre Jere-

---

[177] Vgl. Jay, *Art. «Jesaja»*, 776.

mias (EpJer), die erfüllte Rückführung aus dem Exil (Sir, Tob), die Gotteserkenntnis der Fremdvölker (Sir).

5.6.2 Ertrag für das Prophetenbild

Die Prophetenrezeption in den untersuchten Apokryphen und Pseudepigraphen hängt mit dem impliziten, teilweise aber auch explizit dargestellten
Prophetenbild des ethischen Lehrers zusammen, der die Aufgabe hat, Gottes Willen zu verkünden (besonders in Sir und Jub), und als verlässlicher
Voraussager der Zukunft gilt. Diese Verlässlichkeit als Voraussager wird
gar mehrfach explizit betont (vgl. die entsprechenden Aussagen in Sir und
Tob). Dabei gelten gewisse Voraussagen als erfüllt, andere werden als noch
ausstehend betrachtet. Das Problem der Nicht-Erfüllung gewisser Aussagen wird verschieden gelöst und verschiedentlich explizit, aber auch implizit thematisiert (z. B. Sir 36,4.15f, Tob 14,4).

Für die Rezeption der Prophetengestalten spielen (wie v. a. in Sir zu
sehen ist) Literatur- und Wirkungsgeschichte eine grosse Rolle. Die Propheten werden weniger als Individuen, denn als literarische Gestalten
wahrgenommen. Da die Propheten allesamt als Mittler des *einen* Willen
Gottes wahrgenommen werden, spielen Differenzen zwischen den einzelnen Botschaften keine Rolle mehr; die Prophetie wird vielmehr als Einheit
wahrgenommen. So können in Sir Aussagen aus Jes und Ez ungenannt
und ungetrennt nebeneinanderstehen oder es kann, wie etwa in Tob,
generell auf die Weissagungen der Propheten verwiesen werden ohne zu
spezifizieren.

III Einzel-Untersuchungen

Mit Teil III beginnen die materiellen Untersuchungen zur Jesaja-Auslegung in den Qumrantexten. In den nun folgenden Kapiteln 6–8 werden diejenigen Texte behandelt, welche explizite oder ausgewiesene Jesaja-Zitate mit zugehöriger Auslegung beinhalten.[1] Von diesen Texten werden zuerst Regel-Texte (Kapitel 6) und dann exegetische Texte wie die Jesaja-Pescharim (Kapitel 7) sowie thematische Pescharim (Kapitel 8) untersucht. Die in Teil II erarbeiteten Grundlagen werden jeweils in die einzelnen Untersuchungen miteinbezogen. Aufgrund der erzielten Ergebnisse der Untersuchung aller Jesaja-Zitate und ihrer Auslegung in den Qumrantexten kann anschliessend eine synthetische Sicht der Jesaja-Auslegung in Qumran erhoben werden.

Von der Fragestellung der vorliegenden Arbeit her sind die Pescharim als eigentliche Kommentartexte mit Schriftzitaten und nachfolgenden Auslegungen von besonderem Interesse. Die vorgezogene Behandlung der Regel-Texte vor den exegetischen Texten ist durch den teilweise fragmentarischen Überlieferungsbestand insbesondere der Jesaja-Pescharim, aber auch der Jesaja-Zitate und deren Auslegung in den thematischen Pescharim begründet. Gleichzeitig ist damit die Absicht verbunden, anhand der Schriftauslegung in den besser erhaltenen Regel-Texten die jeweiligen Auslegungsvorgänge zu erschliessen sowie die Auslegungstechniken zu erheben, um beides für die nachfolgende Untersuchungen der verschiedenen Pescharim zur Verfügung zu stellen.

---

[1] Zu dieser Eingrenzung siehe oben Seite 26.

6. Jesaja-Auslegung in den Regel-Texten

Als «Regel-Texte» werden diejenigen Qumranschriften bezeichnet, in denen sich oft aus den autoritativen Schriften bzw. ihrer Interpretation abgeleitete Regeln für ihre Trägerkreise finden. Die rechte Interpretation der Schrift, insbesondere der Tora, aber auch der Propheten, und ihr Bezug gerade auch auf das tägliche Leben sind in diesen Texten von wesentlicher Bedeutung. Jesaja-Zitate finden sich dabei in der Damaskusschrift, der Gemeinderegel sowie in der Kriegsregel, die, obwohl sie eine eschatologische Schrift darstellt, aufgrund ihrer Vorschriften für den endzeitlichen Kampf der Söhne des Lichtes gegen die Söhne der Finsternis hier ebenfalls unter die Regel-Texte eingeordnet wird.[2] Die als «Buch des Krieges» (ספר המלחמה) bezeichnete Schrift 4Q285, in welcher sich ein Zitat von Jes 10,34–11,1a und dessen Auslegung findet, wird dagegen im Kapitel 7.6, im Zusammenhang mit 4QpJes^a, behandelt, da in jenem Pescher u. a. Jes 11,1–5 zitiert und ausgelegt wird.

Die Regel-Texte geben einerseits Einblicke in das Selbstverständnis der Trägerkreise der Qumrantexte, andererseits sind diese Texte auch Dokumente ihrer Schriftauslegungspraxis. Im Folgenden werden die Damaskusschrift, die Gemeinderegel und die Kriegsregel untersucht. Es sind dies die einzigen Regel-Texte, die Jesaja-Auslegung beinhalten.

---

[2] Die Einordnung der Kriegsregel ist in der Qumranforschung nicht einheitlich. Als Regel-Text gilt sie etwa bei Elledge, *Bible*, 55–72. VanderKam, *Einführung*, 64–91, dagegen ordnet die Kriegsregel unter die eschatologischen Werke ein (vgl. ebd., 86–88); eine «Mittelposition» ist bei Parry/Tov, *Religious Law* (vgl. ebd., XXI–XXII) zu finden, wo die Kriegsregel unter den Oberbegriff der «eschatological rules» eingeordnet wird.

6.1.1 Charakter der Damaskusschrift

Die Damaskusschrift (D), von der zehn ziemlich fragmentarische Manuskripte in den Qumran-Höhlen 4, 5 und 6 gefunden wurden,[3] war der Fachwelt bereits durch die Entdeckungen zweier mittelalterlicher Manuskripte dieser Handschrift (Ms A/B) in der Kairoer Genizah durch Solomon Schechter 1896 in Teilen bekannt. Diese beiden Manuskripte werden heute als *Cairo Damascus Document* (CD) bezeichnet. Ms B überlappt inhaltlich teilweise mit Ms A. Da Ms B einerseits eine (variierte) Doppelüberlieferung zu Ms A Kol. VIIf bietet, andererseits Kol. VIII inhaltlich fortsetzt, wird seit Schechter Ms A als CD I–XVI, Ms B als CD XIX–XX gezählt. Es hat sich eingebürgert, CD nach inhaltlichen Kategorien in zwei Teile zu gliedern (was dann auch für D übernommen wurde).[4] Der erste Teil, Kol. I–VIII, XIX–XX, *die Mahnrede* (englisch meist als *Admonition* bezeichnet), ist mit bruchstückhaften Geschichtsrückblicken und Schriftzitaten angereichert; sie bricht in VIII unvermittelt ab. Aus den Qumranfunden geht hervor, dass der zweite Teil, Kol. IX–XVI, *die Gesetzessammlung* (englisch *Laws*), ursprünglich den Hauptteil der D bildete.[5]

Gegenüber der Anordnung im Genizah-Manuskript ist der Vorschlag von Milik, aufgrund der 4QD-Fragmente die Reihenfolge der Kapitel in der Gesetzessammlung umzustellen (XV–XVI, IX–XIV),[6] heute breit akzeptiert.[7] Die Fragmente 4QD[a–h] bezeugen einerseits die Überlieferung von CD, andererseits bringen sie zusätzliches Material vor allem zur Gesetzessammlung, die dadurch gegenüber derjenigen von CD gegen hinten um einen, gegen vorne um acht Themenkreise erweitert ist. Bezüglich der Mahnrede zeigen die Qumranfragmente zusätzlich zu dem durch CD abgedeckten Material noch eine vor CD I,1 zu platzierende *Einleitung* mit Aufruf zur Separation.[8] Nach dem gegenwärtigen Stand der Forschung wird der ursprüngliche Leseablauf der D somit wie folgt rekonstruiert:

---

[3] Die gefundenen Handschriften: 4QD[a–g] (4Q266–272), 4QpapD[h] (4Q273), 5QD (5Q12), 6QD (6Q15).

[4] Die teilweise in der älteren Forschung vertretene Position, dass die Gesetzessammlungen ursprünglich nicht zu demselben Dokument wie die Ermahnungen gehörten, findet seit der Publikation der 4QD-Texte kaum mehr Support; vgl. Hempel, *Damascus Texts*, 72.

[5] Vgl. Baumgarten, *Art. «Damascus Document»*.

[6] Vgl. Milik, *10 Years of Discovery*, 151–152.

[7] Vgl. Hempel, *Damascus Texts*, 19.

[8] Repräsentiert durch 4Q266 Frg. 1 und Frg. 2,1–6a bzw. deren Parallelen in 4Q267 Frg. 1,1–8 und 4Q268 Frg. 1,1–8.

Nach der erwähnten *Einleitung* folgen die Inhalte von CD I–VIII, XIX–
XX, danach *acht Themenkreise*, die nur in Qumran belegt sind, gefolgt von
den Inhalten von CD XV–XVI, IX–XIV sowie einem weiteren, nur durch
Qumran belegten *Teil*, welcher den rituellen Ausschluss aus der Gemeinschaft behandelt.[9]

Die erste Edition der D, welche sowohl diese Reihenfolge als auch alle Textzeugen berücksichtigt, ist das Verdienst von Ben Zion Wacholder.[10] Zuvor konzentrierten sich
die Editionen entweder auf den Text der CD oder auf die in Qumran gefundenen D-
Überlieferungen.[11] Eine gewisse Ausnahme davon bildete die CD-Edition von Qimron,
welche Abweichungen der 4QD-Texte gegenüber CD in einem Apparat notiert, sich
aber auf den Text der CD in der Reihenfolge des mittelalterlichen Manuskriptes konzentriert.[12] Die nachfolgende Untersuchung wird sich bezüglich der Reihenfolge auf die
kompositorische Ausgabe des Textes von Wacholder stützen, sich bezüglich der Textrekonstruktion aber die in der Fachwelt breit akzeptierten Editionen von DJD und
PTSDSSP sowie diejenige von Qimron zugrunde legen. Um eine gute Vergleichbarkeit
mit den offiziellen Editionen zu erreichen, wird als Ausgangspunkt der Untersuchung
die jeweils besterhaltene Textüberlieferung dienen, d. h., dass soweit erhalten auf CD,
ansonsten auf die in DJD publizieren 4QD-Texte Bezug genommen wird und Abweichungen davon jeweils vermerkt werden.

Da die beiden mittelalterlichen Manuskripte A und B recht gut erhalten
sind, ist der Text der D recht gut bezeugt. Ms A wird ins 10., Ms B ins
12. Jh. n. Chr. datiert.[13] Im Abschnitt, in welchem die beiden Manuskripte
überlappen, zeigt Ms B XIX,1–33 in der Formulierung, aber auch in der
Wahl der Schriftzitate, Abweichungen zu Ms A. An jenen Stellen, bei denen auf 4QD-Fragmente zurückgegriffen werden kann, wird mehrheitlich

---

[9] Ein Aufriss der D findet sich bei Charlesworth, *Damascus Document*, 5. Diesem Auf-
     riss folgt auch Wacholder, *Damascus Document*. Obwohl dieser rekonstruierte Aufriss
     der D schon seit einiger Zeit bekannt ist, war die Damaskusschrift in dieser Zusam-
     menstellung noch kaum Gegenstand wissenschaftlicher Forschungen, insbesondere
     wurde sie noch nie in dem durch diesen Aufriss entstandenen Gesamtrahmen auf
     Schriftrezeption untersucht.

[10] Wacholder, *Damascus Document*. Wacholders Edition bietet eine sehr weitgehende
     Rekonstruktion der D mit ausführlichem Kommentar, basiert aber auf einem kom-
     positorischen Text. Eine textkritische Ausgabe der D ist nach wie vor ein Desiderat
     der Forschung.

[11] Als wichtige neuere Editionen sind einerseits PTSDSSP zu nennen: Charlesworth,
     Damascus Document, die den Text von CD bietet, und Charlesworth, *Damascus
     Document II*, eine Edition der 4QD-Texte; andererseits Baumgarten, *4Q266–273*. Zu
     4Q269 gibt es eine Re-Edition von Stegemann in Pfann/Alexander, *Qumran Cave 4
     XXVI.*, 201–211.

[12] Qimron, *The Text of CDC*. Obwohl der Autor im Vorwort notiert, dass er bezüglich
     der Anordnung dem Vorschlag Miliks folgen würde, wird in Tat und Wahrheit die
     Nummerierung und Reihenfolge Schechters beibehalten (I–XVI, XIX–XX), wäh-
     rend gemäss dem aufgrund der Qumran-Funde postulierten und heute breit akzep-
     tierten Vorschlag von Milik die Reihenfolge I–VIII, XIX–XX, XVf, IX-XIV lautet;
     vgl. dazu Fitzmyer, *Rez. Broshi*, 505f.

[13] Vgl. Hempel, *Damascus Texts*, 19f.

die Darstellung von Ms A bezeugt.[14] In der Forschung wurde sowohl die Ursprünglichkeit der von Ms A als auch der von Ms B bezeugten Lesart postuliert; sogar die These, dass das Original eine Kombination der in den beiden Manuskripten bezeugten Varianten dargestellt habe, wurde vertreten.[15] Letzteres ist kaum wahrscheinlich. Wenn beide Varianten ursprünglich sind, würde dies bedeuten, dass in beiden von Ms A und B bezeugten Textüberlieferungen die je anderen Schriftzitate ausgefallen oder getilgt worden sind. Die Annahme, dass in den Manuskripten jeweils nur eine Variante die ursprünglichere Lesart bezeugt und Abweichungen davon als nachträgliche Textänderungen zu betrachten sind, ist die wesentlich einfachere Hypothese und daher vorzuziehen.[16] Die nachfolgende Untersuchung der Schriftzitate und ihrer Auslegung in der D wird sich daher auch der Frage annehmen, welche der jeweils von den beiden Manuskripten A und B sowie ggf. weiteren Manuskripten aus Qumran bezeugten Zitate als ursprünglich und welche als sekundär zu betrachten sind.

Der Aufruf an die «Söhne des Lichtes» zur Separation von der Gesellschaft, den sogenannten «Grenzverrückern», am Anfang und die Thematik des Ausschlusses aus der Gemeinschaft am Schluss der D, aber auch *sociological divisions markers* wie «die Bekehrten Israels» (CD IV,2, VI,5) und vor allem die Erwähnung von einem «neuen Bund im Lande Damaskus» (VI,19; VIII,12, XIX,33) zeigen, dass D ein Dokument war, das sich an eine bestimmte Gruppierung innerhalb des damaligen Judentums richtete. In der Geschichte der Erforschung der D wurde verschiedentlich versucht, diese Gruppierung zu profilieren.[17] Mehrfach ist in der D vom Eintreten in den Bund die Rede (II,2, III,12f, VI,11, VII,5, VIII,1, VIII,18, IX,3, XII,11 XIII,14, XV,5, XX,25). Aus dem Zusammenhang wird dabei jeweils klar, dass damit nicht der seit alter Zeit bestehende Bund Gottes mit Israel gemeint ist, sondern ein neuer oder ein erneuerter Bund. In VI,19 und VIII,21 par. XIX,33 findet sich sogar die explizite Bezeichnung eines neuen Bundes im Lande Damaskus (הברית החדשה בארץ דמשק).[18] Die

---

[14] Vgl. Hempel, *Damascus Texts*, 77f.

[15] Diese Überlegung scheint auch die Grundlage beim kompositorischen Text von Wacholder, *Damascus Document*, zu sein. Jedenfalls werden bei den durch die Doppelüberlieferung bezeugten voneinander abweichenden Zitaten jeweils beide Lesarten zu einem Text kombiniert; vgl. ebd., 40–45.

[16] Nach dem «Sparsamkeitsprinzip» der Wissenschaft, welches besagt, dass von mehreren Theorien, die den gleichen Sachverhalt erklären, die einfachste zu bevorzugen ist. (Occam's Razor).

[17] Beispiele solcher Versuche sind Davies, *Damascus Covenant*; vgl. die *Conclusions and Reflections*, ebd., 202–204, sowie Stegemann, *Entstehung*; vgl. ebd., 21–25.128–185.

[18] Davies, *Damascus Covenant*, 171–181, geht davon aus, dass hinter dem neuen Bund von Damaskus eine andere Gemeinschaft steht als hinter dem sonst in den Ermahnungen behandelten Bund. Angesichts dessen, dass die in Qumran gefundenen Fragmente der D auf einen längeren literarischen Werdegang der Schrift hinweisen, ist mit Metso, *Damascus Document*, 87, davon auszugehen, dass mehrere Gemein-

Trägerkreise der D verstanden sich selbst jeweils als «Gemeinschaft des Bundes». Die Mehrheit der Forschenden ist heute der Überzeugung, dass die hinter der D stehende «Gemeinschaft des Bundes» nicht ohne weiteres mit der Gemeinschaft von Qumran identisch war. Vielfach wird die D als Dokument der über Qumran hinausgehenden essenischen Gemeinschaft angesehen.[19] Für die vorliegende Arbeit spielt diese sozialgeschichtliche Zuordnung eine untergeordnete Rolle, da sich die Untersuchung auf die literarisch-inhaltliche Seite der D konzentriert.

6.1.2 Schriftauslegung in der Damaskusschrift

Ein auffälliges Merkmal der D sind die durch eine Einleitung *ausgewiesenen* bzw. teilweise auch *explizit* mit ihrer Herkunft bezeichneten *Zitate* aus Tora und Propheten, die anschliessend oder durch Bezugnahme ausgelegt werden. Von insgesamt 36 mit einer Einleitung versehenen Zitaten stammen lediglich 4 aus dem Buch Jesaja. Eine Untersuchung allein der Jesaja-Zitate und ihrer jeweiligen Auslegung wäre zu arbiträr. Um die Funktion dieser Zitate im Text der D genauer zu verstehen, ist es vielmehr notwendig, diese im Rahmen der 32 anderen Zitate und ihrer jeweiligen Auslegung zu betrachten. Als weitere *Rezeptionsformen* neben Zitaten sind (wie auch sonst in den Qumranschriften) *Verweise* und *Anspielungen* zu finden. Da die Erhebung von Anspielungen und Verweisen – wie bereits in im Kapitel *2. Begriffsklärung* ausführlich erläutert wurde – methodisch mit Unsicherheiten behaftet ist, konzentriert sich die Untersuchung auf die von den Lesenden mit Sicherheit zu identifizierenden Schriftaufnahmen, d. h. die ausgewiesenen bzw. expliziten Schriftzitate.

Zur Untersuchung der Schriftzitate in der D kann auf zwei Forschungsarbeiten zurückgegriffen werden, welche die Verwendung der Schrift im ersten Teil von CD intensiv bedacht haben. Die Ergebnisse dieser Forschungsarbeiten können, wie bei der unten stehenden Auseinandersetzung mit ihrem Vorgehen, ihren Methoden und Schlussfolgerungen gezeigt wird, nicht ohne weiteres übernommen werden. Vielmehr sind in kritischer Rezeption aus ihren methodischen Entscheidungen und ihren Ergebnissen Grundlagen für die eigene Untersuchung der D zu erarbeiten. Während für die Untersuchung des ersten Teils der D (CD I–VIII, XIX–XX) kritisch auf diese Arbeiten zurückgegriffen werden kann, gibt es bezüglich der weiteren Teile der D noch keine Forschungsarbeiten, welche die Schriftrezeption systematisch untersucht haben.

---

schaften in den Tradierungsprozess der D involviert waren. Diese sind als der (heterogene) Trägerkreis der D anzusehen.

[19] Etwa Stegemann, *Essener*, 164–166. Kritisch dazu: Metso, *Damascus Document*, 85–91.

Das Verhältnis vom CD und AT wurde zum ersten Mal von Schwarz 1965 untersucht.[20] In neuerer Zeit hat sich dann Campbell nochmals intensiv mit dem Schriftgebrauch in CD auseinandergesetzt.[21] Schwarz unterscheidet in ihrer Arbeit zwei verschiedene Methoden, wie in CD Schriftzitate ausgelegt werden. In der ersten von
Schwarz definierten Methode werden behandelte Ereignisse (sowohl vergangene als
auch gegenwärtige als auch zukünftige) auf ein Schriftwort bezogen,[22] weshalb die
Methode von Schwarz «Schriftbezug» genannt wird.[23] Da Schriftwort und Situation so
zusammengebracht werden, dass das Schriftwort als in der Situation *als erfüllt* betrachtet
wird, ist der beschriebene Prozess als Auslegung der Schrift auf diese Situation zu begreifen. Auslegungen, welche die Methode des Schriftbezugs aufweisen, sind innerhalb
der D immer nach dem gleichen Muster gestaltet. Formal besteht der Schriftbezug aus
einem *Schriftzitat* und einer *Einleitung*, deren Terminologie zwar uneinheitlich ist, jedoch
immer *die Funktion dieser Methode betont* und daher leicht erkennbar ist. Durch die Einleitung, welche auf das ihr folgende Zitat hinweist, ist der *Schriftbezug* vom übrigen Text
der D jeweils deutlich abgesetzt. Aus diesen Gründen ist die Abgrenzung dieser Auslegungsmethode m. E. sinnvoll, so dass Definition und Terminologie dieser Methode
von Schwarz in der vorliegenden Arbeit aufgenommen werden können.

Bei der zweiten von Schwarz definierten Methode werden Worte des ihnen jeweils
vorangehenden *Schriftzitates* auf aktuelle Ereignisse gedeutet. Wegen ihrer Ähnlichkeit
zur Exegese in den Pescharim wird die Methode von Schwarz «Damaskuspescher» genannt.[24] Diese Terminologie führt daher, dass Schwarz neben Ähnlichkeiten zur Interpretation in den Pescharim auch Unterschiede konstatiert. Da es in Qumran unterschiedliche Arten von Schriftinterpretation gibt und da die Schriftinterpretation in
Qumran wegen der breiteren Bekanntheit, welche die Schriftexegese der Pescharim
ausserhalb der engeren Fachwelt erlangt hat, oftmals gleichgesetzt wird mit Pescher-
Exegese, ist eine sorgfältige Nomenklatur sicher angebracht.[25] Zudem sind schon in den

---

[20] Schwarz, *Damaskusschrift*. Die Untersuchung beschränkt sich allerdings auf CD I–
VIII, XIX–XX.

[21] Campbell, *Use of Scripture*. Die Untersuchung beschränkt sich ebenfalls auf CD I–
VIII, XIX–XX.

[22] Mit Schwarz, *Damaskusschrift*, 105f, ist diese Methode formal mit der im NT zu beobachtende Verwendung alttestamentlicher Schriftstellen, den Schriftbeweisen und
Erfüllungszitaten, vergleichbar. Zum Vergleich der Schriftauslegung in CD und NT
vgl. auch Metzenthin, *Abraham*, 79–103.

[23] Vgl. Schwarz, *Damaskusschrift*, 90. Nach Schwarz werden im Schriftbezug Gemeinde-
geschichte und Bibelzitat so zusammengebracht, dass die beschriebene Gemeinde-
situation im Lichte des angeführten Schriftzitates betrachtet wird; ebd.

[24] Der Terminus technicus פשר kommt allerdings nur einmal in dieser Auslegungsmethode vor (IV 14–19); vgl. Schwarz, *Damaskusschrift*, 110–113. Während im
Schriftbezug die ihm vorangehend beschriebene Situation anhand der Schrift gedeutet wird, verläuft nach Schwarz die hermeneutische Bewegung im Damaskuspescher genau umgekehrt. In dieser Methode wird der Bibeltext (bzw. meist die einzelnen Teile des Zitates) auf Einzelheiten der Gemeindegeschichte gedeutet; vgl. ebd.,
90. Diese These wird nach erfolgter Untersuchung nochmals zu überprüfen sein.

[25] Mit «Pescher» (bzw. mit dem Plural «Pescharim») werden in der Forschung einerseits
die kommentarartigen Auslegungsschriften (etwa der Pescher Habakuk oder die
Jesaja-Pescharim), andererseits die in ihnen zu findenden einzelnen Auslegungen zu
der jeweils kommentierten Schrift bezeichnet; vgl. Berrin, *Art. «Pesharim»*. In dieser
Arbeit werden die genannten Auslegungsschriften mit «Pescher»/«Pescharim», die in
ihnen zu findenden einzelnen, oft auf ein aktuelles Ereignis bezogenen charakteris-

Pescharim selbst verschiedene Auslegungsformen und -methoden zu beobachten, so
dass die beobachteten Differenzen keine hinreichende Begründung für eine gesonderte
Nomenklatur allein für die Damaskusschrift liefern. Schliesslich ist die Bezeichnung
«Pescher» selbst für die beschriebene Auslegung in der Damaskusschrift nicht un-
problematisch. Zwar finden sich Auslegungen mit פשר auch ausserhalb der Pescharim,
in der D selbst ist dieses Wort allerdings nur einmal, in CD IV,14, belegt. Nur diese ist
als Pescher-Exegese zu charakterisieren. In den übrigen von Schwarz als «Damaskuspescher» bezeichneten Auslegungen wird nicht wie in der Pescher-Exegese das Schriftwort mit dem Substantiv פשר, einem Demonstrativpronomen oder einem bestimmten
Artikel direkt mit einer Deutung verbunden.[26] Vielmehr kommt eine andere Ausle
gungsform zum Zug, die sich aber ebenfalls mehrfach in den Pescharim findet.[27] Bei
dieser Auslegungsform werden einzelne Elemente aus dem Zitat explizit aufgenommen,
denen mittels eines identifizierenden Nominalsatzes je eine Deutung attributiv zugeordnet wird. Im Folgenden werden die Auslegungen in der D, welche diese Form
haben, nicht wie bei Schwarz als «Damaskuspescher» bezeichnet, sondern als *Aufnahme
und allegorische Deutung von Einzelelementen* beschrieben.[28]

Die Arbeit von Schwarz und ihre Klassifizierung der beobachtbaren Formen von
Schriftaktualisierungen in CD kann aus den oben dargestellten Gründen nicht einfach
übernommen werden. Die von ihr beschriebenen zwei Methoden und die von ihr
durchgeführte Untersuchung des ersten Teils von CD werden aber als Grundlage für
die eigene Untersuchung dienen. Allerdings dürfen die beiden Methoden nicht als
erratische Blöcke vorgestellt werden; vielmehr kann innerhalb der Schriftauslegungen in
der D beobachtet werden, dass die beiden von Schwarz beschriebenen Methoden inhaltlich ineinander übergehen.[29] Es widerspricht zudem der Gattung der D, diese anhand der Methoden in einzelne Blöcke zu teilen, wie das in der Arbeit von Schwarz
gemacht wird. Dieses Vorgehen wird in der Arbeit von Campbell zu Recht kritisiert.[30]

Die Arbeit von Campbell selbst hatte das Ziel, neben den Zitaten auch die zahlreichen
Anspielungen von CD I–VIII, XIX–XX auf das AT auszuweisen.[31] Campbell fasst
«Anspielung» allerdings zu weit,[32] so dass die zahlreichen von ihm eruierten, teilweise
recht vagen Anklänge nicht einfach als Schriftrezeptionen gezählt werden können. Gegenüber der eindrücklichen Fülle an Anspielungen auf die Schrift, die in seiner Arbeit

---

tischen Auslegungen hingegen mit dem Ausdruck *«Pescher-Exegese»* bezeichnet. Die
Terminologie richtet sich dabei nach Klauck, *Art. «Pescher-Exegese»*, 118f.

[26]   Zur Definition der Pescher-Exegese vgl. oben Anm. 25.

[27]   In 1QpHab beispielsweise findet sich diese Auslegungsform in IX,7, XII,2–10; nach
Lohse, *Texte aus Qumran*, 229, kann sie auch für die nur fragmentarisch erhaltene
Zeile I,13 rekonstruiert werden; anders Charlesworth, *Pescharim*, 160f.

[28]   Anders Metzenthin, *Abraham*, 81. Dort wird die Aufnahme und allegorische
Deutung von Einzelelementen als *Pescher-Exegese* bezeichnet, da sie auch in den
Pescharim zu finden ist. Da Pescher-Exegese in der Forschung gerne auf die
Auslegungen in den Pescharim bzw. auf Auslegungen, die den Wortstamm פשר gebrauchen, beschränkt wird (siehe oben Anm. 25), begnügt sich die vorliegende Arbeit damit, die Methode mit *Aufnahme und allegorische Deutung von Einzelelementen* zu
umschreiben; auf eine gesonderte Nomenklatur wird verzichtet.

[29]   Die separate Darstellung der beiden Methoden bei Schwarz, *Damaskusschrift*, 89–135,
ist diesbezüglich wenig hilfreich.

[30]   Siehe Campbell, *Use of Scripture*, 27.

[31]   Campbell, *Use of Scripture*.

[32]   Zur entsprechenden methodischen Problematik vgl. Koch, *Schrift als Zeuge*, 11–20.

ausgewiesen werden, bleiben zudem die daraus zu ziehenden Schlussfolgerungen über-raschend offen. Methodisch wird zudem weitgehend ausgeklammert, dass sprachliche und sachliche Übereinstimmungen auch dadurch erklärt werden können, dass die Verfasser der D in einer ähnlichen Sprach- und Gedankenwelt zu Hause waren wie diejenigen der biblischen Schriften. Eine mündliche Tradition festgeprägter Wendungen darf jedoch nicht ausgeschlossen werden.[33] Campbells grundlegende These, die Verfasser der D hätten sich in ihrem Werk immer auf die dreiteilige Hebräische Bibel bezogen, ist zudem sowohl aufgrund des materiellen als auch des inhaltlichen Befundes der Qumrantexte nicht haltbar.[34] Bekanntlich zeigt die aus den Textfunden rekonstruierbare eindrückliche Bibliothek von Qumran eine grosse Vielfalt an ausserbiblischen Schriften. Zusätzlich lassen die Inhalte der Qumranschriften erkennen, dass die Literaturkenntnisse ihrer Verfasser deutlich über die biblischen Bücher hinaus-gingen. Den Verfassern der D ging es kaum darum, «auf möglichst viele Schriftstellen anzuspielen», wie das die Darstellung von Campbell nahelegen könnte.

Während Campbell die D vornehmlich als Rezeptionsliteratur zu betrachten scheint, sind die vielen sprachlichen Ähnlichkeiten der D mit der Hebräischen Bibel m. E. oft auf mündliche Tradition (Traditionsgeschichte) zurückzuführen. Dass in der D über die Zitate hinaus auch weitere Formen von Schriftrezeptionen wie etwa Anspielungen auf die Schrift gefunden werden können, soll nicht bestritten werden. Die Ergebnisse von Campbells Untersuchung können jedoch nur dann als Anspielungen anerkannt werden, wenn eine *intendierte Aufnahme einer spezifischen biblischen Aussage* plausibler als eine mündliche Tradition erscheint. In dieser Untersuchung, die den Fokus auf die Auslegung legt, sind zudem nur diejenigen Schriftrezeptionen wichtig, die eine *zwecks Interpretation intendierte Aufnahme von Schriftaussagen* darstellen. Nur bei den Zitaten, die mit einer Einleitung versehen sind, die sie als Schriftwort sprachlich markieren, kann davon ausgegangen werden, dass sie als für die Lesenden erkennbare intendierte Schriftaufnahmen sind. Und nur diese erkennbaren Schriftaufnahmen können Ausgangspunkt einer für die Lesenden mit Sicherheit identifizierbaren Schriftauslegung sein. Im Gegensatz zu Campbell, der von einem methodisch unzureichend gesicherten Maximum eine Erhebung aller Anspielungen versucht hat, wird die vorliegende Arbeit *allein die mit Sicherheit zu bestimmenden Formen der Schriftauslegung* (explizite und ausgewiesene Zitate) und die mit ihnen verbundenen Auslegungen untersuchen, um (ausgehend von diesen Ergebnissen) die Auslegung von Jesaja in der Damaskusschrift zu erheben.

Der zweite Teil der D, die Gesetzessammlung (CD XV–XVI.IX–XIV), sowie die über CD hinausgehenden Fragmente aus Qumran wurden bis anhin noch weniger intensiv untersucht; insbesondere wurden die auffälligen, eingeleiteten Schriftzitate im gesetz-lichen Teil der D noch keiner systematischen Untersuchung unterzogen.[35] Dies hängt einerseits damit zusammen, dass man früher mehrheitlich annahm, die verschiedenen Teile würden zu verschiedenen Werken gehören, eine Überzeugung, die sich etwa noch in der Arbeit von Schwarz findet. Andererseits konzentrierte man sich auf die Ermah-nungen, da man sich erhoffte, aus den dortigen Rückblicken auf die Gemeinde-geschichte Informationen zur historischen Profilierung der hinter der D stehenden «Gemeinschaft des Bundes» gewinnen zu können.[36] Wie in den Ermahnungen finden sich auch in der Gesetzessammlung ausgewiesene Schriftzitate mit einer Einleitung. Für die Bestimmung der exegetischen Funktion dieser Schriftauslegungen kann jedoch nur dann auf eine aus der Auseinandersetzung mit den Kategorisierungen von Schwarz

---

[33] Vgl. Maier, *Tempelrolle*, 65ff.73, der dies bei der Tempelrolle betont.

[34] Vgl. dazu Tov, *Rez. Use of Scripture*, 156.

[35] Zur Forschungsgeschichte vgl. Hempel, *Damascus Texts*, 71–74.

[36] Siehe oben Anm. 17.

erarbeitete Definitionen zurückgegriffen werden, wenn sie mit dieser formal und inhaltlich übereinstimmen. Die exegetische Funktion von Schriftauslegungen, die formal davon abweichen, muss dagegen jeweils neu bestimmt werden und ggf. mit einer eigenen Definition bezeichnet werden.

Sämtliche mit einer Einleitung versehenen Schriftzitate in der Gesetzessammlung zeigen zwar formal starke Ähnlichkeiten mit denjenigen aus dem ersten Teil (der Mahnrede), welche nach der Methode des Schriftbezugs ausgelegt werden. Wie diese werden sie jeweils mit einem deutlichen Bezug zur Schrift eingeleitet. Nur eine Minderheit von ihnen kann aber gemäss der von Schwarz beschriebenen Methodologie als Schriftbezug bezeichnet werden. Alle anderen mit einer Einleitung versehenen Zitate in der Gesetzessammlung stehen im Zusammenhang mit einer gesetzlichen Bestimmung mit der Funktion, diese mit einem Schriftwort zu belegen. Diese belegenden Zitate müssen methodisch von denjenigen mit der Auslegungsmethode des Schriftbezugs unterschieden werden, denn im Gegensatz zum Schriftbezug werden *nicht Ereignisse,* sondern *gesetzliche Bestimmungen* mit Schriftstellen verbunden. Da den Zitaten die Funktion zukommt, die jeweilig zusammenhängende Bestimmung mit einem Schriftwort zu belegen, soll ihre Auslegungsmethode als *Schriftbeleg* bezeichnet werden.

In kritischer Übernahme der Abgrenzung und Terminologie von Schwarz[37] sowie ausgehend von der Beobachtung, dass in der Gesetzessammlung Schriftzitate eine belegende Funktion haben, können die in der Damaskusschrift zu findenden Auslegungen zu den ausgewiesenen Schriftzitaten methodisch somit als *Schriftbezug, Schriftbeleg* und *allegorische Deutung von Einzelelementen* unterschieden werden. Zuerst sollen nun Form und Funktion dieser Auslegungsmethoden je anhand eines typischen Beispiels erarbeitet werden, bevor die Zitate dann im Leseablauf der D je einzeln auf ihre exegetische Verwendung in der D untersucht werden.

a)   Die Methode des Schriftbezugs

Die Auslegungen nach der Methode des Schriftbezugs bestehen formal immer aus zwei Elementen: *einer Einleitung*, mit welcher die dargestellte Situation mit einem Schriftwort zusammengebracht wird, und *dem zitierten Schriftwort* selbst.[38] Bei der Einleitung sind verschiedene Formen erkennbar. Es wird aber immer (wenn auch in einigen Fällen implizit) deutlich auf die Schrift verwiesen. Als Beispiel soll gleich das erste Zitat in der D dienen. Dieses findet sich in CD I,13f,[39] wo nach einer Einleitung Hos 4,16 (in der unten stehenden Übersetzung kursiv) praktisch wörtlich wiedergegeben wird:[40]

---

[37] Vgl. die vorangehende Auseinandersetzung mit der Forschungsgeschichte.

[38] Anders Schwarz, *Damaskusschrift,* 91. Der Verfasserin ist soweit zuzustimmen, als die vorgegebene Situation für die Auslegungsmethode des Schriftbezugs konstitutiv ist; formal bildet aber nicht die Situation, sondern *die sie mit der Schrift verbindende Einleitung* ein methodisches Element.

[39] In den CD I,1 vorangehenden Teilen der D (4QD^a I,1–II,5, 4QD^b I, 4QD^c I,1–8) sind weder Zitate noch Verweise noch Schriftauslegungen zu finden.

[40] Die Abweichungen gegenüber dem MT (כי כפרה סררה סרר ישראל) sind geringfügig und bestehen, abgesehen von der Plene-Schreibung, in der Weglassung von כי, das im Textfluss von CD störend wäre, sowie im zusätzlichen Wort כן. In Qumran

היא העת אשר היה כתוב עליה[41] כפרה סוררה כן סרר ישראל

Dies ist die Zeit, von der geschrieben steht: *Wie eine störrische Jungkuh, so war Israel störrisch.*

Durch die in diesem Fall recht ausführliche Zitat-Einleitung mit den Worten **היא העת אשר היה כתוב עליה** werden die ihr folgenden Worte deutlich *als aus der Schrift stammend* ausgewiesen, ihre genaue Quelle (Hos) wird aber nicht explizit angegeben. Wegen dieser, die angeführten Worte als Schriftaussage bezeichnende, ihre Quelle jedoch nicht näher angebende Einleitung und wegen der praktisch wörtlichen Übereinstimmung ist diese Schriftrezeption formal als *ausgewiesenes Zitat* zu beschreiben. Die Einleitungsformeln zum Schriftbezug werden bei Schwarz in zwei Gruppen eingeteilt. Bei der ersten Gruppe wird, so wie in dieser Einleitung zu Hos 4,16, *auf ein Geschriebenes, d. h. die Schrift, verwiesen*, bei der zweiten Gruppe dagegen *auf ein direktes oder durch eine Person vermitteltes Gotteswort.*[42] Bei den Einleitungen der ersten Gruppe wird immer eine Formulierung «Wie geschrieben steht ...» (formuliert mit **אשר כתוב**) o. Ä. verwendet. Zur ersten Gruppe gehören danach neben der Einleitung in CD I,13 die Einleitungen in CD XIX,1, XIX,7 und VII,10.[43] Die beiden Letztgenannten zeigen durch den Gebrauch des Substantivs **הדבר** Berührungen mit der zweiten Gruppe, verweisen gemäss Schwarz aber jeweils klar auf das geschriebene Wort und gehören daher zur ersten Gruppe.[44] Bei den Einleitungen der zweiten Gruppe wird immer eine Formulierung «Wie gesagt/gesprochen hat ...» (formuliert mit **אשר דבר/אמר**) o. Ä. verwendet. Als Urheber des Zitates werden Gott, Gott plus Vermittlung durch einen Propheten oder durch Mose, nur der Prophet oder nur Mose genannt. Wenn ein Prophet explizit genannt wird, ist er immer namentlich bezeichnet. Neben ausführlich formulierten Einleitungen wie diejenige in diesem Beispiel sind auch solche zu finden, die nur aus den Zitationsformeln **אשר אמר/כתוב** (bzw. mit den Vorsilben **כ/ו**) bestehen.

Nach der Analyse der Einleitung des Zitates sollen nun seine Einbettung in den Kontext der D sowie daran anschliessend die Funktion, die dem mit dieser Einleitung verbundenen Schriftzitat innerhalb D zukommt, untersucht werden. Die Einleitung in CD I,13 und das ihr folgende Zitat aus Hos 4,16 stehen am Ende eines Abschnittes, der die Gründung der «Gemeinde des Bundes von Damaskus» reflektiert. Unmittelbar vor dem Zitat ist von den Abtrünnigen, die vom Wege abgefallen sind, die Rede, auf

---

(4QDᵃ Frg. 2,I,17) ist die Einleitung noch fragmentarisch, das Zitat nicht mehr erhalten; vgl. Baumgarten, *4Q266–273*, 34.

[41] Die von Wacholder, *Damascus Document*, 28, vorgeschlagene Ergänzung **בספר הושע** lässt sich nicht erhärten. In 4QDᵃ Frg. 2,I,16f sind noch Teile der Einleitung, nicht aber das anschliessende Zitat bezeugt, vgl. Baumgarten, *4Q266–273*, 34.

[42] Vgl. Schwarz, *Damaskusschrift*, 93. Wird die Einleitung in CD VIII,20f, der keine Rezeption folgt und die daher m. E. nicht als Schriftbezug gezählt werden kann, weggelassen, beziehen sich alle von Schwarz der ersten Gruppe zugeordneten Einleitungen auf ein Geschriebenes. Zur Problematik der Einleitung ohne nachfolgende Rezeption in CD VIII,20f siehe unten die Behandlung z. St.

[43] Vgl. Schwarz, *Damaskusschrift*, 93f. **כב** in CD XIX,1 ist mit ebd., 93, als **כי כתוב** zu lesen, vgl. CD XII,20; anders (**ככתוב**) Lohse, *Texte aus Qumran*, 100. Die Einleitung **בבוא הדבר אשר כתוב ביד זכריה הנביא** in XIX,7 wird bei Schwarz, *Damaskusschrift*, 90–95, nicht explizit einer Gruppierung zugeteilt, stimmt jedoch stilistisch mit der Einleitung **בבוא הדבר אשר כתוב בדברי ישעיה בן אמוץ הנביא** (VII,10) überein.

[44] Siehe Schwarz, *Damaskusschrift*, 93.

welche sich die zitierte Aussage «Wie eine störrische Jungkuh, so war Israel störrisch» offenbar bezieht. Da dem Zitat eine Erklärung folgt, wird es von Schwarz als «direkter Schriftbezug mit Ausweitung» bezeichnet.[45] Diese «Ausweitung» schliesst sich unmittelbar an das Zitat an und umfasst I,14–II,1. Sie besteht in der Beschreibung des Verhaltens dieses sogenannten «letzten Geschlechtes»:

13   ... Dies ist die Zeit, von der geschrieben steht: W*ie eine störrische Jungkuh,*

14   *so war Israel störrisch;* als der Mann des Spottes sich erhob, der Israel predigte

15   Wasser der Lüge und sie in die weglose Wüste irreführte, um ewigen Stolz zu erniedrigen und abzuweichen

16   von den Pfaden der Gerechtigkeit und die Grenze zu verändern, die ihre Vorfahren an ihrem Erbteil gezogen hatten, um

17   ihnen die Flüche seines Bundes anzuheften, sie dem Schwert zu überliefern, das die Rache des Bundes ausübt.

18   Denn sie suchten glatte Dinge und erwählten Täuschungen und spähten aus

19   nach Rissen und erwählten die Schönheit des Halses und sprachen den Gottlosen gerecht, aber erklärten den Gerechten für gottlos.

20   Und sie verursachten Übertretungen des Bundes und brachen die Satzung. Und sie taten sich zusammen gegen das Leben des Gerechten, und alle, die wandeln

21   in Vollkommenheit, verabscheute ihre Seele, und sie verfolgten sie mit dem Schwert und freuten sich am Streit des Volkes. Da entbrannte der Zorn

II,1 Gottes gegen ihre Gemeinde, so dass er ihre gesamte Menge verstörte und ihre Werke Unreinheit vor ihm sind.[46]

In dieser Ausweitung wird das «Störrisch-Sein» näher bestimmt als das ebd. ausführlich beschriebene verwerfliche Verhalten der schon oben im Abschnitt genannten Abtrünnigen.[47] Die «störrische Kuh» in Hos 4,16 ist eine polemische Beschreibung des damaligen Nordreiches, mit welcher dessen Gerichtsreife ausgedrückt werden soll. Durch den Bezug dieser polemischen Beschreibung Israels aus Hos 4,16 auf die Geschichte kurz vor der Gründung der «Gemeinde des Bundes von Damaskus» in CD I,14ff ergibt sich eine zweifache Auslegung. Einerseits wird die im Text dargestellte Situation Israels zur Zeit der Verfasser von CD mit dieser polemischen Beschreibung Israels als «störrische Kuh» selbst verglichen, andererseits aber auch *thematisch* mit der in Hos zu findenden Situation des als gerichtsreif dargestellten damaligen Nordreiches Israel;[48] wörtlich zeigen sich nur wenige Berührungen mit Hos.[49] Die genaue Beobachtung der Funktion dieses Zitates im Argumentationsablauf der D zeigt demnach, dass für diesen *der literarische Kontext des Zitates* eine wichtige Rolle spielt. Schwarz attestiert deswegen «den Autoren der Damaskusschrift» ein «offenes Auge für die frühe Geschichte Israels» und gewinnt daraus das Argument dafür, dass dieses Hosea-Zitat nicht die Funktion eines Erfüllungszitates, sondern diejenige eines Vergleiches hat.[50] Dass die Verfasser der D

---

[45] Siehe Schwarz, *Damaskusschrift*, 90f.

[46] Übersetzung nach Lohse, *Texte aus Qumran*, 67–69.

[47] Vgl. Schwarz, *Damaskusschrift*, 94.

[48] Vgl. Schwarz, *Damaskusschrift*, 100f.

[49] Zwar weist bereits der Aufruf ועתה שמעו כל יודעי צדק zu Beginn von CD I,1 Ähnlichkeiten mit Hos 4,1a (שמעו דבר יהוה בני ישראל) auf. Wie oben Seiten 24f dargestellt, dürfte es sich dabei aber um eine Aufnahme einer traditionellen Formel handeln, die ähnlich auch in Jes 51,7 belegt ist (שמעו אלי ידעי צדק). Dafür ist der Beginn von Zeile 2 (כי ריב לו עם כל בשר) mit guter Sicherheit eine Anspielung auf Hos 4,1bα (כי ריב ליהוה עם יושבי הארץ).

[50] Vgl. Schwarz, *Damaskusschrift*, 101; ähnlich Fuß, *Zeit*, 132f. Nach ihr wird das Zitat nicht ausgelegt, sondern zur Erläuterung (der in der D genannten Situation) ge-

sich wirklich so gut mit der Geschichte Israels auskannten, wie Schwarz meint, ist eher zweifelhaft. Die Beachtung des Kontextes zeigt m. E. lediglich, dass der Verfasser dieser Auslegung mit der *Darstellung der Geschichte Israels in Hos 4* vertraut war, nicht aber, dass er sie historisch verorten konnte. In Hos 4 zeigen sich keine direkten historischen Verweise, so dass ein Ausleger diese Anklage an Israel ohne weiteres auf seine eigene Zeit hin interpretieren konnte.[51] Die Beachtung des Kontextes der zitierten Stelle ist aber auf jeden Fall bemerkenswert. Offensichtlich wurde nicht einfach ein passendes Bibelwort aus Hos herausgerissen, sondern der Verfasser dieser Auslegung hat die eigene, erlebte Geschichte mit der im Kontext dieses Hosea-Zitates stehenden Beschreibung des damaligen Israels zusammengebracht. Die Beobachtung, dass auch der (nicht explizit erwähnte) Kontext eines Zitates eine Rolle im Argumentationsgang spielen kann, mag auf den ersten Blick erstaunen. Es ist jedoch davon auszugehen, dass die Verfasser und Tradenten der Qumranschriften eine hohe Schriftkenntnis hatten und nicht nur viele Schriftzitate auswendig wussten, sondern diese auch in ihrem Kontext bedachten. Für die Untersuchung der Schriftzitate und ihrer Auslegung ergibt sich daraus die Notwendigkeit, nicht nur die Funktion der rezipierten Texte im Zusammenhang der rezipierenden Schrift, sondern *auch ihren Kontext zu bedenken* und nach dessen möglichen Einflüssen zu fragen.

Nun stellt sich noch die zweite, durch die These von Schwarz aufgeworfene Frage, ob der Verfasser die in CD I dargestellten Ereignisse *als Erfüllung* einer alten (und bis dahin unverständlichen) Prophezeiung aus Hos 4 betrachtete oder ob mit Schwarz davon auszugehen ist, dass er sie *als eine Wiederholung* der in Hos beschriebenen Situation verstand. Aufgrund der in 1QpHab VII,1f formulierten hermeneutischen Theorie dürfte für D Ersteres wahrscheinlicher sein. Den hermeneutischen Voraussetzungen der Auslegungen in der D muss nach der Untersuchung aller eingeleiteten Schriftzitate ihren jeweiligen Auslegungen nochmals nachgegangen werden. In jedem Fall aber haben die Verfasser die bei Hos 4 stehende Beschreibung, welche durch die polemische Zuspitzung in 4,16 auf den Begriff der *störrischen Jungkuh* gebracht wird, als in ihrer Gegenwart erfüllt betrachtet.

Aus der Untersuchung an diesem Beispiel ergibt sich für die Untersuchung der Zitate, welche in der D die exegetische Funktion des Schriftbezugs aufweisen, folgende Konsequenz: Da die jeweilige Einleitung zum Zitat ein formales Element der Auslegung darstellt, ist darauf zu achten, wie diese Situation und Zitat miteinander verbindet und inwieweit darin Angaben zur Quelle gemacht werden. Weitere Konsequenzen ergeben sich für die Untersuchung *aller* Zitate in der D. So müssen alle Zitate auf allfällige Abweichungen vom MT untersucht werden. Denn obwohl beim Zitat von Hos 4,16 die Differenzen zum MT gering sind und ihnen mit Sicherheit keine interpretative Absicht zukommt, können *als Auslegung* zu qualifizierende Abänderungen zum zitierten Text bei den anderen Zitate nicht ausgeschlossen werden. Geringe Differenzen zum MT dürfen angesichts der Variationen in der Textüberlieferung nicht erstaunen. Ebenfalls ist in Rechnung zu stellen, dass vielfach ohne eine schriftliche Vorlage, sondern allein aufgrund guter Schriftkenntnisse auf Bibelstellen Bezug genommen wurde. Dennoch ist bei erheblichen Differenzen von Zitaten gegenüber den überlieferten Texten der je-

---

braucht. Diese Unterscheidung ist erstaunlich, zumal die Autorin konstatiert, dass der Verfasser dieser Auslegung die Schrift *als seine eigene Zeit beschreibend* verstanden habe (ebd., 132). Dieses Verstehen eines Textes als auf die eigene Zeit bezogen, ist eindeutig als *Auslegung* zu werten.

[51]   Mit Fuß, *Zeit*, 133f, kann Hos 4,16 als zeitloses und anwendungsoffenes Bildwort charakterisiert werden. Diese Eigenschaften haben die Deutung auf die eigene Zeit sicher erleichtert.

weiligen Bücher, aus denen sie stammen, zu fragen, inwiefern ihnen eine interpretative Intention zukommt. Grössere Abweichungen zum MT sind daher in der folgenden Untersuchung auf ihre Auslegungsabsicht hin zu befragen. Schliesslich ergibt sich aus dem beobachteten Einfluss des originalen Kontextes des untersuchten Zitates, dass bei der folgenden Untersuchung bei allen Zitaten geprüft werden muss, ob der Kontext der zitierten Stelle in der Auslegung eine Rolle spielt und weiter, ob die das Zitat umgebende Darstellung der D Verbindungen mit diesem Kontext zeigen.

b)   Die Methode des Schriftbelegs

Wie die Auslegung nach der Methode des Schriftbezugs besteht auch diese, *eine Bestimmung belegende Auslegung* konstitutiv aus zwei Elementen, der *Einleitung* und dem *Zitat* (und insofern bestehen auch formale Ähnlichkeiten zur Methode des Schriftbezugs). Gleich wie bei der Einleitung der Zitate mit der Funktion des Schriftbezugs wird bei dieser Auslegung mit der Einleitung jeweils deutlich auf die Schrift verwiesen. Dabei werden auch dieselben Verben gebraucht: כתוב (formale Bezugnahme auf eine geschriebene Bestimmung) oder דבר/אמר (formale Bezugnahme auf ein direktes oder durch eine Person vermitteltes Gotteswort im Sinne einer Bestimmung). Die Bezugnahme auf eine geschriebene Bestimmung findet sich in den Einleitungen in CD IX,5, XI,18.20 und in den drei Einleitungen in 4QD^a Frg. 11,3–5 (par 4QD^e Frg. 7,I,16–19). Ein Beispiel für eine Bezugnahme auf ein direktes Gotteswort findet sich in CD X,16f. In X,14ff steht eine längere Abhandlung über den Sabbat. Als Schriftbeleg für die Bestimmung in Zeile 16, keine Arbeit auszuführen «von der Zeit an, zu der die Sonnenscheibe von dem Tor um die Länge ihres Durchmessers entfernt ist», wird Dtn 5,12 (in der Übersetzung kursiv) aufgeführt:

כי הוא אשר אמר שמור את יום השבת לקדשו

Denn das hat er gesagt: *Halte den Sabbattag, um ihn zu heiligen.*

Die Einleitung[52] soll das wörtliche Zitat wahrscheinlich als aus der Schrift stammende Gottesrede ausweisen. Formal mit der Methode des Schriftbezugs übereinstimmend, besteht die einzige Differenz dieser Methode darin, dass nicht ein *Ereignis,* sondern *gesetzliche Bestimmungen* mit einer Schriftstelle verbunden werden und dass das Zitat als Beleg für die angeführten Bestimmungen dient. Diese Bestimmungen finden sich in CD X vor und nach dem Zitat. Das Zitat hat einerseits eine klar begründende Funktion. Die Schriftstelle dient aber nicht bloss als Beleg. Mit der Bezugnahme auf Dtn 5,12 wird nämlich auch *die Schriftstelle selbst* ausgelegt, und zwar erstens, indem der Anfang des Sabbattages genauer bestimmt wird, und zweitens, indem Dtn 5,12 quasi als «Grundgesetz» auf die in CD X,16–23 genannten Einzelbestimmungen anwendbar ist bzw. nach der Auffassung der Verfasser dieser Auslegung die genannten Bestimmungen in Dtn 5,12 schon implizit eingedacht waren.

---

[52]   Die Einleitung ist in 4QD^e noch fragmentarisch, das Zitat selbst nicht mehr erhalten; vgl. Baumgarten, *4Q266–273*, 161.

c)   Die Aufnahme und allegorische Deutung von Einzelelementen

Die Methode der Aufnahme und allegorischen Deutung von Einzelelementen findet sich in der D ausschliesslich anschliessend an Zitate, die in der Form des Schriftbezugs in der D eingeführt wurden, d. h. die Methode taucht in der D nur zusätzlich zu derjenigen des Schriftbezugs auf. Teilweise finden sich ausserdem in der Auslegung nach der Methode der Aufnahme und allegorischen Deutung von Einzelelementen noch weitere Schriftbezüge. Als Beispiel dazu soll CD VI,3–10 dienen. Dort wird zuerst Num 21,18 zitiert (in der unten stehenden Übersetzung kursiv hervorgehoben) und anschliessend ausgelegt:

3 ... ויחפורו את הבאר [אשר אמר מושה] [53] באר חפרוה שרים כרוה

4 נדיבי העם במחוקק הבאר היא התורה וחופריה הם

5 שבי ישראל היוצאים מארץ יהודה ויגורו בארץ דמשק

6 אשר קרא אל את כולם שרים כי דרשוהו ולא הושבה

7 פארתם בפי אחד VACAT והמחוקק הוא דורש התורה אשר

8 אמר ישעיה מוציא כלי למעשיהו VACAT ונדיבי העם הם

9 הבאים לכרות את הבאר במחוקקות אשר חקק המחוקק

10 להתהלך במה [54] בכל קץ הרשיע

3   ... Und sie gruben den Brunnen, [von dem Mose gesagt hat] (Num 21,18) *Einen Brunnen, den die Fürsten gegraben haben, den ausgeschachtet haben*

4   *die Edlen des Volkes mit dem Stabe.* Der Brunnen, der ist das Gesetz, und die ihn gegraben haben,

5   die sind die Umkehrenden Israels, die aus dem Lande Juda ausgezogen sind und im Lande von Damaskus in der Fremde weilten,

6   die Gott alle Fürsten genannt hat; denn sie haben ihn gesucht und nicht geschmälert

7   wurde ihr Ruhm durch eines (Menschen) Mund. VACAT Und der Stab ist der, der das Gesetz erforscht, von dem

8   Jesaja gesagt hat: *Einer, der ein Werkzeug hervorbringt für sein Tun.* VACAT Und die Edlen des Volkes, die sind diejenigen,

9   die gekommen sind, um den Brunnen auszuschachten mit Hilfe der Stäbe (od. Anordnungen), die der Stab (od. Anordner) angeordnet hat,

10   in ihnen zu wandeln während der ganzen Zeit des Frevels.

Das vorangehende wörtliche Zitat wird in der D als einziges nicht eingeführt; aufgrund der Überlieferung in Qumran ist aber die Einleitung «Wie Mose gesagt hat» anzunehmen.[55] Somit ist auch in diesem Fall die allegorische Deutung von Einzelelementen an einen *Schriftbezug* angeschlossen. Inhaltlich folgt das Zitat auf einen Geschichtsrückblick auf Mose bzw. die Zeit in der Wüste (III,17–VI,3). Die Auslegung lebt – wie

---

[53]   Ergänzung mit 4QD^{a.b}, 21, vgl. Wacholder, *Damascus Document*, 38. Zu den Parallelen in 4QD^a und 4QD^b vgl. Baumgarten, *4Q266–273*, 41 und 97f.

[54]   Konjektur zu בהם mit Qimron, *The Text of CDC*, 21, Anm. 5.

[55]   Siehe oben Anm. 53. Neben der Einleitung sind auch das Zitat selbst sowie die anschliessenden Deutungen durch Qumran bezeugt. Die Einleitung ist in 4QD^b Frg. 2,9 vollständig, das Zitat und die Deutungen sind in 4QD^a Frg. 3,II,11–16 und 4QD^b Frg. 2,9–15 fragmentarisch erhalten; vgl. Baumgarten, *4Q266–273*, 41.97f.

auch die Auslegung in den Pescharim – erstens von der Überzeugung, dass Num 21,18 nicht einfach eine vergangene Geschichte über die Wüstenwanderung darbietet, sondern (offenbar gleichzeitig) auch eine Erhellung für die Geschichte der hinter der D stehenden «Gemeinschaft des Bundes» bringen kann.[56] Zweitens geht sie davon aus, dass die einzelnen Wörter eine verborgene Bedeutung haben, welche in der Auslegung dann offenbar gemacht werden. Auf dieser Überzeugung beruht die Technik, welche in dieser Auslegung benutzt wird. Einzelne Elemente aus dem Zitat werden explizit aufgenommen, denen mittels eines identifizierenden Nominalsatzes je eine Deutung attributiv zugeordnet wird. Die im oben stehenden Beispiel aufgenommenen Elemente werden dabei wie folgt interpretiert: *«der Brunnen»* als das Gesetz – diejenigen, *«die ihn gegraben haben»*, als die Bekehrten Israels – *«der Stab»* als derjenige, der das Gesetz erforscht.[57] Die letztgenannte Interpretation wird in Zeile 18 zusätzlich noch mit einem Jesaja-Wort verbunden. Dabei wird mit der Methode des Schriftbezugs das Schriftwort mit der Deutung des im Zitat genannten «Stabes» als derjenige, der das Gesetz erforscht, zusammengebracht (was bei der Behandlung der Stelle in der nachfolgenden Untersuchung noch näher betrachtet werden muss).

Diesen Interpretationen in der Form der allegorischen Deutung von Einzelelementen folgt noch eine weitere, die zwar im ersten Teil grammatikalisch gleich aussieht wie die übrigen, aber in diesem Teil gegenüber dem Bibeltext keine neue Information bringt. *«Die Edlen des Volkes»* sind schon in Num 21,18 diejenigen, die den Brunnen ausschachten. Die eigentliche Interpretation erfolgt dann erst im zweiten Teil, in welchem gesagt wird, dass das Ausschachten des Brunnens (d. h. des Gesetzes) mit Hilfe der angeordneten Anordnungen erfolgt. Bei der Auslegung des Stabes als Anordner kommt eine etwas andere Deutetechnik zum Zuge. (Da dennoch ein aus der Schrift herausgenommenes Element mit einer Deutung versehen wird, darf auch diese Interpretation des Stabes unter der Methode der allegorischen Deutung von Einzelelementen subsumiert werden und bedarf keiner neuen Kategorie.) In der Auslegung des Stabes als Anordner wird nicht wie bei den vorherigen Auslegungen dem Schriftwort eine Deutung zugeordnet, sondern diese ergibt sich als Wortspiel aus der Doppelbedeutung des Wortes מחוקק (Stab – der/das Anordnende) gewissermassen von selbst. Diese letzte Interpretation zeigt, dass die herausgearbeiteten Auslegungsmethoden von den Verfassern der D nicht schulmeisterlich genau angewandt wurden, sondern in spielerischer Freiheit. Der Kontext des zitierten Textes (die Wanderschaft Israels in der Wüste und das Lied über den Brunnen) spielt bei der Auslegung keine Rolle.

Um die Funktion der Jesaja-Auslegung in der D näher zu bestimmen, sollen zuerst alle eingeleiteten Schriftzitate untersucht werden. Dabei sollen die eingeleiteten Zitate methodisch gemäss den erarbeiteten Kriterien untersucht werden. Da zwischen der Auslegung der eingeleiteten Zitate aus prophetischen Schriften und solchen aus der Tora in der D kein erkennbarer Unterschied auszumachen ist, kann sich die Untersuchung nicht auf die Zitate und ihre jeweilige Auslegung der prophetischen Schriften

---

[56] Neben dem wörtlichen Textsinn wird ein verborgener *wahrer Schriftsinn* vorausgesetzt. Explizit formuliert findet sich dieses Konzept in 1QpHab VII,4f. Dort ist es der Lehrer der Gerechtigkeit (bzw. der gerechte Lehrer), dem Gott alle Geheimnisse der Propheten offenbart hat.

[57] Im Hebräischen sind diese Deutungen identifizierende Nominalsätze (mit nachgestelltem Pronomen): וחופריה הם שבי ישראל und הבאר היא התורה sowie והמחוקק הוא דורש התורה. Ebenfalls ein solcher Nominalsatz ist die Aussage zu den Edlen des Volkes in den Zeilen 8f: ... ונדיבי העם הם הבאים לכרות את הבאר.

beschränken. Sie muss auch die Auslegung der Tora mitbedenken, sofern sie nach den gleichen Methoden erfolgt. Die Darstellung der D ist im Rahmen dieser Untersuchung in ihrem Leseablauf durchzugehen und auf Schriftzitate mit Auslegung zu prüfen, welche dann anhand der erarbeiteten Kategorien untersucht werden. Daran anschliessend soll versucht werden, die Auslegung der Schriftzitate zu systematisieren. Dabei werden die dargestellten, aus der Beschäftigung mit der erwähnten Literatur und eigenen Überlegungen gewonnenen Beschreibungen der in der Damaskusschrift vorfindlichen Auslegungsmethoden der eingeleiteten Zitate als *Schriftbezug, Schriftbeleg* und *allegorische Deutung von Einzelelementen* ad exemplum profiliert; dies auch im Hinblick auf die weiteren Untersuchungen. Aufgrund der so erhobenen Auslegung der eingeleiteten Schriftzitate in der D im Allgemeinen soll schliesslich nach den Jesaja-Zitaten und ihrer Auslegung in der D im Speziellen gefragt werden.

Zuerst werden die Schriftzitate und ihre Auslegung im ersten Teil der D, den *Ermahnungen*, untersucht, anschliessend wird der zweite Teil, die *Gesetzessammlung,* einer Untersuchung unterzogen. Die Untersuchung folgt dem Leseablauf der D, wie er nach dem gegenwärtigen Stand der Forschung rekonstruiert wird. Da bei der durch die Überlappung der beiden Genizah-Fragmente sich ergebenden Doppelüberlieferung Ms A und B in der Wahl und Darbietung der Schriftzitate voneinander abweichen, folgt die Untersuchung der Schriftzitate in den Ermahnungen zuerst der mehrheitlich durch die 4QD-Fragmente bezeugten Lesart von Ms A; die gegenüber Ms A zusätzlichen Schriftzitate von Ms B werden anschliessend an die Untersuchung der Ermahnungen gesondert betrachtet.

6.1.3 Schriftzitate und ihre Auslegung in den Ermahnungen

Ez 44,15a–bβ in CD III,21–IV,2

Das erste mit einer Einleitung versehene Zitat der D (Hos 4,16 in CD I,13) und seine Auslegung wurde bereits oben bei der Erarbeitung der exegetischen Methode des Schriftbezugs genau beschrieben, so dass die Untersuchung mit dem zweiten in der D zu findenden, mit einer Einleitung versehenen Zitat und seiner Einleitung begonnen werden kann.[58] Auf die Ermahnung, an dem von Gott in Israel gebauten Haus

---

[58] Die Rezeption von Dtn 9,23 in III,7 ist kein Zitat, sondern lediglich eine Anspielung. Eine Einleitung fehlt in CD III,7. In 4QD^d Frg. 2 sind nur noch einzelne Teile der Anspielung erkennbar. Ob diese ursprünglich eine Einleitung hatten, lässt sich allein aufgrund der materiellen Überlieferung nicht entscheiden. Inhaltlich und syntaktisch lässt sich eine ursprüngliche Einleitung aber wahrscheinlich machen. Der von CD überlieferte Satz holpert. Von den divergierenden Rekonstruktionsversuchen ist וידבר להם, vgl. Lohse, *Texte aus Qumran*, 70, gegenüber בדבר, vgl. Baumgarten, *4Q266–273*, 125f (Übernahme des ursprünglichen Vorschlages von Milik), m. E. aus inhaltlichen Gründen vorzuziehen. Diese Rezeption ist keine Aus-

festzuhalten, folgen in CD III,20f Verheissungen, die mit einem *expliziten Zitat* aus Ezechiels prophetischer Bestimmung zu den Priestern im neuen Tempel (Ez 44,15a–bβ) zusammengebracht werden.

20   ... Diejenigen, die sich daran halten, sind für das ewige Leben bestimmt und alle menschliche Herrlichkeit gehört ihnen, wie

21   Gott es für sie bestimmt hat durch Ezechiel, den Propheten, folgendermassen: (Ez 44,15a–bβ) *Die Priester und Leviten und die Söhne*

IV,1 *Zadoks, die die Wache über mein Heiligtum gehalten haben, als die Söhne Israels abirrten*

2   *von mir, sie sollen mir darbringen Fett und Blut.* VACAT Die Priester, sie sind die Umkehrenden Israels,[59]

3   die aus dem Land Juda ausgezogen sind, und [die Leviten sind die,][60] die sich ihnen angeschlossen haben. VACAT Aber die Söhne Zadoks, sie sind die Erwählten

4   Israels, die bei Namen gerufenen, die auftreten werden in den letzten Tagen ...

Die Einleitung gebraucht als einzige das Verb קום und nicht דבר/אמר. Da sich bei den Einleitungsformeln in der D jedoch kein einheitliches Muster zeigt, ist eine Emendation abzulehnen.[61] Bemerkenswert ist der Ausdruck ביד innerhalb der Einleitung, der in der Hebräischen Bibel generell die Mittlerrolle von Mose (vgl. Ex 9,35, 35,29 usw.) bzw. der Propheten (deutlich in 2Kön 17,13, Esr 9,10, Dan 9,10 und 2Chr 29,25) in der Ankündigung des göttlichen Willens bezeichnet.[62] ביד wird innerhalb der Hebräischen Bibel aber nicht bloss metaphorisch, sondern auch konkret verwendet, wobei die Unterscheidung zwischen diesen Verwendungsweisen nicht immer klar ist.[63] Da den Verfassern dieser Auslegung das zitierte Ezechielwort schriftlich vorlag, wäre zu überlegen, ob ביד hier auch die Überlieferung des Wortes als durch die Hand Ezechiels in eben diesem Buch aufgeschriebenes Wort bezeichnen könnte. Möglich wäre dann auch die wörtliche Übersetzung «Wie Gott es für sie bestimmt hat durch die Hand Ezechiels, des Propheten». Das Zitat selbst ist gegenüber dem MT gekürzt und leicht verändert. Die Abweichungen sind textkritisch ansonsten nicht belegt. Statt

---

legung nach der Methode des Schriftbezugs (da nicht eine Schriftstelle auf eine Situation bezogen wird), sondern eine Schriftrezeption in einer Nacherzählung der biblischen Geschichte. Formal fehlt bei der (rekonstruierten) Einleitung gegenüber derjenigen bei der Methode des Schriftbezugs eine Vergleichspartikel (z. B. כאשר).

[59] Anders (שבי: Gefangenschaft) Davies, *Damascus Covenant*, 93f. Die Näherbestimmung der שבי ישראל hier und in CD VI,5 als diejenigen, die aus dem Lande Juda ausgezogen sind (היוצאים מארץ יהודה), ist ein gutes Indiz, das Wort שבי als Partizip Plural Constructus von שוב zu interpretieren. Vgl. auch Iwry, *Migration to Damaskus*, 80–88.

[60] Textrekonstruktion ו[הלוים הם הנלוים] mit Schwarz, *Damaskusschrift*, 113; vgl. auch Lohse, *Texte aus Qumran*, 72. Anders Wacholder, *Damascus Document*, 32, vgl. auch ebd., 182f.

[61] Gegen Schwarz, *Damaskusschrift*, 94. Die von Schwarz ebd. vorgeschlagene Emendation entspricht m. E. mehr ihrem Bedürfnis nach Systematisierung als inhaltlicher Notwendigkeit. Da die CD III,21 entsprechenden Zeilen in Qumran fehlen, bleibt ihr Vorschlag hypothetisch.

[62] Vgl. Japhet, *I and II Chronicles*, 926f. Bereits Dan 9,10 blickt aber nicht auf das mündliche Vortragen des prophetischen Wortes, sondern explizit (vgl. בספרים in Vers 2) auf dessen schriftliche Überlieferung (vgl. die ausführliche Argumentation oben Seiten 56f).

[63] Vgl. Bergmann/von Soden/Ackroyd, Art. «יד» , 438.

והכהנים הלוים «Und die levitischen Priester» liest CD III,21 הכהנים והלוים «Die Priester und Leviten».[64] Weitergehend ist die folgende Differenz, die als bewusste Änderung zu interpretieren ist. In CD IV,2 wird die Aussage von Versteil 15aγ–b המה יקרבו אלי לשרתני ועמדו לפני להקריב לי חלב ודם «Sie sollen mir nahen, um mir zu dienen, und sollen vor mir stehen, um mir das Fett und Blut darzubringen» im letzten Teil des Zitates erstens verkürzt und zweitens wird anstelle von קרב hi. (darbringen) das im Wesentlichen gleichbedeutende Wort נגש hi. verwendet. CD VI,2 liest stattdessen הם יגישו לי חלב ודם «Sie sollen mir darbringen Fett und Blut».[65] Trotz dieser Kürzung und Änderung bleibt der Textsinn in etwa derselbe.

In CD III wird unterschieden zwischen denjenigen, die den Bund Gottes verlassen haben, und denjenigen, die daran festhalten. Letztere sind gemäss Zeile 20 für das ewige Leben bestimmt. Durch die Einleitung wird das Zitat mit dieser Verheissung für das ewige Leben (einem für die Zukunft zu erwartenden Ereignis) zusammengebracht. Zitat und Einleitung sind daher als *Schriftbezug* zu betrachten. Innerhalb dieser Einleitung wird deutlich gemacht, dass als Urheber dieser Bestimmung nicht Ezechiel, sondern Gott angeschaut wurde, was auch dem Selbstverständnis der als Gottesrede dargestellten Perikope Ez 44,9ff entspricht. Die Bezeichnung Ezechiels als Prophet dient nicht als Näherbestimmung (die Zugehörigkeit Ezechiels zu den Propheten kann bei der potentiellen damaligen Leserschaft als bekannt vorausgesetzt werden), sondern als Ehrenbezeichnung. Eine weitere Funktion der Einleitung ist die, dass damit das Zitat explizit als Zitat aus dem Buch des Propheten Ezechiel ausgewiesen und sprachlich deutlich vom übrigen Text getrennt wird. Der Name Ezechiel in der Einleitung verweist nicht auf dessen mündliche Rede, sondern auf die schriftliche Überlieferung im Ezechielbuch. Als weiterer Hinweis auf das Buch könnte neben dem Namen Ezechiel auch der Ausdruck ביד gelesen werden.[66]

Das Zitat-Ende und der Übergang zur Deutung ist nicht wie der Beginn mit sprachlichen Mitteln, sondern textgraphisch mit einem Spatium, aber dadurch nicht weniger deutlich markiert. Daran schliesst sich in IV,2–4 eine Interpretation an, in welcher Einzelelemente des Zitates aufgenommen und allegorisch gedeutet werden.[67] Dabei werden *die Priester* auf die Umkehrenden, die aus dem Lande Judas ausgezogen sind, *die Leviten* auf

---

[64] Bei den entsprechenden Qumranfragmenten zu CD III,21 sind die fraglichen Verse nicht abgedeckt. Bei IV,1-4 ist in 4QDª Frg. 2,III,19 noch das Wort ישרא]ל und in 4QDᵉ Frg. 1a,II,1 sind die Worte יג[ישו לין חלב ודם] erhalten; s. Baumgarten, *4Q266–273*, 39 und 141.

[65] Im zweiten Teil hat CD IV,2 gegenüber dem MT statt des Verbs קרב hi. das Verb נגש hi. Diese Abweichung wird auch durch 4QDᵉ Frg. 1,IIa,1 bestätigt; siehe oben Anm. 64.

[66] Vgl. die oben genannte Überlegung; anders Jassen, *Prophets as Lawgivers*, 315f.

[67] Nach der Terminologie von Schwarz, *Damaskusschrift*, 113, knüpft der Damaskuspescher unmittelbar an den Schriftbezug an. Ihre methodische Trennung ist jedoch zu formal. Die beiden methodischen Elemente bilden zusammen *eine Auslegung* zu Ez 44,15.

diejenigen, die sich ihnen angeschlossen haben, *die Söhne Zadoks* dagegen auf die Erwählten gedeutet (durch das Spatium vor der letzten Deutung wird diese in Ms A besonders betont). Die einzelnen Termini in Ez werden somit auf die verschiedenen Mitglieder der «Gemeinschaft des Bundes» hin ausgelegt. Dies kann so verstanden werden, dass damit auf die Geschichte der Gemeinschaft Bezug genommen wird;[68] denkbar ist aber auch, dass mit «Priester», «Leviten» und «Söhne Zadoks» verschiedene Kategorien von Mitgliedern bezeichnet werden. Aus der Zeitangabe באחרית הימים (in den letzten Tagen) muss nicht zwingend eine zukünftige Erwartung gefolgert werden.[69] In 4QFlor etwa wird mit dem Ausdruck באחרית הימים eine Zeit bezeichnet, welche für ihre Verfasser bereits angebrochen ist.[70] Der Grund für die Einfügung gerade dieses Zitates wird aber erst aus dem Kontext von Ez 44,15 klar. Dort wird scharf getrennt zwischen den *abgefallenen* Leviten, denen für den Tempeldienst niedere Arbeiten (wie Wache halten) zugewiesen werden, und den *Jhwh-treuen* levitischen Priestern aus dem Geschlecht Zadoks, die allein zum Priester- und Opferdienst zugelassen werden. Durch die Einleitung ist die zitierte Aufgabe des Opferdienstes der Priester und Leviten aus dem Geschlecht Zadoks auf die Verheissung für die in Zeile 20 genannten Menschen bezogen, die sich an das von Gott gebaute beständige Haus in Israel halten und dadurch für das ewige Leben bestimmt sind.[71] Somit werden die Mitglieder der «Gemeinschaft des Bundes» mit diesen Jhwh-treuen Priestern, Leviten und Söhnen Zadoks verglichen, welche die Verfasser dieser Auslegung in Ez 44,15 gefunden haben. Die Dreiteilung, welche die Ausleger in Ez fanden, wird in der Auslegung übernommen, wobei für alle drei Gruppen gilt, dass sie sich zu denen rechnen dürfen, die mit einer angesehenen Aufgabe belohnt werden.

Jes 24,17 in CD IV,14

CD IV,9–13 behandelt die Zukunft der eigenen Gemeinschaft, eine Zeit, in der sich niemand mehr ihr anschliessen würde. Der Blick auf die «Vollendung der Zeit» schliesst mit dem Bild vom Loslassen Belials gegen Israel in IV,12f. Diese Aussage wird in Zeile 13 mit einem *expliziten Zitat* aus der Jesaja-Prophetie des grossen Weltgerichtes (Jes 24,17) zusammengebracht und anschliessend in den Zeilen 15–19 ausgelegt:

---

[68] Vgl. Davies, *Damascus Covenant*, 92. «Priester» bezeichnet nach Davies die Gründer der Gemeinschaft von Damaskus, «Leviten» diejenigen, die sich ihnen bereits angeschlossen haben, und «Söhne Zadoks» diejenigen, die sich in Zukunft noch anschliessen werden.

[69] Gegen Wacholder, *Damascus Document*, 182.

[70] 4QFlor Frg. 1–2.21,II; vgl. die Behandlung z. St auf Seiten 275–283.

[71] Mit Schwarz, *Damaskusschrift*, 116, als eine Umdeutung der Kultsymbolik ins Geistige zu bestimmen.

12 ... Und in all diesen Jahren wird
13 Belial losgelassen sein gegen Israel, wie Gott gesprochen hat durch[72] Jesaja, den Propheten, den Sohn des
14 Amoz, folgendermassen: *(Jes 24,17) Grauen und Grube und Garn über dich, Bewohner des Landes.* VACAT Seine Deutung bezieht sich
15 auf die drei Netze Belials, von denen Levi, der Sohn Jakobs gesprochen hat,
16 dass er damit Israel fängt, und die er vor sie gestellt hat, als drei Arten
17 von Recht: die erste ist die Unzucht, die zweite der Reichtum, die dritte
18 die Befleckung des Heiligtums. Wer dem einen entkommt, wird vom anderen gefangen, und wer daraus errettet wird, der wird
19 von diesem gefangen. VACAT ...

Die Anknüpfung dieses wörtlich zitierten Jesaja-Verses an das Loslassen Belials geschieht in Zeile 13 mit den Worten כאשר דבר אל ביד ישעיה בן אמוץ הנביא לאמר. Das Zitat stimmt wörtlich mit dem MT überein. Die Übersetzung versucht die Alliteration פחד (Schrecken), פחת (Grube), פח (Klappnetz) möglichst nachzubilden.

Mit der Einleitung «Wie Gott durch die Hand Jesajas, des Propheten, den Sohn des Amoz, gesprochen hat», die das Zitat explizit als aus dem Buch Jesaja stammend ausweist, wird Jes 24,17 auf das in Zeile 13 genannte Loslassen Belials hin bezogen. Einleitung und Zitat sind daher als *Schriftbezug* zu charakterisieren. Die explizite Bezeichnung dieses Jesaja-Wortes als Gotteswort steht ausdrücklich im Gegensatz zur Darstellung im Jesajabuch selbst, in welcher der Ausspruch eine *Ich-Rede* des Propheten ist. Die Bezeichnung Jesajas als ישעיה הנביא בן אמוץ in dieser Einleitung ist eine Referenz auf das Jesajabuch.[73] Jesaja ist als einziger Prophet derart ausführlich präsentiert. Die Verwandtschaftsbezeichnung בן אמוץ ist ähnlich wie die Titulierung als Prophet (siehe dazu oben die Einleitung zu Ez 44,15a–bβ in CD III,21–IV,2) nicht dem Bedürfnis entsprungen, einen Unbekannten durch die genaue Angabe seiner Abstammung vorzustellen, sondern dürfte mit der hohen Wertschätzung dieses Propheten bzw. seiner Rolle in zwischentestamentlicher Zeit zusammenhängen.

Der Zusammenhang zwischen dem Zitat von Jes 24,17 und der ihm vorangehenden Zukunftsweissagung vom Loslassen Belials ist nicht unmittelbar einsichtig. Dem Zitat folgt eine mit פשרו eingeleitete Deutung dieses Jesaja-Wortes auf die drei Netze Belials. Die Methode des Schriftbezugs ist hier demnach mit einer *Pescher-Exegese* verbunden.[74] Dass

---

[72] Hebr. ביד. Siehe dazu oben die Überlegungen bei der Einleitung des Zitates von Ez 44,15a–bβ in III,21 (Seite 130).

[73] Vgl. Jes 1,1 (weitere Vorkommen 2,1, 20,2, 37,2.21, 38,1). Obwohl die Einleitung mit Jes 20,2 eine noch längere Wortfolge teilt (דבר [אל] ביד ישעיה בן אמוץ), ist sie kaum ein implizites Zitat dieser bestimmten Stelle, da nichts weiter auf Jes 20,2 hinweist. Für eine Referenz auf Jes 1,1 und damit auf das gesamte Buch spricht auch die Bezeichnung ישעיה בן אמוץ הנביא in VII,10 (dort ist die Referenz auf Jes 1,1 dank dem nachgestellten הנביא noch deutlicher).

[74] IV,12–19 bildet eine Einheit von Schriftbezug (IV,12–14) und anschliessender Pescher-Exegese (IV,14–19). Gegen Schwarz, *Damaskusschrift*, 94, bilden Schrift-

die beiden Methoden zusammen eine Schriftdeutung bilden, ist daran ersichtlich, dass erst mit der Pescher-Exegese die im Schriftbezug behandelte Figur von Belial wieder aufgenommen wird. Allerdings wird dabei gleich wieder eine neue Information eingeführt, indem in der Deutung von seinen drei Netzen die Rede ist. Ihnen widmet sich die nachfolgende zweite Interpretation in den Zeilen 17f. In dieser werden die drei Worte «Grauen», «Grube» und «Garn» unter Verweis auf die Worte Levis auf die drei verschiedenen Netze Belials gedeutet. Sachlicher Anhaltspunkt für diese Deutung ist das Wort פח (Klappnetz) aus dem Zitat, das oben um des Wortspiels willen mit Garn wiedergeben wurde. In der Deutung wird jedoch nicht dieses Wort verwendet, sondern das Wort מצודה (Jagdnetz). Die Deutung von Grauen (פחד), Grube (פחת) und Garn (פח) auf die drei «Netze» *Unzucht, Reichtum* und *Verunreinigung des Heiligtums* erscheint dabei willkürlich; ebenso bleibt unklar, was die zitierte Jesaja-Stelle mit «Belial» zu tun hätte. Ob die genannten, uns unbekannten Worte Levis dafür ein formaler oder inhaltlicher Ausgangspunkt gewesen waren, muss offen bleiben.[75] Das Zitat von Jes 24,17 selbst wird aber nicht nur gebraucht, um auf Belials drei Netze zu sprechen zu kommen. Der unmittelbare Kontext des Zitates spielt für die Deutung ebenfalls eine Rolle, und zwar insofern, als in Zeile 18 gesagt wird, dass, wer dem einen Netz entkomme, vom nächsten gefangen werde. Eine entsprechende Unausweichlichkeit des Gerichtes findet sich nämlich auch im Jes 24,17 nachfolgenden Vers 18.

In den dieser Auslegung folgenden Worten in den Zeilen 19–21 findet sich eine Anklage gegenüber den sogenannten Mauerbauern, welche auf die obige Auslegung Bezug nimmt. Erst diese Zeilen sind in Qumran belegt, die Zeilen 13–18 werden durch die 4QD-Fragmente nicht abgedeckt.[76] Die «Mauerbauer» werden in diesen Zeilen als diejenigen bezeichnet, die hinter dem Prediger «Zaw» hergehen (הלכו אחרי צו ist eine Anspielung auf Hos 5,11[77]). Beim folgende Nachtrag «Von dem er gesagt hat, sie sollen unablässig predigen» stellt הטף יטיפון kein Zitat von Mi 2,6 «Predigt nicht, predigen sie» (אל תטפו יטיפון) dar.[78] Die beiden Netze, in welchen die Mauerbauer gefangen

---

75   bezug und der anschliessende «Damaskuspescher» zusammen eine Auslegung von Jes 24,17.

75   Da weder in 4QLevi^a–f noch in Test Levi ein solcher Ausspruch zu finden ist, bleibt unklar, auf welche Schrift dieser sich Verweis bezieht.

76   Vgl. Baumgarten, *4Q266–273*, 3. Ebenso sind in 6Q15 Frg. 1 erst ab Zeile 19 einzelne Wörter bezeugt; vgl. Charlesworth, *Damascus Document*, 79.

77   Anders Fuß, *Zeit*, 141–144. Sie behandelt die Worte als verkürztes Zitat von Hos 5,11b (כי הואיל הלך אחרי צו). Mit Fuß ist von einer intendierten Aufnahme zu sprechen, ebd., 143, die aber (wie Fuß auch selbst konstatiert) keine Einleitungsformel aufweist (ebd.). Zum Wort צו vgl. Jes 28,10.13.

78   Gegen Fuß, *Zeit*, 143. Die Aussage in CD IV,20 kontrastiert Mi 2,6 deutlich. Bei den einleitenden Worten אשר אמר besteht zwar formal Ähnlichkeit zu Einleitungen zu Zitaten mit der Funktion des Schriftbezugs. Bei diesen wird aber in der D entweder zusätzlich noch eine Person (Gott, ein Prophet oder Mose) genannt oder sie werden mit כאשר אמר eingeleitet; vgl. die Einleitungen zu den Zitaten in CD VII,14f.16.

sind, dürften wahrscheinlich ebenfalls die Netze «Unzucht» und «Befleckung des Heiligtums» sein. Anschliessend wird jedenfalls ausgeführt, dass sie in zweien gefangen seien, nämlich in der Unzucht, dass sie zwei Frauen zu ihren Lebzeiten nähmen. Dies wird mit einer Anspielung auf Gen 1,27 verknüpft: «Als Mann und Frau hat er sie erschaffen» (CD IV,21), die vorangehend als Grundlage der Schöpfung bezeichnet wird, sowie mit einer Anspielung auf Gen 7,9: «Und die in die Arche hineingehenden, sie sind je zwei und zwei in die Arche hineingegangen» (V,1). Beide Anspielungen haben begründende Funktion.

Die der Auslegung von Jes 24,17 nachfolgende Anklage gegen die Mauerbauer zeigt, dass der «Tatbestand», dass diese «Unzucht» betreiben, indem sie zwei Frauen zu ihren Lebzeiten nehmen, der Berührungspunkt mit dessen Auslegung ist. Der «Tatbestand» ist für die Verfasser nicht nur mit der moralischen Verwerflichkeit ihrer Gegner erklärbar, sondern auch damit, dass diese Belial ins Netz gegangen sind. Von den drei Netzen, die Belial gestellt hat, um Israel zu fangen, handelt nach ihrem Verständnis der in Jes 24,16–20 zu findende Wehe-Ruf des Propheten.[79] Ebenfalls der Anklage gegen die «Vielweiberei» dient die folgende Auslegung von Dtn 17,17aα in CD V,2.

Dtn 17,17aα in CD V,2

Anschliessend an die oben behandelte Anspielung auf die Schöpfungsordnung (CD IV,21) und auf die Paare in der Arche (V,1) sowie im Zusammenhang mit der Anklage der Unzucht an die Mauerbauer wird in V,2 ein Schriftwort über die Fürsten zitiert:

1   Und die in die Arche hineingehenden, sie sind je zwei und zwei in die Arche hineingegangen. VACAT Und über den Fürsten steht geschrieben:

2   (Dtn 17,17aα) *Er soll nicht viele Frauen haben ...*

Nach der Einleitung כתוב «Es steht geschrieben» wird als *Schriftbeleg* Dtn 17,17aα wörtlich zitiert.[80] Bemerkenswert ist, dass die im Kontext der zitierten Stelle erwähnte wichtige Aufforderung, *der König solle sich eine Abschrift dieses Gesetzes machen*, in der dem Zitat folgenden Ausführungen eine Rolle spielt. Anschliessend an das Zitat wird nämlich von David berichtet, dass er nicht im versiegelten Buche des Gesetzes gelesen hätte, da es damals ungeöffnet in der Lade gewesen wäre (eine Anspielung auf Dtn 31,26).[81] Aus diesem Grund konnte der Verfasser offenbar grosszügig sein und Davids Vielweiberei in Zeile 5 entschuldigen.

---

[79]   Die Verse 16–20 sind in der textgraphischen Gestaltung von 1QJes^a als eigener Hauptabschnitt gekennzeichnet; vgl. Steck, *Textheft Jesajarolle*, 28. Beuken, *Jesaja 13–27*, beschreibt den Inhalt der Verse 16–20 als Wehe-Ruf des Propheten mit monologischer Fortsetzung (16a–18a/18b–20), vgl. ebd., 314–333.

[80]   Anders Wacholder, *Damascus Document*, 190f, der 11QT LVI,18f als Zitat postuliert.

[81]   CD V,5 erwähnt, dass das Gesetz erst mit dem Auftreten Zadoks enthüllt wurde. Mit Rabin, *Zadokite Documents*, 18, Anm. 5², ist dies als Anspielung auf den

Lev 18,13 in CD V,8f

Nach dem kurzen Rückblick auf David, Josia und Zadok folgen in
CD V,6ff weitere Anklagen gegen die oben genannten «Mauerbauer».
Diese werden in den Zeilen 8bf (in absentia) mit einem expliziten Zitat aus
Lev 18,13 belehrt:

8   ... VACAT Mose aber hat gesagt: (Lev 18,13) Der
9   *Schwester deiner Mutter sollst du dich nicht nahen, denn sie ist eine Blutsverwandte deiner*
     Mutter ...

Eingeleitet wird dieser *Schriftbeleg* mit ומשה אמר «Mose aber hat gesagt ...». Als erhebliche Differenzen des Zitates (אל אחות אמך לא תקרב שאר אמך היא) gegenüber dem
MT (ערות אחות אמך לא תגלה כי שאר אמך הוא) ist der Gebrauch von קרב אל
anstelle von גלה ערות zu vermerken. Die zusätzliche orthographische Abweichung
(היא statt הוא) lässt darauf schliessen, dass das Zitat aus dem Kopf zitiert wurde.

Das lediglich seinem Sinn nach zitierte Verbot des ehelichen Umgangs mit
der Schwester der Mutter (das, wie der Verfasser konstatiert, für Männer
formuliert ist) wird in der folgenden Zeile explizit auch auf Frauen bezogen. In den Zeilen 10f wird dies mit einem Beispiel verdeutlicht. Die erwei-
ternde Auslegung der Vorschrift aus Lev 18,13 findet aber schon durch
den Bezug der vorangehenden Vorwürfe an die «Mauerbauer» auf das Zitat
statt. In dieser Anklage wird gar nicht der in Lev 18,13 genannte Fall mo-
niert. Vielmehr wird den Gegnern vorgeworfen, dass sie die Tochter ihres
Bruders bzw. ihrer Schwester [zur Frau] nehmen würden. Dieser Fall ist
jedoch in den vielen genannten Verboten der Blutschande in Lev 18 gerade
nicht erwähnt. Die Verfasser der D verstanden die Verbote in Lev 18 nicht
als abschliessende Aufzählung (so wie dies vermutlich ihre ideologischen
Gegner taten), sondern offenbar mehr als konkretisierende Beispiele eines
allgemeinen Grundsatzes. Mit der Feststellung, dass die Gebote zwar für
Männer geschrieben seien, aber auch für Frauen gelten würden, kann
Lev 18,13 indirekt auf den vor dem Zitat genannten Fall ausgelegt werden.[82] Das dieser Bemerkung folgende Beispiel (die Tochter des Bruders,
die ihres Vaters Bruders Blösse aufdeckt) ist genau der Fall, der unmittelbar vor dem Schriftbeleg in den Zeilen 7f als Vorwurf über die Gegner formuliert wurde – nur aus der umgekehrten Blickrichtung. Die Bemerkung,
das Gesetz gelte auch für Frauen, entstammt daher nicht einer emanzipa-
torischen Tendenz, sondern wird lediglich gebraucht, um Lev 18,13 auf
den in Zeile 7f genannten Fall auszulegen. Wie die dem Zitat vorangehenden Zeilen zeigen, war der Verfasser dieser Auslegung zudem mit dem
Kontext von Lev 18,13 vertraut. Das Verbot des ehelichen Umgangs
während der Menstruation in Lev 18,19 wird unmittelbar vor der Aus-

---

zadokidischen Hohepriester Hilkia zu betrachten, der nach 2Kön 22,8 die
Gesetzesrolle im Tempel entdeckte.
[82] Vgl. Schwarz, *Damaskusschrift*, 142.

legung von Lev 18,13 in Zeile 7 bedacht und seine Missachtung wird polemisch den Gegnern vorgeworfen.

Jes 54,16aγ in CD VI,8

In CD VI,3–10 findet sich die als Beispiel dargestellte allegorische Deutung von Einzelelementen zu Num 21,18 (das Lied vom Brunnengraben) dessen Deutung in den Zeilen 7f mit einem Zitat aus Jes 54,16aγ[83] in der Funktion eines *Schriftbezugs* verbunden wird.[84] Form und Funktion dieser Interpretation von Num 21,18 wurden bereits bei der Darstellung der Methode der *Aufnahme und allegorischen Deutung von Einzelelementen* ausführlich besprochen. Aufgrund der von 4QD[a.b] bezeugten Einleitung kann, wie ebenfalls bei dieser Darstellung schon erwähnt wurde, angenommen werden, dass die Einleitung zusammen mit dem Zitat von Num 21,18 im Text zusätzlich als *Schriftbezug* dient. Dieser Schriftbezug wird dann, wie gezeigt, mit der allegorischen Deutung von Einzelelementen verbunden. Das in dieser Exegese enthaltene wörtliche Zitat von Jes 54,16aγ selbst und seine Auslegung muss dagegen noch genauer untersucht werden.

7   ... Und der Stab ist der, der das Gesetz erforscht, von dem
8   Jesaja gesagt hat: (Jes 54,16aγ) *Einer, der ein Werkzeug hervorbringt für sein Tun* ...

Einleitung und Zitat sind in 4QD[a] Frg. 3,II und 4QD[b] Frg. 2 nicht bezeugt.[85] Das Zitat in CD VI,8 (מוציא כלי למעשיהו) stimmt, abgesehen von dem im MT zusätzlichen einleitenden ו, wörtlich mit dem MT überein. Die Einleitung אשר אמר ישעיה knüpft grammatikalisch direkt an die Deutung des Stabes als Gesetzesforscher an.

Durch die Einleitung ist dieses *explizite Zitat* in der Funktion eines *Schriftbezugs* mit der Interpretation «des Stabes» als Gesetzesforscher in der allegorischen Deutung der einzelnen Elemente aus Num 21,18 verbunden. Das eigentliche Zitat «Einer, der ein Werkzeug hervorbringt für sein Tun» ist dabei aus dem Zusammenhang herausgerissen; der Kontext des Zitates scheint für die Auslegung überhaupt keine Rolle zu spielen. Eingeleitet wird dieses Zitat mit den Worten «Von dem Jesaja gesagt hat» und gilt demnach explizit als ein Wort des Propheten. Implizit dürfte dabei an ein von diesem Propheten vermitteltes Gotteswort gedacht worden sein.

Mal 1,10a in CD VI,13

Die nach der Deutung des Brunnenliedes Num 21,18 zu findende Bestimmung, dass alle diejenigen, die in den Bund eingetreten sind (d. h. die Mit-

---

83   Das Zitat stimmt, abgesehen vom Fehlen von גם, wörtlich mit dem MT überein.

84   Die Verbindung der Methoden *Schriftbezug* und *Aufnahme und allegorische Deutung von Einzelelementen* wird bei Schwarz, *Damaskusschrift*, 114, als «gemischter Damaskuspescher» bezeichnet.

85   Vgl. Baumgarten, *4Q266–273*, 41.97.

glieder der «Gemeinschaft des Bundes»), nicht zum Heiligtum gehen und
dort vergeblich Feuer anzünden, sondern zu denen gehören sollen, welche
die Türen verschliessen (VI,11b–13), wird in Zeile 13 mit einem Schriftwort aus Mal begründet:

> 11   ... VACAT Aber jeder, der in den Bund eingebracht wurde,
> 12   um nicht zu gehen ins Heiligtum, um seinen Altar anzuzünden ohne Ursache, er
>   ist derjenige, der die Tür verschliesst,
> 13   von denen Gott gesagt hat: (Mal 1,10a) *Wer unter euch wird seine Tür verschliessen?*
>   *Und ihr sollt nicht meinen Altar anzünden ohne Ursache.*

Die Zeilen CD VI,11f sind (soweit erhalten) nach 4QD[a] Frg. 3,II,17.18 wiedergegeben.[86] CD VI,11 bezeugt anstelle des Plurals einen Singular: «Aber alle, die in den Bund
eingebracht wurden», und statt «Er ist derjenige, der die Tür verschliesst» bezeugt
CD VI,12 «Sie sollen die sein, die die Tür verschliessen.»[87] In beiden Fällen ist 4QD[a]
Frg. 3,II,17.18 als Lectio brevior vorzuziehen. Die elegantere Formulierung in CD ist
als sekundär zu werten. Einleitung und Zitat sind fragmentarisch in Qumran bezeugt.[88]
Gegenüber dem MT zeigen sich geringfügige Abweichungen. Einerseits fehlt gegenüber
diesem im Zitat das Adverb גם, andererseits ist im MT von דלתים, im Zitat dagegen
von [89]דלתו die Rede.

Durch die Einleitung «Von denen Gott gesagt hat» werden diese mit dem
Zitat aus Mal 1,10a zusammengebracht, in dem eben die Tätigkeit des Tür-
Verschliessens gefordert wird, damit der Altar nicht ohne Ursache ange-
zündet werde. Das praktisch wörtlich zitierte Schriftwort dient hier dazu,
die Aufforderung zu begründen, und ist daher seiner Form nach ein *Schrift-
beleg*. Das Zitat ist *als solches* ausgewiesen, wobei als seine Quelle nicht der
Prophet, sondern allein Gott genannt ist. Dies entspricht allerdings der
Darstellung in Mal, bei welcher die Aussage ebenfalls als Gottesrede dargestellt ist. Weiter spielt auch der Kontext Mal 1,6ff für die Auslegung von
Vers 10 eine Rolle. Die dortige Anklage gegen unwürdigen und von Gott
daher abgelehnten Opferdienst korrespondiert mit der Aufforderung in
CD VI,14f, sich in diesen Zeiten der Gottlosigkeit vom Tempelkult abzu-
sondern. Die Aufforderung in Mal 1,10a, die Türen zu verschliessen, damit
nicht ohne Ursache Feuer auf dem Altar entfacht würde, ist kein allgemei-
nes Gebot, sondern eine auf eine bestimmte Zeit bezogene Aufforderung.
Auch in CD VI wird diese Aufforderung nicht verallgemeinert. Vielmehr
ist aus der dortigen Anklage an den Tempelkult zu schliessen, dass der Verfasser dieser Auslegung die in Mal 1,6ff dargestellte Situation als gegeben
ansah und dass er deshalb auf diese Aufforderungen zu sprechen kam.

---

[86]   Mit Wacholder, *Damascus Document*, 38.

[87]   Vgl. Baumgarten, *4Q266–273*, 41.

[88]   Vgl. Baumgarten, *4Q266–273*, 41.

[89]   Qimron, *The Text of CDC*, 21, liest דלתי. Da vorhin vom Tempel die Rede war, ist
       דלת jedoch auf diesen zu beziehen.

Num 30,17aβ–bα in CD VII,6–9

In VII,6 findet sich nach verschiedenen Vorschriften für die Mitglieder des
«Bundes von Damaskus» die Bestimmung «Wenn sie in Lagern wohnen
entsprechend der Ordnung des Landes und Frauen nehmen und Kinder
zeugen», dass sie dann «nach dem Geheiss des Gesetzes wandeln sollen
und gemäss der Vorschrift der Weisungen entsprechend der Ordnung des
Gesetzes.» Auf diese Bestimmung, dass sich das Leben als Familie nach
den Geboten Gottes richten soll, folgt in VII,8f als *Schriftbeleg* ein
ausgewiesenes Zitat von Num 30,17aβ–bα:

8   ... wie er gesagt hat: (Num 30,17aβ–bα) *Zwischen einem Mann und seiner Frau und*
       zwischen einem Vater und
9   *seinem Sohn ...*

Gegenüber dem MT ist die Vertauschung des in Num 30,17aβ–bα letztgenannten Fa-
milienmitglieds auffällig: Statt לבתו liest CD VII,9 לבנו. Das ansonsten wörtlich mit
dem MT übereinstimmende Zitat wird mit der auch aus den Pescharim bekannten
Zitationsformel כאשר אמר eingeleitet. Einleitung und Zitat sind in 4QD^a Frg. 3,III
nicht mehr erhalten.[90] Die Zeilen 6–9a, die in den 4QD-Fragmenten ebenfalls nicht
bezeugt sind, wurden in der älteren Forschung mehrheitlich als Interpolation betrachtet.[91] Ms B bezeugt im Text der Zeilen 5f ein Zitat von Dtn 7,9bβ. Dieses wird im Zusammenhang mit der Untersuchung von Ms B behandelt.

Die Regelungen in Num 30,4–17 betreffen einen ganz spezifischen Teil
des Zusammenlebens in der Familie, nämlich den Eid, welcher der Pater
familias für Frau und Tochter aufheben kann. Explizit wird diese Problematik in CD XI,7–15 thematisiert. Es ist daher möglich, dass sie vom Ausleger in VII,8f schon mitbedacht wurde; konkrete Hinweise im Text finden
sich dazu aber nicht. Neben der Änderung von «seiner Tochter» zu «seinem Sohn» ist die Auslassung der Einleitung «Das sind die Satzungen, die
Jhwh Mose geboten hat» (Num 30,17aα) bemerkenswert. Wahrscheinlich
ging es dem Ausleger weniger um die konkreten Bestimmungen in Num 30
als vielmehr darum, zu sagen, dass sich in der Tora Bestimmungen zum
Zusammenleben der Familie finden; dafür war Num 30,17aβ–bα offenbar
die geeignete Belegstelle.

Jes 7,17a, Am 5,26a–27a, 9,11 und Num 24,17 in CD VII,9–21

Ein komplexes Auslegungsprozedere mit mehreren Zitaten, deren Auslegungen mittels der Techniken von Schriftbezug und allegorischer Deutung von Einzelelementen ineinandergreifen, findet sich in VII,9–21.[92] Die

[90]   Vgl. Baumgarten, *4Q266–273*, 44.
[91]   Vgl. dazu Davies, *Damascus Covenant*, 142, sowie die ebd. angegebene Literatur.
[92]   Anders Schwarz, *Damaskusschrift*, 95f.113f. Für sie ist die Erklärung zum Schrift-
       bezug (Jes 7,17) durch den «gemischten Damaskuspescher» in VII,14–21 unter-
       brochen. Das Ineinandergreifen von Schriftbezug und allegorischer Deutung von
       Einzelelementen (bei Schwarz als «gemischter Damaskuspescher» bezeichnet) be-

dargestellte, mit einem Schriftwort verbundene Situation, ist die für die Zukunft erwartete Vergeltung der Gottlosen:

9   ... Aber für alle Verächter gilt, wenn Gott das Land heimsucht, wird er bringen die Vergeltung der Gottlosen

10   über sie, wenn das Wort eintrifft, das geschrieben steht in den Worten Jesajas, des Sohnes des Amoz, des Propheten,

11   der gesagt hat: (Jes 7,17a) *Es kommen über dich, dein Volk und das Haus deines Vaters Tage, wie sie*

12   *gekommen sind seit dem Tage, da Ephraim von Juda abgewichen ist.* Als sich trennten die beiden Häuser Israels,

13   da wich Ephraim von Juda ab. Und alle Abtrünnigen wurden dem Schwert überliefert, aber die Standhaften

14   retteten sich in das Land des Nordens, wie er gesagt hat: (Am 5,26a–27a) *Und ich will verbannen Sakkut, euren König,*

15   *und Kijjun, euer Bild, von meinem Zelt nach Damaskus.* Die Bücher des Gesetzes, sie sind die Hütte

16   des Königs, wie er gesagt hat: (Am 9,11) *Und ich will aufrichten die Hütte Davids, die zerfallene.* Der König,

17   der ist die Gemeinschaft, und die Kijjun der Bilder, sie sind die Bücher der Propheten,

18   deren Worte Israel verachtet hat. Und der Stern, der ist der Erforscher des Gesetzes,

19   der nach Damaskus gekommen ist, wie geschrieben steht: (Num 24,17) *Es geht ein Stern auf aus Jakob, es erhebt sich ein Zepter*

20   *aus Israel.* Das Zepter, das ist der Fürst der ganzen Gemeinde; und wenn er auftritt, wird er niederwerfen

21   alle Söhne Seths. Diese entkamen zur Zeit der ersten Heimsuchung.

Die Einleitung und das Zitat sind in den 4QD-Fragmenten nicht mehr erhalten. Statt יביא יהוה עליך ועל עמך ועל בית אביך ימים אשר לא באו למיום סור אפרים מעל יהודה, wie MT und 1QJes^a (letzterer mit einleitendem ו bei יביא) bezeugen, liest CD VII,11f יבוא עליך ועל עמך ועל בית אביך ימים אשר באו מיום סור אפרים מעל יהודה. Jes 7,17b (את מלך אשור) wird nicht zitiert. Eingeleitet ist das *explizite Zitat* in den Zeilen 10f mit בבוא הדבר אשר כתוב בדברי ישעיה בן אמוץ הנביא אשר אמר.[93] Bei dem mit der Zitationsformel כאשר אמר eingeleiteten Zitat aus Am 5,26a–27a in 14f zeigt bereits die Einleitung eine gewichtige Differenz gegenüber dem zitierten Text. Statt wie in Am 5,26 ונשאתם («Und ihr habt getragen») wird das Wort והגליתי («Und ich will verbannen») zitiert, das der Verfasser dieser Auslegung in Am 5,27 gefunden hat.[94] Ebenfalls aus Vers 27 stammt die Ortsangabe «Damaskus», während sich das Wort מאהלי («von meinem Zelt weg») weder in Vers 26 noch in seiner unmittelbaren Umgebung findet, aber möglicherweise auf einer Verlesung von מהלאה לדמשק in Am 5,27 zu

---

ginnt für sie erst in VII,14b. Da die Zeilen VII,17–VIII,3 durch 4QD^a Frg. 3,III,18–25 belegt sind, siehe Baumgarten, *4Q266–273*, 44, ist die Reihenfolge von CD VII textkritisch erhärtet. Für die von Schwarz ebd. vorgeschlagene literarkritische Rekonstruktion ergeben sich aus den 4QD-Fragmenten keine Anhaltspunkte.

[93] Die Titulierung Jesajas als Sohn des Amoz und als Prophet findet sich nur zweimal in der D; neben VII,10f noch in IV,13f (dort in der umgekehrten Reihenfolge). Zu ihrer Bedeutung siehe oben die Behandlung z. St.

[94] Bei 4QD^a Frg. 3,III sind die CD VII,9-16 entsprechenden Zeilen nicht mehr erhalten; siehe Baumgarten, *4Q266–273*, 44. Erst die Deutungen in 17ff zu den Elementen «König», «Kijjun» und «Stern» aus dem Zitat sind erhalten.

מאהלי דמשק oder auf einer uns unbekannten textkritischen Variante beruht.[95] Das ebenfalls mit der Zitationsformel כאשר אמר eingeleitete Zitat von Am 9,11 stimmt praktisch wörtlich mit dem MT überein.[96]

Eine erste Auslegung erfolgt nach der Methode des *Schriftbezugs*; das dabei verwendete Zitat Jes 7,17a ist leicht geändert. Jes 7,17a MT liest: «Jhwh wird Tage über dich, dein Volk und das Haus deines Vaters bringen, wie sie nicht gekommen sind seit dem Tage, da Ephraim von Juda abgewichen ist.» In beiden Fällen werden Tage angedroht wie bei diesem Abweichen Ephraims von Juda. Der Unterschied liegt darin, dass nach MT/1QJes[a] explizit davon ausgegangen wird, dass diese schlimmen Tage einmal ein Ende hatten und es danach nicht mehr solche Tage gab. In der D dagegen werden die angedrohten Tage einfach mit den Tagen nach diesem Abweichen verglichen, die Tage in der Zwischenzeit werden dagegen nicht thematisiert. Durch die relativ umständliche Einleitung «Wenn das Wort eintrifft, das geschrieben steht in den Worten Jesajas, des Sohnes des Amoz, des Propheten» wird explizit gesagt, aus welchem Prophetenbuch das folgende Zitat stammt. Von der in VII,9 angedrohten Vergeltung der Gottlosen, welche die ebd. genannten Verächter treffen soll, wird gesagt, dass sie kommt, wenn das zitierte Wort eintrifft. Dies setzt voraus, dass die Erfüllung dieses Jesaja-Zitates von der damaligen Leserschaft erwartet wurde, so dass bei dem dort angekündeten Gericht nur noch die die Verächter treffende Vergeltung der Gottlosen subsumiert werden musste. Der Zeitpunkt, wann sich diese Prophezeiung erfüllen würde, bleibt allerdings weiterhin unbekannt. Mit dem Schriftzitat wird die Aussage in VII,9 nicht einfach biblisch untermauert; vielmehr wird ausgelegt, wie sich dieses Jesaja-Wort bei seiner Erfüllung konkret für die «Gemeinschaft des Bundes» auswirken wird.

Anschliessend an das Zitat von Jes 7,17a findet sich in den Zeilen 13f eine Ergänzung mit der Information, dass beim damaligen Abweichen Ephraims von Juda alle Abtrünnigen dem Schwert überliefert wurden, die Standhaften sich aber in das Land des Nordens retten konnten. Dieser, dem Zitat aus Jes 7,17a folgenden Erklärung ist mit den Worten «wie er gesagt hat» ein weiteres Zitat mit der Funktion eines *Schriftbezugs* angeschlossen: «Und ich will verbannen Sakkut, euren König, und Kijjun, euer Bild, von meinem Zelt nach Damaskus.»[97] Dieses *ausgewiesene Zitat* aus

---

[95] Für eine bewusste Änderung plädiert Jaubert, *Pays de Damas*, 230–235; für die text-kritisch originale Fassung, Rabin, *Zadokite Documents*, 29, Anm. 15[2]. Übersetzung von מאהלי דמשק als «von meinem Zelt nach Damaskus» mit ebd., 28; vgl. aber auch Schwarz, *Damaskusschrift*, 40, anders: «über die Zelte von Damaskus hinaus» bei Maier, *Qumran-Essener I*, 18. Zur Diskussion der verschiedenen Übersetzungsmöglichkeiten siehe Schwarz, *Damaskusschrift*, 121f.

[96] Das einleitende Verb steht im MT im Imperfekt, in CD dagegen im ו-Perfekt. Eine bemerkenswerte Bedeutungsverschiebung ergibt sich daraus aber nicht.

[97] Die genaue Bedeutung der Aussage ist umstritten; vgl. Schwarz, *Damaskusschrift*, 123.

Am 5,26a–27a[98] in VII,14f zeigt umfassende Veränderungen gegenüber dem MT, der wie folgt liest: «Und habt ihr den Sikkut, euren König, und Kijjun getragen, eure Götzenbilder, den Stern eurer Götter, die ihr euch gemacht habt. Und ich werde euch verbannen über Damaskus hinaus.» Auch wenn alle abweichenden Formulierungen aus dem unmittelbaren Kontext des Zitates stammen, ist dennoch eine *gewichtige interpretative Sinnverschiebung* festzustellen. Geht es bei Am 5,26f darum, dass das Volk aufgrund des Götzendienstes in die Verbannung geführt wird, ist das Zitat in CD VII,14f demgegenüber stark umgedeutet zur Verbannung von «Sakkut» und «Kijjun» (die später als Tora und Propheten ausgedeutet werden) nach Damaskus.[99] Aus diesem Zitat, das die Funktion eines Schriftbezugs hat, werden im Folgenden einzelne Elemente allegorisch gedeutet: Der Ausdruck «Sakkut, euren König» (סכות מלככם), in der Auslegung geschrieben als «Hütte des Königs» (סוכת המלך), wird als die Bücher des Gesetzes gedeutet.[100] Grammatikalisch verläuft die Deutung von Sakkut genau umgekehrt wie im oben, Seite 127 erarbeiteten Beispiel zur *Aufnahme und allegorischen Deutung von Einzelelementen* (CD VI,3–10), ohne dass sich daraus eine Sinnverschiebung ergibt. Das zu deutende Element ist nicht Subjekt, sondern Objekt des identifizierenden Nominalsatzes. Statt wie die Deutung des «Brunnens» in VI,4 הבאר היא התורה lautet die Deutung von der «Hütte des Königs» in VII,15 ספרי התורה הם סוכת המלך.

Diese Deutung der Hütte des Königs als das Buch der Tora ist ihrerseits mit einem Zitat aus Am 9,11 verbunden, in dem von der Hütte Davids die Rede ist: «Und ich will aufrichten die Hütte Davids, die zerfallene.» Eingeleitet ist das *ausgewiesene Zitat* mit den Worten «wie er gesagt hat». Die Methode des *Schriftbezugs* dient hier dazu, die aus Am 5,26 herausgelesene «Hütte» biblisch zu untermauern. Anschliessend an das Zitat von Am 9,11 werden weitere Elemente aus Am 5,26 allegorisch gedeutet, nämlich *der König* als die Gemeinde und *die Kijjun der Bilder* als die Bücher der Propheten (כיון צלמיכם wird in der Auslegung als כיון הצלמים geschrieben).[101] Schliesslich wird *der Stern*, der zwar in Am 5,26 steht, aber in CD nicht

---

[98] Der Zusammenhang zu Am 5,26 ist nicht offensichtlich. Vermutlich wurde das Zitat *als Schriftbezug* für die Flucht ins Nordland gebraucht. Das in Am 5,26 und dann auch in der Deutung verwendete «Damaskus» liegt jedenfalls im Norden von Israel.

[99] Vgl. Davies, *Damascus Covenant*, 147f.

[100] Die Umdeutung des assyrisch-babylonischen Götternamens «Sakkut» zu סכות (Hütte) in Zeile 15 ist für die Deutung des Begriffes als «die Bücher des Gesetzes» eigentlich nicht nötig. Im 2. Jh. v. Chr. wusste man offenbar nicht mehr, wer der zur Zeit von Amos anscheinend noch allgemein bekannte «Sakkut» war. Die Verfasser der D haben in dieses Wort, das sie offenbar nicht mehr zuordnen konnten, einen für sie sinnvollen Begriff hineingelesen. Die schwer zu interpretierende Stelle hat auch in LXX, Vulgata, aber auch in der Stephanusrede, Apg 7,43 Umdeutungen erfahren; vgl. Schwarz, *Damaskusschrift*, 119f. Zu «Sakkut» vgl. Stol, *Art. «Sakkuth»*.

[101] Der Dittographie, vgl. Qimron, *The Text of CDC*, 23, kommt keine interpretative Funktion zu. Mit כיון war ursprünglich «Kaiwan» gemeint, die akkadische Bezeichnung für den als göttlich verehrten Saturn; vgl. Stol, *Art. «Kaiwan»*.

zitiert wird, als der Erforscher des Gesetzes gedeutet. Der Begriff דורש התורה ist ein Terminus technicus für den Gesetzeslehrer.[102] Diese letzte Deutung ist Anlass für das wörtliche Zitieren aus der Bileamprophetie Num 24,17bα.[103] Zuerst wird diese Schriftstelle nach der Technik des *Schriftbezugs* mit den Worten «Wie geschrieben steht» an die vorangehende Auslegung angeschlossen; anschliessend wird aus dem Zitat das Wort «Zepter» aufgenommen und allegorisch als der Fürst der ganzen Gemeinde gedeutet. Der Kontext der zitierten Schriftstelle spielt in Zeile 21 eine Rolle. Dort wird von dem aus dem Wort «Zepter» gedeuteten Fürsten ausgesagt, dass er alle Söhne Seths niederwerfen werde. Eben dies wird auch vom «Zepter» – im Alten Orient ein Symbol der Herrschergewalt – in Num 24,17bβ ausgesagt.[104]

Dtn 32,33 in VIII,9f

In VIII,2ff findet sich eine Anklage gegen die Fürsten Judas, welche ihre begangenen Missetaten aufzählt. In diesem Geschichtsrückblick wird in den Zeilen 9f auf Dtn 32,33 Bezug genommen. Anschliessend wird das *ausgewiesene Zitat* nach der Methode der *Aufnahme und allegorischen Deutung von Einzelelementen* ausgelegt.

8 Und sie wählten ein jeder die Verstocktheit seines Herzens und sie trennten sich nicht vom Volk. Und sie liessen sich gehen mit erhobener Hand,

9 um den Weg der Gottlosen zu gehen, über die Gott gesagt hat: (Dtn 32,33) *Drachengift ist ihr Wein*

10 *und verderbliches Gift der Nattern.* VACAT Die Drachen, sie sind die Könige der Völker, VACAT und ihr Wein, er ist

11 ihre Wege und Gift der Nattern, es ist das Haupt der Könige von Jawan, das kommt, um

12 Rache an ihnen zu üben ...

---

[102] Vgl. Maier, *Weitere Stücke*, 233f. In CD VI,7 wurde der Stab aus Num 21,18 als der Erforscher des Gesetztes gedeutet. Jassen, *Prophets as Lawgivers*, 334, sieht in dieser Auslegung eine enge Verbindung der Gesetzesoffenbarung an Mose und an die Propheten mit derjenigen an den Gesetzeslehrer der «Gemeinschaft des Bundes». Gegen eine Fortführung der Gesetzesoffenbarung, die nun an den Gesetzeslehrer ergehe, spricht aber, dass dieser im Text explizit als Erforscher (und damit als Ausleger) der bestehenden, durch Mose und die Propheten überlieferten Worte genannt ist. Der Gesetzeslehrer der CD ist zwar sicher als inspirierter Ausleger der Schrift zu verstehen, aber er ist deutlich als *Ausleger der bestehenden Offenbarung* und nicht als *Empfänger einer neuen Offenbarung* dargestellt.

[103] Das Zitat, seine Einleitung und seine anschliessende Deutung sind fragmentarisch in 4QDᵃ Frg. 3,III,20f erhalten; vgl. Baumgarten, *4Q266–273*, 44.

[104] Num 24,17 ist eine Vision einer zukünftigen Gestalt, die metaphorisch als *Stern* und *Zepter* bezeichnet wird. Wie LXX, Peschitta, Targum sowie Mt 2,2 und Apk 22,16 zeigen, lag es nahe, diese Symbolik auf einen Herrscher bzw. messianisch zu deuten; vgl. dazu Seebass, *Numeri 22,2–24,25*, 98f.

Das wörtliche Zitat wird mit den Worten אשר אמר אל eingeleitet und gilt daher, wie auch Dtn 32,33 selbst, als Gottesrede.[105] Mit der Methode des *Schriftbezugs* werden die in VIII,9 genannten «Gottlosen» mit der in Dtn 32,33 über Feinde gemachten Aussage zusammengebracht. Danach werden in VI,3–10 einzelne Elemente aus dem Zitat aufgenommen und mit einer Deutung versehen. Die «Drachen» werden als die «Könige der Völker» gedeutet, «ihr Wein» als «ihre Wege» und das «Gift der Nattern» als «das Haupt der Könige von Jawan». Die letzte Deutung macht sich die Doppeldeutung von ראש (Haupt/Gift) zunutze.[106] Die Deut-Technik mittels eines gleichlautenden (aber für den Kontext der Deutung besser verwertbaren) Wortes ist ähnlich bereits innerbiblisch bei der Visionsdeutung in Am 8,2 belegt. Dort sind es die beiden (damals wohl gleich ausgesprochenen und möglicherweise auch gleich geschriebenen) Wörter קיץ und קץ, die zueinander in Beziehung gesetzt werden, um die Vision vom Korb mit Sommerobst als das Ende für das Volk Israel zu deuten.[107]

Ein Einfluss des Kontextes von Dtn 32,33 kann weder bei dessen Auslegung auf die Gottlosen in VIII,9 noch bei den verschiedenen Deutungen der Einzelelemente in den Zeilen 10–12 festgestellt werden. Die Parallelität mit dem zitierten Text besteht aber darin, dass sich die Worte sowohl im Kontext der D als auch in seinem originalen Kontext gegen die Abgefallenen richten. Bemerkenswert ist, dass dieses Zitat aus der Tora nicht anders eingeführt, verwendet und ausgelegt wird als Zitate aus den Propheten.

Eine Zitatkombination aus Dtn 9,5 und 7,8 in VIII,14f

In VIII,14 beginnt eine neue Thematik gleich mit einem Bezug auf die Tora:

14 Und wie Mose gesagt hat: (Dtn 9,5) *Nicht durch deine Gerechtigkeit, noch durch die Aufrichtigkeit deines Herzens bist du gekommen,*

15 *diese Völker zu beerben,* (7,8) *sondern durch seine Liebe zu deinen Vätern und indem er den Schwur bewahrte.*

---

[105] Von Zeile 9 ist in 4QD^a Frg. 3,IV nur noch das erste Wort belegt. Einleitung, Zitat und Auslegung sowie der restliche Teil von CD VIII ist nicht mehr erhalten; siehe Baumgarten, *4Q266–273*, 45.

[106] Vgl. I ראש und II ראש in Köhler/Baumgartner, *HAL³ 2*. Die denkbare Möglichkeit, dass die Verfasser die Bedeutung II ראש nicht erkannten und bereits beim Zitat die Bedeutung I ראש gelesen haben, ist aufgrund der Parallelität von *Gift der Nattern* mit *Drachengift* unwahrscheinlich.

[107] Vgl. Wolff, *Joel und Amos*, 366–369. Mit Mertens, *Buch Daniel*, 140f, ist zudem auf die Parallelen zu den Wortspielen bei der Deutung der Schrift an der Wand in Dan 5,25–28 hinzuweisen.

Das Zitat aus Dtn 9,5 stimmt zuerst wörtlich mit dem MT überein, lässt dann aber die Worte את ארצם כי ברשעת aus und bricht in 5bβ ab. Bei Dtn 7,8 beschränkt sich das Zitat auf 8aα; ausserdem ist gegenüber dem MT das Objekt der göttlichen Liebe geändert. So steht statt כי מאהבת יהוה אתכם («Durch die Liebe Jhwhs zu dir») כי מאהבתו את אבותך («Durch seine Liebe zu deinen Vätern»). Eingeleitet wird das Zitat mit den Worten ואשר אמר משה. In den 4QD-Fragmenten sind Einleitung und Zitat nicht belegt.

Die Situation, auf die sich diese Einleitung und die ihr folgende Zitat-Kombination aus Dtn 9,5 und 7,8 beziehen, wird erst nachträglich aufge-führt. Das *explizite* Schrift(en)-Zitat wird anschliessend kommentiert mit: «So ist auch die Entscheidung für die Bekehrten Israels.» Trotz dieser for-mal gegenüber den anderen Auslegungen etwas differierenden Gestaltung ist die Auslegungsmethode aber zu derjenigen des *Schriftbezugs* zuzuordnen. Die originalen Kontexte der beiden Zitate (die «Ruchlosigkeit» der vor-herigen Landbewohner bzw. die Erwählung Israels) spielen in der D keine Rolle. Die Aussage «Moses» ist in der Darstellung in CD VIII,14f deutlich als eine Aussage der Vergangenheit und nicht als prophetische Voraussage dargestellt. Erst im Anschluss an dieses Zitat wird in 16f dann explizit ge-sagt, dass diese Liebe Gottes zu den Vätern auch denjenigen gilt, die nach ihnen kommen. Die Zitat-Kombination dient demnach dazu, die Liebe Gottes zu den Nachfahren der Väter zu begründen. Diese Frohbotschaft wird dann allerdings sogleich in Zeile 19 um die Drohbotschaft des gött-lichen Zorns ergänzt, der allen blüht, die sich nicht an die Gebote halten.

Unbekannte Worte Jeremias in VIII,21

Das in VIII,20f eingeleitete Wort Jeremias bzw. Elias' kann nicht mit Sicherheit einer bekannten Schrift zugeordnet werden.[108] Möglicherweise ist es ein Zitat aus einer unbekannten ausserbiblischen Schrift, vielleicht aber auch nur eine Anspielung oder ein Verweis. Dem Hinweis in den Zeilen 20f auf Jeremias Worte zu Baruch, die offenbar dem Worte Elisas zu seinem Diener Gehasi entsprechen sollen, folgt eine Angabe über alle Männer, die in den «neuen Bund im Lande Damaskus» eingetreten sind. Diese Angabe ist leider nicht mehr vollständig erhalten. Da ein eigentliches Schriftzitat fehlt, kann die Einleitung mit den nachfolgenden Worten nicht in diese Untersuchung der Schriftzitate und ihrer jeweiligen Auslegung aufgenommen werden. Eingeleitet wird dieser unklare Hinweis in den Zeilen 20f mit: «Dies ist das Wort, das Jeremia zu Baruch, dem Sohn des Narrija, gesagt hat und Elisa zu seinem Diener Gehasi.» Diese Einleitung differiert zu den Worten, mit denen sonst in der D Zitate eingeleitet werden, welche die Form und Funktion eines Schriftbezugs haben.

---

[108] Anders (2 Kön 5,26f/Jer 45,4–5) Davies, *Damascus Covenant*, 171f. Vgl. aber auch die dort behandelten weiteren Vorschläge.

Hos 3,4aβ in CD XX,16

Ms B XIX,34–XX,34 bietet die inhaltliche Fortsetzung von Ms A VIII,21. Durch die Funde aus Höhle 4 sind lediglich XX,25–28.33–34 bezeugt.[109] Die in XX,15ff angedrohte Zeit, in der Gottes Zorn entbrennt, wird mit einem *ausgewiesenen Zitat* von Hos 3,4aβ zusammengebracht:

15   ... VACAT Und in dieser Zeit entbrennt
16   der Zorn Gottes gegen Israel, wie er gesagt hat: (Hos 3,4aβ) *Kein König und kein Fürst*, kein Richter und keiner,
17   der zurechtweist in Gerechtigkeit ...

Die übereinstimmend mit dem MT zitierten Worte werden mit der Zitationsformel כאשר אמר («Wie er gesagt hat») eingeleitet, wobei mit «er» Gott gemeint ist, denn dieser ist gleich zuvor in Zeile 16 genannt. In Hos 3,4 wird das Abwesend-Sein der politischen Elite sowie des Kultlebens angekündigt. Diese Ankündigung wird von Vers 3 als Gottesrede dargestellt. Die Quellenangabe in CD XX,16 (Gott als Autor des Zitates) ist daher inhaltlich zutreffend. Die Einleitung lässt erkennen, dass das in Hos 3,4 angekündigte Abwesend-Sein der politischen Leitung Israels mit der Methode des *Schriftbezugs* als dieses in Zeile 16 angekündigte Entbrennen von Gottes Zorn gedeutet wurde.[110] Zeitlich wird diese Deutung mit dem Hinwegnehmen des Lehrers der Gemeinschaft korreliert. Von diesem Verlust bis zum Ende aller «Männer des Krieges» sind es nach Zeile 15 etwa vierzig Jahre, an deren Ende der Zorn Gottes entbrennt.

Gegenüber Hos 3,4aβ MT ist das Zitat in CD deutlich geändert. Einerseits fehlen die im Prophetenspruch genannten *Opfer, Mazzebe, Ephod und Terafin,* dafür wird die Liste der Funktionäre noch um einen *Richter* und einen *Zurechtweiser in Gerechtigkeit* erweitert, welche die Situation der «Gemeinschaft des Bundes» für ihre Verfasser offenbar besser charakterisieren als die fehlenden Begriffe. Die Hinzufügung wurde so an das Zitat angeschlossen, dass sie selbst als Teil des Zitates erscheint. Der Zurechtweiser in Gerechtigkeit (מוכיח בצדק) ist eine Anspielung auf den Lehrer der Gerechtigkeit (מורה צדק). Hos 3,5 verheisst eine Umkehr Israels nach dem im vorangehenden Vers angekündigtem Gericht. Gleichermassen ist in den nachfolgenden Zeilen von CD von Umkehrenden die Rede. In den folgenden Zeilen dreht sich dann alles um diese. Die im Kontext des zitierten Verses zu findende Thematik der Umkehr erscheint somit beinahe noch bedeutender als das Zitat selbst, das ja nur die schon länger während Situation Israels ohne König und Fürst thematisiert. Weder Zitat noch

---

[109] Die XX,33f entsprechenden Zeilen sind in 4QDᵃ nur sehr fragmentarisch erhalten, bei 4QDᵇ sind gegenüber XX,25–28 einzelne abweichende Worte festzustellen; vgl. Baumgarten, *4Q266–273*,3.46f.98f.
[110] Anders Fuß, *Zeit*, 139f.

Einleitung sind durch Qumran belegt.[111] Die Einleitung, die Auslegung, die Änderung des Wortlautes, aber auch die Kontextverwendung entsprechen jedoch den Auslegungen, die auch sonst in der D zu beobachten sind.

Implizite Zitate aus Mal 3,16.18 in XX,17–21

In XX,17–21 finden sich implizite Zitate aus Mal 3,16.18.[112] Das Zitat von Vers 16 ist gegenüber dem MT um יראי יהוה (3,16a) gekürzt. Da in Zeile 19 aber יראי יהוה für das in 3,16bβ bezeugte יראי אל zitiert wird, ergibt sich keine interpretative Sinnverschiebung. Wie in Vers 16 (und auch sonst häufig in CD) wird auch bei dem Zitat von Vers 18 die Gottesbezeichnung אל gebraucht. Mit dieser Ausnahme sowie eines Details (ורשע statt לרשע) stimmt die Zitierung wörtlich mit dem MT überein. Das Zitat aus Mal 3,16 folgt unmittelbar auf die Aussage, dass diejenigen, die umgekehrt sind, den Bund bewahrt haben. Das Zitat selbst ist im Text von CD zweimal durch Ergänzungen unterbrochen. Die erste Ergänzung gegenüber Mal 3,16 ist als Auslegung des Zitates zu werten. Gegenüber Mal wird in CD *der Zweck* der Rede eines jeden zu seinem Nächsten aufgeführt: «... damit ein jeder seinen Bruder gerecht mache, um ihre Schritte auf dem Weg Gottes zu halten.» (CD XX,18). Die zweite Ergänzung ist einerseits eine Verdeutlichung, andererseits nimmt sie auf die vorangehende ergänzende Auslegung Bezug. Statt «Und Jhwh wird [darauf] merken ...» liest CD XX,18: «Und Gott wird auf ihre Rede merken ...» Diese Auslegung der Rede der Gottesfürchtigen *als Ermahnung* steht inhaltlich in Widerspruch zur Darstellung in Mal 3,14ff. Im Kontext von Mal ist die Rede der Gottesfürchtigen im redaktionell eingefügten Vers 16 eine Klage über die Nutzlosigkeit, Gott zu dienen. Dabei wollte der Ergänzer unterstreichen, dass Jhwh sich den klagenden Gottesfürchtigen zuwendet, *obwohl* er ihre Rede in Vers 13a gerügt hat.[113] Die auslegende Ergänzung in der CD nun ist eine Stellungnahme gegen diese redaktionelle Sicht. In CD dürfen die Frommen nicht (ungerechtfertigt) klagen, sondern sollen einander ermahnen und auf den rechten Weg bringen. Ebenfalls eine Auslegung ist die Bedingung, die zwischen die beiden Zitate geschoben wird. So muss in CD zuerst Heil und Gerechtigkeit offenbar werden für alle, die Gott fürchten; erst dann kann die in Mal 3,18 verheissene Unterscheidung zwischen Gottlosen und Gerechten wieder offenbar werden. Die Auslegungen zu Mal werden mit einer weiteren Schriftaufnahme verbunden. Anschliessend an das Zitat von Mal 3,18 in Zeile 21 werden in den Zeilen 21f implizit je Teile aus Ex 20,6 und Dtn 7,9 zitiert und zu einer Aussage über Gottes Barmherzigkeit für tausend Generationen verbunden. Dabei entsteht einerseits durch die Kombination beider Texte eine neue Aussage. Andererseits wird dadurch, dass diese Zitatkombination als Begründung an das Zitat aus Mal 3,18 angehängt wird, Mal 3,18 ausgelegt, und zwar so, dass die in Mal 3,18 verheissene Unterscheidung zwischen einem Gerechten und einem Gottlosen darum sichtbar wird, weil Gott denen, die ihn lieben, Barmherzigkeit erweisen wird.

Die in CD XX,17ff zu findenden Auslegungen zu Mal 3,16.18 weichen typologisch von den bisher behandelten ab. Sie sind im Unterschied zu ihnen auch *nicht explizit* eingeführt und gehören daher nicht zum Untersuchungsschwerpunkt dieser Arbeit. Da die entsprechenden Zeilen in Qumran fehlen,[114] dürfen diese Stellen zudem nicht als Kronzeugen für implizite Zitate und ihre Auslegung verwendet werden. Bemerkenswert ist

---

[111] 4QD^a deckt CD XX,33–34, 4QD^b deckt CD XX,25–28 ab.

[112] Siehe dazu oben Seite 21f.

[113] Vgl. Reventlow, *Haggai, Sacharja und Maleachi*, 158.

[114] Siehe Baumgarten, *4Q266–273*, 3.

die verwendete Auslegungstechnik angesichts ihrer Vergleichbarkeit mit redaktionellen Ergänzungen im AT bzw. mit innerbiblischen Auslegungen, da diese so gut wie immer *implizit* zitieren oder auf andere Schriften anspielen.

Zusätzliche Schriftzitate und ihre Auslegung im Paralleltext Ms B XIX,1–33

Ms B XIX,1–33 ist der Teil von Ms B, der mit Ms A VII,6–VIII,21 überlappt. Wie bereits oben in der Einleitung dargestellt, zeigt XIX,1–33 in der Formulierung, aber auch in der Wahl der Schriftzitate Abweichungen zu Ms A, so dass nun die gegenüber Ms A neuen Zitate noch untersucht werden müssen. Wie dort erwähnt, ist davon auszugehen, dass jeweils nur eine der verschiedenen Varianten die ursprünglichere Lesart bezeugt. Bei der nun folgenden Untersuchung ist daher mit den Mitteln der Textkritik zu fragen, welche der jeweiligen Lesarten die ursprünglichere darstellt und welche als sekundär anzusehen sind. Allein aufgrund der Kriterien der äusseren Textkritik wäre das ältere, mehrheitlich durch Qumran bezeugte Ms A als ursprünglicher, das jüngere Manuskript Ms B als sekundär zu beurteilen.[115] Die nachfolgende Untersuchung der gegenüber Ms A zusätzlichen Schriftzitate wird aber nochmals genau fragen, wie sich das Bild aufgrund der inneren textkritischen Kriterien zeichnet.[116] Erst danach kann entschieden werden, ob ein Zitat und seine Auslegung als sekundär zu verstehen ist oder ob es die ursprünglichere Lesart von D bezeugt.

Dtn 7,9bβ in XIX,1f

Das erste Schriftzitat in Ms B findet sich in XIX,1f. Der Paralleltext VII,6 zeigt praktisch die gleichen Formulierungen wie XIX,1; sowohl Einleitung als auch Zitat fehlen jedoch. Bei 4Q244 Frg. 3 sind die VII,6f bzw. XIX,1f entsprechenden Zeilen nicht mehr erhalten.[117]

Ms A:

VII,6   לחיותם אלף דור

6   Dass sie leben werden tausend Geschlechter lang.

Ms B:

XIX,1   לחיותם לאלפי דורות ככ שומר הברית והחסד
XIX,2[118]   לאהביו ולשמרי מצותיו לאלף דור

---

[115] Terminologie nach Utzschneider/Nitsche, *Arbeitsbuch*, 50–55.

[116] Der Kritik von Tov, *Text der Hebräischen Bibel*, 250–253, gegen die internen Kriterien der Textkritik wird in dieser Arbeit dadurch Rechnung getragen, dass ihre Grundregeln nicht einfach schematisch angewendet werden, sondern für die postulierte Textentstehung jeweils eine sekundäre Begründung gesucht wird.

[117] In 4QD^a Frg. 3,III sind CD VII,1–5 und 17–21 fragmentarisch erhalten; siehe Baumgarten, *4Q266–273*, 44.

[118] MS B bezeugt לאהב. Textemendationen mit Lohse, *Texte aus Qumran*, 100.

1 Dass sie leben werden bis in die tausendste der Generationen, wie geschrieben steht: (Dtn 7,9bβ) *Er bewahrt den Bund und die Gnade*
2 *denen, die ihn lieben und seine Gebote halten bis zur tausendsten Generation.*

Die Einleitung zu dem *ausgewiesenen Zitat* aus Dtn 7,9bβ ist, wie oben bei der Erarbeitung der verschiedenen Auslegungsmethoden schon erwähnt, כב (als כי כתוב zu lesen). Sie bezieht sich *explizit* auf die Schrift. Daran anschliessend wird Dtn 7,9bβ wörtlich zitiert: «Er bewahrt den Bund und die Gnade denen, die ihn lieben und seine Gebote halten bis in die tausendste Generation.» Mit der Einleitung wird die sich auch in VII,6 zu findende Verheissung, dass sie (die Mitglieder des «Bundes von Damaskus») bis in die tausendste Generationen leben sollen, mit dem Zitat verbunden. Darf man den Kontext von VII,6 auch für XIX,1 als ursprünglich voraussetzen, so lässt sich auch ein Einfluss des Kontextes des zitierten Textes auf den Kontext des Zitates feststellen. Sowohl im nicht zitierten Teil von Dtn 7,9 wie auch in CD VII,5 ist vom Bund (Gottes) die Rede. Aus dem Paralleltext VII,6 wird deutlich, dass dieses Zitat sekundär eingefügt wurde. Die Aussage von VII,6, dass sie tausend Geschlechter lang leben würden (לחיותם אלף דור), wurde dabei an das Zitat von Dtn 7,9bβ mit der Verheissung der Bundbewahrung *bis* zur tausendsten Generation (לאלף דור) angepasst zur Aussage des Lebens *bis in* die tausendste der Generationen (לחיותם לאלפי דורות). Der Auslegung aus Dtn 7,9bβ nach der Methode des *Schriftbezugs* folgen in CD XIX,2–5 dieselbe Bestimmung und derselbe Schriftbeleg (Num 30,17aβ–bα) mit derselben Einleitung wie in VII,6–9,[119] weshalb diese Auslegung nicht noch einmal untersucht werden muss.

Sach 13,7 in XIX,7–9

XIX,5–14 ist ein Paralleltext zum bereits untersuchten Auslegungsprozedere in VII,9ff, in welchem mehrmals die Methoden von Schriftbezug und allegorischer Deutung von Einzelelementen ineinandergreifen. In beiden Texten findet sich dieselbe Situationsdarstellung (Vergeltung der Gottlosen, die bei der Heimsuchung des Landes durch Gott angedroht wird), aber unterschiedliche Schriftbezüge. Während in VII,10 *explizit* auf Jes 7,17a sowie *ausgewiesen* auf Am 5,26 und 9,11 Bezug genommen wird, findet sich im Paralleltext Ms B ein *explizites Zitat* von Sach 13,7:

7 Wenn das Wort kommt, das geschrieben wurde durch[120] Sacharia, den Propheten: (Sach 13,7) *Schwert erwache,*
8 *wider meinen Hirten und wider den Mann, der mir nahe steht; Spruch Gottes. Schlage den Hirten und die Schafe sollen sich zerstreuen,*
9 *und ich will meine Hand wider die Kleinen wenden.* Und die, welche ihn bewahren, sind die Armen der Herde.

Durch die Einleitung wird klar, dass das nachfolgenden Zitat im Text als *Schriftbezug* dient. Gegenüber dem MT hat das Zitat anstelle von יהוה צבאות das Wort אל;[121] ansonsten ist das Zitat wörtlich übernommen. Dem Zitat schliesst sich eine allegorische Deutung eines Einzelelementes an. Die Armen der *Herde* werden als diejenigen, die ihn

---

[119] Vgl. die Behandlung z. St., oben Seite 139.
[120] Hebr. ביד. Vgl. die Überlegungen dazu bei der Einleitung in III,21, oben Seite 130f.
[121] Dies ist die übliche Gottesbezeichnung in der D; sie steht bei den zitierten Texten mehrmals auch dann, wenn im MT יהוה oder אלהים steht.

(den Bund) bewahren, ausgelegt.[122] Für die Auslegung spielt offensichtlich ebenso der Kontext von Sach 13,7 eine Rolle.[123] In Sach 13,8f wird ein Gericht mit Dezimierung und Läuterung des Volkes angedroht; dabei geht es um die Trennung der wahren Gläubigen in Israel von den Abgefallenen durch Gericht. Gericht wird nicht nur in der dem Zitat nachfolgenden Auslegung, sondern bereits schon in der Einleitung des Zitates auf die erwartete Zukunft der Gemeinde bezogen, die sich eben als Gemeinde der wahren Gläubigen versteht. In Zeile 6 wird ähnlich wie in VII,9 die Vergeltung der Gottlosen angedroht. Die Trennung der Gläubigen von den Ungläubigen findet sich dann in den Zeilen 9f, in denen eine Heimsuchung durch das Schwert mit Ausrottung der (ungläubigen) Mehrheit des Volkes angekündigt wird. Dabei wird das Motiv des Schwertes aus dem Zitat aufgenommen. Das Motiv des Schwertes spielt nochmals weiter unten in Zeile 13 eine Rolle. Bemerkenswerterweise findet es sich aber auch in VIII,1, obwohl dort in keiner der zitierten Schriftstellen von einem Schwert die Rede ist. Im Leseablauf der CD XIX kommt dem Zitat Sach 13,7 eine der sich entwickelnden Eschatologie stützende Funktion zu. Der Bezug der Aussagen zu Sach 13,8 ist zum Inhalt und Kontext der betreffenden Stelle in CD im Grossen und Ganzen viel passender als das Auslegungsprozedere, das sich im Paralleltext VII,9ff findet. Es ist kaum anzunehmen, dass ein inhaltlich gut passendes Zitat durch eine Kombination weniger gut passender Zitate ersetzt wurde. Da zudem 4Q266 Frg. 3 die Zitate und Auslegungen von VII,9ff bezeugt,[124] ist mit ziemlicher Sicherheit davon auszugehen, dass der Schriftbezug zu Sach 13,7 eine nachträgliche Verbesserung darstellt.[125]

Ez 9,4 in XIX,12

Die in der Auslegung zu Sach 13,7 in Zeile 10 angekündigte Rettung der Bewahrer des Bundes (sc. die Gemeinde) sowie die Überlieferung der Übrigen an das Schwert werden in Zeile 11 verglichen mit der Zeit der ersten Heimsuchung, welche mit dem expliziten Zitat aus Ez 9,4 zusammengebracht wird. Methodisch ist diese Auslegung als *Schriftbezug* zu bezeichnen. Eingeleitet wird das Zitat mit den Worten: «Wie er gesagt hat durch die Hand Ezechiels.» In Ez 9,4–6 ist das Ganze als eine Vision des Propheten gestaltet. In dieser empfangen sechs Männer den Auftrag der Gerichtsvollstreckung; der erste bezeichnet alle, «die seufzen und stöhnen», mit einem Kreuz, die anderen fünf bringen die Nicht-Bezeichneten um. Zitiert wird in CD XIX,12 lediglich Ez 9,4bα (die Bezeichnung mit einem Kreuz, nicht aber die Scheidung von Guten und Bösen und die Gerichtsvollstreckung an den Letzteren); ausserdem ist auch das Zitat selbst leicht gekürzt. Zitiert wird:

12   ... *Das Zeichen zu zeichnen auf die Stirn derer, die seufzen und stöhnen.*

Gegenüber Ez 9,4bα fehlt האנשים (der Männer). Der weitere Inhalt der Vision (Ez 9,5f) spielt aber nachfolgend eine Rolle, da von den nicht mit einem Kreuz bezeichneten Menschen in Zeile 13 die Übergabe an das Schwert der Bundesrache berichtet wird. Ein ähnliches Gericht trifft die nicht mit einem Kreuz Bezeichneten ja auch in Ez 9. Der Kontext des zitierten Textes wurde demnach sowohl bei der Ein-

---

[122] Wie in VII,15 ist das zu deutende Element nicht Subjekt, sondern Objekt des identifizierenden Nominalsatzes; zusätzlich ist das Element um den Constructus עניי erweitert. Anders Schwarz, *Damaskusschrift*, 114.

[123] Schwarz, *Damaskusschrift*, 114f, verweist noch auf Sach 11,11, woher die Deutung als «die Armen der Herde» herstammen soll. Der ebenfalls in der Deutung stehende «Messias aus Aaron und Israel» scheint von Sach 4 her inspiriert zu sein.

[124] Siehe Baumgarten, *4Q266–273*, 44.

[125] Anders Davies, *Damascus Covenant*, 145–148.

leitung als auch bei der Gestaltung der Sätze nach dem Zitat mitbedacht. Für den Verfasser dieser Verse hat sich dieses Ezechielwort offenbar schon erfüllt, nämlich zur Zeit der ersten Heimsuchung. Gleichzeitig dient das Ezechielwort als Vergleichsbild für die künftige Heimsuchung, womit dem Zitat ebenfalls die Funktion zukommt, die in XIX,10 verheissene Rettung der Frommen und das ebd. angedrohte Gericht über die Frevler *zu stützen und zu konkretisieren*. Es ist daher gut möglich, dass dieses Zitat ebenfalls später zum bereits bestehenden Gerichtstext hinzukam. Allein aufgrund dieser Beobachtungen ist die Schriftauslegung zu Ez 9,4bα noch nicht als sekundär zu werten, doch angesichts dessen, dass bis anhin die übrigen von Ms B gegenüber Ms A zusätzlich bezeugten Zitate sich als sekundär erwiesen haben, ist die Wahrscheinlichkeit gross, dass es sich bei diesem Zitat und seiner Auslegung ebenfalls um eine sekundäre Hinzufügung handelt. Im Paralleltext VII,21–VIII,2 sowie in dem diesen bezeugenden Qumranfragment (4QD^a Frg. 3,III,22–25) findet sich jedenfalls keine Bezugnahme auf Ez.[126]

Hos 5,10 in XIX,15f

In XIX,15 wird (wie auch in VIII,3) eine Heimsuchung angedroht für diejenigen, die zwar in den Bund eintreten, sich aber nicht an die vorangehend genannten Gesetze halten. Als Schriftwort über den angedrohten Tag der Heimsuchung der Fürsten Judas wird in XIX,15f Hos 5,10 zitiert: «Die Fürsten von Juda sind wie Grenzverrücker, über sie will ich Zorn wie Wasser ausgiessen.» Die Herkunft des Zitates wird nicht explizit gemacht. Eingeleitet wird es mit den Worten כאשר דבר («Wie er geredet hat»), wobei aus den vorangehenden Worten klar wird, dass mit «er» Gott gemeint ist.[127] Damit wird das Zitat als ein Ausspruch Gottes dargestellt und folglich auch als Schriftwort *ausgewiesen*. In Hos 5 wird die Rede nicht eingeleitet; erst aus dem Zusammenhang wird klar, dass die verschiedenen Aussagen in 5,8–14 Aussagen Gottes sind. Die Behandlung des Schriftwortes als Gottesrede in CD XIX,15 *entspricht somit der Darstellung des Kontextes des zitierten Textes*.

Im Paralleltext VIII,3 findet sich keine Einleitung und statt des in XIX,15f wörtlichen Zitates[128] sind es nur einzelne Wörter, die mit Hos 5,10 übereinstimmen: «Die Fürsten Judas, sie sind solche, über die du Zorn ausgiessen wirst.» Formal sind die Worte in Ms A nur eine Anspielung[129] ohne auslegende Funktion. Die wesentliche Verbindung dieser Anspielung zum Inhalt von CD VIII,3ff dürfte im Zorn Gottes zu finden sein, der sich mit der in CD VIII,3/XIX,15 genannten Heimsuchung in Verbindung bringen lässt,[130] sowie in der Tatsache, dass in dieser Anspielung die Fürsten Judas angeklagt werden, da die Verfasser der D diese Bezeichnung gut auf ihre Gegner beziehen konnten. In XIX,15 dagegen ist Hos 5,10 ein *ausgewiesenes* Zitat, dem im Text die Funktion eines *Schriftbezugs* zukommt. Durch den Bezug des anfangs von Zeile 15 genannten Tages der Heimsuchung zu dieser Bibelstelle wird das zitierte Gerichtswort als

---

[126] Siehe Baumgarten, *4Q266–273*, 44.

[127] Der erste Teil von Zeile 15 (הוא היום אשר יפקד אל) bildet die Einleitung ins Thema, aber noch nicht die eigentliche Einleitung des Zitates; anders Fuß, *Zeit*, 136.

[128] Die einzige Abweichung zum MT besteht darin, dass beim letzten Wort CD kein Suffix 1. Sg. aufweist. Ein detaillierterer Vergleich findet sich bei Fuß, *Zeit*, 134.

[129] Mit Fuß, *Zeit*, 134f. 4Q266 Frg. 3,III,25 zeigt wahrscheinlich dieselbe Einleitung wie CD XIX,15; danach dürfte aber wie in VII,3 kein Zitat, sondern eine Anspielung auf Hos 5,10 gestanden haben (Kol. III bricht nach dem ersten Wort des Zitates ab; die fragmentarische Kol. IV,4 scheint ebenfalls nur eine Anspielung auf Hos 5,10 enthalten zu haben). Siehe Baumgarten, *4Q266–273*, 44f.

[130] Vgl. Fuß, *Zeit*, 138.

eben dieses erwartete Heimsuchen Gottes über die ungehorsamen Bundesmitglieder gedeutet.[131] Das Eintreffen dieser Heimsuchung wird vom Verfasser in baldiger Zeit erwartet.[132] Dem Zitat folgt eine die Fürsten anklagende Begründung. Sie listet die Vergehen auf, deren sich diese ungehorsamen Bundesmitglieder schuldig gemacht haben. Der Inhalt dieser Anklagen ist wahrscheinlich ebenfalls vom näheren Kontext des zitierten Textes beeinflusst, da sich dort teilweise inhaltlich ähnliche Anklagen finden. In diesen inhaltlich ähnlichen Anklagen könnte der Grund zu suchen sein, weshalb die Anspielung durch ein ausgewiesenes Zitat ersetzt wurde;[133] doch allein aufgrund dieser Überlegung darf das Zitat nicht als sekundäre Einfügung behandelt werden. Ein deutlicherer Hinweis darauf, dass das Zitat erst nachträglich eingefügt wurde, kann aber 4Q[a] Frg. 3,III,25–IV,1 liefern. Hier werden gegenüber CD VIII,3 Reste einer Zitationsformel bezeugt (כאשר [דבר]). Danach folgt jedoch ein massiv gekürztes Zitat, das mit Ausnahme eines zusätzlichen Suffixes und des zusätzlichen Wortes יום wörtlich mit der Anspielung in CD VIII,3 übereinstimmt:

CD VIII

2 ... הוא היום

3 אשר יפקד אל היו שרי יהודה אשר תשפוך עליהם העברה

4QD[a] [134]

3,III,25 ... [הוא הי]ום אשר יפקדו [אל] כאשר [דבר] היו [שרי]

3,IV,1 [יהודה ב]יום אשר [תשפוך עליהם העברה ...]

CD XIX

15 הוא היום אשר יפקד אל כאשר דבר היו שרי יהודה כמשיגי

16 ... גבול עליהם אשפך כמים עברה

4Q[a] Frg. 3,III,25–IV,1, das die Einleitung von XIX,15, aber noch nicht dessen Zitat bezeugt, kann daher als Zwischenstufe auf halbem Weg der Textgeschichte von der Anspielung zum ausgewiesenen Zitat interpretiert werden.

Die Untersuchung der von Ms B gegenüber Ms A zusätzlich bezeugten Zitate zeigt, dass sie alle als sekundäre Hinzufügungen oder Änderungen des Textes zu werten sind. Mit Ausnahme des stark gekürzten Zitates aus Hos 5,10, das zusammen mit der Zitationsformel כאשר דבר von 4Q[a] Frg. 3,III,25–IV,1 bezeugt wird, ist weder eines dieser Zitate noch ihre Einleitung oder gar Auslegung in Qumran belegt. In dieser von Qumran bezeugten Form kann das Zitat aus Hos 5,10 für die vorliegende Untersuchung der expliziten und ausgewiesenen Schriftzitate der D aufgenommen werden; die übrigen, ausschliesslich von B bezeugten Zitate werden jedoch nicht weiter berücksichtigt.

---

[131] Gegen Fuß, *Zeit*, 136.

[132] Mit Fitzmyer, *Use of Quotations*, 48.

[133] Anders Fuß, *Zeit*, 134–138.

[134] Rekonstruktion mit Baumgarten, *4Q266–273*, 44f; anders Charlesworth, *Damascus Document II*, 28.

6.1.4 Schriftzitate und ihre Auslegungen in der Gesetzessammlung der Damaskusschrift

Lev 25,14 und Dtn 27,18aβ in 4QD^f Frg. 3

In 4QD^f Frg. 3,4f und 9f finden sich zwei Schriftauslegungen zum Thema, dass man seinen Nächsten nicht übervorteilen soll:[135]

4   ... VACAT Und wie er gesagt hat: (Lev 25,14) *Und wenn ihr [verkauft]*
5   *[ein Verkaufen oder ein Kaufen aus der Hand] deines Nächsten, dann soll nicht einer übervorteilen seinen Nächsten* VACAT Und dies ist die Erklärung:
6   *[...] in allem, was er weiss, dass er es finden wird ... [...] gib*
7   *[...] Und er weiss, dass er betrügt an ihm bezüglich eines Menschen oder eines Tieres und wenn*
8   *ein Mann seine Tochter einem anderen Mann gibt zur Fra]u, dann soll er ihm all ihre Makel erzählen. Warum will er über ihn bringen das Gericht*
9   *[des Fluches, wie er gesagt ha]t: (Dtn 27,18aβ) Wer irreführt einen Blinden auf dem Weg ...*

Mit dem *ausgewiesenen Zitat* von Lev 25,14 beginnt in Frg. 3 eine neue Thematik, nämlich die offene und vollständige Information bezüglich dessen, was man einem anderen weitergibt.[136] Das Zitat in den Zeilen 4f ist mit kleineren wörtlichen Abweichungen vom MT, aber inhaltlich übereinstimmend zitiert und wird in Zeile 4 mit ואשר אמר eingeleitet, steht jedoch nicht als Schriftbeleg zu einer bestimmten Bestimmung da, sondern ist selbst die Bestimmung. Der Schriftstelle folgt die sonst nicht gebräuchliche Deutformel [וזה פרו[ש] («Und dies ist die Erklärung») in Zeile 5. Ausgelegt wird sie anschliessend darauf, dass man einen Käufer über bekannte Mängel einer Ware informieren muss. Der Sinn von Lev 25,14 in seinem Kontext (Preisnachlass bei nahendem Halljahr) wird dabei offenbar *generalisiert* und darauf bezogen, was eine Ware weniger wertvoll macht. Um den Wert geht es auch in der folgenden Bestimmung, dass, wenn ein Mann seine Tochter jemandem gibt, er diesen über ihre allfälligen Makel zu informieren habe. Daran ist in den Zeilen 9 mit den Worten [אשר אמ]ר ein ausgewiesenes Zitat von Dtn 27,18aβ als *Schriftbeleg* angeschlossen. Versteil α, «Verflucht sei», wird nicht zitiert. Die in der wörtlich zitierten Schriftstelle behandelte Sache wird symbolisch ausgelegt. Für den Ausleger ist das arglistige Täuschen durch Verschweigen von gewichtigen Mängeln offenbar genau so schlimm wie das in Dtn 27,18 mit einem Fluch belegte Führen eines Blinden auf den falschen Weg.

---

[135] Vgl. Baumgarten, *4Q266–273*, 175–177. Eine ganz andere Rekonstruktion bietet Wacholder, *Damascus Document*, 50.

[136] Anders Wacholder, *Damascus Document*, 257–259.

Lev 13,33 in 4QD^a Frg. 6,I,9

In 4QD^a Frg. 6,I spielt die Unterscheidung von bös- und gutartigen Malen auf dem Kopf oder am Bart nach Lev 13,29–37 eine Rolle. In Zeile 9 wird Lev 13,33 frei zitiert:[137]

> 8 ... Und wie
> 9 er gesagt hat: (Lev 13,33) *Und der Priester soll befehlen, er solle den Kopf scheren, aber die Flechte soll er nicht scheren.*

Eingeleitet wird das Zitat aus Lev 13,33 in 8f mit den Worten ואשר אמר. Die zitierten Worte וצוה הכוהן וגלחו את הרוש ואת הנתק לא יגלחו sind gegenüber dem MT gekürzt und in der Reihenfolge verändert.[138] Nach Lev 13,33 MT lautet die Vorschrift: «Er soll sich scheren; aber die Flechte soll er nicht scheren. Und der Priester soll [den mit der] Flechte sieben Tage absondern zum zweiten Mal.»

Dem in 4QD^a Frg. 6,I,8f *ausgewiesenen Zitat* folgt eine Erklärung, *wie denn* die in Lev 13,33f vorausgesetzte Unterscheidung, ob der Ausschlag weiter gewuchert ist oder nicht, praktisch vorgenommen werden kann; nämlich indem man gesunde und kranke Haare auf der Flechte zählt. Da die (nicht zitierten) «sieben Tage» aus Vers 34 in dieser Auslegung aufgenommen werden, ist der Kontext der zitierten Stelle für die Auslegung vorausgesetzt. Die Schriftstelle ist kein Schriftbeleg, da sie nicht dazu dient, eine Praxis zu legitimieren; vielmehr wird für die in Lev 13,33f genannte Vorschrift eine praktikable Regelung gesucht.

Ex 34,27 in CD XVI,1

Das Zitat aus Ex 34,27b in XVI,1 wird, wie aus 4QD^f Frg. 4 II,2–4 hervorgeht, in Zeile 3 mit לאמור als *Schriftbezug* an eine Abhandlung über den Bund angehängt.[139] Da der Text von 4QD^f Frg. 4,II weitergehend erhalten ist als CD XVI,1f, richtet sich die Übersetzung und Analyse danach. Die Zeilenangaben von CD XVI sind mit Fettdruck darin eingetragen.[140]

---

[137] Einleitung, Zitat und Erklärung finden sich zusätzlich noch fragmentarisch in 4QD^g Frg. 1,I,17–20; siehe Baumgarten, *4Q266–273*, 52.188.

[138] Bei הרוש (alternative Schreibung für הראש) sind noch Korrekturen erkennbar, die darauf hinweisen, dass ursprünglich הבשר geschrieben und zu הרוש korrigiert wurde; vgl. Charlesworth, *Damascus Document II*, 38, Anm. 293, aber auch Baumgarten, *4Q266–273*, 52f.

[139] Zu 4QD^f Frg. 4,II,1–4 siehe Baumgarten, *4Q266–273*, 178. Baumgartens Rekonstruktion der Worte דבר ביד מושה am Ende von Zeile 2, d. h. vor לאמור, sind nicht zu erhärten. Charlesworth, *Damascus Document II*, 164, ist hier wesentlich zurückhaltender bezüglich Textrekonstruktion.

[140] Zu den Texteditionen siehe oben Anm. 139.

1 [...] [...] und er wird sa[gen ...]
2 Er wird schliessen [mit dem Haus Israel und dem Haus Juda] einen Bund und über [diesen] Bun[d sprach er durch[141] Moses]
3 folgendermassen: (Ex 34,27) In Übereinstimmung mit diesen Worten schliesse ich **1** mit dir einen Bund und mit [Israel. Daher soll sich der Mann
4 verpflichten, umzukehren zum **2** Gesetz des Moses, denn darin ist alles genau festgelegt ...

Das Zitat stimmt praktisch wörtlich mit dem MT überein. Als einzige Differenz ist עמכה in Zeile 3 anstelle des vom MT bezeugten אתך zu vermerken. Eine grössere Abweichung des Wortlautes derselben Stelle gegenüber dem MT ist aber in CD XVI,1 feststellbar. Hier ist zusätzlich der Wechsel des Adressaten des Bundesschlusses zu vermerken; im MT heisst es אתך (mit dir), in CD XVI,1 findet sich dagegen עמכם (mit euch). Die Differenz ist für den Text von CD bedeutsam, weswegen von einer intendierten Textänderung ausgegangen werden muss. Das Zitat wird gezielt umformuliert, so dass im Unterschied zum MT die Worte vom Schliessen des Bundes nicht an Mose, sondern an die «Gemeinschaft des Bundes» gerichtet sind.

Sowohl in 4QD^f Frg. 4 als auch in CD XVI wird die Schriftstelle so ausgelegt, dass jedermann verpflichtet ist, umzukehren zu dem Gesetz Moses. Offenbar wird davon ausgegangen, dass zum Halten des Bundes auch das Halten aller Gesetze gehört. Die futurisch formulierten Worte vom Schliessen des Bundes in den nur in 4QD^f Frg. 4 bezeugten Worten vor dem Schriftzitat sind kaum ein Verweis auf den Bundesschluss Moses. Vielmehr ist davon auszugehen, dass es hier um das Schliessen eines neuen Bundes geht.[142]

Dtn 23,24a in XVI,6f und Num 30,9 in XVI,10

Mit einem *ausgewiesenen Zitat* zu Dtn 23,24a wird in XVI,6f in die Problematik des Eides eingeleitet:

6 ... Und wie er gesagt hat: (Dtn 23,24a) *Was über deine Lippen kommt, sollst du*
7 *einhalten*, um es festzustellen ...

Das Zitat beinhaltet die ersten drei Worte von Dtn 23,24a in wörtlicher Übereinstimmung; das letzte Wort ועשית wird nicht zitiert, statt dessen folgt den zitierten Worten das Wort להקים. Eingeleitet wird es in Zeile 6 mit der Zitationsformel ואשר אמר. In 4QD^f Frg. 4,II, das CD XV,20–XVI,18 bezeugt, ist das Zitat nicht mehr erhalten.[143]

Das ausgewiesene Zitat von Dtn 23,24a bildet hier keinen Schriftbeleg, vielmehr wird damit eine neue Thematik eingeleitet.[144] Die Betonung der anschliessenden Auslegung des wörtlichen Zitates in der D liegt dabei einerseits auf dessen unbedingter Einhaltung, selbst um den Preis des To-

---

[141] Hebr. ביד. Vgl. die Überlegungen dazu bei der Einleitung in III,21, oben Seite 130f.
[142] Mit Wacholder, *Damascus Document*, 313. Die ebd. genannte Parallelität zu Jer 31,31–34 bezieht sich allerdings vornehmlich auf den rekonstruierten Teil des Textes.
[143] Vgl. Baumgarten, *4Q266–273*, 178.
[144] Zur Gliederung in XVI vgl. Rabin, *Zadokite Documents*, 74.

des, andererseits wird das Einhalten des Gesetzes in Zeile 9 über den Eid
gestellt. Ein Eid, der eine Gesetzesabweichung beinhaltet, darf nicht einge-
halten werden. Die Stelle wird demnach differenziert ausgelegt; einerseits
gilt Einhalten eines Eides um jeden Preis, andererseits steht das Einhalten
des Gesetzes noch höher als das Einhalten des Eides.

Nach dieser Erörterung kommt der Text auf den Eid der Frau zu
sprechen. Dabei findet sich in Zeile 10 eine mit den Worten «Von dem er
gesagt hat» eingeleitete Aufnahme von Num 30,9: «Ihr Mann kann den Eid
ungültig machen.» Die nach der Einleitung zu findenden Worte stimmen
nur dem Sinn nach mit Num 30,9 überein, so dass sie nicht als Zitat, sondern als Anspielung gezählt werden müssen.[145] Diese Anspielung hat nicht
die Funktion eines Schriftbelegs, vielmehr wird sie anschliessend *explizit
kritisch rezipiert*: «Nicht soll der Mann einen Eid ungültig machen, von dem
er nicht weiss, ob er festgehalten oder ungültig gemacht werden muss.
Wenn er dazu führt, den Bund zu übertreten, so soll er ihn ungültig
machen und ihn nicht einhalten.» Diese kritische Auseinandersetzung mit
der Anspielung auf Num 30,9 gehört somit noch zur Auslegung von Dtn
23,24a, der dieser ganze Abschnitt gewidmet ist. Die in Num 30,9 vor-
gesehene Möglichkeit für den Mann, den Eid seiner Frau zurückzunehmen,
wird in den folgenden Zeilen eingeschränkt auf die Fälle, in welchen der
Eid eine Bundesübertretung beinhaltet, was schliesslich der verschärften
Einhaltung von Dtn 23,24a sowie (dieser Forderung übergeordnet) dem
Einhalten des Gesetzes bzw. des Bundes dient – die Dinge, für die sich
diese Auslegung stark macht.

Mi 7,2b in XVI,14f und Lev 27,29 in IX,1

In XVI,14f wird eine Bestimmung gegen das Weihen der eigenen Nahrung
mit Mi 7,2b in Verbindung gebracht.[146] Wie die 4QD-Fragmente zeigen,
wird Kol. XVI durch Kol. IX fortgesetzt, in der sich in Zeile 1 ein Zitat
aus Lev 27,29 findet, das mit dem Zitat von Mi 2,7 und seiner Auslegung
zusammenhängt. Die Zeilen 16–20 von Kol. XVI sind nur noch fragmentarisch, die Zeilen 21f nicht mehr erhalten; sie können durch 4QD[a]
Frg. 8,II,8, 4QD[e] Frg. 6,II,17–III,15 und 4QD[f] Frg. II,3–17 ergänzt werden:[147]

---

[145] Anders Wacholder, *Damascus Document*, 317, der an eine Anspielung auf
       4Q416 Frg. 4,IV,6–9 denkt. Damit bestehen aber noch weniger wörtliche
       Übereinstimmungen als mit Num 30,9.

[146] Anders Shemesh, *Scriptural Interpretation*, 170.

[147] Die nachfolgende Übersetzung richtet sich nach der Transkription und den Ergän-
      zungen von Qimron, *The Text of CDC*, 41 und 27. Die über die in den 4QD-Frag-
      menten bezeugten Worte hinausgehenden Rekonstruktionen von Wacholder,
      Damascus Document, 80–83, sind nicht zu erhärten.

14 ... [Nicht] soll jemand weihen die Speise

15 seines Mundes [Go]tt, denn so hat er gesagt: (Mi 7,2b) *Ein Mann und sein Nächster, sie jagen (einander) mit Geweihtem.* VACAT Und nicht

16 soll ein Mensch weih[en] von allem [...] ... [... und wenn vom] Feld seines Eigentums

17 wird er weihen Go[tt, so gilt au]ch d[ieses Gesetz ...] er wird bestraft.

18 Wer gelobt [das ... Geld seines Wertes ...]

19 den Richter[n gerecht zu richten und zu bereiten ... nach ...[148]]

20 wenn [er ihn zwingt, dann soll der Zwingende zahlen, wenn er nicht wahr gesprochen hat zu seinem Nächsten ...]

21 [...]

22 [... VACAT Und wie er gesagt hat]

IX,1 (Lev 27,29) *Jeder Mensch, der mit einem Bann weiht einen Menschen, so dass er aufhört ein Mensch zu sein, mit Hilfe der Gesetze der Völker soll er zu Tode gebracht werden.*

Eingeleitet wird das ausgewiesene Zitat, das im Text die Funktion eines begründenden *Schriftbelegs* hat, mit den Worten כי הוא אשר אמר («Denn das hat er gesagt»). Einleitung und Zitat sind in Qumran belegt.[149] Auffällig ist, dass das gegenüber dem MT leicht divergierende Zitat nicht חרם I (Netz) liest,[150] sondern חרם II (Geweihtes). Als weitere Differenz ist רעיהו in CD XVI,15 anstelle von אחיהו wie im MT zu vermerken, was möglicherweise eine textkritische Variante darstellt, da LXX mit τὸν πλησίον αὐτοῦ übersetzt. Bei dem freien Zitat zu Lev 27,29[151] wird das Verb חרם aktivisch (im hi.) statt wie im MT passivisch (im ho.) formuliert; danach folgt zusätzlich das Wort אדם und schliesslich anstelle des Todesrechtssatzes מות יומת die Formulierung להמית הוא.

Die prophetische Stelle wird als Belegstelle für eine gesetzliche Regelung zitiert. Der Kontext des Zitates – Michas Klage über Verderbnis – scheint hier keine Rolle zu spielen. Die weiteren Ausführungen CD XIV,16–20 sind nur noch fragmentarisch erhalten und bleiben unklar. Schliesslich wird jedoch חרם durch die nur in 4QD^a Frg. 8,II,8 belegte Zitationsformel ואשר אמר «und wie er gesagt hat ...» mit dem freien Zitat aus Lev 27,29 (in IX,1) zusammengebracht, das wahrscheinlich ebenfalls die Funktion eines *Schriftbelegs* hatte. Aus dem Wechsel vom Todesrechtssatz zur indirekten Formulierung להמית הוא ist zu schliessen, dass die «Gemeinschaft des Bundes» die Todesurteile, anders als der MT dies voraussetzt, nicht selbst vollstreckte, sondern die Todgeweihten jeweils den «Heiden» zur Vollstreckung des Urteils übergab.[152]

---

[148] Das hier von Qimron, *The Text of CDC*, 41, transkribierte Wort המודר, anders (המודה) Tov, *DSSEL*, z. St., ist in den 4QD-Fragmenten nicht belegt.

[149] 4QD^f Frg. II,14f; siehe Baumgarten, *4Q266–273*, 178.

[150] So Rabin, *Zadokite Documents*, 76f; vgl. auch Kessler, *Micha*, 289.

[151] Bedingt in IX,1 die Lesung חרם statt אדם; so Qimron, *The Text of CDC*, 27. Shemesh, *Scriptural Interpretation*, 167–173, sieht Lev 27,29 als thematisch zentrale Stelle des ganzen Abschnitts CD XVI,13–21.IX,1–8. Zentrale Worte aus Lev 27,29 wie «Menschen», «Tiere», «Felder» werden in CD IX,1 jedoch nicht zitiert.

[152] Mit Rabin, *Zadokite Documents*, 44, Anm. 1^8. Anders Wacholder, *Damascus Document*, 320; auch Lohse, *Texte aus Qumran*, 83, setzt die Vollstreckung durch einen jüdischen Gerichtshof voraus.

Lev 19,18aα, Nah 1,2b und Lev 19,17 in IX,2–8

In IX,2 wird nach der Einleitung ואשר אמר («Und so hat er gesagt»)
Lev 19,18aα zitiert:

> 2   Und so hat er gesagt: (Lev 19,18aα) *Du sollst dich nicht rächen und sollst keinen Groll*
>   *bewahren gegen die Söhne deines Volkes ...*

Dieses Gebot hat nicht die Funktion eines *Schriftbelegs*; vielmehr wird mit
dem Zitat eine neue Thematik eingeführt, die in den folgenden Zeilen unter Beizug weiterer Zitate ausgelegt wird.[153] Auffallend ist, dass Lev 19,18aα
in den folgenden Zeilen auf eine objektiv ganz andere Situation hin ausgelegt wird. In den Zeilen 4f wird ein Mann, der überraschend oder grimmig
gegen seinen Nächsten etwas vorbringt, verglichen mit einem, der Rache
übt und Groll bewahrt. Offenbar wird unter dem Verbot Lev 19,18aα viel
mehr subsumiert als ein wörtliches Verständnis nahelegen würde. In Zeile
5 wird nochmals nachgedoppelt und diese beiden verbotenen Tätigkeiten
(Rache üben, Groll bewahren) werden mit dem Zitat des Jhwh-Hymnus
aus Nah 1,2b zusammengebracht. Dort werden diese Aussagen von Gott
gemacht:

> 5   Und es ist nirgends so geschrieben, sondern: (Nah 1,2b) *Er übt Rache an seinen*
>   *Gegnern und bewahrt Groll gegenüber seinen Feinden.*

Das praktisch wörtliche Zitat[154] hat die Funktion eines *Schriftbelegs*. Eingeleitet wird es mit ואין כתוב כי אם. Erst aus dem Zusammenbringen von
Aussage, Einleitung und Zitat wird klar, dass man die beschriebenen
Handlungen nicht tun soll, *weil sie Gott vorbehalten sind*. Indem das Zitat so in
CD IX eingebettet wird, findet zudem noch eine Bedeutungsverschiebung
statt. Der Hymnus aus Nah wird zu einer Ausschliesslichkeitsaussage
gesteigert. Zeile 6 bezieht die Problematik schliesslich darauf, dass einer
zuerst schweigt und dann plötzlich in grimmigem Zorn über jemanden
spricht. Dies wird als todeswürdige Sache bezeichnet. Als *Schriftbeleg* dafür
wird in den Zeilen 7f Lev 19,17 zitiert:[155]

> 7   ... dass er nicht gehalten hat das Gebot Gottes, der ihm gesagt hat: (Lev 19,17)
>   *Ernstlich*
> 8   *sollst du zurechtweisen deinen Nächsten und nicht sollst du dir aufladen wegen ihm*
>   *Sünde ...*

Als einziger Unterschied zum MT ist das Wort רעיך anstelle von עמיתך zu
vermerken. Das *ausgewiesene Zitat* ist in Zeile 7 eingeleitet mit den Worten
אשר לא הקים את מצות אל אשר אמר לו. In dieser Schriftstelle geht es jedoch lediglich darum, dass man seinen Nächsten zurechtweisen soll. Über

---

[153] Mit Wacholder, *Damascus Document*, 321.

[154] Statt יהוה findet sich הוא. Beide Zitate sind durch 4QDᵉ Frg. 6,III,19–IV,1 bezeugt;
vgl. Baumgarten, *4Q266–273*, 159.

[155] Vom praktisch wörtlich mit dem MT übereinstimmenden Zitat ist in 4QDᵇ Frg. 9,I,3
noch das letzte Wort erhalten; siehe Baumgarten, *4Q266–273*, 105.

den Zeitpunkt dieser Zurechtweisung ist nichts gesagt. Die Ermahnung aus
Lev 19,17 wird in der Auslegung in CD IX,2–8 dahingehend gesteigert,
dass man seinen Nächsten *umgehend* zurechtweisen soll. Bemerkenswert ist,
dass diese Auslegung mit Lev 19,18 – dem Verbot, sich zu rächen und
Groll zu bewahren – startet und dieses mit einer Auslegung von Nah 1,2b
zusammenbringt, in der klar gemacht wird, dass dies Gott vorbehalten ist,
um schliesslich zu Lev 19 zurückzukehren. Ziel der Auslegung ist der, der
Anfangsstelle vorausgehende Vers 17 mit dem Gebot der (umgehenden)
Zurechtweisung. Indem die Auslegung diesen Weg geht, wird klar, warum
sie zum Schluss kommt, dass man seinen Nächsten *umgehend* zurechtzu-
weisen hat. Wie die vorangehenden Stellen zeigen, wird das aus Lev 19,18
und Nah 1,2b interpretierte Verbot zu rächen und Groll zu bewahren
Lev 19,17 zugrundegelegt.[156]

1Sam 25,26 in IX,8f

Mit IX,8f beginnt wiederum eine neue Thematik,[157] und zwar wird der Eid
mit Worten aus 1Sam 25,26 zusammengebracht:
8   ... Über den Eid, wie
9   er gesagt hat: (1Sam 25,26) *Nicht soll deine Hand dir helfen* ...

Eingeleitet mit den Worten אשר אמר («Wie er gesagt hat») kommt dem
Zitat die Funktion eines *Schriftbelegs* zu. Die dargestellte Situation in
1Sam 25,26 ist dabei recht frei zitiert. Die dort erzählte (einmalige) Be-
gebenheit wird in der Auslegung ausserdem zur allgemeinen Regel gedeutet. Geht es in 1Sam 25,26, in der Rede Abigails zu David darum, dass sie
ihm sagt, Gott habe ihn davor bewahrt, in Blutschuld zu geraten und mit
seiner eigenen Hand zu helfen (והושע ידך לך), d. h. nicht Recht in die
eigene Hand zu nehmen,[158] so heisst es in diesem Zitat plötzlich «Nicht soll
deine Hand dir helfen» (לא תושיעך ידך לך). Ausgelegt wird 1Sam 25,26 in
der folgenden Zeile auf den Schwur, der nicht vor Zeugen abverlangt wurde. Die Auslegung wendet die so als Regel zitierten Worte in den Zeilen 9f
somit auf einen bestimmten Fall an: «Wer einen Mann auf dem Feld nicht
in Gegenwart von Richtern oder auf Grund ihrer Anweisung schwören
lässt, dem hat seine eigene Hand geholfen.» Der Kontext von 1Sam 25,26
spielt keine Rolle.
   Die Situationen im rezipierten Text und in der dem Zitat folgenden
Anwendungen sind so verschieden, dass Zweifel berechtigt sind, ob überhaupt 1Sam 25,26 zitiert wurde oder nicht doch eine uns unbekannte
Schrift mit einem Wortlaut und einer Situation, welche dem Wortlaut des
Zitates und der Sachaussage der Auslegung näher liegen.[159] Allerdings ist es

---

[156] Anders Wacholder, *Damascus Document*, 323.

[157] Mit Rabin, *Zadokite Documents*, 44. Anders Wacholder, *Damascus Document*, 323.

[158] Vgl. Wacholder, *Damascus Document*, 324.

[159] So Rabin, *Zadokite Documents*, 45, Anm. 9¹.

gut möglich, dass hier bewusst diese Stelle zitiert und damit eine bestimmte
Erfahrung zu einer allgemeinen Regel gesteigert wurde, besonders bei
David, dem (wie im übrigen Judentum und im frühen Christentum, so
auch in Qumran) die Rolle eines Glaubensvorbildes zukam. Die Aussage,
die sich mit der Wahl eben dieser Stelle verband, könnte dann lauten:
Wenn selbst David nicht das Recht in seine eigene Hand nahm, dann
sollen dies die Mitglieder der «Gemeinschaft des Bundes» erst recht nicht
tun und den beschriebenen Fall des Schwurs ohne Zeugen unterlassen.

Lev 23,38a in XI,18

Bereits in X,14ff steht eine längere Abhandlung über den Sabbat. Die zu
Beginn dieser Abhandlung stehende Auslegung von Dtn 5,12 wurde schon
oben, Seite 126 bei der Erarbeitung der Methode des *Schriftbelegs* behandelt.
Ebenfalls um den Sabbat geht es in XI,17f. Dort wird die konstituierende
Bestimmung, nichts auf den Altar zu bringen mit Ausnahme der Sabbatopfer, durch die Worte כי כן כתוב «Denn so steht es geschrieben» mit
einem wörtlichen Zitat aus Lev 23,38a verbunden:

> 17   ... Niemand soll am Sabbat etwas auf den Altar bringen
> 18   ausser dem Sabbatopfer, denn so steht es geschrieben: (Lev 23,38a) *Ausser euren*
>   *Sabbaten ...*

Gegenüber dem MT wird יהוה nicht zitiert, und anstelle von שבתת gebraucht
CD XI,18 dasselbe Wort mit Suffix 2. Person Plural: שבתותיכם. Beides muss als
interpretative Änderung betrachtet werden, da offensichtlich die Nennung des
Gottesnamens vermieden werden sollte.

Zitat und Einleitungsformel bilden zusammen einen *Schriftbeleg* für die vorangehende Bestimmung, dass niemand am Sabbat etwas auf den Altar bringen dürfe.[160] Das Zitat wirkt aus dem Zusammenhang herausgerissen. Im
Kontext des zitierten Textes geht es nämlich um die Bestimmungen zu den
Opfern an den verschiedenen dort genannten Festen, welche (abgesehen
von den Sabbat-Opfern) noch zusätzlich dargebracht werden sollen.[161] Die
Auslegung kehrt diese schwer verständliche Vorschrift ins Gegenteil und
versteht Lev 23,38a so, dass am Sabbat keine Opfer dargebracht werden
dürfen, ausgenommen die Sabbatopfer.[162]

---

[160] Nach Werman, *Sabbaths*, 202f, wird damit der pharisäische Usus kritisiert, bei
Festtagen, die auf den Sabbat fallen, Festopfer darzubringen.

[161] Vgl. Staubli, *Levitikus, Numeri*, 178.

[162] Vgl. Rabin, *Zadokite Documents*, 58, Anm. 18³. Anders Wacholder, *Damascus Document*,
338f.

Prv 15,8 in XI,20f

Anschliessend an das obige Zitat wird in den Zeilen 18–20 verboten, dass
ein Opfer durch einen Unreinen an den Altar dargebracht werden darf. Mit
כי כתוב eingeleitet wird dazu in den Zeilen 20f als *Schriftbeleg* Prv 15,8 frei
zitiert:

18   ... Niemand soll schicken
19   zum Altar ein Brandopfer oder ein Speiseopfer oder Räucherwerk oder Holz
      durch die Hand eines Mannes, der unrein ist durch eine
20   der Unreinheiten, so dass er ihm dadurch gestattet, den Altar zu verunreinigen.
      Denn es steht geschrieben: (Prv 15,8) *Das Schlachtopfer*
21   *der Gottlosen ist ein Gräuel, aber das Gebet der Gerechten ist wie ein wohlgefälliges*
      Speiseopfer ...

Gegenüber dem MT wird יהוה nicht zitiert und anstelle von «Aber am
Gebet der Aufrichtigen hat er Wohlgefallen» (ותפלת ישרים רצונו) findet
sich die Aussage «Aber das Gebet der Gerechten ist wie ein wohlgefälliges
Speiseopfer» (ותפלת צדקם כמנחת רצון). Auffallender ist die inhaltliche
Diskrepanz. In dem zitierten Weisheitsspruch geht es jedoch nicht um den
Gegensatz rein/unrein, sondern um den Gegensatz aufrecht/gottlos.
Ebenfalls um den Gegensatz rein/unrein geht es in der daran anschliessenden Bestimmung für den Zutritt zum «Haus des Niederwerfens», weil
dieses ein heiliges Haus ist.[163] Offenbar haben die Verfasser den opfer-
kritischen Unterton dieser Stelle nicht verstanden oder nicht verstehen
wollen und Gottlosigkeit und Unreinheit gleichgesetzt.

Jes 7,17a in XIV,1

Zu Beginn von XIV steht nochmals das Zitat Jes 7,17a, das schon in
VII,11f zitiert wurde. Die Einleitung und der erste Teil des Zitates sind im
Genizah-Fragment nicht mehr erhalten, können aber durch 4QD^b Frg. 9,V
ergänzt werden.[164] Die nachfolgende Übersetzung richtet sich danach, die
Zeilenangaben von CD XIV sind fett darin eingetragen:
1   [... Und diese sind die Gesetze für den Aufseher, in ihnen zu wan]deln
2   zur Zeit, da Gott heimsucht das L]and, wenn eintriff[t das] Wort, das er ge-
     sprochen hat: (Jes 7,17a) *Es werden kommen*
3   [*über mein Volk Tage,* **1** *wi*]*e sie nicht gekommen sind* [*seit*] *dem Tage, da E*[*ph*]*raim*
     abgewichen ist von
4   [*Juda. Und für alle, die in ihnen wande*]*ln, für si*[*e*] **2** *ist der Bund Gottes fest-*
     gemacht.
5   [*Für sie, sie zu retten von allen Fall*]*stricken* [*der G*]*rube, denn Töricht*[*e*] *hab-*
     b[*en*] *übertreten*
6   *und werden bestraft.* [...

---

[163] Mit Steudel, *Houses of Prostration*, 52. Danach hatte die «Gemeinschaft des Bundes»
ein eigenes Kult-Haus neben dem Jerusalemer Tempel; vgl. ebd., 55f.65.
[164] Vgl. Baumgarten, *4Q266–273*, 109; anders Charlesworth, *Damascus Document II*, 98.

Mit der Rekonstruktion von Baumgarten[165] wird in 4QD^b Frg. 9,V,2–4 wie folgt zitiert:
יבואו [על עמכה ימים אש]ר לוא באו [מ]יום סור אפ]רים מעל [יהודה]. Eingeleitet wird
das Zitat dort in Zeile 2 mit den Worten בבו]א ה[דבר אשר דבר. Wie im selben Zitat in
VII,11 wird nicht wie im MT יביא יהוה (Jhwh wird bringen), sondern יבואו (es werden kommen) zitiert, doch anders als dort wird die Verneinung לא (in 4QD^b geschrieben als לוא) hier mit zitiert. Gegenüber MT (aber auch gegenüber dem Zitat in VII,11)
ist das Zitat hier offenbar stark gekürzt. Statt עליך ועל עמך ועל בית אביך kann aufgrund der Platzverhältnisse lediglich על עמכה rekonstruiert werden.

Die Einleitung «Wenn das Wort eintrifft, das er gesprochen hat» ist vergleichbar mit der Einleitung desselben Zitates in VII,10f, aber kürzer;[166]
zudem wird Jesaja nicht genannt. Das Zitat selbst zeigt zwar weniger Abweichungen zum Original als in VII,11f, ist aber demgegenüber ebenfalls
gekürzt. Das Fehlen der genauen Herkunftsangabe und die Kürzungen
sowohl der Einleitung als auch des Zitates selbst gegenüber VII,11f sind
auffällig. Bezüglich der Einleitung finden sich in der D zwar verschiedene
Formen, und ausgewiesene Propheten-Zitate, die allein als aus der Schrift
stammend ausgewiesen werden sind häufig belegt. Dem Vergleich mit nur
ausgewiesenen Zitaten steht allerdings die Tatsache entgegen, dass alle
übrigen Jesaja-Zitate explizit eingeleitet werden. Ebenfalls ist die Beobachtung, dass in der D Zitate mehrfach gekürzt werden, keine hinreichende
Erklärung für die vorliegende Kürzung eines Zitates, das im Vorfeld bereits ausführlich zitiert wurde. Diese drei Abweichungen gegenüber der
ersten Zitation der Stelle *zusammen* sind erklärungsbedürftig. Die gegenüber
dem ersten Vorkommen dieses Zitates hier vorfindliche kürzere Einleitung, die kürzere Zitation und die Nicht-Nennung des Propheten sind
daher weder als zufällige Abweichungen noch als Nachlässigkeit, sondern
als *besondere Intention* der Verfasser der D zu interpretieren. Hier wird nicht
einfach ein zweites Mal aus derselben Schriftstelle zitiert, vielmehr wird
bewusst *ein bereits behandeltes Zitat nochmals aufgenommen*. Diese Wiederaufnahme von Jes 7,17a in XIV,1 bildet daher gleichzeitig einen schrift-
internen Verweis auf die erste Auslegung dieses Zitates in VII,9–13.

Die Einleitung schliesst die Wiederaufnahme von Jes 7,17a als *Schriftbezug*
an die in CD XIII angekündeten Satzungen für den Unterweiser beim
eschatologischen Kommen Gottes an. Schon in VII,11f wurde dieses Zitat
mit dem eschatologischen (Kommen und) Heimsuchen Gottes verbunden.
Hier wird nochmals auf dieses Kommen Gottes zur Bestrafung der Bösen
und Belohnung der Guten Bezug genommen. Der Fokus liegt aber diesmal
nicht auf der Vergeltung der Gottlosen (so VII,9), sondern auf der Rettung
derer, die am Bund Gottes festhalten. Aus dem Zusammenhang wird klar,
dass mit dem Bund die eigene «Gemeinschaft des Bundes» gemeint ist. Wie

---

[165] Siehe oben Anm. 164.

[166] Die Einleitung ist zwar kürzer als die Einleitung von Jes 7,17 in VII,10f; dennoch
entsprechen sich die beiden Einleitungen strukturell und teilen die Worte
בבוא הדבר אשר.

in der Zeit, als Ephraim von Israel abgefallen war, so sehen die Verfasser der D auch in ihrer Zeit eine Zweiteilung Israels. Ihre «Gemeinschaft des Bundes» repräsentiert das wahre Israel, während die übrigen, die sich nicht an diesen Bund halten, mit dem abgefallenen Ephraim verglichen werden.[167]

Lev 4,27f, Lev 26,31b, Joel 2,12aβ–b und 2,13aα in 4QD^a Frg. 11,1–5

In 4QD^a Frg. 11,1–5 (par 4QD^e Frg. 7,I,16–19) wird auf verschiedene Schriftstellen Bezug genommen.[168]

1   über die Vielen, und er soll nehmen sein Urteil von seinem Wohlgefallen, wie er gesagt hat durch[169]

2   Moses: (Lev 4,27f) *Über den Menschen, der versehentlich sündigt, dass er darbringt sein*

3   *Sündenopfer* VACAT [und] sein Schuldopfer. Aber über Israel steht geschrieben: (Lev 26,31b) Und ich will für mich gehen

4   zu den Enden [des] Himmels *und werde nicht riechen den Geruch deines Duftes*. An einer anderen Stelle

5   steht geschrieben: (Joel 2,12aβ–b) *Zurückzukehren zu Gott in Tränen und Fasten. Und an einer Stelle steht geschrieben: (Joel 2,13aα) Zerreisst eure Herzen und nicht eure Kleider.* ...

Die in den Zeilen 1f explizit eingeleiteten Worte aus Lev 4,27f bieten nur eine sinngemässe Kurzfassung der Stelle; Lev 4,27f ist viel ausführlicher: «27 Und wenn ein Mensch aus Versehen sündigt vom Volk des Landes, indem er eines von den Verboten Jhwhs tut, die nicht getan werden dürfen, und er hat sie getan, 28 und seine Sünde, die er begangen hat, wird ihm bewusst, dann soll er seine Opfergabe bringen, eine weibliche Ziege ohne Fehler, für seine Sünde, die er begangen hat.» Die rezipierten Worte sind daher nicht als Zitat, sondern als Anspielung zu werten. Vor dem in Zeile 4 vorfindlichen Zitat von Lev 26,31b sind Worte vorgeschoben, die sich nicht als Zitat einer bestimmten Bibelstelle zuordnen lassen.[170] Eingeleitet werden diese (zusammen mit dem nachfolgenden Zitat) mit der Formel ועל ישראל כתוב in Zeile 3. Möglicherweise wurde Lev 4,27 hier abgeändert. Das nachfolgende, in den Zeilen 4f mit אחר כתוב eingeleitete Wort aus Joel 2,12aβ–b ist ebenfalls eine Anspielung und kein Zitat. Statt שבו עדי wie der MT liest 4QD^a Frg. 11 לשוב אל אל; die Worte בבכי ובצום sind gegenüber dem MT vertauscht, die Worte בכל לבבכם sowie das letzte Wort ובמספד fehlen. Die über Zeile 5 nachgetragenen Worte (oben gestrichelt unterstrichen) leiten ein Zitat von Joel 2,13aα ein. Das Zitat selbst hat als einzige Differenz zum MT die Verneinung אל anstelle von לא.

Explizit als *Schriftbeleg* eingeführt, wird zuerst auf Lev 4,27f angespielt, das als ein durch die Hand Moses überliefertes Gotteswort bezeichnet wird.

---

[167]   Vgl. Wacholder, *Damascus Document*, 348f.

[168]   Textrekonstruktion mit Baumgarten, *4Q266–273*, 76 (zu Charlesworth, *Damascus Document II*, 66 ergeben sich kaum Differenzen). Eine andere Abgrenzung dieser Perikope als oben dargestellt findet sich bei Wacholder, *Damascus Document*, 105; danach bilden die Zeilen 1–3a und die Zeilen 3bff eine Einheit.

[169]   Hebr. ביד. Vgl. die Überlegungen zur Übersetzung von ביד in CD III,21 (Seite 130).

[170]   Anders Wacholder, *Damascus Document*, 366.

Dem folgt eine zweite *Belegstelle*. Vor diesem zweiten Schriftbeleg, einer freien Zitatkombination aus unbekannten Worten mit Lev 26,31b heisst es dann: ועל ישראל כתוב («Aber über Israel steht geschrieben»). Die darauf folgende Anspielung auf Joel 2,12aβ–b und das Zitat von 2,13aα werden mit den Worten אחר כתוב («An einer anderen [Stelle] heisst es») eingeleitet und dienen als weitere *Belegstellen*.[171] Die Belegstelle mit dem Zitat von Lev 26,31b und der vorangehenden Hinzufügung wird lediglich als aus der Schrift stammend ausgewiesen und ist wie die Zitate aus Joel 2,12f formal als *ausgewiesen* zu beschreiben. Allerdings dürfte es von den Lesenden aufgrund seines direkten Anschlusses an das erste Zitat, das explizit *als von Mose* eingeführt wurde, ebenfalls als ein Zitat aus der Tora betrachtet worden sein. Von den zwei Tora-Zitaten sind die nachfolgenden *ausgewiesenen* Joel-Worte deutlich abgesetzt. Thematisch dienen alle Bezüge zur Begründung der ihnen jeweils vorangehenden Vorschriften. Die verschiedene Herkunft und Gattung dieser drei nicht explizit mit ihrer Herkunft bezeichneten Worte (die Lev-Zitate stammen aus der Tora, die anderen Bezüge sind dagegen prophetische Schriften) spielen in der Argumentation keine Rolle.

Ihren Ausgang nimmt die Auslegung mit der Vorschrift des Sündopfers (Lev 4,27f), dessen Darbringung allein (wie das folgende Zitat Lev 26,31b zeigt, das als über Israel geschrieben eingeleitet wird) nichts bringt, da Gott an die Enden des Himmels gegangen ist und das Opfer nicht mehr riechen kann. Die Auslegung betont daher die Notwendigkeit, gemäss Joel 2,12aβ–b zuvor zu Gott zurückzukehren mit Tränen und Fasten und dabei mit Joel 2,13aα von Äusserlichkeiten abzusehen.[172] Nachfolgend an diese Auslegungen wird festgehalten, dass jeder, der diese Vorschriften zurückweist, nicht unter die Söhne der Wahrheit gezählt werden soll.

6.1.5 Schlussfolgerungen zu den expliziten/ausgewiesenen Schriftzitaten und ihren Auslegungen in der Damaskusschrift

Die mit einer Einleitung expliziten/ausgewiesenen Zitate in der D werden alle zwecks Auslegung der jeweils zitierten Schriftstelle eingeführt. Für diese Auslegung der zitierten Schriftstellen werden in der D vornehmlich (in 32 von insgesamt 36 Zitaten) die Methoden *Schriftbeleg* und *Schriftbezug* verwendet. Entgegen der möglichen Erwartung, dass in der Gesetzessammlung nur gesetzliche Belegstellen zu finden seien, finden sich auch in diesem Teil der D Auslegungen zu prophetischen Büchern. Auch die beiden Methoden Schriftbeleg und Schriftbezug sind durchgängig in allen Teilen der D zu finden und werden sowohl auf gesetzliche als auch auf prophetische Schriftstellen angewandt. In sieben Fällen findet sich eine Kombination der Methode des Schriftbezugs mit derjenigen der allegorischen Deu-

---

[171] In 4QDᵉ Frg. 7,I,16–19 steht die Anspielung auf Joel 2,12 an zweiter Stelle und wird lediglich mit כתוב eingeleitet.

[172] Anders Wacholder, *Damascus Document*, 366.

tung von Einzelelementen. In den meisten Fällen werden die Schriftzitate auf eine bereits eingeführte Thematik bezogen. Vier eingeleitete Zitate lassen sich nicht unter diese Methoden subsumieren. Bei Lev 25,14 in 4QD^f Frg. 3,4f, bei Dtn 23,24a in XVI,6f, bei Lev 19,18aα in IX,2 und bei 1Sam 25,26 in IX,8f wird die jeweilige Schriftstelle zwar wie bei Schriftbeleg und Schriftbezug mit einer Einleitung ausgewiesen. Trotz der formalen Ähnlichkeit mit Schriftauslegungen nach der Methode des Schriftbezugs und des Schriftbelegs sind diese fünf Schriftauslegungen weder als Schriftbezug noch als Schriftbeleg zu beschreiben, da sie sich nicht auf eine bereits eingeführte Thematik beziehen, sondern selbst eine neue Thematik einleiten. Die Schriftstelle Num 30,9 schliesslich, die in CD XVI,10 inmitten einer Abhandlung über den Eid steht und formal mit dem Schriftbeleg übereinstimmt, wird kritisch rezipiert und ist daher kein Schriftbeleg, weil sie nicht wie dieser als Belegstelle dient.

Die zwei *nicht eingeleiteten*, impliziten Zitate zu Mal 3,16 und 18 in XX,15bff zeigen ebenfalls eine Form von *Schriftauslegung*, die nicht unter die drei für diese Untersuchung erarbeiteten Kategorien (Schriftbezug, Schriftbeleg und allegorische Deutung von Einzelelementen) subsumiert werden kann, sondern formal vergleichbar ist mit innerhalb der Hebräischen Bibel zu findenden Auslegungen, d. h. mit Phänomenen, die in der alttestamentlichen Wissenschaft als auslegende redaktionelle Ergänzungen beschrieben werden. Da diese Art von Schriftauslegung nur durch das von der 4QD-Überlieferung und von CD Ms A in mancherlei Details abweichende Ms B belegt ist, darf sie nicht einfach als Schriftauslegung der D gezählt werden und kann für die Schriftauslegung in Qumran nur beansprucht werden, sofern sie sich in anderen Qumranschriften belegen lässt.[173] In die vorliegende Untersuchung, die sich auf die durch eine Einleitung ausgewiesenen/expliziten Zitate konzentriert, wurden diese Zitate daher nicht aufgenommen, sondern nur am Rande vermerkt.

Die drei Methoden Schriftbeleg, Schriftbezug und allegorische Deutung von Einzelelementen sind nun bezüglich Schriftauslegung und Schriftverständnis in der D zu systematisieren; dabei soll, wie bei der Erarbeitung der Methoden vorgenommen, auch der allfällige Einfluss des originalen Kontextes der Zitate berücksichtigt werden. Weiter ist die bereits in Auseinandersetzung mit der Arbeit von Schwarz diskutierte Frage nach den jeweiligen hermeneutischen Voraussetzungen aufzunehmen. Dabei sind auch die jeweiligen Einleitungen der Zitate einzubeziehen.

Die Methode des Schriftbezugs

Schriftauslegungen gemäss der zu Beginn der Untersuchung beschriebenen Methode des *Schriftbezugs* finden sich bei 14 der 36 eingeleiteten Zitate (die ausschliesslich in Ms B belegten Zitate werden nicht mitgezählt), vorwiegend im ersten Teil der D, den *Ermahnungen,* und nur zweimal in der *Gesetzessammlung.* Nur bei 5 dieser 14 Zitate wird als Auslegungsmethode

---

[173] Siehe oben die Untersuchung z. St.

ausschliesslich diejenige des Schriftbezugs verwendet. In einem Fall
(Jes 24,17 in CD IV,14) ist die Methode des Schriftbezugs mit einer
Pescher-Exegese kombiniert. Bei 8 Zitaten findet sich eine Kombination
der Methoden von *Schriftbezug* und *Aufnahme und allegorische Deutung von
Einzelelementen* (zu diesen 8 Auslegungen siehe unten die Schlussfolgerungen zu dieser Auslegungsmethode).

Reiner Schriftbezug ohne allegorische Deutung von Einzelelementen bzw. ohne nachfolgende Pescher-Exegese findet sich: CD I,13f, *die störrische Kuh* (Hos 4,16), VIII,14f,
Gottes Entscheidung für die Bekehrten Israels (Dtn 9,5/7,8), und XX,15–17, *Israel ohne Führungsschicht* (Hos 3,4aβ). Die zwei Schriftbezüge in der Gesetzessammlung finden sich in
CD XVI,1 *Worte Moses zum Bundesschluss* (Ex 34,27), und in XIV,1 *Tage wie beim Abfall
Ephraims* (Jes 7,17a). In der von Ms B bezeugten sekundären Doppelüberlieferung sind
die folgenden reinen Schriftbezüge zu finden: XIX,1f, *Bewahrung des Bundes* (Dtn 7,9bβ),
XIX,11f, *das Kreuzeszeichen* (Ez 9,4), und XIX,15f, *die Fürsten Judas als Grenzverrücker*
(Hos 5,10). Bei den Auslegungen zu den Zitaten aus Hos 4,16, Hos 3,4aβ sowie
Hos 5,10 und wahrscheinlich auch Dtn 7,9bβ kann eine Beeinflussung der Auslegung
und des Kontextes im rezipierenden Text durch den Kontext der zitierten Stelle festgestellt werden.

Wie bei der Erarbeitung der Methode erwähnt, beschreibt Schwarz die
hermeneutische Funktion des Schriftbezugs mehrfach als diejenige eines
Vergleiches. Im Schriftbezug werde ein bestimmtes Ereignis mit Hilfe der
Schrift beleuchtet.[174] Nach Schwarz «war sich der Autor der D bewusst,
dass er den Text des Schriftwortes nicht in seinem ursprünglichen Sinn
gebrauchte.»[175] Schon beim Beispiel für die Auslegung nach der Methode
des Schriftbezugs (Hos 4,16, *die störrische Jungkuh*, in CD I,13) liess sich
diese These (wie ebd. dargestellt) nicht erhärten. Am «historischen» Bewusstsein, das Schwarz dabei für die Verfasser der D voraussetzt, verbleiben nach der durchgeführten Untersuchung erhebliche Zweifel.

Die Auslegung von Hos 4,16, *die störrische Jungkuh* in CD I,13 sieht die zitierte Prophetie
als in der eigenen Zeit in Erfüllung gehend. Die thematische Vergleichbarkeit der Anklage im zitierenden Text mit der Anklage im Kontext des Zitates deutet gerade darauf
hin, dass die Anklage in Hos 4 als Prophetie für die eigene Situation gelesen wurde.
    Auf die Zukunft der Gemeinschaft bezogen und als prophetische Voraussage über
das baldig erwartete Loslassen Belials wird das Zitat von Jes 24,17, *Grauen, Grube und
Garn,* in CD IV,14 verstanden, bei welchem die Methode des Schriftbezugs mit der
Pescher-Exegese kombiniert wird.
    Deutlich den Charakter eines Vergleichs hat die Auslegung von Dtn 9,5/7,8, *Gottes
Entscheidung für die Bekehrten Israels*, in CD VIII,14f. Allerdings nicht so, dass die in der D
dargestellte Situation durch die historische Situation der Schriftstelle beleuchtet würde,
wie Schwarz dies darstellt.[176] Der Kontext der beiden Schriftstellen spielt im rezipierenden Text ja gar keine Rolle. Vielmehr wird allein die damals gegebene Verheissung auf

---

[174] So Schwarz, *Damaskusschrift*, 90. Zur Schrifthermeneutik in den einzelnen Schriftbezügen vgl. ebd., 99–105.

[175] Vgl. Schwarz, *Damaskusschrift*, 104.

[176] Vgl. Schwarz, *Damaskusschrift*, 90.

die neue Situation hin aktualisiert. Bei dieser Kombination zweier Schriftzitate wird schon durch ihre Einleitung als Rede Moses, aber auch durch das Zitat selbst deutlich, dass sie sich auf eine bestimmte Situation (Verheissung bei der Landnahme) beziehen, die nun (im Hebräischen mit כ) mit Gottes Entscheidung für die Bekehrten Israels verglichen wird. Die Hermeneutik des Vergleiches drängt sich aber bereits aus den Texten selbst auf.

Bei der Auslegung von Hos 3,4aβ, *Israel ohne Führungsschicht* in CD XX,15–17 ist zwar, wie Schwarz richtig bemerkt, beim Zitat eine Anpassung an die Situation im zitierenden Text festzustellen.[177] Daraus lässt sich jedoch nicht folgern, dass der Verfasser dieser Auslegung sich bewusst war, dass sich diese Prophetie (die zudem nur auszugsweise zitiert wird) schon lange in der Geschichte Israels erfüllt hat. Vielmehr deutet die Anpassung des Zitates (indem die Liste der Führungspersonen verändert wird, damit sie in die eigene Zeit passt) darauf hin, dass die Erfüllung der so zitierten Prophetie noch erwartet wurde.

Der erste in der Gesetzessammlung zu findende Schriftbezug zu Ex 34,27, *Worte Moses zum Bundesschluss*, in CD XVI,1 hat durchaus die Worte zu dem damaligen Bundesschluss im Blickfeld. Die Auslegung zielt aber nicht auf den bestehenden, sondern auf einen neuen Bund.

Der zweite in der Gesetzessammlung zu findende Schriftbezug zu Jes 7,17a, *Tage wie beim Abfall Ephraims,* findet sich schon einmal in CD VII,10–12. Dort folgt dem Zitat eine Auslegung nach der Methode der allegorischen Deutung von Einzelelementen. Beide Schriftbezüge werden inhaltlich ähnlich eingeführt. Gegen Schwarz[178] ist festzuhalten, dass bei beiden Schriftbezügen zu Jes 7,17a nicht einfach die Situation der Gemeinde des Bundes von Damaskus mit der Situation der Trennung von Juda und Ephraim verglichen wird, sondern dass ein Vergleich mit der Trennung von Juda und Ephraim schon in der jesajanischen Verheissung selbst enthalten ist. Dem Zitat kommt im Text beide Male vielmehr die Funktion einer sich bald erfüllenden Prophezeiung zu. Die in Jes 7,17 angedrohten Tage, die kommen werden, stehen nach dieser Auslegung unmittelbar bevor.

Der Eindruck, dass die Schriftbezüge nicht *per se* als Vergleich mit der damaligen Situation, aus der die Zitate stammen, dienen, änderte sich auch dann nicht, wenn die Schriftbezüge der von Ms B bezeugten Doppelüberlieferung hinzugenommen werden.

Die *Anspielung auf* Hos 5,10, *die Fürsten Judas*, in VIII,3 ist (wie bei der Untersuchung dargestellt) nur in der Doppelüberlieferung von Ms B (XIX,15f), nicht aber in Ms A und 4QDᵃ ein Zitat mit nachfolgender Auslegung. In allen Darstellungen wird die Prophezeiung nicht als bereits erfüllt dargestellt, vielmehr wird sie direkt gegen die damals aktuellen «Fürsten» von Juda angewendet.

Die Auslegung zu Dtn 7,9bβ, *Bewahrung des Bundes*, die sich nur in der Doppelüberlieferung CD XIX,1f findet, ist kein Vergleich, sondern eine Form von Schriftaktualisierung. Das Mose gegebene Versprechen (Bewahren des Bundes) gilt dem Verständnis von Dtn 7,9bβ nach nicht nur für die Zeit Moses, sondern immer dann, wenn Israeliten den Bund einhalten. So lag es nahe, in der Auslegung der D dieses Versprechen all denjenigen zu verheissen, die nach den Weisungen des Bundes von Damaskus wandeln.

Die ebenfalls nur in der Doppelüberlieferung von Ms B zu findende Auslegung von Ez 9,4, *das Zeichen zeichnen*, ist durch die Einleitung deutlich als Vergleich gestaltet. Dies ist allerdings nicht verwunderlich, da die Vision in Ez selbst deutlich als ein zu gleicher Zeit wie das Erhalten der Vision stattfindendes Geschehen und damit ein für die

---

[177] Vgl. Schwarz, *Damaskusschrift*, 102.

[178] Schwarz, *Damaskusschrift*, 102f.

Verfasser und die Lesenden der D vergangenes Ereignis charakterisiert ist. Die
Beachtung dieser Tatsache durch den Ausleger korreliert mit der in der Untersuchung
festgestellten Beachtung des Zitat-Kontextes bei seiner Auslegung.

Zusammengefasst lässt sich sagen, dass die hermeneutische Funktion bei
Auslegungen nach der Methode des Schriftbezugs durchaus – aber doch
eher selten – diejenige des Vergleiches sein kann, vor allem aber diejenige
der Erfüllung einer zitierten Prophetie. Im letzteren Fall hat der Schriftbezug eine ähnliche Funktion wie die Schriftbeweise im NT. Beiden Fällen
ist gemeinsam, dass die dem Schriftbezug vorausgehende Situation mit
(einer) Schriftstelle(n) in Zusammenhang gebracht wird, die etwas über das
beschriebene Ereignis aussagen soll. Ein historisches Bewusstsein für die
damalige Situation, aus der die Zitate stammen, zeigt sich nicht, obwohl bei
der Methode des Schriftbezugs gelegentlich eine gewisse Kontextbe-
dingtheit feststellbar ist. Die Tatsache, dass nicht nur Zitate aus den Prophetenbüchern, sondern auch solche aus der Tora als prophetische «Weissagungen» für die eigene Gemeinschaft verstanden werden können, muss
nicht erstaunen, da Mose (der als Verfasser der Tora angesehen wurde)
schon von der Tradition her nicht nur als Überbringer des Gesetzes, sondern auch als Prophet angesehen wurde.

Die Methode des Schriftbelegs

Die Methode des *Schriftbelegs* findet sich bei 18 der 36 ausgewiesenen Zitate
in der D, vorwiegend in ihrem zweiten Teil.

Vier Schriftbelege sind im ersten Teil, *den Ermahnungen*, zu finden, nämlich in CD V,2,
Verbot der Vielweiberei (Dtn 17,17aα); in V,8, *Eheverbot bei Blutsverwandtschaft* (Lev 18,13),
in VI,13, *das Türschlossgebot* (Mal 1,10a) und in VII,6, *die göttliche Familienordnung*
(Num 30,17aβ–bα).
  In der Gesetzessammlung finden sich Schriftbelege in 4QD^f Frg. 3,9, *das «Ver-
Leiten» eines Blinden* (Dtn 27,18), 4QD^a Frg. 6,I,9, *das Nicht-Scheren der Flechte* (Lev 13,33),
CD XVI,10, *das Ungültigmachen des Eides* (Num 30,9), XVI,15, *das Jagen mit «Geweihtem»*
(Mi 7,2), IX,1, *der Bannspruch* (Lev 27,29), IX,5, *Rache üben/Groll bewahren* (Nah 1,2),
IX,7f, *Zurechtweisung des Nächsten* (Lev 19,17), X,16f, *Halten des Sabbattages* (Dtn 5,12),
XI,18, *das Sabbatopfer* (Lev 23,38a), XI,20f, *Opferverbot für Unreine* (Prv 15,8) sowie die
vier Schriftbelege in 4QD^a Frg. 11,1–5 (Lev 4,27f, 26,31, Joel 2,12aβ–b, 2,13aα). Kon-
textverwendung zeigt sich nur bei den Auslegungen zu den Zitaten zu Dtn 17,7α und
Mal 1,10a.

Die Auslegungen nach der Methode des Schriftbelegs dienen jeweils der
Begründung einer gesetzlichen Aussage. Dabei ist nicht nur zu beobachten,
dass die Schrift als Grundrecht für verschiedene Einzelsituationen angewendet wird, sondern auch, dass (so wie in der Argumentation von
XVI,6ff, wo ausgehend von Dtn 23,24a explizit gegen die zitierte
Vorschrift aus Num 30,9 argumentiert wird) mit bestimmten Schriftstellen
andere Aussagen aus der Schrift kritisiert oder zurückgenommen werden.

Kritisch rezipiert werden jedoch nur Vorschriften, die einen allgemeinen Grundsatz relativieren. Allgemein ist bei der Gesetzesauslegung eine verschärfende Tendenz festzustellen (deutlich etwa in IX,6–8.9). Bemerkenswert ist, dass zur Begründung von gesetzlichen Bestimmungen auch Zitate aus prophetischen Schriften als Beleg beigezogen werden können. Offensichtlich wurde nicht nur Mose, sondern auch die Propheten als Mittler des göttlichen Gesetzes angesehen.[179] Allerdings stammen nur fünf Schriftbelege aus den Propheten, einer stammt aus den Geschichtsbüchern (1Sam 25,26),[180] einer aus der Weisheit (Prv 15,8). Hauptsächliche Quelle der Schriftbelege bleibt die Tora (zwölf Schriftbelege: 1 aus Ex, 4 aus Lev, 1 aus Num, 6 aus Dtn).

Die Aufnahme und allegorische Deutung von Einzelelementen

Die Methode der *Aufnahme und allegorischen Deutung von Einzelelementen* ist ausschliesslich im ersten (geschichtlichen) Teil der D, den Ermahnungen, zu finden. Ihr voran geht immer ein Schriftzitat mit Einleitung, welches eine Auslegung nach der Methode des Schriftbezugs darstellt. Oft finden sich innerhalb der allegorischen Deutungen weitere Zitate, die dann jeweils mit der Methode des Schriftbezugs eingeführt werden.

Bei der Auslegung von Ez 44,15a–bβ (CD III,20–IV,4) ist die allegorische Deutung von Einzelelementen direkt an den Schriftbezug angeschlossen. Bei der allegorischen Deutung von Einzelelementen in CD VI,3–10, aufgrund welcher die Methode erarbeitet wurde, schliesst sich diese einerseits dem Schriftbezug zu Num 21,18 an und legt diesen aus, andererseits findet sich in der Deutung ein Schriftbezug zu Jes 54,16aγ.

Eine noch grössere Verwebung der beiden Methoden findet sich in CD VII,9–21, einem Auslegungsprozedere mit vier Schriftbezügen und zwei Aufnahmen und allegorischen Deutungen von Einzelelementen zu insgesamt vier Schriftstellen (Jes 7,17a, Am 5,26a–27a, 9,11, Num 24,17). Dabei folgt die erste allegorische Deutung von Einzelelementen erst auf den zweiten Schriftbezug (Am 5,26a–27a). In dieser ersten allegorischen Deutung findet sich der Schriftbezug zu Am 9,11. Die zweite allegorische Deutung von Einzelelementen folgt auf den Schriftbezug zu Num 24,17. Die Auslegungen greifen, wie bei der Untersuchung z. St. dargestellt, so ineinander, dass nicht von vier Auslegungen, sondern von einer Auslegung anhand von vier Schriftstellen mit Hilfe der Techniken Schriftbezug und allegorische Deutung von Einzelelementen zu sprechen ist.

Formal wieder mehr dem zu Anfang der Untersuchung erarbeiteten Beispiel der allegorischen Deutung von Einzelelementen in VI,3–10 entspricht die Interpretation von Dtn 32,33 in VIII,9. Sie schliesst sich unmittelbar an den Schriftbezug zu Dtn 32,33 an, nimmt die einzelnen Elemente des Zitates wörtlich genau auf und legt sie geradezu schulbuchmässig einzeln aus. Da die Interpretation von Dtn 32,33, im Gegensatz zur

---

[179] Dieses Verständnis der Propheten zeigen auch die Gemeinderegel, 4Q381 und 4Q390; vgl. dazu Jassen, *Prophets as Lawgivers*.

[180] Wird Samuel nach jüdischer Tradition zu den Propheten gezählt, ergeben sich sechs prophetische Belege (halb so viele wie aus der Tora). Auch dann ist die Beobachtung, auffällig dass nur eine Stelle aus den Vorderen, fünf dagegen aus den Hinteren Propheten zu verzeichnen sind.

Auslegung von Num 24,17, nicht durch einen Schriftbezug erweitert ist, könnte diese
gar als mustergültige Form der Aufnahme und allegorischen Deutung von Einzelelementen gelten. In dieser Mustergültigkeit ist sie jedoch in der D gerade die Ausnahme.
Die Methode der allegorischen Deutung von Einzelelementen wird in der D nicht stur,
sondern in exegetischer Freiheit gebraucht.

Die Auslegung von Sach 13,7, die Ms B anstelle des oben genanten Auslegungsprozedere in XIX,7–9 bietet, zeigt gegenüber anderen allegorischen Deutungen von Einzelelementen keine bemerkenswerten Besonderheiten. Die allegorische Deutung von Einzelelementen schliesst unmittelbar an den Schriftbezug (Sach 13,7) an. Von diesem wird
zwar nur ein Element ausgelegt. Dass nicht alle, sondern nur ausgewählte Elemente des
vorangehenden Schriftbezugs gedeutet werden, zeigt sich mit Ausnahme der Deutung
zu Dtn 32,33 ebenfalls in den übrigen allegorischen Deutungen von Einzelelementen.

Gemeinsam ist allen Aufnahmen und allegorischen Deutungen von Einzelelementen in der D, dass sie die rezipierten Worte als prophetische
Voraussage verstehen, deren Bedeutung (für die eigene Gemeinschaft bzw.
die Lesenden der D) aber erst mit Hilfe der angewandten Auslegungstechniken erschlossen werden kann. In der allegorischen Deutung erhalten
die aufgenommenen Einzelelemente denn auch einen völlig neuen Sinn.
Dies muss aber nicht bedeuten, dass der originale Sinn und Zusammenhang eines Zitates, aus dem einzelne Elemente allegorisch gedeutet werden, keine Rolle spielt, wie dies Elliger bei den allegorischen Deutungen in
1QpHab beobachtet hatte.[181] Immerhin konnte bei den Auslegungen zu
Ez 44,15 und Dtn 32,33 *eine die Auslegung prägende Rolle des Kontextes* festgestellt werden. Der Kontext von Ez 44,15 spielt insofern eine Rolle, als
dort zwischen abgefallenen und treuen Priestern unterschieden wird, dem
in der D die Unterscheidung zwischen Mitgliedern der Gemeinschaft, als
Treue gegenüber dem Bund Gottes im Gegensatz zu dem abgefallenen
übrigen Israel entspricht. Beim Zitat von Dtn 32,33 besteht die Gemeinsamkeit mit dem zitierten Text darin, dass sich die Worte beide Male gegen
die Abgefallenen richten.

Wie zu Beginn der Untersuchung der D erwähnt vertritt Schwarz die These, die exegetische Methode des Schriftbezugs verlaufe umgekehrt zu derjenigen der Aufnahme und allegorischen Deutung von Einzelelementen, so
dass beim Schriftbezug nicht wie bei der Methode der Aufnahme und allegorischen Deutung *von Einzelelementen* die Schrift näher gedeutet, sondern
die vorgegebene Situation durch ein Schriftwort erklärt werde.[182] Diese
These ist schon daher nicht haltbar, weil die Techniken von Schriftbezug
und Aufnahme und allegorischer Deutung von Einzelelementen jeweils in
ein und derselben Schriftauslegung angewandt werden, und demzufolge die
jeweilige Schriftauslegung aus einer Kombination der beiden Methoden
besteht.

---

[181] Vgl. Elliger, *Studien*, 139–143.
[182] Schwarz, *Damaskusschrift*, 90.115.

Die *Bestimmung für den neuen Tempel* (Ez 44,15) ist bereits in Ez eine Prophezeiung. Sie wird in CD III,21–IV,2 durch den Schriftbezug *prophetisch* auf die diesem Zitat vorangehend dargestellte Situation der «Gemeinde des Bundes von Damaskus» bezogen und mittels der allegorischen Deutung von Einzelelementen auf seine Mitglieder gedeutet.

Beim *Bild vom Brunnengraben* (Num 21,18) in CD VI,3–10 wird mittels der Methode des Schriftbezugs deutlich, dass dieses als prophetische Aussage Moses über die «einsichtigen Männer», die aus dem Lande Judas ausgezogen sind, zu verstehen ist. Auf diese zielt auch die erste der nachfolgenden allegorischen Deutungen von Einzelelementen hin. Darin eingebettet ist ein weiterer Schriftbezug zu Jes 54,16aγ, welcher die Deutung des Stabes mit diesem Zitat zusammenbringt, wobei aus dem Kontext klar wird, dass auch dieses Wort als prophetische Aussage über die dargestellte Zeit verstanden wurde.

Beim komplexen Auslegungsprozedere in CD VII,9–21 versteht die Einleitung zum ersten Schriftzitat Jes 7,17a, *Tage wie beim Abfall Ephraims* (wie oben bei der Schlussfolgerung zum Schriftbezug schon dargestellt), die Schriftstelle als prophetische Voraussage über ein kurz bevorstehendes Ereignis. Daran wird mit der Methode des Schriftbezugs Am 5,26a–27a, *Sakkut und Kijjun,* angeschlossen und somit ebenfalls auf dieses Ereignis bezogen. Interpretiert wird das Zitat als prophetische Voraussage über die Flucht der Gemeinschaft nach Damaskus, ein Ereignis, von dem nach dem Verständnis dieser Auslegung auch die nachfolgenden Schriftstellen sprechen: Am 9,11, *die zerfallene Hütte Davids,* und Num 24,17, *Zepter und Stern,* die ebenfalls durch einen Schriftbezug deutlich in diese Richtung geführt werden. Die Interpretationen von Am 5,26a–27a und Num 24,17 in den ihnen anschliessenden allegorischen Deutungen von Einzelelementen zielen ebenfalls auf dieses Ereignis hin.

Durch den Schriftbezug in CD VIII,9f wird klargemacht, dass über die Gottlosen, von denen dort berichtet wird, Gott schon prophetisch in Dtn 32,33, *Drachengift,* geurteilt hat. Die Schriftaussage wird auf die Situation der «Gemeinschaft des Bundes» hin aktualisiert, die einzelnen Elemente werden allegorisch auf konkrete Gottlose (Opponenten der «Gemeinschaft des Bundes») hin ausgedeutet.

Bei den in Ms B zusätzlich belegten Zitaten findet sich eine Kombination der beiden Methoden Schriftbezug und Aufnahme und allegorische Deutung von Einzelelementen nur einmal. Auch hier ergänzen sich die beiden Methoden und zielen in eine Richtung, nämlich dahin, das Zitat als prophetische Voraussage zu verstehen.

Sach 13,7, *das Schlagen des Hirten,* in XIX,7–9 wird, wie schon die Einleitung dies klar macht, als eine Voraussage über ein bald zu erwartendes gerichtliches Eingreifen Gottes verstanden. Sowohl durch Schriftbezug als auch durch die allegorische Deutung von Einzelelementen wird das Prophetenwort auf die Zeit der Heimsuchung hin ausgelegt.

In allen Fällen sind die beiden Methoden Teil *einer* Auslegung; die Methoden werden demnach nicht wie von Schwarz postuliert in entgegengesetzter Richtung angewandt,[183] sondern wie dargestellt in gegenseitiger Kombination auf *die eine angesteuerte Richtung hin.* Sowohl prophetische Bücher als auch die Tora werden durch Kombination dieser beiden Methoden ausgelegt. Dabei werden *alle* so ausgelegten Zitate als prophetische Voraussagen für die Endzeit behandelt, wobei die eigene Zeit als diese Endzeit angesehen wird. Aus diesem Grund werden die jeweiligen Zitate auf die erlebte Vergangenheit, die Gegenwart und die erwartete Zukunft der «Gemeinschaft des Bundes» hin gedeutet. Die beim Habakuk-Kommentar

---

[183] Siehe oben Anm. 182.

(1QpHab) beobachtbaren hermeneutischen Prinzipien, *1. Prophetische Verkündigung hat zum Inhalt das Ende* und *2. Die Gegenwart ist die Endzeit*,[184] gelten demnach mutatis mutandis auch für die beiden Methoden Schriftbezug und Aufnahme und allegorische Deutung von Einzelelementen in der D. Insbesondere die Verwendung der letzteren Methode zeigt, dass die auszulegenden Worte wie bei 1QpHab als deutungsbedürftige Offenbarungen verstanden wurden. Die Auslegungen dieser Methode zielen daher nicht auf den Wortsinn, sondern auf den in den Worten verborgenen *wahren Sinn* und zeigen somit dieselbe Offenbarungs-Hermeneutik wie 1QpHab.

Die bei den Zitaten verwendeten Einleitungsformeln und -sätze

Eine wichtige Rolle zur Erhebung des Schriftverständnisses spielen die *Einleitungen* zu den untersuchten Schriftzitaten. Sie zeigen, dass die Schrift als Kundgebung von Gottes Willen verstanden wird, der sich sowohl in der Geschichte als auch im Gesetz als auch in den prophetischen Zukunftsweissagungen manifestiert. Die Darstellung der zitierten Worte als Worte bestimmter Personen tritt in den Einleitungen deutlich zurück gegenüber ihrer Wahrnehmung als göttliches Wort, ist aber noch zu erkennen. So kann in der Einleitung durchaus noch stehen «Und wie Mose gesagt hat» (CD VIII,14) oder etwa «Von dem Jesaja gesagt hat» (VI,7f). Belegt ist aber auch die alleinige Angabe *göttlicher Autorschaft* «Über die Gott gesagt hat» (CD VI,13 und VIII,9). Häufig sind Einleitungen mit unpersönlichem Subjekt, wie «Wie er gesagt hat» u. Ä., bezeugt (CD VII,8.14.16, IX,2.7, XVI,6.22, XX,16, 4QD^a Frg. 6,I,8f und 4QD^f Frg. 3,4.9). Vielfach bleibt offen, wer dieser «er» ist; in CD VII,8 und XX,16 dagegen wird aus dem Zusammenhang deutlich, dass mit «er» *Gott* gemeint ist. Bemerkenswert ist diesbezüglich die Einleitung zur Auslegung von Jes 24,17 in IV,13f, in der die Worte aus der *Ich-Rede* dieses Propheten als (zwar durch diesen vermittelte, aber nicht von ihm stammende) Worte Gottes bezeichnet werden. Da, wo Personen namentlich genannt sind, beziehen sich die Zitate nicht auf ihre mündliche Rede, sondern auf die den Verfassern vorliegende schriftliche Überlieferung ihrer Worte in den nach den jeweiligen Propheten (Mose, Jesaja, Ezechiel) bezeichneten Büchern.

Neben dieser Kombination der Quellenangabe des Schriftwortes und der bereits bei der Behandlung der Auslegung in CD IV, erwähnten besonderen Titulierung Jesajas *als Prophet* finden sich auch bei den Einleitungen zu den zwei Zitaten aus Ez (CD III,21–IV,2; XIX,12) aussergewöhnliche, von den übrigen Einleitungen sich abhebende Formulierungen: «Wie Gott es ihnen bestimmt hat durch die Hand Ezechiels» und «Wie er gesagt hat durch die Hand Ezechiels.» Die Formulierungen, die in einem interessanten Bezug zu den Einleitungen in diesen Visionen des Propheten stehen («Es kam die Hand Jhwhs über mich ...») sind in Qumran leider nicht belegt. Diese Einleitungen zu Ez stellen eine Kombination von Quellenangaben dar, die sich auch bei der Einleitung zu Jes 24,17 in IV,13f findet. Einerseits wird der Prophet als Quelle des

---

[184] Siehe oben Seiten 29–32.

Zitates angegeben, andererseits wird deutlich gemacht, dass dieser nur Vermittler der Worte, ihr Autor aber Gott ist. Diese Doppelangabe wird einerseits der Situation gerecht, dass die Worte in den Buchrollen der genannten Propheten zu finden waren, andererseits aber auch der oben beobachteten Tendenz, die Schrift direkt auf Gott zurückzuführen. Solche Doppelangaben gibt es ausser bezüglich von Propheten auch noch bezüglich Mose (4QD^a Frg. 11,1). Jesaja und Ezechiel sind die einzigen Propheten, die in der D namentlich genannt werden. (Ms B XIX,7 mit der Nennung von Sacharja ist Teil der als sekundär zu beurteilenden Doppelüberlieferung und wird daher hier nicht mitgezählt.[185]) Bei den recht häufig vorkommenden Einleitungen, die auf das *geschriebene* (Gottes-)Wort verweisen, die mit כתוב («Es steht geschrieben») gebildet werden, sind niemals Autorenangaben zu finden.

Die Beobachtung zu den Einleitungsformeln zeigt, dass diese zwar durchaus auf Worte bestimmter Personen, etwa der Propheten, verweisen können, aber vornehmlich auf den einen Willen Gottes zielen, wie er in ihren Schriften zum Ausdruck gebracht wurde. Dabei sind nicht nur Formeln, die wie etwa ואשר אמר indirekt auf das Sprechen Gottes in der Schrift verweisen, zu finden, sondern auch solche, die das Zitat direkt als von Gott ergangene Rede einführen wie die Einleitung אשר אמר אל in CD VI,13. Bei den konkreten Formulierungen der jeweiligen Einleitungsformeln in der D zeigt sich eine grosse Freiheit. Die Einleitungen zu den expliziten und ausgewiesenen Zitaten sind vielfach deutlich mehr als blosse Zitationsformeln, die auf die Schrift verweisen. Um dies deutlich zu machen, wurden die Einleitungen wie ואשר אמר u. Ä. nicht als «Und wie es heisst» übersetzt, sondern wörtlich mit «Und wie er gesagt hat» wiedergegeben.

Neben dem dargestellten Schriftverständnis als Ausdruck des Willens Gottes zeigt sich in den Einleitungen auch ein hermeneutisches Verständnis der durch sie eingeleiteten Schriftaussagen. Während die Einleitungen in den Schriftbelegen die ihnen jeweils nachfolgenden Worte schlicht als Wort Gottes, Moses oder eines Propheten ausweisen und ihnen damit Autorität zuschreiben, ist beim Schriftbezug das Verhältnis des in der D behandelten Ereignisses zu dem damit in Bezug gesetzten zitierten Text komplexer. Besonders bei den ausführlicheren Einleitungen ist nach dem ihnen intendierten hermeneutischen Verständnis zu fragen.

Aus den Einleitungen zum Schriftbezug CD VI,7f; VII,8; VI,13; VII,19; VIII,9; VIII,14; XIX,1; XIX,5; XIX,15; XX,16, die lediglich auf ein Gottes-, Propheten-, Mose- oder Schriftwort verweisen, lässt sich kein besonderes hermeneutisches Verständnis ablesen. Die oben erwähnten ausführlichen Einleitungen zu den Ezechielzitaten lassen selbst noch nicht erkennen, ob die nachfolgenden Worte als gesetzliche Bestimmung oder als prophetische Verheissung verstanden werden. Dass Letzteres gilt, ergibt sich vielmehr aus dem jeweiligen Kontext. Dagegen lässt sich, wie schon bei der Erarbeitung der Methode des Schriftbezugs erwähnt, die ausführliche Einleitung zum Schriftbezug in CD I,13 «Dies ist die Zeit, von der geschrieben steht ...» auf zwei Weisen lesen: Einerseits mit Schwarz und Fuß *als Vergleich,* der die von den Verfassern und Lesenden der D eigene erlebte Zeit mit der Zeit, von dem das Zitat (Hos 4,16) berichtet, in Bezie-

---

[185] Siehe oben z. St.

hung setzt,[186] und andererseits so, dass das Zitat eine Weissagung über diese, von den Verfassern und Lesenden erlebte Zeit darstellt. Ersteres bedingt, mit Schwarz anzunehmen, der Autor dieser Auslegung sei sich der Geschichtlichkeit des zitierten Textes bewusst gewesen.[187] Gegen Schwarz wurde aber bei der Untersuchung festgestellt, dass das Zitat selbst nicht die Funktion eines Vergleiches, sondern diejenige eines *Erfüllungszitates* hat. Somit ist die, wie Schwarz selbst konstatiert, näher liegende Möglichkeit zu wählen: Die Einleitung gibt zu erkennen, dass die Verfasser die Worte Hoseas als Prophetie über ihre eigene Zeit gelesen haben.[188] Ein solches Konzept der Schrift als Sammlung prophetischer Worte über die Zukunft lässt sich deutlich in der ausführlichen Einleitung zum Schriftbezug zu Jes 7,17a in CD VII,10f erkennen: «Wenn das Wort eintrifft, das geschrieben steht in den Worten Jesajas, des Sohnes des Amoz, der gesagt hat ...» Die Formulierung lässt erkennen, dass das Eintreffen des in CD VII,11f zitierten Wortes als prophetische Voraussage verstanden wurde, deren Erfüllung bald erwartet wurde; dasselbe zeigt die zweite Einleitung zu Jes 7,17a in 4QD[b] Frg. 9,V,2. (Entsprechendes gilt auch für die Einleitung zu Sach 13,7 in CD XIX,7.)

Die ausführlicheren Einleitungen zum Schriftbezug sind entweder bezüglich Zukunfts- oder Vergangenheitsorientierung der ihnen nachfolgenden Worte neutral oder zeigen, dass die ihnen nachfolgenden Worte als prophetische Weissagungen verstanden wurden, die auf die eigene Geschichte, Gegenwart und erwartete Zukunft zu beziehen sind. Die Worte, die als von Mose gesprochen gelten, können sowohl als prophetische Voraussagen (wie etwa Num 21,18, *das Bild vom Brunnengraben*, in CD VI,3) als auch als durch ihn oder durch Gott festgesetzte gesetzliche Bestimmungen verstanden werden (wie etwa Lev 18,13, *Verbot des ehelichen Umgangs mit der Schwester der Mutter,* in CD V,8). Von den Propheten werden in der D nur Jesaja und Ezechiel namentlich genannt. Die Ehre, namentlich genannt zu werden kommt ausserdem nur noch Mose zu. Ezechiel trägt die Bezeichnung «Prophet» als Ehrentitel, Jesaja wird zusätzlich zu dieser Ehrenbezeichnung zweimal noch als Sohn des Amoz vorgestellt, also mit der Bezeichnung, mit der das Jesajabuch beginnt. Obwohl auch Schriftstellen aus prophetischen Büchern als Schriftbelege dienen können, werden bei Jesaja und Ezechiel sämtliche Stellen auf die Zukunft bezogen.

Beobachtungen zur Verwendung der Zitate

Aus dieser Beobachtung, dass die Zitate durch Einleitungen und teilweise auch durch Spatien nach dem Zitat deutlich vom Haupttext abgetrennt sind, lässt auf eine gewisse Sorgfalt bei der Zitierung schliessen. Die Beobachtungen zur Texttreue bzw. zu Textabweichungen bei der Zitation sowie zur Kontextbeachtung bzw. Nicht-Beachtung ergeben jedoch ein differenziertes Bild.

---

[186] Siehe Schwarz, *Damaskusschrift*, 101, und Fuß, *Zeit*, 132f.
[187] Siehe Schwarz, *Damaskusschrift*, 101.
[188] Siehe Schwarz, *Damaskusschrift*, 100f.

Die bei einigen Schriftinterpretationen in der D feststellbare Kontext-
bedingtheit zeigte sich bereits bei der Untersuchung des ersten Zitates in
der D (Hos 4,16 in CD I,13f).[189] Daher wurde bei der Untersuchung der
Schriftzitate und ihrer Auslegung auch darauf geachtet, inwiefern der unmittelbare Kontext der rezipierten Schriftstelle die Auslegung beeinflusst
hat, und oben bei den Schlussfolgerungen zu den einzelnen Auslegungsformen erwähnt.

In der D lässt sich beides finden: Auslegungen, die stark vom Kontext
der zitierten Schriftstelle beeinflusst sind, aber auch Fälle, in denen der
Kontext keine erkennbare Rolle spielt. So erscheint etwa der in der Deutung von Num 21,18 stehende Schriftbezug auf Jes 54,16aγ in VI,8 gegenüber dem originalen Kontext als ganz aus seinem Zusammenhang herausgerissen. Aus der Beobachtung, dass in den betrachteten Schriftauslegungen in der CD nicht der historische Sinn des rezipierten Textes,
sondern sein verborgener, *wahrer Sinn* Gegenstand der Auslegung ist, darf
jedenfalls nicht gefolgert werden, dass der unmittelbare Kontext des
Zitates keine Rolle spielt. Im Gegenteil kann dieser gelegentlich nicht nur
die Auslegung, sondern auch die Zitation selbst beeinflussen, so dass eine
intendierte Abweichung des Zitates zu seinem Original entsteht.

Bei der Untersuchung der Schriftzitate wurde geprüft, inwiefern sich bei
den Zitaten Abweichungen zum zitierten Text feststellen lassen, denen
eine interpretative Intention zukommt. Neben wörtlicher Zitation[190] sind
sowohl geringfügige wie auch gewichtige Abweichungen festzustellen.

Eine geringfügige Abweichung des Zitates zum zitierten Text fand sich beispielsweise
bei der Untersuchung der Rezeption und Auslegung von Ez 44,15a–bβ in CD III,21–
IV,4.[191] Das Zitat zeigt (wie oben z. St. dargestellt) textkritisch sonst nicht belegte Abweichungen zum MT und liest והכהנים והלוים statt הלוים הכהנים. Als interpretative
Änderung ist die Verkürzung הם יגישו לי חלב ודם der originalen Aussage von Vers
15aγ–bβ המה יקרבו אלי לשרתני ועמדו לפני להקריב לי חלב ודם zu werten, bei der
anstelle von קרב hi. wie im MT das im Wesentlichen gleichbedeutende Wort נגש hi.
verwendet wird. Zwar bleibt der Textsinn trotz dieser Kürzung und Änderung in etwa
derselbe; dennoch zeigt CD III,21–IV,4, dass die Verfasser der D in recht grosser
Freiheit mit den rezipierten Texten umgehen konnten.

Ebenfalls eine geringfügige Abweichung wurde bei Untersuchung des Zitates von
Jes 7,17a in CD VII,11f gefunden, der im Gegensatz zur oben genannten Abweichung
aber eine interpretative Wirkung zukommt – wenn auch eine eher bescheidene. Sie re-
sultiert aus dem Ersetzen des Verursachers Jhwh durch eine unpersönliche Formulierung. Im Gegensatz zum Prophetenwort ist es bei der Rezeption nicht mehr explizit
Jhwh, der die gefürchteten Tage wie beim Abfall Ephraims über Israel bringt, sondern
es wird lediglich deren Kommen angekündigt. Möglicherweise passte Jhwh als Verur-
sacher des Bösen nicht in das dualistische Konzept der «Gemeinschaft des Bundes».

[189] Vgl. dazu auch Metzenthin, *Abraham*, 90f.

[190] Als Beispiele von wörtlicher Übereinstimmung sind die Zitate von Jes 24,17 in
CD IV,14, Num 21,18 in VI,3f und Dtn 32,33 in VIII,9f zu nennen.

[191] CD III,f ist in Qumran nicht bezeugt; siehe dazu oben Anm. 64.

Weit umfassender sind die Veränderungen des Zitates von Am 5,26a–27a in CD VII,14f, die in der Untersuchung bereits ausführlich besprochen wurden. Durch die Ersetzung von Worten mit solchen, die der Autor im unmittelbaren Kontext des Zitates (v. a. in Vers 27) fand, ist wie gezeigt eine *gewichtige Sinnverschiebung* festzustellen: Am 5,26a–27a wird umgedeutet zur Verbannung von «Sakkut» und «Kijjun» nach Damaskus. Eine weitere Umdeutung (סכות wird zu סוכת) findet sich in der anschliessenden Auslegung in den Zeile 15f. Bemerkenswert ist in dieser Auslegung ausserdem, dass der «Stern» aus Am 5,26 zwar nicht zitiert, in der Auslegung in Zeile 18f aber dennoch aufgenommen wird. Trotz all dieser Änderungen ist die Aufnahme von Am 5,26f in VII,14–19 aufgrund der vorangehenden Einleitung «Wie er [sc. Gott] gesagt hat» nicht bloss als Anspielung, sondern als *geändertes Zitat* zu betrachten. Die genannte Aufnahme des «Sterns» steht in Bezug mit dem wörtlichen Zitat von Num 24,17 und seiner Deutung, die ebenfalls in dieser Auslegung stehen und in den Zeilen 19–21 zu finden sind.

Interpretative Änderungen zeigte auch die Untersuchung des Schriftzitates in CD XX,15f. Gegenüber Hos 3,4 MT ist das Zitat in CD deutlich geändert. Einerseits fehlen die im Prophetenspruch genannten *Opfer, Mazzeben, Ephod* und *Terafim*, andererseits wird die Liste um für den das Zitat umgebenden Kontext der D passenden Funktionäre (einen *Richter* und einen *Zurechtweiser in Gerechtigkeit*) erweitert.

Ein etwas besonderer Fall bezüglich interpretativer Änderung des Schriftzitates ist die Zitatkombination Dtn 9,5/7,8 in CD VIII,14f sowie das Zitat von Lev 26,31b in 4QDᵃ Frg. 11,1–5, bei dem Worte vorangeschoben wurden. Wie die Untersuchung zeigte, sind in diesen Fällen die Zitate nicht nur aus ihrem ursprünglichen Zusammenhang herausgerissen und abgeändert, sondern durch Beifügen von weiteren Worten zusätzlich so verändert, dass sie und die sich daraus ergebende Auslegung sich gut in den Duktus der diesen Schriftbezug umgebenden Darstellung einfügen.

Die Untersuchung des Wortlautes der Zitate zeigt, dass in der D neben wörtlich treuer Übernahme der zitierten Bibelworte auch ein freierer Umgang mit dem Bibeltext (mit interpretativer Tendenz bis hin zu seiner Umdeutung) zu finden ist. In letzteren Fällen beginnt die Auslegung und Deutung nicht erst nach der Zitation, sondern bereits durch die Zitation des Schriftwortes selbst.

Aufgrund dieser durch die Untersuchung der Schriftzitate und der ihnen zugehörigen Auslegungen gewonnenen Erkenntnisse bezüglich Schriftauslegung in der D kann nun die Auslegung der Jesaja-Zitate in der D herausgehoben werden.

6.1.6 Schlussfolgerung zu den eingeleiteten Jesaja-Zitaten in der Damaskusschrift und ihren Auslegungen

Von den vier eingeleiteten Jesaja-Zitaten finden sich ein ausgewiesenes Zitat (Jes 7,17a in CD XIV,1), eines, das *als von Jesaja gesagt* eingeführt ist (Jes 54,16aγ in VI,8), und zwei mit einer verhältnismässig langen Einleitung (Jes 24,17 in IV,14 und Jes 7,17a in VII,11f), in welcher Jesaja den Ehrentitel «Prophet» erhält und als Sohn des Amoz (ein Verweis auf das Jesajabuch) bezeichnet wird. Ausser Jesaja wird nur Ezechiel die Ehre zuteil, als Prophet bezeichnet zu werden (vgl. CD III,21); neben diesen beiden wird nur noch Mose namentlich genannt. Einen derart ausführlichen Titel wie

Jesaja hat aber wie dargestellt keine der anderen Figuren. Jesaja wird bereits in den Einleitungen der Zitate eine besondere Ehre zuteil. Dennoch wird gerade auch bei Jesaja *nicht dieser selbst* als Autor der im Jesajabuch gesammelten Worte wahrgenommen, vielmehr gelten diese Worte als Worte Gottes. Die Einleitung «Wie Gott durch die Hand Jesajas, des Propheten, des Sohnes des Amoz, gesprochen hat» in CD IV,13 zeigt dies deutlich. Im Gegensatz zur Darstellung im Jesajabuch als *Ich-Rede* des Propheten werden die Worte in dieser Einleitung explizit als Worte Gottes bezeichnet, während Jesaja nur als deren Vermittler erscheint. Unter Berücksichtigung der Beobachtung, dass in der D die Wahrnehmung der zitierten Worte als Worte bestimmter Personen zugunsten ihrer Darstellung als göttliche Worte zurücktritt, ist auch die Einleitung in CD VII,10f, die sich explizit auf Worte Jesajas bezieht, zu beurteilen: «Wenn das Wort eintrifft, das geschrieben steht in den Worten Jesajas, des Sohnes des Amoz, des Propheten.» Die Einleitung weist zudem mehr auf das *Prophetenbuch* als auf die Prophetengestalt hin. Unter dem Wort, das eintreffen soll, ist somit *ein göttliches Wort* und nicht das des Propheten selbst anzunehmen. Auch dem grossen Jesaja kommt in der D keine eigene Autorität zu, vielmehr dient er allein *als Mittler des göttlichen Willens*.

In diesem Punkt besteht ein deutlicher Unterschied zwischen den Propheten, namentlich auch Jesaja, und Mose. Obschon sowohl Zitate aus der Tora als auch aus den Propheten als gesetzliche Belegstellen dienen können, kommt allein den Worten Moses kraft seiner eigenen Autorität Geltung zu. So heisst es etwa in CD V,8 «Mose aber hat gesagt» und in VIII,14 «Und wie Mose gesagt hat». Beide Male sind die nachfolgenden Zitate allein als Worte von Mose gekennzeichnet. Dass Mose in diesen Fällen Gottes Willen vermittelt, wird im jeweiligen Zusammenhang zwar implizit vorausgesetzt, aber nicht explizit gesagt. Bei den Propheten dagegen (wie gezeigt auch bei Jesaja) wird jedoch immer deutlich, dass nicht der Prophet, sondern *Gott* als der eigentliche Autor der Worte anzusehen ist.

Alle eingeleiteten Jesaja-Zitate werden mit der Methode des *Schriftbezugs*, eines davon (Jes 24,17 in CD IV,14) kombiniert mit der Methode der *Aufnahme und allegorischen Deutung von Einzelelementen*, ausgelegt. Dass kein Jesaja-Zitat als *Schriftbeleg* dient, dürfte aber eher Zufall sein; jedenfalls können wie dargestellt auch Stellen aus den Prophetenbüchern als Schriftbelege dienen. Die Zitate aus Jes 24,17 in CD IV,14 und 54,16aγ in VI,8 spielen für den Gesamtargumentationsgang der Damaskusschrift keine grössere Rolle. Bei Jes 24,17 erscheint der Verweis auf die uns unbekannten Worte Levis für die Auslegung wichtiger zu sein, als das Jesaja-Wort selbst; die Auslegung von 54,16aγ ist der Deutung von Num 21,18 untergeordnet.

Von hoher Bedeutung ist dagegen die Stelle Jes 7,17a, die gleich zweimal, nämlich in CD VII,9–21 und in XIV,1f zitiert und ausgelegt wird. Wie die jeweiligen Auslegungen zeigen, ist das zweimalige Vorkommen des

Zitates kein Zufall, sondern Intention. Durch die beiden Auslegungen wird
der Inhalt des Zitates, *Tage wie beim Abfall Ephraims,* mit der eschatologischen Heimsuchung Gottes zur Bestrafung der Abgefallenen und zur Belohnung derjenigen, die am Bund festhalten, verglichen. Das erste Mal
steht das Zitat in den Ermahnungen und die Auslegung handelt davon,
dass bei dieser Heimsuchung die Abtrünnigen dem Schwert übergeben
werden (VII,13). Dies muss als *Warnung* verstanden werden, die an diejenigen ergeht, die sich nicht der «Gemeinschaft des Bundes» anschliessen
wollen. Gegen Ende der Gesetzessammlung wird das Zitat bewusst nochmals aufgenommen. Hier handelt die Auslegung nun aber davon, wie in
dieser Heimsuchung diejenigen, die am Bund festhalten, bewahrt werden
(XIV,2). Im Gegensatz zur ersten Auslegung der Schriftstelle *als Warnung
an die «Abtrünnigen»* ist dies eine *Verheissung für die Mitglieder der eigenen Gemeinschaft.*

Das Zitieren von Jes 7,17a am relativen Anfang und Ende der
Damaskusschrift trägt somit deutlich theologische Züge. In seiner Auslegung in der Ermahnung trägt Jes 7,17a dazu bei, angesichts der kommenden Heimsuchung Gottes die Notwendigkeit der Umkehr vom abtrünnigen und daher gerichtsreifen Geschlecht aufzuzeigen. Die Schriftstelle
bzw. ihre Auslegung dient innerhalb der Ermahnungen somit dazu, den
Aufruf zur Hinwendung zur «Gemeinschaft des Bundes» abzustützen. Mit dem
gleichen Zitat wird am relativen Ende der Gesetzessammlung denjenigen,
die sich an die Vorschriften der Tora halten (so wie sie von der Gemeinde
des Bundes verstanden und gelebt werden), die *Bewahrung in der kommenden
Heimsuchung Gottes verheissen.* Die beiden Auslegungen von Jes 7,17a entsprechen in diesem Sinne der Gesamtintention der Damaskusschrift mit
ihren beiden Teilen, der Ermahnung und der Gesetzessammlung.

Wie bereits die Auslegung von Jes 7,17a als Vorhersage der eschatologischen Heimsuchung der Gottlosen zeigt, ist Jesaja für die Verfasser der
Damaskusschrift einerseits der grosse Prophet der Weltgeschichte. Andererseits betreffen die Vorhersagen im Jesajabuch immer auch die eigene
Gemeinschaft. Bezüglich dieser zeigt gerade Jes 7,17a eben auch ihre Bewahrung im Gericht auf. In eine ähnliche Richtung wie diese Stelle wird
auch Jes 24,17 gedeutet, nämlich auf das Loslassen Belials wider Israel,
wobei davon vor allem die Gegenspieler der eigenen Gemeinschaft be-
troffen sind. Auch Jes 54,16aγ wird als Vorhersage gelesen, welche die
eigene Gemeinschaft betrifft, allerdings als eine, die sich in der Geschichte
der «Gemeinschaft des Bundes» bereits erfüllt hat, da die Schriftstelle auf
den Gesetzesausleger dieser Gemeinschaft hin gedeutet wird.

Die Gemeinderegel (1QS) ist keine literarisch einheitliche Schrift, sondern aus verschiedenen Teilen zusammengesetzt. Das literarische Wachstum der Schrift zeigt sich unter anderem daran, dass in Höhle 4 Varianten zu verschiedenen Teilen von 1QS gefunden wurden (4QS^{a-j}), die einerseits oft einen jeweils kürzeren Text bieten, andererseits aber auch eigene Überlieferungen beinhalten.[192] Neben der Gemeinderegel (1QS) wurden in Höhle 1 auch die Gemeinschaftsregel (1QS^a) und die Segenssprüche (1QS^b) gefunden, die wahrscheinlich einmal beide zur selben Handschrift wie 1QS gehörten. Die Gemeinschaftsregel bildete wahrscheinlich eine Art Anhang zur Gemeinderegel. 1QS wurde erstmals 1951 publiziert und zwar ausserhalb der DJD-Serie, 1QS^a und 1QS^b erschienen dagegen in DJD I.[193] Die vorliegende Untersuchung stützt sich auf die mit textkritischen Anmerkungen versehene Ausgabe von 1QS in PTSDSSP.[194]

Obwohl Gemeinsamkeiten zur Damaskusschrift mit ihren Ordnungen bestehen, ist neben den Unterschieden in einzelnen Ordnungen und in der Lehre auch ein wichtiger Unterschied im Charakter der Schrift zu betonen. Anders als die Damaskusschrift, in welcher die häufigen Schriftzitate und deren Auslegungen eine wesentliche Rolle spielen, finden sich in der Gemeinderegel insgesamt nur drei ausgewiesene Schriftzitate, wovon zwei aus dem Jesajabuch stammen. Die Argumentation der Gemeinderegel stützt sich damit deutlich weniger auf Schriftzitate und deren Auslegungen als die Damaskusschrift.[195] In 1QS^a und 1QS^b finden sich keine ausgewiesenen oder expliziten Schriftzitate; in den 4QS-Schriften ist lediglich in 4QS^c eines bezeugt, nämlich das aus 1QS bekannte Zitat von Jes 40,3. Die Untersuchung wird sich daher auf die Zitate in 1QS und auf ihre Auslegung konzentrieren. Wo für das Verständnis der jeweiligen Auslegung notwendig, wird dabei auch der jeweilige Kontext berücksichtigt; von einer ausführlichen Untersuchung des gesamten Textbestandes von 1QS bzw. von 4QS^{a-j} jedoch kann abgesehen werden.

---

[192] Zur Literargeschichte der S-Literatur vgl. Metso, *Textual Development*. Danach ist 1QS die jüngste Schrift und entstand aus der Kombination der in 4QS^c und 4QS^{b,d} bezeugten Überlieferungen; vgl. ebd., 107–149.

[193] Editio Princeps von 1QS: Burrows/Trever/Brownlee, *DSSMM II*. Editio Princeps von 1QS^a, 1QS^b: Barthélemy/Milik, *Qumran cave 1*.

[194] Charlesworth, *Rule of Community*.

[195] Gegen Charlesworth, *Isaiah 40:3*, 213f, lässt sich allein aus der geringen Anzahl der Schriftzitate nicht einfach folgern, dass diesen dafür umso grössere Bedeutung zukomme.

Besondere Aufmerksamkeit wurde von der Forschung dem bereits erwähnten Zitat von Jes 40,3 zuteil. So wurde vermutet, dass diesem Zitat
und seiner Auslegung in 1QS VIII,13–16 eine zentrale Rolle für die Gemeinderegel bzw. für die Qumranschriften überhaupt zukomme. Vielfach
wurde der Abschnitt zudem mit der Gründung der Siedlung von Qumran
in Zusammenhang gebracht.[196] Die vorliegende Untersuchung wird zuerst
alle Zitate in ihrem Kontext untersuchen und dabei nach ihrer jeweiligen
Funktion innerhalb der Gemeinderegel fragen; dabei wird auch die Vermutung, dass Jes 40,3 eine besondere Rolle spiele, kritisch überprüft werden.

6.2.1 Ex 23,7a in 1QS V,15

Die Thematik in Kol. V behandelt den Gegensatz der Männer der Gemeinschaft gegenüber den «Männern des Frevels», die auf «gottlosen
Wegen» wandeln und nicht umkehren. Von einem solchen Menschen soll
sich der Angehörige der Gemeinschaft fernhalten. In den Zeilen 13–15
werden die Kontaktverbote konkretisiert und schliesslich mit dem Zitat
von Ex 23,7 zusammengebracht:

13   ... Er soll nicht ins Wasser hineingehen, um die Reinheit der Männer der
      Heiligkeit zu berühren, denn sie können nicht gereinigt werden,
14   ausser wenn sie umgekehrt sind von ihrer Bosheit; denn Unreines ist an allen,
      die sein Wort übertreten. Und dass niemand mit ihm Gemeinschaft haben[197]
      darf in seiner Arbeit und in seinem Besitz, damit er ihm nicht
15   schuldhafte Übertretung auflade. Sondern er soll sich fernhalten von ihm in
      jeder Sache, denn so steht es geschrieben (Ex 23,7a): *Von jeder betrügerischen Sache
      sollst du dich fernhalten!* ...[198]

Mit der Einleitung כיא כן כתוב wird das Zitat von Ex 23,7a als aus der
Schrift stammend ausgewiesen. Aufgrund ihrer Ähnlichkeit zur Formel
כאשר כתוב und aufgrund ihrer Verwendung im Text ist sie wie diese als
Zitationsformel anzusehen. Diese Funktion hat die Formel כיא כן כתוב
auch in CD XI,18 bzw. 4QD[f] 5,I,12.[199] Das Zitat hat somit in diesem Text
die Funktion eines *Schriftbezugs*; die ihm vorangehenden Worte sind als
Auslegung dieses Zitates zu begreifen. Gegenüber dem MT ist das Zitat
um das Wort כול (jeder) erweitert, wie dies auch die LXX bezeugt.[200] Diese

---

[196] Vgl. Stegemann, *Essener*, 81.

[197] Hebr. ייחד, anders: יוחד, Lohse, *Texte aus Qumran*, 18. Die vorliegende Übersetzung
betont die Nähe des Verbs zum Terminus יחד (Gemeinschaft), welcher die Selbstbezeichnung der Verfasser von 1QS darstellen dürfte.

[198] Die Zeile 15 wird im Folgenden fortgesetzt. Zum Inhalt von 1QS V,13–15 sind
keine Parallelen in den 4QS-Fragmenten bezeugt. Daher ist auch das Zitat von
Ex 23,7a dort nicht bezeugt.

[199] Gegen Leaney, *Rule of Qumran*, 174, der die Formel aufgrund des damaligen Kennt-
nisstandes als singulär bezeichnete. Weitere Belege: 2Q25 1,3 und 4Q228 1,I,9.

[200] MT bezeugt in diesem Fall die ursprünglichere Lesart. Sie ist nicht bloss lectio brevior; ihre Entwicklung zu den Lesarten von 1QS/LXX ist im Sinne einer Verschärfung plausibel. Zur Anwendung der inneren Textkritik siehe oben Anm. 116.

Erweiterung kommt einer Verschärfung gegenüber dem ursprünglichen Wortlaut gleich. Allerdings ist nicht mehr feststellbar, ob die Verschärfung erst in dieser Auslegung entstand oder ob sie bereits im ihr vorliegenden Exodus-Text vorhanden war. Eine weitere Radikalisierung findet aber durch den Bezug dieses Schriftwortes auf die behandelte Sache statt. Das Wort, mittels dessen in der Auslegung auf das Zitat Bezug genommen wird, ist das Wort דבר (Wort/Sache), das in Zeile 15 zweimal, nämlich sowohl in der Auslegung als auch im Zitat vorkommt. Geht es im Zitat Ex 23,7a aber darum, dass man sich von jeder betrügerischen Sache fernhalten soll, lautet die Forderung in der Gemeinderegel demgegenüber, dass man sich von *jeder Sache* dieser (betrügerischen) Menschen fernhalten solle. Einerseits wird den «Männern des Frevels» damit unterstellt, in jeder Sache betrügerisch zu handeln, andererseits wird den Adressaten dieser Vorschrift abgesprochen, selbst zu entscheiden, ob eine Sache betrügerisch ist oder nicht. Die allgemeine Mahnung von Ex 23,7a, sich von betrügerischen Sachen fernzuhalten, wird durch die Einfügung in diesen Kontext zur Begründung, warum man sich von den «Männern des Frevels» in jeder Sache fernzuhalten habe. Mit dieser Aufforderung soll eine Mitwirkung bei einer betrügerischen Sache auf alle Fälle verhindert werden. Ex 23,7a dient somit im vorliegenden Zusammenhang als *Schriftbeleg*; gleichzeitig wird durch die Verwendung dieser Mahnung in der vorliegenden Auslegung diese selbst konkretisiert und für die beschriebenen Fälle als anwendbar erklärt.

6.2.2 Jes 2,22 in 1QS V,17

Gleich anschliessend an diese Verbote in V,13–15 wird den Männern der Gemeinschaft untersagt, einem der «Männer des Frevels» Antwort zu geben oder etwas von ihnen zu essen, zu trinken oder sonst etwas umsonst zu empfangen. Dabei wird nun auf Jes 2,22 rekurriert:

15   ... und keiner darf etwas erwidern von den Männern
16   der Gemeinschaft auf ihre Veranlassung hin betreffs irgendeines Gesetzes oder
      Gebotes. Und keiner soll etwas essen von ihrem Besitz oder trinken oder etwas
      aus ihrer Hand empfangen,
17   ausser gegen einen Kaufpreis, wie geschrieben steht: (Jes 2,22) *Lasst ab vom Men-
      schen, in dessen Nase nur ein Hauch ist; denn was gilt er schon?*[201]

Das Zitat stimmt (abgesehen von orthographischen Differenzen) sowohl mit dem MT als auch mit 1QJes^a überein. In der LXX dagegen fehlt der Vers, weshalb er innerhalb der alttestamentlichen Wissenschaft oft als Glosse betrachtet wurde;[202] neuerdings wird dagegen seine Verbindung zu 2,6–21 betont.[203] Eingeleitet wird das Zitat von Vers 22 mit der bereits aus

---

[201] Fortsetzung der Zeile 15. Zum Inhalt von 1QS V,15–17 sind keine Parallelen in den 4QS-Fragmenten bezeugt. Daher ist auch das Zitat von Jes 2,22 dort nicht bezeugt.
[202] Vgl. dazu Wildberger, *Jesaja 1–12*, 113f, sowie die dort angegebene Literatur.
[203] So Beuken, *Jesaja 1–12*, 105f.

den vorangehenden Untersuchungen bekannten Zitationsformel
כאשר כתוב. Die Verwendung des Verses in der Argumentation in 1QS V
deutet darauf hin, dass der Verfasser nicht nur einfach diesen Vers aus
Jes 2 heraus zitierte, sondern sich auch des Zusammenhangs bewusst war,
in welchem Vers 22 steht. Im Kontext der Gerichtsankündigung von
Jes 2,12–22[204] ist mit dem Menschen, von dem die Adressaten dieser Worte
ablassen sollen, der Mensch allgemein gemeint. Angesichts der Tatsache,
dass der Mensch vor dem Gericht Gottes nicht bestehen kann, sollen die
Adressaten dieser Worte davon ablassen, auf Menschen zu bauen, sondern
vielmehr auf Gott vertrauen.[205] Im Kontext von 1QS V bezieht sich das
Wort Mensch auf die «Männer des Frevels» und dient dazu, die Notwendigkeit zur Abgrenzung von diesen Menschen aufzuzeigen.[206] Die
Verfasser verstanden unter den Menschen von Vers 22 demnach nicht die
Menschen allgemein, sondern diejenigen, über die durch die Verse 12–22
das Gericht Gottes angekündigt wurde. Explizit ist in Jes 2,20f nochmals
vom «Menschen» die Rede:

> 20 An jenem Tag wird der Mensch seine silbernen Götzen und seine goldenen
> Götzen, die man ihm zum Anbeten gemacht hat, den Spitzmäusen und den
> Fledermäusen hinwerfen,
> 21 um sich in die Felsspalten und Steinklüfte zu verkriechen vor dem Schrecken
> Jhwhs und vor der Pracht seiner Majestät, wenn er sich aufmacht, die Erde zu
> schrecken.

Da die Verfasser dieser Auslegung unter den in Vers 22 genannten «Menschen», *die* Menschen gesehen haben, von denen sie glaubten, dass über sie
bald das Gericht Gottes ergehen würde, haben sie die Worte von Jes 2,12–
22 als Prophetie über die «Männer des Frevels» verstanden.[207] Da die Gerichtsankündigung in Jes 2,12–22 unspezifisch ist und ohne historische
Angaben auskommt, ist ihre Interpretation als Prophetie über die Zukunft
ohne Weiteres möglich. Als solche wird sie in 1QS V auf die konkrete
Situation der Verfasser bezogen und ihr letzter Vers damit als *Schriftbeleg* für
die Aufforderung, von den Gegnern der Männer der Gemeinschaft abzu-
lassen, da über diese das Gericht Gottes bereits beschlossen sei.[208]

---

[204] Nach der Gliederung von Beuken, *Jesaja 1–12*, 100–102, bilden die Verse 10–22 die
Gerichtsankündigung. In 1QJesᵃ ist der Text in die Verse 12–19 und 20–22
gegliedert, Vers 10 fehlt in 1QJesᵃ; vgl. Steck, *Textheft Jesajarolle*, 4.

[205] Vgl. Beuken, *Jesaja 1–12*, 102–106.

[206] Vgl. Shum, *Use of Isaiah*, 103f.

[207] Da das baldige Gericht Gottes in 1QS eine wichtige Rolle spielt, ist die Annahme,
die Verfasser hätten das in dem Kontext der zitierten Jesaja-Stelle angekündigte Gericht mitbedacht, plausibel. Zur Rolle des Gerichtsgedankens an dieser Stelle und in
1QS generell vgl. Shum, *Use of Isaiah*, 104f. Anders Fitzmyer, *Use of Quotations*, 34.

[208] Vgl. Leaney, *Rule of Qumran*, 175, der das Zitat in den Zusammenhang des von
Kol. V gezeichneten Kontrastes zwischen dem unverbesserlichen Israel und den
Mitgliedern der Gemeinschaft stellt.

6.2.3 Jes 40,3 in 1QS VIII,13–16

In 1QS VIII geht es um den Rat der Gemeinschaft und um die Absonderung von vollkommenen Männern, die in die Wüste gehen sollen, um dort den Weg für Gott zu bereiten.[209] Diese Aufforderung in Zeile 13 wird mit einem ausgewiesenen Zitat von Jes 40,3 verbunden, welches anschliessend ausgelegt wird. Gegenüber Jes 40,3 wird die Einleitung «Eine Stimme ruft» ausgelassen; sonst sind aber keine wesentlichen Differenzen gegenüber MT/1QJesᵃ zu verzeichnen. Die Auslegung von Jes 40,3 wird in IX,19f dann nochmals aufgenommen:

13 Entsprechend diesen Festlegungen[210] sollen sie ausgesondert werden aus der Mitte des Wohnsitzes der Männer des Frevels, um in die Wüste zu gehen, um dort den Weg des Er[211] zu bereiten,

14 wie geschrieben steht: (Jes 40,3) *In der Wüste bereitet den Weg des . . . .*[212]*, ebnet in der Steppe eine Bahn für unseren Gott.*

15 Dies ist das Studium des Gesetzes, welches er durch Mose[213] geboten hat zu tun, gemäss dem, was offenbart wird von Zeit zu Zeit,

16 und wie die Propheten offenbart haben durch seinen heiligen Geist ...

Das Zitat wird mit der Zitationsformel כאשר כתוב eingeleitet und ist damit als Schriftwort ausgewiesen. Seine Auslegung wird durch das Pronomen היאה eingeleitet.[214] Anfang und Ende des Zitates sind somit deutlich markiert.[215] Aus dem Gebrauch des Zitates wird deutlich, dass es als Schriftbeweis dienen soll. Prinzipiell sind aus Zeile 13 drei Bezugsmöglichkeiten für diesen Schriftbeweis denkbar: die Absonderung, der Gang in die Wüste, die Wegbereitung. Die anschliessende Deutung «Dies ist das Studium der Tora» und die Wiederaufnahme der Thematik in IX,19f[216] «Dies ist die Zeit, den Weg zu bereiten für die Wüste» könnte dazu verleiten, den Bezug

---

[209] Mit Kol. VIII,1 beginnt in 1QS ein neuer Absatz, der sich inhaltlich um Regelungen bezüglich des Rates der Gemeinschaft dreht. Am Ende von Kol. VIII, in Zeile 27, findet sich ein freies Zeilenende.

[210] Der Zeilenanfang ist über der Zeile nachgetragen. Da die 3 Wörter in 4QSᵈ·ᵉ offensichtlich fehlen, sind sie literarkritisch wahrscheinlich als spätere Hinzufügung zu betrachten; vgl. Charlesworth, *Rule of Community*, 36, 76 und 86.

[211] Das Personalpronomen הואה steht als Platzhalter für יהוה; siehe Charlesworth, *Rule of Community*, 37, Anm. 210, und die dort behandelte Literatur. Dieses wird mit Lohse, *Texte aus Qumran*, 31, im Deutschen am besten mit «Er» wiedergegeben; anders Leaney, *Rule of Qumran*, 221.

[212] Die hier wiedergegebenen vier Punkte im Manuskript stehen als Platzhalter für יהוה.

[213] Hebr. ביד. Siehe dazu oben die Überlegungen bei der Einleitung des Zitates von Ez 44,15a–bβ in III,21 (Seite 130).

[214] Das Pronomen היאה dient hier als Formel, welche die Auslegung einleitet, und ist mit Shum, *Use of Isaiah*, 113, nicht allein auf דרך, sondern auf פנו דרך zu beziehen.

[215] Mit Charlesworth, *Isaiah 40:3*, 210f.

[216] IX,19 ist nicht einfach als Anspielung auf Jes 40,3, sondern als Rückbezug auf die in 1QS VIII,13–16 ausgeführte Auslegung von Jes 40,3 zu verstehen; vgl. Shum, *Use of Isaiah*, 116. Vgl. auch Charlesworth, *Isaiah 40:3*, 216.

allein in der Wegbereitung zu sehen.[217] Aus dem Kontext der Wiederaufnahme der Thematik in IX,19f wird aber deutlich, dass das Schriftwort auf
alle drei Aspekte bezogen wird. In IX,18–20 wird einerseits der vollkom-
mene Wandel als Ziel der Unterweisung genannt (Zeile 19), andererseits
aber auch die Absonderung sowie eine Belehrung. Zwar nimmt die Auslegung in VIII,15 ausschliesslich die Wegbereitung von Jes 40,3 auf und
deutet sie als Studium der Tora. Dieses Studium kann jedoch als Grundlage
der in IX,18–20 genannten Belehrungen gesehen werden, die dem Ziel des
vollkommenen Wandels dienen. Sowohl in VIII,13–16 als auch in IX,18–
20 wird klar, dass dieses Studium der Tora und die damit verbundene voll-
kommene Lebenspraxis in der Abgeschiedenheit der Wüste geschehen soll.
Somit gehören nicht nur das Studium der Tora, sondern auch Belehrung
und Absonderung ebenfalls zur Wegbereitung in der Wüste.

Durch die Auslegung von Jes 40,3 in VIII,15 wird klar, dass die Wegbereitung metaphorisch als Studium des Gesetzes verstanden wird.[218] Die
Themen Absonderung und Gang in die Wüste wurden in der Qumranforschung gerne konkret auf die Siedlung Chirbet Qumran bezogen.[219]
Warum aber die Wegbereitung symbolisch, die Absonderung in die Wüste
dagegen konkret zu verstehen sei, ist nicht unmittelbar einsichtig.[220] In 1QS
ist von der Wüste nur im Zusammenhang mit diesem Zitat die Rede
(VIII,13.14 und IX,20). Ein konkreter Aufruf, in die Wüste zu ziehen, lässt
sich aus 1QS nicht ableiten.[221] Auch angesichts neuerer archäologischer
Forschungen, die ausgerechnet die Siedlung Chirbet Qumran (als Stütze
für ein konkretes Verständnis der Wüste) weder als wüstenhaft noch als
abgelegen interpretieren,[222] wird diese Interpretation problematisch. Ein
metaphorisches Verständnis der Wüste ist daher vorzuziehen.

Unter «Wüste» verstanden die Verfasser demnach weniger eine konkrete Einöde wie etwa die Wüste Judäa, sondern mehr eine (durchaus auch
von den örtlichen Gegebenheiten dafür geeignete) Rückzugsmöglichkeit
für Studium, Lehre und Lebenspraxis der Tora gemäss ihren Vorstellun-

---

[217] So Shum, *Use of Isaiah*, 112.

[218] Vgl. Shum, *Use of Isaiah*, 112–114.

[219] So bereits etwa Betz, *Offenbarung*, 158, gefolgt von Leaney, *Rule of Qumran*, 221. Vgl.
dazu die Kritik dieser These bei Shum, *Use of Isaiah*, 112–115. Die These wurde neulich durch Charlesworth, *Isaiah 40:3*, wieder in die Diskussion eingebracht.

[220] Gegen Brooke, *Isaiah 40:3*, 131f. Die Tatsache, dass bei den Synoptikern vom Zitat
die Wegbereitung metaphorisch, die Wüste dagegen konkret auf den Wirkungs-Ort
Johannes des Täufers (vgl. Mt 3,1 «Wüste Judäa») bezogen wird, sollte nicht vor-
schnell dazu verleiten, dasselbe auch für 1QS anzunehmen.

[221] Vgl. Shum, *Use of Isaiah*, 114, sowie die ebd. in Anm. 76 genannten Positionen.

[222] Vgl. Zangenberg, *Region*, 34 und 38–40. Diese Feststellung kann aber nur als
zusätzliches Argument, nicht als allein schlagender Beweis dienen, denn dagegen
lässt sich mit Brooke, *Isaiah 40:3*, 126, Anm. 30, einwenden, dass der Gang in die
Wüste nicht unbedingt den Gang nach Qumran bedeuten muss.

gen.[223] Die Tatsache, dass die Wüste in der Bibel einerseits als Ort der Gottesbegegnung gilt, andererseits bildhaft den Ort darstellt, an welchem die notwendige Umwandlung Israels vollzogen wird,[224] kommt einem solchen Verständnis nur entgegen. In Jes 40,3 selbst ist das Wort «Wüste» nach der exegetischen Opinio communis konkret zu verstehen und bezeichnet dann die Arabica Deserta bzw. den Raum zwischen Babylon und Jerusalem. Allerdings ist auch bereits in Jes 40,3 ein metaphorisches Verständnis sowohl der Wüste als auch der Wegbereitung denkbar.[225] Mit «Wüste» wird dann der trostlose Zustand Jerusalems und des Gottesvolkes in exilisch-nachexilischer Zeit, mit dem «Weg Jhwhs» der ethisch-religiöse Lebenswandel bezeichnet. Dieses Verständnis zeigt jedenfalls die Auslegung dieses Verses in Jes 57,14:

> 14 Und er sagt: Macht Bahn, macht Bahn! Bahnt einen Weg! Beseitigt ein Hindernis aus dem Weg meines Volkes!

Aber auch der Vollzug der Ankündigung von 40,3 in 51,3a:

> 3a Denn Jhwh tröstet Zion, er tröstet alle seine Trümmerstätten. Und er macht seine Wüste wie Eden und seine Steppe wie den Garten Jhwhs.

Die Verfasser von 1QS stehen somit schon in einer Tradition, die Jes 40,3 als innerliche Vorbereitung auf das Kommen Gottes liest. Bereits in Jes 57 geht es um das rechte religiöse und ethische Verhalten; in 1QS wird das religiöse und ethische Ideal zu einem minutiösen Studium der Tora, verbunden mit einer strikten Gesetzesobservanz, gesteigert.

Die Verfasser dieser Jesaja-Auslegung in 1QS fanden die in Kol. VIII und IX geforderte Absonderung und Rückzug in die «Wüste», um sich auf das Studium, die Lehre, aber auch auf die konkrete Praxis des Gesetzes zu konzentrieren, in Jes 40,3 vorgezeichnet. Durch die Auslassung der Einleitung, dem Ruf einer anonymen Stimme, werden die Worte so zitiert, als ob sie ein direktes Gebot Gottes darstellten.[226] Die Verfasser verbanden damit den Aufruf, diesem Gebot nachzukommen, und verstanden ihre strenge Auslegung und Befolgung der Tora als Wegbereitung für den Herrn. Damit wollten sie sich auf die kommende, in Jes 40,3–5 angekündigte Offenbarung von Gottes Herrlichkeit vorbereiten. Wie aus der in Höhle 1 gefundenen grossen Jesaja-Rolle hervorgeht, wurde Jes 40,3–5 als Unterabschnitt von Jes 40,1–5 gelesen.[227] Im Unterschied zu Jes 40,1f.3–5 kommt Gott

---

[223] Gegen Metso, *Textual Development*, 123f. Anders Brooke, *Isaiah 40:3*, 132, der für ein sowohl metaphorisches als auch wörtliches Verständnis plädiert. Vgl. allerdings Brooke, *On Isaiah*, 83f, besonders den Verweis auf die neuhebräische Arbeit Dimants ebd., Anm. 47, die für ein geistiges Exil statt eines Exils in der Wüste plädiert.

[224] Vgl. Charlesworth, *Isaiah 40:3*, 217.

[225] So Berges, *Jesaja 40–48*, 104–106.

[226] Vgl. Blenkinsopp, *Sealed Book*, 183.

[227] In 1QJes^a sind die Verse 3–5 als Unterabschnitt des Hauptabschnittes Jes 40,1–5 gekennzeichnet; vgl. Steck, *Textheft Jesajarolle*, 48. Diese Aufteilung entspricht der inhaltlichen Unterteilung; vgl. die Einteilung bei Berges, *Jesaja 40–48*, 89.

nach 1QS aber nicht zum Heil des ganzen Volkes (vielleicht höchstens noch zur Freude der nach 1QS vollkommen Wandelnden), sondern vor allem zum Gericht der Sünder.[228]

Dem Zitat von Jes 40,3 kommt innerhalb von 1QS VIII–IX sicher hohe Bedeutung zu. Dies zeigen auch die zwei Kombinationen der Wörter «Weg», «bereiten» und «Wüste» in VIII,13 und IX,19f.[229] Während Erstere eine Anspielung auf Jes 40,3 darstellt, ist Letztere als textinterne Wiederaufnahme von VIII,13 zu betrachten. Wie dargestellt spielt die Thematik der Wegbereitung in der Wüste ausserhalb von VIII,13 und IX,19f keine Rolle. Die Annahme, dass das Zitat von Jes 40,3 eine zentrale Bedeutung für das gesamte Dokument habe,[230] ist aufgrund dieser Beobachtungen nicht überzeugend. Wie nachfolgend gezeigt wird, spricht auch die Entstehungsgeschichte von 1QS VIII gegen eine zentrale Rolle von Jes 40,3 in der Gemeinderegel.

6.2.4 Anspielung auf Jes 40,3 in 4QS[d] IV,6f

4QS[d] IV,6f[231] bezeugt den Inhalt von 1QS VIII,13–15, jedoch ohne Schriftzitat und daher auch ohne Zitationsformel. Zwar ist der Text an der entscheidenden Stelle nicht erhalten; das Fehlen des Zitates ergibt sich jedoch aus den beschränkten Platzverhältnissen. Gemäss der überzeugenden Rekonstruktion in PTSDSSP[232] findet sich in IV,6f mit der Aussage [האמת[233 ‏את דרך ‏שם ‏לפנות ‏למדבר[234 ‏ללכת] lediglich eine Anspielung auf Jes 40,3. Danach folgt unmittelbar das von 1QS VIII in Zeile 15 bezeugte Wort ‏התור[ה ‏מדרש ‏היאה].

---

[228] Vgl. Shum, *Use of Isaiah*, 115.

[229] Anders Charlesworth, *Isaiah 40:3*, 214–222. Mit Recht wird dabei auf die intertextuellen Verflechtungen aufmerksam. Gegen ebd. sind m. E. jedoch nicht einfach die Worte מדבר, פנה und דרך allein, sondern nur deren Kombination als «*echo*» des zitierten Textes zu werten.

[230] Vgl. Charlesworth, *Isaiah 40:3*, 223f.

[231] Zählung nach Tov, *DSSEL*. In PTSDSSP wird Kol. IV als Frg. 2 gezählt; vgl. Charlesworth, *Rule of Community*, 76f.

[232] Ebenso Metso, *Textual Development*, 85. Anders Tov, *DSSEL*, vgl. ebd., z. St.

[233] Das Wort האמת anstelle des in 1QS bezeugten הואהא ist in 4QS[e] III,4 (Zählung nach Tov, *DSSEL*, bei PTSDSSP: Frg. 1) bezeugt und stellt als lectio difficilior die ursprünglichere Variante dar. Die Ersetzung von דרך האמת durch הואהא דרך mit הואהא als Platzhalter für יהוה ist wahrscheinlich, da sie sich aus der Anpassung der Worte an das nachfolgende Zitat erklärt, in welchem ebenfalls vom דרך יהוה die Rede ist.

[234] 4QS[e] III,3 bezeugt hier המדבר; vgl. Tov, *DSSEL*, z. St., sowie Charlesworth, *Rule of Community*, 86 (dort als Frg. 1,III,3 gezählt). Aufgrund des fragmentarischen Zustandes von 4QS[e] an dieser Stelle kann nicht mehr erhoben werden, ob sich die Lesung המדבר auch im vorangehenden Zitat fand und von dort her erklärbar ist.

6   ... VACAT Wenn dies sein wird [in Israel], sollen sie ausgesondert werden aus der [Mitte des Wohnsitzes]

7   der Männer [des Frevels, um in die Wüste zu gehen, um dort den Weg der Wahrheit zu bereiten. Dies ist das Studium des Gesetze]s, welches er geboten hat durch [Mose zu t]un, gemäss dem, [was offenbart wird.

4QS[d] IV,6f bezeugt als lectio brevior in diesem Fall die ursprünglichere Form der Gemeinderegel.[235] Die zwar denkbare Erklärung, dass ein derart intertextuell verflochtenes Zitat wie dieses im Traditionsprozess ausgefallen sei, ist unwahrscheinlich.[236] Da die Wiederaufnahme der Wörter «Weg», «bereiten» und «Wüste» von IX,19f sowohl in 4QS[d] VIII,4 als auch in 4QS[e] III,19 belegt ist, lässt dies darauf schliessen, dass das Zitat von Jes 40,3 somit erst nachträglich in den *bereits bestehenden Zusammenhang* der Gemeinderegel eingefügt wurde,[237] um die Übereinstimmung des eigenen Gemeinschaftslebens mit dieser Forderung Gottes in der Schrift explizit auszuweisen. Die klassische These der Qumranforschung, die im Zitat von Jes 40,3 den Grund für die Wüsteneinsiedelei in Qumran sah, ist damit erheblich zu relativieren.[238] Die Argumentation von 1QS VIII–IX in der ursprünglichen Gemeinderegel ist noch ohne dieses Zitat ausgekommen.

6.2.5 Schlussfolgerung

Von den drei ausgewiesenen Zitaten in der Gemeinderegel stammen zwei aus Jes. Die beiden Zitate in Kol. V (Ex 23,7a und Jes 2,22) dienen als *Schriftbelege* für Vorschriften für die eigene Gemeinschaft. Bei den zwei Jesaja-Zitaten spielt der originale Kontext eine Rolle für die Auslegung. Beim Zitat von Jes 2,22, das der Begründung dient, sich von den Männern des Frevels fernzuhalten, steht das in 2,10–22 angekündigte Gericht Gottes im Hintergrund, das als Prophetie über diese Männer verstanden wurde. Beim Zitat von Jes 40,3 sind das in 40,1f.3–5 angekündigte Kommen Gottes zum Heil der Seinen und die damit verbundene Offenbarung seiner Herrlichkeit mitbedacht. Das Zitat von Jes 40,3 in VIII,14 ist zudem intertextuell zweimal mit dem Text der Gemeinderegel verflochten. Das Motiv der Wegbereitung in der Wüste spielt in VIII,13 und IX,19 eine Rolle und hat daher eine wichtige Funktion *innerhalb des näheren Kontextes des Zitates*. Darüber hinaus wird dieses Motiv in der Gemeinderegel aber nicht aufgenommen. Von einer zentralen Rolle von Jes 40,3 für die Theologie der gesamten Gemeinderegel kann daher keine Rede sein. Auch der Vor-

---

[235] Zur Anwendung dieser Grundregel der inneren Textkritik siehe oben Anm. 116.

[236] Zur intertextuellen Verflechtung von Jes 40,3 in 1QS siehe oben Anm. 230.

[237] Mit Metso, *Textual Development*, 118.

[238] Siehe oben Anm. 219.

stellung, dass Jes 40,3 die wichtigste aller Schriftstellen für die Trägerkreise der Gemeinderegel sei, ist mit Skepsis zu begegnen.[239]

Trotzdem kann davon ausgegangen werden, dass dieser Vers, aber auch die anderen Zitate, einiges über das Selbstverständnis der Trägerkreise der Gemeinderegel aussagen. Sie verstehen ihren Lebensstil von Torastudium und -praxis in der Absonderung als die von Jes 40,3 geforderte Wegbereitung für das von ihnen bald erwartete Kommen Gottes. Bei diesem Kommen wird Gott die Männer des Frevels richten, weshalb die Lesenden mit Jes 2,22 dazu aufgefordert werden, vom Kontakt mit diesen Menschen abzusehen. Ebenfalls in diese Stossrichtung zielt die Auslegung von Ex 23,7a, die aber weit über die in Ex 23,7a geforderte Sache hinausgeht. Spätestens hier zeigt sich, dass sich Selbstverständnis und Lebensstil in der Gemeinderegel nicht nach der Auslegung der jeweils zitierten Stellen richten, sondern dass Selbstverständnis und Lebensstil bereits *vor* dem Verfassen der jeweiligen Auslegungen gegeben waren und die Auslegung der jeweiligen Schriftstellen danach angepasst wurde. Darauf deutet auch das sekundäre Einfügen des Zitates von Jes 40,3 in den bereits vorgegebenen Zusammenhang der Gemeinderegel hin. Die klassische Sicht der Qumranforschung, die in der Auslegung dieses Zitates Anstoss und Begründung für die Wüsteneinsiedelei in Qumran sah, ist daher erheblich zu relativieren.[240] Die Schriftzitate dienen daher in der Gemeinderegel in erster Linie dazu, die Übereinstimmung der formulierten Gebote mit dem auszuweisen, was bei Mose und den Propheten geschrieben steht.

---

[239] Gegen Charlesworth, *Isaiah 40:3*, 223. Dem Argument von Berges, *Jesaja 40–48*, 115, das grosse Spatium vor Jes 40,3 in der grossen Jesaja-Rolle (1QJes^a) sei ein weiterer Hinweis für die Wichtigkeit des Verses in Qumran, ist das Ergebnis der textgraphischen Untersuchungen von Steck, *Jesajarolle von Qumran*, entgegenzuhalten, nach dem Spatien in 1QJes^a lediglich dazu dienen, neue Unterabschnitte einzuleiten; vgl. insbesondere ebd., 28–33. Wie bereits in Anm. 227 erwähnt, bildet Jes 40,1–5 in 1QJes^a demnach einen Hauptabschnitt mit zwei Unterabschnitten, nämlich 1f und 3–5.

[240] Siehe oben Anm. 219.

In der Kriegsrolle wird der endzeitliche Krieg der Söhne des Lichtes gegen die Söhne der Finsternis beschrieben und für dessen Ausrüstung, Aufstellung und Kampfweise detaillierte Anweisungen gegeben. Der dargestellte Kampf ist in den Rahmen des himmlischen, apokalyptischen Endkampfes eingebettet, auf dessen einer Seite Belial und sein Heer und auf dessen anderen Seite Michael und seine Engel stehen.[241] Dabei wird aber betont, dass der Sieg die alleinige Tat Gottes sein wird. Von daher ist es auch verständlich, dass die Kriegsschilderungen immer wieder durch Dankgebete, Hymnen und priesterlichen Ansprachen unterbrochen werden. Neben der recht gut, aber nicht unversehrt erhaltenen Rolle 1QM sind in den Höhlen 1 und 4 weitere Fragmente der Kriegsrolle gefunden worden. Sie zeigen, dass 1QM wie 1QS Resultate einer längeren literarischen Überlieferung darstellen, in welcher die Kriegsrolle überarbeitet und weiterentwickelt worden ist. Die Fragmente in Höhle 4 repräsentieren ältere Textfassungen. Da in 1QM I verschiedene Motive aus Dan 11,40–12,3 aufgenommen werden, ist der Terminus a quo für die Kriegsrolle auf ca. 160 v. Chr. anzusetzen.[242] Aufgrund paläographischer Anhaltspunkte wird die Schrift in 1QM als formal frühe herodianische Schrift charakterisiert; für die Entstehung der Handschrift 1QM wird daher die Zeit gegen Ende des 1. Jahrhunderts v. Chr. angenommen.[243] Letztere Zeitangabe bildet den Terminus ad quem der Kriegsregel. Eine genauere Datierung ihrer Entstehung ist nicht zu erreichen;[244] zudem ist ein gewisser Zeitraum für ihren literarischen Werdegang einzuräumen. 1QM wurde wie 1QS ausserhalb der DJD-Serie publiziert.[245] Die Untersuchung stützt sich auf die mit textkritischen Anmerkungen versehene Ausgabe von 1QM in PTSDSSP.[246]

In 1QM finden sich ein explizites Zitat (Num 10,9 in X,6–8) sowie zwei ausgewiesene Zitate (Num 24,17–24 in XI,6f und Jes 31,8 in XI,11f). Diese Zitate werden nicht mit den aus den anderen Schriften bekannten Zitationsformeln eingeführt, sind aber dennoch sprachlich deutlich vom übrigen Text getrennt. Wie in 1QS ist Schriftauslegung kein wesentliches Element von 1QM. Die Zitate finden sich alle im gleichen Unterabschnitt

---

[241] Diese Funktion als Retter Israels in der endzeitlichen Bedrängnis hat Michael auch in Dan 12,1; vgl. Mertens, *Buch Daniel*, 61f.

[242] Vgl. Duhaime, *War Texts*, 65–72. Zu den terminologischen Ähnlichkeiten von 1QM I und Dan 11,40–12,3 vgl. Mertens, *Buch Daniel*, 79–83.

[243] Vgl. Charlesworth, *Damascus Document*, 80–95.

[244] Zur Problematik der Datierung der Kriegsregel vgl. Duhaime, *War Texts*, 64–101.

[245] Sukenik, *DSSHU*.

[246] Charlesworth, *Damascus Document*, 80–141.

(X,1–XII,18), nämlich im ersten Teil des Gebetes, das im Feldlager zu rezitieren ist, wenn sich die Truppen für die Schlacht vorbereiten (X,1–XI,12).[247] Die Untersuchung konzentriert sich daher auf diese drei Zitate und ihren unmittelbaren Kontext, um anschliessend die spezifische Funktion des Jesaja-Zitates zu erheben.

6.3.1 Num 10,9 in X,6–8

Das Gebet, das sich in X,1–XII,18 findet, beginnt bereits in Kol. IX und zwar in den Zeilen, die nicht mehr erhalten sind. Aus X,1 ist erkennbar, dass es im Feldlager rezitiert wurde. In den Zeilen 2–4 wird die priesterliche Ermutigung zitiert, die im Versprechen mündet, dass Gott für die eigenen Truppen streiten wird. In Zeile 5f folgt eine weitere Ermutigung durch die Amtleute, danach (in den Zeilen 6–8) ein Bezug auf Num 10,9:

> 6   ... Und was du ge[sagt] hast durch Mose[248] folgendermassen: (Num 10,9) *Wenn es zum Krieg kommt*
>
> 7   *in eurem Land gegen den euch bedrängenden Gegner, so mach[t] Lärm mit den Trompeten, und es wird euer gedacht werden vor eurem Gott,*
>
> 8   *und ihr werdet errettet vor euren Feinden ...*

Durch die Einleitung ואשר ד[בר]תה ביד מושה לאמור wird deutlich gemacht, dass es sich bei den nachfolgenden Worten um ein Schriftzitat aus der Tora handelt. Num 10,9 ist daher als explizites Zitat zu werten. Bis auf Kleinigkeiten (Schreibweise, Ausfall des ersten ו) stimmt das Zitat mit dem MT überein. Die Zuschreibung der Worte als Worte Gottes, die durch Mose vermittelt wurden (ביד מושה), stimmt mit der Darstellung in Num 10,1 überein, da dort die folgenden Worte als Worte Gottes zu Mose dargestellt wurden. Im Leseablauf von 1QM muss der Inhalt des Zitates auf den ersten Blick überraschen. Die darin erwähnten Trompeten kommen sonst in 1QM X,1–XI,12 nicht vor. Die Zitierung dieser Stelle ist wahrscheinlich der darin erwähnten Hilfe Gottes zu verdanken, die bereits vor dem Zitat in der priesterlichen Ermutigung eine Rolle spielt. Dem Zitat folgt ein Lobpreis Gottes, der mit Unvergleichlichkeits-Aussagen über ihn und sein Volk einsetzt.

6.3.2 Num 24,17b–19 in XI,6f

Nach dem Lobpreis Gottes (X,8–17) wird zu Beginn von Kol. XI betont, dass der Kampf Gottes Sache ist. Dabei wird zuerst auf David verwiesen, dem Gott Goliath in die Hand gegeben habe und der die Philister in seinem Namen viele Male demütigte, dann auf die Könige, durch die Gott viele Male geholfen habe. Dieser Rückblick in die Geschichte gipfelt in

---

[247] Vgl. Duhaime, *War Texts*, 17f. Zur Gliederung von 1QM vgl. ebd., 14–20.

[248] Hebr. ביד. Siehe dazu oben die Überlegungen bei der Einleitung des Zitates von Ez 44,15a–bβ in III,21 (Seite 130).

Zeile 4f in der Aussage: «Dein ist der Kampf und von [dir] her die Stärke und nicht unser.» Diese nachfolgend nochmals verdeutlichte Aussage wird in den Zeile 4–7 mit einem ausgewiesenen Zitat aus Num 24,17b–19 in Zusammenhang gebracht:

4   ... Dein ist der Kampf und von [dir] her die Stärke

5   und nicht unser. Und nicht unsere Kraft und die Stärke unserer Hände haben Mächtiges getan, sondern durch deine Kraft und die Stärke deiner grossen Macht. Wie du uns verkündet hast

6   seit langem folgendermassen: (Num 24,17b) *Es geht ein Stern auf aus Jakob, es erhebt sich ein Szepter aus Israel und zerschmettert die Schläfen Moabs und tritt nieder alle Söhne Seths.*

7   (19) *Er steigt herab aus Jakob und vernichtet die aus der Stadt Entronnenen.* (18) *Und der Feind wird zum Besitz, und Israel übt Macht aus ...*

Anders als im vorangehenden Zitat, das ebenfalls aus Num stammt, wird hier die Quelle des Zitates nicht angegeben, sondern bloss deutlich gemacht, dass es sich um ein Wort Gottes handelt. Mit der vor dem Zitat bezeugten Einleitung כאשר הגדתה לנו מאז לאמור in den Zeilen 5f wird sogar nur indirekt auf die Schrift verwiesen, die Betonung liegt beim vermittelten Gotteswort. Eine Bezeichnung der Worte als von Mose, d. h. als aus der Tora stammend wie beim vorangehenden Zitat, würde allerdings der Darstellung in Num 24 selbst widersprechen, welche die Worte als Worte Gottes darstellt, die durch den Seher Bileam verkündet werden. Die zitierten Worte stehen denjenigen nahe, die vom MT bezeugt sind.[249] Auffallend ist, dass gegenüber der Reihenfolge des MT, die auch von allen anderen Handschriften bezeugt wird, die Verse 18f vertauscht sind und Vers 18 verkürzt wiedergegeben wird. Gegenüber der von MT bezeugten Lesart von Vers 18 fehlen «Edom» und «Seïr», von denen in Vers 18 gesagt wird, dass Israel sie in Besitz nehmen werde und die dort als seine Feinde bezeichnet werden. Im Zitat von 1QM ist nur noch allgemein davon die Rede, dass Israel seine Feinde in Besitz nehmen werde. In 1QM werden als Feinde nicht Edom oder Seïr genannt, sondern die (auch in den Jesaja-Pescharim[250] als Feinde genannten) Kittim. Das Fehlen der Angaben «Edom» und «Seïr» ist daher als bewusste Auslassung zu interpretieren.

Anders als in CD VII,19f wird die Aussage «Es geht ein Stern auf aus Jakob, es erhebt sich ein Szepter aus Israel» als Parallelismus verstanden und auf eine Person hin gedeutet. Stern und Szepter sind nicht wie in CD VII,19f zwei verschiedene Grössen, sondern ein und dieselbe Person. Eine weitere Differenz zu CD VII,19f besteht im Fehlen einer expliziten Deutung. Doch aus dem Zusammenhang, in welchem das Zitat steht, wird klar, dass damit Gott gemeint sein muss. Mit der Deutung von Stern und Szepter auf Gott unterscheidet sich die Deutung in 1QM auch inhaltlich deutlich von derjenigen in CD VII,19, die den Stern als den Erforscher des

---

[249] Neben orthographischen Differenzen fehlt gegenüber Vers 17b MT das ו vor וקם.

[250] Vgl. die nachfolgende Untersuchung dieser Texte im Kapitel *7. Die Jesaja-Pescharim*, Seiten 195–266.

Gesetzes, das Szepter hingegen als den Fürst der Gemeinde deutet.[251]
Ebenfalls als Fürst wird das Szepter in der Peschitta verstanden, die LXX
dagegen deutet es schlichtweg als einen Menschen, während im Targum
Onkelos und im Targum Pseudo-Jonathan darunter der Messias verstanden wird.[252] Der Überlieferung nach lag auch die Proklamation von Bar
Kochba (Sternensohn) zum Messias durch Rabbi Aqiba einer messianischen Auslegung von Num 24,17 zugrunde.[253] Die während des Aufstan-
des geprägten Münzen zeigen einen Stern über dem von seinem Namen
flankierten Tempelportal. Eine Sternabbildung zeigen bereits die Münzen
unter Alexander Jannai, der 103–95 v. Chr. König und Hohepriester war.[254]
Die Abbildung auf diesen Münzen ist allerdings von den Sternabbildungen
auf seleukidischen und ptolemäischen Münzen beeinflusst.[255] Es ist denkbar, dass in 1QM, angesichts menschlicher Übertragungen der Stelle, bewusst eine göttliche Deutung favorisiert wurde. Die vorliegende Deutung
auf Gott ist angesichts der breiten messianischen Wirkungsgeschichte von
Num 24,17 jedenfalls auffällig.

Das Zitat aus Num 24,17 wird innerhalb von 1QM X,1–XI,12 dafür gebraucht, um die vorangehende Aussage zu begründen, dass nicht diejenigen, die auf Gott vertrauen, sondern Gott selbst den Kampf führt. Diese
Intention erklärt auch die Umstellung der Verse 18f. Erst muss Gott aus
Jakob herabsteigen und die aus der Stadt Entronnenen vernichten, bevor
der Feind zum Besitz Israels wird und dieses Macht ausüben kann.

6.3.3 Jes 31,8a in XI,11f

In derselben Begründungslinie wie das Zitat aus Num 24,17–19 steht in
IX,11f auch das Zitat von Jes 31,8a, das zugleich den Abschluss des Gebetes bildet, das im Feldlager zu rezitieren ist (X,1–IX,12):

> 11   ... Und seit ehedem hast du uns kund[getan den Zeit]punkt[256] der Kraft deiner
>   Hand an den Kittim folgendermassen: (Jes 31,8a) *Und es fällt Assur durch das
>   Schwert, nicht das eines Mannes, und ein Schwert,*
> 12   *nicht das eines Menschen, wird es verzehren.*

Durch die Einleitung werden die nachfolgenden Worte als Wort Gottes
ausgewiesen. Wie bei der Einleitung des vorangehenden Zitates wird auch
hier nur indirekt auf die Schrift verwiesen. Das Zitat stimmt mit dem MT
überein. Durch die Einleitung wird klar, dass anstelle des damaligen Adressaten des Wortes, der Militärmacht Assur, das Wort nun aktualisiert auf die

---

[251] Siehe oben z. St., Seiten 139–143.

[252] Vgl. Kittel/Elliger/Schenker, *BHS*, z. St.

[253] Vgl. Maier, *Zwischen den Testamenten*, 189f.

[254] Vgl. Staubli, *Levitikus, Numeri*, 298.

[255] Vgl. Küchler, *Stern*, 181f.

[256] Rekonstruktion zu עד מן[עתנו השמ] mit Lohse, *Texte aus Qumran*, 206.

Kittim, also auf die Griechen oder Römer, bezogen wird.[257] Eine solche Aktualisierung von Assur auf die Kittim findet sich auch in 4QpJes^a III,6f. Dort wird Jes 10,33 – ein Bildwort für Jhwhs Gericht an Assur – auf die Niederlage der Kittim im Kampf gegen Israel gedeutet.[258] Wie in 1QM ist der Sieg Israels auch in 4QpJes^a nicht dessen eigenes Werk, sondern dasjenige einer göttlichen Figur – in 4QpJes^a allerdings dasjenige des Messias.[259] Eine weiter Aktualisierung der Bezeichnung «Assur» findet sich in 4QpJes^c Frg. 4.6–7,II,4. Bei der dort zitierten Stelle (Jes 10,13) wird der König von Assur wahrscheinlich auf den Seleukiden Antiochus III. bezogen. Eine Auslegung von Jes 31,8 selbst ist allerdings in den erhaltenen Teilen der Jesaja-Pescharim nicht belegt.

In Jes 31 selbst geht es darum, die überragende Macht Gottes gegenüber der Militärmacht Ägyptens herauszustreichen, verbunden mit dem Aufruf, angesichts der assyrischen Bedrohung nicht auf (Bündnisse mit) Ägypten, sondern auf Gott zu vertrauen.[260] In der Argumentation von 1QM X,1–XI,12 dient das ausgewählte Jesaja-Zitat wie auch das Zitat aus Num dazu, die Aussage, dass der Sieg über die Kittim letztlich die Sache Gottes sei, mit einer Schriftstelle zu untermauern. Wie das Zitat aus Num 24,17–19 wird Jes 31,8 nicht messianisch verstanden, sondern allein auf das Wirken Gottes zurückgeführt.

6.3.4 Schlussfolgerung

Die drei in das im Feldlager zu rezitierende Gebet (1QM X,1–XI,12) eingebetteten Schriftzitate dienen alle demselben Ziel. Sie vergewissern die Lesenden, dass Gott Israel im eschatologischen Endkampf zu Hilfe kommen und sowohl den himmlischen als auch den irdischen Kampf führen wird. Während mit dem ersten Zitat auf die in der Schrift versprochene Hilfe Gottes für Israel im Krieg verwiesen wird, soll mit den Zitaten aus Num 24,17 und Jes 31,8a aufgezeigt werden, dass der Kampf nicht die Sache Israels, sondern die Sache Gottes ist. Seine Kraft und seine Stärke werden den eschatologischen Gegner überwinden. Eingebettet in das Gebet dienen die Zitate daher auch dem Lobpreis von Gottes Grösse und Macht. Gott ist der Sieger über Belial und sein Heer, aber auch über die Kittim, die auf Erden gegen Israel streiten.

Der besondere Beitrag des Jesaja-Zitates besteht darin, den Gegner Israels – im Jesajabuch noch Assur – auf die Kittim zu aktualisieren und somit ihre durch Gott zugefügte Niederlage im endzeitlichen Kampf der

---

[257] Eine genauere Eingrenzung ist kaum möglich; die historischen Anspielungen sind zu vage; vgl. Duhaime, *War Texts*, 81–95. Es ist zu bedenken, dass Anspielungen auf die Griechen in späterer Rezeption auf die Römer bezogen wurden, vgl. ebd., 97–101.

[258] Vgl. die Behandlung z. St. auf Seiten 246–248.

[259] Vgl. die Ausführungen in dieser Arbeit z. St.

[260] Vgl. Schmid, *Jesaja*, z. St.

Söhne des Lichtes gegen die Söhne der Finsternis als prophetische Verheissung auszuweisen. Die so verstandene prophetische Verheissung
Jesajas spielt daher in der eschatologischen Erwartung der Verfasser der
Kriegsregel, nämlich der Vernichtung der Gottlosen durch Gott selbst in
diesem Kampf, eine nicht zu unterschätzende Rolle.

7. Die Jesaja-Pescharim aus Qumran

Die Jesaja-Pescharim als exegetische Texte bildeten einst wohl die wichtigsten Zeugen für die Auslegung ihres namengebenden Prophetenbuches durch die Trägerkreise der Qumrantexte. Aufgrund des fragmentarischen Überlieferungsbestandes dieser Texte sind von den einzelnen Auslegungen oft nur noch Reste erhalten. Die Untersuchung der Jesaja-Pescharim ist daher einerseits auf Rekonstruktionen, andererseits auf das in den vorangehenden Kapiteln erarbeitete Verständnis der Auslegungsvorgänge und auf die dort erhobenen Auslegungstechniken, insbesondere in den vorangehend untersuchten Regel-Texten, aber auch in den Qumrantexten allgemein, angewiesen.

Die insgesamt sechs Jesaja-Pescharim sind schon 1953 bis 1968 durch Roland de Vaux, Maurice Baillet und John Allegro ediert worden. Die Erstpublikationen von 3Q4 durch de Vaux und von vier der fünf Jesaja-Pescharim aus Höhle 4 durch Allegro erfolgten in RB bzw. JBL.[1] 4QpJes^e wurde erstmals in DJD, Band V, veröffentlicht. In den Editiones principes, jener von Baillet in DJD III und diejenigen von Allegro in DJD V, finden sich alle Jesaja-Pescharim aus Höhle 4 mit Foto, Transkription und Übersetzung.[2] Diese Editionen wurden in *The Dead Sea Scrolls Reader* (DSSR), Band 2 übernommen.[3] Die Edition der Pescharim durch Allegro in DJD V wurde in der Forschung stark kritisiert.[4] Sie gilt als teilweise unsorgfältig und als zu stark in eine Richtung interpretierend.[5] Eine deutlich überarbeitete und verbesserte Edition aller in Qumran gefundenen fortlaufenden Pescharim mit text- und restaurationskritischer Kommentierung bietet die ausführliche Untersuchung von Maurya Horgan.[6] Horgans Monographie nimmt mittlerweile den Rang eines Standardwerks zu den Pescharim ein und liegt auch der ebenfalls von Horgan besorgten Edition der Pescharim innerhalb des *Princeton Theological Seminary Dead Sea Scrolls Project* (PTSDSSP) zugrunde.[7] Die Qualität von Horgans Arbeit lässt sich daran ermessen,

---

[1]   de Vaux, *Exploration*, Allegro, *Isaiah*, Allegro, *Messianic References*.

[2]   Baillet/Milik/de Vaux, *Les ‹petites Grottes›*, und Allegro, *Qumrân Cave 4*.

[3]   Parry/Tov, *Exegetical Texts* (DSSR 2). Teilweise sind die Texte mit einer neuen (englischen) Übersetzung versehen; vgl. ebd., VII–X.

[4]   Vgl. Fitzmyer, *Review: Qumrân Cave 4*.

[5]   Als Korrigenda zur Edition von Allegro vgl. Strugnell, *Notes*; Korrigenda zu den Jesaja-Pescharim vgl. ebd., 183–199. Kritisiert wird auch die Qualität der Fotoreproduktionen, welche lediglich durch das Offsetdruckverfahren erfolgte; ebd., 167.

[6]   Horgan, *Pesharim*.

[7]   Charlesworth, *Pesharim* (PTSDSSP 6B), bietet Transkription und Übersetzung der jeweiligen Pescharim.

dass, obwohl grundsätzlich *DSSR* die Textgrundlage für die *Dead Sea Scrolls Electronic Library* (DSSEL)[8] darstellt, bei den Pescharim vornehmlich auf die von Horgan besorgte Edition in PTSDSSP zurückgegriffen wurde.

Die nachfolgende Untersuchung der Jesaja-Pescharim muss nicht nur die verschiedenen Editionen gegeneinander abwägen, sondern wird ggf., unter Rückgriff auf die Fotografien in DSSEL, aber auch mit Hilfe weiterer Literatur, zusätzlich eigene Rekonstruktionsvorschläge einbringen. Entbehrlich für die Textrekonstruktion der Jesaja-Pescharim ist ihre Darstellung im *Dead Sea Scrolls Reader*, der in diesem Punkt lediglich eine Editio minor zu DJD darstellt. In Band 6B des PTSDSSP dagegen wurde die Arbeit von Horgan nicht einfach unkritisch übernommen. Bezüglich der Textrekonstruktionen der Jesaja-Pescharim ist die Edition in PTSDSSP gegenüber Horgans Monographie deutlich zurückhaltender. Als einzige Editionen mit deutschsprachiger Übersetzung sind diejenigen von 4QpJes[b] und 4QpJes[d] in der Ausgabe von Annette Steudel erwähnenswert.[9] Ihre Wiedergabe der hebräischen Texte beruht jedoch vollständig auf der oben erwähnten Monographie von Horgan.

---

[8]   Tov, *DSSEL*.
[9]   Steudel, *Texte aus Qumran II*.

7.1 3QpJes (3Q4)

Das Fragment 3Q4 wurde 1952 gefunden und 1953 erstmals von de Vaux in RB publiziert, die Editio princeps folgte 1962 in DJD.[10] Es enthält Teile von Jes 1,1 sowie nichtbiblische Textstücke. Eine *Einleitungsformel* zu den nichtbiblischen Teilen fehlt oder ist nicht mehr vorhanden. Teilweise haben die Editoren den Terminus פשר/פשרו rekonstruiert.[11] Wurde das Fragment in der Erstpublikation und in der Editio princeps noch eindeutig als ein Kommentar zum Jesajabuch verstanden, so gilt die Zuordnung des Fragmentes zu den Pescharim heute als unsicher.[12] Schwierigkeiten bereitet dabei vor allem der fragmentarische Bestand von 3Q4. Die nichtbiblischen Anteile sind derart lückenhaft erhalten, dass eine formale Übereinstimmung mit den Pescharim nicht aufgezeigt werden kann. Vom jetzigen Wortbestand her wäre auch denkbar, das Fragment als eine Paraphrase zum Jesajabuch oder zu einzelnen seiner Teile zu verstehen.

Die zitierten Teile aus Jes 1,1 sind (soweit erhalten) in den Zeilen 1–2 nahezu wörtlich übernommen. Die Bezeichnung des Propheten als ישעיה in Zeile 1 entspricht dem Gebrauch in Qumran sowie seiner üblichen Bezeichnung in der grossen Jesaja-Rolle (1QJesᵃ). Diese bietet in 1,1 allerdings die Bezeichnung ישעיהו.[13] Die Namen der Könige werden nicht wie in 1QJesᵃ oder im MT asyndetisch aufgezählt, sondern (wie in der LXX vorausgesetzt) in zwei Paare gruppiert, die je mit ו verbunden sind. Der Jesaja-Text, auf den sich 3Q4 bezieht, wird daher kaum das Jesajabuch in der Fassung von 1QJesᵃ sein. Die von Horgan anschliessend an das Zitat rekonstruierten Überleitungen פשרו על כול הבאות אשר bzw. פשרו על sind als unsicher zu beurteilen.[14] Die Zeilen 3f bezeugen mit [ןא עלן נבא שעןיהן] wahrscheinlich den Anfang einer Auslegung zu den vorangehenden Zeilen. Für Zeile 4 ist die Rekonstruktion [לעזיה] מלך יהון]דה eigentlich ebenso unstrittig wie in der vorangehenden Zeile. In Zeile 5 ist nur noch *ein Spatium*

---

[10] Baillet/Milik/de Vaux, *Les ⟨petites Grottes⟩*, 95f. Erstpublikation: de Vaux, *Exploration*.

[11] Gut möglich ist eine solche Ergänzung in Zeile 2, so Charlesworth, *Pesharim*, 36, oder in Zeile 6, so Baillet/Milik/de Vaux, *Les ⟨petites Grottes⟩*, 96.

[12] In der Erstpublikation und in der Editio princeps in DJD wurde das Fragment als ein Kommentar zu Jesaja verstanden (vgl. Baillet/Milik/de Vaux, *Les ⟨petites Grottes⟩*, 95f). Ebenso in Brooke, *Isaiah in the Pesharim*, 620. Nach Horgan, *Pesharim*, 260, ist die Zuordnung von 3Q4 zu den Pescharim nicht sicher. Zum gleichen Schluss gelangt die Wissenschaftlerin in der Edition des Fragmentes in Charlesworth, *Pesharim*, 35, (PTSDSSP 6B). Im Gegensatz zu ihrer Monographie (vgl. a. a. O.) wird 3Q4 dort allerdings nicht in einen Appendix, sondern unter die Jesaja-Pescharim eingeordnet. In Parry/Tov, *Exegetical Texts*, wird 3Q4 unter die «unclassified texts» eingeordnet (ebd., 140f). In diese Kategorie haben die Herausgeber Texte aufgenommen, die zu kurz seien, um sich ein Urteil darüber zu bilden, ob die Texte zu den Pescharim gehören oder nicht, vgl. ebd., XXI–XXII.

[13] Vgl. Parry/Qimron, *Great Isaiah Scroll*, 2f. Zu ירושלים vgl. ebd.

[14] Vgl. Charlesworth, *Pesharim*, 36, bzw. Horgan, *Pesharim*, 261 sowie Anhang 58.

(Leerstelle) erkennbar, während für Zeile 6 die Worte ין]ום המשפט] und für Zeile 7 die Buchstaben הו und ל rekonstruiert werden.[15]

In Zeile 4 rekonstruierte Horgan das dem Zitat von Jes 1,1 in den Zeilen 1f nachfolgende Zitat aus Vers 2a, welches dann nach dem Spatium in Zeile 5 in dieser und den zwei nachfolgenden Zeilen ausgelegt worden sei.[16] Dies ist unter der Annahme, dass 3Q4 einen fortlaufenden Pescher darstellt, inhaltlich denkbar und von den Platzverhältnissen auf dem Fragment her gut möglich. Da Spatien in den Pescharim häufig Zitat und Kommentar trennen,[17] spricht auch die graphische Gestaltung des Fragmentes für eine solche Rekonstruktion. Denkbar wäre aber auch, dass die Zeilen 4–7 insgesamt zur Auslegung von Jes 1,1 gehörten (das Spatium könnte einen Absatz innerhalb der Auslegung darstellen). Die verschiedenen Möglichkeiten, ob die in Zeile 6 noch lesbaren Worte ין]ום המשפט] und die Buchstaben von Zeile 7 ל und הו zu einer Auslegung von Jes 1,1 oder 1,2a (für den ganzen Vers 2 ist der Platz vor dem Spatium zu klein) zu zählen sind, sind daher zusätzlich mit inhaltlichen Argumenten zu prüfen. Schliesslich ist auch zu fragen, ob sich Argumente dafür gewinnen lassen, um 3Q4 als Jesaja-Pescher zu klassifizieren, wie das de Vaux und Baillet vorgeschlagen haben.[18]

Die in den Editionen rekonstruierten Aussagen «Jesaja prophezeite über ...» in Zeile 3 sowie «zu Usia, dem König von Juda» in Zeile 4 sind sowohl bei einer Paraphrase zum Jesajabuch als auch bei einem Jesaja-Pescher gut denkbar.[19] Der Schlüssel zum Verständnis, ob die Schrift einen fortlaufenden Pescher darstellt oder nicht, liegt m. E. in Zeile 6. Wenn, wie schon bei Baillet angenommen, die Worte vom Tag des Gerichts so mit den zitierten Jesaja-Worten in Verbindung zu bringen sind, dass diese eine Auslegung zum zitierten Text darstellen,[20] dann stellt sich die Frage, auf welche Jesaja-Worte sich diese beziehen. Den «Tag des Gerichts» auf Jes 1,1 zu beziehen, widerspricht dem Charakter dieses Verses als Bucheinleitung ins Jesajabuch, welches neben Unheilsweissagungen auch Heilsweissagungen kennt. Dagegen ist ein Bezug auf Vers 2 viel passender. Jes 1,2–3 ist formgeschichtlich eine typische Gerichtsrede.[21] Die dort zu findende implizite Aufbietung von Himmel und Erde als Gerichtszeugen hat in Ps 50,4 eine explizite Parallele. Werden den Verfassern dieses Textes Schriftkenntnisse und eine Sensibilität für die biblisch verwendeten Formen und Gattungen zugestanden, so ist anzunehmen, dass sie den Charakter dieser Rede als Gerichtsrede erkannt und dies in ihre Auslegung aufgenommen hatten. Gute Schriftkenntnisse und eine Sensibilität für die in der Bibel verwendeten Formen und Gattungen sind sowohl für die Verfasser der Pescharim als auch der weiteren Qumranschriften (vgl. die in dieser Arbeit untersuch-

---

[15]   Klammersetzung sowie VACAT in 5f mit DJD. Zu den Editionen siehe Anm. 12.

[16]   Vgl. Charlesworth, *Pesharim*, 36, anders Baillet/Milik/de Vaux, *Les ‹petites Grottes›*, 96.

[17]   Vgl. Brooke, *Isaiah in the Pesharim*, 620.

[18]   Siehe oben Anm. 12.

[19]   Letzteres wird eindrücklich demonstriert in Horgan, *Pesharim*, 260f, mit einer Rekonstruktion im Anklang an 1QpHab II,10/VII,1.

[20]   Siehe Baillet/Milik/de Vaux, *Les ‹petites Grottes›*, 96.

[21]   Vgl. Wildberger, *Jesaja 1–12*, 9.

te Damaskusschrift) vorauszusetzen. In vielen Fällen kann in den Qumranschriften auch eine Beachtung des Kontexts der zitierten Verse festgestellt werden. Vers 1 als Bezugstext kommt somit kaum in Frage. Vielmehr ist davon auszugehen, dass in Zeile 4 Jes 1,2a zitiert wurde, auch
wenn es seltsam erscheint, dass die übrigen Könige in dieser Zeile dann
nicht mehr genannt werden. Der Anschluss dieses Zitates an die unstrittig
rekonstruierten Teile von Zeile 4 passt nicht nur von den Platzverhältnissen, sondern auch sprachlich und inhaltlich gut hierher. Die Gestaltung des
Peschers mit Spatium in Zeile 5 spricht ebenfalls dafür, dass die nicht mehr
erhaltenen Teile in Zeile 4 als Zitat, Zeile 5f dagegen als Kommentar zu
diesem Zitat zu interpretieren sind.

Die noch lesbaren zwei Wörter in Zeile 6 sind am besten als Auslegung
zu einem in Zeile 4 zu rekonstruierenden Zitat von Jes 1,2a zu verstehen.[22]
In Zeile 4 ist daher nach der noch lesbaren Aussage לֹ[עזיה] מלך יהו[ן]דה
ein Spatium und nachfolgend das Zitat von Jes 1,2a zu rekonstruieren. Die
vorangehenden Worte in Zeile 3f lassen sich gut als eine Jes 1,1 kommen-
tierende Einleitung in einen längeren Jesaja-Pescher verstehen. Nach dem
Zitat-Ende in Zeile 2 ist demnach mit Horgan eine Einleitungsformel zur
Auslegung anzunehmen, deren Wortlaut jedoch als verloren betrachtet
werden muss.[23] 3Q4 zeigt in den erhalten gebliebenen Teilen somit die
übliche Struktur eines fortlaufenden Peschers und ist daher wie folgt zu
rekonstruieren:[24]

1 חזון ישעיה בן א[מ]וץ אשר חזה על יהודה וירושלים ביומי עזיה[ן]
2 ויותם אחז וי[ן]חזקיה מלכי יהודה
3 [י]ש[ע]יה[ן] נבא ע[ן]ל[25]
4 ל[עזיה] מלך יהו[ן]דה VACAT שמעו שמים והאזיני ארץ כיא יהוה דבר[ן]
5 [...] VACAT [   ]
6 [י]ום המשפ[ט ...]
7 [ ]ל[ ]ל[ ]הו[...]

1 (Jes 1,1) *Vision Jesajas, Sohn des A[moz, welche er geschaut hat über Juda und Jerusalem in
   den Tagen Usias]*
2 *und Jotams, Ahas und Hi[skias, den Königen Judas ...]*
3 [J]esa[ja] prophezeite üb[er ...]
4 zu [Usia], dem König von Ju[da VACAT. (2a) *Hört ihr Himmel, öffne die Ohren, oh
   Erde, denn Jhwh spricht]*
5 [   ] VACAT [...]
6 [der T[ag des Gerich[ts
7 [..].[... .].. [...]

---

22 Mit Blenkinsopp, *Sealed Book*, 107f.

23 Gegen Horgan, *Pesharim*, 261f, ist der genaue Wortlaut nicht mehr rekonstruierbar.

24 Nicht mehr weiter rekonstruierbare Buchstabenreste werden im Deutschen jeweils
    mit «...» wiedergegeben.

25 Anders Horgan, *Pesharim*, 260f. Ihre hier anschliessende Rekonstruktion von
    יהודה וירושלים muss als zu unsicher beurteilt werden, da weitere Anhaltspunkte
    ausser der Parallelität mit Zeile 1 fehlen.

Eine Einleitungsformel (פשר/פשרו) vor dem Kommentar zu Jes 1,1 in Zeile 2 ist nicht unbedingt notwendig. Wahrscheinlich ist eine solche in Zeile 5 anzunehmen;[26] ihre genaue Formulierung ist jedoch nicht mehr rekonstruierbar.

3Q4 ist demnach aus inhaltlichen Gründen mit hoher Wahrscheinlichkeit als Pescher zum Jesajabuch anzusehen. Die obige Rekonstruktion des Peschers zeigt eine fortlaufende Kommentierung von Jes 1,1–2a. In den durch 3Q4 abgedeckten Teilen fand sich demzufolge nach dem ersten Zitat von Jes 1,1 eine Auslegung dazu. Wie aus der erhaltenen Aussage «Jesaja prophezeite über ...» in Zeile 3 hervorgeht, war diese Auslegung (zumindest teilweise) eher paraphrasierend und scheint damit den Pescher einzuleiten. Dieser einleitenden Kommentierung folgte ein Zitat von Vers 2a mit einer eschatologisch orientierten Auslegung[27] dieser Stelle *auf den Tag des Gerichts* hin. Die Deutung, dass die Aussage des Verses vom göttlichen Gericht handle, verdankt sich zu einem guten Teil bereits der Gattung des Verses als Gerichtsrede und nicht bloss den theologischen Vorlieben der Verfasser. Die mit Vers 2 beginnende Gerichtsrede, die sich im Jesajabuch allgemein gegen das von Jhwh abgefallene Volk richtet, wurde aber offenbar so umgedeutet, dass die Anklage den in Vers 1 erwähnten Königen gilt. Weiter ist die Rede Jesajas nach dieser Auslegung nicht allein Anklage der konkreten Missetaten, vielmehr wird explizit *das eschatologische Gericht* angekündigt.[28] Aufgrund des heutigen fragmentarischen Bestandes von 3Q4 ist eine weitere Rekonstruktion seiner ursprünglichen Aussagen leider unmöglich. Gut vorstellbar ist, dass auf der ursprünglichen Rolle den Zeilen weitere Zitate mit den jeweiligen Auslegungen folgten. Die Rolle dürfte aber kaum einen fortlaufenden Kommentar zum ganzen Jesajabuch enthalten haben. Diese wäre, wie schon Baillet in der Editio princeps festgestellt hat, sehr lang geworden, da schon allein die grosse Jesaja-Rolle 7,35 m misst.[29] Mit Kommentierung würde sich diese Länge ohne Weiteres verdoppeln. Zwar waren solch lange Rollen buchtechnisch durchaus herstellbar;[30] ein so grosses Format wäre jedoch für einen Kommentar sehr unpraktisch gewesen.[31]

---

[26] Mit Baillet/Milik/de Vaux, *Les petites Grottes*, 96. Anders Charlesworth, *Pesharim*, 36, sowie Blenkinsopp, *Sealed Book*, 107.

[27] Vgl. Brooke, *Isaiah in the Pesharim*, 620.

[28] Vgl. Blenkinsopp, *Sealed Book*, 107–108. Der Ausdruck יום המשפט kommt in der Hebräischen Bibel nicht und in den Qumranschriften nur selten vor, siehe ebd., 108. Eine Gerichts*ankündigung* fehlt in Jes 1,1ff gerade, da nach Jes 1,1ff das Gericht über Jerusalem bereits ergangen ist und Jerusalem dasteht «wie eine Nachthütte im Gurkenfeld» (Vers 8). Vgl. Wildberger, *Jesaja 1–12*, 20.

[29] Vgl. Baillet/Milik/de Vaux, *Les petites Grottes*, 96.

[30] Vgl. Schmid, *Buchgestalten*, 38f, Anm. 184–191.

[31] Vgl. Schmid, *Prolegomena*, 5–9, der die Problematik der Unhandlichkeit grosser Rollen mit dem folgenden Zitat von Kallimachos auf den Punkt bringt: μέγα βιβλίον μέγα κακόν; ebd., 8.

Die fünf Jesaja-Pescharim aus Höhle 4 sind mit grosser Sicherheit nicht Teile eines einzigen Kommentars zu diesem Prophetenbuch. Dies zeigt sich etwa daran, dass derselbe Jesaja-Text (Jes 10,22) in 4QpJes^a und 4QpJes^c verschieden ausgelegt wird. Ein weiterer Hinweis, dass die Fragmente Überreste verschiedener Kommentare darstellen, zeigt sich in der unterschiedlichen Art und Weise der Kommentierung bzw. im Gebrauch unterschiedlicher Einleitungs- und Zitationsformeln in den Kommentarteilen, die sich in den verschiedenen Fragmenten finden. Unklar ist, wieviele Kommentare die Fragmente aus Höhle 4 bezeugen. Der Möglichkeit, dass alle Fragmente voneinander unabhängige Werke bezeugen,[32] steht die These Stegemanns von ursprünglich zwei Jesaja-Kommentaren gegenüber.[33] Nach Stegemann bezeugen die Fragmente 4QpJes^c und 4QpJes^e einen ersten, eher thematischen Jesaja-Kommentar aus dem Jahr 100 v. Chr., die Fragmente 4QpJes^a 4QpJes^b und 4QpJes^d dagegen einen zweiten, viel näher der Darstellung des Jesajabuches nachgehenden und gegenüber dem ersten viel stärker eschatologisch ausgerichteten Kommentar aus dem Jahr 70 v. Chr.[34] Eine Modifikation dieser These wurde von Fabry in den Forschungsdiskurs eingebracht. Er geht davon aus, dass 4QpJes^b nicht zum gleichen Kommentar wie 4QpJes^a und 4QpJes^d zu zählen sei, sondern einen eigenständigen Kommentar darstellt, und erwägt daher die Existenz von ursprünglich drei Jesaja-Kommentaren.[35] Beide Thesen sind im Folgenden kritisch zu überprüfen.

Um die genannte These Stegemanns zu überprüfen, werden die Jesaja-Pescharim aus Höhle 4 in der von ihm vorgeschlagenen zeitlichen Reihenfolge untersucht. Nachfolgend werden daher zuerst 4QpJes^c und 4QpJes^e, danach die übrigen Jesaja-Pescharim behandelt. Neben der These von Stegemann, nach welcher 4QpJes^b, 4QpJes^a und 4QpJes^d Textzeugen des gleichen Kommentars seien, ist aber auch zu prüfen, ob 4QpJes^b ursprünglich einen eigenständigen Kommentar darstellte, wie Fabry dies vorschlägt (siehe oben). Da in 4QpJes^b Teile aus Jes 5, in 4QpJes^a Teile aus Jes 10f und in 4QpJes^d Teile aus Jes 54,11f kommentiert werden, soll demzufolge nach 4QpJes^c und 4QpJes^e zuerst 4QpJes^b, dann 4QpJes^a und schliesslich 4QpJes^d untersucht werden. Sowohl Stegemann als auch Fabry machen für ihre Thesen formale und inhaltliche Gründe geltend. Daher soll bei der Untersuchung einerseits darauf geachtet werden, inwiefern die Kommentare sich formal entsprechen bzw. unterscheiden; besonderer Aufmerksamkeit bedarf andererseits aber auch die Frage, inwiefern *inhaltliche Gründe* für die ursprüngliche Existenz zweier bzw. dreier oder mehrerer Kommentare sprechen.

---

[32] So Bernstein, *Art. «Pesher Isaiah»*, 651.

[33] Vgl. Stegemann, *Essener*, 176–178.

[34] Siehe Stegemann, *Essener*, 176–178. Die These Stegemanns wurde etwa in die Darstellung in Parry/Tov, *Exegetical Texts*, übernommen; vgl. ebd., V sowie 30–57.

[35] Vgl. Fabry, *Jesaja-Rolle*, 228–230.

7.3 4QpJesᶜ (4Q163)

Dieser auf Papyrus geschriebene Jesaja-Pescher ist materialbedingt nur schlecht erhalten. Insgesamt 57 Fragmente werden in der DJD-Edition diesem Pescher zugeordnet. Bei einer Mehrzahl (33) sind nur einige Buchstaben bzw. einzelne Wörter übrig geblieben, so dass ihr ursprünglicher Sinn nicht mehr rekonstruiert werden kann. Weitere 9 Fragmente bieten neben den jeweils rekonstruierten Zitaten nur wenig Material, das kaum verwertet werden kann. Die Untersuchung der Jesaja-Interpretation wird sich daher auf diejenigen 15 Fragmente konzentrieren, bei denen mindestens ein Jesaja-Zitat wahrscheinlich gemacht werden kann, zu welchem sich auch eine rekonstruierbare, zusammenhängende Auslegung findet.

Während das grösste Fragment (heute als Frg. 23 gezählt) dieses Peschers bereits 1958 publiziert wurde, folgte die Editio princeps 10 Jahre später in DJD. Wesentlich für die Argumentation ist aber auch die Behandlung der Fragmente in der Monographie von Horgan sowie in der in vielem verbesserten Edition des Peschers in PTSDSSP.[36] Aus den oben genannten Gründen werden die Frg. 3, 5, 14, 20, 28–57 sowie die nachträglich von Strugnell publizierten und von Horgan aufgenommenen Frg. 58–61[37] nicht für die Untersuchung berücksichtigt. Thematisch beachtenswert sind hier lediglich das Vorkommen des exegetischen Terminus פשרו in Frg. 29, des Begriffes הכוהן הרשע (Frevelpriester) in Frg. 30 sowie des Wortes מרה (Lehrer) in Frg. 46.[38] Nicht detaillierter untersucht werden die 9 Fragmente ohne zu Schriftzitaten zugehörige Auslegungen bzw. ohne erkennbare Aussagen in den nichtbiblischen Teilen. Dies betrifft Frg. 11 (das in Kol. 1 nur nichtbiblische Anteile, in Kol. 2 nur ein Zitat aus Jes 19,9b–12 bietet), Frg. 12 (das Allegro mit Jes 28 zusammenbringt),[39] Frg. 13 (bei dem noch erkennbar ist, dass in Zeile 4 eine Aussage auf die letzten Tage bezogen wird: לאחר]ית הימים על, und in Zeile 5 die Aussage ביום ההואה יבקשו gelesen werden kann: «An jenem Tag werden [sie] suchen»), Frg. 15–16 (mit Zitat von Jes 29,10–12a), Frg. 17 (mit Zitat von Jes 29,15bγ–16bα), Frg. 18–19 (mit Zitat aus Jes 29,18–23bα) und Frg. 24 (in welchem in Zeile 1 noch die Worte בהר יהוה und in Zeile 2 die Worte אשר אמר zu lesen sind). Für die thematische Untersuchung, welche Jesaja-Stellen von 4QpJesᶜ aufgenommen werden, sind diese Fragmente jedoch einzubeziehen.

---

[36] Erstpublikation: Allegro, *Isaiah*, Editio princeps: Allegro, *Qumrân Cave 4*, 17–27. Die Untersuchung der Fragmente in Horgan, *Pesharim*, 94–124, wurde in Charlesworth, *Pesharim*, 47–81, und Tov, *DSSEL*, aufgenommen.

[37] Vgl. Charlesworth, *Pesharim*, 47.80f. In DSSR sind die von Strugnell hinzugefügten Fragmente nicht aufgenommen; vgl. Parry/Tov, *Exegetical Texts*, 30–47.

[38] Vgl. Charlesworth, *Pesharim*, 76–79.

[39] Vgl. Allegro, *Qumrân Cave 4*, 21.

7.3.1 Einzeluntersuchungen

Frg. 1

In diesem Fragment kann bei Zeile 1 kein Buchstabe mehr und bei den Zeilen 2–4 können nur einzelne Wörter mit einiger Sicherheit rekonstruiert werden. In Zeile 2 ist dies das Wort הואה, während in Zeile 3 das Wort דרך recht gut lesbar, das davor rekonstruierte Wort ובלע dagegen unsicher ist. Nur in Zeile 4 kann mit einiger Sicherheit eine zusammenhängende Aussage rekonstruiert werden. Diese stellte mit der Aussage כאשר כ[תוב עליו ביר]מיה (auch ... ואשר wie in 4QpJes^c wäre möglich)[40] wahrscheinlich einen Bezug auf das Jeremiabuch dar. Mit Horgan Zeile 2 als Zitationsformel כי]א הואה א[שר אמר und Zeile 3 mit ובלע דרך als Schriftaussage im Anklang an Jes 3,12 zu interpretieren, ist zwar möglich, aber m. E. mit zu grossen Unsicherheiten verbunden.[41] Schon die Rekonstruktion des Wortes ובלע ist unsicher, da alle vier Buchstaben kaum lesbar sind. Bei der Rekonstruktion der Zitationsformel in Zeile 2 kann das א vor הואה zwar mit ziemlicher Sicherheit angenommen werden, das א danach ist jedoch ebenfalls unsicher. Die Aussage כי]א הואה א[שר אמר («... denn so hat er gesagt: ...») zu rekonstruieren, würde ausserdem bedeuteten, in das Fragment eine Struktur von Zitationsformel, Zitat und Schriftbezug hineinzulesen, welche das Fragment möglicherweise nie gehabt hat. Es ist ebenso wahrscheinlich, dass die Zeilen 2 und 3 beide Überreste einer Kommentierung bezeugen, welcher danach ein expliziter Bezug auf Jeremia gefolgt ist.[42]

Übersetzung und Interpretation
1 ...] ... [...
2 ..]. er .[..
3 ...] und er verwirrte den Weg [...
4 ... wie ge]schrieben steht über ihn bei Jer[emia ...

Bei Frg. 1 ist somit keine materielle Aussage zur Jesaja-Auslegung möglich. Ob die Zeilen 2f ursprünglich Überreste einer Kommentierung oder einer Anspielung auf Jes 3,12 bezeugen, kann nicht mehr entschieden werden. Der dargestellte, leider nicht mehr ganz erhaltene explizite Bezug auf Jeremia ist jedoch bemerkenswert.

Frg. 2

Bei den Zeilen 2–4 sind noch Reste des Zitates von Jes 8,7f (mit kleinen stilistischen Abweichungen gegenüber dem MT) lesbar sowie einzelne Wörter der darauffolgenden

---

[40] Mit Bernstein, *Introductory Formulas*, 42. Die Einleitungsformel כאשר כתוב ist nur in Frg. 6–7,II,19 vollständig erhalten.

[41] Diese Rekonstruktion würde zudem das einzige Beispiel für die Formel ausserhalb von 1QpHab darstellen; vgl. Bernstein, *Introductory Formulas*, 40. Die von ihm ebd. vorgebrachte Alternative כי]א הואה א[שר כתוב בספר, die sich beispielsweise in 1QFlor findet, ist ebenfalls unsicher.

[42] Zur Rekonstruktion von Frg. 1 vgl. Charlesworth, *Pesharim*, 48.

Auslegung in Zeile 5.[43] In Zeile 6 ist die Rekonstruktion von ...|ב כ[תוב als Bestandteil einer Zitationsformel für einen Schriftbezug unstrittig, während in der folgenden Zeile nur ולא mit Sicherheit rekonstruiert werden kann. Umstritten ist der Vorschlag von Allegro, im kommentierenden Teil in Zeile 5 התרה היא רצין als eine Auslegung zu Jes 8,6 zu lesen.[44] Dabei wird vorausgesetzt, dass vor der Auslegung ursprünglich nicht nur die Verse 7f, sondern auch noch Vers 6 standen. Für diese Annahme spricht, dass in Jes die Aussage in den Versen 6–8 durch Vers 5 als ein Wort Gottes eingeleitet wird. Wird dieser Vorschlag von Allegro übernommen, muss konsequenterweise in Zeile 1 Jes 8,6 rekonstruiert werden.[45]

Übersetzung und Interpretation

1 [(8,6) Weil dieses Volk die Wasser von Siloah verworfen, die still dahinfliessen, aber verzagt vor Rezin und dem Sohn Remaljas.]

2 (7) Darum, siehe, lässt der Herr ü]ber si[e] die Wasser des Stromes, die [mächtigen und grossen heraufsteigen – den König von Assur und

3 all seine Herrlichkeit. Er wird heraufsteigen] über all seine Betten und über all [seine] Ufer gehen. [(8) Und er wird über Juda dahinfahren, überschwemmen und überfluten;

4 bis an den Hals wird er reichen. Und] die Spanne seiner Flügel [werd]en die Weite die[ses] Landes füllen, [Immanuel.

5 ..]. die Tora, das ist Rezin [...

6 ... wie ge]schrieben steht bei [...

7 ...] und nicht [...

Wird Frg. 2 so rekonstruiert, so wird in Zeile 5 das Wort *Rezin* (רצין) aus Jes 8,6 aufgenommen und als *die Tora* ausgelegt. Strittig an dieser Rekonstruktion von Allegro ist aber ausgerechnet dieses Wort רצין, bei welchem es in den verschiedenen Editionen nur bezüglich des Buchstabens צ und bezüglich der Wortlänge von ca. vier Buchstaben Einigkeit gibt. Zudem hat die Identifizierung der Tora mit Rezin von Damaskus als einem historischen Feind Judas besonders Widerspruch hervorgerufen. Für Horgan ist eine solche Identifizierung durch einen essenischen Kommentator undenkbar.[46] Die von Horgan dafür angenommenen historischen Kenntnisse können bei einem Autor des 2. Jh. v. Chr. allerdings nicht einfach vorausgesetzt werden. Die Struktur der Zeile ist m. E. eindeutig als eine Auslegung mittels eines identifizierenden Nominalsatzes zu verstehen. Da das

---

[43] Zeilennummerierung mit Charlesworth, *Pesharim*, 48. Anders Allegro, *Qumrân Cave 4*, 17. Ob Frg. 3 an Frg. 2 anzuschliessen ist (wie ebd. vorgeschlagen), kann für diese Untersuchung dahingestellt bleiben, da die drei lesbaren Buchstaben von Frg. 3 für die Fragestellung zu wenig beitragen können. Mit Horgan, *Pesharim*, 107, sind oberhalb der ersten von Allegro transkribierten Zeile noch Spuren von einzelnen Buchstaben anzunehmen.

[44] Siehe Allegro, *Qumrân Cave 4*, 17, dort Zeile 4. Die Schreibung von תרה ohne ו ist in den Qumranschriften ohne Parallele; allerdings wird die Lesung des Wortes als «Tora» in allen Editionen nicht bestritten. Ob mit Allegro am Ende der Zeile רעו als Anfang eines Zitates von Jes 8,9 zu lesen ist oder ob ובן [רמליהו plausibler wäre (vgl., Strugnell, *Notes*, 189), ist vom Textbestand her nicht mehr entscheidbar.

[45] Mit Blenkinsopp, *Sealed Book*, 113.

[46] Siehe Horgan, *Pesharim*, 107. Weitere Literaturangaben siehe ebd.

Wort תרה weder in den zitierten Versen noch im unmittelbar vorangehenden Kontext vorkommt, ist dieses *als die Auslegung zu betrachten* und das strittige Wort als auszulegendes Wort anzusehen. Für dieses auszulegende Wort kommen aufgrund der dargestellten Bedingungen (Wort mit צ und mit 4–5 Buchstaben) nur zwei Wörter aus der Sinneinheit Jes 8,6–8 in Frage.[47] Als Alternative zu רצין aus Vers 6 wäre nur noch צואר (Nacken) in Vers 8 denkbar. Ob die Lesung התרה היא הצואר für Zeile 5 plausibler wäre, ist beim jetzigen Bestand der Fragmente schwierig zu entscheiden. Hingegen können mit inhaltlichen Überlegungen Argumente für die Lesung רצין gewonnen werden (möglicherweise ursprünglich sogar «Rezin und der Sohn Remaljas»), nämlich dann, wenn versucht wird, die Auslegung als Aussage in die jeweiligen Verse zu setzen. Hier zeigt sich, dass eine Auslegung des Wortes «Nacken» als «Tora» in Vers 8 vom Zusammenhang her, dass die grossen Wasser bis an den *Nacken* reichen, wenig Sinn ergibt. Viel sinnvoller dagegen ist es, in Vers 6 das Wort «Tora» in die Aussage, dass das Volk vor Rezin verzagt, hineinzusetzen.[48] Die Deutung von «Rezin» als Tora ergibt die Interpretation, dass das übrige Volk Israel sich nicht gemäss dem Massstab der Tora verhalte.[49] Dabei wird die Aussage nicht historisch im Kontext der assyrischen Bedrohung, sondern als verschlüsselte Aussage verstanden, welche die Gegenwart der Verfasser und Adressaten dieser Auslegung betrifft.

Neben dem in Frg. 2 noch erhaltenen Zitat aus Jes 8,7f in Zeile 2 muss in 4QpJes^c in der vorangehenden Zeile ursprünglich noch Vers 6 zitiert worden sein. Jes 8,6, «Weil dieses Volk die Wasser von Siloah verworfen, die still dahinfliessen, aber verzagt vor Rezin und dem Sohn des Remalja», wurde in Zeile 5 so ausgelegt, dass *das zitierte Element* «Rezin» als die Tora verstanden wird. Damit wird die Aussage in Jes 8,6 aktualisierend auf das übrige Israel als historischen Gegner der Verfasser von 4QpJes^c bezogen. Genauso wie das Volk Israel einst vor Rezin gezittert habe, so zittere es heute vor der Tora. Wie die weitere Untersuchung zeigen wird, passt die Aussage, dass das Volk vor der Tora verzagt, zu der sich auch sonst in diesem Pescher zeigenden theologischen Überzeugung der Verfasser, die sich als das wahre Israel inmitten eines verlorenen Volkes verstanden. Die Deutung des Wortes «Rezin» als die Tora wurde in der folgenden Zeile offenbar mit einer weiteren Schriftstelle verbunden. Wie in Frg. 1 findet

---

[47] In der vorangehenden Erzählung 8,1–4 sowie in Vers 5 findet sich kein Wort mit צ.

[48] Der MT liest in Vers 6: *Weil dieses Volk die Wasser von Siloah verworfen, die still dahinfliessen, und Freude hat an Rezin und dem Sohn Remalja*. Zur Konjektur von משו (Freude) zu מסוס (verzagen) vgl. Kittel/Elliger/Schenker, *BHS*, z. St.; dagegen Beuken, *Jesaja 1–12*, 213. Beim vorliegenden Pescher stellt sich weniger die Frage nach der ursprünglichen Bedeutung des Wortes, als danach, was seine Verfasser darunter verstanden hatten. Dabei ist zu berücksichtigen, dass das für die Auslegung aufgenommene Wort רצין aus einem Gerichtstext stammt. Ein Verständnis von משוש als Freude passt daher weniger zur Interpretation im vorliegenden Pescher. 1QJes^a liest משיש.

[49] Vgl. die nachfolgende Interpretation von Frg. 23. Zur Thematik siehe unten die Interpretation zu 4QpJes^b II,7.

sich auch in Frg. 2 eine (explizit auf Jer verweisende) Zitationsformel.
Während Frg. 1 mit der Formulierung כאשר כ]תוב עליו בירן]מיה («Wie
darüber geschrieben ist bei Jeremia ...») einen expliziten Bezug auf Jer zeigt,
ist in Frg. 2 nur noch gerade die Zitationsformel zu einem Schriftbezug
lesbar: ...כ]תוב בן («... ge]schrieben steht bei [...»). Welche Bibelstelle
danach zitiert wurde und ob wie in Frg. 1 aus Jer oder aus einer anderen
Schrift zitiert wurde, ist nicht mehr rekonstruierbar.

Frg. 4 und 6–7

Die zusammengehörenden Fragmente 4 und 6–7 bezeugen zwei Kolumnen, aus deren Inhalt erschlossen werden kann, dass darin einst mehrere
Zitate kommentiert wurden. Von den jeweiligen Auslegungen sind nur
noch wenige Überbleibsel erhalten, zu denen sich in Kol. I kaum inhaltliche Aussagen machen lassen.[50]

Bezüglich der Rekonstruktion der Fragmente gibt es in den Editionen Differenzen.
Während für Allegro die Frg. 4–7 zusammengehören, behandelt PTSDSSP das winzige
Frg. 5 separat. Gegen Allegro ist Frg. 5 nicht als Teil des Zitates aus Jes 9,17–20 zu
verstehen.[51] Damit die Zeilenzählung in Kol. I derjenigen in Kol. II entspricht, werden
oberhalb des ersten erhaltenen Wortes drei weitere Zeilen angenommen.[52] Anders als
bei Allegro (aber auch bei PTSDSSP) beginnt die Zählung somit bei Zeile 4. Die Transkription von כתוב in I,4 (Frg. 6) ist unbestritten, während Horgans Vorschlag, davor
כאשר] und in Zeile 5 ע]ליהמה zu rekonstruieren, plausibel ist.[53] Die rekonstruierten
Worte «Wie geschrieben steht ... über sie ...» sind wahrscheinlich Überbleibsel einer
Zitationsformel. Ob diese einst wie in Frg. 1 und möglicherweise auch Frg. 2 auf eine
andere Schrift oder wie unten in II,19 auf Jes Bezug genommen hatte, ist nicht mehr
feststellbar. Zu den recht gut rekonstruierbaren Zitaten von Jes 9,11a–bα in I,6f und
von 9,13–16[54] in den Zeilen 8–13 sowie von 9,17–20 in den Zeilen 16–21 finden sich
zu den ersten zwei Schriftworten noch nichtbiblische Überbleibsel (Zeile 7 bzw. Zeile
14). Der Inhalt dieser Auslegungen ist aber nicht mehr rekonstruierbar. In Zeile 7 ist
allein das Wort והואה lesbar, während in Zeile 14 nur einzelne Buchstaben erkennbar
sind. Zeile 15 bezeugt möglicherweise ein Spatium. Unterhalb von Zeile 21 ist der
untere Rand der Rolle erkennbar.

---

[50] Wo nicht anders vermerkt, beziehen sich die nachfolgenden Argumentationen zu
       diesen Fragmenten auf Allegro, *Qumrân Cave 4*, 18f, und Charlesworth, *Pesharim*, 50–
       57; letztere Edition ist im Text jeweils mit PTSDSSP angegeben.
[51] Mit Horgan, *Pesharim*, 107–112. Da Frg. 5 für die Auslegung kein zusätzliches inter-
       pretatives Material bietet, kann es für die Untersuchung unberücksichtigt bleiben.
[52] Mit Horgan, *Pesharim*, 107. In PTSDSSP wird zusätzlich noch eine weitere Zeile in
       Kol. II rekonstruiert; vgl. Charlesworth, *Pesharim*, 54, was in Kol. I *vier* vorangehende
       Zeilen ergibt.
[53] Vgl. Horgan, *Pesharim*, 108.
[54] Die Vorlage des Kommentars hatte demnach dieselbe Reihenfolge wie der MT. Das
       Fragment kann somit die von Wildberger, *Jesaja 1–12*, 203, vorgeschlagene literar-
       kritische Umstellung der Verse 13–16 nicht stützen. Da Kol. I nach dem Zitat von
       Vers 20 abbricht, kann es auch zur Frage, ob Jes 5,25ff an 9,20 anzuschliessen sei,
       nichts beitragen.

Übersetzung und Interpretation von Kol. I

4 wie] geschrieben ...

5 ü]ber sie ...

6 *(9,11) Aram von Osten und die Philister von Westen; die werden I]srael fressen mit vollem*

7 *[Maul. Bei alldem wendet sich nicht ab sein Zorn ...] ... Und er [...*

8 *(13) Da haut Jhwh von Israel Kopf und Schwanz ab, Palmzweig und Bin]se an einem Tag. (14) Der Älteste*

9 *[und Angesehene, er ist der Kopf; und der Prophet, der Lüge lehrt,] er ist der Schwanz.*

10 *[(15) Denn die Führer dieses Volkes werden zu Verführern und die von ihnen Geführten zu Ver]wirrten. (16) Darum*

11 *[wird sich der Herr über dessen junge Männer nicht freuen, und über seine Waisen und Wit]wen wird er sich nicht erbarmen.*

12 *[Denn sie alle sind Gottlose und Übeltäter, und jeder Mund redet Torheit. Bei allde]m*

13 *[wendet sich nicht ab sein Zorn, und noch ist seine Hand ausgestreckt ...*

14 *...] ... [...*

15 *[...]*

16 *[(17) Denn die Gottlosigkeit brennt wie Feuer: Dornen und Disteln ver]zehrt sie und zündet*

17 *[in den Dickichten des Waldes, dass sie emporwirbeln als hoch aufsteigender Rauch. (18) Durch den Grimm des Jhwh] der Heerscharen [ist das*

18 *Land verbrannt, und das Volk ist wie ein Fraß des Feuers geworden;] keiner hat mit dem andern*

19 *[Mitleid. (19) Und man verschlingt zur Rechten und hungert, und man frißt zur] Linken und wird nicht ...*

20 *[Jeder frißt das Fleisch seines Nächsten: (20) Manasse de]n Ephraim und Ephrai[m den*

21 *Manass]e; diese miteinander [zusammen Juda. Bei alldem wendet sich nicht ab] sein Zorn, [...*

Bei den nichtbiblischen Teilen von Kol. I sind leider keine zusammenhängenden Auslegungen mehr rekonstruierbar. Auffällig ist jedoch, wie wenig Platz diese einst eingenommen hatten. Bei den Zitaten ist erwähnenswert, dass (verglichen mit MT als auch 1QJes^a) die letzten Worte von 9,11 sowie Vers 12 offenbar nicht zitiert wurden. Das Ende des Zitates ist zwar nicht erhalten, aber der verfügbare Platz reicht nicht einmal für Vers 11bβ.[55] Offenbar wurden Teile von Vers 11 sowie der ganze Vers 12 übersprungen. Bei den darauffolgenden, in praktisch wörtlicher Übereinstimmung mit dem MT/1QJes^a zitierten[56] Versen aus Jes 9,13–16 findet sich in Vers 14 ein innerbiblisches Pendant zu den in den Pescharim häufig vorkommenden allegorischen Auslegungen mittels eines identifizierenden Nominalsatzes. Dieser Vers ist innerhalb des Jesajabuches eine redaktionelle Hinzufügung, welche den schwer verständlichen vorangehenden Vers auslegt (beide Verse werden 1QJes^a zitiert).

13 ויכרת יהוה מישראל ראש וזנב כפה ואגמן ביום אחד

14 זקן ונשא פנים הואה הרואש ונביא מורה שקר הואה הזנב

13 Da haut Jhwh von Israel Kopf und Schwanz ab, Palmzweig und Binse, an einem Tag.
14 Der Älteste und Angesehene, er ist der Kopf; und der Prophet, der Lüge lehrt, er ist der Schwanz.

---

55 Vgl. Charlesworth, *Pesharim*, 50.

56 Zur Abweichung und zur Rekonstruktion vgl. Charlesworth, *Pesharim*, 52.

Mit zwei identifizierenden Nominalsätzen werden in Vers 14 die Worte רואש (Kopf) und זנב (Schwanz) aus Vers 13 aufgenommen und auf die Führungsschicht Israels ausgelegt. Da zu diesem Jesaja-Zitat keine Auslegung erhalten ist, kann nicht untersucht werden, wie dieses interpretiert wurde. Das Zitat zeigt jedoch, dass der oder die Verfasser des Peschers sich mit dieser innerbiblischen Auslegung von Jes 9,13 befasst hatte(n).

Oberhalb der Zeile 1 von Frg. 7 ist der obere Rand bezeugt; in den erhaltenen zwei Zeilen (II,1–2) kann der Text von Jes 10,12–13aα rekonstruiert werden. Da Frg. 6 nicht unmittelbar an Frg. 7 anschliesst, ist es möglich, danach mit PTSDSSP eine weitere Zeile (vielleicht auch mehrere)[57] zu rekonstruieren. Vom Bestand der Fragmente her beurteilt, ist eine solche Annahme m. E. aber nicht zwingend notwendig.[58] Denkbar ist auch die Rekonstruktion Allegros, bei der sich die Worte in den Zeilen 3ff direkt an das Zitat von Jes 10,12–13aα anschliessen. Aufgrund der Unsicherheit bezüglich der Rekonstruktion von zusätzlichen Zeilen folgt die Zählung hier derjenigen Allegros.[59] In II,4 findet sich die Einleitungsformel פשר הדבר, gefolgt von nichtbiblischem Material, das (wie die noch erhaltenen Worte unten in II,5–6) einst zu einer Auslegung gehörte. Somit ist anzunehmen, dass vor Zeile 4 ein Zitat oder eine Wiederaufnahme eines Zitates stand. In II,3 sind davon aber nur noch einzelne Buchstaben erhalten. Für die Rekonstruktion der Zeile werden von Allegro Jes 10,13aβ–bα, von Horgan dagegen 10,19b vorgeschlagen.[60] Da weiter unten in Zeile 10 Jes 10,20–22a zitiert wird, wäre unter Annahme einer fortlaufenden Kommentierung der Vorschlag von Horgan vorzuziehen. Kol. I bezeugt in Zeile 8 jedoch gerade einen Fall, in welchem ein Teil aus Jes übersprungen wurde (siehe oben z. St.). Gleich mehrere Verse werden in Frg. 8 ausgelassen (siehe unten z. St.). Ein Überspringen mehrerer Verse wäre daher auch hier denkbar. Allein aus formalen Überlegungen kann somit nicht mehr entschieden werden, welcher Vers in Zeile 3 zitiert wurde. Sowohl der Vorschlag von Allegro als auch derjenige von Horgan kann formale Gründe für sich in Anspruch nehmen. Daher muss im Folgenden versucht werden, inhaltliche Gründe zu finden, die für den einen oder anderen Vorschlag sprechen.

Ein inhaltliches Argument für die Zitierung zumindest von Teilen von Vers 13 in Zeile 3 ist die Auslegung in Zeile 4: «Die Deutung des Wortes geht über die Region Babel.» Die Nennung Babels hat in den Worten gegen Assur in Kapitel 10 der hebräischen Jesaja-Überlieferung keinen Anhaltspunkt. Jedoch findet sich das Wort Βαβυλῶνος in Jes 10,9 LXX. In der LXX werden die Worte gegen Assur aktualisiert, so dass sie sich nicht mehr gegen den König von Assur richten, sondern gegen den in Vers 5 LXX als *Assyrischen* bezeichneten (wahrscheinlich den Seleukiden Antiochus III.).[61] Somit ist in Vers 12 nach LXX unter der Bezeichnung τὸν ἄρχοντα τῶν Ἀσσυρίων eben-

[57] Diese Möglichkeit erwägt Horgan, *Pesharim*, 110f.

[58] Soweit sich dies mittels der Fotografien beurteilen lässt; vgl. PAM 43.415 in Tov, *DSSEL*.

[59] In Horgan, *Pesharim*, 97, wurde ebenfalls die Zeilenzählung Allegros übernommen, die zusätzlich rekonstruierte Zeile ist – anders als bei PTSDSSP – nicht als Zeile 3, sondern als Zeile 2a gezählt. Die Nummerierung in PTSDSSP ist demzufolge ab Zeile 3 um eine Ziffer höher als bei Allegro und Horgan.

[60] Vgl. Horgan, *Pesharim*, 110f. Der Vorschlag stammt ursprünglich aus Strugnell, *Notes*, 190, und wurde schliesslich auch in PTSDSSP übernommen (dort Zeile 4).

[61] Vgl. Kooij, *Textzeugen des Jesajabuches*, 34–38. Auch der Verfasser des Danielbuches deutete Assur als symbolischen Begriff für die Seleukiden, wie die Aufnahme von Jes 8,6 in Dan 11,10 zeigt; siehe ebd., 35.

falls Antiochus III. zu sehen, und die in Vers 13 erwähnten Grenzen der Völker, welche er beseitigt, sind u. a. die Grenzen des Gebietes nördlich von Babylon. Denn dieses wird, wie bereits erwähnt, in der Liste seiner Eroberungen nach Jes 10,9 LXX genannt. Unter der Voraussetzung, die Verfasser dieser Auslegung hätten Vers 12f ebenfalls auf die Eroberungen Antiochus' III. bezogen, wäre eine Deutung von Vers 13 auf die Region Babylon wie in Zeile 4 geradewegs zu erwarten. Ein Bezug der Worte in die Zeit Antiochus' III. (223–187 v. Chr.) legt auch die nachfolgende Auslegung von Vers 22 in den Zeilen 14f nahe.[62] Ein weiteres inhaltliches Argument für Vers 13 ist noch der Ausdruck חקות עמים in Zeile 5, da sich in Vers 13 der ähnliche Begriff גבולת עמים findet. Aufgrund dieser beiden inhaltlichen Argumente ist es somit plausibler, mit Allegro Jes 10,13aβ–bα, ובחכמת]י כיא נבונתי ואסיר גבולת עמים ועתידתיהם שושתי, in Zeile 3 zu rekonstruieren.[63]

Ob in II,7, wo noch die Zitationsformel ואשר אמר, nicht aber das Zitat selbst erkennbar ist, ein neuer Vers zitiert oder ob ein Teil des vorangehenden Zitates wieder aufgenommen wird, muss dagegen offen bleiben. Von der nachfolgenden Auslegung ist leider nur der Begriff למעוט האדם erhalten. Ebenfalls unklar ist, worauf sich die Auslegungen in den Zeilen 8, 17 (und möglicherweise auch 20) beziehen, da sowohl diese als auch die ihnen vorangehenden Auslegungen zu fragmentarisch sind. Zeile 9 bezeugt ein Spatium. In II,10–13 wird Jes 10,20–22a zitiert und anschliessend in den Zeilen 14f ausgelegt. Zeile 15 ist mit Horgan als ילכו בש]בי ישראל zu rekonstruieren und als «Sie werden gehen mit den Um[kehrenden Israe]ls» zu übersetzen.[64] Der Ausdruck שבי ישראל findet sich auch in 4QpPs^a 1–10,IV,24, CD IV,2, VI,5, VIII,18, XIX,29 und möglicherweise auch in 4QpHos^a I,16f. In CD IV,2 und VI,5 sind die שבי ישראל als diejenigen bezeichnet, die aus dem Lande Juda ausgezogen (יצה) sind. Nicht nur in CD liegt es nahe, שבי als Partizip Plural Constructus von שוב aufzufassen. Im vorliegenden Fragment ist es sehr wahrscheinlich, dass das im Zitat von Jes 10,20–22 mehrfach vorkommende Verb שוב in der Auslegung aufgenommen wurde. Dem lesbaren Wort אמר in Zeile 16 dürfte eine Wiederaufnahme aus dem vorangehenden Zitat gefolgt sein. Welcher Teil aus dem Zitat wieder aufgenommen wurde, kann allerdings nicht mehr mit Sicherheit rekonstruiert werden. Die erhaltenen Reste der Auslegung in Zeile 17 könnten sich inhaltlich sowohl auf Vers 22a als auch auf Vers 21 beziehen. Die in PTSDSSP vorgeschlagene Rekonstruktion von Vers 22a lässt sich somit nicht erhärten.[65] In den Zeilen 18f folgt nach der Zitationsformel כשר כתוב noch ein Zitat der Verse 22b–23. In Zeile 21 findet sich noch ein Zitat von Vers 24a, danach bricht das Fragment ab.

---

[62] Siehe die unten folgende Interpretation der Auslegung zu Vers 22 in den Zeilen 14f.

[63] Alternativ könntc vor Zeile 3 eine *Wiederaufnahmeformel* angenommen werden. Als weitere, allerdings unsichere Möglichkeit wäre in den Zeilen 2a–3 die Rekonstruktion von Jes 10,13aβ–b diskutierbar. Zeile 2a würde dann wie folgt lauten: ובחכמתי כיא נבונתי ואסיר גבולת עמים ועתידתיהם שושתין, und Zeile 3 hiesse: ואן ו]רין ד כאן ביר יושבים; dabei würde der ganze Vers 13 zitiert.

[64] Mit Horgan, *Pesharim*, 112. Anders Blenkinsopp, *Sealed Book*, 115, der als Lesung wie bereits Allegro (vgl. a. a. O., 19) statt שוב das in der Hebräischen Bibel oft mit הלך kombinierte Wort שבי (Gefangenschaft) vorzieht und daher die Übersetzung «Sie werden in Gefangenschaft gehen» vorschlägt.

[65] Bereits Strugnell, *Notes*, 190f, erwog eine mögliche Rekonstruktion von Vers 22a. Bei Horgan, *Pesharim*, 112, und infolgedessen auch bei PTSDSSP (vgl. a. a. O., 56) wird diese Rekonstruktionsmöglichkeit zum Rekonstruktions*vorschlag* erhoben.

Übersetzung und Interpretation von Kol. II[66]

1   *(10,12) Aber es wird geschehen,]* wenn vollendet hat *[der Herr sein ganzes Werk am Berg*
    Zion und an Jerusalem, werde ich die Frucht

2   *des überbliche]n Herzens des Königs von Ass[ur heimsuchen und den hochmütigen Stolz*
    seiner Augen. (13) Denn er hat gesagt: Durch die Kraft meiner Hand habe ich es getan][67]

3   *und durch] meine [Weisheit], denn [ich bin verständig; die Grenzen der Völker entfernte ich*
    und ihre Schätze habe ich geplündert.]

4   Die Deutung des Wortes geht über die Region Babel [...]

5   Die Satzungen der Völker s[ie ...]

6   treulos zu handeln an Vielen, er [...]

7   Israel. Und wenn es heisst: [...]

8   Seine Deutung geht auf die Wenigen der Menschheit [...

9   (VACAT) [...]

10 * *(20) An jenem Tag wird es geschehen: [Da wird der Rest Israels und was entkommen ist*

11 * *vom Haus Jakob sich nicht mehr länger auf den stüt[zen, der es schlägt, sondern auf Jhwh,*
    den Heiligen

12 *Is]raels, in Treue. (21) Ein R[e]st [wird umkehren, ein Rest Jakobs, zu dem starken Gott.]*

13 *(22a) Denn wenn auch dein Volk, I[srael, wie der Sand des Meeres wäre: Ein Rest davon*
    wird umkehren.]

14 * Die Deutung der Worte geht auf die letzten [Tage ...]

15 * Sie werden gehen mit den Um[kehrenden Israe]ls [...]

16 * es heisst[: ...]

17 * Seine Deutung geht auf die Wenigen [...]

18 * Wie geschrieben steht: *[(22b) Vernichtung ist beschlossen, einherflutend Gerechtigkeit.*
    (23) Fürwahr, beschlossene Vernichtung,]

19 *der Herr, Jhwh der H[eerscharen, wirkt inmitten der ganzen Erde.]*

20 * (VACAT) [...]

21 *(24) Darum, so spricht der Herr, J[hwh der Heerscharen: Fürchte dich nicht, mein Volk, das*
    wohnt]

Der Inhalt der Auslegung zu dem in den Zeilen 1–3 teilweise erhaltenen Zitat von Jes 10,12–13bα kann nur noch bruchstückhaft erhoben werden. In den Zeilen 4–9 sind nur einzelne Buchstaben oder vereinzelte Wörter lesbar. Die in Zeile 4 rekonstruierte Aussage «Die Bedeutung des Wortes geht über die Region Babylon» sowie die weiteren vereinzelten Aussagen in den nachfolgenden Zeilen sind wahrscheinlich als Auslegung der Verse 12f zu verstehen. Es ist anzunehmen, dass sich Zeile 4 auf Vers 13 bezog und die dort erwähnten Eroberungen Assurs aktualisierend interpretierte. Wahrscheinlich bezogen die Verfasser dieser Auslegung die Aussagen in Vers 12f wie die LXX gar auf den Seleukiden Antiochus III. (223–187 v. Chr.), der Gebiete in eben dieser Region eroberte. Mit der Bezeichnung מלך אשור («König von Assur») ist gemäss den Auslegern nicht der assyrische König als historischer Feind Israels im Blickfeld des prophetischen Wortes, sondern der bereits von der LXX als «assyrisch» bezeichnete

---

[66] An den mit * bezeichneten Stellen finden sich jeweils einzelne Zeichen, deren Be-
      deutung leider nicht bekannt ist.

[67] Wie oben dargestellt, rekonstruiert PTSDSSP nach Zeile 2 eine Leerzeile und da-
      nach ein Zitat von Jes 10,19b.

Seleukidenkönig. Die jesajanischen Wehe-Worte (Jes 10,5–15) bekommen durch diese Aktualisierung einen neuen Adressaten. Sie gelten nicht mehr der Grossmacht Assyrien und ihrem König, sondern den Seleukiden, wahrscheinlich gar Antiochus III. Interessanterweise hat diese Aktualisierung der Wehe-Worte gegen Assur (Jes 10,5–15) auf eine Grossmacht der damaligen Gegenwart bereits einen Vorreiter in der redaktionellen Fortschreibung derselben Worte. Vers 12 ist eine redaktionelle Ergänzung aus nachexilischer Zeit. Die Näherbestimmung «von Assur» in מלך אשור dient daher nicht mehr zur Bezeichnung der Assyrer, deren Reich damals schon längst Vergangenheit war, vielmehr wird die Bezeichnung אשור aktualisierend auf einen damaligen Gegner bezogen.[68]

Die Auslegung von Jes 10,20–22a in den Zeilen 14f bezieht den Vers eschatologisierend auf die letzten Tage (פשר הדבר לאחרית הי]מים). Dabei behandelte sie, wie aus Zeile 15 (ילכו בש]בי ישרא[ל) hervorgeht, einst das Motiv des Umkehrens. Offenbar war für die Verfasser das in dem Zitat zweimal vorkommende Motiv des Restes, der umkehren wird (שאר ישוב) von Interesse, insbesondere da in Jes 10,20–23 allein dem umkehrenden Rest Heil versprochen wird, während alle anderen das Gericht Jhwhs treffen soll.[69] Durch die Auswahl des Zitates Jes 10,20–22a liegt der Akzent aber noch ganz auf der Umkehr.[70] Die Thematik des Gerichts wird erst mit dem nächsten Zitat aufgenommen. Wie aus den recht gut lesbaren Worten in Zeile 15 «Sie werden gehen mit den Um[kehrenden Israe]ls» hervorgeht, spielte der umkehrende Rest auch in der Auslegung eine Rolle. Mit den «Umkehrenden Israels» dürften die Verfasser ihre eigene Gruppierung gemeint haben. Da diese Auslegung von Vers 22a davon handelt, dass sich Menschen den Umkehrenden aus Israel anschliessen werden, kann daraus auf die Hoffnung der Verfasser geschlossen werden, dass sich ein «Rest aus Israel» noch der Gruppierung der Verfasser als den Umkehrenden anschliessen werde.

Der Beginn dieser Umkehr ist durch die im Fragment unmittelbar vorangehend zitierten Worte Jes 10,12–13bα mit den dort beschriebenen Eroberungen des assyrischen Königs verbunden. Nach CD I,5f begann die Umkehr aus Israel (nach der Sicht ihrer Verfasser) 390 Jahre nach dem Exil, also etwa 196 v. Chr.[71] und damit in der Zeit Antiochus III., was ein

---

[68] Vgl. Barth, *Jesaja-Worte*, 27. Anders Wildberger, *Jesaja 1–12*, 402f, der die Worte in die Zeit Haggais und Sacharjas datiert und im Gegner die Perser bzw. den persischen Grosskönig sieht. Die Bezeichnung מלך אשור würde dann bereits als Deckname für den persischen Grosskönig stehen.

[69] Für eine Gruppe, die sich selbst als das wahre Israel versteht, liegt die Identifikation mit dem Rest aus Israel, der umkehren wird, natürlich nahe.

[70] In der Auslegung von Jes 10,22f in 4QpJes^a II,1–9 dagegen liegt die Betonung auf dem Gericht (siehe unten z. St.).

[71] Vgl. Charlesworth, *Pesharim and Qumran History*, 27f, der sich dagegen ausspricht, die Zahl 390 in CD (als Anspielung auf Ez 4,5) nur symbolisch zu betrachten. Ebenso Maier, *Qumrangemeinde*, 60–64. Gegen eine symbolische Interpretation der 390 Jahre könnte auch die LXX sprechen, welche die Zahl 190 bezeugt, was den Versuch

weiterer Hinweis dafür darstellt, dass Vers 12f auf ihn und seine Erobe-
rungen hin ausgelegt wurden. Erwähnenswert sind noch die (in der obigen
Übersetzung mit * wiedergegebenen) unüblichen Zeichen am rechten
Rand von Kol. II, deren Bedeutung leider nicht bekannt ist.

Frg. 8–10

Bei diesen Fragmenten kann in Zeile 1 die Aussage על מלך בבל rekonstruiert werden,
die in den massgeblichen Editionen als Rest eines nichtbiblischen Teils verstanden
wird.[72] Möglich wäre aber auch, dass die Worte ein Zitat bzw. die Wiederaufnahme aus
dem Zitat aus Jes 14,4 darstellen und dass danach Verse übersprungen wurden. Wie aus
Zeile 2 hervorgeht, wurde jedenfalls nachfolgend Jes 14,8 (wörtlich übereinstimmend
mit dem MT) zitiert und in Zeile 3 ausgelegt. Von dieser Auslegung sind allerdings nur
noch zwei Wörter erhalten, die wahrscheinlich einmal den ersten Teil eines identifizierenden Nominalsatzes bildeten: הברושים וארזן לבנון המה. Mit ואשר אמר wird in
Zeile 4 ein Zitat aus Jes 14,26f eingeleitet. Es ist anzunehmen, dass die Verse 9–25 bei
der Kommentierung ausgelassen wurden. Die Möglichkeit, dass das Zitat in den Zeilen
1–3 eine Wiederaufnahme darstellt, ist unwahrscheinlich.[73] Wiederaufnahmen zuvor
zitierter Worte können in den Qumranschriften zwar beobachtet werden, ein Rückbezug auf ein 20 Verse zuvor stehendes Wort wäre in den Qumranschriften aber ohne
Parallele. Dem Zitat aus Jes 14,26f folgt in Zeile 8 keine Auslegung, sondern ein
Schriftbezug auf Sacharja: כאשר כתןוב בספר זכריה מפין] (das Zeilenende ist mit
PTSDSSP um אל u. Ä. zu ergänzen) . Zum (wörtlich mit dem MT übereinstimmenden)
Zitat von Jes 14,28–30 in den Zeilen 11–14 ist keine Auslegung mehr erhalten.

Übersetzung und Interpretation
1 ...] gegen den König von Babel [...(14,8) Auch die Wacholderbäume
2 freuen sich über] dich, die Zedern des Libanons: Seitdem [du daliegst, kommt nicht mehr herauf
3 der Holzfäller] zu uns. Die Wacholderbäume und die Zeder[n des Libanons sie ...
4 ...] ... und wenn es heisst: (14,26) Da[s ist der Ratschluss, der beschlossen ist
5 über die ganze] Erde, und das ist die Hand, [die über alle Nationen ausgestreckt ist.
6 (27) Denn der Jhw]h der Heerscharen hat es besch[lossen. Wer wird es ungültig machen? Und
   seine Hand ist ausgestreckt.
7 Wer wen]det sie zurück? Dies ist ... [...
8 Wie geschrie]ben steht im Buch Sacharjas von dem Munde [Gottes
9 (VACAT) [...] ... [...]
10 (VACAT) ... [...] ... [...]
11 (14,28) Im Jahr des Tod]es des Königs Aha[s geschah dieser Ausspruch:] Freue dich [nicht
12 (29) Philistäa, irgend]wer von euch, dass der Stock zerbrochen ist, [der dich schlug! Denn aus
   der Wurzel] der Schlange wird hervorkom[men

---

zeigen könnte, die Zahl auf historische Gegebenheiten zu beziehen bzw.
anzupassen.

[72] Vgl. Allegro, *Qumrân Cave 4*, 13f, sowie Charlesworth, *Pesharim*, 58f, auf die sich die
nachfolgende Argumentation zu den Frg. 8–10 bezieht.

[73] Gegen Horgan, *Pesharim*, 112. Allein vom Gebrauch der Zitationsformel ואשר אמר
darf nicht (wie ebd.) auf eine Wiederaufnahme geschlossen werden; vgl. Bernstein,
Introductory Formulas, 40, Anm. 30.

13 *eine Otter, und ihre Fru]cht wird eine fliegende f[eurige] Sch[lange sein. (30) Da [werden die Erstgeborenen der Geringen weiden und die] Armen*

14 *[sich in Sicherheit lagern. Aber deine Wurzel werde ich durch Hunger töten, und den Überrest] von dir wird er erschlagen.*

Aus den in Zeile 3 noch zu lesenden Worten wird lediglich klar, dass offenbar die Elemente *Wacholderbäume* und *Zedern Libanons* aus dem vorangehenden Zitat aus Jes 14,8 ausgelegt wurden; das Ergebnis der Deutung ist aber nicht mehr erhalten. Bemerkenswert ist, dass bei der Kommentierung offenbar Verse übersprungen werden. Die Auslegung zum nachfolgenden Zitat Jes 14,26f ist jedoch ebenfalls verloren. Wie schon in Frg. 1 findet sich danach eine explizit auf ein anderes Prophetenbuch verweisende Zitationsformel, diesmal zu Sacharja. Das in Zeile 8 wahrscheinlich dort einmal folgende Sacharja-Zitat ist jedoch nicht mehr erhalten. Auffällig ist seine doppelte Herkunftsbestimmung innerhalb der Einleitung. Das Zitat wurde nicht nur als aus dem Sacharjabuch stammend eingeführt, sondern galt zusätzlich als vom Munde Gottes gesprochen. Die Auslegung in Frg. 8–10 ist zum grossen Teil verloren. Thematisch kann aus den Fragmenten noch entnommen werden, dass im ursprünglichen Text offenbar die *Wacholderbäume* und die *Zedern Libanons* aus Jes 14,8 ausgelegt wurden und dass der *König von Babel* eine Rolle spielte. Die Auslegung nahm offenbar auf Sacharja Bezug.

Frg. 21

Das Fragment bietet gemäss PTSDSSP in den ersten sechs Zeilen nur nichtbiblische, in den Zeilen 7–15 mit einem Zitat aus Jes 30,1–5bα nur biblische Anteile.[74] Während in Zeile 1 gerade noch ein ת und in Zeile 5 noch die Buchstaben צ und ס entziffert werden können, sind in Zeile 2 die Worte יחשב (es wird geachtet) und הלבנון (der Libanon), in Zeile 3 לכרמל ישבו[...]^[75] («... zum Karmel werden sie umkehren») in Zeile 4 בחרב כאשר («mit dem Schwert, wie ...») und in Zeile 6 מורה[ ]רן..., («... Lehrer») lesbar. Allegro bringt die Zeilen 2–3 mit Jes 29,17 zusammen. Dies ist aufgrund der mit dieser Stelle gemeinsamen Worte חשב, לבנון, לכרמל und שוב durchaus plausibel. Denkbar wäre, dass dieser Auslegung in Frg. 21 nicht nur ein Zitat von Jes 29,18–23a vorangegangen ist (wie durch die Frg. 18–19 abgedeckt), sondern dass davor auch noch Jes 29,17 zitiert wurde und dass Teile von diesem Zitat in Frg. 21 aufgenommen und ausgelegt wurden. Wie die nachstehende *Rekonstruktionsmöglichkeit* zeigt, lässt sich eine Aufnahme und Auslegung von Vers 17aβ–b sowohl von den Platzverhältnissen her als auch inhaltlich gut in die bestehenden Strukturen einfügen: Wird (anders als bei Horgan) das Wort יחשב in Zeile 2 noch als letzter Teil der Wiederaufnahme des Zitates, das Wort הלבנון dagegen als zur Auslegung gehörend angeschaut, so ergibt sich eine Struktur von Zitat und nachfolgender Auslegung mittels eines identifizierenden Nominalsatzes, wie sie in den Pesharim häufig zu finden ist. Die Aussage der Zeilen 1–2 könnte dann als ... הוא כאשר אמר ושב לבנון לכרמל והכרמל ליערן יחשב הלבנון הוא

[74] Vgl. Charlesworth, *Pesharim*, 66f.

[75] Gegen Allegro, *Qumrân Cave 4*, 23, und Charlesworth, *Pesharim*, 66, ist m. E. in Frg. 20, Zeile 3 nicht ושבו, sondern ישבו zu lesen. Wo nicht besonders erwähnt, bezieht sich die nachfolgende Argumentation zu Frg. 21 auf diese beiden Editionen.

rekonstruiert werden. In Zeile 3 ist als eine Wiederaufnahme aus dem eben zitierten Text die Rekonstruktion von ואשר אמר ושב לבנון לכרמל לכרמל ישבו denkbar, wobei dann der Buchstabe ל in Zeile 3 noch zum letzten Wort des Zitates, die Aussage לכרמל ישבו dagegen zur Auslegung zu zählen wäre. Die Zeilen 1–3 könnten dann wie folgt verstanden werden:

1 ... [... wie es heisst: (Jes 29, 17aβ–b) *Und der Libanon*
2 *wird sich wenden zu einem Fruchtgarten und der Karmel wird als Wald]* geachtet. Der Libanon [das ist ...
3 und wenn es heisst: *und wird sich wenden zum Karme]l,* <so gilt:> zum Karmel wird er umkehren [...

Aufgrund des spärlichen Materialbestandes lässt sich dieser Rekonstruktionsvorschlag nicht erhärten. Der Vorschlag liefert aber ein weiteres Argument für den von Allegro angegebenen Verweis, indem er zeigt, dass ein Bezug zu Jes 29,17 nicht nur aufgrund der Wortparallelen plausibel ist, sondern dass sich eine Aufnahme und Auslegung dieses Verses an dieser Stelle auch gut vorstellen lässt. In Zeile 4 könnte nach כאשר das Wort אמר ergänzt werden. Sehr reizvoll wäre es zudem, die Worte וכלה לץ aus 29,20 vor בחרב כאשר] אמר [zu stellen, so dass von dem Spötter ausgesagt würde, dass er durch das Schwert umkommen werde: «... *und zugrunde gehen wird der Spötter]* durch das Schwert, wie [er gesagt hat.» Da jedoch weitere Anhaltspunkte fehlen, muss jeder Rekonstruktionsvorschlag über die noch erhaltenen Wörter von Zeile 4 hinaus Spekulation bleiben. In Zeile 6 ist das Wort מורה lesbar. In Zeile 7f wird von Allegro ein Zitat aus Sach 11,11 rekonstruiert, das aber den vorhandenen Platz nicht ganz ausfüllen würde und daher, wenn überhaupt, dann kaum wörtlich zitiert worden wäre.[76] Ausserdem ist bei den noch erhaltenen Wörtern neben dem Allerweltswort הואה in Zeile 8 ausgerechnet der hauptsächliche Identifikationspunkt für Sach 11,11 כן עניי הצואן in Zeile 7 einerseits im Fragment nur mit Unsicherheiten lesbar, andererseits in Sacharjatext textkritisch strittig.[77] Die Worte dürfen daher nicht einfach mit Sach 11,11 in Zusammenhang gebracht werden.[78] Es ist durchaus auch möglich, dass der Begriff עניי הצואן wie in CD XIX,9 einen Teil einer Auslegung darstellt. Unsicherheiten bestehen auch bezüglich der Rekonstruktion des Zitates von Jes 30,1–5bα in den nachfolgenden Zeilen, zu dem leider keine Auslegung mehr erhalten ist.

Übersetzung und Interpretation

1 ...
2 ...] *geachtet; der Libanon* [...
3 ...]l *– zum Karmel wird er umkehren* [...
4 ...] *mit dem Schwert, wie* [...
5] ... [
6] ... [ ] *Lehrer* [
7] ... *so die Armen der Herde ...* [
8] *er* (VACAT?)
9 *(30,1) Wehe den widerspenstigen Söhnen, Spruch]* Jhwhs, *die einen Pla[n] machen,* [aber nicht
10 *von mir aus, und Bündnisse weihen,]* aber nicht *nach meinem Geist, um zu h[äufen Sünde*

---

[76] Vgl. Allegro, *Qumrân Cave 4*, 23. Skeptischer: Charlesworth, *Pesharim*, 66, Anm. 80.

[77] Vgl. Kittel/Elliger/Schenker, *BHS* z. St.

[78] Gegen Brooke, *Isaiah in the Pesharim*, der eine thematische Verbindung der beiden Texte darin sieht, dass beide Weissagungen über den Libanon darstellen.

11 *auf Sünde; (2) die sich aufmachen, um hinab]zuziehen nach Ägypten – aber meinen Mund haben sie ni[cht befragt.*

12 *Um unter den Schutz des Pharaos zu flüchten und um Zuflucht zu su]chen im Schatten Ägyp-[tens! (3) Doch wird euch*

13 *der Schutz des Pharaos zur Schande werden und die Zufluch]t im Schatten Ägypte[ns zur Schmach. (4) Denn*

14 *seine Obersten waren in Zoan, und seine Gesandten erreichten] Hanes; (5) je[der wird zu-schanden*

15 *an einem Volk, das ihm nichts nützt, das nicht] zur Hi[lf]e und nicht zum [Nutzen ist.*

Mit Sicherheit kann bei Frg. 21 gesagt werden, dass in den durch wenige Worte bezeugten Auslegungen in den Zeilen 2–7 einst die Verben חשב (geachtet werden) und שוב (umkehren), die Nomina לבנון (Libanon), כרמל (Karmel), חרב (Schwert) und מורה (Lehrer) sowie der Begriff ענוי הצואן (die Armen der Herde) eine Rolle spielten. Der Zusammenhang der Aus-legung ist jedoch nicht mehr rekonstruierbar. Aufgrund von Wortparalle-len, inhaltlichen und strukturellen Überlegungen sowie angesichts des Zitates von Jes 30,1–5bα in den Zeilen 7–15 ist jedoch anzunehmen, dass sich die Auslegung auf ein vorangehendes Zitat von Jes 29,17ff bezieht, das Bild vom Libanon, der sich in einen Fruchtgarten (hebr. Karmel) wan-delt (שוב q.). Die Auslegung in Zeile 3 nahm Nomina und Verb auf und handelte davon, dass «sie» zum Karmel umkehren (שוב hi.) werden. Es ist gut vorstellbar, dass das Wort «Libanon» in Zeile 2 einmal Teil derselben Auslegung war. Wie dieses Wort ausgelegt wurde, ist leider nicht mehr zu erheben.

Frg. 22

Nur wenig Inhaltliches lässt sich aus den noch lesbaren Resten der ehemaligen Aus-legung gewinnen. Während in Zeile 1 unbestritten פשר הדבר zu lesen ist, lässt sich Zeile 2 als דרך אשר[... rekonstruieren.[79] In Zeile 3 kann ein Bezug auf die Söhne Zadoks erkannt werden (בני צדוק), während in Zeile 4 noch die Einleitungsformel אשר אמר לחם תבן, aber kein Zitat erhalten ist.[80] Die restlichen Zeilen bezeugen nur noch Einzelbuchstaben ohne Sinnzusammenhang.

Wie wenig aus Frg. 22 zu gewinnen ist, zeigt auch seine Übersetzung:

1 ...] die Deutung des Wortes [...
2]... die gehen [...
3 ...] die Söhne Zadoks [...
4 un]d wenn es heisst: Brot ...[
5]... es [...
6 ...] ... [...

---

[79] Mit Horgan, *Pesharim*, 119.

[80] Anders Horgan, *Pesharim*, 119. Die Identifikation mit Jes 30,23 beruht aber einzig auf dem Wort לחם.

Frg. 23

Nur Einzelbuchstaben bzw. einzelne Wörter finden sich auch in Kol. I und III sowie in II,1–2 dieses grössten zusammenhängenden Fragmentes.[81] In den weiteren Zeilen von Kol. II sind mehrere Zitate sowie Teile der dazu gehörenden Auslegungen erhalten. Das Zitat von Jes 30,15–18 in II,3–9 zeigt wenige, geringe Abweichungen gegenüber dem MT.

Aus II,10f wird erkennbar, dass das Zitat einerseits auf die letzten Tage bezogen wurde (פשו הדבר לאחרית הימים). Andererseits wurde die Aussage offenbar mit der Versammlung derjenigen, die nach glatten Dingen suchen (על עדת ד]ורשי[ן החלקות), in Verbindung gebracht. Die Constructus-Form דורשי החלקות bezeichnet mit grosser Sicherheit die Pharisäer.[82] Zu ihnen könnte auch noch die in Zeile 11 lesbare Aussage «Die in Jerusalem sind» (אשר בירושלים) passen. Unklar ist, worauf sich die Worte in den Zeilen 12 (בתורה ולוא) und 13 (לב כיא לדוש) beziehen.[83] Die Rede von der Vernichtung (דוש) in Zeile 13 passt thematisch gut zur zitierten Unheilsprophetie. Über Zeile 14 findet sich die Aussage כיחכה איש גדודים חבר כוהנים eingefügt, welche Allegro als ein Zitat zu Hos 6,9aα, Horgan dagegen lediglich als eine Anspielung zu dieser Stelle betrachtet.[84] In Zeile 14 selbst kommt noch einmal das Wort «die Tora» (התורה) vor sowie die Aussage, dass sie zurückweisen (מאסו). Es ist gut möglich, dass die Worte, die sicherlich zu einer Auslegung gehören, so zu verstehen sind, dass von den Gegnern gesagt wird, dass sie die Tora zurückweisen.[85] Da in der oberhalb der Zeile eingefügten Anspielung die Priester mit Räubern verglichen werden, deutet dies darauf hin, dass der Verfasser der Hinzufügung dies so verstanden hat. Auf welche Stelle sich diese Worte vom Zurückweisen der Tora allerdings beziehen, bleibt unklar. In den Zeilen 15–19 folgt ein Zitat aus Jes 30,19–21 mit geringfügigen Abweichungen zum MT in einzelnen Worten. Die vorangehend zitierten Jesaja-Worte werden nun fortgeführt. In Zeile 20 ist schliesslich noch die vermutlich einst zur Auslegung dieses Verses gehörende Aussage על עון zu erkennen, aus der hervorgeht, dass die Stelle oder Teile davon als von Sünde handelnd ausgelegt wurden.

Übersetzung und Interpretation von Kol. II

1 ...] ... [...] ... alle [...] ... [

2 ...] ... [...] ... [...] ... [...

3 *(30,15) Den]n s[o] spricht Jhwh, der Heilige Israels: Durch Umkehr und Ru[h]e [werdet ihr gerettet.*

---

[81] Zur Rekonstruktion von Frg. 23 vgl. Charlesworth, *Pesharim*, 68–75.

[82] Als textliche Stütze für diese Identifikation wird 4QpNah Frg. 3–4,I,2.7 genannt; siehe Charlesworth, *Pesharim*, 149, Anm. 13. Ausführliche Argumentation in Maier, *Weitere Stücke*, 233–249; zu weiteren Literaturangaben vgl. Charlesworth, *Pesharim and Qumran History*, 97, Anm. 292.

[83] Begründung für diese Rekonstruktion siehe Horgan, *Pesharim*, 120.

[84] Vgl. Allegro, *Qumrân Cave 4*, 24f. Nur für die drei noch erhaltenen Wörter dieser rekonstruierten Hosea-Rezeption ist eine formale Klassifizierung als Zitat nicht möglich; es ist jedoch gut denkbar, dass die Aussage einst ein Zitat bildeten. Mit Horgan, *Pesharim*, 120, sind die Worte nicht als Kopistenfehler, sondern als eine spätere Hinzufügung zu betrachten. Anders Charlesworth, *Pesharim and Qumran History*, 78f. Das in der Rekonstruktion von PTSDSSP zu lesende חר dürfte ein Druckfehler darstellen; Horgan und Allegro rekonstruieren חבר.

[85] Siehe Anm. 49.

4 *In Still]sein und Vertrauen ist eure Stärke. Aber ihr habt nicht gewollt. (16) Ihr [sagtet:*
5 *«Nein, sondern auf Pferden wollen wir fliehen», darum werdet ihr fliehen; und: «Auf Rennern wollen wir reiten», darum*
6 *werden eure Verfolger schnell sein. (17) Tausend vor dem Drohen eines Einzigen; vor dem Drohen von*
7 *Fünfen werdet ihr fliehen, bis dass von euch noch übrig bleibt wie eine Signalstange auf der Spitze des Berges*
8 *und wie ein Feldzeichen auf dem Hügel. (18) Und darum wird der Herr darauf warten, [euch] gnädig zu sein, und darum*
9 *wird er sich erheben, sich über euch zu erbarmen. Denn ein Gott des Rechts ist Jhwh. Glücklich alle, die auf ihn harren!*
10 Die Deutung der Worte gehen auf die letzten Tage und betreffen die Versammlung derjenigen, die [nach] glatten Dingen su[chen],
11 die in Jerusalem sind ... [...]
12 in der Tora und nicht ... [...]
13 Herz, denn zu vernichten [...]
14 *Und wie in Lauer einem Mann auflauern die Räub[er, so die Bande Priester]* – die Tora, sie weisen zurück [...]^86
15 *(19) Denn das Volk aus Zion, [das in Jerusalem wohnt, wird nicht mehr weinen! Er wird dir gewiss Gnade erweisen auf die Stimme]*
16 *deines Hilfegeschreis. Sobald er hö[rt, wird er dir antworten. (20) Und hat der Herr euch auch Brot der Not und Wasser der Bedrängnis gegeben,]*
17 *so wird sich nicht m[ehr] verbergen [dein Lehrer, sondern deine Augen werden deinen Lehrer sehen.]*
18 *(21) Und deine Ohren werden hö[ren ein Wort hinter dir her: Dies ist der Weg, den geht,]*
19 *wenn ihr zur Rech[ten oder wenn ihr zur Linken abbiegt ...]*
20 gegen die Sünde [...

Das als erstes publizierte Frg. 23 repräsentiert eine fortlaufende Kommentierung zu Jes 30,15–18.19–21. Die Auslegung des Zitates in II,10f bezieht die in den vorangehenden Zeilen zitierten Worte aus Jes 30,15–18 auf die Endzeit. Dabei wurde wahrscheinlich die sich in den zitierten Versen findende Anklage und Unheilsprophetie auf die historischen Gegner der Verfasser dieser Auslegung, die Pharisäer, bezogen. Der politische Kontext der Worte, die vor einer militärischen Konfrontation mit Assur warnen, spielte dabei keine Rolle.^87 Für die Ausleger war lediglich der sich in Vers 16 zeigende hochmütige Widerstand der Adressaten dieser Worte Jesajas massgebend, welche das Gotteswort der *Rettung durch Umkehr und Ruhe* (Vers 15) ausgeschlagen hatten.^88 In ihnen sahen sie diejenigen, die nicht zu Jhwh bzw. seinen Geboten (so wie ihre Gemeinschaft diese verstanden) umkehren wollten. Es lag daher auf der Hand, die Adressaten Jesajas aktualisierend auf ihre Gegner, die Pharisäer, zu deuten. Polemisch werden diese als diejenigen bezeichnet, die nach glatten Dingen suchen. Von ihnen dürfte in

---

86 Die oberhalb von Zeile 14 eingefügten Worte sind gestrichelt unterstrichen wiedergegeben.

87 Vgl. Wildberger, *Jesaja 28–39*, 1183f. Explizit in die Zeit Hiskias datiert Blenkinsopp, *Sealed Book*, 123f, diese Worte.

88 Vgl. Wildberger, *Jesaja 28–39*, 1185f.

Zeile 11 ausgesagt worden sein, dass sie sich in Jerusalem befinden. In Zeile 14 wird dann wahrscheinlich ebenfalls von ihnen ausgesagt, dass sie die Tora zurückweisen.[89] Passend zu dieser polemischen Aussage wurde oberhalb von Zeile 14 sekundär eine Anspielung auf Hos 6,9aα eingefügt, in welcher die Priester mit einer Bande von Räubern verglichen werden. All diese Aussagen passen gut in die Polemik, die sich in den Pescharim auch sonst gegenüber den Pharisäern findet.[90] Von der Auslegung der nachfolgend zitierten Heilsaussage Jes 30,19–21 ist leider nur die Aussage על עון (gegen die Sünde) erkennbar, aus der lediglich hervorgeht, dass diese Aussage darin einst eine Rolle spielte. Genaueres zur Auslegung in Frg. 23 lässt sich leider nicht mehr ermitteln. Festzuhalten ist, dass in dem grössten zusammenhängenden Fragment von 4Q163 fortlaufend kommentiert wurde.

Frg. 25

In Zeile 1 werden die Worte מלך בבל, in Zeile 2 בתופים ובכנורן[ו]ת und in Zeile 3 זרם כלי מלחמה המה rekonstruiert, während in Zeile 4 gerade noch ein Spatium erkennbar ist. In den darauffolgenden Zeilen wird Jes 31,1 zitiert. Beim Zitat von Jes 31,1 in den Zeilen 5–7 fehlt gegenüber MT, aber auch 1QJes[a] der Ausdruck לעזרה. Ansonsten stimmt das Zitat aber wörtlich mit dem MT überein. Dem Zitat folgte offenbar eine Auslegung, von der in Zeile 8 nur noch die Worte אשר יב[ן]טחו rekonstruierbar sind.[91]

Übersetzung und Interpretation

1 ...] König von Babel [...
2 ...] mit Tamburinen und mit Lyre[n ...
3 ... Platzregen und] Wolkenbruch, Instrumente des Krieges sind sie [...
4 ...] (VACAT)
5 *(31,1) Wehe denen, die hinabziehen nach] Ägypten, sich auf Pferde [stützen und auf Wagen vertrauen,*
6 *weil] es viele sind, und auf Reiter, weil sie zahlrei[ch sind; die aber nicht schauen auf den*
7 *Heil]igen Israels und nach Jhw[h nicht fragen.*
8 ...] ... die ver[trauen auf] ... [...

Unter Annahme einer fortlaufenden Kommentierung kann erwartet werden, dass die Worte in den Zeilen 1–3 Auslegungsreste zu den Jes 31,1 vorangehenden Versen bezeugen. Tatsächlich kann Zeile 2 mit grosser Wahrscheinlichkeit mit Jes 30,32 und Zeile 3 sehr gut mit Jes 30,30 zusammengebracht werden. Da in den Zeilen 5–7 Jes 31,1 zitiert wird,

---

[89] Zu dieser Polemik vgl. die Auslegung in 4QpJes[b] II,7 («Sie sind es, *welche die Tora Jhwhs verworfen haben* ...») sowie die dazugehörende Anm. 134.
[90] Der Ausdruck דורשי החלקות findet sich noch in 4QpNah Frg. 3–4,I,2.7, II,2.4 und III,6f. In 4QpJes[b] II,6.10 werden sie als אנשי הלצון (Schwätzer) bezeichnet (siehe unten die Behandlung z. St.).
[91] Zur Rekonstruktion von Frg. 25 vgl. Charlesworth, *Pesharim*, 74.

kann daher vorausgesetzt werden, dass den Zeilen 1–3 ein Zitat voraus-
ging, das sicherlich Jes 30,30.32 beinhaltete. Offensichtlich wurden in den
Zeilen 2–3 Teile aus diesem Zitat aufgenommen und ausgelegt. Bei Zeile 2
sind aber lediglich die beiden Gerichtsmittel aus Jes 30,32, «mit Tamburinen und mit Lyre[n» (בתופים ומכנור[ו]ת), erhalten. Wie Tamburinen und
Lyren in Zeile 2 ausgelegt wurden, ist leider nicht mehr zu erkennen. Da
Zeile 3 eine Auslegung zu Vers 30 enthält, können zusätzlich zu den erhaltenen Worten aus diesen Versen die Buchstaben נפץ ו rekonstruiert werden, so dass die Aussage נפץ ו[זרם כלי מלחמה המה («Platzregen und]
Wolkenbruch, Instrumente des Krieges sind sie ...») zu lesen ist.[92] Die
Aussage in Zeile 3 ist demnach ein identifizierender Nominalsatz und
wahrscheinlich so zu verstehen, dass Regen und Donner als Waffen des
Krieges verstanden wurden. Die Worte מלך בבל in Zeile 1, die sich nicht
in den genannten Versen bzw. in ihrer Nachbarschaft finden, gehörten ursprünglich wohl zu einer Auslegung.

Aus den noch erhaltenen Auslegungen in Frg. 25 kann somit erschlos-
sen werden, dass vorangehend mindestens aus Jes 30,30.32 zitiert wurde.
Aus diesen Versen werden die Worte *die Tamburinen und die Lyren* sowie die
Worte *Platzregen und Wolkenbruch* ausgelegt. Die Auslegung der letzten
beiden als Instrumente des Krieges entspricht in *dem Sinn* der inhaltlichen
Darstellung von Jes 30,27–33, als diese eine Gerichtsankündigung gegen
Assur darstellt. Formgeschichtlich ist die in Vers 30 dargestellte Erscheinung Jhwhs unter Platzregen und Wolkenbruch zwar in die Gattung der
Theophanieschilderung einzuordnen. Jedoch wird diese in Jes 30,27–33 für
die Gerichtsankündigung verwendet.[93] Die Interpretation des Gerichts als
Kriegsgeschehen und der genannten Naturphänomene als Kriegswaffen
motiviert sich demnach grösstenteils aus der Darstellung im Jesajabuch
selbst. Sogar das in der Auslegung gebrauchte Wort מלחמה (Krieg) kommt
in der ausgelegten Passage vor (Vers 32).

Frg. 26–27

Während Allegro Frg. 26 als Überrest eines Zitates zu Jes 32,5–6 ansieht und Frg. 27
auf Jes 32,6 bezieht,[94] sind diese Bezüge mit Horgan als unsicher zu beurteilen; Horgan
sieht bei Frg. 26 die Möglichkeit, dass die noch bezeugten Wörter einst zur Auslegung
gehörten, während Frg. 27 eher mit Jes 30,23 zusammenzubringen sei.[95] Die Rekonstruktion der beiden Fragmente kann nicht befriedigend gelöst werden; ebenso muss
offen bleiben, ob die auf ihnen noch lesbaren Wörter Reste eines Zitates darstellen oder
zu einer Auslegung gehören. Einen zusammenhängenden Sinn, der für die Untersu-

---

[92] Horgan, *Pesharim*, 121, erwähnt den Bezug der Rekonstruktion zu Jes 30,30.32 bloss
als Möglichkeit. Da der mögliche Bezug nicht nur auf Grund der (teilweise rekonstruierten) Wortparallelen, sondern auch durch die Auslegung gestützt wird, gewinnt
die Rekonstruktion zu נפץ ו[זרם m. E. hohe Plausibilität.

[93] Vgl. Wildberger, *Jesaja 28–39*, 1215.

[94] Vgl. Allegro, *Qumrân Cave 4*, 26.

[95] Vgl. Horgan, *Pesharim*, 122.

chung der Schriftauslegung dieses Peschers verwertbar wäre, bieten die beiden Fragmente ebenso wenig wie die ihnen folgenden.

7.3.2 Zusammenfassung der Untersuchung der einzelnen Fragmente

Für die Auslegungen im untersuchten Pescher werden teils die Termini
פשר הדבר/פשרו verwendet, denen jeweils die Deutung der vorangehend
zitierten Worte folgt, teils werden aber auch mittels identifizierender
Nominalsätze einzelne Worte allegorisch gedeutet. 4QpJes[c] zeigt einerseits
die übliche Struktur eines Peschers mit Zitaten, die von einer Auslegung
gefolgt sind. Andererseits sind aber auch Besonderheiten gegenüber
anderen, ein bestimmtes Buch kommentierenden Pescharim feststellbar. So
wurde offenbar nicht einfach das Jesajabuch Vers für Vers ausgelegt. Die
Fragmente zeigen vielmehr Stellen, an denen offensichtlich einige Verse
übersprungen werden – ein Phänomen, das eigentlich als Kennzeichen der
thematischen Pescharim gilt.

Das Wort פשרו als Einleitung einer Auslegung findet sich in Frg. 6–7,II,9.18 und Frg.
29,3. Der Ausdruck פשר הדבר findet sich in Frg. 6–7,II,5.15, Frg. 22,1, Frg. 23,II,10,
wobei Frg. 6–7,II,14 und Frg. 23,II,10 die Erweiterung פשו הדבר לאחרית הימים bezeugt. Mit dem Ausdruck ואשר אמר wurde in Frg. 6–7,II,7 wahrscheinlich einmal eine
Wiederaufnahme eines Zitates, in Frg. 8–10,4 wird dagegen ein neues Zitat eingeleitet.
Welche Funktion der Terminus in Frg. 22,4 hatte, ist nicht mehr erkennbar. Übersprungen werden in den Fragmenten Jes 9,12, 10,14–19 und 14,9–25. Von dem durch diesen
Pescher behandelten Bereich Jes 8,7–31,1 sind die folgenden Stellen nicht abgedeckt:
8,9–9,10, 10,25–13,3, 14,31–19,8, 19,13–29,9a, 30,5bβ–14, 30,22–30. Diese Lücken
könnten mit dem schlechten Erhaltungszustand des Peschers zusammenhängen. Aufgrund der Tatsache, dass in den erhaltenen Fragmente immer wieder Stellen übersprungen werden, ist aber anzunehmen, dass zumindest Teile dieser Stellen nicht
behandelt worden sind, sondern ebenfalls übersprungen wurden. 4QpJes[c] kann somit
nicht als gewöhnlicher fortlaufender Pescher zum Jesajabuch betrachtet werden.

Eine weitere Besonderheit zeigt sich darin, dass neben dem Jesajabuch
auch auf andere Prophetenbücher (Jer, Sach) verwiesen wird. In Frg. 1,4,
Frg. 2,6 und Frg. 8–10,18 findet sich die Zitationsformel כאשר כתוב. Mit
ihr wird in Frg. 1 auf Jeremia, in Frg. 8–10 auf Sacharja verwiesen. In
Frg. 2 ist der Bezug nicht mehr erhalten; aus den Wörtern ...]כאשר כתוב ב
ist jedoch noch erkennbar, dass auf ein anderes Buch verwiesen wurde. Die
Formel כאשר כתוב wird nicht exklusiv für die Zitierung von anderen
Schriften gebraucht. In Frg. 6–7,II,18 leitet die Formel von der Deutung in
das nächste Jesaja-Zitat über.[96] Die Zitationsformel mit dem Verb כתב wie
כאשר כתוב bzw. auch die in Frg. 1 und 2 mögliche Rekonstruktion
ואשר כתוב sind in den durchlaufenden Pescharim sonst nicht üblich (die
Formel ואשר כתוב findet sich noch in 1QJes[c]).[97] Gebräuchlicher sind die

---

[96] Vgl. Brooke, *Isaiah in the Pesharim*, 627, der daraus schliesst, dass es bezüglich des Ge-
brauchs von Einleitungsformeln in den Pescharim kein striktes Muster gibt.

[97] Vgl. Bernstein, *Introductory Formulas*, 39–43 und 67f.

Formeln כאשר כתוב bzw. ואשר כתוב aber in den thematischen Pescharim. Aufgrund dieser formalen Parallelen zu den thematischen Pescharim
ist zu prüfen, ob sich in den Kommentierungen, aber auch in den zitierten
Stellen, bestimmte Themen herauskristallisieren.

7.3.3 Thematische Schwerpunkte

In den erhaltenen Auslegungen werden die zitierten Worte mehrmals auf die *Endzeit*
bezogen. So etwa mit der Formulierung פשו הדבר לאחרית הימים («Die Deutung der
Worte geht auf die letzten Tage») in Frg. 6–7,II,14 und Frg. 23,II,10. Die Worte «... auf
die letzten Tage» sind aber auch in Frg. 13,4 bezeugt. Aus den Frg. 6–7,II,14 und
Frg. 23,II,10 nachfolgenden Auslegungen geht hervor, dass die letzten Tage dabei die
Lebenszeit der Verfasser dieses Peschers darstellen (d. h. ihre Gegenwart bzw. ihre
unmittelbare Vergangenheit oder Zukunft). Für die Verfasser ist ihre eigene Zeit *die
Zeit*, in welcher sich die zitierten prophetischen Aussagen aus Jes erfüllen. Dies zeigt
sich darin, dass die zitierten Worte verschiedentlich *aktualisierend* interpretiert und auf
Geschichte, Gegenwart oder unmittelbare Zukunft der Gemeinschaft der Verfasser
bezogen werden. (Deutlich wird dies in den Auslegungen in Frg. 2,5, Frg. 6–7,II,4–7,
Frg. 23,II,10–13, gut vorstellbar ist es bei der Auslegung in Frg. 25,1–3.)[98] Ein wichtiges
Thema ist offenbar auch *das korrekte Einhalten des Gesetzes*, da das Wort «Tora» in den
Auslegungen mehrmals vorkommt (Frg. 2,5, Frg. 23,II,12 und 13), wobei zweimal
davon die Rede ist, dass die Tora von einer genannten oppositionellen Gruppe abgelehnt wird. Ähnlich zeigt der Ausdruck «Frevelpriester» in Frg. 30, dass dessen Lehre
von den Verfassern vehement abgelehnt wurde. Zur Thematik Tora passt auch das
Wort מורה (Lehrer) in Frg. 21,6 und in Frg. 46 (dort מרה geschrieben). Näherbestimmungen zu diesem Lehrer sind im vorliegenden Pescher nicht erhalten. Aufgrund des
Vorkommens der Constructus-Form מורה הצדק in anderen Pescharim ist jedoch zu
vermuten, dass er auch hier zum rechten Verständnis und damit zum Befolgen der
Tora anleitet.[99] Weiter ist thematisch das *Motiv des Umkehrens* auffällig: Frg. 6,II,15 («Sie
werden gehen mit den Umkehrenden Israels»), Frg. 21,3 («... zum Karmel wird er
umkehren.»). Offenbar identifizierten sich die Verfasser mit dem umkehrenden Rest
aus Israel (Jes 10,20–22a). Verbunden mit dem Motiv des Umkehrens ist auch die
feststellbare *Abgrenzung* von oppositionellen Gruppierungen, explizit etwa von den
Pharisäern, wobei jeweils die Polemik den Ton angibt. Die Pharisäer werden einerseits
polemisch als דורשי החלקות (diejenigen, die nach Glattem suchen) bezeichnet,
andererseits wird von ihnen gesagt, sie würden die Tora ablehnen. In einer späteren
Ergänzung werden sie mit einer Anspielung auf Hos 6,9aα gar mit einer Bande von
Räubern gleichgesetzt. Zur Polemik ist auch der Begriff הכוהן הרשע (der Frevelpriester) in Frg. 30 zu zählen.

Bemerkenswert ist daneben aber, welche Themenkreise von den erhaltenen Fragmenten *nicht abgedeckt* werden. Neben einzelnen Drohworten und der Jesaja-Apokalypse
(Jes 24–27) sind es der Friedefürst (Jes 11) sowie die universelle Heilsprophetie
(Jes 19,16–25). Allerdings ist unklar, ob diese Stellen einfach nicht mehr erhalten sind
oder ob sie vom Verfasser bzw. von den Verfassern übersprungen wurden.

---

[98] Siehe oben zu den jeweiligen Stellen.

[99] Zu מורה הצדק in den Pescharim vgl. Charlesworth, *Pesharim and Qumran History*, 83–
90.

Die in den Fragmenten erhaltenen (bzw. vorauszusetzenden) Jesaja-Stellen behandeln die Themenkreise Gericht, Weherufe und Drohworte gegen andere Völker sowie Umkehr. Diese Themenkreise werden jeweils fortlaufend kommentiert und nicht wie in den thematischen Pescharim so zusammengestellt, dass zu einem Thema verschiedene Stellen genannt würden. 4QpJes^c ist daher nicht als thematischer Pescher, sondern als eine *Sonderform des fortlaufenden Peschers* anzusehen.[100] Kommentiert wird eine *thematisch begründete Auswahl* aus dem Jesajabuch. Die ausgewählten Stellen werden dabei fortlaufend kommentiert, die ausgelassenen Stellen übersprungen.

Die ausgewählten Jesaja-Stellen korrelieren mit der Thematik in den Auslegungen. Die Verfasser des Peschers erwarteten das von Jesaja vorausgesagte Gericht als sich in der Endzeit erfüllend, wobei sie sich selbst in dieser Endzeit zu befinden glaubten. Die zitierten Worte werden aktualisierend auf diese (ihre) Zeit hin interpretiert. Dabei wurden Worte teilweise offenbar als verschlüsselte Symbole verstanden und daher in der Auslegung allegorisch gedeutet. Die Weherufe, Drohworte, aber auch allgemein polemische Aussagen an die Zeitgenossen der jesajanischen Worte bezogen die Verfasser der jeweiligen Auslegungen auf ihre historischen Gegner. Nicht nur diese Gegner, auch das übrige Volk galten für die Verfasser als verloren, wenn sie nicht umkehrten (d. h. sich ihrer Gemeinschaft anschliessen würden).

Sowohl die Gegner als auch das übrige Volk werden in den Auslegungen polemisch als solche charakterisiert, welche die Tora zurückweisen bzw. sich vor ihr fürchten. Besonders polemisch werden die Pharisäer behandelt, welche mit dem Spitznamen דורשי החלקות (diejenigen, die nach glatten Dingen suchen) bedacht werden. Der Begriff ist als polemische Umwandlung des Begriffes דורש התורה zu verstehen, welcher als Terminus technicus für den Gesetzeslehrer gebraucht wurde.[101] Mit dem Spitznamen דורשי החלקות verband sich für die Verfasser dieses Peschers der Vorwurf an die Pharisäer, dass diese in ihrer Gesetzesauslegung viel zu liberal waren.[102] Wie aus der Auslegung von Jes 10,20–22a hervorgeht, verstanden sich die Verfasser selbst als der toratreue Rest aus Israel, der umkehrt. Aus der Deutung in Frg 6–7,II,15, «Sie werden gehen mit den Umkehrenden Israels», lässt sich die Hoffnung der Verfasser ablesen, dass auch andere sich ihnen als den Umkehrenden anschliessen werden. Von

---

[100] Mit Brooke, *Thematic Commentaries*, 140–143, muss festgehalten werden, dass 4QpJes^c mit den thematischen Pescharim bezüglich Präsentation und Methode Übereinstimmungen aufweist.

[101] Vgl. Maier, *Weitere Stücke*, 233f. In CD VI,6f, VII,18 (vgl. die Behandlung z. St. im Kapitel *6.1 Jesaja-Auslegung in der Damaskusschrift*) und 4QFlor I,11 findet sich die Erwartung eines דורש התורה auf das Ende der Tage. Das Wort החלקות könnte zudem eine Anspielung auf Jes 30,10 sein; vgl. Charlesworth, *Pesharim and Qumran History*, 97.

[102] Vgl. Charlesworth, *Pesharim and Qumran History*, 97f.

dieser Umkehr eines Restes spricht nach ihrem Verständnis schon Jesaja. Eine universalistische Heilsperspektive, wie sie sich auch im Jesajabuch findet, passte kaum in die dualistische Weltauffassung und insbesondere auch Eschatologie der Verfasser, weshalb die entsprechenden Stellen möglicherweise im Kommentar ausgelassen wurden.

7.4 4QpJes^e (4Q165)

Lediglich 10 kleinere Fragmente wurden von Allegro diesem Pescher zugeordnet.[103] Strugnell fügte noch ein 11. Fragment hinzu, das hier ebenfalls untersucht wird.[104] Die Handschrift des Fragments erlaubt paläographisch eine formelle Datierung der Fragmente in die frühe herodianische Zeit. Wo nicht anders erwähnt, bezieht sich die Argumentation auf die von Horgan besorgte Edition in PTSDSSP.[105]

7.4.1 Einzeluntersuchungen

Frg. 1–2

Die beiden Fragmente, die nicht direkt aneinander anschliessen, bilden zusammen eine Kolumne. Die Rekonstruktionsvorschläge von Allegro aus den einzelnen Buchstaben in Zeile 1 sind zu unsicher; mehr als einzelne Buchstaben sind nicht rekonstruierbar.[106] In Zeile 2 sind die Worte וירושלם («und Jerusalem») sowie ואשר כתוב («Und wie geschrieben steht») zu lesen, denen ursprünglich ein Zitat gefolgt war. In Zeile 3 ist פשר הדבר («Die Deutung des Wortes») zu lesen sowie גלה את תורת הצ[ד]ק («Er offenbarte die Tora der Ge[rechtigkeit]») zu rekonstruieren. Der Begriff תורת הצדק ist in der Qumranliteratur singulär.[107] Wahrscheinlich stand für dessen Rekonstruktion der in Qumran viel gebrauchte Begriff מורה הצדק Pate. Danach wird Jes 40,12 in praktisch wörtlicher Übereinstimmung mit dem MT bzw. 1QJes^a zitiert (einzige Abweichung zu diesen Texten ist שקל anstelle von ושקל).

Übersetzung und Interpretation
1 ...
2 Und Jerusalem [...]... und wenn geschrieben steht: [...]
3 Die Deutung des Wortes [...] er offenbarte die Tora der Ge[rechtigkeit. *(40,12)*
   Wer hat die Wasser gemessen mit der hohlen Hand
4 *und den Himmel mit[der Spanne abgemessen und mit Mass den Staub der] Erde, gewogen*
   [die Berge mit der Waage, die Hügel mit Waagschalen?]

---

[103] Vgl. Allegro, *Qumrân Cave 4*, 28–30 und Pl. IX.

[104] Vgl. Strugnell, *Notes*, 197–199.

[105] Charlesworth, *Pesharim*, 100–107. Das von Strugnell hinzugefügte Fragment wird dort ebenfalls zu diesem Pescher gezählt.

[106] Mit Horgan, *Pesharim*, 134.

[107] Die Suche nach der Kombination der beiden Begriffe תורה und צדק mit Tov, *DSSEL*, zeigt als weiteres Ergebnis nur התורה צדיקים in 4QpPs^a Frg. 1–10,IV,2. Dort gehört aber nur התורה zur Auslegung; das Wort צדיקים gehört bereits zum nächsten Zitat.

Unklar ist, welche Bibelstelle der sonst in den Pescharim nicht üblichen Formulierung ואשר כתוב als Zitat folgt. Da weiter unten Jes 40,12 zitiert wird, wurde an den vorangehenden Vers gedacht.[108] Vers 11 hat jedoch nicht als Ganzes Platz, womit unklar bliebe, welcher Teil davon zitiert worden wäre. Vers 11aα «*Er wird seine Herde weiden wie ein Hirte*» würde zwar zur nachfolgenden Auslegung gut passen. Ebenso wahrscheinlich ist aber, dass mit der Formel ואשר כתוב ein anderer Vers aus Jes zitiert worden war (auch ein anderer Prophet wäre denkbar). Die in Zeile 3 erhaltene Deutung «... er offenbarte die Tora der Ge[rechtigkeit ...» lässt sich somit nicht mehr mit Sicherheit einem Zitat zuordnen; umgekehrt ist zu dem folgenden Zitat keine Deutung mehr bezeugt. Die in der Qumranliteratur sonst nicht zu findende Rede von der Offenbarung der Tora der Gerechtigkeit ist allerdings bemerkenswert. Ob damit auf die Gesetzesinterpretation des Lehrers der Gerechtigkeit verwiesen wurde, ist unsicher.[109] Da bei diesen Fragmenten leider nur noch wenige Wörter erhalten sind, ist jede Interpretation mit grossen Unsicherheiten verbunden.

Frg. 3

In Zeile 1 ist ein Zitat von Jes 14,19b zu rekonstruieren. Von Zeile 2 sind gerade noch die obersten Striche von zwei beinahe aufeinanderfolgenden Lameds zu lesen. Die schon bei Strugnell erwähnte Möglichkeit, daraus das Wort לעלם zu rekonstruieren und somit für Zeile 2 ein Zitat von Vers 20 anzunehmen, ist trotz der defektiven Schreibweise sehr plausibel.[110] Eine Auslegung ist nicht erhalten.

Frg. 4

In den Zeilen 1–2 wird ein Zitat aus Jes 15,4b–5 rekonstruiert. Werden die Verse vollständig rekonstruiert, so ergibt sich eine unübliche Zeilenlänge. Bleibt man bei der üblichen Zeilenlänge, haben höchstens gekürzte Zitate oder Anspielungen Platz. Es ist daher gut vorstellbar, dass die Zeilen kein Zitat, sondern Wiederaufnahmen aus einem vorangehenden Zitat darstellen, da solche Wiederaufnahmen vielfach nur einen Teil aus dem vorangegangenen Zitat aufnehmen. Durch das Fragment sind nur die zwei Worte יריעו ונפשו[aus Vers 4b[111] sowie die drei Wörter בכי יעלה בן[aus Vers 5b abgedeckt. Denkbar wäre auch, dass die Wörter einst eine Auslegung darstellten, von welcher nur noch die biblischen Teile, die Teile mit der Deutung eben dieser Worte jedoch nicht mehr erhalten sind. In Zeile 3 sind nur zwei einzelne Buchstaben lesbar. Ob sie zu einem Zitat oder einer Auslegung gehören, ist unklar. Mehr Inhalt als diese Zitatreste kann aus dem Fragment somit nicht mehr erhoben werden.

---

[108] Vgl. Horgan, *Pesharim*, 134.

[109] Gegen Blenkinsopp, *Sealed Book*, 126.

[110] Vgl. Strugnell, *Notes*, 197. Der Zwischenraum zwischen den beiden Lameds reicht höchstens für einen Buchstaben; vgl. PAM 43.436 in Tov, *DSSEL*.

[111] Zu den textkritischen Differenzen gegenüber MT und 1QJes^a vgl. Allegro, *Qumrân Cave 4*, 29, aber auch Strugnell, *Notes*, 197.

Frg. 5

In Zeile 1 sind die Buchstaben אר erkennbar, während in Zeile 2 nur die Deutungsformel פשר הדבר gut zu lesen ist.[112] Es ist anzunehmen, dass vorgängig ein Zitat stand. In den Zeilen 3–5 wird Jes 21,11–15 rekonstruiert, wobei oberhalb von Zeile 5 offenbar einige Wörter nachgetragen sind, die ausgelassen wurden.[113] Werden die Verse vollständig rekonstruiert, so ergibt sich wie in Frg. 4 eine unübliche Zeilenlänge. Bleibt man bei der üblichen Zeilenlänge, haben höchstens gekürzte Zitate oder Anspielungen Platz. Es ist daher ebensogut denkbar, dass die Zeilen kein Zitat, sondern Wiederaufnahmen aus einem vorangehenden Zitat darstellen. Jes 21,11–15 wäre dann vorangehend (in den Zeilen 1f oder noch vorher in den nicht durch die erhaltenen Fragmente abgedeckten Teilen) zu erwarten. In Zeile 6 ist העמים והלחם, in Zeile 7 ist שודד ע] lesbar.

Aus der in Zeile 2 erkennbaren Deutungsformel פשר הדבר («... die Deutung des Wortes ...») kann geschlossen werden, dass davor in den Zeilen 1–2 einst ein Zitat stand. Aufgrund der erhaltenen Worte aus Jes 21,11–15 in den Zeilen 3–5 wird von PTSDSSP in den Zeilen 1–2 Jes 21,10 rekonstruiert. Eine solche Rekonstruktion ist jedoch nur unter der Annahme einer fortlaufenden Zitierung und Kommentierung möglich und muss in diesem Fall als zu gewagt beurteilt werden. Da unklar ist, ob in den Zeilen 3–5 überhaupt zitiert wird oder ob nur Elemente aus einem vorangehenden Zitat aufgenommen werden, muss offen bleiben, welche Verse in den Zeilen 1–2 zitiert wurden. Somit bleibt unklar, worauf sich die Deutung des Wortes in Zeile 2 einmal bezog. Die mit פשר הדבר eingeleitete Deutung selbst ist ebenfalls nicht mehr erhalten. Die fragmentarischen Reste in den Zeilen 6 und 7 sind vermutlich Reste einer Auslegung, deren Sinn nicht mehr erkennbar ist. Aufgrund der erwähnten Unklarheiten bezüglich der Zeilen 3–4 ist unsicher, ob die Auslegung in den Zeilen 6f einst auf diese Zeilen Bezug nahm oder ob sie eine Auslegungen zu einem an einem anderen Ort im Pescher zitierten Text darstellte.

Frg. 6 (und 7)

In Zeile 1 wird ...[בן]חירי ישראל, in Zeile 2 עולם ואשר כ]תוב rekonstruiert. In den Zeilen 2–6 kann ein Zitat von Jes 32,5–7 rekonstruiert werden, das mit Ausnahme von ולהכנות in Zeile 4 wörtlich mit dem MT und 1QJesª übereinstimmt, orthographisch jedoch bei יאמר die Schreibweise des MT, beim Wort הואה diejenige der grossen Jesajarolle zeigt. Auffällig ist die Auslassung des Tetragramms. Anschliessend an das Zitat sind in Zeile 6 die Worte פשרו על lesbar; danach findet sich eine Markierung des Schreibers, deren Bedeutung unbekannt ist. In Zeile 7 werden die Worte את התורה rekonstruiert, während die Buchstaben ש und das sich oberhalb der Zeile befindende ר nicht mit Sicherheit einem bestimmten Wort zugeordnet werden können. Die Rekonstruktion את התורה ist unsicher, da von den Buchstaben jeweils nur die obere Hälfte erhalten ist.[114] Die von Allegro erwähnte Möglichkeit, Frg. 7 an Frg. 6 anzuschliessen,[115]

---

[112] Siehe PAM 43.436 in Tov, *DSSEL*. PTSDSSP rekonstruiert in Zeile 1 gar nur א.

[113] Dies ist mit Charlesworth, *Pesharim and Qumran History*, 79, als Abschreibfehler zu charakterisieren.

[114] Siehe PAM 43.436 in Tov, *DSSEL*.

ist allein aufgrund der bei Frg. 7 in den Zeilen 2–3 rekonstruierten Worte ענוי[ם und
וכילי, von denen וכילי in Jes 32,7 zu finden ist (Orthographie nach 1QJes^a), nicht zu
erhärten. Neben diesen Worten wird bei Frg. 7 in Zeile 1 noch ידבנך rekonstruiert. Da
die Worte von Frg. 7 nicht mit Sicherheit einem Zitat bzw. einer Auslegungs-Aussage
zugeordnet werden können, werden sie lediglich thematisch für die Untersuchung
berücksichtigt.

Übersetzung und Interpretation von Frg. 6

1   die Aus]erwählten Israels [...
2   ...] ewig. Und wie ge[schrieben ist: *(32,5) Der Törichte wird nicht mehr edel genannt*
3   *und der Schurke] nicht mehr vornehm geheissen werden. (6) Denn ein T[or redet Törichtes und
    sein Herz bereitet Unheil, Ruchloses zu tun*
4   *und zu reden gegen den* VACAT[116] *Irreführendes, um leer zu lass[en] die] S[eele des Hungrigen
    und dem Durstigen den Trank zu verweigern* ...
5   *(7) Und die Werkzeuge des Schurken sind böse.] Er beschließt böse Anschläge, [um die Elen-
    den durch Lügenreden zugrunde zu richten, selbst wenn redet*
6   *der Arme Re]chtssache.* Die Deutung geht auf [...] ... [...
7   ...] die Tora[...]... [...

Die Worte בנ[חירי ישראל «die Auserwählten Israels» in Zeile 1, עולם (ewig)
in Zeile 2 sowie את התורה «die Tora» in Zeile 7 sind als fragmentarische
Überbleibsel einer Auslegung zu betrachten. Unklar bleibt, worauf sich die
ersten beiden bezogen. Die Worte את התורה gehörten offenbar einst zu
einer Auslegung zum vorangehenden Zitat von Jes 32,5–7 in den Zeilen 2–
6. Da diese Jesaja-Stelle von törichten Menschen handelt, die ruchlos
reden, könnte die Auslegung ursprünglich – ähnlich wie in 4QpJes^c
Frg. 23,II,14 (התורה מאסו) – so gelautet haben, dass diese Menschen die
Tora zurückweisen. Genaueres lässt sich aber nicht mehr sagen.

Frg. 8–10

Die Fragmente gehören nicht zusammen, werden hier aber der Einfachheit halber für
die Untersuchung zusammengefasst. In ihnen allen finden sich keine Zitate; erhalten
sind bloss Einzelwörter bzw. einzelne Buchstaben. Die rekonstruierten Worte in
Frg. 8,1: מל]ך בבל אשר י[ן, sind mit keiner Jesaja-Stelle zusammenzubringen und
bezeugen daher wahrscheinlich Reste einer Auslegung, deren Sinn jedoch nicht mehr zu
rekonstruieren ist. Es ist denkbar, dass sich die Auslegung auf Jes 14,4, das Spottlied
über den König von Babel, bezog; andere Bezugsmöglichkeiten (Jes 39,1.7 oder auch
andere Schriften) können jedoch nicht ausgeschlossen werden. Aus der Rekonstruktion
der nachfolgenden Zeile, א]שר כ[תוב, ist zu vermuten, dass danach ein Zitat eingeleitet
wurde. Die Worte in Frg. 9 (Zeile 1: מותי תחלת [, 2:]...ב [אשר מלך ב, 3: ד[היחן אנשי[117])
können nicht sinnvoll mit einer Jesaja-Stelle zusammengebracht werden und sind daher
ebenfalls als Reste einer Auslegung zu interpretieren. Eine sinnvolle Aussage lässt sich

---

[115] Siehe Allegro, *Qumrân Cave 4*, 30.

[116] Wahrscheinlich wurde hier Platz gelassen, um später den Namen Jhwh in paläo-
hebräischer Schrift nachzutragen.

[117] Vom rekonstruierten Buchstaben ח ist nur der erste senkrechte Strich erkennbar;
vgl. PAM 43.436 in Tov, *DSSEL*.

aus ihnen nicht mehr erheben. Von Interesse ist jedoch der Ausdruck אנשי היח]ד (die Männer der Gemeinschaft) in Zeile 3. Der Ausdruck findet sich über 20-mal in der Qumranliteratur (7-mal allein in 1QS).[118] יחד ist die Selbstbezeichnung für die Gruppierung, welcher die Verfasser von 1QS angehörten. In Frg. 10 sind nur Einzelbuchstaben erhalten.

Frg. 11

Die bereits von Strugnell vorgeschlagene, in PTSDSSP übernommene Rekonstruktion von Jes 11,11f in den Zeilen 2–5 beruht zuerst auf dem in Zeile 4 einzig lesbaren Wort ומכוש. Das in Zeile 3 mit ziemlicher Sicherheit lesbare Wort שאת wird nur von der LXX bezeugt, in MT und 1QJes\u1d43 steht das Wort שנית.[119] Die Rekonstruktion von Jes 11,11f ist daher als zweifelhaft zu beurteilen. Eine zusammenhängende Auslegung ist in dem Fragment nicht erhalten. Vor dem angeblichen Zitat wird in Zeile 2 das Wort תודע rekonstruiert, das wahrscheinlich einmal zu einer Auslegung gehörte, von der aber weder Sinn noch Thema erhoben werden kann.

7.4.2 Thematische Schwerpunkte

Der Inhalt der Auslegungen dieses Peschers muss als verloren betrachtet werden.[120] Als einzige zusammenhängende Aussage aus den Auslegungsteilen konnte die Rede von der *Offenbarung der Tora der Gerechtigkeit* erhoben werden. Auf welche Schriftstelle sich diese Auslegung jedoch bezieht, ist unklar. Thematische Schwerpunkte sind sowohl aus den Auslegungen als auch aus den zitierten Texten kaum zu erheben. Auffallend ist das Vorkommen des Begriffes «Tora»: in Frg. 1 die bereits genannte *Tora der Gerechtigkeit*, in Frg. 6 möglicherweise eine Aussage, dass die Gegner der Verfasser die Tora ablehnen. Als Abgrenzung gegenüber anderen kann auch der Begriff בחירי ישראל (die Auserwählten Israels) gelesen werden. In Frg. 9 ist mit einiger Wahrscheinlichkeit die Selbstbezeichnung der Verfasser der Qumranschriften (יחד) bezeugt.

Die noch erhaltenen Zitate stammen alle aus Jes (40,12, 14,19b, 15,4b–5, 21,11–15, 32,5–7). Ob fortlaufend kommentiert wurde, ist nicht mehr feststellbar. Die Einleitung der Deutung in Frg. 1–2,3 und Frg. 5,2 mit פשר הדבר sowie in Frg. 6,6 mit פשרו entspricht dem terminologischen Gebrauch der übrigen Pescharim. Mit ואשר כתוב in Frg. 1–2,2 und Frg. 6,2 wird in 4QpJes\u1d49 aber eine Zitationsformel verwendet, welche in den Pescharim sonst nicht zu finden ist. Ob der Terminus in Frg. 1–2,2 nur dazu diente, wie in Frg. 6,2 ein Jesaja-Zitat einzuleiten, oder ob er,

---

[118] Vgl. die Suche nach אנשי היחד in Tov, *DSSEL*. Der Begriff אנשי היחד findet sich auch in der bereits untersuchten Damaskusschrift (CD XX,32). In den exegetischen Schriften findet er sich neben 1QpJes\u1d49 noch in 4QCatena\u1d43 Frg. 5–6 1. Der Begriff עצת היחד taucht auch in 1QpHab XII,4 und 1QpMi Frg. 8–10 8 auf.

[119] Siehe Strugnell, *Notes*, 199, und Goshen-Gottstein, *Book of Isaiah*, 46. Zeilenzählung nach Charlesworth, *Pesharim*, 107.

[120] Mit Horgan, *Pesharim*, 131.

vergleichbar mit den Termini כאשר כתוב und (ו)אשר כתוב) in den thematischen Pescharim, ein Zitat aus einem anderen Buch einführte, kann nicht mehr festgestellt werden. Möglicherweise teilt der Pescher diese Zitationsformel mit 4QpJes^c. Jedenfalls findet sich dort die für fortlaufende Pescharim unübliche Zitationsformel כאשר כתוב (siehe oben). Ob 4QpJes^c einmal einen fortlaufenden oder wie 4QpJes^c einen thematisch ausgerichteten Jesaja-Kommentar darstellte, lässt sich nicht mehr erheben.

7.5 4QpJes^b (4Q162)

4QpJes^b besteht aus einem einzigen Fragment, das den oberen Teil von drei Kolumnen bezeugt, von denen jedoch nur bei der mittleren die ganze Zeilenbreite erhalten ist. Von Kol. I existieren nur noch die Zeilenanfänge, von Kol. III nur noch die Zeilenenden. Von den auffallend kurzen Interpretationen ist nur wenig Text erhalten. Strugnell beschrieb die von den übrigen Jesaja-Pescharim differierende Schrift als *semi-formel vulgaire* und schlug eine Datierung in die herodianische Periode vor.[121]

7.5.1 Einzeluntersuchungen

Kol. I

In Zeile 1 wird von Allegro und in PTSDSSP[122] übereinstimmend ein Zitat aus Jes 5,5b rekonstruiert. Bemerkenswert ist das gegenüber MT und 1QJes^a zusätzliche Wort אשר am Ende der Zeile. Allegro ging davon aus, dass das Zitat in Zeile 1 hier endet, und rekonstruierte am Anfang von Zeile 2 das Wort אמר.[123] Die Zitationsformel אשר אמר findet sich in den Pescharim aber sonst immer *vor* den jeweiligen Zitaten oder ihren Wiederaufnahmen, nicht danach. Daher ist vor den noch lesbaren Worten in Zeile 2 פשר הדבר אשר עזבם wie in PTSDSSP das nachfolgende Zitat von Vers 6a anzunehmen: אשיתהו בתה לא יזמר ולא יעדר ועלה שמיר ושי[ת.[124] Somit wurde in den Zeilen 1–2 einst Jes 5,5b–6a zitiert. Das gegenüber MT und 1QJes^a zusätzliche Wort אשר ist als textkritische Variante zu betrachten. Die Rekonstruktion ד ואשר אמר ועלה שמיר] in Zeile 3 ist unbestritten. Interessant sind die mehrfachen Korrekturen in Zeile 4. Die dort zu lesenden Worte עת] ואשר ואשר sind mehrfach mit Korrekturen versehen. Gegenüber der ersten Variante ואשר אשר wurde von einem zweiten Schreiber ein ו eingefügt, so dass nun ואשר ואשר («und wenn und wenn») zu lesen ist. Sowohl die erste Variante als auch die jetzt zu lesende Aussage machen jedoch wenig Sinn. Schliesslich wurde beim zweiten אשר jeder Buchstabe mit Punkten ober- und unterhalb versehen, wahrscheinlich um anzudeuten, dass das wiederholte Wort gelöscht werden sollte. Vermutlich entstand der Fehler durch das Abschreiben von einer älteren Vorlage des Peschers. Es ist anzunehmen, dass dort ursprünglich die Zitationsformel ואשר אמר gestanden hat.[125] Wenig Inhaltliches ist aus den Zeilen 5 ([...נת דרך) und 6 (עיניהם[) zu gewinnen.

---

[121] Strugnell, *Notes*, 186. Eine Abbildung des Peschers findet sich auf Seite 324.

[122] Vgl. Charlesworth, *Pesharim*, 40f. Wo nicht besonders vermerkt, bezieht sich die Argumentation zu Kol. I auf diese Ausgabe.

[123] Vgl. Allegro, *Qumrân Cave 4*, 15.

[124] Mit Beuken, *Jesaja 1–12*, 133 ist der Weinberg als Subjekt von עלה anzunehmen; vgl. auch die Übersetzungen der neuen Zürcher und der revidierten Elberfelder Bibel. Anders: «Dornen werden heraufwuchern [und Gestrüpp», Steudel, *Texte aus Qumran II*, 229; auch in der Lutherbibel und der Einheitsübersetzung werden «Dornen und Disteln» als Subjekt von עלה angenommen.

[125] Vgl. Charlesworth, *Pesharim and Qumran History*, 79.

Übersetzung und Interpretation

1 *(5,5b) Entfernen wird er seine Dornenhecke, dass er abgeweidet wird, niederreis]sen seine Mauer, dass er zertreten wird, so dass*

2 *[(6a) ich ihn zur Wüstenei machen werde. Er soll nicht beschnitten und nicht behackt werden, er soll aufgehen in Dornen und Unkra]ut.* Die Deutung des Wortes ist, dass er sie aufgeben wird.

3 [...].. und wenn es heisst: *Er soll aufgehen in Dornen*

4 *[und Unkraut ...]*... und wenn und wenn

5 [...].. Weg

6 [...].. ihre Augen

Auf wen das Bild vom Weinberg in der Auslegung bezogen wird, ist nicht mehr erhalten. Die folgenden Auslegungen in II,6f richten sich gegen die אנשי הלצון (Schwätzer). Von ihnen wird gesagt, dass sie in Jerusalem sind und dass sie die Tora ablehnen. Es ist denkbar, dass die Verfasser dieser Auslegung die im Weingberglied enthaltene Gerichtsbotschaft ebenfalls auf Schwätzer bezogen und darunter ihre Gegner verstanden haben. Die Metapher vom Verwildernlassen des Weinberges wird in Zeile 2 so gedeutet, dass Gott diese Menschen aufgeben wird. Damit liegt die Deutung nahe an der Intention des prophetischen Textes. Mit denjenigen, die von Gott aufgegeben werden, sind die «Abtrünnigen» aus Israel gemeint, sprich diejenigen, die sich nicht der Gruppierung der Verfasser dieses Peschers angeschlossen haben. Die jesajanische Gerichtsbotschaft, die sich gegen das ganze Volk richtete, wird in dieser Auslegung nur auf den weniger frommen Teil davon bezogen. Allein auf diese Menschen wird der Vergleich mit dem Weinberg, der keine rechte Frucht bringt, gedeutet und nur über sie soll das göttliche Gericht ergehen.[126] Der Kopistenfehler in Zeile 4 ואשר ואשר («und wenn und wenn») als wahrscheinliche Verschreibung der Zitationsformel ואשר אמר («und wenn es heisst») deutet darauf hin, dass 4QpJes[b] eine Abschrift eines älteren Exemplares darstellt.[127]

Kol. II

Bei dieser Kolumne sind 8 Zeilen vollständig erhalten. Schwierigkeiten ergeben sich lediglich beim ersten Wort von Zeile 9 sowie am Anfang von Zeile 10.[128] Kol. II be-

---

[126] Der Gedanke, die Verfasser dieser Auslegung hätten sich selbst als den wahren Weinberg verstanden, der rechte Frucht bringt, ist attraktiv, aber nicht zu erhärten; anders Blenkinsopp, *Sealed Book*, 108f. Bei dem von Blenkinsopp beigezogenen Text 4Q433a wird nicht gesagt, wer mit der genannten Pflanzung gemeint ist. Zudem ist aufgrund des fragmentarischen Bestandes unklar, ob sich der Text auf das Weinberglied oder doch eher auf die Paradiesgeschichte bezieht. Blenkinsopp verweist auf das Vorkommen der Ausdrücke באושים und שמיר ושית. Die letzteren beiden finden sich aber nur in der Rekonstruktion in García Martínez/Tigchelaar, *DSSSE II*, 908, die nicht zu erhärten ist; vgl. Tov, *DSSEL*, z. St., sowie ebd., PAM 43.255.

[127] Der Kopistenfehler in I,4 ist auf der Abb. 3, Seite 324, gut erkennbar.

[128] Zur Rekonstruktion von Kol. II vgl. im Folgenden Charlesworth, *Pesharim*, 42f, sowie Allegro, *Qumrân Cave 4*, 15f.

ginnt mit פשר הדבר לאחרית הימים לחובת הארץ מפני החרב והרעב והיה, einer Interpretation, zu welcher auch noch die ersten drei Wörter von Zeile 2 בעת פקדת הארץ
gehören. Danach wird unmittelbar anschliessend Jes 5,11–14 zitiert (Zeilen 2–6).[129]
Gegenüber der Darstellung in den anderen Jesaja-Pescharim ist dieser unmittelbare
Übergang ohne Einleitung oder Spatium auffällig. Nach dem Zitat folgt in Zeile 6 nach
einem Spatium der identifizierende Nominalsatz אלה הם אנשי הלצון, zu welchem auch
noch die ersten zwei Wörter in Zeile 7 gehören (אשר בירושלים). Auffällig ist die Einleitung durch zwei Pronomina (אלה und הם). Unmittelbar anschliessend an diese kurze
Auslegung wird mit den Worten הם אשר zu einem Zitat übergeleitet, von welchem die
Verse 24b–25bα lesbar sind. Zu Beginn von Zeile 10 werden in den Editionen übereinstimmend die letzten Worte von Vers 25 rekonstruiert. Im erhaltenen Fragment sind
lediglich Tintenspuren zu erkennen. Es ist aber kaum wahrscheinlich, dass das Zitat
einst am Ende von Zeile 9 mitten im Satz beim Wort שב aufgehört hat. Mindestens
wäre noch das Wort אפו am Anfang von Zeile 10 zu erwarten. Da sich die Tintenspuren in der Mitte zwischen dem Rand des Fragments und den erkennbaren Wörtern
befinden, ist aber anzunehmen, dass auch der gesamte Vers 25bβ einst hier zitiert
worden ist. Danach ist ein Spatium zu erwarten. Ausgelegt wird der Vers ebenfalls
mittels des identifizierenden Nominalsatzes היא עדת אנשי הלצון אשר בירושלים auf
die Versammlung der Schwätzer in Jerusalem. Weitere Inhaltliche Aussagen der Auslegung sind nicht mehr erhalten. Aus den Buchstabenresten in Zeile 11 kann können
keine Wörter rekonstruiert werden.

Übersetzung und Interpretation

1 Die Deutung des Wortes geht auf die letzten Tage auf die Verurteilung des Landes angesichts des Schwertes und des Hungers. Und es wird sein

2 zur Zeit der Heimsuchung des Landes. *(5,11) Wehe denen, die sich früh am Morgen
   aufmachen, um Rauschtrank nachzujagen, die bis in die Dämmerung bleiben, dass der Wein*

3 *sie erhitze. (12) Zither und Harfe, Tamburin und Flöte und Wein gehören zu ihren Gelagen.
   Aber auf das Tun Jhwhs*

4 *haben sie nicht geschaut, und das Werk seiner Hände haben sie nicht gesehen. (13) Darum ist
   mein Volk gefangen weggezogen ohne Erkenntnis. Seine Vornehmen werden zu Männern des
   Hungers*

5 *und seine Masse wird ausgedörrt sein vor Durst. (14) Darum hat die Scheol ihren Rachen weit
   aufgesperrt auf und reisst ihr Maul auf ohne Mass,*

6 *so dass hinunterfahren wird ihre Pracht und ihr Getümmel und ihr Getöse und die darin frohlocken.* VACAT Diese, sie sind die Schwätzer,

7 welche in Jerusalem sind. Sie sind es, *(24b) welche die Tora Jhwhs verworfen haben und
   das Wort des Heiligen*

8 *Israels verschmäht haben. (25) Daher entbrannte der Zorn Jhwhs gegen sein Volk und er
   streckte seine Hand aus gegen es, und er schlug es und es zitterten*

9 *die Berge und ihr Leichnam lagen wie Kehricht mitten auf den Gassen. In all dem hat sich nicht
   gewendet*

10 [*sein Zorn und noch ist seine Hand ausgestreckt.*] VACAT Dies ist der Rat der Schwätzer,
   die in Jerusalem sind.

11 ...] ... [...] ... [...

Die Auslegung in den Zeilen 1f bezieht den gedeuteten Text auf die letzten Tage[130] und betrifft die Verdammung[131] der Erde durch Schwert und Hungersnot. In Zeile 2 wird dieses Ereignis mit der Zeit der Heimsuchung des Landes (durch Gott) zusammengebracht. Diese Auslegung passt inhaltlich gut zu Jes 5,10: «Denn zehn Juchart Weinberge werden ein Bat bringen, und ein Homer Samen wird ein Efa bringen.» Dem Gerichtswort vom Land, das dem frevelhaften Volk den Ertrag nicht mehr bringen wird,[132] würde dann in der Auslegung die Verurteilung des Landes durch Schwert und Hunger entsprechen. Da nachfolgend die Verse 11–14 zitiert und kommentiert werden, ist die Annahme eines vorausgehenden Zitates von Vers 10 recht plausibel. Dennoch lässt sich der Bezug auf diesen Vers nicht erhärten. Zum einen finden sich keine Wortparallelen, welche dem Bezug zusätzliche Plausibilität geben würden, zum anderen wird gerade weiter unten in Kol. II nicht fortlaufend kommentiert. Nach der Auslegung der Verse 11–14 werden vielmehr zehn Verse übersprungen.

Die Auslegung des in den Zeilen 2–6 folgenden Zitates von Jes 5,11–14 in den Zeilen 6f ist auffallend kurz. Sie bezieht die prophetischen Wehe-Worte auf die Schwätzer (אנשי הלצון): «Diese, sie sind die Schwätzer, die in Jerusalem sind.» Der Ausdruck אנשי הלצון findet sich lediglich noch in CD XX,11. Dort wird von den Schwätzern gesagt, dass sie wider die Satzungen der Gerechtigkeit geredet und den Bund von Damaskus verworfen haben. Der Ausdruck אנשי הלצון dürfte in beiden Texten dieselben Opponenten bezeichnen.[133] Die Ortsangabe Jerusalem ist ein weiterer Hinweis dafür, dass unter dieser Bezeichnung die Gegner der Verfasser zu vermuten sind. Zusätzlich wird mittels des nächsten Zitates, Jes 5,24f, von ihnen gesagt, dass sie die Tora Jhwhs zurückweisen.[134] Bemerkenswert ist,

---

[130] Anders Steudel, *Texte aus Qumran II*, 229, deren Übersetzung von לאחרית הימים als «hinsichtlich der letzten Tage» auch an andere Deutungsmöglichkeiten denken lässt.

[131] Das Wort חובה ist im biblischen Hebräisch unbekannt; mit Horgan, *Pesharim*, 91. kann seine Bedeutung jedoch aus dem Mischnah-Hebräisch erschlossen werden. Zur grammatikalischen Analyse des Satzes siehe ebd.

[132] Vgl. Wildberger, *Jesaja 1–12*, 185.

[133] Der Ausdruck findet sich in der Hebräischen Bibel nur in Spr 29,8 in der Form eines allgemeinen Ausspruches sowie in Jes 28,14. Sein Gebrauch in diesem Pescher dürfte aus Jes 28,14 stammen, denn dort wird von den אנשי הלצון ebenfalls gesagt, dass sie in Jerusalem seien; zudem wird ihnen als Leiter des Volkes das Gericht angedroht. Da in Jes 28,3.7 ebenfalls der Vorwurf der Trunkenheit vorkommt, ist denkbar, dass Jes 28,1–14 sogar als Ganzes dazu diente, den vorliegenden Text zu erklären; vgl. Blenkinsopp, *Sealed Book*, 111f. Doch auch ohne die Annahme einer *gezera shava* (rabbinische Methode, eine Schriftstelle durch eine andere zu erklären), so ebd., 112, liegt es nahe, dass die Verfasser dieses Peschers die in Jes 28,14 genannten אנשי הלצון auf ihre Gegenspieler bezogen haben und dann als feststehenden Ausdruck gebrauchten, so wie andere immer wiederkehrende Constructus-Formen (das bekannteste Beispiel ist מורה הצדק).

[134] Wohl eine polemische Zuspitzung der Tatsache, dass diese Gegner sich weniger strikt als die Verfasser an die Weisungen der Tora gehalten bzw. diese teilweise anders interpretiert hatten. Ähnliche Aussagen finden sich in dem oben behandelten

wie die Überleitung in das Zitat, zusammen mit dem zitierten Halbvers (24b), zu einer neuen Aussage verbunden wurde. Im Jesajabuch ist Vers 24b eine *Begründung* des vorangehend angekündeten Gerichts über die Adressaten der Wehe-Worte Jes 5,8–24: «Denn die Weisung Jhwhs haben sie verworfen.» Wie schon bei der Auslegung in den Zeilen 6f wird der Kreis der Adressaten eingegrenzt. Die Weherufe sind in Jes 5,8–24 allgemein gegen Menschen gerichtet, die im Widerspruch zur Weisung des Herrn stehen (Vers 24). Nachdem bereits die obige Auslegung die Wehe-Worte auf die sogenannten Schwätzer eingegrenzt hat, wird nun auch die Aussage von Vers 24 explizit nur auf sie bezogen. Indem der Vers als *Verwerfen der Tora* gedeutet und mit der vorangehenden Auslegung zu einer neuen Aussage verbunden wird, wird daraus eine *Anklage* gegen diese «Schwätzer»: «Sie sind es, welche die Tora Jhwhs verworfen haben ...» Die Verfasser dieses Peschers konnten ihre Überzeugung, dass sich ihre Gegner nicht an die Tora halten, somit bereits im Jesajabuch als prophetische Voraussage «entdecken». Das aus Vers 25 zitierte, mit drastischen Bildern ausgemalte Gericht am Volk Israel wird in der Auslegung in Zeile 10 auf die Versammlung der Schwätzer eingeschränkt: «Dies ist die Versammlung der Schwätzer, die in Jerusalem sind.» Nach den Verfassern dieses Peschers sind *nur sie* diejenigen, die von Gott geschlagen (bzw. erschlagen) werden. Zwar ist bei dieser Auslegung unklar, auf welche Aussage im Zitat sich היא (dies) genau bezieht, doch der Bezug des Gerichts auf die historischen Gegner der Verfasser ist deutlich.

Kol. III

Von Kol. III ist jeweils nur der Beginn der ersten neun Zeilen erhalten. In Zeile 1 finden sich die letzten beiden Wörter von Jes 5,29 (ואין מציל), in Zeile 2 kann gerade noch der Begriff כנהמת ים aus Vers 30 rekonstruiert werden, während aus Zeile 3 nur noch das Wort בער]יפיה aus demselben Vers zu gewinnen ist. Es ist zwar denkbar, dass das Zitat einst mit den Worten in Zeile 1 begonnen hat und in Zeile 3 endete. Die Verse können jedoch die erwartete Länge der Kolumne nicht ausfüllen. Ebenso denkbar ist daher, dass die Worte aus diesen Versen hier ausgelegt wurden. Gesicherte Rückschlüsse können nicht mehr gemacht werden. Aus den einzelnen noch lesbaren Wörtern der nachfolgenden Auslegung in den Zeilen 4 (הוא), 5 (האלה), 6 (הבאים), 7 (אמר) kann kein zusammenhängender Sinn mehr gewonnen werden. Die Wörter in den Zeilen 8 (ראו ר]) und 9 (תבינו[) können mit Jes 6,9 in Zusammenhang gebracht werden. Sie sind jedoch kaum als Teile eines Zitates zu verstehen, da sie in diesem Vers in der umgekehrten Reihenfolge vorkommen.[135]

Auslegungen 4QpJes^c Frg. 2,5 und Frg. 23,14, in letzterer explizit von den Pharisäern (דורשי החלקות). Da dort von ihnen ebenfalls gesagt wird, dass sie in Jerusalem seien, ist zu vermuten, dass der Ausdruck אנשי הלצון sich ebenfalls auf die Pharisäer bezieht.

[135] Anders Charlesworth, *Pesharim*, 44f.

Übersetzung und Interpretation

1 und da ist keiner, der hil[ft ...
2 wie das Tose[n des Meeres ...
3 durch ihre Wol[ken ...
4 er [...
5 diese[...
6 die kommend[en ...
7 sagte [...
8 seht! .[..
9 werdet verste[hen ...

Ob in den Zeilen 1–3, in welchen nur Reste aus Jes 5,29f erhalten sind, zitiert oder ausgelegt wurde, lässt sich nicht mehr rekonstruieren. Die Auslegung in den nachfolgenden Zeilen muss ebenfalls als verloren betrachtet werden. Mehr als die Tatsache, dass einmal in diesem Pescher die beiden Verse, in welchen ein herankommender Feind mit einem brüllenden Löwen verglichen wird, eine Rolle spielten, lässt sich aus den erhaltenen Resten von Kol. III nicht mehr gewinnen.

7.5.2 Interpretation von 4QpJes^b

4QpJes^b kommentierte das Jesajabuch offenbar nicht Vers für Vers. In Kol. II zumindest werden zehn Verse übersprungen. Das Ende des Zitates bzw. der Beginn der Kommentierung wurde bei allen erhaltenen Stellen sprachlich oder graphisch deutlich markiert. Entweder findet sich der Terminus פשר הדבר oder ein Spatium. Beides markiert für die Lesenden deutlich das Ende des biblischen Textes und den Beginn der Auslegung. Der umgekehrte Fall, das Ende der Auslegung und der Beginn des Zitates, wird jedoch in den erhaltenen Teilen von Kol. II nicht markiert. Vielmehr ist der Kommentar in Kol. II zweimal mit dem folgenden Zitat eng verbunden; in Zeile 7 bildet er gar mit dem ersten Teil des Zitates einen neuen, eigenen Aussagesatz. In Kol. I dient die Zitationsformel אשר אמר zur Wiederaufnahme eines vorangehenden Zitates. Der wahrscheinliche Kopistenfehler ואשר ואשר in I,5 deutet (wie ebd. dargestellt) darauf hin, dass das Pergament eine Kopie eines älteren Werkes darstellt. Auslegungen durch identifizierende Nominalsätze wie in II,6.10 (ohne פשר/פשרו) sind auch sonst in den Pescharim zu finden. Eine Besonderheit stellt die Einleitung in II,6 mit zwei Pronomina (אלה הם) dar.

Im erhaltenen Teil von 4QpJes^b werden ausschliesslich Gerichtstexte zitiert und ausgelegt. Die Erwartung des göttlichen Gerichts ist denn auch als wichtigstes theologisches Thema in 4QpJes^b zu nennen. Erwartet wird dieses Gericht vor allem über die historischen Gegner der Verfasser, welche offenbar in Jerusalem lebten. *Ausschliesslich auf sie* werden die Gerichtstexte in den Auslegungen explizit bezogen. Dabei werden sie zweimal als

«Schwätzer»[136] bezeichnet (II,6.10). Der Ausdruck stammt aus Jes 28,14 und ist dort eine polemische Bezeichnung für die Führungsschicht Israels. Durch die Auslegung in II,6.10 wird dieser polemische Begriff aktualisierend auf die Gegner der Verfasser, wahrscheinlich die Pharisäer, bezogen. Jes 5,11 wird dabei polemisch auf sie hin ausgelegt. Der Vers wird dabei so auf die «Schwätzer» bezogen, dass nun plötzlich sie es sind, welche die Tora zurückweisen. Ihr Strafgericht (wahrscheinlich steht Jes 5,10 im Hintergrund dieser Auslegung) wird in II,1–2 auf das Ende der Tage erwartet. Jes 5,5b, die Gerichtsaussage aus dem Weinberglied, wird so auf (wahrscheinlich dieselben) Gegner interpretiert, dass nur sie von Gott verlassen worden seien.

Die in Jesaja vorfindlichen Gerichtsworte sind für die Beschreibung des erwarteten Gerichts über die Gegner offenbar ausreichend. Nur wenige Male werden noch eigene Erwartungen hinzugefügt wie etwa die Verdammung der Erde durch Schwert und Hungersnot in II,1f. Meist begnügen sich die Verfasser in den Auslegungen damit, mit kurzen Hinweisen die Gerichtsworte aus dem Jesajabuch explizit auf ihre Gegner wie etwa die sogenannten Schwätzer zu beziehen.

---

[136] Möglicherweise Gefolgsleute des sogenannten Frevelpriesters; vgl. Horgan, *Pesharim*, 87.92.

Die Rekonstruktion dieses Peschers in den beiden wichtigen Editionen (DJD/PTSDSSP) bezieht sich massgeblich auf 10 Fragmente, die Teile aus drei Kolumnen abdecken. Die paläographische Datierung weist in die herodianische Zeit. Umstritten ist, wie die Fragmente einzuordnen sind. Bereits Allegro hatte in der Editio princeps die Reihenfolge gegenüber der (ebenfalls von ihm besorgten) Erstpublikation geändert.[137] Die Untersuchung wird der Anordnung der Fragmente von Horgan folgen, welche die Fragmente in drei Kolumnen zu 29 Zeilen rekonstruiert. Diese Anordnung wurde auch in PTSDSSP übernommen.[138]

Bereits bei Allegro wurden die Fragmente nicht einzeln, sondern in Gruppen dargeboten. Die nachfolgende Untersuchung wird wie in PTSDSSP die Fragmente der jeweiligen Kolumnen zusammen untersuchen und interpretieren.

7.6.1 Einzeluntersuchungen

Frg. 1 als Textzeuge von Kol. I

Frg. 1 bezeugt den unteren Rand von Kol. I, weshalb mit Horgan vor Allegros Zeile 1 25 Zeilen anzunehmen sind. In Zeile 26 ist אל lesbar. Allegros Rekonstruktion der Zeile zu einem Zitat von Jes 10,21, von dem das Wort שאר dann in Zeile 27 aufgenommen würde, ist als zweifelhaft zu beurteilen.[139]

Mit PTSDSSP ist Zeile 27 als ‏]ישראל הואה[, Zeile 28 als ‏]לו אנשי חילו ופו[und Zeile 29 als ‏הכוהנים כיא הוא[ה zu rekonstruieren. Die Zeilen gehörten ursprünglich wohl zu einer Auslegung, deren Sinn und zugehöriger Bibeltext nicht mehr rekonstruiert werden können.

Übersetzung und Interpretation von Kol. I
26 ...] Gott ...[...
27 ...] Israel, er [...
28 ..]. die Männer seines Heeres und ..[.
29 ...] die Priester, denn si[e

---

[137] Vgl. Allegro, *Messianic References*, 177–182, sowie ebd., Pl. IIf, 11–15, und Pl. IVf, gegenüber Allegro, *Qumrân Cave 4*, 11–17.

[138] Horgan, *Pesharim*, 70–86, Charlesworth, *Pesharim*, 83–97. Die Zeilenzählung folgt letzteren beiden. Wo nicht besonders erwähnt, bezieht sich die Darstellung jeweils auf die letztgenannte Edition. Zimmermann, *Messianische Texte*, nennt in seiner Untersuchung zu 4Q161 insgesamt 24 zugehörige Fragmente; vgl. ebd., 59. Massgeblich für seine Untersuchung sind jedoch die in PTSDSSP dargebotenen Fragmente.

[139] Mit Horgan, *Pesharim*, 72.

Kol. I muss als in ihrem Sinn verloren betrachtet werden. Aus den erhaltenen Resten der Auslegung lässt sich kaum etwas gewinnen. Die Wörter אל, ישראל und הכוהנים sind sowohl bei Jes als auch in den Pescharim
häufig. In welchem Sinn sie hier stehen, kann nicht mehr erschlossen
werden. חיל wurde aufgrund der kriegerischen Aspekte in den Auslegungen in Kol. II und III (siehe im Folgenden) als «Heer» wiedergegeben.

Frg. 2–6 als Textzeugen von Kol. II

Nach Horgan bilden die Frg. 2–6 zusammen die Kol. II, wobei Frg. 5 den unteren
Rand der Kolumne, Frg. 2 ihren rechten Rand bezeugt. Horgan folgt dem Vorschlag
von Strugnell, zu Frg. 2 noch ein vormals nicht identifizierbares Fragment hinzuzuziehen.[140] Rekonstruiert werden insgesamt 29 Zeilen, von denen 24 durch die Frg. 2–
6 bezeugt sind. Horgan nimmt einerseits in Zeile 16 eine Leerzeile an (wie dies Frg. 5
für Zeile 20 bezeugt), andererseits geht sie davon aus, dass oberhalb der ersten Zeile
von Frg. 3 ursprünglich einmal in Zeile 1–3 ein Zitat von Jes 10,22f mit nachfolgender
Leerzeile stand. Begründet wird diese Rekonstruktion damit, dass das Zitat von
Jes 10,22 in den Zeilen 6f eine Wiederaufnahme aus einem vorangehenden Zitat
darstelle. Für eine Wiederaufnahme spricht erstens, dass das Zitat in Zeile 6 mit der
Formel ואן[שר אמר eingeleitet wird, welche in den Pescharim häufig dafür gebraucht
wird. Zweitens sind die Zitate, welche die Grundlage der Auslegung bilden, in diesem
Pescher alle länger als nur ein Vers. Die Begründung von Horgan ist aber *rein formaler
und inhaltlicher Art*. Sie kann lediglich plausibel machen, *dass* vor II,4 ein Zitat stand, das
mindestens Jes 10,22 enthält. Die genaue Abgrenzung dieses Zitates und ob dieses
Zitat wirklich in den Zeilen 1–3 stand, kann damit nicht erhärtet werden. Da aber nachfolgend in den Zeilen 10–15 die Verse 24–27 zitiert werden, ist (unter der Annahme,
dass fortlaufend kommentiert wurde) wahrscheinlich, dass dieses Zitat auch Vers 23
enthielt. Frg. 4 wird von Horgan nicht wie bei Allegro links unten, sondern rechts von
Frg. 3, aber unterhalb von Frg. 2 platziert. Auf den Inhalt der von Allegro gebotenen
Transkription sowie auf die Rekonstruktion zu einem Zitat von Jes 10,24–27 hat die
Umplatzierung zwar nur wenig Einfluss. Doch kann damit in Zeile 7 das Zitat um
einen Buchstaben ergänzt werden und in den Auslegungen in 5f und 8f können zusätzliche Wörter rekonstruiert werden. Der in PTSDSSP übernommenen Anordnung der
Fragmente von Horgan sowie der Annahme eines den Zeilen 4–29 vorangehenden
Zitates, das mindestens Jes 10,22 enthielt, ist somit zuzustimmen.[141]
    Die in den Zeilen 5 und 6 lesbaren Wörter בי בני]כיא[(Zeile 5) und עמו] (Zeile
6) bezeugen demnach wahrscheinlich Reste einer Auslegung des vorangehenden Zitates, das mindestens Jes 10,22 enthielt. Während das Wort בני in Zeile 5 nicht im Zitat
bzw. seinem näheren Kontext vorkommt und daher womöglich Teil der Deutung ist,
kommt das Wort עם im Zitat vor. Es wurde in dieser Auslegung womöglich mit einer
Deutung versehen, die aber nicht mehr erhalten ist. Nach der Wiederaufnahme von
Jes 10,22 in den Zeilen 6f folgt in 8f eine weitere Auslegung. Neben einzelnen Buchstaben wird in Zeile 8 die Aussage ורבים יוב[דו] («Und viele werden verder[ben») rekonstruiert. Passend dazu kann in Zeile 9 ולוא ימ[ל]טו («Sie werden nicht ent]kom-
men»), rekonstruiert werden. Beide gehörten zu einer nicht mehr rekonstruierbaren
Auslegung. Bei den nachfolgenden Wörtern ה[ארץ באמת («das Land – in Wahrheit»)
stammt das erste Wort aus dem Zitat; die Stellung des Wortes innerhalb der Zeile und

[140] Vgl. Strugnell, *Notes*, 184.257.
[141] Zur detaillierten Begründung der vorgeschlagenen Anordnung vgl. Horgan, *Pesharim*,
       71–73.

die Kombination mit באמת zeigen aber, dass beide Wörter einmal in einer Auslegung standen, deren Sinn jedoch ebenfalls verloren ist.

Nach der besprochenen Auslegung von Jes 10,22 wird in den Zeilen 10–15 ein praktisch wörtlich mit dem MT übereinstimmendes Zitat von Jes 10,24–27 rekonstruiert, dem die angenommene Leerzeile sowie eine nicht lesbare Zeile folgen. Die jeweils in althebräischen Buchstaben geschriebene Gottesbezeichnung Jhwh ist deutlich vom übrigen Text abgesetzt (in der deutschen Übersetzung mit Kapitälchen deutlich gemacht). Dieselbe Darstellung ist auch für die Rekonstruktion in Zeile 3 anzunehmen. Auslegungsteile finden sich in den Zeilen 18f, während in Zeile 20 die bereits erwähnte Leerzeile bezeugt ist. Auffallend ist, dass Zitat und Auslegung auf den ersten Blick wenig miteinander zu tun haben. Die Thematik der zitierten Jesaja-Stelle, die Verheissung, dass Jhwh Israels Peiniger Assur zur Verantwortung ziehen will, wird darin nicht aufgenommen. Zeile 18 ist als בשובם ממדבר העמ]מין («beim Umkehren aus der Wüste der V[ölk]er») zu rekonstruieren.[142] Die Bezeichnung מדבר העמים stammt ursprünglich aus Ez 20,35[143] und kommt auch in 1QM I,3 vor. In 1QM I,3 geht es ebenfalls um die Rückkehr aus der Wüste der Völker. Allerdings geht es dabei darum, dass die Söhne des Lichts für den endzeitlichen Kampf gegen die Söhne der Finsternis aus der Wüste zurückkehren. Von diesem Kampf ist in dem Jesaja-Pescher nichts zu spüren.[144] Da die Thematik des vorangehenden Zitates (und wohl auch dessen Auslegung) die der innerjüdischen Scheidung war, ist davon auszugehen, dass der Begriff מדבר העמים hier eine Anspielung auf Ez 20,35 ist, da es im dortigen Kontext um eine innerisraelitische Scheidung geht (Vers 38).[145] Ein weiterer Berührungspunkt zwischen Ez 20,35–38 und Jes 10,24–27 der beiden Texten gemeinsame Verweis auf Ägypten bzw. den Exodus. Bei Zeile 19 schlug Horgan vor, die Rekonstruktion um die Worte השבט הואה zu ergänzen, so dass השבט הואה]נשיא העדה ואחר יסו]ר מעלי]הם («der Stab, er ist] der Fürst der Gemeinde, und danach wird er von ihn[en] weg[geh]en») zu lesen ist.[146] Als Argument für diese Ergänzung dient CD VII,20, die Auslegung des Stabs als Fürst der Gemeinde. Zusätzlich zu diesem von Horgan genannten Argument spricht eine weitere Überlegung dafür, dass in diesem Jesaja-Pescher ebenfalls der Stab als Fürst der Gemeinde ausgelegt wird. Das Wort Stab (שבט) findet sich nicht nur im zitierten Vers 24, sondern auch in Ez 20,37, d. h. in der unmittelbaren Umgebung der obigen Anspielung. Dort lässt Jhwh die Israeliten unter dem Stab an ihm vorbeiziehen, um sie zur überlieferten Tora zurückzubringen. Bei diesem Vorgang werden die Abtrünnigen ausgesondert (Vers 38).

Es ist demnach anzunehmen, dass die Verfasser dieser Auslegung zu Jes 24–27 an Ez 20,35–38 gedacht haben. Dort fanden sie die für ihr Selbstverständnis als Rest aus Israel vorauszusetzende innerisraelitische Trennung in Tora-Treue (sic die Gemeindemitglieder) und Abtrünnige, welche Gott mittels des Stabs vornimmt. In Ez 20,35–38 ziehen diejenigen, die in den Bund eintreten, unter dem Stab hindurch, diejenigen, die sich auflehnen, werden ausgesondert. In der Deutung des Stabs auf den Fürst der Gemeinde könnte dies seine Rolle spiegeln. Es ist anzunehmen, dass der Leiter der Gruppierung wesentlich für deren Absonderung von den anderen religiösen Strömungen im

---

[142] Mit Horgan wird in PTSDSSP nach dem letzten Wort noch ein einzelnes ב rekonstruiert.

[143] Wie eine Suche mit *Bible Windows* zeigt, ist der Ausdruck מדבר העמים in der Hebräischen Bibel singulär.

[144] Anders Zimmermann, *Messianische Texte*, 66.

[145] Mit Blenkinsopp, *Sealed Book*, 116f.

[146] Siehe Horgan, *Pesharim*, 79. In PTSDSSP, vgl. Charlesworth, *Pesharim*, 89, ist dieser Vorschlag nur noch als Möglichkeit angegeben. Anders Collins, *The Scepter and the Star*, 70, Anm. 30.

damaligen Judentum verantwortlich war. Zeile 18 ist daher wohl besser wie folgt zu übersetzen: «... der Stab, er ist] der Fürst der Gemeinde, und ein anderer wird von ihn[en] weg[geh]en ...» Zeile 18 würde somit den zweiten Teil der innerjüdischen Scheidung abdecken, nämlich die Separierung derjenigen, die sich auflehnen. Vorauszusetzen wäre dann, dass der erste Teil (diejenigen, die dem Fürst der Gemeinde nachfolgen) der Zeile vorangegangen wäre. Wie dies ausgesehen haben könnte, zeigt die folgende Rekonstruktions-Hypothese (zusätzlich zu Horgan rekonstruierte Worte sind unterstrichen), die unter der durchaus denkbaren Prämisse steht, dass in Zeile 17 explizit auf Ezechiel 20,35–38 verwiesen wurde. Die in diesem Text behandelten Themen, Scheidung mittels des Stabes und Aufnahme in den Bund, lassen ihn geradezu als prädestiniert erscheinen, um in der sich in den Qumranschriften zeigenden Theologie eine wichtige Rolle zu spielen.[147] Die Tatsache, dass Zitat und Auslegung offensichtlich ganz andere Themen behandeln, lässt einen vorangehenden Verweis auf Ez noch wahrscheinlicher werden.

18 ‏תחת יע]בור [ואחר הןעמיןם ממדבר בשובם [...‏
19 ‏מעליןהם יסן]ור ואחר העדה]נשיא הואה השבט השבט‏

18 ... beim Umkehren aus der Wüste der [Völk]er, [da wird einer unter dem
19 Stabe einherziehen, der Stab, er ist der] Fürst der Gemeinde, und ein anderer wird von ihn[en] weg[geh]en.

Diese Rekonstruktions-Hypothese (d. h. die unterstrichenen Worte) und die in ihr vorausgesetzte Prämisse lassen sich nicht erhärten; die Überlegung zeigt jedoch, dass eine Auslegung, welche die innerjüdische Scheidung wie oben beschrieben in Anlehnung an Ez 20,35–38 thematisiert, sich gut in den Pescher einfügen würde. Aufgrund der in Zeile 17 festgestellten Anspielung auf Ez 20,35 ist es daher jedenfalls nicht nur sehr plausibel, vor den in Zeile 18 erkennbaren Worten mit Horgan die Worte ‏הואה השבט‏ anzunehmen, sondern es ist auch gut vorstellbar, dass der zweite Teil von Zeile 18 die innerjüdische Scheidung thematisiert, welche für die Verfasser dieses Peschers offenbar eine wichtige Bedeutung hatte.

In den Zeilen 21–25 folgt ein Zitat von Jes 10,28–32, das nachfolgend ausgelegt wird. Gegen Horgan ist in Zeile 22 nicht ‏הרמה חלןתה‏ (Ramah wird krank), sondern wie auch in MT und 1QJes^a ‏הרמה חרןדה‏ (Ramah zittert) zu lesen.[148] In der ersten Zeile der Auslegung (Zeile 26) sind nur die erhaltenen Worte ‏לבוא הימים לאחרית פתגם]‏ sicher. Die von Horgan vorgeschlagene vorangehende Rekonstruktion von ‏הן פשר‏ lässt sich nicht erhärten.[149] Angesichts der in diesem Pescher zu findenden Einleitung von Schriftdeutungen mit einem Pronomen wäre z. B. auch die Einleitung ‏הןפתגם המה‏ gut denkbar. Das erste Wort von Zeile 27 ist, anders als in PTSDSSP, als ‏חרן]דה‏ zu lesen.[150] Es stammt somit aus dem vorangehenden Zitat; für das letzte Wort dagegen ist, wie von Strugnell bereits vorgeschlagen, ‏בפלן]שת‏ anzunehmen.[151] Zeile 27 ist daher wie folgt zu rekonstruieren: ‏בפלן]שת ללחם עכו מבקעת בעלותו חרן]דה‏. Erst für die nach-

---

[147] Vgl. Blenkinsopp, *Sealed Book*, 116f.

[148] Vgl. Horgan, *Pesharim*, 80. Ihr Vorschlag beruht auf dem Foto und der Transkription der Erstpublikation (Allegro, *Messianic References*). Auf dem hochauflösenden Foto PAM 43.433 in Tov, *DSSEL*, ist m. E. ein ‏ר‏ zu erkennen. Die obige, bereits von Allegro, *Qumrân Cave 4*, 12, vorgeschlagene Lesung nach MT wird auch von Zimmermann, *Messianische Texte*, 64 bevorzugt.

[149] Siehe Horgan, *Pesharim*, 80–81. Mit Horgan ist das Wort hier entsprechend seinem Gebrauch in den aramäischen Qumrantexten zu verstehen; siehe ebd., 81.

[150] Mit Allegro, *Qumrân Cave 4*, 12.

[151] Vgl. Strugnell, *Notes*, 184.

folgenden Zeilen kann die Rekonstruktion in PTSDSSP wieder voll und ganz übernommen werden. In Zeile 28 ist somit ‏[דה ואין כמוה ובכול ערי ה‏] und in Zeile 29
‏[ועד גבול ירושלים‏] zu lesen.

Übersetzung und Interpretation von Kol. II

Übersetzung und Interpretation von II,1–9

1 [*(10,22) Denn wenn auch dein Volk Israel wie der Sand des Meeres wäre, ein Rest*]
2 [*davon wird umkehren. Vernichtung ist beschlossen, einherflutend Gerechtigkeit. (23)*
   Fürwahr, beschlossene Vernichtung, der Herr]
3 [*JHWH der Heerscharen wirkt inmitten der ganzen Erde.*]
4 [VACAT]
5 ...] denn [...] ... die Söhne von [...
6 ...] sein Volk [und w]enn es heisst: *(22) Denn wenn auch [dein Volk*
7 *Israel wie der Sand des Meeres wäre, ein Rest davon wird umkehren]. Ver[nichtung ist be-*
   sch]lossen, einherflutend Gere[chtigkeit.
8 ...] ... [... .].. *und viele werden verder[ben* ...
9 *und sie werden nicht ent]kommen ..[. ... das] Land – in Wahrheit* [...

Da Jes 10,22 ebenfalls in 4QpJes^c Frg. 4.6–7,II,10–19 ausgelegt wird, kann
durch den Vergleich mit der dortigen Auslegung der Blick für die Spezifika
der vorliegenden Auslegung geschärft werden. Aussagekräftig ist bereits
schon ein Vergleich, welche Verse in den beiden Pescharim jeweils für die
Zitierung ausgewählt werden. Das Zitat in 4QpJes^c (10,20–22a) steht noch
unter dem Zeichen der Rettung und handelt von der Umkehr des Restes
zu Gott. Die in Vers 22b angedrohte Vernichtung wird in 4QpJes^c erst mit
dem nächsten Zitat aufgenommen. In 4QpJes^a dagegen sind die Zitate so
ausgewählt, dass sie *ganz unter dem Zeichen des Gerichts* stehen.[152] So wurden
im nicht erhaltenen Teil des Peschers wahrscheinlich zuerst die Verse 22f
zitiert (beginnend mit dem Rest aus Israel, der umkehrt, und endend mit
der Zerstörung, die Jhwh inmitten des Landes vollzieht). Danach wird in
Zeile 7 der ganze Vers 22 (Umkehr allein eines Restes und die beschlossene Vernichtung) aufgenommen. Jes 10,22 ist im Jesajabuch ein redaktioneller Nachtrag, der vor der Illusion warnt, ganz Israel würde im kommenden
Gericht geschont. Vielmehr geht es darum, dass Vernichtung beschlossen
ist und nur ein kleiner Rest aus Israel heil umkehren wird.[153] Die Auslegung
in 4QpJes^a ist somit näher bei der Aussage des Textes, da ebenfalls das Gericht und nicht die Umkehrmöglichkeit betont wird. Die Deutungen in den
Zeilen 8f «... und viele werden verderben ...» und «... sie werden nicht entkommen ...» passen gut zur zitierten Unheilsprophetie. Die Identifikation
der Verfasser mit dem umkehrenden Rest liegt auf der Hand. Im Gegensatz zur Auslegung in 4QpJes^c beschäftigt sich diese Auslegung nicht mit
den Umkehrenden, sondern thematisiert die Vielen, die verloren gehen.

---

[152] Siehe oben Seiten 210–212. Bei Blenkinsopp, *Sealed Book*, 114–116 wird die Differenz der beiden Auslegungen von Jes 11,22 leider nicht erwähnt.
[153] Vgl. Wildberger, *Jesaja 1–12*, 415.

Übersetzung und Interpretation von II,10–20

10 ...] VACAT (10,24) *daher s[o sprich]t der He[rr JHWH der*
11 *Heerscharen: Fürchte dich nicht, mein Volk, das wohn]t in Zio[n, vor Assur, das dich mit*
   dem Sta]be [schlagen wird und seinen Stock erhebt
12 *gegen dich nach der Art Ägyptens, (25) denn] nur noch ein klein weni[g und erfüllt ist das*
   Strafgericht und mein Zorn <gilt>
13 *ihrer Vernichtung.] (26) Und es wird schwing[en JHWH der Heerscharen gegen ihn eine Peit-*
   sche wie damals, als er Midian schlug beim Felsen des
14 *Ra]ben und [seinen] Sto[ck über dem Meer wird er erheben, nach der Art Ägyptens wird es*
   sein an jenem Tag.]
15 *(27) Weichen wird [seine] La[st von deiner Schulter und sein Joch von deinem Hals und ver-*
   nichtet wird das Joch vor dem Fett.]
16 [VACAT]
17 ...] ... [
18 ...] *beim Umkehren aus der Wüste der* [Völk]er [...] ..[.
19 ... *der Stab, er ist]* der Fürst der Gemeinde, *und ein anderer wird von ihn[en]*
   weg[ge]hen ...
20 VACAT

Der bei der Auslegung von Jes 10,24–27 in den Zeilen 18f zu findende Begriff מדבר העמים (Wüste der Völker) ist eine Anspielung auf Ez 20,35, die sehr wahrscheinlich die innerjüdische Trennung thematisiert. Dabei spielte offenbar der Fürst der Gemeinde eine wichtige Rolle. Aus den erkennbaren Teilen lässt sich erschliessen, dass das Wort «Stab» (שבט), das in Vers 24 vorkommt, in Zeile 19 als «Fürst der Gemeinde» gedeutet wurde. Die Deutung würde in diesem Fall auch nahe liegen, da שבט «Führerstab» bedeutet und ein Herrschaftssymbol darstellt.[154] Zugleich spielte für die Deutung wie dargestellt der Kontext der vorangehenden Anspielung auf Ez sicher eine Rolle, da in Ez 20,35–38 von einer innerisraelitischen Trennung mittels eines Führerstabs die Rede ist.

Die Verfasser bezogen Ez 20,35–38 offenbar auf die Geschichte ihrer eigenen Gemeinschaft. Die Worte Ezechiels, dass diejenigen, die in den Bund eintreten, unter dem Stab hindurchziehen, diejenigen, die sich auflehnen, aber ausgesondert werden, erfüllte sich ihrer Meinung nach in der Person des Fürsten der Gemeinde. Diejenigen, die seinem Ruf folgen, sind diejenigen, die nach dem Wort Ezechiels in den Bund eintreten. Diejenigen die es nicht tun, werden mit denjenigen, die sich nach dem Wort Ezechiels auflehnen, gleichgesetzt. Die Deutung des Stabs auf den Fürst der Ge-

---

[154] Die Interpretation des «Stabs» als *Fürst der Gemeinde* ist dann allerdings die gleiche, wie diejenige für das Wort «Zepter» aus Num 24,17 in CD VII,20, umgekehrt wird der «Stab» aus Num 21,18 in CD VI,7 als *Erforscher des Gesetztes* gedeutet. Es jedoch nicht vorauszusetzen, dass die Verfassenden dieses Peschers und diejenigen von D für bestimmte Begriffe feste Bedeutungen hatten, so dass das Wort «Stab» (gleich in welchem Kontext es vorkam) immer gleich gedeutet würde. Die Gemeinsamkeiten dieser drei Deutungen ist vielmehr in der Bedeutung von Stab und Zepter als Herrschaftssymbole zu sehen. Als solche werden sie in den drei genannten Deutungen jeweils auf eine in der eigenen Gemeinschaft hochstehende Person bezogen.

meinde wird demnach inhaltlich damit zusammenhängen, dass sich an seiner Person die innerjüdische Trennung zwischen Mitgliedern der Gemeinschaft der Verfasser und dem übrigen Volk vollzog. Mit der Thematik der zitierten Jesaja-Stelle hat die Auslegung wenig zu tun. Leitend für diese Auslegung war vielmehr der Text Ez 20,35–38, dessen Gemeinsamkeit mit der Jesaja-Stelle in einer Anspielung auf Ägypten bzw. den Exodus besteht.

Übersetzung und Interpretation von II,21–29

21 ... *(28) Er] kam gegen Ajjat, hat [Migron durch]zogen; nach Michm[as*
22 *befiehlt er seine Waffen. (29) Durch den Engpass sind sie] gezogen, Geba ist ein Nachtquartier für sie. Es zitt[ert Ramah, das Gibea*
23 *Sauls ist geflohen. (30) Schrei] laut, Tochter Gallim. Gib acht, [Laischa! Antworte ihr, oh Anatot!*
24 *Geflüchtet ist] Madmena. Die [Ein]wohner von Gebim haben sich in Sicherheit gebracht. (32) Noch [am selben Tag steht er in Nob.*
25 *Er wird schwingen] seine Hand gegen den Berg der Tochter Zion, gegen den Hügel Jerusalems.*
26 *...] Botschaft für die letzten Tage, zu kommen ..[.*
27 *... zitt]ert bei seinem Aufsteigen aus dem Tal von Akko, um gegen Phili[stäa] zu kämpfen [...*
28 *.].. und keiner ist wie er, von allen Städten der [...*
29 *bis zu den Grenzen Jerusalems [...*

Die Zeilen 26–29, die Auslegung des in den Zeilen 21–25 gebotenen Zitates von Jes 10,28–32, sind von grösserem Interesse für die historische Profilierung des Peschers. Dieses Zitat wird in der Zeile 26 auf die letzten Tage bezogen. In Zeile 27 wird offenbar das Zittern von Rama (Jes 10,22) aufgenommen. Da es im zitierten Text um den Anmarsch der Assyrer geht, ist anzunehmen, dass in der Auslegung ebenfalls vom Anmarsch eines Gegners, nämlich der *Kittim*, die Rede ist.[155] In der Aussage «... zittert bei seinem Aufsteigen aus dem Tal von Akko, um gegen Philistäa zu kämpfen ...» wird eine Anspielung auf das militärische Vorrücken eines zeitgenössischen Gegners Israels bzw. der Verfasser gesehen. Da die Auslegung in Zeile 26 explizit als eschatologisch verstanden wird, ist jedoch eher anzunehmen, dass frühere oder zeitgenössische Feldzüge gegnerischer Heere hier lediglich als Modell erscheinen, um den endzeitlichen Kampf zu beschreiben. Der hinaufziehende Gegner lässt sich jedenfalls nicht mit Sicherheit historisch identifizieren. In der Qumranforschung existieren denn auch verschiedene Vorschläge, wer damit gemeint sein könnte.[156] Die

---

[155] Mit Zimmermann, *Messianische Texte*, 67. Anders Blenkinsopp, *Sealed Book*, 118.

[156] Vgl. Horgan, *Pesharim*, 81. Gegen ebd. muss das Wort «Kittim» (III,7) nicht unbedingt auf die Römer hindeuten, sondern könnte auch für die Griechen stehen. Denkbar wäre ein Bezug auf Ptolemaios IX. (Lathyros); vgl. Charlesworth, *Pesharim and Qumran History*, 110f. Unter Abwägung der verschiedenen Möglichkeiten votierte bereits Amusin, *Historical Events*, 127–132, für den Feldzug Ptolemaios IX. von Akko nach Judäa 103 v. Chr. Gegen diesen spezifisch historischen Bezug vgl. die eschatologische Interpretation bei Zimmermann, *Messianische Texte*, 67 (besonders Anm. 73).

erhaltene Auslegung ist zu fragmentarisch, um weitergehende Aussagen zu machen. Bedeutungsvoll sind jedoch die Unvergleichlichkeitsaussage in Zeile 28, «... und keiner ist wie er, von allen Städten der ...», sowie die Aussage in Zeile 29, «bis zu den Grenzen Jerusalems ...». Sie lassen erkennen, dass der beschriebene Gegner als mächtig und bedrohlich empfunden wurde. Umso grösser wird im Folgenden nun *der* erscheinen, welcher diesen Gegner, d. h. die *Kittim*, überwindet.

Frg. 7

Die genaue Lage dieses Fragments lässt sich nicht mehr ermitteln. Während in Zeile 1 nur die Buchstaben ‏בֿרי ל‎[zu lesen sind, ist in Zeile 2 das Wort ‏י﬏שﬤﬥ﬏ﬠﬤ‎ zu rekonstruieren und mit Jes 10,33 zusammenzubringen. Da aufgrund der in Zeile 1 lesbaren Buchstaben ein Zitat des ganzen Verses nicht in Frage kommt, ist an eine sekundäre Aufnahme oder an eine Verwendung des Wortes in der Auslegung zu denken. Der Sinn der Auslegung dieses Verses muss jedoch als verloren betrachtet werden.[157]

Frg. 8–10 als Textzeugen von Kol. III

Die Fragmente bilden nach Horgan Kol. III, wobei Frg. 10 den unteren Rand der Kolumne bezeugt. Um wieder auf 29 Zeilen zu kommen, rekonstruiert Horgan oberhalb der ersten Zeile von Frg. 8 daher vier zusätzliche Zeilen.[158] In Zeile 5 lässt sich kaum mehr als ein ‏ﬨ‎ aus den Buchstabenresten entziffern. Das teilweise rekonstruierte Zitat von Jes 10,34 in Zeile 6f wird von Horgan als Wiederaufnahme klassifiziert. Dies wohl deswegen, da nach dem Zitat weder ein Signalwort folgt, welches in die Kommentierung überleitet, noch mit einem Spatium signalisiert ist, dass nun die Kommentierung beginnt. Da sich in diesem Pescher vielfach entweder eine Einleitungsformel, ein Spatium oder gar eine Leerzeile zwischen Zitat und Kommentierung findet, wäre eines dieser beiden Gliederungsmerkmale auch hier zu erwarten. Somit kann ihr Fehlen darauf hindeuten, dass das Zitat in Zeile 6 (wie von Horgan vorgeschlagen) eine *Wiederaufnahme aus einem vorangehenden Zitat* darstellt, da sich in diesem Pescher bei solchen die jeweilige Kommentierung eher unmittelbar anschliesst. Aus derselben Überlegung lassen sich auch die Rezeptionen von 10,33bα in Zeile 9, 10,34a in Zeile 10 und 10,34b in den Zeilen 11f als Wiederaufnahmen charakterisieren. Demnach ist vorauszusetzen, dass den Zeilen 5–13, in denen die genannten Teile aus Jes 10,33bα–34 wiederaufgenommen werden, ein Zitat voranging, das mindestens Jes 10,33bα–34 umfasste. Da vorangehend in Kol. II Jes 10,28–32 zitiert und ausgelegt wurde, kann unter Annahme einer fortlaufenden Kommentierung ein vorangehendes Zitat von Jes 10,33f angenommen werden. Für Zeile 4 rekonstruiert Horgan (wohl aus der genannten üblichen Darstellung in diesem Pescher) eine Leerzeile. Die Gliederung Zitat – Leerzeile zeigt sich auch in dem folgenden Zitat von Jes 11,1–5 in den Zeilen 15–20, dem sowohl eine Leerzeile vorangeht (Zeile 14) als auch eine solche folgt (Zeile 21). Dieses Zitat wird in den Zeilen 22–29 ausgelegt mit einer Wiederaufnahme von Vers 3b in den Zeilen 26f. Ob das Zitat von Jes 10,33f tatsächlich mit Horgan in den Zeilen 1–3 oder weiter vorne im Pescher zu rekonstruieren ist, kann zwar nicht mit Sicherheit entschieden werden. Auch die nachfolgende Leerzeile ist bloss eine Annahme. Da aber das Zitat vor Zeile 5

---

[157] Mit Horgan, *Pesharim*, 82, und Zimmermann, *Messianische Texte*, 66; anders Allegro, *Qumrân Cave 4*, 13.

[158] Vgl. die detaillierte Begründung bei Horgan, *Pesharim*, 73.

zu erwarten ist und da die Gliederung mit Leerzeilen nach dem Zitat in diesem Pescher mehrfach zu finden ist, wird Horgans Rekonstruktion und ihre Zeilenzählung hier übernommen.[159]

Die Rekonstruktion der Auslegung in den Zeilen 7f, welche der Wiederaufnahme von Jes 10,34 in den Zeilen 6f folgt, ist inhaltlich umstritten. Allegro rekonstruiert Zeile 7 (bei ihm Zeile 3) zu פשרו על הכתיאים אשר] ויכתון[בית ישראל («Seine Deutung geht über die] Kittim, welch[e] in Stücke schlag[en] werden das Haus Israel»). Horgan dagegen rekonstruiert die Zeile als המה הכתיאים אשר] יפולו[ביד ישראל («Dies sind die] Kittim, di[e] fall[en] werden durch die Hand Israels»). Die Frage, ob die Auslegung ursprünglich einmal mit פשרו על (so Allegro) oder mit המה (so Horgan) eingeleitet wurde, ist schwierig zu entscheiden, da nach Wiederaufnahmen von Zitaten in diesem Pescher sowohl die Weiterführung mit המה (so in Zeile 9) als auch die Überleitung mit פשרו (so Zeile 27) beobachtet werden kann. Die Auslegungen in den Zeilen 9f sind die einzigen, bei denen die sich an die Wiederaufnahme anschliessende Überleitung noch erhalten ist. Da in diesen Zeilen die Auslegung jeweils mit המה anschliesst, ist die Rekonstruktion dieses Wort in Zeile 6 gegenüber פשרו vorzuziehen. Leichter zu entscheiden ist die Frage, ob die umstrittenen Buchstabenreste mit Allegro zum Verb כתת oder mit Horgan zum Verb נפל zu rekonstruieren sind. Zum einen ist die Lesung von Allegro (בית ויכתון) als problematisch zu beurteilen.[160] Zum anderen sprechen inhaltliche Gründe für den Gebrauch des Verbs נפל. Da im Zitat vom Fall des Libanons durch einen Starken (das ב in באדיר wird instrumental verstanden) das Verb נפל vorkommt, ist mit Horgan anzunehmen, dass dieses Verb in der Auslegung aufgenommen wurde. Bei den dieser Rekonstruktion folgenden Buchstabenresten ist ebenfalls mit Horgan ביד zu rekonstruieren, so dass die Aussage entsteht, die Kittim durch die Hand Israels fallen werden (יפולו ביד ישראל). Damit passt die Auslegung auch zu derjenigen in Zeile 12, in welcher von den Kittim ausgesagt wird, dass sie in die Hand (ביד) seines Grossen (womöglich ist der Gott Israels damit gemeint) gegeben werden. Für die Rekonstruktion der umstrittenen Buchstabenreste in Zeile 7 ist die Lesung ביד יפולו somit plausibler. Die Auslegung in Zeile 7 ist also so zu interpretieren, dass von den «Kittim» ausgesagt wurde, dass diese durch die Hand Israels fallen werden.

Die Wiederaufnahme von Jes 10,34 und seine Auslegung sind daher wie in PTSDSSP zu rekonstruieren:

6   וינקפו ס[ובכין היער]בברזל ולבנון באדיר
7   [יפול המה הכתיאים אשר] יפולו[ביד ישראל וענוי
8   [...]כול הגואים וגבן]ורים יחתו ונמס ל[בם]

Die Rekonstruktion von PTSDSSP kann für die Zeilen 9–13 vollständig übernommen werden. Sie ist dem Rekonstruktionsversuch von Allegro vorzuziehen, welcher vor den nicht erhaltenen Teilen in den Zeilen 10 und 12 (nach Allegros Zählung 6 und 8) je eine Einleitungsformel rekonstruiert. Die von ihm vorgeschlagenen Formeln ואשר אמר und פשרו על finden sich zwar vielfach in den Pescharim und sind daher denkbar. Da sich in den Pescharim aber kein standardisierter Gebrauch von Einleitungsformeln feststellen lässt, lassen sich seine Rekonstruktionen nicht erhärten.[161] Wie die bisherige Untersuchung zeigt, finden sich in den Pescharim auch Belege mit anderen Formeln wie

---

[159] Zur Rekonstruktion in den Zeilen 1–29 vgl. Horgan, *Pesharim*, 82–86. Die nachfolgende Argumentation zu diesen Zeilen bezieht sich darauf sowie auf Allegro, *Qumrân Cave 4*, 13–15. Für PTSDSSP: siehe Charlesworth, *Pesharim*, 92–97.

[160] Mit Zimmermann, *Messianische Texte*, 64.

[161] Siehe Brooke, *Isaiah in the Pesharim*, 621.

כאשר אמר und פשר הדבר und פשרו. Für Zeile 12 ist aus inhaltlichen Gründen wie in
Zeile 7 das Wort המה als Überleitung zu erwarten. Bei Zeile 13 beruht die Rekonstruktion von PTSDSSP auf dem Vorschlag von Strugnell, der die von den Buchstaben noch
lesbaren Spuren besser berücksichtigt.[162] Mit PTSDSSP ist daher zu rekonstruieren:
מ] [ ] ים בברחו מלפנ]י יש]ראל [(«... wenn es vor dem Angesicht Israels flieht ...»). Da
vorangehend davon die Rede war, dass die Kittim durch die Hand Israels fallen würden, ist die Rekonstruktion als eine Flucht vor Israel auch inhaltlich sehr plausibel. Der
Vorschlag Strugnells ist daher demjenigen von Allegro vorzuziehen.

Die wenigen erhaltenen Worte von Jes 11,1–5 in den Zeilen 15–20 stimmen mit dem
MT überein. Nach Zitat und Leerzeile ist bei der Auslegung in Zeile 22 nicht nur wie in
PTSDSSP דויד העומד באח]רית הימים zu lesen, sondern vor דויד (wie bei Allegro und
Horgan vorgeschlagen) צמח anzunehmen[163] und wie folgt zu übersetzen: «... der Spross]
Davids. Er wird aufstehen in den letzten Tagen.» Der messianische Terminus צמח דויד
ist aus 4QPatr. II,4 und 4QFlor Frg. 1–2.21,I,11 bekannt. Ebenfalls als Spross Davids
wird der Reis Isais in 4Q285 Frg. 5 in einer einem expliziten Zitat von Jes 10,34–11,1
folgenden Auslegung verstanden.[164] Die Überleitung zwischen Zitat und Kommentar ist
nicht mehr zu erkennen und kann auch nicht mit genügender Sicherheit rekonstruiert
werden. Zeile 23 ist nicht als או]יבו ואל יסומכנו בן... הן]תורה (mit unsicherem ת) zu
rekonstruieren wie von Allegro vorgeschlagen (bei Allegro Zeile 18). Der erhaltene
Buchstabenrest des letzten Wortes gehört eher zu einem ב.
    Die in PTSDSSP zu findende Rekonstruktion wurde ursprünglich von Skehan vor-
geschlagen und von Horgan übernommen: או]יבו ואל יסומכנו ב]רוח ג]בורה] («seine
[Fein]de. Und Gott wird ihn unterstützen mit einem [m]ächtigen [Geist]»). Dieser Vorschlag ist in der Forschung breit akzeptiert.[165] Auch inhaltlich ist dieser Vorschlag passend, da der auszulegende Text ebenfalls von der Unterstützung durch den Geist handelt. Die Zeilen 24f sind mit PTSDSSP zu rekonstruieren.[166] Bezüglich der Rekonstruktion der Zeilen 26.28f stimmt PTSDSSP gar mit Allegro überein. Die von Horgan bei
den Zeilen 23–25 jeweils zusätzlich vorangehend rekonstruierten Worte (in PTSDSSP
nur noch als Rekonstruktions-*Möglichkeit* angegeben), lassen sich nicht erhärten. Am
Ende von Zeile 26 wird Jes 11,3b aufgenommen, weshalb sich die ersten Worte von
Zeile 27 mit guter Sicherheit wie von Horgan vorgeschlagen ergänzen lassen. Die Rekonstruktion אשר פשרו יוכיח אוזניו למשמע ולוא] למראה עיניו ישפוט wurde auch in
PTSDSSP übernommen.

Übersetzung und Interpretation von Kol. III

Die direkt folgende Auslegung zu dem in den Zeilen 1–3 anzunehmenden
Zitat von Jes 10,33f ist nicht mehr erhalten. Da anzunehmen ist, dass dem
Zitat zuerst eine Leerzeile folgte, war die Auslegung zu den Versen bloss

---

[162] Siehe Strugnell, *Notes*, 185 (dort als Zeile 9 gezählt).

[163] Vgl. auch Zimmermann, *Messianische Texte*, 65. Die Annahme eines Nomen regens
vor דויד ist zwingend, da ein David redivivus in Qumran unbekannt ist; vgl. Flint,
Art. *«David»* . Ebenfalls als Spross Davids wird der Reis Isais in 4Q285 verstanden
(siehe im Folgenden die Behandlung z. St.).

[164] Vgl. die Behandlung des Fragmentes im Folgenden.

[165] Vgl. Zimmermann, *Messianische Texte*, 65. Weitere Literaturangaben finden sich ebd.

[166] Zu den Argumenten gegen die Rekonstruktion Allegros, die sich gegenüber
PTSDSSP nur bezüglich zweier Buchstaben unterscheidet, vgl. Horgan, *Pesharim*, 86.

eine Zeile lang. Gleich danach wird in Zeile 6 Vers 34 aus dem Zitat wiederaufgenommen und in den nachfolgenden zwei Versen ausgelegt:

> 6 *(34) Und es werden abgehauen die Ge]strüppe [des Waldes] mit dem Eisen, und der Libanon wird durch einen Starken*
> 7 *[fallen.* Dies sind die] Kittim, di[e] fall[en] werden durch die Hand Israels. Und die Armen der [...
> 8 ...] alle Nationen und die Mächtigen werden schreckerfüllt sein und zerfliessen wird ihr He[rz.

Das schwer zu deutende Bildwort Jes 10,33f wurde offenbar als Gericht Jhwhs gegen den dort anrückenden Gegner, nämlich das in Vers 5 genannte Assur verstanden.[167] Vers 34 wird in dieser Auslegung auf die Zeit der Verfasser bezogen und als (wohl unmittelbar bevorstehende) Prophetie verstanden, welche die Kittim (d. h. die Römer oder die Griechen) betrifft.[168] Diese sind nach der Meinung der Verfasser mit dem Wort «Libanon» gemeint. Die Gerichtsworte gegen den damaligen Gegner Israels, Assur, werden aktualisiert als prophetische Drohung gegen die zeitgenössischen Gegner der Verfasser interpretiert. Eine solch aktualisierende Interpretation des militärischen Gegners Israels findet sich bereits in der LXX. Statt Assur sind es in Jes 10,5 LXX «die Assyrischen», wobei aus den in Vers 9 genannten Eroberungen hervorgeht, dass damit die Seleukiden unter Antiochus III. (223–187 v. Chr.) gemeint sind.[169] Dieselbe Aktualisierung des Assyrerkönigs auf Antiochus III. ist (wie bereits gezeigt wurde) auch für die Auslegung von Jes 10,12f in 4QpJesᶜ Frg. 6–7,II,4–7 anzunehmen.[170]

Die vorliegende Auslegung von Jes 10,34 in Zeile 7 bezieht sich dagegen nicht auf einen Kampf in der unmittelbaren Vergangenheit, sondern auf die in der unmittelbaren Zukunft erwartete endzeitliche Schlacht, in welcher der jetzige Gegner Israels (wahrscheinlich die Seleukiden) endgültig besiegt werden wird. Der «Starke» (אדיר), durch den in Vers 34 der (in den Zeilen 8 und 12 jeweils als die Kittim verstandene) Libanon fallen wird, wurde kaum auf Israel gedeutet. Die Auslegung von Vers 34b in Zeile 12 weist vielmehr darauf hin, dass unter dem Begriff אדיר eine göttliche Figur subsumiert wurde. Die Bemerkung in Zeile 7, dass die Kittim durch die Hand Israels fallen werden, lässt eher darauf schliessen, dass Israel hier das Instrument ist, mit dem das Gericht vollzogen wird. Vers 34b, ולבנון באדיר [יפול, wurde demnach offenbar auf den eschatologischen Sieg einer göttlichen Figur über die Kittim gedeutet. In Zeile 8

---

[167] So Beuken, *Jesaja 1–12*, 296f. Anders siehe die dortige Literatur sowie Wildberger, *Jesaja 1–12*, 423–435. Dass die oben genannte Interpretation auch schon vor Beuken, in der moderneren Exegese viel vertreten wurde, zeigt die ebd. genannte Literatur.

[168] Zu Kittim vgl. Collins, *The Scepter and the Star*, 56.

[169] Vgl. Kooij, *Textzeugen des Jesajabuches*, 35–38.

[170] Siehe oben Seiten 210–212.

wird der Untergang der Kittim mit biblischen Bildern noch weiter ausgemalt. Darauf folgt die Wiederaufnahme von 10,33bα mit anschliessender
Auslegung, in welcher die Höhen der Hügel, welche in Stücke gehauen
werden, auf die Mächtigen der Kittim (wahrscheinlich sind die Heerführer
damit gemeint) gedeutet werden:

> 9 (Jes 10,33bα) *[Und die Höhen] der Hügel sind in Stücke geschlagen.* Diese sind die
> Mächtigen der Kittim.

Unklar bleibt, worauf die Verfasser das Gestrüpp des Waldes deuteten,
welches mit dem Eisen abgehauen wird, da die der Wiederaufnahme von
Vers 34a folgende Auslegung nicht vollständig erhalten ist. Erkennbar ist,
dass es um den Krieg der Kittim ging. Besser bezeugt ist die daran anschliessende Auslegung der nachfolgenden Wiederaufnahme von Vers 34b.

> 10 ..]. (34a) *Und es werden abgehauen die Gestrüppe [des] Waldes mit dem Eisen.* D[ies sind
> ...
> 11 ..]. für den Krieg der Kittim. [ ] (34b) *Und der Libanon wird durch einen Star[ken*
> 12 *fallen.* Dies sind die] Kittim, welche in die Hand seines Grossen gegeb[en] wer-
> den. [...
> 13 ..]. wenn er flieht vor dem Ange[sicht Is]raels ..]. [...

Bei Vers 34b wird der *Libanon* wieder als die Kittim gedeutet. Im Gegensatz zur Auslegung in Zeile 7 fallen sie nicht durch die Hand Israels, sondern werden in Zeile 12 in die Hand «seines Grossen» (גדולו) gegeben.
Dieser Ausdruck dürfte die Deutung des «*Starken*» (באדיר) durch den sie
fallen werden, sein. Mit dem Ausdruck ist entweder Gott oder eine göttliche Figur gemeint. Das Auftreten des Messias in der folgenden Auslegung
zu Jes 11,1–5 spricht für eine Deutung des Begriffes אדיר auf den Messias.
Obwohl die Kittim hier von einer göttlichen Figur bekämpft werden, ist
anzunehmen, dass auch Israel in dieser Auslegung in den Kampf involviert
ist, da es sehr wahrscheinlich die Kittim sind, die in Zeile 13 vor den Israeliten fliehen.

Nach einer Leerzeile folgt in den Zeilen 15–20 ein Zitat von Jes 11,1–5.
Mit Hilfe der Leerzeile werden die Lesenden somit zurück auf den Bibeltext verwiesen. Das Zitat schliesst sich nicht an den letzten Kommentar an,
sondern an die gesamten in Vers 33f beschriebenen und in der Auslegung
gedeuteten Ereignisse. Nach einer weiteren Leerzeile findet sich folgende,
sehr interessante Auslegung in den Zeilen 22ff:

> 22 ... der Spross] Davids. Er wird aufstehen in den letz[ten Tagen ...
> 23 ...] seine [Fei]nde. Und Gott wird ihn unterstützen mit einem [m]ächtigen
> [Geist] [...
> 24 ... einen Thr]on der Ehre, eine Krone der Heil[igkeit] und Kleider der Buntwir-
> ker[ei ...
> 25 ...] in seiner Hand. Und alle Na[tion]en wird er beherrschen und Magog ...
> 26 [... al]le Völker wird richten sein Schwert. Und wenn es heisst: (Jes 11,3b) *Und
> nicht*
> 27 *[nach dem, was seine Augen sehen, wird er richten] und nicht nach dem, was seine Ohren
> hören, wird er entscheiden,* so ist seine Deutung, dass ...

28 [...] Und so wie sie ihn lehren, so wird er richten und nach ihrem Befehl ...

29 [...] mit ihm wird ausgehen einer der Priester des Namens. Und in seiner Hand
die Kleider von

Der Reis Isais wird in dieser Auslegung auf den messianischen Terminus
צמח דויד bezogen. Mit der Deutung als Spross Davids bleibt die Auslegung recht nahe am pflanzlichen Bild des ausgelegten Textes. Dennoch
wird die Deutung der Stelle auf den Spross Davids der Intention des prophetischen Textes nicht gerecht. Auf das Bild vom Baumstumpf und auf
den Namen Isai wird nicht eingegangen. Stattdessen wird in der Auslegung
vom Spross Davids gesprochen.[171] In Jes 11 geht es aber eben gerade
darum, das Heil nicht mehr von den Davididen zu erwarten. Nach Vers 1
wird der in diesem Kapitel vorgestellte, erhoffte zukünftige Retter nicht
von David, sondern von dessen Vater abstammen.[172] Als Ideal wird nicht
ein Nachkomme von David, sondern einer *wie* David postuliert.[173] Der
Begriff Messias wird dabei nicht gebraucht. Die Auslegung in diesem
Pescher dagegen zeichnet ein anderes Bild der erwarteten Heilsfigur. Aus
der Deutung auf die letzten Tage wird erkennbar, dass die Verfasser dieser
Auslegung den Text als Verheissung über den endzeitlich erwarteten
Messias verstanden haben.[174] Nach ihrer Auffassung ist der Messias Davidide, wobei der Ausdruck צמח דויד selbst aus Jer 23,5 und 33,15 stammen
dürfte: «In jenen Tagen werde ich für David einen gerechten Spross aufspriessen lassen. Er wird für Recht und Gerechtigkeit sorgen.»[175] Dieser
Ausdruck wird in den Qumranschriften offenbar als feststehende Bezeichnung für den Messias gebraucht.[176] Die vorliegende Deutung der Stelle auf
den Spross Davids entspringt demnach mehr der Glaubensüberzeugung
der Verfasser als der «exegetischen» Betrachtung des Textes.

Näher an der Intention des Textes liegt die Interpretation von der
Geistgabe (Vers 2) in Zeile 23 als Unterstützung. Im Jesaja-Text ermöglicht
die von Jhwh gewährte Geistbegabung dem Reis, sein Amt nach dem
Willen Jhwhs auszuüben, Recht zu sprechen, die Frevler zu bestrafen und
eine friedvolle Ordnung zu schaffen.[177] Die in Zeile 24 genannten Herr-
schaftsinsignien (Thron, Krone, Kleider) haben keinen Anhalt am Text. Es

---

[171] Ein vergleichbares Phänomen ist die Bezeichnung ἡ ῥίζα Δαυίδ in Apk 5,5 als
Auslegung von Jes 11,10 (11,1) LXX ἡ ῥίζα τοῦ Ιεσσαι. Vgl. dazu Mathewson, *Isaiah
in Rev*, 191f.

[172] Mit Wildberger, *Jesaja 1–12*, 446f. Anders Beuken, *Jesaja 1–12*, 307. Er betont ebd.,
dass der Baum ein königliches Motiv darstellt. Die Rede vom Baumstumpf im-
pliziert m. E. aber gerade das Ende der Davididen.

[173] Mit *Schmid, Jesaja*, z. St., wird der kommende Herrscher als Nachkomme von Davids
Vater bezeichnet und damit David gleichgestellt.

[174] Mit García Martínez, *Messianische Erwartungen*, 178, und Zimmermann, *Messianische
Texte*, 68.

[175] Vgl. García Martínez, *Messianische Erwartungen*, 176. Übersetzung siehe ebd.

[176] Vgl. den Terminus in 4QPatr 3f, 4QFlor I,11 und 4Q285, Frg. 7.

[177] Vgl. Beuken, *Jesaja 1–12*, 307–312.

dürfte sich ebenfalls um eine Vorstellung handeln, welche die Verfasser fest mit dem Messias verbanden.[178]

Nach Zeile 25 wird die messianische Figur alle Nationen beherrschen. Gegenüber dem zitierten Text, der eigentlich nur von einem Richten in und für Israel handelt, wird die Herrschaft ausgeweitet. Dies dürfte einerseits wiederum mit der messianischen Konzeption der Verfasser zu tun haben, andererseits ist ein universaler Bezug der prophetischen Verheissung im später hinzugefügten Vers 10 schon angelegt:[179] *Und an jenem Tag wird es geschehen: Der Wurzelspross Isais, der aufsteht als Feldzeichen der Völker, nach ihm werden die Nationen fragen; und seine Ruhestätte wird Herrlichkeit sein.* Bereits die LXX deutet das Feldzeichen der Völker (לנס עמים) in diesem Vers zu einer *Herrschaft über* die Völker: Καὶ ἔσται ἐν τῇ ἡμέρᾳ ἐκείνῃ ἡ ῥίζα τοῦ Ιεσσαι καὶ ὁ ἀνιστάμενος ἄρχειν ἐθνῶν ἐπ᾽ αὐτῷ ἔθνη ἐλπιοῦσιν, καὶ ἔσται ἡ ἀνάπαυσις αὐτοῦ τιμή. Es ist gut denkbar, dass die Verfasser dieser Auslegung das sich erhebende Feldzeichen des Wurzelsprosses Isais ebenfalls symbolisch als Antritt seiner Herrschaft verstanden. Neben dieser Ausdehnung seiner Macht zu einer Herrschaft über die Völker in Zeile 25 findet sich in Zeile 26 noch eine gewichtige Akzentverschiebung. Zwar soll auch die als Reis Isais bezeichnete Figur der zitierten Prophetie für Recht und Gerechtigkeit sorgen und dafür auch Machtmittel einsetzen (Vers 4) – doch seine «Waffe» ist das *Wort*, nicht das *Schwert*, das die Auslegung in Zeile 26 dem Spross Davids in die Hand legt. Als Gegner, die der Messias bekämpfen muss, sind hier wahrscheinlich die vorher in der Auslegung zu Jes 10,33f erwähnten Kittim zu sehen. Wie in der Hebräischen Bibel, so sind auch im vorliegenden Pescher die Ereignisse in Jes 10,33f mit 11,1ff eng verbunden, da 11,1 mit ו-Perfekt direkt an die vorangehenden Ereignisse anschliesst.[180]

Die der Wiederaufnahme von Jes 11,3b folgende Auslegung ist eine positive Beschreibung dessen, was im zitierten Vers negativ bestimmt ist: «*27 Und nicht nach dem, was seine Augen sehen, wird er richten und nicht nach dem, was seine Ohren hören, wird er entscheiden. 28 ... Und so wie sie ihn lehren, so wird er richten und nach ihrem Befehl ...*» Die Auslegung in Zeile 28 unterstellt den Messias in seiner richterlichen Funktion unter Lehr- und Befehlsgewalt. Bei dem erhaltenen Text ist unklar, wer diejenigen sind, die in dieser Auslegung den Messias lehren zu richten und nach deren Befehl er entscheiden wird. In den lesbaren Teilen der Auslegung findet sich kein passendes Subjekt im Plural.[181] Für die Rekonstruktion des fraglichen

---

[178] Vgl. Zimmermann, *Messianische Texte*, 68. Zur Herleitung aus רקמה (Buntes/Buntgewirktes) vgl. ebd., 65.

[179] Siehe Beuken, *Jesaja 1–12*, 315–317. Vgl. auch die im Folgenden behandelte Auslegung von Jes 10,34–11,1 in 4Q285.

[180] Zum direkten Anschluss von Jes 11,1 an 10,34 vgl. Beuken, *Jesaja 1–12*, 303.

[181] Gegen Zimmermann, *Messianische Texte*, 69, können die Plurale nicht einfach auf die «Priester des Namens» bezogen werden. Im erhaltenen Text ist lediglich von *einem* (Sing.!) der Priester des Namens die Rede.

Subjekts ist zu berücksichtigen, dass der vorliegende Text eine Auslegung zu Jesaja 11,1–3 darstellt. Im prophetischen Text kann der messianische Herrscher aufgrund der durch die Geistesgabe verliehenen Weisheit und Erkenntnis richten und entscheiden.[182]

In der vorliegenden Auslegung ist der Bezug zu dem in Zeile 23 rekonstruierten mächtigen Geist aufgrund der Plurale יורוהו (ihn lehren) und פיהם (ihrem Befehl) in Zeile 28 grammatikalisch unmöglich, da dieser von den Platzverhältnissen her nur im Singular stehen kann; es sei denn man geht davon aus, dass nach בן רוח ג]בורה[in Zeile 23 noch von einem weiteren Subjekt bzw. weiteren Subjekten die Rede ist. Da in den Qumranschriften mehrmals im Plural von רוח gesprochen wird,[183] ist denkbar, die Verfasser hätten Jes 11,2 so verstanden, als ob von mehreren Geistern die Rede sei.[184] Vers 23 wäre dann etwa um den Begriff רוח דעת zu ergänzen. Der Begriff רוח דעת findet sich sowohl im zitierten Text (Vers 2) als auch in 1QS IV,4. In der Anspielung auf Jes 11,2 in 1QSb V,24f findet sich die Bezeichnung erweitert zu רוח דעת ויראת אל als Apposition zu רוח עצ]ה וגבורת עולם (siehe unten). Gar mehrere Geister des Wissens (רוחות דעת) kennt 1QH XI,22f.[185] Zu unterscheiden davon ist die sich ebenfalls in den Qumrantexten findende Zwei-Geister-Lehre, die einen Geist der Wahrheit und einen Geist des Frevels unterscheidet; vgl. 1QS III,18, IV,21.23. Da in der folgenden Zeile davon die Rede ist, dass einer der «Priester des Namens» mit ihm hinausgeht, könnte man auch annehmen, dass sich der Plural auf Priester bezog, welche den Messias lehren und ihm befehlen.[186] Die Annahme einer Leitung durch die Priester ist weniger plausibel als die dargestellte Vorstellung einer Direktive durch himmlische Wesen, da letzteres einerseits näher am Konzept des ausgelegten Textes liegt und sich andererseits auch sonst in den Qumranschriften findet.

---

[182] Mit Wildberger, *Jesaja 1–12*, 452; vgl. auch Beuken, *Jesaja 1–12*, 308–311.

[183] Eindeutig mehrere gute Geister finden sich z. B. in 1QM XII,9 (צבא רוחי), XIII,10 (רוחי אמת) sowie in 1QH XVI,12. Von den Geistern, die Gott dem Beter gegeben hat, spricht etwa 1QH IV,17. In 1QH IX,10f dagegen steht רוחות für die Winde als Boten Gottes und in 1QS II,20 meint רוחותם die Geister der Menschen.

[184] Ein ähnliches Phänomen ist die altkirchliche Exegese des Spiritus septiformis (vgl. auch Apk 1,4, 3,1, 4,5, 5,6). Die Siebenzahl beruht auf der LXX. Mit Blick auf Jes 11,2 betonte Origenes die zusätzliche Gabe des Geistes der Weisheit für Jesus gegenüber Mose, Josua und den Propheten, die lediglich mit dem Geist Gottes ausgerüstet gewesen waren. Vgl. dazu Beuken, ‹Messianic Character›, 355.

[185] Christliches bzw. jüdisches Verständnis des Geistes ist somit nicht einfach auf Qumran übertragbar. Die Funktion der in Qumran verschiedentlich genannten Geister entspricht eher der dortigen Funktion der Engel. Vgl. Mach, Art. «Angels», 25.

[186] So García Martínez, *Messianische Erwartungen*, 178. Als Argument nennt er die Unterordnung des Messias unter die Priester in 1QSa II,11–21. Diese bezieht sich aber auf das Eintreten in die Versammlung und auf die Ordnung zu Tische, nicht auf Lehre und Befehlsausgabe. Ebenfalls Fabry/Scholtissek, *Messias*, 48, Dort wird allerdings konstatiert, dass die Bindung des Messias an priesterliche Weisung überrascht.

Gegenüber Jes 11,1–5 nicht in dieser Auslegung in 4QpJes^a erwähnt sind die Gottesfurcht des erwarteten Herrschers und sein Einsatz für die Armen und Elenden sowie seine «Bekleidung» mit Gerechtigkeit und Treue (Vers 5). Ob diese beiden Themen entfallen oder ob sie nicht mehr erhalten sind, ist nicht feststellbar. Insgesamt zeichnet die vorliegende Auslegung ein weniger friedliches Bild als Jes 11; schon in der zweiten Zeile ist von Feinden die Rede. Zudem wird die Herrschaft des erwarteten Messias in bunten Farben ausgemalt und auf die Nationen ausgedehnt; selbst über den Erzfeind Magog wird er herrschen. Weniger friedlich ist auch die Aufgabe des Messias geworden; statt Recht zu sprechen, richtet er die Völker *durch das Schwert.* Zwar gehört neben Rechtsprechung auch das aktive Bewahren der Ordnung durchaus in das Aufgabengebiet eines altorientalischen Königs. Ein aktives Bemühen um Gerechtigkeit kann somit auch bei Jes 11 subsumiert werden. Doch die Verschiebung der Aufgabe aus dem Bereich der Recht*sprechung* in den Bereich des Kampfes ist bedeutungsvoll. Der Messias wird in dieser Auslegung nicht mehr als *Friedefürst,* sondern als *siegreicher Krieger* beschrieben. Anzunehmen ist, dass gegenüber Jes 11,1–5 auch der Bezug zur himmlischen Sphäre ausgebaut ist. Während in Jesaja von einer *einmaligen Geistesgabe* die Rede ist, welche dem angekündeten Herrscher die nötige Kompetenz zum Richten und zum Entscheiden verleiht, wurde in der Auslegung daraus die *direkte und ständige* Lehre sowie Befehlsausgabe durch himmlische Wesen.

7.6.2 Exkurs: Die Interpretation von Jes 11 in der Segensregel (1QSb) und im Buch des Krieges (4Q285)

1QSb V,24–26

Ebenfalls messianisch interpretiert wird Jes 11,1–5 in der Anspielung auf diesen Text in Kol. V der Segensregel:

> 24 Und [du wirst die Völker schlagen] mit der Kraft deines [Mundes], mit deinem Zepter wirst du die Erde verwüsten, und mit dem Hauch deiner Lippen
> 25 wirst du die Gott[losen] töten, [mit dem Geist des Ra]tes und ewiger Kraft, mit dem Geist der Erkenntnis und Furcht Gottes. Und es wird sein
> 26 Gerechtigkeit der Gürtel [deiner Lenden und Treue] der Gürtel deiner Hüften.

Die Worte sind, wie aus V,20 hervorgeht, an den Fürst der Gemeinde (נשיא העדה, dito in 4QpJes^a II,19) gerichtet. Der Fürst der Gemeinde wird in der Gemeinschaftsregel (1QSa) משיח ישראל genannt,[187] in 4Q285 Frg. 7 wird er (wie im Folgenden gezeigt wird) gar mit dem Spross Davids gleichgesetzt. Zwar wird der Figur in 1QSb nur die Herrschaft über das Volk (Israel) zugesprochen, trotzdem richtet sich ihre Gewalt wie in 4QpJes^a gegen die Völker und (zusätzlich gegenüber dem Jesaja-Pescher)

---

[187] Vgl. Schiffman, *Eschatological Community,* 75f. Übersetzung von 1QSb V,24–26, nach Lohse, *Texte aus Qumran,* vgl. ebd., 58f.

auch noch gegen die Erde und gegen die Gottlosen. In letzterer Aufgabe hat die Figur offenbar Unterstützung durch den Geist des Rates und der ewigen Kraft (רוח עצה וגבורת עולם) sowie durch den Geist der Erkenntnis und der Furcht Gottes (רוח VACAT דעת ויראת אל). Die zweite Erwähnung des Geistes steht als Apposition zur ersten. Die Näherbestimmungen dieses Geistes sind gegenüber 1QpJes^a erweitert und entsprechen denjenigen in Jes 11,2. Die Auslegung zeigt, dass auch in 1QSb der Aspekt des Krieges gegen die Völker sowie der himmlische Bezug durch den Geist zum Messiasbild gehören. Die Konzeption der Figur ist somit als praktisch identisch mit derjenigen in 4QpJes^a zu beschreiben.[188]

4Q285 Frg 7,1–6

Von besonderem Interesse für die Auslegung von Jes 11 in diesem Pescher ist das bereits genannte Frg. 7 von 4Q285, dem *Sefer ha Milchamah* (Buch des Krieges), das in der Forschung schon breiter diskutiert wurde.[189] Bei diesem Fragment folgt einer ausführlichen Einleitung mit Zitationsformel ein explizites Zitat aus Jes 10,34–11,1a.

Der Einleitung כאשר כתוב בספר [ישעיהו הנביא[190] in Zeile 1 folgt mit ונוקפ[ו das erste Wort des wörtlich mit dem MT übereinstimmenden Zitates Jes 10,34–11,1a. In Zeile 2 sind weitere fünf Wörter dieses Zitates erhalten. Das Zitat dürfte aber auch den grossen Teil der nachfolgenden Zeile abgedeckt haben. In Zeile 3 sind lediglich noch die Worte צמח דויד ונשפטו את erkennbar, die zu der dem Zitat folgenden Auslegung gehören. Offensichtlich bezieht sich das Wort «Spross Davids» wie in 4QpJes^a auf den Reis Isais aus 11,1a. Das anschliessende Wort ונשפטו wird wahrscheinlich aus den Aussagen in den Versen 11,3f in die Auslegung geflossen sein. Dort ist vom Richten (שפט) die Rede. In dieser Auslegung steht das Verb שפט allerdings im Niphal und bedeutet «rechten, mit jemandem ins Gericht gehen.»

Die Zeile 4 (והמיתו נשיא העדה צמ[ח דויד] [...]) handelt dann weiter von dieser Auseinandersetzung, in welcher der Fürst der Gemeinde, der Spross Davids, seinen Gegner tötet.[191] Das gleiche oder ein ähnliches Thema wurde offenbar auch in Zeile 6 behandelt. Aus den erhalten Resten ist noch erkennbar, dass die Kittim getötet werden. In Zeile 5 (וצוה כוהן) ist vom Befehl durch einen Priester die Rede. Die Annahme, dass dieser wie in 4QpJes^a ein כוהן השם ist und dass daher in Zeile 6, wie in DSSEL vorgeschlagen, das Wort השם zu rekonstruieren sei,[192] kann nicht erhärtet werden.

---

[188] Mit Maier, *Art. «Rule of Blessings»*, 792.

[189] Zählung nach Tov, *DSSEL*; vgl. ebd., z. St. Zur Forschungsgeschichte vgl. García Martínez, *Messianische Erwartungen*, 180 (insbesondere Anm. 18), dort gezählt als Frg. 5.

[190] Mit Tov, *DSSEL*, z. St., anders: כאשר אמר, García Martínez/Tigchelaar, *DSSE II*, 642.

[191] Rekonstruktion von דויד mit García Martínez/Tigchelaar, *DSSE II*, 642; zurückhaltender Tov, *DSSEL*, z. St. Zur Diskussion, wer wen tötet, vgl. García Martínez, *Messianische Erwartungen*, 180–182.

[192] So Tov, *DSSEL*, z. St.

Transkription, Übersetzung und Interpretation von 4Q285 Frg. 7

1 [וינקפ]ו הנביא ישעיהו] בספר כתוב כאשר ...]

2 ישי מגזע חוטר ויצא יפ]ול באדיר ולבנון בברזל היער סבכי

3 את ונשפטו דויד צמח [VACAT] יפרה משורשיו [ונצר

4 דויד צמ]ח העדה נשיא והמיתו [...]

5 כוהן וצוה ובמהוללות מ]...

6 ל]...כתיים [י]ן חל]ל...

1 Wie geschrieben steht im Buch] Jesaja des Propheten: *(10,34) Und es werden abgehaue[n*

2 *die Gestrüppe des Waldes mit dem Eisen und der Libanon wird durch einen Starken] fallen. (11,1a) Und hervorgehen wird ein Reis aus dem Stumpf Isais*

3 *und ein Schössling aus seinen Wurzeln wird Frucht tragen.* Der Spross Davids, und er wird rechten mit

4 ...] und es wird ihn töten der Fürst der Gemeinde, der Spro[ss Davids

5 .].. durch Wunden. Und befehlen wird ein Priester

6 ... das T]öten [der] Kittim[...

In der Auslegung in Zeile 3 wird der Reis Isais ebenfalls als Spross Davids (צמח דויד) verstanden. In Zeile 4 erscheint der Ausdruck zusätzlich als Apposition zum Fürst der Gemeinde (נשיא העדה צמ]ח דויד). Es ist daher anzunehmen, dass der Spross Davids mit dem Fürst der Gemeinde gleichgesetzt wurde. Wie in 4QpJes[a] hat auch in 4Q285 der Messias kämpferische Züge. Erkennbar ist, dass er rechtet und tötet und dass die Kittim fallen werden. Die kriegerische Funktion des Messias ergibt sich bereits aus der Auswahl des Zitates. Die Ereignisse in Jes 10 sind zwar schon in der Hebräischen Bibel eng mit Kapitel 11 verbunden.[193] Indem aber 10,34 und 1,1a zu einer Aussage zusammengenommen werden, wird der in 11,1a verheissene Herrscher in einer einzigen Aussage direkt mit den Vorgängen in 10,34 verknüpft. Wie die Deutung in den Zeilen 3–6 zeigt, wurde die Aussage von 10,34 wie in 4QpJes[a] III,7–13 als Krieg gegen die Kittim verstanden. Indem nun 11,1a direkt mit diesem Geschehen verbunden wurde, ergibt sich die Beteiligung des Messias bei diesem Krieg sozusagen von selbst. Auffallend ist, dass auch in dieser Auslegung wie in 1QpJes[a] III,22–29 ein Priester vorkommt. Wem sein Befehl gilt, ist aber nicht mehr erkennbar.

7.6.3 Interpretation von 4QpJes[a]

Auffallend ist, dass in den erhaltenen Teilen dieses Peschers die Auslegungen, mit Ausnahme derjenigen in III,27, nicht mit den sonst in den Pescharim üblichen Formeln פשר הדבר und פשרו eingeleitet werden. Die Einleitung in II,26 mit dem aramäischen Wort פתגם (Botschaft) ist in den Pe-

---

[193] Siehe oben Anm. 180.

scharim sonst nicht belegt.[194] Mehrfach finden sich mit Pronomen eingeleitete identifizierende Nominalsätze wie etwa in III,9: «Diese sind die
Mächtigen der Kittim.» Dabei nimmt das Pronomen ein Element aus dem
Zitat auf, das im Nominalsatz mit einer allegorischen Deutung verbunden
wird. Bei den recht häufigen Wiederaufnahmen eines vorangehend zitierten Verses ist lediglich bei derjenigen in II,6 und III,25 eine Einleitung
erhalten (sc. ואשר אמר). Obwohl die aus anderen Pescharim bekannten
Einleitungsworte wenig gebraucht werden, ist 4QpJes^a auffallend stark
strukturiert. Zwischen Zitat und Kommentar findet sich vielfach entweder
eine Überleitung, ein Spatium oder gar eine Leerzeile.

Vom fortlaufend kommentierten Textbereich Jes 10,22–11,5 her ergibt
sich neben der Umkehrweissagung als Unheilsprophetie und Messias-
verheissung bereits eine starke Betonung auf das Gericht. Die Betonung
auf Unheil und Gericht wird in der Kommentierung nochmals verstärkt.
Die Kommentierung von Jes 10,22 hat gegenüber derjenigen in 4QpJes^c
eine ganz andere Perspektive. Beim Rest, der umkehrt, liegt die Betonung
nicht wie in 4QpJes^c auf dem kleinen Rest, der sich wieder Gott zuwendet,
sondern bei den Vielen, die verloren gehen. Die in diesem Text implizit
vorausgesetzte innerisraelitische Scheidung wird zum Thema der folgenden
Auslegung, welche ihren Anhaltspunkt nicht an der zitierten Gerichts-
prophetie Jes 10,24–27, sondern an dem damit assoziierten Text Ez 20,35–
38 hat. Die dort zu findende Scheidung zwischen denjenigen, die in den
Bund eintreten, und den Abtrünnigen, wird auf die Geschichte des Träger-
kreises dieses Peschers gedeutet. Inhaltlich näher bei der Vorlage bleiben
die folgenden Auslegungen von 10,28–32 und 10,33f. Der dort beschriebene Vormarsch Assurs wird in der Auslegung aktualisierend auf die
Kittim bezogen und auf die letzten Tage erwartet. Auf diese werden auch
die symbolischen Gerichts-Aussagen vom *Abhauen des Gestrüpps des Waldes*
und vom *Fallen des Libanons durch einen Starken* bezogen. Die Aussage wird
so gedeutet, dass es die Kittim sind, die durch Gott fallen werden. Die
antiassyrische Polemik wird, durch die Brille der Ausleger gelesen, zur
Polemik gegen die Kittim.[195]

Eine deutliche Verschiebung der Perspektive gegenüber dem zitierten
Text ist bei der Auslegung von Jes 11,1–5 feststellbar. Der Reis Isais wird
als Spross Davids verstanden und ebenfalls auf die letzten Tage erwartet.
Dem verheissenen Herrscher, der in Jes keinen königlichen Titel hat,
werden königliche Insignien zugeordnet und seine Herrschaft wird zur
Weltherrschaft ausgedehnt. Dabei wird der im prophetischen Text gezeichnete *Friedefürst* in der Auslegung zum Kriegsfürsten, welcher die Völker mit
dem Schwert richtet. Da in der Hebräischen Bibel Jes 11,1 syntaktisch mit
ו-Perfekt unmittelbar an die vorangehenden Ereignisse anschliesst, ist in
diesem Pescher auch die Auslegung von Jes 11,1 mit der vorangehenden

---

[194] Die Form wird in 4QpPs^b Frg. 2,1 rekonstruiert. Dort sind aber nur die ersten zwei
  Buchstaben erhalten, deren Lesung zudem unsicher ist. Vgl. Tov, *DSSEL*, z. St.
[195] Vgl. Blenkinsopp, *Sealed Book*, 118f.

Auslegung, die vom Krieg gegen die Kittim handelt, eng verbunden. Noch deutlicher wird diese Verbindung von Kapitel 10 und 11 bei der Auslegung in 4Q285, welche Jes 11,1 mit dem vorangehenden, auf den Kampf gegen die Kittim gedeuteten Vers zu einer Aussage zusammenbringt. Es ist daher anzunehmen, dass auch in der Auslegung im vorliegenden Jesaja-Pescher der Spross Davids *gegen die Kittim* kämpfen wird. Als besondere Gabe für seine Aufgabe erhält er von Gott einen mächtigen Geist. In seiner richterlichen Aufgabe ist er jedoch Befehls- und Weisungsempfänger. Diejenigen, die ihn unterweisen und ihm befehlen, sind kaum die Priester. Eher ist an eine Bindung an himmlische Wesen zu denken, nämlich den genannten mächtigen Geist und wahrscheinlich zusätzlich einen Geist der Erkenntnis.

Die Auslegung in diesem Pescher geht auf die Endzeit, gleichzeitig wird sie *aktualisierend* interpretiert und auf die Zeit der Verfasser (bzw. ihre unmittelbare Vergangenheit oder Zukunft) bezogen. Offensichtlich glaubten die Verfasser, sich in dieser Endzeit zu befinden. Diese wird als kriegerische Auseinandersetzung beschrieben. Eine solche Vorstellung findet sich beispielsweise auch in der Kriegsrolle (1QM), worin der Krieg der Söhne des Lichtes gegen die Söhne der Finsternis beschrieben wird. In den in der Auslegung des vorliegenden Pescher beschriebenen Auseinandersetzungen spielt nicht mehr wie im Jesajabuch der historische Gegner Assur, sondern die Kittim (die Römer oder die Griechen) spielen eine wichtige Rolle. Dieser damals aktuelle politische Feind Israels wird in der endzeitlichen Schlacht besiegt werden. Die Trennung zwischen Gut und Böse verläuft für die Verfasser von 4QpJes[a] aber nicht nur entlang der Volksgrenzen, sondern auch innerhalb des eigenen Volkes. Die innerjüdische Trennung wird als Faktum angenommen, welches für die Verfasser schon als prophetische Voraussage in den Schriften zu finden ist. Dabei wird die Gruppe um die Verfasser mit dem kleinen Rest aus Israel, welcher umkehrt, gleichgesetzt. Das Gros Israels aber wird ebenso verloren gehen wie die Kittim. Als wichtige Figur für die Endzeit wird der Messias erwartet, der als kriegerischer Herrscher auftritt, die Bösen und insbesondere die Kittim vernichtet und so für Recht und Gerechtigkeit sorgen wird.

7.7 4QpJes^d (4Q164)

Von 4QpJes^d sind drei Fragmente erhalten, wobei Frg. 1 das grösste von den dreien ist, gegenüber dem die Frg. 2 und 3 viel kleiner sind. Frg. 1 bezeugt den linken oberen sowie den rechten Rand einer Pergamentseite und enthält Teile der ersten acht Zeilen. Am rechten Rand sind noch Nahtstellen erkennbar. Sie weisen darauf hin, dass der erhaltene Kommentar ursprünglich länger war und (wie üblich für Schriftrollen) aus mehreren zusammengenähten Pergamenten bestand. Zur Rekonstruktion von Frg. 1 gibt es eine breitere Diskussion in der Forschung, die insbesondere das davon abhängige inhaltliche Verständnis betrifft.[196]

Die in Frg. 2 noch lesbaren Worte lassen sich nicht mehr zu einer zusammenhängenden Aussage rekonstruieren. Noch weniger ist aus den einzelnen Buchstaben in Frg. 3 Inhaltliches für die Fragestellung der Arbeit zu gewinnen. Auf eine Untersuchung dieser beiden Fragmente kann daher verzichtet werden.

7.7.1 Einzeluntersuchungen

Frg. 1

Mit PTSDSSP ist Zeile 1 als ך כול ישראל כפוך בעין ויסדתיך בספי]רים zu lesen; danach ist, wie von Horgan vorgeschlagen, פשר הדבר zu rekonstruieren.[197] In Zeile 2 ist die Rekonstruktion in PTSDSSP zurückhaltender als diejenige von Horgan und nennt mehrere Rekonstruktionen Horgans nur noch in den Fusszeilen. Gegenüber der Rekonstruktion von Horgan אשׁ]ר יסדו את עצת היחדן בן כוהנים והעןם ... בתוך] werden in PTSDSSP innerhalb der eckigen Klammern im Haupttext keine Buchstaben mehr rekonstruiert. Die Rekonstruktion von Horgan interpretiert den Pescher bereits in eine bestimmte Richtung. Indem sie בן כוהנים parallel zu בספי]רים rekonstruiert, wird vorausgesetzt, dass die Verfasser das Wort ספירים (Saphire) auf die Priester gedeutet haben. Bei PTSDSSP ist offen, auf welches Wort bzw. auf welche Worte die Auslegung Bezug nimmt. Da der Saphir zu den Steinen gehört, welche der Priester nach Ex 28,18 auf der Brusttasche tragen soll, ist m. E. die Annahme, dass das Wort «Saphir» auf die Priester gedeutet wurde, sehr plausibel. Die Rekonstruktion בן כוהנים ist daher vorzuziehen. Das Wort והען ist sehr wahrscheinlich zu והעןם zu rekonstruieren.[198] Aufgrund der Aussage in Zeile 3 ist mit Horgan auch das Wort בתוך am Ende von Zeile 2 zu rekonstruieren. Da in Zeile 4 das Wort פשרו und davor das letzte Wort aus Jes 54,12aα stehen, wird unter Annahme einer fortlaufenden Kommentierung am Ende von Zeile 3 noch der Beginn des Zitates von Jes 54,12aα rekonstruiert:

---

[196] Vgl. Horgan, *Pesharim*, 125–131.

[197] Vgl. Charlesworth, *Pesharim*, 110f. Detaillierte Begründung bei Horgan, *Pesharim*, 127f. Diese Ausgabe ist auch grundlegend für Steudel, *Texte aus Qumran II*, 234f. Anders Allegro, *Qumrân Cave 4*, 27f, Tov, *DSSEL*, z. St. Die obige Argumentation in Frg. 1 bezieht sich vornehmlich auf die ersten zwei Arbeiten.

[198] Mit Horgan, *Pesharim*, 128.

עדת בחירו כאבן הספיר בתוך האבנים[... ושמתי כדכוד]. Zum Zitat müssen dann aber die ersten *zwei Wörter* in Zeile 4 כול שמשותיך gehören. Das Zitat hat somit gegenüber MT und 1QJes[a] zusätzlich das Wort כול.[199] In Zeile 4 schlug Horgan vor, die lesbare Aussage כול שמשותיך פשרו על שנים עשר mit [איש בעצת היחד אשר] zu ergänzen. Angesichts der bei Horgan genannten diversen anderen Vorschläge (zwölf Stämme oder zwölf Priester usw.) ist es hier sehr schwierig, Sicherheit zu gewinnen, und eine Beschränkung auf die lesbaren Worte für die Rekonstruktion ist vorerst angebracht.[200]

Die Rekonstruktion der Zeile 5 ist unbestritten: מאירים במשפט האורים והתומים. In Zeile 6 wird das teilweise radierte ל von Allegro nicht wiedergegeben (hier und in PTSDSSP in Klammern gesetzt). Mit recht guter Sicherheit lesbar sind die Worte הנעדרות מהמה כשמש(ל) בכול אורו וכו[ל. Aufgrund von פשרו am Anfang von Zeile 7 ist am Ende der Zeile ein Zitat anzunehmen. Horgan rekonstruiert als Zitat Jes 54,12αβ, das im MT jedoch nicht mit וכול beginnt, wie dies die letzten lesbaren Buchstaben der Zeile 6 (וכו[ל) voraussetzen. Aufgrund des MT wäre eher ein Zitat von Vers 12b anzunehmen. Versteil 12αβ würde dann jedoch übersprungen. Ein zusätzliches כול findet sich auch im Zitat in Zeile 4. Wird mit Horgan rekonstruiert, so werden die zitierten Tore in der in Zeile 7 folgenden Auslegung auf die Fürsten der Stämme gedeutet. Da in Ez 48,30 die zwölf Tore des neuen Jerusalems die Namen der zwölf Stämme tragen, spricht sehr viel für Horgans Rekonstruktion.[201] Zeile 6 ist daher mit Horgan als הנעדרות מהמה כשמש(ל) בכול אורו וכו[ל שעריך לאבני אקדה] zu rekonstruieren (dito PTSDSSP). In Zeile 7 wird von Allegro und Horgan am Ende der lesbaren Worte פשרו על ראשי שבטי ישראל der geläufige Ausdruck לא[חרית הימים rekonstruiert. Dies ist zwar möglich, aber Sicherheit lässt sich m. E. hier nicht gewinnen, da auch andere Ergänzungen denkbar wären. Zurückhaltung wie in der Edition von PTSDSSP, in welcher die Rekonstruktion nicht im Haupttext aufgenommen wird, ist angebracht.[202] In Zeile 8 wird in den massgeblichen Editionen übereinstimmend גורלו מעמדי rekonstruiert.

Übersetzung und Interpretation

1 ..]. ganz Israel ist wie Augenschminke um das Auge. *Ich will dich gründen mit Saphi[ren (Jes 54,11bβ).* Die Deutung des Wortes ist,

2 da]ss sie den Rat der Einung gegründet haben [mit den] Priestern und dem V[olk. ... inmitten]

3 des Rates seiner Erwählten wie ein Saphirstein inmitten der Steine[... *Ich will zu einem funkelnden Edelstein machen]*

4 alle *deine sonnenförmigen Schilde (54,12αα).* Seine Deutung bezieht sich auf die zwölf ..[. ...]

5 Erleuchtung bringen durch den Richterspruch der Urim und Tummim [...]

6 fehlen von ihnen, sie sind wie die Sonne in all ihrem Licht. Und al[le *(54,12αβ) deine Tore zu Karfunkeln].*

7 Seine Deutung bezieht sich auf die Häupter der Stämme Israels ..[. ...]

8 sein Los sind die Posten der [...]

---

[199] Diese textkritische Variante ist in keinem weiteren Textzeugen belegt; vgl. Goshen-Gottstein, *Book of Isaiah,* z. St.

[200] Zu den weiteren Rekonstruktionsvorschlägen siehe Horgan, *Pesharim,* 128f. Nur auf die lesbaren Buchstaben beschränken sich Allegro, *Qumrân Cave 4,* 27f, sowie der Haupttext in Charlesworth, *Pesharim,* 110f.

[201] Vgl. Horgan, *Pesharim,* 130f. Zur Forschungsgeschichte siehe ebd.

[202] In Tov, *DSSEL,* z. St., wird sogar ganz darauf verzichtet.

Da nach der Auslegung in Zeile 1 Jes 54,11bβ zitiert wird, kann angenommen werden, dass zuvor mindestens Jes 54,11bα zitiert wurde. Für
diese Annahme spricht auch der Inhalt der Auslegung. So wird in Zeile 1
aus dem Zitat das Wort «Augenschminke» aufgenommen. Die Auslegung
in Zeile 1 dürfte sich somit auf Jes 54,11bα beziehen: «Siehe, ich lege deine
Steine in Augenschminke.» Die erste Bedeutung des Wortes פוך, *Augenschminke*, passt dort nicht in den Kontext. Ob das Wort noch eine zweite
Bedeutung als eine Art Mörtel hatte, ist unsicher. Die Verfasser von
1QpJes^d hatten den Teilvers jedenfalls so verstanden, dass die Steine *als*
Augenschminke gelegt werden. Aus diesem Verständnis hatten sie Israel
als die Augenschminke gedeutet, welche um das Auge gelegt wird. Bei der
Auslegung von 54,11bβ wird das Wort *Saphir*[203] als «die Priester» verstanden. Diese Deutung greift wahrscheinlich auf Ex 28,18 zurück, da dort
Saphire zu den Edelsteinen gehören, welche die Priester auf der Brusttasche tragen. Die Priester sind nach Zeile 3 inmitten des Volkes wie ein
Saphirstein inmitten anderer Steine.[204] Dieses Bild vom leuchtenden Saphir
inmitten der Steine korrespondiert mit dem obigen Bild von den Steinen,
die rund um das Auge gelegt sind. Dies könnte darauf hindeuten, dass
bereits das in der Auslegung zu Vers 11bα genannte Auge als «die Priester»
verstanden wurde. Da aber die Steine bzw. die Augenschminke um das
Auge in Zeile 1 explizit als ganz Israel verstanden wurde, ist m. E. eher
davon auszugehen, dass das Auge auf Gott hin gedeutet wurde. Somit ist
nach dem Verständnis der Verfasser dieses Peschers Gott inmitten Israels
und entsprechend finden sich die Priester inmitten des Rates der Einung.

Verschiedene Vorschläge existieren dazu, wer die zwölf im Rat der Einung gewesen sind, welche in der Auslegung zu Vers 12aα in Zeile 4 genannt werden. Angesichts der verschiedenen Räte, die in weiteren Qumranschriften genannt werden und die in der Forschung bereits als Vergleich
hinzugezogen wurden, aber auch im Blick auf postulierte Verbindungen zu
rabbinischen und neutestamentlichen Texten (insbesondere zur Apk),[205]
sind externe Parallelen nur mit äusserster Vorsicht zu verwenden. Aufgrund von Beobachtungen innerhalb des Peschers gelang es Joseph Baumgarten jedoch, einige Plausibilität dafür zu gewinnen, dass der Rat in
4QpJes^d aus zwölf Priestern plus zwölf Laien bestand.[206] So ist die *Zusammensetzung des Rates aus Priestern und Laien* in Zeile 2 genannt. Die Zahl zwölf
selbst stammt nicht aus Jes, sondern dürfte mit der vorangehenden Deutung des Saphirs auf die Priester zusammenhängen. Auf der Brustplatte der
Priester befinden sich nach Ex 28,21 zwölf Edelsteine entsprechend den

---

[203] Mit dem in 54,11bβ genannten Saphir ist der *Lapus Lazuli* bezeichnet. In babylonischen Inschriften preisen sich die Herrscher damit, dass sie ihre Bauten mit Lapus
Lazuli geschmückt hätten. Mit dieser Beschreibung sind die blau lasierten Ziegel
gemeint; vgl. Westermann, *Jesaja 40–66*, 224.

[204] Mit Gärtner, *Temple and the Community*, 43.

[205] Vgl. Flusser, *Initiation*.

[206] Siehe Baumgarten, *Duodecimal Courts*. Zur Forschungsgeschichte vgl. ebd., 59.

zwölf Stämmen Israels. Eine Kombination von Priestern und Laien zeigt
wohl auch das Bild vom Saphirstein inmitten der Steine in Zeile 3, da es
wiederum die Priester sein dürften, die mit dem Saphir verglichen wurden.
Somit wurde wahrscheinlich einst von den Priestern ausgesagt, dass sie sich
inmitten des Rates seiner Erwählten befinden. Auf Priester verweist die
Entscheidung mit Urim und Tummim (das priesterliche Losorakel) in Zeile
5, in welcher zudem deutlich erkennbar wird, dass dieser Rat mit richterlichen Funktionen betraut wurde. Somit ist auch vorauszusetzen, dass die
sonnenförmigen Schilde, die in Vers 12aα zu funkelnden Edelsteinen ver-
wandelt werden sollen, ebenfalls auf die Priester gedeutet wurden. Passend
zu ihrem hebräischen Namen (Sonnen) sollen sie nach der Auslegung
Erleuchtung bringen.[207] Zwölf Laien schliesslich kommen dagegen nur
implizit vor, und zwar in der Auslegung zu Vers 12aβ in Zeile 7, in welcher
die Tore des himmlischen Jerusalems als die Häupter der Stämme Israels
gedeutet werden. Bei dieser Deutung der Tore in Vers 12aβ als die Häupter
der Stämme Israels dürfte Ez 48,30 im Hintergrund stehen, die Vision des
neuen Jerusalems mit Toren, die nach den zwölf Stämmen angeschrieben
sind.[208] Die Zusammensetzung eines Rates aus *zweimal* zwölf Mitgliedern
mag auf den ersten Blick erstaunen. Es finden sich dazu aber sowohl eine
jüdische als auch eine neutestamentliche Parallele (der kleine Sanhedrin
bzw. zwölf Apostel und zwölf Engel in Apk 4,4).[209]

Zu beachten ist, dass in dieser Deutung des Rates als die Saphire, Steine, Schilde und Tore des neuen Jerusalems dieser lediglich das architekto-
nische Gerüst dieser Stadt bildet. Der Rat steckt somit den Rahmen ab, in
welchem das in Zeile 1 erwähnte Volk Israel sich um seinen Gott sammeln
kann. Von den Einwohnern der Stadt spricht im Jesaja-Text auch der (in
diesem Pescher nicht mehr bezeugte) nachfolgende Vers 13. Es ist daher
anzunehmen, dass nicht nur der Rat der Einung das *neue* (geistliche) Jerusalem darstellt, sondern auch die (als das wahre Israel verstandene) Gemeinschaft der Verfasser als dessen Einwohner einen Teil dieses
Jerusalems bilden.

---

[207] Sonnenförmige Schilde wurden in der Antike an Türmen angebracht. Zu שמש als
Bauterminus siehe שמש (6.) in Köhler/Baumgartner, *HAL³* 2.

[208] Mit Blenkinsopp, *Sealed Book*, 128. Blenkinsopp interpretiert die gesamte Auslegung
so, dass die gewöhnlichen Steine als die Mitglieder der Gemeinschaft und der Saphir
als der Rat der Erwählung verstanden wurden (vgl. ebd., 127). Seine These könnte
jedoch von dem als vergleichbar genannten Konzept *der Gemeinde als Steine des
geistlichen Tempels in 1Petr 2,5* beeinflusst sein. Die oben ausgeführte Sicht, dass die
Auslegung das Bild der Steine und Tore des neuen Jerusalems nicht auf die gesamte
Gemeinschaft, sondern nur auf den der Rat der Einung innerhalb dieser
Gemeinschaft beziehe, ist daher gerade wegen der Differenz zum genannten neutestamentlichen Konzept vorzuziehen.

[209] Vgl. Baumgarten, *Duodecimal Courts*, 65–77.

7.7.2 Thematische Schwerpunkte von 4QpJes^d

In den noch erhaltenen Teilen von 4QpJes^d wurde fortlaufend aus
Jes 54,11b–12a zitiert und kommentiert. Bemerkenswert an der Auslegung
dieses Textes ist, dass die dortige Vision des neuen Jerusalems hier spirituа-
lisiert ausgelegt wird. Das neue Jerusalem wird in diesem Pescher *als rein
geistliche Grösse* verstanden. Nach den Auslegern gewinnt es konkrete Gestalt durch den Rat der Einung, der aus je zwölf Laien, welche die zwölf
Stämme Israels repräsentieren, und zwölf Priestern, welche die Mitte des
Rates bilden, besteht. Die Priester spielten durch die erwähnte Verwendung des Losorakels sicherlich auch eine wichtige Rolle bei den richterlichen Funktionen, mit denen der Rat betraut war. Die wichtige Rolle der
Priester zeigt sich aber auch darin, dass sie die edleren Steine des geistlichen Jerusalem darstellen. Jes 54,11bβ, *Ich will dich gründen mit Saphiren*,
wird so verstanden, dass Gott die Steine Jerusalems um die Saphire legt wie
Augenschminke um das Auge. Dabei werden die Priester als die Edelsteine
angesehen, welche sich inmitten der übrigen Steine befinden. Die Deutung
der Edelsteine auf die Priester ist aus Ex 28,21 motiviert, ebenso wie die
Zahl zwölf. Zusammen mit den aus Jes 54,12aβ zitierten Toren Jerusalems,
die im Hinblick auf Ez 48,30 als die zwölf Häupter der Stämme gedeutet
sind, wird aus dem vorliegenden Text die Zusammensetzung des Rates der
Einung aus je zwölf Priestern und Laien extrapoliert.

Die jesajanische Verheissung vom neuen Jerusalem hat sich für die
Verfasser somit in jeder Einzelheit schon erfüllt. Der Rat mit den Priestern
in der Mitte ist zudem typologisches Abbild des idealen Israels, das sich
nach der Deutung von Jes 54,11bα in Zeile 1 rund um seinen Gott
sammeln soll. Die Vision vom neuen Jerusalem wird zwar als eschatologische Verheissung aufgefasst, aber so verstanden, dass sie sich in der
Situation der Gemeinschaft der Verfasser bereits aktuell zu erfüllen
beginnt. Nach der Auffassung ihrer Verfasser wird ihre Gemeinschaft Teil
des neuen, geistlichen Jerusalems, indem sie sich um den Rat der Einung
organisiert, auf welchem dieses Jerusalem gründet.

7.8.1 Schlussfolgerung der Untersuchungen der einzelnen Jesaja-Pescharim

Ausgang der Darstellung der Jesaja-Pescharim aus Höhle 4 war die These Stegemanns, welche nun aufgrund der in der Untersuchung erzielten Ergebnisse überprüft werden kann. Mit Stegemann sind 4QpJes^c und 4QpJes^e in ihrer Form als von den übrigen Jesaja-Pescharim verschieden zu beurteilen. Dies zeigt sich im Gebrauch der Zitationsformeln כאשר כתוב bzw. ואשר כתוב, welche sich ausser in diesen beiden Jesaja-Pescharim nur in thematischen Pescharim finden. 4QpJes^c ist (wie dargestellt) als Sonderform des fortlaufenden Peschers zu charakterisieren, der eine thematisch begründete Auswahl aus Jesaja auslegt. Ähnlich wie in einem thematischen Pescher wird der Jesaja-Text in 4QpJes^c nicht durchgehend fortlaufend ausgelegt, vielmehr werden Stellen übersprungen. Innerhalb der gebotenen, thematisch begründeten Auswahl sind zudem Schriftbezüge auf andere Propheten zu finden. Aber anders als in den thematischen Pescharim werden die jeweils kommentierten Stellen zu den *einzelnen Themenkreisen* nicht thematisch zusammengestellt, sondern fortlaufend ausgelegt.

Ob dagegen 4QpJes^e als thematischer oder als fortlaufender Pescher zu charakterisieren ist, kann wegen seines fragmentarischen Zustands nicht mehr entschieden werden. Das Überspringen von Schriftstellen sowie Bezüge auf andere Propheten lassen sich in den erhaltenen Teilen von 4QpJes^e nicht feststellen. Die Besonderheiten von 4QpJes^e und 4QpJes^c gegenüber den anderen Pescharim beschränken sich auf die genannten Zitationsformeln. Die thematischen Berührungen der beiden Kommentare sind untereinander nicht enger als zu den übrigen Pescharim. 4QpJes^e ist bezüglich seiner Form zwar wie 4QpJes^c von den übrigen Jesaja-Pescharim abzuheben, doch ergibt sich aus der Untersuchung keine Notwendigkeit anzunehmen, dass die beiden Kommentare auch einmal zusammengehörten. Vielmehr muss aufgrund des fragmentarischen Charakters von 4QpJes^e eine These, welche die Zusammengehörigkeit von 4QpJes^c und 4QpJes^e postuliert, als zu gewagt beurteilt werden.

Zu demselben Schluss muss die Untersuchung bezüglich der These kommen, dass 4QpJes^b, 4QpJes^a und 4QpJes^d Teile eines zusammenhängenden Werkes repräsentieren. Zwar zeigen die einzelnen Pescharim durchaus Gemeinsamkeiten und sind alle der Gattung der fortlaufenden Pescharim zuzuordnen. In 4QpJes^b und 4QpJes^d finden sich Einleitungen mit פשרו (möglicherweise standen solche auch einmal in 4QpJes^a, sind aber verloren), in 4QpJes^a und 4QpJes^b finden sich Auslegungen mit identifizierenden Nominalsätzen. Es wäre durchaus denkbar, dass die

Jesaja-Pescharim 4QpJes^a, 4QpJes^b, 4QpJes^d (auch 3Q4 könnte noch miteinbezogen werden) Überreste eines grossen Jesaja-Kommentars darstellten. Die Gemeinsamkeiten der verschiedenen Pescharim sind aber nicht so frappierend, dass sie zur Annahme *eines* Werkes zwingen würden. Die Perspektivenverschiebung, die sich bei der Kommentierung von Jes 10,22 in 4QpJes^a gegenüber 4QpJes^c zeigt und die mit Stegemann als Radikalisierung gedeutet werden kann, lässt sich in den anderen Pescharim nicht feststellen. Vielmehr haben diese Themen zum Inhalt wie etwa das Zurückweisen der Tora oder die polemische Behandlung der Pharisäer, die sich schon in 4QpJes^c und 4QpJes^e finden. Die These Stegemanns, dass 4QpJes^a, 4QpJes^b und 4QpJes^d Textzeugen desselben Kommentar-Werkes darstellten, kann nicht verifiziert, aufgrund des fragmentarischen Bestandes jedoch auch kaum falsifiziert werden. Dasselbe gilt auch für die erwähnte Modifikation der These durch Fabry zu ursprünglich drei Kommentaren (1. 4QpJes^c und 4QpJes^e, 2. 4QpJes^b sowie 3. 4QpJes^a und 4QpJes^d).

Aufgrund der verschiedenen Behandlung von Jes 10,22 in 4QpJes^a gegenüber 4QpJes^c ist, wie anfangs der Untersuchung dargestellt, davon auszugehen, dass die Jesaja-Pescharim *mindestens zwei ursprüngliche Werke* repräsentieren. Es ist aber auch durchaus möglich, dass sie Überreste von mehr als zwei Werken darstellen. Wieviele Kommentare zum Jesajabuch es einmal in Qumran gab, muss zudem offen bleiben. Eine einheitliche Beurteilung der Jesaja-Pescharim kann daher nur zurückhaltend aufgrund gemeinsamer Themenfelder erfolgen.

7.8.2   Themen in den Jesaja-Pescharim

Als mehrerer Jesaja-Pescharim gemeinsame Themen lassen sich die Abgrenzung gegenüber anderen mit dem Anspruch, allein das wahre Israel innerhalb eines verlorenen Volkes zu sein, sowie das Einhalten der Tora bzw. ihr «Verwerfen» durch die anderen jüdischen Gruppierungen erheben. Die jesajanischen Gerichtsaussagen werden stets auf die Gegner der Verfasser bezogen. Genannt werden einerseits die Kittim (die Griechen oder die Römer), andererseits werden mit den Trägerkreisen der Jesaja-Pescharim konkurrenzierende Gruppierungen des damaligen Judentums mit polemischen Spitznamen bedacht. Des öfteren sind die Pharisäer Gegenstand scharfer Polemik und werden als «Schwätzer» oder als «diejenigen, die nach glatten Dingen suchen», bezeichnet. Die «Worte des Propheten Jesaja» werden mehrmals explizit auf die letzten Tage, d. h. die Endzeit, bezogen. Da die Verfasser der Pescharim sich selbst in dieser Endzeit zu befinden glaubten, werden die Schriftaussagen dabei gleichzeitig auf ihre Zeit hin aktualisiert und auf ihre eigene Lebenswelt bezogen. Die Endzeit selbst wird mehrmals mit kriegerischen Ereignissen in Verbindung gebracht. In diesen Krieg wird auch Gott selbst eingreifen, unter anderem durch die Hand Israels oder durch die geistliche Leitung messianischer Figuren. Daher kann auch der in der Endzeit aufstehende Spross Davids, wie die Figur aus Jes 11 in der Auslegung von 4QpJes^a genannt wird, entgegen der dortigen Darstellung, keine ausschliesslich friedliche Figur sein, sondern muss als Krieger auftreten und die Feinde Gottes mit dem Schwert richten.

7.8.3 Auslegungstechniken der Jesaja-Pescharim

Die auszulegenden Texte werden portionenweise zitiert und anschliessend ausgelegt. Die Deutung erfolgt einerseits durch einen mit einem Terminus technicus eingeleiteten erklärenden Satz, andererseits dadurch, dass Einzelelemente aus dem Zitat aufgenommen und mittels eines identifizierenden Nominalsatzes allegorisch gedeutet werden. Die aufgenommenen Worte werden als Symbole aufgefasst, die konkretisiert und auf die Situation der Verfasser der jeweiligen Auslegungen bezogen werden. Dass dabei nicht willkürlich, sondern mit System vorgegangen wurde, zeigen etwa die Deutungen des «Führerstabes» als Fürst der Gemeinde oder des «Saphirs» als die Priester. Ersteres liegt von der symbolischen Bedeutung des Stabes als Kennzeichen des Führers (Führerstab) her nahe, für Letzteres ist die Darstellung in Ex 28,18 massgebend, welche den Saphir als einen der Edelsteine auf der Brusttasche der Priester nennt. Es ist denkbar, dass die Verfasser für gewisse Worte feststehende Bedeutungen hatten.

    Die Verwendung der Methode der *Aufnahme und allegorischen Deutung von Einzelelementen* zeigt, dass die auszulegenden Worte als deutungsbedürftige Offenbarungen verstanden wurde. Die Auslegungen dieser Methode zielen (wie schon bei der Damaskusschrift beobachtet wurde) nicht auf den Wortsinn, sondern auf den in den Worten verborgenen *wahren Sinn* und zeigen somit dieselbe Offenbarungs-Hermeneutik, die zu Beginn der Arbeit am Beispiel des Habakuk-Kommentars (1QpHab) erhoben wurde.[210]

Bei der aktualisierenden Bezugnahme von Jesaja auf zeitgenössische Personen oder Gruppierungen werden nicht deren wirkliche Namen, sondern Spitznamen gebraucht, die aus biblischen Begriffen abgeleitet sind. Der erwartete Messias wird צמח דויד (Spross Davids) genannt, wobei der Ausdruck selbst aus Jer 23,5 und 33,15 stammen dürfte: *In jenen Tagen werde ich für David einen gerechten Spross aufspriessen lassen. Er wird für Recht und Gerechtigkeit sorgen.*[211]. Die Pharisäer werden als דורשי החלקות (diejenigen, die nach glatten Dingen suchen) oder als אנשי הלצון (Schwätzer) bezeichnet. Der Begriff דורשי החלקות ist als polemische Umwandlung des Begriffes דורש התורה zu verstehen, welcher als Terminus technicus für den Gesetzeslehrer gebraucht wurde, und könnte zudem eine Anspielung auf Jes 30,9f sein: *9 Denn ein widerspenstiges Volk ist es, verlogene Söhne, Söhne,*

---

[210] Zur Offenbarungs-Hermeneutik siehe oben Seiten 29–32 sowie 169–172.
[211] Siehe Anm. 175.

die das Gesetz des HERRN nicht hören wollen, 10 die zu den Sehern sagen: Seht nicht! und zu den Schauenden: Schaut uns nicht das Richtige! Sagt uns Schmeicheleien [החלקות]! Schaut uns Täuschungen! Der ebenfalls wenig schmeichelhafte Ausdruck אנשי הלצון dürfte aus Jes 28,14 stammen: *Darum hört das Wort des HERRN, ihr Männer der Prahlerei [אנשי הלצון], Beherrscher dieses Volkes, das in Jerusalem ist!* Auch die Feinde Israels werden nicht mit ihrer wirklichen Nationalität genannt, sondern als «Kittim» bezeichnet. Das Wort bezeichnete ursprünglich die Stadt Kition auf Zypern und seine Bewohner, wurde dann aber allgemein für Menschen aus Zypern bzw. der griechischen Welt verwendet (vgl. Jes 23,1.12, Ez 27,6). Die LXX deutet Kittim in Dan 11,30 auf die Römer.[212] Die Verwendung dieser biblischen Begriffe als Bezeichnungen für Personen der eigenen Zeit dient in den untersuchten Pescharim jeweils dazu, Schriftaussagen zu aktualisieren. Die Bezeichnungen stellen aber auch selbst eine aktualisierende Interpretation ihrer ursprünglichen Bedeutung dar.

7.8.4 Theologie der Jesaja-Pescharim

Theologisch stehen die Verfasser der Jesaja-Pescharim offenbar einer bereits in der Bibel, insbesondere bei TtJes zu findenden Traditionsströmung nahe, welche das Heil nur für die Frommen, für die Frevler jedoch Gericht erwartet.[213] Sie selbst verstanden sich als der toratreue Rest aus Israel, der umkehrt. Wer nicht wie sie umkehrte, galt als verloren. Zu dieser Umkehr hat nach ihrem Verständnis schon Jesaja aufgerufen. Aus 4QpJes[d] ist zu entnehmen, dass sie ihre Gemeinschaft als das verheissene neue Jerusalem verstanden. Die Einschränkung des Heils auf die Frommen und des Gerichts auf die Frevler konnten die Verfasser der Jesaja-Pescharim schon im Jesajabuch selbst vorfinden. Bereits in Jes 65,13–17 wurde die *Einheit des Gottesvolkes* aufgegeben und das Heil *nur noch für die Frommen* vorgesehen, während den Frevlern das Gericht angedroht wird.[214] Diese Heilsbeschränkung wird in der Auslegung noch einmal radikalisiert, indem das Heil nur für die Mitglieder der eigene Gruppe als die einzig wahren Frommen erwartet wird. Universalistische Heilsaussagen, die sich auch im Jesajabuch finden, werden in den vorliegenden Auslegungen der Jesaja-Pescharim dagegen nicht aufgenommen. Ist bei der Auslegung von Jes 10,22 in 4QpJes[c] noch eine Hoffnung zu spüren, dass andere sich ihrer Umkehr anschliessen werden, so ist bei der Auslegung dieses Textes in 4QpJes[a] die Umkehrhoffnung aufgegeben. Es ist daher durchaus plausibel, im Anschluss an Stegemann anzunehmen, dass 4QpJes[c] der ältere von diesen

---

[212] Vgl. Lim, *Art. «Kittim»* , 469–470.
[213] Vgl. Schmid, *Hintere Propheten*, 330.
[214] Siehe oben die Behandlung der Stelle im Kapitel *4.2 Innerbiblische Jesaja-Auslegung.*

beiden Texten ist und 4QpJes[a] einen Text aus jüngerer Zeit darstellt, in welcher der Trägerkreis der Jesaja-Pescharim sich weiter radikalisierte.[215]

Die Verfasser der Jesaja-Pescharim verstanden die Prophetie im Jesaja-buch als eine für die letzten Tage aufgezeichnete, verschlüsselte Botschaft. Da nach ihrem Verständnis diese letzten Tage angebrochen waren, ging diese Botschaft aktuell in Erfüllung. Damit sie verstanden werden konnte, musste sie jedoch gedeutet werden, wie dies in den Jesaja-Pescharim geschieht. Die Auslegung soll erweisen, dass der Weg der Gemeinschaft der Verfasser in der Prophetie «Jesajas» schon vorgezeichnet ist. Ebenso sind für die Verfasser dort Aussagen über ihre Gegner zu finden (sowohl die fremde Besatzungsmacht als auch die Pharisäer), auf welche sie durch Zitierung entsprechender Prophetenworte das von «Jesaja» angekündigte Gericht bezogen.

---

[215] Vgl. Stegemann, *Essener*, 176–178.

8. Jesaja-Auslegung in den thematischen Pescharim

Von den thematischen Pescharim werden der aus Florilegium und 4QCatena[a] bestehende Midrasch zur Eschatologie sowie der Melchisedek-Midrasch untersucht. Die weiteren thematischen Pescharim enthalten entweder keine Jesaja-Zitate oder dann sind wie im Fall von 4QTanchumim (4Q176) zwar Jesaja-Zitate, aber keine zusammenhängenden Auslegungen dazu erhalten.

Sowohl der Midrasch zur Eschatologie als auch der Melchisedek-Midrasch sind stark exegetische Texte, in welchen verschiedene Schriften zitiert und ausgelegt werden. Unter den vielen verschiedenen Zitaten finden sich in beiden Werken nur vereinzelt auch Jesaja-Zitate. Diese sind zudem so sehr in den Kontext eingewoben, dass sie im Zusammenhang mit diesem untersucht werden müssen. Die Auslegung einzelner Jesaja-Zitate in diesen Schriften ist dabei nur noch fragmentarisch erhalten. Dies bedeutet, dass die Auslegungstechnik sowie die den einzelnen Auslegungen in diesen Werken jeweils zugrundeliegende Hermeneutik nicht allein anhand der Jesaja-Zitate erhoben werden kann; vielmehr bedarf es dazu des Rückgriffs auf die Untersuchung der weiteren Zitate und ihrer Auslegungen. Um die Untersuchung methodisch besser abzusichern, werden deshalb bei den beiden Werken, Midrasch zur Eschatologie und Melchisedek-Midrasch, nicht nur Jesaja-Zitate und deren Auslegungen, sondern jeweils der gesamte Text untersucht.

8.1 Der Midrasch zur Eschatologie (4Q174 + 4Q177)

Als «Midrasch zur Eschatologie» werden zwei paläographisch eindeutig verschiedene Schriften bezeichnet, 4QFlor (4Q174) und 4QCatena[a] (4Q177), die sich jedoch materiell als Teile ein und desselben literarischen Werkes rekonstruieren lassen. Beide Schriften sind als exegetische Literatur zu betrachten und in die Gattung der thematischen Pescharim einzuordnen.[1] Für ihre literarische Zusammengehörigkeit sprechen zusätzliche inhaltliche Argumente. So orientieren sich beide Schriften in ihrer Darstellung an der Reihenfolge der Psalmen im Psalter und zeigen bezüglich der Einleitung der Zitate dieselbe Terminologie und Methodik. In beiden Schriften sind neben der Psalm-Auslegung zusätzliche Zitate und Auslegungen aus den Propheten zu finden. Ausserdem zeigen sich gemeinsame Begriffe und Formulierungen, welche die beiden Werke von den übrigen Qumranschriften unterscheiden.

Die These, dass die beiden Handschriften Kopien ein und desselben literarischen Werkes sind, wurde von Annette Steudel in die Qumranforschung eingebracht.[2] Bei der materiellen Rekonstruktion des Werkes stellt 4QFlor dabei seinen ersten Teil (Kol. I–VI), 4QCatena[a] seinen zweiten Teil dar (Kol. VIII–XII).[3] Die beiden Textabschnitte weisen bemerkenswerte Parallelen sowie diverse inhaltliche Verbindungen auf. Während in Kol. I–II Dtn 33 und 2Sam 7 ausgelegt werden, werden ab Kol. III Psalmen zitiert, und zwar so, dass diesen fortan eine strukturbestimmende Rolle zukommt.[4] Ab dieser Kolumne beginnt somit die oben erwähnte Orientierung am Psalter; weitere Zitate sind den strukturbestimmenden Psalmzitaten untergeordnet. Neben der materiellen Rekonstruktion, den inhaltlichen Verbindungen und der Orientierung am Psalter ab Kol. III des Werkes sind als besonders charakteristische Parallelen die Zitationsformeln zu nennen, welche in beiden Schriften nach derselben Methodik gebraucht werden. So finden sich Formeln mit כתוב (אשר כתוב/כאשר כתוב) nie vor den strukturbestimmenden Psalmzitaten, sondern ausschliesslich vor Zitaten aus der Tora oder den Propheten. In beiden Schriften finden sich zudem Zitate ohne Einleitung bzw. die Einleitung אשר אמר. Die Pescher-Formeln, die in 4Q177 belegt sind (IX,9.13), können mit hoher Wahr-

---

[1] Zur Definition der thematischen Pescharim siehe oben Seiten 11f.

[2] Steudel, *Midrasch zur Eschatologie*. Anders Brooke, *Art. «Florilegium»*, 297.

[3] Vgl. Steudel, *Midrasch zur Eschatologie*, 127f. Es lässt sich keine Überschneidung feststellen. Nach Steudel setzt der 4Q177-Textbestand denjenigen von 4Q174 im Abstand von etwa einer Kolumne fort; vgl. ebd.

[4] Siehe Steudel, *Midrasch zur Eschatologie*, 129–132. Vgl. aber auch die Kritik bei Bergmeier, *Erfüllung*, 286.

scheinlichkeit auch in 4Q174 (III,19, V,2f) rekonstruiert werden. Durchgehend in beiden Schriften belegt ist die Auslegung mit einfachem Personalpronomen innerhalb eines identifizierenden Nominalsatzes. Mit Steudel werden die beiden Schriften in der vorliegenden Arbeit daher als zwei unterschiedliche Kopien desselben Werkes betrachtet und als «Midrasch zur Eschatologie» (4QMidrEschat[a.b]) bezeichnet.[5] Die Entstehung dieses Werkes ist in die erste Hälfte des 1. Jahrhunderts v. Chr. anzusetzen.[6]

Möglicherweise ist 4Q177 als eine nachträgliche Erweiterung von 4Q174 zu einem grösseren Werk anzusehen.[7] Für die vorliegende Untersuchung ist die Frage der Entstehung bzw. der Zusammengehörigkeit des Werkes jedoch nicht von wesentlicher Bedeutung. Da sich die Bezeichnung 4QMidrEschat[a.b] in der Forschung nicht allgemein durchgesetzt hat, wird die vorliegende Arbeit zusätzlich die in der Forschung breit akzeptierten Bezeichnungen 4QFlor für den ersten Teil des Werkes bzw. 4QCatena[a] für den zweiten Teil des Werkes gebrauchen und somit eine gute Vergleichbarkeit mit früheren Arbeiten zu 4Q174 und 4Q177 gewährleisten.

Die materiellen Rekonstruktionsarbeit Steudels wurde vor allem in der englischsprachigen Forschung noch zu wenig gewürdigt.[8] Steudels Rekonstruktion von 4QFlor und 4QCatena[a] zu einem als Midrasch zur Eschatologie bezeichneten Werk lässt sich zudem nicht einfach mit dem Argument abweisen, dass es zwischen den beiden Manuskripten keine textliche Überlappung gebe.[9] Bei diesem Einwand wird zu wenig beachtet, dass Steudel für die Zusammengehörigkeit der beiden Manuskripte zu einem Werk vornehmlich *inhaltliche* Gründe geltend macht (v. a. die hier dargestellte Verwendung der Zitationsformeln sowie die Orientierung am Psalter). Die Möglichkeit der *materiellen* Rekonstruktion zu einem Werk dient ihr dabei lediglich als Zusatzargument.

Die materielle Rekonstruktionen Steudels *innerhalb der beiden Handschriften* sind von der Frage, ob die beiden Handschriften zu einem Werk gehören, unberührt[10] und können ohne weiteres in die jeweiligen Untersuchun-

---

[5]   Vgl. Steudel, *Midrasch zur Eschatologie*, 127–151.

[6]   Datierung mit Steudel, *Midrasch zur Eschatologie*, 202–212.

[7]   Vgl. Bergmeier, *Erfüllung*, 286. 4QMidrEschat[a.b] wäre dann stufenweise zu einem grösseren Werk gewachsen. Ein Vorgang, der nicht nur aus Qumran, sondern auch von den Büchern der Hebräischen Bibel her bestens bekannt ist.

[8]   In den offiziellen Editionen (DJD, PTSDSSP, DSSR und DSSEL) wurde Steudels Rekonstruktion von 4QFlor und 4QCatena[a] zu *einem* Werk nicht übernommen. Im deutschsprachigen Bereich dagegen wurde sie u. a. von Zimmermann, *Messianische Texte*, 99–113, und Pietsch, *Spross Davids*, 212–219, berücksichtigt.

[9]   So etwa Brooke, *Art. «Florilegium»*, 297; vgl. aber auch die Argumentation von Novakovic in Charlesworth, *Pesharim*, 287. Als differenziertere Auseinandersetzung, die aber zu ähnlichen Ergebnissen kommt, vgl. Brooke, *Rez. Steudel*.

[10] Und auch weniger umstritten; vgl. Brooke, *Rez. Steudel*, 382f.

gen aufgenommen werden. Nicht zu 4QMidrEschat sind 4Q182 (4QCatena[b]) sowie 4Q178 und 4Q183 zu zählen. Für eine Zuordnung dieser Fragmente zu 4QMidrEschat[a,b] ist deren Textbasis zu schmal.[11] Da in diesen Texten zudem keine Jesaja-Zitate vorkommen, werden sie in der vorliegenden Arbeit nicht berücksichtigt.

8.1.1 4QFlor (4Q174) als Teil A des Midraschs zur Eschatologie (4QMidrEschat[a])

Teile von 4QFlor (4Q174) wurden bereits in JBL publiziert, die Editio princeps folgte in DJD V.[12] Die Edition in PTSDSSP wurde von Jacob Milgrom besorgt.[13] Als grössere Untersuchungen zu 4QFlor sind neben der erwähnten Monographie von Steudel die älteren Arbeiten von Yigal Yadin, Joseph Baumgarten, Devora Dimant und insbesondere George Brooke zu nennen.[14] Nach Brooke sind die exegetischen Methoden in 4QFlor mit denjenigen Philos und denjenigen in den Targumen vergleichbar und können einerseits schon in den biblischen Schriften selbst, andererseits auch bei den späteren Rabbinen gefunden werden.[15]

Grundlage der hier gebotenen Untersuchung bietet die materielle Rekonstruktion von 4QFlor durch Steudel.[16] Die Fragmente werden in der von ihr vorgeschlagenen Reihenfolge untersucht. Da auch die materielle Rekonstruktion innerhalb von 4QFlor weder von PTSDSSP noch von DSSEL übernommen wurde, ist den von Steudel rekonstruierten sechs Kolumnen jeweils die Fragment-Zählung nach PTSDSSP mitgegeben.[17] Ebenfalls um die Vergleichbarkeit mit den offiziellen Editionen, aber auch mit den oben genannten Arbeiten zu gewährleisten, richtet sich auch die Zeilenzählung nach der Princetoner Edition. Die Edition von 4QFlor in PTSDSSP wurde auch von DSSEL übernommen.[18] Die nicht in Steudels materielle Rekonstruktion eingeordneten Fragmente 16, 17, 20, 22, 23, 25

---

[11] Vgl. Steudel, *Midrasch zur Eschatologie*, 152.

[12] Vgl. Allegro, *Messianic References*, 176–177 (Publikation von Textstücken aus Frg. 1), Allegro, *Fragments of an Qumran Scroll*, (Publikation des gesamten Frg. 1) und Allegro, *Qumrân Cave 4*, 53–57. Als Korrigenda zur Edition von Allegro vgl. Strugnell, *Notes*, 220–224.

[13] Vgl. Charlesworth, *Pesharim* (PTSDSSP 6B), 248–263; in der folgendenden Untersuchung jeweils mit PTSDSSP bezeichnet.

[14] Yadin, *Midrash on 2Sam. vii*, Baumgarten, *Exclusion of the «Netinin»*, Dimant, *4QFlorilegium* und Brooke, *Exegesis at Qumran*. Ausführliche Behandlung der Forschungsgeschichte mit Literaturangaben siehe Steudel, *Midrasch zur Eschatologie*, 5f.8–11.

[15] Vgl. Brooke, *Exegesis at Qumran*, 36–44.

[16] Vgl. Steudel, *Midrasch zur Eschatologie*, 11–29. Wo nicht besonders erwähnt, beziehen sich die Angaben zu «Steudel» in der folgenden Untersuchung zu 4QFlor auf diesen Textabschnitt.

[17] Charlesworth, *Pesharim*, 248–263.

[18] Vgl. Tov, *DSSEL*, z. St.

und 26 können bei dieser Untersuchung unberücksichtigt bleiben. Sie
bezeugen nur noch einzelne Wörter bzw. einzelne Buchstaben ohne
Sinnzusammenhang.[19]

Kol. I (Frg. 6, 7, 8)

Die Fragmente 6, 7 und 8 repräsentieren nach Steudel den Text von Kol. I.
Ebenfalls zu dieser Kolumne gehört noch der rechte Teil von Frg. 9, auf
dem von Kol. I, Zeile 1 nur noch ein senkrechter Strich als Rest eines
Buchstabens und bei Zeile 5 noch der Buchstabe ב erhalten ist. Frg. 9
wurde von Steudel oberhalb von Frg. 6 angeordnet; die Buchstabenreste
von Kol. I sind aber für die folgende inhaltliche Untersuchung nicht von
Belang. Die Untersuchung wird die von Frg. 9, Kol. I bezeugten fünf Zeilen daher nicht berücksichtigen, sondern setzt bei Frg. 6 ein. Da Steudel
oberhalb der Zeile 1 von Frg. 6 eine weitere Zeile mit Leerstelle rekonstruiert, entspricht Zeile 1 von Frg. 6 der Zeile 7 von Steudels Kol. I. Die
Fragmente 6 und 7 wurden bereits von Allegro als zusammengehörig
ediert.[20] Sie sind auch in PTSDSSP so zusammengestellt, dass Frg. 6 links
oberhalb von Frg. 7 angeordnet ist, so dass die oberste Zeile von Frg. 7
durch die unterste Zeile von Frg. 6 fortgeführt wird. Frg. 8 wird von Steudel direkt unterhalb von Frg. 7 platziert. Danach gehören die unter der
letzten Zeile von Frg. 7 erhaltenen Buchstabenreste zur selben Zeile wie
das noch erhaltene Wort und die zwei Buchstabenreste in Zeile 1 von
Frg. 8.

In Zeile 1 von Frg. 6–7 ist]קרן את להאביד ל[(«... zu zerstören das Horn ...») recht gut
lesbar. Oberhalb dieser Zeile ist mit Steudel eine Leerstelle anzunehmen. Der gut sicht-
bare leere Raum über dem ersten Wort dieses Fragmentes bezeugt entweder eine Leerstelle oder den oberen Rand einer Kolumne. Da PTSDSSP offenbar Letzteres annimmt, keine Leerstelle rekonstruiert und die Zeilenzählung mit den darunterstehenden
Worten beginnt, wird die Zeile mit dieser Leerstelle hier als Zeile 0 gezählt. Eine Leerstelle findet sich ebenfalls in Zeile 2. In den Zeilen 3–6 lässt sich ein Zitat von
Dtn 33,8–11 rekonstruieren. In den erhalten Teilen des Zitates stimmen Steudel und
PTSDSSP überein. In den nicht mehr erhaltenen Teilen des Zitates rekonstruiert Steudel nach dem MT, PTSDSSP dagegen rekonstruiert in Zeile 4 anstelle des in Dtn 33,9
MT lesbaren Wortes ראיתי, aber auch, abweichend gegenüber dem Text von 4Q35,
der mit der LXX Suffix 2. Sing. bezeugt (ראיתך), das in 4Q175 korrigierte Wort
ידעתיכה. Ebenso wird in Zeile 5, abweichend von Dtn 33,10 MT (יורו) bzw. 4Q35 (וירו)
mit 4Q175 ויאירו rekonstruiert. Die ebenfalls bei PTSDSSP verzeichneten verschiedenen Abweichungen zu 4Q175 im erhaltenen Text lassen die Rekonstruktion nach
4Q175 aber eher als unwahrscheinlich erscheinen.[21] Zum MT zeigen sich dagegen nur
wenige Abweichungen, die zudem meist die Plene-Schreibung betreffen. Mit Allegro
und Steudel werden hier die Textlücken daher nach dem MT rekonstruiert. Die am

---

[19] Vgl. Steudel, *Midrasch zur Eschatologie*, 52f.

[20] Vgl. Allegro, *Qumrân Cave 4*, 56.

[21] Mit Steudel, *Midrasch zur Eschatologie*, 33f.

Ende des Zitates mit Steudel zu rekonstruierende Leerstelle ist wahrscheinlich schon bei Allegro vorausgesetzt, aber dort wie auch in PTSDSSP nicht explizit angegeben.[22]

Zeile 7 wird übereinstimmend הא[ו]רים והתומים לאיש rekonstruiert. Von Zeile 8 ist auf dem Fragment noch der obere Teil des Buchstabens ל sichtbar, der bei Steudel nicht wiedergegeben wird. Falls Frg. 8 direkt an Frg. 7 anzuschliessen ist, wie von Steudel vorgeschlagen, so ist ihre Rekonstruktion von Zeile 1 dieses Fragmentes (Steudels Zeile 14) als אשר אמ[ר daher nicht möglich; vielmehr muss dann אשר ל...] rekonstruiert werden. Nach dem Lamed ist vom folgenden Buchstaben nur noch ein Punkt am unteren Zeilenrand erkennbar, so dass seine Rekonstruktion allein aus dem materiellen Bestand unmöglich ist. In Zeile 2 von Frg. 8 ist ארץ כיא ה[ן zu lesen und in Zeile 3, von der nur noch die oberen Teile der Buchstaben zu erkennen sind, wird übereinstimmend לבנימין אמ[ר ידיד יהוה rekonstruiert. Danach bricht das Fragment ab.

Übersetzung und Interpretation von Kol. I (Frg. 6–7.8)

Frg. 6–7

0   VACAT
1   [...] zu vernichten das Horn [...]
2   VACAT
3   [(Dtn 33,8) *Und über Levi sprach er: Deine Tummim und deine Urim für den Mann deines Vertrauens, den du erprobt hast in Mass]a und mit dem du gestr[i]tten hast an den Wassern von Meriba, (9) der ge[sprochen hat*
4   *zu seinem Vater und zu seiner Mutter, ich habe ihn nicht gesehen, und der seine Brüder nicht ansah und seine Söhne nicht ka]nnte, denn sie hielten dein Wor[t] und [deinen] Bund*
5   *[bewahrten sie. (10) Sie lehren Jakob deine Rechtssatzungen und Israel dein Gesetz. Sie legen Räucherwerk] vor deine Nase und Ganzopfer auf deinen Altar.*
6   *[(11) Segne, Jhwh, seine Stärke, und die Tat seiner Hände möge gefallen. Zerschlage die Hüften seiner Gegener und derer, die ihn hassen, so dass sie nicht mehr] aufstehen.*
7   VACAT [die U]rim und die Tummim für den Mann [...]

Frg. 8

1   [...] wenn ... [...]
2   [...] Land, denn [...]
3   [... (12) *Über Benjamin er spra]ch, er ist der Liebling J[hwh's*

Da die in Zeile 1 erhaltenen Reste nach einer Leerstelle stehen, sind sie mit hoher Wahrscheinlichkeit als zu einer Auslegung zugehörig zu betrachten. Es wäre gut möglich, dass sie auf den Juda-Segen (Dtn 33,7) zu beziehen sind. Das folgende Zitat, der Segen über den Stamm Levi (Dtn 33,8–11), ist von dieser Auslegung durch eine Leerstelle abgetrennt. Ebenfalls mit einer Leerstelle ist der Übergang zur Auslegung dieses Zitates markiert. In der Auslegung in Zeile 7 werden die Worte «Die Urim und Tummim für den Mann» aufgenommen; wie sie ausgelegt wurden, ist leider nicht mehr erkennbar. In Frg. 8 finden sich noch Reste dieser Auslegung, deren Aussage sich aber nicht mehr rekonstruieren lässt. In Zeile 3 folgt das nächste Zitat aus Dtn 33, der in Vers 12 enthaltene Segensspruch über den Stamm Benjamin. Ob vor dem Zitat ebenfalls wieder eine Leerstelle stand, ist auf-

---

[22] Siehe oben, Anm. 20.

grund des fragmentarischen Erhaltungszustandes nicht mehr erkennbar, aufgrund der starken Strukturierung mit Leerzeilen, die Zitate und Kommentare in dieser Kolumne trennen, ist es aber anzunehmen.

Kol. II (Frg. 9,II, 10, 11 und 4)

Die Frg. 9, Kol. II und Frg. 10 sind sowohl bei Allegro als auch bei PTSDSSP als zusammengehörig ediert. Frg. 9,II bezeugt noch die Zeilenanfänge von sechs Zeilen. Frg. 10, das nur noch eine Zeile enthält, wurde so hinzugefügt, dass es Zeile 1 von Frg. 9,II fortführt. Steudel fügt Frg. 11 so dazu, dass es die beiden untersten Zeilen von Frg. 9,II fortführt. Zur Kol. II gehört nach Steudel auch Frg. 4, das von ihr etwas weiter unten, mit 5 Zeilen Abstand zur letzten Zeile von Frg. 11 platziert wird und das 7 Zeilen enthält. Nach der materiellen Rekonstruktion von Kol. II würden Zeile 1 durch die Frg. 9–10, die Zeilen 2–4 allein durch Frg. 9, die Zeilen 5–6 dagegen durch die Frg. 9 und 11 bezeugt. Danach folgen mit fünf Zeilen Abstand die von Frg. 4 rekonstruierten Zeilen 12–19.

Die erhaltenen Buchstaben in Zeile 1 von Frg. 9,II sind mit Horgan als das Wort וההוד zu rekonstruieren.[23] Zum Rekonstruktionsvorschlag in PTSDSSP (וההיד) existiert kein entsprechendes hebräisches Lexem. Bei der ersten Zeile von Frg. 10 ist dem Vorschlag von Strugnell (הו[אה זבח הצדק]) zuzustimmen,[24] der auch von Steudel und PTSDSSP übernommen wurde. Zeile 2 (Frg. 9,II) wird übereinstimmend als טוב האן[רץ rekonstruiert. In Zeile 3 sind die Worte ולגד אמ]ר als Beginn des Zitates aus Dtn 33,20–21 erkennbar, zu dem auch das in Zeile 4 übereinstimmend rekonstruierte Wort מחקק gehört. Die in Zeile 5 lesbaren Worte שבי על werden gemäss der materiellen Rekonstruktion der Kolumne durch Steudel von den in Zeile 1, Frg. 11 lesbaren Buchstaben הספון ע[ן fortgesetzt. Entsprechend sind die recht gut lesbaren Worte in Zeile 2, Frg. 11 (כול אשר צונו עשו את כול) an das in Zeile 6 übereinstimmend rekonstruierte Wort להציל anzuschliessen.

Die Rekonstruktion der Zeilen 1–3 von Frg. 4 ist unumstritten (Zeile 1: היאה העת אשר יפתח בליעל), 2: [המבלעים את צאצאי 3: נ]וטרים להמה בקנאתמה,. Zeile 4 ist mit Steudel (dort als II,15 gezählt) als עול בית יהודה קשות לשוטמם zu rekonstruieren. Ebenso wird es bei PTSDSSP verstanden. Gegen Allegro gehört das Lamed am rechten Rand der Zeile nicht zum folgenden Wort בית; vielmehr ist zwischen den Buchstaben Lamed und Beth deutlich ein kleiner Abstand sichtbar.[25] In Zeile 5 ist ובקש בכול כוחו לבזרמה unbestritten. In Zeile 6 ist der Vorschlag in PTSDSSP, ר] הביאמה להיות, der unsicheren Ergänzung des ersten Buchstabens zu אש]ר durch Steudel vorzuziehen. Ebenfalls auf unsicherem Boden stehen die Ergänzungen Steudels in Zeile 7, so dass diese mit PTSDSSP zu rekonstruieren ist: יהו]דה ואל י[שר]אל י]. Da in den Zeilen 1f der Frg. 1–2 offenbar 2Sam 7,10aβ–11aα zitiert wird, ist es plausibel, mit Steudel anzunehmen, dass unmittelbar vor dieser Zeile der Versteil 2Sam 7,10aα zitiert wurde. Da nach ihrer materiellen Rekonstruktion die Frg. 1–2 und 21 Kol. III

---

23 Zur Argumentation vgl. Steudel, *Midrasch zur Eschatologie*, 35. Ihr Vorschlag beruht auf einem Hinweis von Emile Puech und ist demjenigen von Allegro, *Isaiah*, 56, וההיד]ר, vorzuziehen.

24 Siehe Strugnell, *Notes*, 223.

25 Vgl. Allegro, *Qumrân Cave 4*, 55.

bilden, muss der Versteil folglich in Kol. II gestanden haben. Ob der Versteil allerdings direkt unterhalb der letzten Zeile von Frg. 4 zitiert wurde, wie Steudel annimmt, ist nicht mehr feststellbar.

Übersetzung und Interpretation von Kol. II (Frg. 9,II, 10, 11 und 4)

Frg. 9,II–11
1   Und Hoheit [... di]es ist das Opfer der Gerechtig[keit ...
2   Gute des Lan[des ...
3   *(Dtn 33,20) Und für Gad spra[ch er: Gepriesen sei, der Gad weiten Raum schafft. Wie eine Löwin lagert er sich und zerreisst Arm und Scheitel. (21) Und er wählte für sich einen Erstlingsanteil, denn dort wurde ihm sein Anteil]*
4   *bestimmt. [Und als die Häupter des Volkes kamen, da tat er die Gerechtigkeit Jhwhs und seine Gerichte mit Israel ...]*
5   Über die Umkehrenden [...] verborgen ...[...
6   zu befreien [...] alles, was er uns befohlen hat, sie haben getan alle [...

Frg. 4
1   [...] sie, die verwirren die Nachkommenschaft von
2   [... z]ürnen ihnen in ihrer Eifersucht
3   [...] dies ist die Zeit, wenn Belial losgelassen ist
4   [... üb]er das Haus Judas schlimme Dinge, um sie anzufeinden
5   [...] und sucht mit all seiner Kraft, sie zu zerstreuen
6   [...]... brachte sie zu sein
7   [...] Juda und zu Jerusalem ...[

Die Worte הו[א]ה זבח הצד[ק] in Frg. 9,II–11,1 sind mit Sicherheit auf den Ausdruck זבח צדק aus Dtn 33,19 zurückzuführen, weshalb Frg. 9,II–10, Zeile 1 als Auslegung dieses Verses zu verstehen ist. Möglicherweise nimmt Zeile 2 ebenfalls Dtn 33,19 auf.[26] Die erhaltenen Reste in den Zeilen 5f gehörten einmal zu einer Auslegung des in den Zeilen 3f zitierten Segensspruches über Gad, Dtn 33,20f. Weder ist erkennbar, welche Teile des Segens ausgelegt werden, noch ist der Sinn der Auslegung rekonstruierbar. Inhaltlich auffällig sind die Umkehrenden sowie das Tun ganz nach dem ergangenen Befehl. Umkehr und Gehorsam sind Motive, die auch sonst in den Auslegungen der Pescharim mehrfach vorkommen.

In Frg. 4 sind nur noch Teile einer Auslegung erhalten, die sich nicht mit Sicherheit einer bestimmten Bibelstelle zuordnen lassen. Interessant ist die Formulierung in Zeile 3 «Dies ist die Zeit, wenn Belial losgelassen ist» (היאה העת אשר יפתח בליעל) bezüglich ihrer Parallele in CD I,13: «Dies ist die Zeit, von der geschrieben steht» (היאה העת אשר היה כתוב עליה). Ebenfalls in CD findet sich auch die Thematik vom Loslassen Belials über Israel(IV,13). Diese ist in CD IV,14 mit einem Schriftbezug auf Jes 24,17 verbunden.[27] Bemerkenswert ist, dass anschliessend in CD IV,15 die Aus-

---

[26]   So Steudel, *Midrasch zur Eschatologie*, 36.

[27]   Steudel, *Midrasch zur Eschatologie*, 40, erwägt aufgrund der Parallelen zu CD IV die Möglichkeit, dass Jes 24,17 vorgängig zitiert worden sei. Zwar spricht, wie Steudel

legung dieser Schriftstelle mit Hilfe eines Zitates erfolgt, das explizit als ein Wort Levis bezeichnet wird, das aber keiner bekannten Schrift zugeordnet werden kann. In diesem Text dagegen scheint das Motiv eher mit dem Segensspruch Dans oder Assers verbunden zu sein. Näheres ist dazu aber nicht mehr zu erheben.

Kol. III (Frg. 1–2.21,I)

Die Zuordnung von Frg. 21,I zu den bereits von Allegro als zusammengehörig edierten Fragmenten 1–2 wurde zuvor schon von Strugnell erwogen und von Steudel bestätigt.[28] Mit PTSDSSP ist die erste Zeile als Zitat von 2Sam 7,10aβ–11aα zu rekonstruieren:[29] ‏ולוא ירגז ע]וד או]יבן ולוא יוסיף בן עולה [לעונות]ו כאשר בראישונה ולמן היום אשר‏. Anders als im MT wird nicht ‏בני עולה‏ (Pl.), sondern mit LXX (υἱὸς ἀδικίας, vgl. auch Ps 89,23) ‏בן עולה‏ (Sing.) gelesen. Zusätzlich gegenüber dem MT findet sich im Zitat das Wort ‏אויב‏, worauf nun das Verb ‏ירגז‏ bezogen wird. In Zeile 2 wird das Zitat fortgeführt: ‏צויתי שופטים] על עמי ישראל‏. Bei der anschliessenden Auslegung ist vornehmlich die Rekonstruktion der ersten Lücke umstritten. Die Lesung in PTSDSSP, ‏הואה הבית אשר] יבנהן ל[וא]באחרית הימים כאשר כתוב בספר‏, beruht auf der Arbeit von Brooke.[30] Steudel rekonstruiert, wie bereits Dimant, das Verb ‏כון‏ anstelle von ‏בנה‏.[31] Auf den Sinn der Interpretation hat dies nur wenig Einfluss, denn ob das Haus nun gebaut oder gegründet wird, spielt eine untergeordnete Rolle. Wichtiger ist die Tatsache, dass es sich dabei nicht um das Haus Davids handelt, von dem im folgenden Versteil des zitierten Textes die Rede ist, sondern, wie aus dem der Interpretation folgenden Schriftbezug hervorgeht, um das Haus Gottes.[32] Brooke begründet seine Rekonstruktion mit der Tatsache, dass ‏בנה‏ in 4QFlor häufig verwendet wird, während Dimant auf den Gebrauch von ‏כון‏ im folgenden Zitat aus Ex 15,17b–18 hinweist. Das Argument, für die Rekonstruktion des fraglichen Verbs auf die in dem auszulegenden Text gebrauchten Verben zu schauen, ist stichhaltig. Der auszulegende Text in Frg. 1–2.21,I ist aber nicht Ex 15,17b–18, sondern 2Sam 7,10–14a. Das Zitat aus Ex 15,17b–18 dient nur als sekundäre Begründung. Da in 2Sam 7,10–14a im Zusammenhang mit dem Bau des Gotteshauses immer das Verb ‏בנה‏ verwendet wird (‏בנה בית‏ in den Versen 4, 7 und 13), verdient die Rekonstruktion Brookes mit diesem Verb den Vorzug.

---

feststellt, nichts gegen diese Hypothese; sie lässt sich aber auch nicht erhärten. Mit Steudel ist jedoch ‏יפתח‏ in Parallele zu CD IV,13 als Niphal aufzufassen; vgl. ebd.

[28] Vgl. Strugnell, *Notes*, 225, Steudel, *Midrasch zur Eschatologie*, 14. Zu Allegro, *Qumrân Cave 4*, vgl. ebd., 53.

[29] Der Vorschlag, den unsicheren Zeilenbeginn nach 2Sam 7,10 zu rekonstruieren, stammt aus Yadin, *Midrash on 2Sam. vii*, 95. Anders Steudel, *Midrasch zur Eschatologie*, 25. Detaillierte Begründung und Angaben zur Forschungsgeschichte vgl. ebd., 41f. Die Annahme eines Mischtextes von 2Sam 7,10 und Ps 89,23, vgl. Zimmermann, *Messianische Texte*, 100, ist mit Pietsch, *Spross Davids*, 213, als unnötig zu beurteilen.

[30] Siehe Brooke, *Exegesis at Qumran*, 86; zur detaillierten Begründung vgl. 99f. Seine Rekonstruktion der zweiten Lücke zu ‏ל[וא‏ wurde ursprünglich von Strugnell, *Notes*, 220, erwogen und ist von der Forschung breit akzeptiert.

[31] So Dimant, *4QFlorilegium*, 166–168, sowie Steudel, *Midrasch zur Eschatologie*, 25. Zu den weiteren Rekonstruktionsvorschlägen vgl. ebd. 42.

[32] Gegen Yadin, *Midrash on 2Sam. vii*, 95, lässt sich die Lücke daher nicht mit dem im folgenden Versteil gebrauchten Verb ‏עשה‏ rekonstruieren.

Bei der durch Frg. 21,I ergänzten Zeile 3 ist die Rekonstruktion der ersten beiden Wörter [משה מקדש] unbestritten. Die Rekonstruktion von משה ist durch das folgende Zitat aus «Mose» (Ex 15,17b–18) begründet; das Wort מקדש ist das erste Wort dieses Zitates. Ebenfalls unbestritten ist die Transkription der restlichen, recht gut lesbaren Aussage: יהוה כן [וננו ידיכה יהוה ימלוך עולם ועד הואה הבית אשר לוא יבא שמה.[33] Da in anderen Pescharim der Gottesname zurückhaltend gebraucht wird, ist an diesem Zitat von Ex 15,17b–18 bemerkenswert, dass 4QFlor nicht mit dem MT אדני anstelle des ersten Tetragramms liest, sondern mit 4Q14 (4QExᶜ) den Gottesnamen beide Male ausschreibt. Da von der folgenden Zeile auf Frg. 21,I nur noch nicht eindeutig zuzuordnende Buchstabenreste erhalten sind, ist eine Rekonstruktion des Zeilenanfangs nicht möglich[34] und die Rekonstruktion muss sich mit den lesbaren Worten der Zeile begnügen: עולם ועמוני ומואבי וממזר ובן נכר וגר עד עולם כיא קדושו שם.[35] Dasselbe gilt für Zeile 5:[36] עולם תמיד עליו יראה ולוא ישמוהו עוד זרים כאשר השמו בראישונה.

Die Transkription und, wo nötig, Rekonstruktion der Zeile 6 ist unbestritten und als את מקד]ש י[שראל בחטאתמה ויואמר לבנות לוא מקדש אדם להיות מקטירים בוא לוא zu lesen. In Zeile 7 gehören die mit Steudel zu lesenden Worte תודה מעשי לפנין noch zum Inhalt der vorangehenden Zeilen. Die Lesung von תורה anstelle von תודה wie in PTSDSSP vorgeschlagen macht inhaltlich weniger Sinn. Der anschliessenden Einleitung ואשר אמר לדויד folgt ein Zitat von 2Sam 7,11aβ: והניחותי לכה מכול אויביכה. Mit den Worten אשר יניח להמה מכ[ול] am Ende dieser Zeile beginnt dann eine Auslegung, die in den nächsten beiden Zeilen fortgesetzt wird. In Zeile 8 ist die Rekonstruktion der ersten Textlücke durch Steudel wieder unsicher, weswegen die sich weitgehend auf die erhaltenen Wörter abstützende Rekonstruktion von PTSDSSP: בני בליעל המכשילים אותמה לכלותמה]מה כאשר באו במחשבתן בן[לן]על להכשיל בנ[ין vorzuziehen ist Für das umstrittene letzte Wort in Zeile 9 ist der Rekonstruktionsvorschlag von PTSDSSP passender, da er nicht nur wie derjenige Steudels den erhaltenen Buchstabenrest berücksichtigt, sondern auch die bestehende Lücke besser ausfüllt: און] ולחשוב עליהמה מחשבות און למ[ען יתן]פשו לבליעל במשגת א[ון]נמה. Am Ende von Zeile 9 ist eine Leerstelle bezeugt.

Durch die obige Leerstelle deutlich abgesetzt, wird in den Zeilen 10f aus 2Sam 7,11b–14a mit geringen Abweichungen zum MT zitiert. Die Lesung der Zeilen ist unbestritten. [והג]יד לכה יהוה כיא בית יבנה לכה והקימותי את זרעכה אחריכה והכינותי את כסא ממלכתו in Zeile 10 wird durch [לעו]לם אני אהיה לוא לאב והוא יהיה לי לבן in Zeile 11 fortgesetzt, gefolgt von den Worten הואה צמח דויד העומד עם דורש התורה אשר. Insbesondere in Zeile 10 sind Differenzen des Zitates gegenüber dem MT auszumachen. Bedeutungsvoll an diesen Abweichungen gegenüber 2Sam 7,11b–14a MT ist der Gebrauch des Verbs בנה anstelle des Verbs עשה von Vers 11b und dass das Verb כון von Vers 13 nicht wie im MT als וכננתי (q.) mit der Bedeutung «festigen», sondern als והכינותי (Hifil) mit der Bedeutung «errichten» (vgl. Ps 103,19) wiedergegeben wird.[37] Bemerkenswert sind auch die Auslassungen gegenüber dem MT. So werden das Wort יהוה am Ende von 11b sowie die Versteile 12aα und 12aγ–13a ausgelassen.

---

[33] Argumentation zur Rekonstruktion vgl. Steudel, *Midrasch zur Eschatologie*, 42.

[34] Gegen Steudel, *Midrasch zur Eschatologie*, 42f.

[35] Anders PTSDSSP: Rekonstruktion von עד vor den lesbaren Worten.

[36] Die Rekonstruktionen von Steudel und PTSDSSP sind als zu unsicher zu beurteilen.

[37] Zu den weiteren Abweichungen siehe PTSDSSP.

Verschiedene Rekonstruktionsvorschläge wurden für den Beginn der Zeile 12 vorgebracht;[38] erhärten lässt sich keiner davon, weshalb man sich auf die lesbaren Worte הואה סוכת [בצון בן]אחרית הימים כאשר כתוב והקימותי את סוכת דויד הנופלת[39]... beschränken muss. In dieser Zeile wird Am 9,11a mit einer kleinen Abweichung zitiert (קום hi. steht im ו-Perfekt statt im Imperfekt). Die Lesung von Zeile 13 ist unbestritten: דויד הנופל[ת א]שר יעמוד להושיע את ישראל. Am Ende der Zeile ist eine Leerstelle bezeugt.

Wiederum durch die Leerstelle deutlich abgesetzt, findet sich in Zeile 14 ein Zitat von Ps 1,1a und der Beginn von dessen Auslegung. Bei der Rekonstruktion der ersten Lücke herrscht Übereinstimmung. Mit Steudel ist bei der zweiten Lücke הדבר המ[ה zu lesen;[40] entgegen ihrem Vorschlag muss jedoch auf eine Rekonstruktion nach dem letzten erhaltenen Wort der Zeile verzichtet werden. Somit ist Zeile 14 wie folgt zu lesen: מדרש מאשרי [ה]איש אשר לוא הלך בעצת רשעים פשר הדבר המ[ה סרי מדרך.
Die Transkription bzw. teilweise Rekonstruktion der Zeile 15 ist unbestritten: אשר כתוב בספר ישעיה הנביא לאחרית הימים ויהי כחזקת[ן היד ויסירני מלכת בדרך][41] Bei dem in den Zeilen 15f zu findenden Zitat aus Jes 8,11 ist die Einleitung der Gottesrede sowie das letzte Wort des Verses weggelassen. Da Zeile 17 mit גלוליהמה, dem Wort aus Ez 37,23a beginnt, ist am Ende von Zeile 16 ein Zitat von Ez 37,23aα zu rekonstruieren. Die von Steudel vorgeschlagene und von PTSDSSP übernommene Ergänzung dieses Zitates mit בכול ist aus inhaltlichen Gründen mit zu rekonstruieren: העם הזה והמה אשר כתוב עליהמה בספר יחזקאל הנביא אשר לו[א יטמאו עוד בכול].
Zeile 17 ist mit Steudel zu rekonstruieren; PTSDSSP beruht auf der Rekonstruktion Brookes, die mit den erhaltenen Schriftresten nicht vereinbar ist.[42] Die Zeile enthält (wie erwähnt) das erste Wort aus dem Zitat von Ez 37,23aβ sowie dessen Auslegung: גלוליהמה המה בני צדוק וان[נ]שי עצת[מ]ה רוחנ[מים] אשר יביאו מאחריהמה לעצת היחד.
In Zeile 18f wird, was unbestritten ist, ein Zitat von Ps 2,1–2 rekonstruiert, das sich vom MT durch die zusätzliche Präposition ב vor יחד unterscheidet. Mit PTSDSSP ist [למהי רגשו] גויים ולאומים יהג[ו ריק יתי]צבון מלכי ארץ ורו]זנים נוסדו ביחד על יהוה ועל zu rekonstruieren bzw. transkribieren. Das letzte Wort des Zitates ist zu Beginn der Zeile 19 anzunehmen. Aufgrund der Unsicherheiten in Zeile 19 ist bei ihrer Rekonstruktion Zurückhaltung geboten, weshalb die Zeile mit PTSDSSP zu lesen ist: [משיחו פ]שר הדבר [   ] גו]יים והן [   ]בחירי ישראל באחרית הימים].

---

[38] Neben der von Steudel, *Midrasch zur Eschatologie*, 45, vorgeschlagenen Rekonstruktion vgl. auch die von ihr genannten weiteren Vorschläge, ebd., Anm. 4.

[39] Da ו und י in den Qumranschriften paläographisch gelegentlich kaum zu unterscheiden sind, ist mit Brooke, *Exegesis at Qumran*, 114, die Lesung הואה der Lesung היאה aus grammatischen Gründen vorzuziehen. Anders Pietsch, *Spross Davids*, 218f, und Steudel, *Midrasch zur Eschatologie*, 45.

[40] Zur Argumentation vgl. Steudel, *Midrasch zur Eschatologie*, 46. Ihr Vorschlag berücksichtigt die erhaltenen Buchstabenreste und die Länge des Zwischenraums am besten; vgl. auch ebd., Anm. 6.

[41] MT liest ויסרני (יסר q. ו-Perfekt), 1QJesᵃ liest יסירני (יסר hi. Imperfekt). Die Lesart von 1QJesᵃ wird auch von 𝕊 bezeugt. Aufgrund der nachfolgenden Auslegung ist für das Zitat ויסירני (יסר ו-Imperfekt) zu erwarten.

[42] Siehe dazu Steudel, *Midrasch zur Eschatologie*, 47, Anm. 3.

Übersetzung und Interpretation von Kol. III (Frg. 1–2 und 21,I)

1 (2Sam 7,10aβ) *[Und nicht m]ehr[rasen wird]* der Feind und ein Ungerechter wird *[nicht mehr fortfah]ren zu [unterdrück]en wie früher,* (11aα) *seit dem Tag,*

2 *da ich bestellt habe Richter] über mein Volk Israel.* Dies ist das Haus, das er i[hm bauen] wird in den letzten Tagen, wie geschrieben steht im Buch

3 [Moses, (Ex 15,17b) *Das Heiligtum,] Jhwh, welches deine Hände gegründet haben.* (18) *Jhwh ist König für immer.* Dies ist das Haus, in welches nicht eintreten wird,

4 [...] [für] immer, weder ein Ammoniter, noch ein Moabiter, noch ein Bastard, noch ein Fremder, noch ein Proselyt für immer, denn seine Heiligen sind dort.

5 ... [...] immer, beständig wird er über ihm erscheinen und Fremde werden es nicht mehr zerstören, wie sie früher zerstörten

6 das Heilig[tum I]sraels wegen derer Sünde. Und er sagte, dass gebaut werden soll für ihn ein Heiligtum von Menschen, damit darin seien die Rauchopfer für ihn

7 vor seinem Angesicht als Werke des Dankes. Und wie er gesagt hat zu David, (2Sam 7,11aβ) *Und ich werde dir [Ruhe verschaffen] von all deinen Feinden,* das ist, er wird ihnen Ruhe verschaffen von all[en]

8 Söhnen Belials, die sie zu Fall bringen wollen, um sie zu vernichten. [ ]... genau so, wie sie kommen nach dem Plan Belials, um zu Fall zu bringen die Sö[hne des]

9 Lich[ts], um zu ersinnen gegen sie böse Pläne, da[mit sie ge]fangen würden von Belial durch ihre unheilvolle Verfehlung. VACAT

10 (2Sam 7,11b) *Und kund] getan hat dir Jhwh, dass er dir ein Haus bauen wird.* (12aβ) *U]nd ich werde aufstehen lassen deinen Nachkommen nach dir.* (13b) *Und ich werde errichten den Thron seines Königtums*

11 *für ewig.* (14a) *Ich will ihm Vater sein, und er soll mir Sohn sein.* Dies ist der Spross Davids, der aufsteht mit dem Erforscher des Gesetzes, der

12 ...] in Zi[on in den] letzten Tagen, wie geschrieben steht, (Am 9,11a) *Ich werde aufrichten die zerfallene Hütte Davids.* Er ist die Hütte

13 Davids, die zerfallene, der aufstehen wird, Israel zu retten. VACAT

14 Darlegung von (Ps 1a) *Wohl dem Mann, der nicht geht nach dem Rat der Frevler.* Die Deutung des Wort[es: Si]e sind die, die abgewichen sind vom Weg [...]

15 wovon geschrieben ist im Buch Jesaja, des Propheten, über die letzten Tage, (Jes 8,11*) *Und es geschah, als mich ergriff [die Hand, da brachte er mich davon ab, zu gehen den Weg]*

16 *dieses Volkes.* Und sie sind es, über die geschrieben steht im Buch Ezechiels, des Propheten, (Ez 37,23aα) *Nich[t mehr werden sie sich unrein machen mit ihren]*

17 *Götzen.* Dies sind die Söhne Zadoks und die Män[n]er ihres Ra[t]es, die sich erbar-[men], die hineinkamen nach ihnen in den Rat der Gemeinschaft.

18 (Ps 2,1) *Warum tob]en die Völker und die Nationen plan[en Nichtiges?* (2) *Es] erheben [sich] die [Könige der Erde und es ver]schwören sich die Fürsten in der Versammlung gegen Jhwh und gegen seinen*

19 *[Gesalbten. Die Deu]tung des Wortes [... Völ]ker und ...[...]* die Auserwählten Israels in den letzten Tagen.

Durch die graphische Gestaltung mittels der Leerstellen ist der Text von Frg. 1–2.21 deutlich in drei Teile gegliedert,[43] von denen die ersten zwei inhaltlich je einen eigenen Abschnitt einer Darlegung von 2Sam 7,10–14a bilden. Zu Beginn des ersten Teils wird von 2Sam 7,10aβ-11aα zitiert und

---

43 Mit Pietsch, *Spross Davids*, 212f.

ausgelegt, wobei für diese Auslegung weitere Bibelstellen hinzugezogen werden. Da in der Auslegung auch Bezug auf den Versteil 10aα (siehe unten) genommen wird, und da am Ende des ersten Teils 2Sam 7,11aβ zitiert wird, ist als auszulegender Text des ersten Abschnittes 2Sam 7,10a–11a anzusehen. Der zweite Teil beginnt mit einem Zitat aus 2Sam 7,11b–14a. Dieses Zitat bildet die Grundlage für den zweiten Teil der Darlegung. Für die Auslegung dieses Zitates wird, ähnlich wie im ersten Abschnitt, ein weiteres Zitat hinzugenommen. Im dritten Teil des Fragmentes beginnt inhaltlich erkennbar etwas Neues. Von nun an wird aus den Psalmen zitiert; die Auslegung macht jedoch weiter von der Technik Gebrauch, für die Interpretation weitere Bibelstellen hinzuzuziehen.[44]

1. Teil: Auslegung von 2Sam 7,10a–11a

Bedeutsam sind schon die Differenzen im Zitat 2Sam 7,10aβ–11aα gegenüber dem MT. Im MT ist der Vers eine Verheissung, dass Ungerechte, die einst Israel unterdrückt hätten – wohl eine Anspielung auf diverse Gegner, die Israel in der Geschichte zugesetzt hatten –, dies in Zukunft nicht mehr tun werden. In 4QFlor ist, wie in der LXX, nur von *einem* Ungerechten die Rede. Eine weitere Differenz ist das zusätzliche Wort אויב (Feind), das sich im Zitat findet. Die Wörter אויב und בן עולה sind in der Hebräischen Bibel zusammen nur in Ps 89,23 zu finden: «Kein Feind soll ihn überlisten, kein Ungerechter ihn bezwingen.» Es ist anzunehmen, dass diese (im Psalm als Verheissung an David dargestellte) Aussage die Rezeption von 2Sam 7,10aβ in 4QFlor beeinflusst hat. Der erste Teil der Verheissung wird durch die Hinzufügung konkretisiert. Während im MT bloss davon die Rede ist, dass Israel nicht mehr in Unruhe geraten werde, wird im Zitat in 4QFlor der Grund dafür angegeben. Israel wird deshalb nicht mehr in seiner Ruhe gestört werden, weil der Feind nicht mehr in Unruhe geraten wird. Da die beiden Wörter «Feind» und «Ungerechter» für die Auslegung in Zeile 4 von Bedeutung sind, ist eine gezielte Textänderung durch die Verfasser von 4QFlor wahrscheinlich.

Die Auslegung bezieht das Zitat 2Sam 7,10aβ–11aα auf das Haus, das Gott Israel bauen wird in den letzten Tagen, wobei für die Trägerkreise des Midraschs zur Eschatologie diese letzten Tage bereits angebrochen sind.[45] Das Wort בית (Haus) in der Auslegung bezieht sich dabei mit hoher Wahrscheinlichkeit auf das Wort מקום in Versteil 10aα: «Und ich setze für mein Volk, für Israel, einen Ort fest und pflanze es ein.»[46] Somit ist vorauszusetzen, dass dieser Versteil ebenfalls zitiert wurde (und zwar in der Kolum-

---

[44] Anders Brooke, *Exegesis at Qumran*, 129–133.

[45] Vgl. Pietsch, *Spross Davids*, 218.

[46] Mit Brooke, *Exegesis at Qumran*, 134, und Klinzing, *Umdeutung des Kultus*, 81. Vgl. auch Pietsch, *Spross Davids*, 213.

ne davor). Die Auslegung in Zeile 2, «Dies ist das Haus, das er i[hm bauen] wird in den letzten Tagen», besteht aus einem mit Pronomen eingeleiteten identifizierenden Nominalsatz und nimmt inhaltlich Bezug auf diesen ersten Teil des Zitates. Im Folgenden wird die Auslegung mit einem expliziten *Schriftbezug* auf Ex 15,17b–18 verbunden. Das Zitat dient offensichtlich dazu, die Gründung des in Zeile 2 genannten Hauses Gottes als Heiligtum durch Gott selbst zu betonen. Diese Betonung steht in einer gewisser Spannung zum Inhalt der Anweisung Gottes in 2Sam 7, nach welcher zwar nicht David, aber dennoch ein Mensch, nämlich dessen Nachkomme (Salomo) Gott ein Haus bauen soll. Die Auslegung in 4QFlor handelt jedoch nicht vom Tempel Salomos oder vom zweiten Tempel, sondern vom eschatologischen Tempel, den Gott in den letzten Tagen errichten wird.[47]

Bei der nachfolgenden Auslegung in den Zeilen 3–7 nimmt der erste Teil (Zeilen 3–6) auf das Zitat in Zeile 1 (2Sam 7,10aβ-11aα) Bezug. Zuerst wird in den Zeilen 3f deutlich gemacht, was es für das genannte Haus Gottes bedeutet, wenn kein Feind mehr Israel stören und kein Ungerechter es unterdrücken wird: «Dies ist das Haus, in welches nicht eintreten wird, [...] immer, weder ein Ammoniter, noch ein Moabiter, noch ein Bastard, noch ein Fremder, noch ein Proselyt für immer, denn seine Heiligen sind dort.» Dabei sind offenbar Ammoniter und Moabiter als klassische Feinde Israels als Auslegung des im den Zitat genannten «Feindes» (אויב), der Bastard, der Fremde und der Proselyt dagegen als Auslegung des Wortes בן עולה (Ungerechter) zu verstehen. Die Verbotsliste bezieht sich auf Dtn 23,3–4 (Verbot für Bastarde, Ammoniter, Moabiter in die Versammlung Jhwhs einzutreten) und Ez 44,9 (Verbot für den Fremden, בן נכר, in das Heiligtum Jhwhs einzutreten). Offenbar verstanden die Ausleger des Textes das Verbot, in die Versammlung einzutreten, als Ausschluss vom Heiligtum.[48]

Zusätzlich zu den Verboten in den genannten Texten wird in dieser Auslegung auch noch dem Proselyten (גר) der Eintritt ins Heiligtum verwehrt.[49] Die Ausweitung des Verbotes auf den Proselyten erstaunt, insbesondere da die Proselyten in CD XIV Teil der Versammlung der Gemeinschaft sind.[50] Die Ausweitung muss als Exegese von Ez 44,9 gesehen werden,[51] welche auf der Tatsache aufbaut, dass die Fremdlinge in diesem Vers zweimal genannt werden: «Kein Fremder, unbeschnitten am Herzen und

---

[47] Mit Dimant, *4QFlorilegium*, 172f. Die Bedeutung des Hauses als Tempel ist aus 2Sam 7,10 übernommen (vgl. ebd., 173).

[48] Vgl. Baumgarten, *Exclusion of the «Netinin»*, 76f.

[49] Zur Lesung גר und zu dessen Übersetzung als Proselyt oder Gast vgl. Steudel, *Midrasch zur Eschatologie*, 42f. Die Deutung von גר als Proselyt ist in der Forschung breit akzeptiert. Vgl. die Literatur-Angaben bei Zimmermann, *Messianische Texte*, 103, Anm. e.

[50] Bei Yadin, *Midrash on 2Sam. vii*, 96, Anm. 10, wird die Lesung גר deswegen abgelehnt.

[51] Mit Baumgarten, *Exclusion of the „Netinin»* , 77.

unbeschnitten am Fleisch, soll in mein Heiligtum hineinkommen von allen Fremden, die mitten unter den Söhnen Israels sind.» Mit den *Fremden, die mitten unter den Söhnen Israels wohnen*, sind nach Ansicht der Verfasser von 4QFlor eben die Proselyten gemeint. Für sie ist der Ausschluss der Proselyten aus dem Heiligtum somit keine Ausweitung oder Verschärfung, sondern lediglich eine Erklärung des bestehenden Gesetzes. Begründet wird der Ausschluss damit, dass die Heiligen Gottes dort sind.

Bemerkenswert ist, dass dieser Ausschluss aller Fremden aus dem Heiligtum dem Aufruf in Jes 56,3–7 widerspricht:

3   Und der Fremde, der sich Jhwh angeschlossen hat, soll nicht sagen: Jhwh wird mich sicher von seinem Volk abtrennen. Und der Eunuch sage nicht: Siehe, ich bin ein dürrer Baum!

4   Denn so spricht Jhwh: Den Eunuchen, die meine Sabbate bewahren und das erwählen, was mir gefällt, und festhalten an meinem Bund,

5   denen gebe ich in meinem Haus und in meinen Mauern ein Denkmal[52] und einen Namen, besser als Söhne und Töchter. Einen ewigen Namen werde ich ihnen geben, der nicht ausgetilgt wird.

6   Und die Fremden, die sich Jhwh anschliessen, indem sie ihm dienen und den Namen Jhwhs lieben, ihm Knechte werden, jeder, der den Sabbat bewahrt, ihn nicht zu entweihen, und die an meinem Bund festhalten:

7   die werde ich zu meinem heiligen Berg bringen und sie erfreuen in meinem Bethaus. Ihre Brandopfer und ihre Schlachtopfer werden ein Wohlgefallen sein auf meinem Altar. Denn mein Haus wird ein Bethaus genannt werden für alle Völker.

Wie 4QFlor III,3f ist auch Jes 56,3–7 ein Text, der auf Dtn 23,2–9 und Ez 44,6–9 Bezug nimmt.[53] Dabei wird der Zugangsbeschränkung in Dtn 23,2–9 zur Gemeinde Gottes für Entmannte sowie für Ammoniter und Moabiter inhaltlich widersprochen, indem Jes 56,3–7 die Zugehörigkeit von Eunuchen und allen Fremden zur Tempelgemeinde proklamiert.[54] Mit Ez 44,6–9 ist Jes 56,3–7 über die Worte בני הנכר (Fremdlinge) und הביא (bringen) verbunden und widerspricht dieser Stelle sowohl inhaltlich als auch terminologisch.[55] Während Jes 56,3–7 den Exklusiv-Bestimmun-

---

[52]   Interpretation von יד als Denkmal mit Scharper, *Inner-Biblical Exegesis*, 133.

[53]   Vgl. Scharper, *Inner-Biblical Exegesis*, 129–135.

[54]   Vgl. dazu Donner, *Jesaja LVI 1–7: Ein Abrogationsfall innerhalb des Kanons – Implikationen und Konsequenzen*. Gegen ebd., 171–178, ist Jes 56,1–7 aufgrund der unterschiedlichen Terminologie nicht als Abrogation von Dtn 23,2–9 zu behandeln. Jes 56,1–7 widerspricht der Darstellung von Dtn 23,2–9 nicht wörtlich (vgl. dazu auch ebd., 178), wohl aber inhaltlich deutlich, indem durch die Kombination von Eunuchen und Fremden auf Dtn 23,2–3 Bezug genommen wird; vgl. Scharper, *Inner-Biblical Exegesis*, 133.

[55]   Vgl. Scharper, *Inner-Biblical Exegesis*, 134. Die בני הנכר lassen sich gegen Baumgarten, *Exclusion of the «Netinin»*, 78, nicht bloss auf die נתינים beschränken; vielmehr ist mit Scharper, *Inner-Biblical Exegesis*, 134, bereits Ez 44,6–9 als Auslegung von Dtn 23,2–9 zu betrachten, das die dortige Exklusion von Ammonitern und Moabitern auf alle Fremdlinge ausweitet.

gen von Dtn 23,2–9 und Ez 44,6–9 eine Inklusiv-Regelung entgegenstellt, werden die Ausschlusskriterien von Dtn 23,2–9 und Ez 44,6–9 in der Auslegung von 4QFlor nicht nur bestätigt, sondern summierend zu einer neuen, noch exklusiveren Bestimmung verbunden.

Die Zeilen 5f beschreiben schliesslich die Folge davon, wenn die Unterdrückung durch den Sohn der Ungerechtigkeit wegfällt, wie am Ende des Zitates von 2Sam 7,10aβ verheissen ist.[56] Der in Zeile 6 als neues Heiligtum bezeichnete eschatologische Tempel[57] wird nicht mehr durch Fremde zerstört werden, so wie einst der erste Tempel durch die Babylonier zerstört wurde.

Der zweite Teil der Auslegung, die Zeilen 6–7, bezieht sich auf das Zitat von Ex 15,17b–18 in Zeile 3 «Das Heiligtum,] Jhwh, welches deine Hände gegründet haben.»[58] Mit ויאמר (und er sagte) wird kein Schriftwort eingeleitet, sondern die obige Stelle konkretisiert. Gebaut werden soll kein Tempel aus Stein, sondern ein Heiligtum, das aus Menschen besteht.[59] Unklar ist das Subjekt des Verbs «bauen». Doch da es sich offenbar um einen eschatologischen Tempel handelt, ist als Erbauer Gott anzunehmen.[60] Die Vorstellung der Gemeinschaft als Tempel wird mit der Vorstellung eines eschatologischen Tempels verbunden. Eschatologisch heisst nun aber nicht, dass die Verfasser diesen Tempel notwendigerweise erst für die Zukunft erwartet hätten.[61] Vielmehr ist anzunehmen, dass sie sich selbst als in den genannten letzten Tagen befindend glaubten, in denen die sich nach und nach vollziehende Erfüllung der prophetischen Verheissungen bereits begonnen hat.[62] Ähnlich wie die Gemeinschaft nach

---

[56] Mit Dimant, *4QFlorilegium*, 174. Zwischen dem Zitat aus 2Sam 7,10aβ in Zeile 1 ולוא יוסיף בן עולה [לענותו כאשר בראישונה und seiner Auslegung in Zeile 5 ולוא ישמוהו עוד זרים כאשר השמו בראישונה bestehen auffallende morphologische und syntaktische Ähnlichkeiten, vgl. ebd.

[57] Dieses neue Heiligtum ist gegen Dimant, *4QFlorilegium*, 174–180, nicht als eine vom oben genannten Tempel unterschiedliche Grösse zu betrachten, so dass von mehreren Tempeln die Rede wäre; vgl. Bergmeier, *Erfüllung*, 277f. Anders als ebd., 279f, bezieht der Text m. E. die Verheissung nicht auf die Gemeinde, sondern durchwegs auf den eschatologischen Tempel.

[58] Anders Dimant, *4QFlorilegium*, 176f.

[59] Gegen Allegro, *Qumrân Cave 4*, 54. Die Deutung von מקדש אדם als «a man-made sanctuary» ist mit Klinzing, *Umdeutung des Kultus*, 82f, auszuschliessen. Entgegen ebd. verbleibt somit nur die Übersetzung «ein Heiligtum von Menschen». Dieses ist mit Zimmermann, *Messianische Texte*, 107f, der sich diesbezüglich der Mehrheitsmeinung anschliesst (vgl. ebd., 107), als ein aus Menschen bestehendes Heiligtum, verstehen und mit Pietsch, *Spross Davids*, 214, auf die Gemeinschaft der Verfasser zu beziehen.

[60] Mit Klinzing, *Umdeutung des Kultus*, 82.

[61] Gegen Klinzing, *Umdeutung des Kultus*, 86f.

[62] Deutlich wird dies in III,14f, wo אחרית הימים die *gegenwärtige* Zeit der Trägerkreise von 4QFlor bezeichnet; zu אחרית הימים vgl. Steudel, *Midrasch zur Eschatologie*, 161f.

4QpJes^d das neue Jerusalem bildet, stellt nach dieser Auslegung die Gemeinschaft der Verfasser den verheissenen eschatologischen Tempel dar. Die prophetische Verheissung für die letzten Tage, dass Gott sich ein Haus (d. h. ein Heiligtum) bauen werde, ist nach dieser Auslegung nicht bloss für die Zukunft zu erwarten, sondern erfüllt sich bereits konkret in der Zusammenkunft der Gemeinschaft.

Mit den Worten «Und wie er gesagt hat zu David» wird ein *Schriftbezug* zu 2Sam 7,11aβ eingeleitet, welche die Thematik von 2Sam 7,10aβ–11aα aufnimmt. In der mit אשר eingeleiteten Auslegung in den Zeilen 7–9 wird die Verheissung, dass Gott dem Nachkommen Davids Ruhe verschaffen werde von allen seinen Feinden, so gedeutet, dass Gott *der Gemeinschaft* Ruhe verschaffen werde von allen Söhnen Belials.

2. Teil: Auslegung von 2Sam 7,11b–14a

Auch bei diesem Zitat in den Zeilen 10f sind bereits die Differenzen zum MT aussagekräftig. Offensichtlich wurden beim Zitieren ganze Versteile weggelassen.[63] Nämlich 12aα «Wenn deine Tage erfüllt sind und du dich zu deinen Vätern gelegt hast», 12b «Der aus deinem Leib kommt und ich werde sein Königtum festigen» und 13a «Der wird meinem Namen ein Haus bauen.» Weggelassen werden somit der Hinweis auf den Tod des Empfängers dieser Verheissung in 2Sam 7 (David) sowie der Hinweis, dass dessen Thronfolger sein leiblicher Nachkomme (Salomo) ist. Besonders bedeutsam ist die Weglassung von 13a, die Aussage, dass eben dieser leibliche Nachkomme Davids Jhwh ein Haus bauen werde.

Bereits bei der obigen Auslegung, welche das Haus Gottes behandelt, wurden nicht die Stellen aus 2Sam 7 zitiert, die vom Plan Davids handeln, Gott ein Haus zu bauen, sondern die Stelle, in der Gott für Israel einen Ort festsetzt, um es einzupflanzen (2Sam 7,10). Durch die Interpretation dieser Stelle als *Bau des Hauses durch Gott* in der nachfolgenden Auslegung und durch die Weglassungen wird der Aussagegehalt des Zitates von Vers 11b verändert. Eine weitere Veränderung ergibt sich dadurch, dass 4QFlor das Verb בנה (bauen) anstelle des im MT gebrauchten Verbs עשה (tun) bezeugt. In der Hebräischen Bibel ist Vers 11b eine Dynastie-Verheissung an David; in der vorliegenden Auslegung von 4QFlor wird der Vers nun zu der Aussage, dass Gott selbst das Haus (in der Bedeutung des Gotteshauses) bauen werde. In 4QFlor sind somit sämtliche Hinweise auf den Tempelbau Salomos weggelassen; als Erbauer des Gotteshauses hat vielmehr Gott selbst zu gelten, was bereits mit der abgeänderten Zitation von 2Sam 7 deutlich gemacht wird.[64] Von Bedeutung ist weiter, dass bei der Thronverheissung (Vers 13b) in 4QFlor nicht כון pol. mit der

---

[63] Mit Brooke, *Exegesis at Qumran*, 111f, und Pietsch, *Spross Davids*, 215, ist von bewussten, aus exegetischen Interesse resultierenden Auslassungen auszugehen.

[64] Vgl. Dimant, *4QFlorilegium*, 182–184.

Bedeutung «festigen», sondern כון hi. mit der Bedeutung «aufrichten»
gebraucht wird. Die Nathan-Weissagung wird dadurch nicht mehr als eine
Verheissung über Salomo, sondern als eine Verheissung über den Messias
gelesen, dessen Thron Gott in Zukunft errichten wird.

Die dem gekürzten Zitat von 2Sam 7,11b–14a folgende Auslegung zitiert
von der Nachkommens-Verheissung bloss die allgemeine Verheissung eines Nachkommens (Vers 12aβ). Alle konkreten Angaben, die auf die Zeit
Davids bzw. seines leiblichen Nachfolgers Salomo und dessen Tempelbau
weisen, sind (wie oben dargestellt) weggelassen. Der in Vers 12aβ verheissene Nachkomme Davids wird in der Auslegung in Zeile 11 als Spross Davids (צמח דויד) gedeutet, ein Ausdruck, welcher den Messias bezeichnet.[65]
Die Weglassung der konkreten Angaben ist somit durch die eschatolo-
gisch-messianische Interpretation der Nathan-Weissagung als Verheissung
des Sprosses Davids bedingt. Vom Spross Davids wird in der Auslegung
anschliessend in Zeile 11 gesagt, dass er zusammen mit dem Erforscher
des Gesetzes (דורש התורה) aufstehen wird in den letzten Tagen. Dabei
wird von der Zeitspanne dieser letzten Tage, die sowohl die Gegenwart als
auch die Zukunft der Gemeinschaft der Verfasser umfassen,[66] ihr baldig
erwarteter Abschluss gemeint sein.

Der Terminus דורש התורה bezeichnet üblicherweise den Gesetzeslehrer, dem in der Gemeinschaft der Verfasser offenbar eine wichtige Rolle
zukam. Hier wird aber offensichtlich nicht von der Funktion des Gesetzeslehrers gesprochen, sondern von einer ganz bestimmten Person, offenbar
dem Gesetzeslehrer (in der Bedeutung als dem endgültigen Gesetzeslehrer),
dessen Erscheinen zusammen mit dem Messias offenbar eine eschatologische Erwartung darstellte.[67] Die Auslegung von Vers 12aβ deutet den
verheissenen Nachkommen somit auf den messianischen Davidsspross,
der zusammen mit *dem Gesetzeslehrer* in den letzten Tagen auftreten wird.[68]
Eine zukünftige Erwartung des Gesetzeslehrers (דורש התורה), der als eine
vom Messias unterschiedliche Gestalt betrachtet werden muss, zeigt auch
CD VII,18.[69]

---

[65] Wie der Gebrauch in 4QComGen A V,3f, 4Q285 Frg. 5 und 4QpJes^a III,18 zeigt,
      wird der Terminus צמח דויד in den Qumranschriften als feststehende Bezeichnung
      für den Messias verwendet. Anders Bergmeier, *Erfüllung*, 284f, dem jedoch mit
      Pietsch, *Spross Davids*, 215f, Anm. 300 zu widersprechen ist.

[66] Mit Steudel, *Midrasch zur Eschatologie*, 161–163; siehe auch Anm. 45.

[67] Vgl. Pietsch, *Spross Davids*, 216f. Anders Dimant, *4QFlorilegium*, 183, und Bergmeier,
      Erfüllung, 284.

[68] Vgl. Pietsch, *Spross Davids*, 218.

[69] Gegen Brooke, *Exegesis at Qumran*, 199–205, Dimant, *4QFlorilegium*, 183, und
      Zimmermann, *Messianische Texte*, 437–441, bezeugt 4QFlor m. E. keine doppelte
      Messiaserwartung. Der דורש התורה trägt hier keine explizit priesterlichen Züge,
      welche ihn als priesterlichen Messias neben dem Messias aus Israel ausweisen
      würden. Zur doppelten Messiaserwartung in Qumran vgl. Zimmermann, *Messianische
      Texte*, 463–466.

Für die Deutung der Nachkommens-Verheissung von Vers 12aβ auf den Spross Davids wird in Zeile 12 mittels Schriftbezug auf Am 9,11a zurückgegriffen. Dabei wird jedoch die Zeitform des dort gebrauchten Verbs קום leicht verändert, indem nicht im Imperfekt, sondern, wie im obigen Zitat von 2Sam 7,12aβ, im ו-Perfekt zitiert wird. Die Amos-Stelle hat auf den ersten Blick nichts mit dem Nachkommen Davids zu tun. Brooke sieht einen Zusammenhang zu dem vorgängig zitierten Vers 12aβ darin, dass in beiden Versen das Verb קום gebraucht wird;[70] zudem haben die Verfasser statt סֻכַּת (Hütte) offenbar das Wort סוֹכַת (Zweig) gelesen.[71] Indem sie den Vers als Aussage vom herabgefallenen Zweig lasen, der wieder aufgestellt wird, und das Wort סכות (Zweig) als Synonym zu צמח (Spross) verstanden, ergab sich eine thematische Verbindung zum Motiv vom Spross Davids. Die Stelle Am 9,11a ist daher einerseits mit der obigen Auslegung verknüpft, die vom Spross Davids handelt, andererseits wird Am 9,11a auf den auszulegenden Text dieses Abschnittes bezogen, nämlich 2Sam 7,12aβ. Die dortige Verheissung vom Aufstehenlassen des Nachkommens Davids wird mit der als Aufrichtung des Zweiges Davids gelesenen Verheissung von Am 9,11a verbunden. Das Zitat von Am 9,11a diente somit zur Begründung, dass mit diesem Nachkommen Davids, der in 2Sam 7,12aβ verheissen wird, der in der Auslegung als Spross Davids bezeichnete Messias gemeint ist.[72] In der anschliessenden Auslegung in Zeile 12f, die sich ebenfalls auf diese, oben als Spross Davids bezeichnete, messianische Figur bezieht, ist dann סכת ebenfalls als Zweig zu übersetzen: «Er ist der Zweig Davids, der abgefallen, der aufstehen wird, Israel zu retten.» Wie und wovor diese Figur Israel retten soll, wird nicht erläutert. Wahrscheinlich ist damit jedoch (wie in anderen Qumranschriften) die endzeitliche Befreiung Israels gemeint.[73]

---

[70] Brooke, *Exegesis at Qumran*, 138f, nennt die Stelle als ein Beispiel der rabbinischen Regel *Gezera schawa*, des Analogieschlusses auf Grund gleichlautender Worte. Unabhängig davon, ob diese Regel damals schon als solche bestand, ist die Charakterisierung dieser Exegese als Analogieschlusses kaum zutreffend; eher ist diese Amos-Stelle als Schriftbeweis zu charakterisieren; vgl. Pietsch, *Spross Davids*, 218.

[71] Mit Brooke, *Exegesis at Qumran*, 139; diesbezüglich skeptischer ist Dimant, *4QFlorilegium*, 170. In der obigen Übersetzung wurde סוכת entsprechend der originalen Intention von Am 9,11a zuerst einmal mit «Hütte» wiedergegeben. Zu סוכה/שוכה (Baumzweig) vgl. Köhler/Baumgartner, *HAL³* 2, 1223. Ein ähnliches Phänomen ist die Interpretation des Wortes סכות (Sakkut) aus Am 5,26 in CD VII,13 als סוכת (Hütte) in CD VII,16 (vgl. dazu oben die Behandlung der Stelle auf Seiten 141f).

[72] Am 9,11a wird in CD VII,15f anders als hier nicht auf die Spross Davids, sondern auf die Bücher des Gesetzes bezogen (vgl. z. St., Seiten 139–143). Gegen die Annahme bei Gärtner, *Temple and the Community*, 40–42, muss eine Bibelstelle in den Qumranschriften nicht immer gleich ausgelegt werden. Anders Bergmeier, *Erfüllung*, 285, Anm. 57, der dafür votiert, das Wort סכת als Hütte zu lesen und auf die Gemeinde zu beziehen.

[73] Mit Pietsch, *Spross Davids*, 219.

Exkurs: Die Interpretation von 2Sam 7,10–14a in 4QFlor im Vergleich zu ihrer
Interpretation in 1Chr 17,9–13 und in 2Reg 7,10–14 der LXX

Ausgehend von der Beobachtung, dass bereits bei der Zitation von
2Sam 7,10–14a aufgrund der beobachteten Text-Änderungen und -Auslas-
sungen eine interpretative Absicht festzustellen war, soll ein Vergleich mit
der Überlieferung von 2Sam 7,10–14a in der LXX, aber auch mit seiner
Aufnahme in 1Chr 17,9–13 durchgeführt werden, da sowohl in der LXX
als auch in der Chronik die jeweilig rezipierte Nathan-Weissagung
2Sam 7,1–17 durch gezielte Textänderungen anders interpretiert wird.[74]
Einzelne Teile der Nathan-Weissagung werden auch in 1Chr 22 und 28
aufgenommen, die jedoch die spezifischen Änderungen dieser Weissagung
in 1Chr 17 im Grossen und Ganzen fortführen.[75]

Im Unterschied zur Aussage in 2Sam 7,11b «So verkündigt dir Jhwh, dass Jhwh dir ein
Haus machen wird» (וְהִגִּיד לְךָ יְהוָה כִּי־בַיִת יַעֲשֶׂה־לְּךָ יְהוָה), die eine *neue* Offenbarung
darstellt, verweist 1Chr 17,10b in die Vergangenheit: «Und ich *verkündigte* dir, dass Jhwh
dir ein Haus bauen wird»[76] (וָאַגִּד לָךְ וּבַיִת יִבְנֶה־לְּךָ יְהוָה). Wie 4QFlor hat 1Chr 17,10b
anstelle des Verbs עשה das Verb בנה. Eine weitere Verb-Änderung findet sich im folgenden Vers: «So dass du zu deinen Vätern hingehst» (לָלֶכֶת עִם־אֲבֹתֶיךָ) anstelle von
«Und du dich zu deinen Vätern gelegt hast» (וְשָׁכַבְתָּ אֶת־אֲבֹתֶיךָ). Bedeutsamer ist die
Änderung im zweiten Teil desselben Verses. Vom Nachkommen Davids wird nicht
mehr gesagt, dass er aus seinem Leib kommen wird (אֲשֶׁר יֵצֵא מִמֵּעֶיךָ), sondern dass er
einer von seinen Söhnen sein wird (אֲשֶׁר יִהְיֶה מִבָּנֶיךָ). Eine weitere Differenz besteht
darin, dass vom Nachkommen in 1Chr 17,12a nur gesagt wird, dass er Gott ein Haus
bauen soll (הוּא יִבְנֶה־לִּי בָּיִת), während in 2Sam 7,13a davon die Rede ist, dass er dem
Namen Gottes ein Haus bauen soll (הוּא יִבְנֶה־בַּיִת לִשְׁמִי). Von weiterreichender Bedeutung ist die Auslassung von ממלכה (Königtum) in der Verheissung «Und ich werde
den Thron seines Königtums festigen» (וְכֹנַנְתִּי אֶת־כִּסֵּא מַמְלַכְתּוֹ עַד־עוֹלָם) von
2Sam 7,13b. In 2Chr 17,12b wird die Verheissung vom Thron so uminterpretiert, dass
Jhwh ihn für ewig festigen werde (וְכֹנַנְתִּי אֶת־כִּסְאוֹ עַד־עוֹלָם).

     Wie auch aus 1Chr 17,14 hervorgeht, wird David nicht mehr der ewige Fortbestand
seines Reiches, das zur Abfassungszeit der Chr auch nicht mehr existiert,[77] sondern nur
noch der Fortbestand seines Thrones verheissen: «Und ich will ihm Bestand geben in
meinem Haus und in meiner Königsherrschaft auf ewig; und sein Thron soll fest stehen
für ewig» (וְהַעֲמַדְתִּיהוּ בְּבֵיתִי וּבְמַלְכוּתִי עַד־הָעוֹלָם וְכִסְאוֹ יִהְיֶה נָכוֹן עַד־עוֹלָם). In diesem Vers ist zwar noch einmal vom Königtum die Rede, aber es ist eben nicht mehr
das Königreich von David, sondern dasjenige von Jhwh, so wie es nun auch Jhwhs
Haus ist und nicht mehr dasjenige Davids, welchem ewiger Bestand verheissen wird.
Anstelle einer Bestandeszusage für das Haus Davids findet sich in 1Chr 17,14 die Ein-
setzung Salomos im Tempel Jhwhs.[78]

---

[74]   Vgl. Schenker, *Verheissung Natans*, 177.

[75]   Vgl. Pietsch, *Spross Davids*, 145–147.

[76]   Hervorhebung durch den Verfasser.

[77]   Die Abfassungszeit der Chr (bzw. ihrer wesentlichen Teile) wird in der Forschung
     zwar kontrovers diskutiert, mehrheitlich wird jedoch für eine Entstehung im 4. Jh.
     v. Chr. votiert; vgl. Japhet, *1 Chronik*, 50f.

[78]   Vgl. Pietsch, *Spross Davids*, 144.

Die interpretativen Änderungen in 1Chr 17 zielen darauf hin, nicht mehr dem Haus und Königreich Davids ewigen Bestand zu verheissen, sondern lediglich der mit dem Thron von Davids Nachfolgern verbunden Statthalterschaft des Jerusalemer Königs innerhalb der Königsherrschaft Jhwhs.[79] Die Änderungen sind *als eine Aktualisierung* der Verheissung auf die Abfassungszeit der Chronik hin zu interpretieren.[80] Die politische Grösse Israel ist von der Landkarte verschwunden; Juda ist nicht mehr wie in der Königzeit ein eigener Staat, sondern nur noch persische Provinz. Diese ist aber in religiösen Belangen autonom. Dementsprechend wird die Verheissung des ewigen Bestandes von Thron und Königreich vom Politischen ins Religiöse verschoben.[81] Die Nathan-Verheissung wird so verstanden, dass im Tempel als Haus Gottes je und je einer auf dem Thron der Davididen sitzen und als Statthalter Jhwhs fungieren wird. Auch die beiden Aufnahmen der Nathan-Verheissung in 1Chr 22 und 28 sind deutlich auf den Tempel bezogen. Die mit der Verheissung verbundene Dynastiezusage bezieht sich hingegen nur noch auf Salomo.[82] Nicht weniger bedeutungsvoll sind die Differenzen von 2Sam 7 MT zur Überlieferung in der LXX, die im Folgenden genauer betrachtet werden.

Auffallend ist die Änderung des Verbs «bauen» gegenüber 2Sam 7,11b[83] MT von der dritten in die zweite Person Singular: «Und der Herr wird dir verkünden, dass du ihm ein Haus bauen wirst» (καὶ ἀπαγγελεῖ σοι κύριος ὅτι οἶκον οἰκοδομήσεις αὐτῷ).[84] Im MT ist die Aussage וְהִגִּיד לְךָ יְהוָה כִּי־בַיִת יַעֲשֶׂה־לְךָ יְהוָה wahrscheinlich so zu verstehen, dass Gott David ein Haus (in der Bedeutung Dynastie) erstellen wird. Nach der LXX dagegen wird David Gott ein Haus (nämlich den Tempel) bauen.[85] Diese Aussage steht in deutlichem Kontrast zur Aussage in Vers 5, worin Gott den Bau durch David ablehnt (Οὐ σὺ οἰκοδομήσεις μοι οἶκον τοῦ κατοικῆσαί με)[86] sowie zur Aussage in Vers 13, gemäss welcher Davids *Nachkomme* Gott ein Haus bauen soll (αὐτὸς οἰκοδομήσει μοι οἶκον τῷ ὀνόματί μου).

---

[79] Mit Kratz, *Translatio imperii*, 172f.

[80] Vgl. Japhet, *1 Chronik*, 315f.

[81] Mit Pietsch, *Spross Davids*, 162.

[82] Vgl. Pietsch, *Spross Davids*, 150.

[83] Zur besseren Vergleichbarkeit werden im Folgenden nicht die Bezeichnungen nach der LXX, «2Reg», «1Par», sondern die auch sonst verwendeten deutschsprachigen Bezeichnungen des AT «2Sam» bzw. «1Chr» gebraucht. Aus demselben Grund folgt die Viertel- und Halbverszählung soweit wie möglich dem MT.

[84] Dies ist die Lesart aller LXX-Zeugen mit Ausnahme von LXX[L]; vgl. Schenker, *Verheissung Natans*, 178f, Anm. 9. Gegen Pietsch, *Spross Davids*, 177, Anm. 77, ist sie der Lesart von LXX[L] vorzuziehen.

[85] Zur unterschiedlichen Interpretation von Haus (בית bzw. οἶκος) in MT und LXX siehe Schniedewind, Textual Criticism, 110f.

[86] Anders Schniedewind, Textual Criticism, 111, welcher den Satz als Frage versteht. Eine denkbare Interpretation wäre auch die, dass der Fehler Davids gemäss LXX darin bestünde, dass er aus eigenem Antrieb einen Tempel bauen möchte, was dann von Gott zurückgewiesen würde.

Die besondere Form der Nathan-Verheissung in der LXX ist schon mehrfach ausführlich untersucht worden.[87] Es ist jedoch das Verdienst Schenkers bezüglich Vers 11 auf die älteste Lesart der LXX aufmerksam gemacht zu haben. Die von Schenker postulierte Lesart von Vers 11 steht in einer erklärungsbedürftigen Spannung zum übrigen Duktus der Erzählung.[88] Aus diesem Grund gilt ihm die LXX Fassung von 2Sam 7 als *lectio difficilior* und ist wird daher als ältester Textzeuge angesehen. Denn nach Schenker ist es unwahrscheinlich, dass in einen spannungsfreien Text, wie ihn MT bietet, nachträglich eine solche Spannung eingetragen wurde.[89]

Die Tatsache, dass in Vers 15 der Name Saul wie in 1Chr 17 weggelassen wird, weist jedoch in eine andere Richtung, nämlich dahin, dass die LXX die Erzählung der Nathan-Verheissung an die Darstellung in 1Chr 17 angleicht. Dass der Auftrag des Hausbaus in der LXX an David ergeht, kann demzufolge als Angleichung an die Erzählung in 1Chr 22 interpretiert werden. Nach 1Chr 22 organisiert David noch selbst den Tempelbau und stellt alle Materialien dafür bereit, während Salomo nur noch den Bau seines Vaters ausführt. Ähnlich wie in 1Chr 22 wird in 2Sam 7,11b nach der LXX die Ehre des Tempelbaus von Salomo auf David übertragen.[90] Die bei der Argumentation Schenkers wesentliche «Spannung», dass Gott in Vers 5 den Bau durch David ablehnt, in Vers 11b jedoch zusagt, dass David ihm ein Haus bauen werde, lässt sich dadurch erklären, dass David jetzt noch nicht das Haus Gottes bauen darf, sondern erst dann, wenn dieser ihm Ruhe vor allen Feinden verschafft hat (Vers 11a).[91] Dass dies erst am Ende seines Lebens sein wird, wie 2Sam 24 zeigt, und dass sein Sohn Salomo das Haus noch fertig bauen muss, tut der Verheissung keinen Abbruch.[92]

Der Zurücknahme von Salomo scheint auf den ersten Blick Vers 16 zu widersprechen. In diesem Vers wird nämlich weder wie in 2Sam 7 MT dem Haus und Königtum Davids noch wie in 1Chr 17 dem Haus und Königtum Jhwhs, sondern dem Haus und Königtum des Nachkommens Davids ewiger Bestand verheissen:[93] «Und ich werde befestigen sein Haus und sein Königreich von Ewigkeit zu Ewigkeit vor mir und sein Thron soll aufgerichtet sein für ewig» (καὶ πιστωθήσεται ὁ οἶκος αὐτοῦ καὶ ἡ βασιλεία αὐτοῦ ἕως αἰῶνος ἐνώπιον ἐμοῦ, καὶ ὁ θρόνος αὐτοῦ ἔσται ἀνωρθωμένος εἰς τὸν αἰῶνα). Nun deuten aber die verwendeten Verben in den Versen 12b «Und werde sein Königreich aufrichten» (καὶ ἑτοιμάσω τὴν βασιλείαν αὐτοῦ) und 13b «Und ich werde seinen Thron wiederherstellen bis in Ewigkeit» (καὶ ἀνορθώσω τὸν θρόνον αὐτοῦ ἕως εἰς τὸν αἰῶνα) eher darauf hin, dass der Nachkomme, dem dies alles verheissen wird, nicht historisch auf Davids Sohn Salomo, sondern eschatologisch auf den Messias hin zu interpretieren ist.[94] Das Verb ἑτοιμάζω in Vers 12b hat die Grundbedeutung «bereiten»,[95]

---

[87] Insbesondere: Schenker, *Verheissung Natans*, Pietsch, *Spross Davids*, Schniedewind, Textual Criticism.

[88] Siehe oben, Anm. 84.

[89] Vgl. Schenker, *Verheissung Natans*, 187–189.

[90] Nach Pietsch, *Spross Davids*, 178, ist die Tendenz, so viel Anteil am Tempelbau wie möglich David zuzuschreiben, in nachexilischer Zeit in Anbetracht der damals immer mehr gesteigerten Verehrung Davids durchaus denkbar. Anders Schniedewind, Textual Criticism, 111.

[91] Vgl. Schenker, *Verheissung Natans*, 179.

[92] Vgl. Schniedewind, *Textual Criticism*, 111, Anm. 12.

[93] Gerade dies ist nach Barthélemy, *Critique textuelle I*, 246, ein Hinweis für eine messianische Tendenz in Vers 16 LXX.

[94] Anders Schniedewind, *Textual Criticism*, 109–113, und Pietsch, *Spross Davids*, 179–185. Die Näherbestimmung des Nachkommen als ἐκ τῆς κοιλίας σου sowie Vers 14b

und findet sich in der LXX sowohl für כון hi. als auch כון pol.[96] Es ist möglich, den Vers so zu interpretieren, dass das Königtum Davids gefestigt wird, als auch, dass das (eschatologische) Königtum erst errichtet werden muss. Auffällig ist, dass כון pol. in Vers 13b MT von der LXX nun nicht (wie etwa auch unten in Vers 24) mit ἑτοιμάζω, sondern mit ἀνορθόω, das die Grundbedeutung «wiederherstellen» hat,[97] wiedergegeben wird. Das Verb ἀνορθόω steht mit Ausnahme dieser Stelle und ihrer Parallele in 1Chr 17,12 LXX nie als Pendant für כון pol., wohl aber für כון hi.[98] Der Gebrauch des Verbs ἀνορθόω spricht eher dafür, dass der Übersetzer כון hi. gelesen hat (so wie dies durch 4QFlor bezeugt wird). Die Aussage והכינותי את כסא ממלכתו wäre, ähnlich wie in Ps 103,19, als Aufrichten des Thrones zu verstehen.[99] Die Annahme einer solchen Lesart bereits für die Vorlage der LXX wäre durchaus plausibel, da zur Zeit der Abfassung der LXX der Thron Davids *nicht mehr*, der Thron des verheissenen Nachfolgers (d. h. des Messias) hingegen *noch nicht* bestand, sondern erst in Zukunft erwartet wurde. Mit demjenigen, der gemäss Vers 13a Jhwh ein Haus bauen wird, muss dann ebenfalls der Messias gemeint sein und nicht Salomo, der nach dieser Darstellung den Tempel gar nicht baut, sondern lediglich fertigstellt. Ein Bau durch Salomo würde in einer harten Spannung zu Vers 11b stehen. Das in Vers 13 genannte Haus Gottes ist somit nicht auf den salomonischen, sondern auf den eschatologischen Tempel zu beziehen.

Wird Vers 13 (der Tempelbau durch den Nachkommen Davids) auf den durch den Messias zu errichtenden eschatologischen Tempel bezogen, kann die Spannung zu Vers 11 (der Tempelbau durch David) textintern gut erklärt werden. Vers 11 bezieht sich auf den Bau des 1. Tempels durch David, Vers 13 bezieht sich auf den Bau des eschatologischen Tempels durch den Messias als Davids Nachkommen. Zudem lässt sich damit auch ein Motiv finden, weshalb die Verheissung von Vers 11 von der 3. zur 2. Person verändert worden wäre. Wie 1Chr 17,10–14 ist somit auch die LXX-Fassung von 2Sam 7,10–16 als ein Versuch zu verstehen, die Nathan-Weissagung zu aktualisieren,[100] nämlich auf die Zeit hin, in welcher die religiöse Autonomie, die Juda in der Perserzeit gehabt hat, nicht mehr gewährleistet ist. Da das in 2Sam 7,16 verheissene ewige Königreich nicht (mehr) existiert, muss seine Erwartung in die Zukunft verschoben werden, damit die Verheissung weiterhin gültig bleibt. Ebenfalls erst in Zukunft erwartet wird der eschatologische Tempel, welcher durch den Messias, der aus der Nachkommenschaft Davids stammt, gebaut werden soll. Die Rezeption der Nathan-Weissagung 2Sam 7 in der LXX nimmt dabei nicht nur

---

(die Vorstellung von der Versündigung des Nachkommen) scheinen einer messianischen Interpretation zu widersprechen; zu Letzterem vgl. ebd., 184. Man muss jedoch berücksichtigen, dass beides schon in der Vorlage stand. Die Aussage, dass der Nachkomme aus dem Leib Davids stammt, kann auch so verstanden werden, dass er als Davidide *in der Blutlinie Davids* steht.

[95] Vgl. Lust/Eynikel/Hauspie, *Greek-English*, 246.

[96] Vgl. Hatch/Redpath, *Concordance to the Septuagint*, 563f.

[97] Vgl. Lust/Eynikel/Hauspie, *Greek-English*, 52.

[98] Vgl. Hatch/Redpath, *Concordance to the Septuagint*, 108 (כון hi in 1Chr 22,10, Jer 10,12, 33,2 MT = 40,2 LXX).

[99] Vgl. Köhler/Baumgartner, *HAL³* 1, 443.

[100] Gegen Schenker, *Verheissung Natans*, 189f.

die Darstellung in den Samuelbüchern, sondern auch die David-Salomo-
Rezeption in 1Chr auf.

2Sam 7,10–16 bezeugt demnach den ältesten Text, der von 1Chr 17,10–14 aufgenommen und überarbeitet wird.[101] Die LXX-Fassung von 2Sam 7,10–16 ist als jünger als
diese beiden Texte anzusehen, da sie (wie oben dargestellt) sowohl auf die Nathan-
Verheissung in 2Sam 7,10 als auch auf die Darstellung der Chronik Bezug nimmt. Die
LXX-Fassung von 1Chr 17,10–14 ist wahrscheinlich abhängig von der LXX-Fassung
von 2Sam 7,10–16. Die Verse 1Chr 17,11–13a nach der LXX entsprechen praktisch
wörtlich der LXX-Fassung von 2Sam 7,12–14a. Offenbar wird in der LXX die Darstellung von 1Chr 17 in diesen Versen an die LXX-Fassung von 2Sam 7 angeglichen.
Gegenüber der Darstellung von 2Sam 7 nach der LXX wird zwar τῷ ὀνόματί μου ausgelassen und anstelle von τὸν αἰῶνα wird das Wort αἰῶνος gebraucht, aber angesichts
der Differenzen von 1Chr 17 zu 2Sam 7 im MT sind dies kleine Unterschiede. Im Ergebnis ist, wie in der LXX-Fassung von 2Sam 7,10–16, nicht mehr vom Tempelbau
Salomos, sondern von demjenigen des Messias die Rede.[102]

Ein gewichtiger Unterschied besteht in Vers 10, in welchem gegenüber dem MT ein
Wort für ובית fehlt. Vaticanus, Sinaiticus und die Minuskel 127 bezeugen hier καὶ οἰκοδομήσει σε κύριος («Und der Herr wird dich erbauen»).[103] Dies lässt sich gut als Änderung im Sinne der oben festgestellten Tendenz verstehen, den Beitrag Salomos zu
minimieren. Nicht nur wird Salomo in 1Chr nicht mehr erwähnt, auch sein Tempel
wird übergangen.

Die Auslassung der Rolle des direkten Nachkommen (Salomo) beim
Tempelbau und die messianische Interpretation des Nachkommens Davids
in der Rezeption der Nathan-Weissagung in 4QFlor haben in der LXX eindrückliche Parallelen. Bereits in 1Chr 22 wird der Anteil Salomos zurückgenommen. Die Auslassung Salomos und seines Tempelbaus in 4QFlor
entsprang daher nicht einfach den Vorlieben der Verfasser. Vielmehr steht
diese Auslassung in einer Traditionslinie, welche den Tempelbau durch den
direkten Nachkommen sukzessive in den Hintergrund rückt. Die Nathan-
Weissagung in 2Sam 17 nach der LXX erwähnt zwar noch den Bau des salomonischen Tempels, schreibt ihn aber David zu, während die LXX-
Fassung von 1Chr 7 den salomonischen Tempel gar nicht mehr erwähnt.
Als Nachkomme Davids, der Gott einen Tempel baut, rückt in beiden
Texten nicht mehr Salomo, sondern der Messias ins Blickfeld. 4QFlor lässt
nun sowohl Salomo als auch den ersten Tempel ganz weg und konzentriert
sich auf den eschatologischen Tempel und das Aufstehen des Messias.
Anders als die LXX wird der eschatologische Tempel nach 4QFlor aber
nicht durch den Messias, sondern durch Gott selbst gebaut. Beide Motive
der Nathan-Weissagung, Tempel und Nachkomme Davids, werden escha-

---

[101] Gegen Schenker, *Verheissung Natans*, 187–189 (vgl. auch ebd., 190).

[102] Anders Schenker, *Verheissung Natans*, 182–185.

[103] Mit Schenker, *Verheissung Natans*, 183f, ist diese Lesart als die älteste LXX-Variante
anzusehen. Anders als ebd., 187–189, ist (wie oben gezeigt wird) die Variante der
LXX von 1Chr 10–14 sowohl als jünger als ihr Pendant im MT als auch als jünger
als 2Sam 7,10–16 anzusehen.

tologisch interpretiert und auf die Gegenwart bzw. Zukunft der Gemeinschaft der Verfasser bezogen.[104] Das Vorgehen, den zitierten Text mit
kleinen Änderungen und Auslassungen umzuinterpretieren, ist ebenfalls
nicht als Besonderheit der Rezeption in Qumran zu werten. Beide Techniken sind schon in der Rezeption der Nathan-Weissagung in 1Chr 17 wie
auch in denjenigen von 2Sam 7 und 1Chr 17 nach der LXX vorzufinden.

3. Teil Auslegung von Ps 1,1 und 2,1

Durch die Leerstelle am Ende von Zeile 13 wird graphisch deutlich gemacht, dass in Zeile 14 ein neuer Auslegungsteil beginnt. Mit dem ersten
Wort in Zeile 14 wird zudem deutlich, dass auch inhaltlich etwas Neues
beginnt. Der ausgelegte Haupttext, für dessen Auslegung sekundäre Zitate
hinzugezogen werden, stammt nicht mehr wie in den oberen zwei Teilen
aus 2Sam 7. In den Zeilen 14–19 wird aus Ps 1,1a und Ps 2,1 ausgelegt,
wobei für die Auslegung von Ps 1,1 zwei Prophetenstellen, nämlich
Jes 8,11 und Ez 37,23aα–β hinzugezogen werden. Das Zitat aus Ps 1,1a
wird mit מדרש plus מ eingeleitet. Da dies die einzige Stelle in den Qumranschriften ist, bei welcher מדרש für die Einleitung eines Zitates gebraucht wird, ist die Funktion des Wortes nur indirekt aus dem Gebrauch
in anderen Qumranschriften erschliessbar und vornehmlich aus seiner
etymologischen Bedeutung (Darlegung, Auslegung, Erörterung) zu erheben.[105] Die Singularität des Wortes innerhalb von 4QFlor (bzw. innerhalb
des gesamten rekonstruierten Textes von 4QMidrEschat[a.b]) und die graphische Gestaltung zusammen machen die Annahme plausibel, dass mit dem
Wort מדרש ein neuer Auslegungsteil des Werkes eingeleitet wird, nämlich
die nun folgende Auslegung von Psalmen.[106]

Zitiert wird in Zeile 14 bloss der erste Teil von Ps 1,1a, nämlich «Wohl
dem Mann, der nicht nach dem Rat der Gottlosen gegangen ist»
(אשרי [ה]איש אשר לוא הלך בעצת רשעים). Die anschliessende Auslegung
«die Deutung des Wortes ist, sie sind diejenigen, die weggegangen sind
vom Weg» (פשר הדבר המ[ה ס]רי מדרך), bezieht sich aber offensichtlich
auf das nicht zitierte Wort ובדרך von Ps 1,1a, welches in dieser Auslegung,
aufgenommen wird. Es ist demnach anzunehmen, dass die aus Ps 1,1a in
Zeile 14 aufgenommenen Worte eine Anspielung darstellen, die den Lesenden *mehr als nur die zitierten Teile* des Verses in Erinnerung bringen sollen.

---

[104] Mit Pietsch, *Spross Davids*, 216.

[105] Ein ähnliches Phänomen wie diese Zitat-Einleitung sind noch die Worte
מדרש ספר מושה im fragmentarischen Dokument 4Q249. Inhaltlich lässt sich aus
diesem Dokument jedoch nichts für die Bedeutung von מדרש als Zitat-Einleitung
gewinnen. 4QS[b] und 4QS[d] gebrauchen, wie bereits von Milik in Baillet u.a., *Le travail
d'édition*, 61, vermerkt, מדרש als Überschrift (מדרש למשכיל). Eine ähnliche Funktion des Wortes ist mit Steudel, *Midrasch zur Eschatologie*, 46, auch hier zu postulieren.

[106] Anders Brooke, *Exegesis at Qumran*, 144. Zum strukturellen Aufbau der Auslegung
vgl. ebd., 147f.

Mit Sicherheit sind daher die nicht zitierten Teile von Vers 1a mitgemeint. Wie die in der gleichen Zeile nachfolgende Auslegung zeigt, soll mit diesem Teilzitat aber auch auf die restlichen Teile von Vers 1 sowie auf die folgenden Verse verwiesen werden. Die Auslegung bezieht sich deutlich auf die aus Versteil 1a nicht zitierte Qualifizierung «Und der den Weg der Sünder nicht betreten hat» (ובדרך חטאים לא עמד). Dabei wird offenbar das Verb nicht als Perfekt, sondern als Partizip gelesen, so dass es heisst: «nicht im Weg der Sünder steht», da die Auslegung von jenen spricht, die weggegangen sind vom Weg (der Sünder). Die Auslegung spricht demnach von Menschen, die einst den Weg der Sünder gingen, nun aber davon weggegangen sind. Damit dürften die Verfasser dieser Auslegung ihre eigene Gruppe gemeint haben, die sich vom übrigen «Israel» abgesondert hat.

Die Auslegung von Ps 1,1 in Zeile 14 wird im Folgenden in Zeile 15 mit einem *Schriftbezug* untermauert. Mit der Einleitung wird das Zitat aus Jes 8,11 explizit als aus dem Buch des Propheten Jesaja stammend ausgewiesen: אשר כתוב בספר ישעיה הנביא. Dabei wird Jesaja mit dem Ehrentitel «Prophet» bezeichnet;[107] weiter wird mit לאחרית הימים deutlich gemacht, dass dies ein Wort über die letzten Tage darstellt. Im Zitat in den Zeilen 15f sind gegenüber Jes 8,11 MT die Einleitung und das letzte Wort weggelassen: «Mit starker Hand brachte er mich davon ab, den Weg dieses Volkes zu gehen» (כחזקת היד ויסירני מלכת בדרך העם הזה). Das Zitat hat dabei die Funktion eines Schriftbeweises, der die Auslegung biblisch abstützt.[108] Das Zitat ist mit der vorangehenden Auslegung durch das Wort סור verbunden.[109] Sprach die Auslegung in Zeile 14 einfach von denjenigen, die vom Weg der Sünder abgewichen sind (סרי מדרך), wird mit diesem Schriftbezug nochmals präzisiert, dass sie nicht durch eigene Kraft vom Weg abgewichen sind (סור q.), sondern durch die Hand Gottes vom Weg der Sünder abgebracht (סור hi.) wurden. Gegenüber Ps 1,1, in welchem derjenige glücklich gepriesen wird, der den Weg der Sünder nicht betreten hat, geht es in der Auslegung, unterstützt durch dieses Jesaja-Zitat, nun darum, mit Gottes Hilfe vom Weg der Sünder umzukehren. Eine weitergehende Aussage über diejenigen Menschen, die vom Weg der Sünder weggehen, wird in Zeile 16f gemacht, und zwar mit Hilfe eines expliziten

---

[107] Wie in der Damaskusschrift (vgl. oben CD III,21, IV,14, VII,10f auf Seiten 129–131, 132—134 und 140f) dient Bezeichnung «Prophet» nicht als Näherbestimmung (die Zugehörigkeit Jesajas zu den Propheten kann bei dem Zielpublikum von 4QMidrEschat^{a.b} als bekannt vorausgesetzt werden), sondern als Ehrentitel. Siehe dazu auch unten die Behandlung dieses Titels in Kol. VI.

[108] Vgl. Brooke, *Exegesis at Qumran*, 147, der die unterstützende Funktion ebenfalls konstatiert, jedoch dieses und das folgende sekundäre Zitat aus Ez 37,23a nicht als Schriftbeweise, sondern wiederum als ein Beispiel einer *Gezera schawa* bezeichnet (siehe oben, Anm. 70). Die Jesaja-Stelle teilt mit Ps 1,1 die Worte הלך und דרך, weshalb eine Charakterisierung als Analogieschluss (anders als bei der oben behandelten Stelle und bei Ez 37,23a) eine gewisse Berechtigung hat.

[109] Wie oben in Anm. 41 erwähnt, wird in 4QFlor III,15, anders als im MT (יסר q.), das Verb סור hi. gelesen.

Schriftbezuges zu Ez 37,23aα. Nach der Einleitung «Sie aber sind es, von denen im Buch Ezechiels, des Propheten, geschrieben ist, folgendermassen» (והמה אשר כתוב עליהמה בספר יחזקאל הנביא אשר) folgt «Und nicht werden sie sich verunreinigen mit all ihren Götzenbildern» (לו]א יטמאו עוד בכול [גלוליהמה). Erst in der anschliessenden Auslegung in Zeile 17 wird aber verraten, wer nach Meinung der Verfasser damit gemeint ist: «Dies sind die Söhne Zadoks und die Männer ihres Rates, die sich erbarmen, die nach ihnen hineinkamen in den Rat der Gemeinschaft» (המה בני צדוק ואנ]נ]שי עצתן מ]ה רוח]מים אשר יביאו מאחריהמה לעצת היחד).

Die Ezechielstelle dient, anders als das Jesaja-Zitat, nicht dazu, die Auslegung mit einer weiteren Bibelstelle abzustützen, sondern dazu, diejenigen, die vom Weg der Sünder weggegangen sind, zusätzlich zu charakterisieren.[110] Wie Jesaja trägt auch Ezechiel den Ehrentitel «Prophet». Das Zitat aus Ez 37,23a und seine Auslegung sollen deutlich machen, dass es in Ps 1,1 nicht nur darum geht, vom Weg der Sünder wegzugehen, sondern sich nicht mehr zu verunreinigen und darum, so wie die Söhne Zadoks und die Männer ihres Rates, sich der Gemeinschaft der Verfasser anzuschliessen. Hier wird deutlich, dass sich die vorangehende Anspielung, die lediglich einen Teil aus Ps 1,1a zitiert, sicherlich auch die Verse 1b–3 mitbedenkt. Möglicherweise zielt sie auch auf den gesamten Psalm 1.[111] In der Auslegung geht es ja nicht nur darum, was man *nicht tun soll*, nämlich (weiterhin) den Weg der Sünder begehen, was das Thema von Ps 1,1 darstellt, sondern auch positiv darum, *was man tun soll*, nämlich sich der Gemeinschaft anschliessen. Es ist daher anzunehmen, dass bei dieser Auslegung nicht nur die negative Bestimmung von Ps 1,1, sondern auch die positive Bestimmung von Vers 2f mitklingen soll:

2   Sondern seine Lust hat am Gesetz Jhwhs und über sein Gesetz sinnt Tag und Nacht.

3   Der ist wie ein Baum, gepflanzt an Wasserbächen, der seine Frucht bringt zu seiner Zeit und dessen Blätter nicht verwelken; und alles, was er tut, gelingt ihm.

Die Thematik der Verse 4–6 klingt in der Auslegung hingegen nicht an. Da aber bereits die Gottlosen aus Vers 1 nicht in die Auslegung aufgenommen wurden, ist die Nicht-Aufnahme der Gottlosen aus diesen Versen kein

---

[110] Anders Brooke, *Exegesis at Qumran*, 148. Gegen ebd. ist das Zitat kaum ein Beispiel einer *Gezera schawa*. Das von Brooke genannte gemeinsame Wort der beiden Stellen Ps 1,1 und Ez 37,23(מושב) wird von 4QFlor bei keinem der beiden Zitate aufgenommen! Somit kann nicht gezeigt werden, dass der Bezug zur Ezechiel-Stelle über dieses Wort läuft. Im Gegensatz zum Zitat aus Ps 1,1a, bei dem aus der Auslegung hervorgeht, dass die weiteren Teile des Halbverses mit Sicherheit mitzubedenken sind, gibt es zudem beim Zitat aus Ez 37,23a keine Hinweise im Text, dass eine Anspielung auf den gesamten Vers 23 vorliegt.

[111] Vgl. Brooke, *Exegesis at Qumran*, 147.

Grund, die Auslegung nur auf die Verse 1–3 zu beziehen; vielmehr ist die vorliegende Auslegung als Auslegung des ganzen Ps 1 zu betrachten.[112]

Beinahe unmittelbar an die Auslegung von Ps 1 schliesst das Zitat von Ps 2,1–2 an. Zwar setzte der Schreiber das Zitat auf eine neue Zeile, doch hätte es am Ende von Zeile 17 auch kaum Platz für das erste Wort. Ob die dortige kleine Lücke eine gewollte Leerstelle darstellt, ist demnach nicht sicher. Aus dem Inhalt geht jedoch klar hervor, dass das Zitat und seine Auslegung nicht mehr zur oben stehenden Psalm-Auslegung gehört, sondern eine eigenständige Psalm-Auslegung darstellt. Bemerkenswert ist die Differenz zum MT bezüglich des dort gebrauchten Wortes יחד. Statt «Fürsten tun sich gemeinsam zusammen» liest 4QFlor ביחד «Fürsten tun sich zusammen in der Gemeinschaft.» יחד ist in diversen Qumranschriften ein wichtiger Begriff zur Bezeichnung der Gemeinschaft der Verfasser. Hier bezeichnet er offenbar die Gemeinschaft der Gegner, welche in Opposition zur Gemeinschaft der Verfasser steht. Dieses Gegenüber von zwei Parteien erinnert an die Darstellung der Gemeinschaftsregel (1QS) bzw. an diejenige der Kriegsregel (1QM). In beiden Schriften stehen sich ebenfalls zwei Parteien gegenüber; in 1QS sind es die Männer des Loses Gottes und die Männer des Loses Belial,[113] in 1QM die Söhne des Lichtes und die Söhne der Finsternis.[114] Nach 1QS kann man entweder zur Gemeinschaft der Verfasser gehören oder man gehört der Gemeinschaft der Gegner Gottes an.[115] Ob 4QFlor eine ähnliche Zweiteilung der Welt voraussetzt, ist aber nicht klar. Die an das Zitat anschliessende Auslegung in Zeile 19 ist nur noch fragmentarisch erhalten. Sie schliesst mit den Worten פשר הדבר (die Deutung der Worte), welche als Lesehinweis die Auslegung vom Zitat deutlich absetzen, an das Zitat an und nimmt aus dem Zitat das Wort גויים (Völker) auf.[116] Daneben finden sich die Worte בחירי ישראל (die Auserwählten Israels); zudem ist erkennbar, dass die Auslegung auf die letzten Tage (באחרית הימים) bezogen wird. Es ist gut vorstellbar, dass die Auslegung einst so lautete, dass die Völker rasen und Nationen sich erheben gegen die Auserwählten Israels,[117] d. h. gegen die Gemeinschaft der Verfasser. In diese Richtung deutet auch die oben dargestellte Textänderung von יחד zu ביחד. Der genaue Wortlaut der Auslegung ist aber nicht mehr mit Sicherheit rekonstruierbar.

---

[112] Mit Brooke, *Exegesis at Qumran*, 147.

[113] So 1QS II,2.5.

[114] So bereits in 1QM 1,1.

[115] Vgl. 1QS I,16–26.

[116] Die von Brooke, *Exegesis at Qumran*, 87, in Zeile 19 rekonstruierte Identifizierung der גויים mit den Kittim (vgl. auch ebd., 148f) ist paläographisch nicht haltbar.

[117] Vgl. die Rekonstruktion von Steudel, *Midrasch zur Eschatologie*, 25.

Nach der Rekonstruktion von Steudel gehören die Zeilen 1–3 von Kol. IV ebenfalls noch zu dieser Auslegung von Ps 1,1–2.[118] Sie werden nachfolgend im Zusammenhang mit der nun zu behandelnden Interpretation dieser Kolumne besprochen.

Kol. IV (Frg. 1,II, 3 und 24)

Fragment 3 wurde bereits von Allegro mit Frg. 1,II in Verbindung gebracht.[119] Steudel gelang es, die zweite Textlücke von Frg. 3 durch Frg. 24 zu ergänzen.[120] Im Weiteren zählt sie die Frg. 5 und 12 zur selben Kolumne, die aber nur noch einzelne Wörter bezeugen.[121] Möglicherweise gehörten diese Wörter einst zu einer Interpretation. Da ihr Aussagegehalt nicht mehr zu erheben ist, werden sie für die vorliegende Untersuchung nicht berücksichtigt.[122] Für die Rekonstruktion der Zeilen wird neben derjenigen von Steudel auf PTSDSSP zurückgegriffen.[123]

Zeile 1 ist mit PTSDSSP als היאה עת המצרף הבאה על בית יהודה להתם zu rekonstruieren. Die weitergehenden Rekonstruktionen von Steudel lassen sich nicht erhärten. In Zeile 2 ist aus inhaltlichen Gründen ebenfalls PTSDSSP der Vorzug zu geben: בליעל ונשאר שאר [העם]ישראל ועשו את כול התורה. Das erste Wort ist trotz seines deutlich sichtbaren, kleinen Abstandes zwischen י und ע als *ein* Wort zu lesen.[124] In Zeile 3 ist mit Steudel wie in Zeile 1 היאה und nicht הואה zu lesen; somit ist מושה היאה הןעת הזואת כאשר כתוב בספר דניאל הנביא להרשיןע רשעים ולוא יבינן zu rekonstruieren. Die oberhalb von Zeile 4 zu findende Textergänzung ist mit PTSDSSP als וצדיקים יתנבררו ויתלבנו ויצטרפו ועם יודעי אלוה יחזיקו המן ה als zu lesen. Sie wird wie in PTSDSSP Zeile 4 vorangestellt. Für Zeile 4 selbst muss man sich mit den erhaltenen Buchstaben ה[...] [ ] אחרי המצרף אשר אלוהמה יורן ד begnügen, wobei gegenüber der Lesung von PTSDSSP, welcher die Rekonstruktion ansonsten folgt, das von Steudel miteinbezogene Frg. 24 zu berücksichtigen ist. In Zeile 5 ist ה ברדתו מן[lesbar.

Übersetzung und Interpretation von Kol. IV (Frg. 1,II, 3 und 24)

1   Dies ist die Zeit der Läuterung, welche gekom[men ist über das Haus J]uda, um zu verzehren [...

2   Belial, und es wird übrigbleiben ein Rest [des Volk]es [Isra]el und sie werden halten die ganze Tora [...

3   Moses. Dies ist das [Wort, da]s geschrieben ist im Buch Daniels, des Propheten, *dass gottlos handel[n die Gottlosen und nicht verstehen.*

---

[118] Vgl. Steudel, *Midrasch zur Eschatologie*, 11–29. Eine Zusammengehörigkeit legt sich auch nahe, weil Kol. IV wie Kol. III u. a. aus Frg. 1 gebildet werden, vgl. ebd., 16.

[119] Vgl. Allegro, *Qumrân Cave 4*, 54.

[120] Zur dieser Rekonstruktion vgl. Steudel, *Midrasch zur Eschatologie*, 26, sowie die Einzelargumentation ebd., 48–50.

[121] Vgl. Charlesworth, *Pesharim*, 256f bzw. 258f.

[122] Die Frage, ob die beiden Fragmente mit Steudel zur Kol. IV zuzuordnen sind oder separat zu behandeln sind, kann daher offen bleiben.

[123] Vgl. Charlesworth, *Pesharim*, 254f.

[124] Vgl. Charlesworth, *Pesharim*, 254, Anm. 45.

4   Aber die Gerechten *werden ge[reinigt, weissgemach]t und geläutert werden, und ein Volk, das Gott kennt, wird stark werden. Sie [...]*[125] ... [...] nach der Läuterung, zu welcher ihr Gott wird herabsteig[en ...

5   ]... bei seinem Hinabsteigen ...[

Wird die Auslegung in den Zeilen 1f als weiterführende Auslegung zum in Kol. III zitierten Ps 1,1–2 gelesen, so ist die Zeit der Läuterung wie folgt zu verstehen: Die Nationen, die sich gegen Israel erheben, werden dieses (wahrscheinlich durch kriegerische Ereignisse) so läutern, dass nur noch ein Rest des Volkes übrig bleiben wird. Von diesem Rest wird gesagt, dass er die ganze Tora einhalten wird. Diese Auslegung wird mit einem gekürzten und in seiner Reihenfolge geänderten Zitat von Dan 12,10 untermauert, woran ein Zitat aus Dan 11,32b anschliesst. Die beiden Zitate verschmelzen so zu einer neuen Aussage. Zitiert wird zuerst Dan 12,10αβ–γ in Zeile 3, ohne die beiden letzten Worte. Oberhalb von Zeile 4 wird das nicht in diesem Zitat zu findende Wort וצדיקים (aber die Gerechten) eingesetzt. Danach folgen die Worte von Versteil 10αα und schliesslich Versteil 11,32b, jedoch ohne dessen letztes Wort. Danach bricht der oberhalb von Zeile 4 nachgetragene Text ab. Die aus dem Zitat-Konglomerat Dan 12,10αβ–γ.10αα.11,32b entstandene Aussage spricht einerseits vom Rasen der Gottlosen und andererseits vom Reinigen und Läutern der Gerechten sowie vom Erstarken eines Volkes, das Gott kennt. Die zitierten Worte bilden nicht bloss einen *Schriftbezug*, indem sie die Thematik der vorangehenden Auslegung aufnehmen dienen sie gar als Schriftbeweis.[126]

Kol. V (Frg. 13 und 14)

Die Rekonstruktion von Zeile 1 ist unsicher. Übereinstimmung besteht in der Lesung der Buchstaben ר und ו. In Zeile 2 ist der Anfang von Ps 5,3 הקשיבה לקול erhalten.[127] Von den Platzverhältnissen her wurde sicher der ganze Vers, vielleicht auch noch Vers 4a zitiert. Am Ende der Zeile ist das Wort פשר anzunehmen,[128] da Zeile 3 mit dem Wort הדבר beginnt. Danach ist in Zeile 3 לאחרית הן]ימים, in Zeile 4 כיא המה lesbar.

Übersetzung und Interpretation von Kol. V (Frg. 13 und 14)

1   ...

2   (Ps 5,3) *Horche auf die Stim[me meines Schreiens, mein König und mein Gott; denn zu dir bete ich. Die Deutung]*

3   des Wortes geht auf die letzten [Tage ...

4   ...] denn sie [...

[125] Die gestrichelt unterstrichen wiedergegebenen Worte sind oberhalb der Zeile nachgetragen.

[126] Anders Brooke, *Exegesis at Qumran*, 149.

[127] Mit Steudel, *Midrasch zur Eschatologie*, 50. Zur Rekonstruktion von Kol. IV vgl. zudem ebd., 27.

[128] Mit Steudel, *Midrasch zur Eschatologie*, 50.

Von der Auslegung des Psalms ist lediglich noch erkennbar, dass sie auf die letzten Tage bezogen wurde. Mit den erhaltenen Wörtern in Zeile 4 könnten ein oder mehrere Teile aufgenommen und ausgelegt worden sein; vielleicht gehörten sie aber auch ganz zur Auslegung. Die Aufnahme von einzelnen Teilen mit Personalpronomina ist in den Pescharim häufig zu beobachten.

Kol. VI (Frg. 15 und 19)

Die beiden von Steudel für die Rekonstruktion von Kol. VI berücksichtigten Fragmente 15 und 19 schliessen nicht unmittelbar aneinander an. Ihre Zusammengehörigkeit wurde aus dem von ihnen bezeugten Zitat erschlossen.[129]

In Zeile 1 ist nicht nur wie in PTSDSSP כתוב בספר ישׁ[עיה הנב]יא zu rekonstruieren, sondern, aufgrund des in Zeile 2 vorfindlichen Zitates von Jes 65,22b, danach mit Steudel Vers 22a zu rekonstruieren.[130] Zeile 2 ist aufgrund der Argumentation von Steudel als כיא כימי העץ [ימי עמי [ומעשה ידיהם יבלו בחי]רי לו[וא ייגעו לריק] zu lesen. Auch in Zeile sind 3 durch die Hinzufügung von Frg. 19 zwei Wörter mehr bezeugt. Sie ist als ולוא ילדו לבהל]ה כיא זרע ברוכי יהוה המה כיא [המה] zu lesen. Von Zeile 4 konnte Steudel noch Buchstabenreste erkennen.

Übersetzung und Interpretation von Kol. VI (Frg. 15 und 19)

1   ... es geschrieben steht im Buch Jes]aja des Pro[pheten, (Jes 65,22) *Sie werden nicht bauen, dass ein anderer wohne, sie werden nicht pflanzen, dass ein anderer esse,*
2   *sondern wie die Tage der Bäume]* werden die Tage meines Volkes sein. Und das Werk ihrer Hände werden verzehren meine Erwähl[ten. (23) Und[nicht werden sie sich umsonst mühen*
3   *noch zeugen für den plötzlichen To]d, denn der Same [der Gesegneten Jhwhs sind sie. Denn]* sie [...
4   ...] ... [...

Zu diesem *Schriftbezug* zu Jes 65,22–23bα ist keine Auslegung mehr vorhanden. Zur vorangehenden Thematik passt das Zitat insofern recht gut, als dort neben dem Läuterungsgericht bereits auch die Restitutionsthematik angeklungen ist. Das Zitat ist explizit eingeleitet. Wiederum trägt Jesaja dabei den Titel eines Propheten, der, wie schon in Kol. III, als besondere Betonung des prophetischen Amtes dieser Figur gelesen werden muss und eine Ehrenbezeichnung darstellt.[131] Es ist anzunehmen, dass diese Jesaja-Stelle (wie diejenige in Kol. III) ein sekundäres Zitat zu einem vorangehenden Psalmzitat bildete und als Schriftbeweis diente.

---

[129] Vgl. Steudel, *Midrasch zur Eschatologie*, 51.

[130] Vgl. (auch im Folgenden) Charlesworth, *Pesharim*, 260f, und Steudel, *Midrasch zur Eschatologie*, 28, sowie ebd., 51.

[131] Siehe oben unter Kol. III sowie Anm. 107.

8.1.2 4QCatena[a] (4Q177) als Teil B des Midraschs zur Eschatologie (4QMidrEschat[b])

Die Editio princeps erfolgte in DJD V und wurde wiederum von Allegro verantwortet.[132] Allegro präsentierte die Fragmente in der Regel gemäss ihrer Grösse; aufgrund von Schriftzitaten stellte er jedoch bereits einige zu Fragmentkompositionen zusammen. Von wesentlicher Bedeutung für die Forschung waren allerdings die weitergehenden Kombinationen der Fragmente durch Strugnell, seine Korrekturen und in zwei Fällen neuen Transkriptionen.[133] Diese Arbeit bildet auch die Grundlage der Untersuchung von Steudel[134] sowie der Edition in PTSDSSP, die von Jacob Milgrom in Zusammenarbeit mit Lidija Novakovic besorgt wurde.[135] DSSEL dagegen hat die Rekonstruktion von Allegro übernommen. In der Monographie von Horgan wird 4QCatena[a] nicht behandelt. Da die Arbeit von Strugnell an 4Q177 durchwegs sehr überzeugend ist und durch die materielle Arbeit Steudels bestätigt wurde, wird die nachfolgende Untersuchung nur dort auf Fragen der Textrekonstruktion eingehen, wo Steudel und PTSDSSP nicht übereinstimmen.

PTSDSSP und Steudel unterscheiden sich vornehmlich in der Reihenfolge, in der die von Strugnell zusammengestellten Fragmente behandelt werden. Steudel gelang es aufgrund von Beschädigungsspuren, materielle Gründe für eine Reihenfolge von vier zusammengestellten Fragmentgruppen zu finden.[136] Im Folgenden werden die Fragmente in der von Steudel vorgeschlagenen Reihenfolge untersucht. Nach der Rekonstruktion von Steudel bilden diese vier Fragmentgruppen die Kolumne VIII–XII des Midraschs zur Eschatologie.[137]

Kol. VIII (Frg. 5, 6 und 8)

Die Zusammengehörigkeit der Fragmente 5 und 6 ergibt sich aus dem in Frg. 5,7 zu findenden Zitat von Ps 11,1, das in Frg. 6,8 fortgesetzt wird. Dies wurde bereits von Allegro erkannt und von Strugnell, PTSDSSP, aber

---

[132] Allegro, *Qumrân Cave 4*, 67–74.

[133] Strugnell, *Notes*, 236–248.

[134] Vgl. Steudel, *Midrasch zur Eschatologie*, 57–124. Durch die materielle Rekonstruktion konnte Steudel dabei die Zusammenstellung der Fragmente von Strugnell bestätigen; vgl. ebd., 61–70.

[135] Vgl. Charlesworth, *Pesharim*, 286–303.

[136] Vgl. Steudel, *Midrasch zur Eschatologie*, 61–70.

[137] Nach Steudel, *Midrasch zur Eschatologie*, 61–70, bilden die Frg. 5, 6, 8 Kol. VIII, Frg. 7–11, 20, 26 Kol. IX, Frg. 1–4, 14, 24, 31, 34 Kol. X und Frg. 12, 13,I Kol. XI; Frg 13,II schliesslich bildet Kol. XII. Die Nummerierung I–VI, VIII–XII ergibt sich aus der Annahme Steudels, dass 4Q177 den Textbestand von 4Q174 im Abstand von etwa einer Kolumne fortsetzt; vgl. oben, Anm. 3.

auch Steudel übernommen.[138] Die Grösse der Lücke zwischen den beiden Fragmenten ist dadurch noch nicht bestimmt und wurde von Allegro und Strugnell auch unterschiedlich rekonstruiert, wobei PTSDSSP in diesem Punkt Allegro, Steudel dagegen Strugnell gefolgt ist. Bereits Strugnell vermutete eine Verbindung zwischen Frg. 6 und 8, die von Steudel aufgrund der materiellen Beschaffenheit bestätigt werden konnte. Frg. 8 wird von ihr unterhalb von Frg. 6 angeschlossen. Ein wichtiges Argument für die Zusammenstellung sind die von Frg. 8 fortgesetzten senkrechten Bruchlinien, die sich in Frg. 6 zeigen. Ausserdem weisen die beiden Fragmente dieselbe Breite und eine ähnliche Beschaffenheit und Farbe auf. Die drei lesbaren Zeilen von Frg. 8 bieten damit jeweils die Fortsetzung der Zeilen 11–14 von Frg. 5. PTSDSSP hat diese Anordnung von Frg. 8 nicht übernommen und behandelt es separat. Die Untersuchung wird dagegen der Zusammenstellung der Fragmente von Steudel folgen. Ihre Rekonstruktionsarbeit wird dabei nochmals sorgfältig geprüft und gegenüber anders lautenden Vorschlägen von PTSDSSP abgewogen. Um die Vergleichbarkeit mit PTSDSSP und DSSEL zu gewährleisten, wird die durch die eigenen Untersuchungen entstandene Textrekonstruktion hier vorweggenommen.

Rekonstruktion von Kol. VIII

1	...]ה ההוללים אשר י[ן... ה[בא על אנשי הי[נ]חד	
2	[כאשר כתוב בספר ישעיה הנ[ביא אכול השנה ספיח ובשנה השנית שחיס VACAT	
	ואשר אמ[ר השפיח הו[ן]אה	
3	]רה עד עת המצ[נר]ף הבאה ...]אחרי כן יעמוד[	
4	...]כיא כולם ילדים [ ]אמרו ההוללי[ם	
5	... כאשר כתוב[עליהם בספר י[ן... כ]יא תורת ההון[	
6	[קרא להם כאשר [כתוב עליהם בספר ישעיה הנביא הוא ז]מות יעץ לחנ[בל עניו]ם	
7	באמרי שקר ... אנשי [הל]צון את ישראל[... למנצ]ח לדויד ביהוה[חסיתי	
8	כיא הנה הרשעים ידרכון קשת [ויכיננו הצים על[יתר	
	פשר הדבר א[ש]ר ינודו אנ[ש]י	
9	...]ם בספר ה[כצ]פור ממקומו וגל[ו	
10	...]ם היא[...]ץ לה איש הולך ד[	
11	...]חד ערומ[י]אשר כתוב עליהם בספ[רן	
12	]ך ראו למנצח על ה[שמינית כי]א לוא עם בנ[ינות	
13	הוא] ...]המה העונה השמ[ינית ...]סף חסד ספו[ן	
14	א[י]ן שלום אשר המה דן	
15	הרוג בקר ושחוט צואן א[כול בשר ושתות יין]	
16	...]ת התורה עושי היחד ס [	

[138] Vgl. Allegro, *Qumrân Cave 4*, 68f, Strugnell, *Notes*, 241–243, Charlesworth, *Pesharim*, 292f, Steudel, *Midrasch zur Eschatologie*, 71 (vgl. auch ihre Argumentation ebd., 62–64). Wo nicht besonders erwähnt, bezieht sich die jeweilige Argumentation in Kol. VIII auf die hier genannten Textabschnitte.

Die gegenüber PTSDSSP in Zeile 1 zusätzliche Rekonstruktion des Wortes במצרף[139] ist nicht zu erhärten, die Rekonstruktion zu ה[ב]א dagegen ist plausibel. Mit Steudel ist כאשר כתוב בספר ישעיה הנ[ב]יא zu Beginn von Zeile 2 als Zitationsformel anzunehmen. Aufgrund der von Steudel und Strugnell übernommenen grösseren Kolumnenbreite wird danach nicht nur Jes 37,30αβ, sondern danach auch Versteil γ rekonstruiert. Bei Zeile 3 ist PTSDSSP vorzuziehen. In Zeile 5 sind Reste einer Zitationsformel erkennbar; wie sie genau lautete und aus welchem Propheten zitiert wurde, ist jedoch nicht mehr zu erheben. Da Zeile 6 das Wort כאשר bezeugt (siehe unten), wird Zeile 5 mit Steudel rekonstruiert. Da die Zitationsformel in Zeile 6 Jes 32,7bα–β einleitet, ist sie mit Steudel, so wie ursprünglich von Strugnell vorgeschlagen, zu rekonstruieren.[140] Das Zitat von Jes 32,7bα–β wird in der folgenden Zeile fortgesetzt. Am Ende von Zeile 7 wird Ps 11,1a zitiert. Anders als die Rekonstruktionen von PTSDSSP, Strugnell und Allegro ist mit Steudel anzunehmen, dass 11,1b ausgelassen wurde. Vers 2 beginnt erst bei Zeile 8. Bezeugt ist nur Versteil 2a. Steudels Rekonstruktion von Versteil b ist zwar plausibel, aber unsicher. Die Annahme einer Einleitungsformel vor den von Frg. 6 bezeugten Worten ist möglich. Strugnells Ergänzungs-Vorschlag ist als zu wenig sicher zu beurteilen; eine Beschränkung auf die Lesung von PTSDSSP ist in dieser Zeile ratsam. Dasselbe gilt für die Zeilen 9 und 10. Da in diesem Pescher neben der Einleitungsformel כאשר כתוב auch einfach אשר כתוב bezeugt ist, ist für Frg. 5,11 die Lesung von PTSDSSP vorzuziehen. Die Zeilen 11ff werden von Frg. 8,2ff fortgesetzt (8,1 bezeugt demnach noch Reste von Zeile 10). In Zeile 12 findet sich eine Zitatverbindung von Ps 12,1α und Jes 27,11bα, dessen letztes Wort zu Beginn von Zeile 13 anzunehmen ist. Die von Steudel zum Zitat von Jes 22,13αβ–γ rekonstruierte Einleitungsformel ist unsicher. Die Zeilen 2, 4, 14 und 16 sind unbestritten.

Übersetzung und Interpretation von Kol. VIII

1 [...] die Prahler, die [... die geko]mmen ist über die Männer der Ge[meinschaft,

2 wie geschrieben steht im Buch Jesaja, des Pro]pheten (Jes 37,30αβ–γ): *Man wird in diesem Jahr das Nachwach[sende essen und im zweiten Jahr den Wildwuchs.* VACAT Und wenn es heiss]t: *das Nachwachsende,* so ist di[es

3 ... .].. während der Zeit der Läuter[ung, die gekommen ist ...] danach wird er aufstehen [...

4 ...] denn sie alle sind Kinder [...] es sprechen die Prahl[er ...

5 wie geschrieben steht] über sie im Buch J[... d]enn das Gesetz der ..[.

6 ...] ruft sie, wie geschrieben [steht im Buch Jesaja, des Propheten (Jes 32,7bα–β): *Er s]innt auf Ränke, zu verder[ben die Armen*

7 *mit Worten der Lüge ... die Männer des] Spottes Israe[l ...* (Ps 11,1a) *Für den Musikleiter,] von David. In Jhwh[ist meine Zuflucht.*

8 [(Ps 11,2a) *Denn siehe, die Gottlosen spannen den Bogen] und befestigen den Pfeil au[f der Sehne* ... die Deutung des Wortes ist, d]ass sie fliehen, die Männ[er der...

9 ... wie ein Vo]gel von seinem Platze und sie werden verschwind[en ... .].. im Buch der [...

10 ..]. zu ihr kommt ein Mensch ... [... ...] ... sie [...

11 ...] wie geschrieben steht über sie im Buch[... .].. die Nackten der [...

12 ..]. ... (Ps 12,1αα) *dem Musikleiter, auf der [Achten ...]* (Jes 27,11bα) *Denn nicht ein Volk, das ver[steht*

13 *ist es* ...] sie sind der achte Zeitabschnitt[...] ... *Treue* ..[.

---

[139] Zur Rekonstruktion vgl. Steudel, *Midrasch zur Eschatologie*, 81.

[140] Vgl. Strugnell, *Notes*, 241. Sein Vorschlag כאשר [כתוב עליהם בספר ישעיה הנביא wurde von Steudel übernommen. Eine ähnliche Formulierung findet sich in IX,13.

14 k]ein Friede, welcher sie ..[.

15 ..] (Jes 22,13aβ–γ) *ein Töten von Rindern und ein Schlachten von Kleinvieh, ein E[ssen von Fleisch und ein Trinken von Wein ...*

16 ...] ... die Gründer der Gemeinschaft ... [...

Die Worte in Zeile 1 gehörten zu einer Auslegung, deren Bezugstext nicht mehr zu erheben ist. Ihnen folgt ein expliziter *Schriftbezug* zu Jes 37,30aβ–γ. Bei diesem ist erkennbar, dass das Wort ספיח (das Nachwachsende) aufgenommen und ausgelegt wurde; die Auslegung ist indes nicht mehr erhalten. Da die Auslegung in den Zeilen 3–5 mit der Auslegung in Zeile 1 das Wort ההוללים teilt, sind sie nicht auf den Schriftbezug, sondern auf das der Zeile 1 vorangehende, nicht mehr erhaltene Zitat zu beziehen. In Zeile 6 folgt ein expliziter *Schriftbezug* zu Jes 32,7bα–β, in dessen nur noch teilweise erhaltenen Auslegung offenbar die Spötter vorkamen. Es ist anzunehmen, dass sie mit dem Subjekt der zitierten Stelle in Zusammenhang gebracht werden sollten. Die zitierten Worte sprechen von demjenigen, der auf Ränke sinnt und die Armen durch Lügenworte zu verderben sucht. In Jes 37,7 ist das Subjekt dieser Missetaten der Schurke. Die vorliegende Auslegung dagegen ist wahrscheinlich so zu verstehen, dass es die Männer des Spottes (אנשי]הלצון) sind, welche die von Jesaja beschriebenen Missetaten verüben. Wichtig für diese Identifizierung mit den אנשי]הלצון dürften die im Zitat genannten אמרי שקר «Lügenworte» als Mittel dieser Ränke sein. Die zitierte Jesaja-Stelle wird aktualisierend auf die Situation der Verfasser bezogen. Sie selber dürften sich mit den Armen identifiziert haben, die bedrängt werden. Das Subjekt dieser Bedrängung interpretierten sie auf ihre Gegner. Die Schriftstelle dient in der Argumentation wohl dazu, zu zeigen, dass die durch die sogenannten Männer des Spottes erlebte Bedrängung schon vom Propheten Jesaja vorhergesagt wurde. Der Kontext der zitierten Stelle Jes 32,7bα–β spielt für die vorliegende Auslegung keine Rolle. Jes 32,6–8 ist ein redaktioneller Nachtrag zur Verheissung eines heilsbringenden Königs (32,1–5).[141] Weder diese Verheissung noch die weisheitliche Beschreibung des Gegensatzes «Schurke» und «Edler» in den Versen 6–8 werden im vorliegenden Text aufgenommen.

Nur fragmentarisch ist die Auslegung zu dem in den Zeilen 7f bezeugten Zitat von Ps 11,1a.2a erhalten. Die rekonstruierbaren Wörter «fliehen», «verschwinden» und «Vogel» passen gut zu dem zitierten Bild vom Pfeilbogen, der sowohl bei der Jagd als auch im Krieg eingesetzt werden kann. Bemerkenswert ist die fragmentarisch erhaltene Zitatkombination von Ps 12,1aα und Jes 27,11bα in Zeile 12f. Von der ebenfalls nur fragmentarischen Auslegung dieser Zitatkombination ist nur noch wenig erkennbar. Von Ps 12,1aα wird das Wort השמינית (der Achte – wohl ein achtsaitiges Instrument) ausgelegt und als der achte Zeitabschnitt verstanden. Die Aussage אין שלום (kein Friede) könnte dagegen eine Auslegung von Jes 27,11bα darstellen und sich auf das unverständige Volk beziehen

---

[141] Vgl. Wildberger, *Jesaja 28–39*, 1251–1261.

(לוא עם בינות הוא). Der genaue Zusammenhang zwischen dem nächsten Zitat, Jes 22,13aβ–γ, und den ihm folgenden Resten einer Auslegung ist ebenfalls nicht mehr zu erheben. Da die vorangehenden Jesaja-Stellen alle als Schriftbezug dienen, ist anzunehmen, dass auch das Zitat von Jes 22,13aβ–γ diese Funktion hatte.

In Kol. VIII wird aus einzelnen Versen der Psalmen zitiert, und zwar grundsätzlich in der Reihenfolge des Psalters, jedoch nicht fortlaufend, sondern so, dass die Verse zwischen den einzelnen Psalm-Stellen übersprungen werden. Auf die Auslegung von Ps 11,1a.2a folgt diejenige von Ps 12,1aα. Die innerhalb dieser Psalm-Auslegungen zu findenden Jesaja-Stellen dienen in diesem Abschnitt dazu, die fortlaufende Auslegung aus den Psalmen mit sekundären Bibelstellen abzustützen und zu erweitern. In Zeilen 5 und 11 sind noch Reste weiterer *Schriftbezüge* feststellbar, die sich jedoch nicht mehr zuordnen lassen. In Zeile 1 ist der Bezug des zitierten Textes auf die eigene Gemeinschaft (על אנשי הי[חד) deutlich erkennbar.

Kol. IX (Frg. 7, 9–11, 20, 26)

Die von Strugnell vorgeschlagene Zusammenstellung der Frg. 7, 9–11, 20 und 26 stützt sich auf einleuchtende Argumente und wurde sowohl von Steudel als auch PTSDSSP übernommen.[142] Für die Zusammengehörigkeit der Frg. 7, 9–11 und 20 sprechen materielle Gründe. Die Kombination der Frg. 9,II–11 und 20 ist gleichzeitig durch ein Zitat von Ps 13,2f gesichert. Da Frg. 26,1 ein Wort aus Ps 13,2 bezeugt, ist es aus textlichen Gründen hinzuzunehmen.[143]

Die Rekonstruktion der Zeilen 1f ist unbestritten. In Zeile 1 wird aufgrund der erhaltenen Worte שבעתים ק[ein Zitat von Ps 12,7 rekonstruiert; danach finden sich die Worte כאשר כתוב. In Zeile 2 ist aufgrund von תחת פתוחה נואם יהוה] ein Zitat von Sach 3,9a–bα anzunehmen. Dabei wird vorausgesetzt, dass gegenüber dem MT das Wort צבאות nicht mehr aufgenommen wurde; מפ[ון]תחת anstelle von פתח ist als textliche Variante erklärbar. Das letzte Wort der Zeile (אשר) leitet vom Zitat zum Kommentar über.

Für Zeile 3 ist die Rekonstruktion von PTSDSSP א[שר עליהם כתוב ורפאתי את der weitergehenden Rekonstruktion von Steudel zu כא[שר vorzuziehen. Die Lesung der Zeilen 4f, 7–9 und 11f ist unbestritten. In Zeile 6 ist ebenfalls PTSDSSP vorzuziehen; die den lesbaren Worten vorangehende Rekonstruktion des Wortes יעמוד von Steudel ist unsicher. Bei Zeile 10 kann allein aufgrund der Fotografie nicht beurteilt werden, welche Rekonstruktion zu bevorzugen ist,[144] weshalb die Untersuchung sich auf die unbestrittenen Worte באחרית הימים כיא[...]לבוחנם ולצורפם beschränkt. Steu-

---

[142] Vgl. Steudel, *Midrasch zur Eschatologie*, 72 sowie Charlesworth, *Pesharim*, 294f. Wo nicht besonders erwähnt, bezieht sich die Rekonstruktion auf diese beiden Rekonstruktionen.

[143] Mit Steudel, *Midrasch zur Eschatologie*, 64f.

[144] Vgl. Tov, *DSSEL*, PAM 43.420. Dass beide Rekonstruktionen als unsicher zu beurteilen sind, zeigt auch die Argumentation bei Steudel, *Midrasch zur Eschatologie*, 96.

dels Ergänzung אנשי היחד zu Beginn von Zeile 13 ist nicht zu erhärten,[145] die Lesung mit PTSDSSP verdient daher Präferenz. In Zeile 14 kann zu den zweifelsfrei zu lesenden Worten mit PTSDSSP פשר הדבר על אחרית ergänzt werden, die Rekonstruktionen ע]ני und אל]הים in Zeile 15 sind ebenfalls sehr plausibel; in Zeile 16 ist dagegen die Rekonstruktion Steudels הס]ירו vorzuziehen, die sich auf die ähnliche Formulierung in Jer 4,4 abstützen kann.

Übersetzung und Interpretation von Kol. IX

1 [(Ps 12,7) *Die Worte Jhwhs sind reine Worte – Silber, am Eingang zur Erde geläutert, gereinig]t siebenmal.* Wie geschrieben steht

2 [(Sach 3,9a–bα) *Denn siehe, der Stein, den ich vor Josua gelegt habe – auf einem Stein sieben Augen – und siehe die eingra]vierte Gravierung, Spruch Jhwhs.* Welcher

3 [... w]ie über ihn geschrieben steht, (?) *und heilen werde ich den*

4 [... all]e Männer Belials und das ganze Gesindel

5 [...] sie der Erforscher des Gesetzes. Denn nicht

6 [...] ein jeder auf seiner Warte, wenn er steht

7 [...] ... [...] die zu Fall bringen wollen die Söhne des Lichtes

8 [... (Ps 13,2) *Wie lange, Jhw]h? Willst du nicht denken [an mich für immer? Wie lange verbir]gst du dein Angesicht vor mir? (3) Wie lange werde ich tragen*

9 [*Schmerzen*] *in meiner Seele, [Kummer in meinem] Herzen bei [T]age? Wie lange wird sich er[heben mein Feind über] mich?* Die Deutung der Worte geht [üb]er den Glanz der Herzen der Männer der

10 [...] ... am Ende der Tage, denn [...] um sie zu prüfen und zu reinigen

11 [...] ... durch den Geist und Auserlesene und Gereinigt[e ... und wenn es he]isst, (Ps 13,5a) *damit der Feind nicht sagt*

12 [*ich habe ihn überwältigt* ...] sie sind die Gemeinschaft derjenigen, die nach glatten Dingen suchen, sie [... b]is dass sie suchen zu zerstören

13 [...] durch ihre Eifersucht und durch [ihre] Anfeindung [..]. ... [... wi]e geschrieben steht im Buch Ezechiels, des Pro]pheten

14 [... (Ez 25,8) *Das Haus Israel]* und Juda wie alle Völk[e]r. [Die Deutung des Wortes geht auf die letzten] Tage, dass sie sich versammeln werden gegen sie

15 [...] das gerechte Volk, aber der Gottlose, der Tor und der Einfäl[tige ... die Au]gen der Männer, welche Go[tt] dienen

16 [... entfer]nen die Vorhäute ihrer Herzen, ihres [Fl]eisches im le[tzten] Geschlecht [...] und die Gesamtheit derer, die zu ihm gehören, ist unrein und n[icht

Nach dem Zitat von Ps 12,7 folgt ein expliziter *Schriftbezug* von Sach 3,9a–bα. Wie Steudel beobachtet hat, kommt in beiden Stellen die Zahl Sieben vor.[146] Es ist denkbar, dass dies der Grund für die Kombination der beiden Stellen ist und dass das zweite Zitat dazu dient, das erste auszulegen. Das Wort אשר leitet zur Auslegung über, die jedoch nicht mehr erhalten ist. In Zeile 3 folgte offensichtlich ein weiterer (diesmal allerdings impliziter) Schriftbezug. Die erhaltenen Worte können jedoch mit keiner biblischen oder nichtbiblischen Schriftstelle in Übereinstimmung gebracht werden. Möglicherweise wurde eine uns unbekannte Schrift zitiert. Die noch erhalten Reste einer Auslegung in den Zeilen 4–7 sind demzufolge auf

---

[145] In Steudel, *Midrasch zur Eschatologie*, 97, auch bloss als Möglichkeit dargestellt.

[146] Vgl. Steudel, *Midrasch zur Eschatologie*, 91.

diese unbekannte Schriftstelle zu beziehen. Als Themen der Auslegung sind die Männer Belials und das ganze Gesindel, der Erforscher des Gesetzes, die Warte eines jeden und der Versuch, die Söhne des Lichtes zu Fall zu bringen, erkennbar.

Bei der Deutung der in den Zeilen 8f zitierten Verse Ps 13,2f wird das Wort נצח aus Vers 2 aufgenommen, das sowohl die Bedeutung «für immer» als auch die Bedeutung «Glanz/Ruhm» haben kann. Die Auslegung, von der noch einzelne Satzteile erhalten sind, bezog die Verse auf die letzten Tage und behandelte Prüfung und Reinigung sowie Auserlesene und Gereinigte. Wahrscheinlich gehörten die genannten Themen zusammen, so dass von den Auserlesenen und Gereinigten gesagt wurde, dass sie geprüft und gereinigt wurden. Ebenfalls wäre die Aussage «durch den Geist» (möglich wäre auch die Übersetzung «im Geist») auf sie zu beziehen.

Mit ואשר אמר wird am Ende von Zeile 11 ein *Schriftbezug* zu Ps 13,5 eingeleitet. Offensichtlich wird in Zeile 12 das zitierte Wort «Feind» auf die Gemeinschaft derjenigen, die nach glatten Dingen suchen, ausgelegt. Von ihnen wird ausgesagt, dass sie durch ihre Eifersucht und Anfeindung zu zerstören versuchen. Objekt dieser Zerstörung könnten, wie Steudel vermutet, die Männer der Gemeinschaft gewesen sein.[147] Der Auslegung folgt ein expliziter Schriftbezug zu Ez 25,8. Diese Stelle wird wiederum auf die letzten Tage hin ausgelegt. Als Thema der Auslegung ist in Zeile 15 das gerechte Volk gegenüber den Gottlosen, Toren und Einfältigen erkennbar. Wahrscheinlich wurde von den Männern aus dem gerechten Volk in Zeile 16 gesagt, dass sie die Vorhäute ihrer Fleischherzen entfernen, von den Gottlosen, Toren und Einfältigen dagegen, dass sie unrein sind. Diejenigen, die sich in Zeile 14 in den letzten Tagen versammeln, dürften ebenfalls die Gottlosen sein. Möglicherweise versammeln sie sich, um wie in 1QM gegen die Gerechten zu kämpfen.

Wie in Kol. VIII werden auch in IX die einzelnen Psalmstellen (12,7, 13,2f, 13,5) nach der Reihenfolge des Psalters ausgelegt. Wiederum wird für die Auslegung auf sekundäre Bibelstellen (Sach 3,9a–bα bzw. Ez 25,8) zurückgegriffen.

Kol. X (Frg. 1–4, 14, 24 und 31)

Für die Zusammengehörigkeit dieser Fragmente können materielle Gründe geltend gemacht werden.[148] Die Zeilen 1–6 werden durch die Frg. 2 und 14 abgedeckt. Frg. 24 schliesst links oben an Frg. 2 an und ergänzt die Zeilen 2 und 3. Ab Zeile 7 bezeugt Frg. 3 den rechten Teil der Kolumne. Die Zeilen 9–13 können links durch die Frg. 1 und 4 ergänzt werden. Die Zeilen

---

[147] Siehe oben, Anm. 145 sowie die dazugehörende Argumentation.

[148] Vgl. Steudel, *Midrasch zur Eschatologie*, 65f. Wo nicht besonders angegeben, beziehen sich die Argumentationen zu «Steudel» in Kol. X auf ebd., 73.

13f werden in der Mitte noch durch das kleine Frg. 31 ergänzt. Steudel und PTSDSSP unterscheiden sich nur bezüglich der Rekonstruktion einzelner Wörter.

Die Zitate von Dtn 7,15a und Ps 16,3 in Zeile 2 stimmen (abgesehen von der spezifischen Orthographie von ממכה) mit dem MT überein. In Zeile 3 ist die Lücke zwischen den erhaltenen Buchstaben, wie von Steudel vorgeschlagen, um die Wörter ולב נמס zu ergänzen.[149] Die Zeile bezeugt somit Nah 2,11bα (MT). Ein Einsatz des Zitates ohne die ersten zwei Wörter ist aufgrund seiner Aussage schwerlich vorstellbar. Von den ersten drei Buchstaben der Zeile 4 sind nur noch Spuren erhalten, lediglich der letzte Buchstabe, das ר, ist mit Sicherheit erkennbar; die von Steudel vorgeschlagene Lesung אשר ist zu unsicher. Nach תמה wird Ps 17,1a (MT) ohne die Einleitung תפלה לדוד bezeugt. Zu Beginn des zweiten Teils von Zeile 5 (Frg. 14,5) kann gegenüber Steudel mit PTSDSSP noch ein ר gelesen werden.[150] Vom zweiten Teil der Zeile 6 (Frg. 14,6) sind nur noch die obersten Teile der Buchstaben erhalten. Ihre Rekonstruktion ist unsicher, so dass man sich auf die von PTSDSSP rekonstruierten Buchstaben beschränken muss. Zu Beginn von Zeile 7 ist das von PTSDSSP rekonstruierte ו nicht zu erhärten, am Ende der Zeile ist Steudels Rekonstruktion der lesbaren Buchstaben zu פוח[ז]ים unsicher. Wie die Buchstaben vor ג[ורל in Zeile 8 zu rekonstruieren sind, kann aufgrund der Fotografie nicht mehr entschieden werden.[151] In Zeile 9 passt das von PTSDSSP gelesene Wort יהו[ה gut zu den erhaltenen Buchstabenresten von Frg. 24,9. Nach dem letzten von PTSDSSP transkribierten Buchstaben sind noch Spuren eines weiteren Buchstabens erkennbar. Ob diese ein פ bezeugen, wie von Steudel rekonstruiert, ist aber unsicher. Im durch Frg. 3 abgedeckten vierten Teil von Zeile 10 wird das durchgestrichene Wort מיד von PTSDSSP nicht transkribiert. Mit Steudel ist danach לעולם וברכם als Parallelismus zu den vorangehenden Worten zu lesen.[152]

Die Zeilen 11f sind mit PTSDSSP zu lesen, die weitergehenden Ergänzungen und Lesungen Steudels sind unsicher. In Zeile 13 findet sich ein Zitat von Hos 5,8aα (MT). Zu Beginn der Zeile 14 ist es zwar möglich, mit Steudel anzunehmen, dass Worte aus dem vorangehenden Zitat aufgenommen wurden; sicher ist es jedoch nicht, weshalb man sich auf die Lesung von PTSDSSP beschränken muss. Am Ende der Zeile ist aus inhaltlichen und syntaktischen Gründen mit Steudel וישלח (Sing.) zu lesen. Sowohl die Beibehaltung des Subjektes wie bei PTSDSSP als auch ein Subjektwechsel wie bei Steudel sind inhaltlich plausibel. Die Lesung Steudels kommt ohne zusätzliche Rekonstruktion aus und ist daher vorzuziehen. In Zeile 15 wird das mit Punkten unter und über dem Buchstaben als zu tilgend gekennzeichnete ע nach או[נ]תות in PTSDSSP nicht wiedergegeben. Die Tilgungszeichen befinden sich nicht über dem ת von או[נ]תות wie von PTSDSSP angegeben. In Zeile 16 ist aufgrund der Fotografie m. E. der Lesung von PTSDSSP den Vorzug zu geben.

Übersetzung und Interpretation von Kol. X

1 [... al]l ihre Worte [... L]obpreisungen der Herrlichkeit, denn er wird sag[en ...

2 ... (Dtn 7,15a) *Und Jhwh wird wegnehmen] von dir alle Krankheit.* (Ps 16,3) *An den Heili[gen, die] auf Er[den] sind, a[n] ihnen und meinem Herrlichen ist all mein Wohlgefallen.* [...

[149] Siehe Steudel, *Midrasch zur Eschatologie*, 102.

[150] Zur Rekonstruktion der Frg. 1–4, 14, 24, 31 bei PTSDSSP vgl. im Folgenden Charlesworth, *Pesharim*, 288–291.

[151] Zur Argumentation in den Zeilen 8f vgl. Tov, *DSSEL*, PAM 44.186.

[152] Vgl. Steudel, *Midrasch zur Eschatologie*, 106.

3 ...] es ist gewesen wie [... (Nah 2,11b) *Und verzagte Herzen und*\ *wankende Knie und Zit-*
   tern in allen Lend[*en ...*

4 ...] ... [..]. sie. (Ps 17,1a) *Höre, [Jhwh, der Gerechte,] merke auf mein Flehen, höre [mein]*
   G[ebet. ...

5 ..]. in den letzten Tagen, in der Zeit, wenn er trachtet [..]. den Rat der Gemeinschaft,
   er .[..

6 Die Deutung des Wortes: Ein Mann wird auftreten vom Hau[s ...] ... [...

7 ...] sie werden sein wie Feuer für den ganzen Erdkreis und sie sind es, über die geschrieben steht in den letzten [Tagen ...] ... [...

8 .].. ..[. L]os des Lichtes, welches in Trauer ist während der Herrschaft Beli[als und
   über das Los der Finsternis,] welche in Trauer ist .[..

9 ..]. von ihm .[.. ...] für die Häupter der Trauer. Kehre zurück, Jhw[h ... G[ott des
   Erbarmens und zu Israe[l V]ergeltung .[..

10 in denen sie [sich] gewälzt haben mit den Geister[n B]elials, und es wird ihnen ver-
   geben für immer und er segnet sie [...] noch ~~mjd~~[153] für immer und er segnet sie [...
   die W]under [ihrer] Zeiten [...

11 ..]. ihrer Väter durch die Zahl [ihrer] Namen deutlich angegeben durch Namen,
   Mann für Mann ihre [J]ahre und die Zeit ihres Bestehens und [..]. ihrer Sprachen

12 [..]. die Nachkommenschaft Judas. [Und] nun siehe, das alles ist aufgeschrieben auf
   Tafeln, die [..]. und er liess ihn wissen die Zahl [...] ... und ...

13 [...] ih[m] und seiner Nachkommenschaft [für] immer. Und er stand auf von dort,
   um wegzugehen nach Aram. (Hos 5,8aα) *Blast Schophar in Gibea.* Der Schophar, das
   ist das Buch [...

14 ...] ..[. Di]es ist das Buch des Gesetzes zum zweiten Mal, das [...] verworfen haben
   a[lle Mä]nner seines Rates. Und sie haben störrisch gegen ihn geredet und er schick-
   te

15 [...] grosse [Ze]ichen über .[.. ...] und Jakob wird stehen auf der Kelter und sich
   freuen über [ihr] Herabfliessen [...

16 ...] ihre Auserwählten ... [...] zu den Männern des Rates. Sie sind das Schwert und
   wenn es heisst [...

Die beiden Zitate in Zeile 2 sind, ohne Einleitungsformel dazwischen, an-
einandergehängt. Der in Zeile 3 folgende Schriftbezug Nah 2,11b bezieht
sich inhaltlich wohl auf das erste Zitat. Die Formulierung יואמר אשר am
Ende von Zeile 1 erinnert an die Zitationsformel אמר ואשר und könnte
darauf hindeuten, dass bereits das Zitat von Dtn 7,15a in Zeile 2 als
Schriftbezug diente. Wahrscheinlich bezog sich dieses Zitat auf die vorangehende Auslegung in Kol. IX,14–16. Dies würde inhaltlich passen. Die
Rede von der Entfernung der Vorhäute korrespondiert einerseits inhaltlich
mit der Thematik von Dtn 7,15a, andererseits dient die dortige Verheissung, alle Krankheiten wegzunehmen, dazu, die besondere Stellung des eigenen Volkes herauszustreichen, für welche die Beschneidung ein äusseres
Zeichen darstellt.[154] Da sich die Auslegung in 4QCatena[a] bislang immer an
den Psalmen orientierte, ist anzunehmen, dass mit Ps 16,3 eine *neue* Auslegungseinheit beginnt. Direkt daran schliesst der Schriftbezug zu Nah 2,11b
an. Eine eigentliche Auslegung zu diesen Zitaten ist nicht erhalten.

---

[153] Hier findet sich im Original das durchgestrichene Wort מיד.
[154] Vgl. Steudel, *Midrasch zur Eschatologie*, 101.

Eine längere eschatologische Auslegung, in welcher Reste eines *Schriftbezugs* bezeugt sind, ist zum Zitat von Ps 17,1a erhalten. Der Bezug der Auslegung zu den zitierten Worten ist aufgrund der Textlücken nur indirekt zu erschliessen. Vielleicht ist die Verknüpfung von den Verfassern so gedacht, dass die in der Auslegung behandelten eschatologischen Ereignisse zum Gebet und Flehen nötigen. In Zeile 13 findet sich ein Zitat von Hos 5,8aα, von dem mittels eines identifizierenden Nominalsatzes das Wort «Schophar» aufgenommen und allegorisch als *das Buch* gedeutet wird. Vom Buch der Tora und seiner Verwerfung durch die Männer seines Rates (wahrscheinlich Belials oder der Finsternis) ist dann in Zeile 14 die Rede. Das Wort שנית steht nicht, wie von Allegro angenommen, für die Ordinalzahl Zwei, sondern als Adverb mit der Bedeutung «zum zweiten Mal».[155] Mit PTSDSSP und Steudel ist die Zeile so zu verstehen, dass das erste, nicht erhaltene Wort der Zeile wiederum auf das Gesetz hin ausgelegt wird. Die Gerichtsthematik vom Treten der Kelter in Zeile 15 sowie das Wort «Schwert» in Zeile 16 zeigen jedenfalls, dass das Zitat von Hos 5,8aα und seine Auslegung auf die vorangehende eschatologische Auslegung zu beziehen sind und daher noch zur Auslegungseinheit von Ps 17,1a gehören.[156] Die Auslegungseinheit zu Ps 17,1a bildet den grössten Teil der Kolumne, in welcher bei den Psalmzitaten ebenfalls (wie in den vorangehenden Kolumnen) die Reihenfolge des Psalters gewahrt wird.

Kol. XI (Frg. 12, 13,I)

Die Zusammengehörigkeit der Fragmente 12 und 13 ist einerseits materiell durch die Übereinstimmung der Zeilenabstände, andererseits durch die Zitate aus Ps 6,2–5 gesichert. Neben dieser unbestrittenen Fragmentkombination ordnet Steudel noch die Frg. 15 und 19 zu derselben Kolumne dazu.[157] Bei Frg. 19 ist die Zuordnung auch für Steudel unsicher. Da sowohl Frg. 15 als auch Frg. 19 keine Zitate oder Auslegungen bieten, konzentriert sich die vorliegende Arbeit auf die unstrittige Fragmentkombination 12–13. Die Zeilenzählung richtet sich nach PTSDSSP und beginnt mit Zeile 3 (bei Steudel Zeile 6).[158]

In Zeile 3 sind Reste aus Jer 18,18a zu erkennen. Dass das Zitat erst mit dem Wort תורה einsetzen würde, ist aus syntaktischen Gründen kaum anzunehmen. Mit Steudel ist deshalb davor zumindest כיא לוא תואבד zu rekonstruieren. In den Zeilen 4–5 ist mit PTSDSSP ein Zitat von Ps 6,2a.3–5a zu rekonstruieren. Bemerkenswert sind die

---

[155] Vgl. dazu die Behandlung der verschiedenen Interpretationen des Wortes bei Steudel, *Midrasch zur Eschatologie*, 108f.

[156] Zur Gerichtsthematik vgl. Steudel, *Midrasch zur Eschatologie*, 110.

[157] Vgl. Steudel, *Midrasch zur Eschatologie*, 66f. Die Frg. 12–13 wurden bereits für DJD zusammengenommen; vgl. Allegro, *Qumrân Cave 4*, 71, und daher auch bei Tov, *DSSEL*; vgl. ebd., z. St.

[158] Zu Frg. 12–13 vgl. Charlesworth, *Pesharim*, 296f, sowie Steudel, *Midrasch zur Eschatologie*, 74.

Abweichungen gegenüber dem MT in Vers 4 (מאדה und ועתה mit zusätzlichem ה)
sowie zu Beginn von Vers 5 (חונני statt שובה יהוה). Die von PTSDSSP nach dem
Zitat rekonstruierte Deutungsformel ist nicht sicher. Ob am Ende der Zeile (d. h. in
Frg. 13,3) mit PTSDSSP]ימים oder]למים (so Steudel und DSSEL) zu lesen ist, kann
aufgrund der Fotografie nicht mehr entschieden werden.[159] Bei der Textlücke am
Ende von Zeile 6 ist aufgrund der Fotografie die Lesung Steudels (יניח) zu bevorzugen, ansonsten jedoch ist die Zeile mit PTSDSSP zu lesen. Steudel versteht die letzten zwei erhaltenen Wörter von Zeile 7 als Teile eines Zitates von Ps 6,6 und rekonstruiert daher zu Beginn von Zeile 8 die zwei folgenden Wörter aus Ps 6,6a, doch dies
ist unsicher. Einhellig wird במחשבל als Schreibfehler für במחשבת behandelt, der sich
daraus erklärt, dass das folgende Wort mit בל beginnt; am Schluss der Zeile ist aus
paläographischen und syntaktischen Gründen עליה]ם zu lesen.[160] In Zeile 10 sind die
weitergehenden Rekonstruktionen Steudels unsicher.[161] Die Rekonstruktion des dritten
Wortes in Zeile 11 ist derart umstritten[162] und unsicher,[163] dass sich die Lesung allein
auf den mit Sicherheit lesbaren ersten Buchstaben ה beschränken sollte. Ob das Wort
רוח am Ende der Zeile im Absolutus oder im Constructus steht, kann nicht mehr entschieden werden, erkennbar ist jedoch, dass רוח im Plural steht. Der vor der Textlücke
von Zeile 13 noch erkennbare Buchstabe kann als י oder ו (mit anschliessendem Rest
eines weiteren Buchstabens) gelesen werden; Steudels Rekonstruktion der Stelle zu
יתן]מון ist unsicher.

Übersetzung und Interpretation von Kol. XI

3   [...] ... [... (Jer 18,18a*) *Denn nicht geht verloren*] *das Gesetz dem Pries[ter, noch der Rat dem*
    Weisen, noch das Wort] dem Propheten [...]

4   [...] in den letzten [T]agen, wie David gesagt hat (Ps 6,2a) *Jh[w]h, nicht in deinem Zorn*
    st[rafe mich. (3) Sei mir gnädig, Jhwh, denn ich bin welk;

5   [*heile mich, Jhwh, denn meine Gebeine zittern*] und (4) *meine Seele zittert sehr. Und nun, Jhwh,*
    bis wann? (5a) Sei mir gnädig, rette meine See[le ...]... über

6   [... B]elial, um sie zu vernichten in seinem Zorn, denn nicht wird er übrig lassen .[..]
    wird in Ruhe lassen Belial [...]

7   [... Ab]raham bis auf zehn Gerechte in der Stadt, denn der Geist der Wahrheit .[..
    de]nn es gibt kein [...]

8   [... .].. und ihre Brüder durch den Plan Belials, und er wird Oberhand gewinnen
    über [sie ...] [...

9   ...] der Engel seiner Wahrheit, er wird helfen allen Söhnen des Lichtes aus der
    Hand Belials [...]

10 sie [...] und um zu zerstreuen [...] in ein dürres und wüstes Land. Dies ist die Zeit
    der Demütigung des ..[. ...]

11 beständig wird fliehen .[..] und die grosse Hand Gottes wird mit ihnen sein, um
    ihnen zu helfen vor allen Geister[n ...]

12 und die] Gott fürchten, werden seinen Namen heiligen und sie werden zum Zion
    kommen mit Freude nach Jerusalem [...]

---

[159] Vgl. Tov, *DSSEL*, zu 4Q177 12–13,I,3 sowie ebd., PAM 44.186.

[160] Mit Steudel, *Midrasch zur Eschatologie*, 115.

[161] Vgl. Steudel, *Midrasch zur Eschatologie*, 116.

[162] Vgl. die Behandlung der verschiedenen Rekonstruktionsvorschläge bei Steudel,
      Midrasch zur Eschatologie, 116.

[163] Vgl. Tov, *DSSEL*, PAM 43.422.

13 [B]el[ia]l und all die Männer seines Loses .[..] für immer. Und es werden gesammelt
   werden alle Söhne des Li[chtes ...]

Das Zitat aus Jer 18,18a (die erzählende Einleitung wird nicht zitiert) ist
wahrscheinlich ein *Schriftbezug*, der sich auf die vorangehende Auslegung in
Kol. X,13–16 bezieht. Die Worte aus Jer 18,18a lassen sich sachlich gut mit
der dortigen Thematik zusammenbringen. Ein wörtlicher Bezug findet sich
in Zeile 14, nämlich das Wort תורה (Gesetz), das in Jer 18,18a ebenfalls eine wichtige Rolle spielt. Der *Schriftbezug* gehört somit noch zur Auslegungseinheit von Ps 17,1a, welcher in X,4 zitiert wurde.

Nach der Einleitungsformel אשר אמר דויד wird in den Zeilen 4f
Ps 6,2a.3–5a zitiert. Das Wort דויד weist dabei (wie in 4QMMT^c) auf den
Psalter hin.[164] Mit der Einleitungsformel wird das Zitat demnach als explizit aus dem Psalter stammend ausgewiesen. Vor Psalmzitaten findet sich
in 4QMidrEschat$^{a.b}$ nur noch in IX,11 eine Einleitungsformel; dort findet
sich allerdings die Formel ואשר אמר, welche die nachfolgenden Worte als
Schriftzitat ausweist, aber keine nähere Angabe dazu macht, woher das
Zitat stammt. Da in 4QMidrEschat$^{a.b}$ seit Kol. III die Psalmen ausgelegt
werden, ist die präzisere Herkunftsangabe in Zeile 4 auffällig. Dies könnte
darauf hindeuten, dass Ps 6,2a.3–5a hier kein strukturbestimmendes Psalmzitat ist, das eine neue Auslegungseinheit einleitet, sondern einen *Schriftbezug* zu dem vorangehenden Zitat von Ps 17,1a darstellt. Damit wäre auch
eine Antwort auf die Frage gefunden, warum, nachdem in 4QMidrEschat$^{a.b}$
die einzelnen Psalmzitate entsprechend der Reihenfolge des Psalters zitiert
wurden, nun von diesem Prinzip abgewichen wird.[165] Die Auslegung in den
Zeilen 5–13 ist nur unvollständig erhalten, doch ist der Bezug zum Zitat
recht deutlich erkennbar. Der Wendung im Zitat – von der Klage zur Bitte
um Rettung – entspricht die Wendung in der eschatologischen Auslegung
vom Auftreten Belials (mit dem Ziel der Vernichtung) hin zur Hilfe durch
die Hand Gottes, die wahrscheinlich zum Sieg über Belial führte. Thematisch bestehen enge Beziehungen zur oben stehenden Auslegung von
Ps 17,1a, welcher wie das Zitat von Ps 6,2a3–5a ein Gebet darstellt und
dessen Auslegung ebenfalls die eschatologische Bedrängnis beinhaltet.

Kol. XII (Frg. 13,II) und die restlichen Fragmente von 4Q177

Frg. 13,II bezeugt nach Steudel Kol. XII von 4QMidrEschat$^{a.b}$. Gegenüber
Kol. I bezeugt Kol. II zwei zusätzliche Zeilen, die hier und in PTSDSSP als
Zeilen 1–2, bei Steudel als 4–5 gezählt werden.[166]

---

[164] In 4QMMT^d IV,10 wird David neben den Büchern der Propheten und dem Buch
   Mose genannt. Mit «David» wird der Psalter als Teil der autoritativen Schriften
   genannt; vgl. Brooke, *Biblical Interpretation*, 60–64.
[165] Zur diesbezüglichen Problematik vgl. Bergmeier, *Erfüllung*, 286.
[166] Vgl. Charlesworth, *Pesharim*, 298f, und Steudel, *Midrasch zur Eschatologie*, 75.

Die von PTSDSSP und Steudel vorgeschlagene Rekonstruktion von Zeile 3 zu
לאחרית‏‏[ן הימים ist plausibel. Die neben der Zeilenzählung einzige Differenz der beiden
Editionen ist die Rekonstruktion von Zeile 5. Der von Steudel übernommene
Rekonstruktionsvorschlag Strugnells אכסום müsste, da er in der ersten Person steht, ein
Zitat darstellen. אכסום ist aber nirgends im AT belegt. Aus diesem Grund ist der von
PTSDSSP übernommene, ursprüngliche Vorschlag von Allegro אמרתי vorzuziehen.

Inhaltlich ist der Kolumne nur noch wenig abzugewinnen. Erkennbar ist in
den Zeilen 2 und 7 בליעל und in Zeile 4 שופר. Wahrscheinlich ist in Zeile
3 לאחרית‏‏[ן הימים zu lesen. All diese Worte kamen bereits vor und passen
gut in die auch sonst in 4Q177 behandelten Themen, führen aber nicht
darüber hinaus, so dass 13,II keinen zusätzlichen Erkenntnisgewinn bringt.
Noch weniger kann aus den hier nicht behandelten Frg. 15, 16 und 18 gewonnen werden, die nur noch einzelne Wörter bzw. einzelne Buchstaben
bezeugen.

8.1.3 Interpretation von 4QMidrEschat

Der erste Teil von 4QMidrEschat[a.b], 4QFlor, bietet zuerst eine Auslegung
des Mose-Segens (Dtn 33). Erhalten sind davon nur die Auslegungen zu
Dtn 33,8–11 und 20f. Aufgrund des fragmentarischen Erhaltungszustandes
ist nicht mehr zu erheben, ob alle Verse von Dtn 33 kommentiert oder ob
Verse übersprungen wurden.[167] In Kol. III finden sich Zitat und Auslegung
der Nathan-Verheissung. Zitiert und ausgelegt werden 2Sam 7,10aβ–11aα,
11aβ, 11b–12aβ.13b–14a, wobei für die Auslegung der ersten und der
letzten Einheit auf andere Schriftstellen Bezug genommen wird. In der
Auslegung von 2Sam 7,10aβ–11aα findet sich ein expliziter Schriftbezug
auf Ex 15,17b, in derjenigen von 11b–12aβ.13b–14a ein ausgewiesener
Schriftbezug auf Am 9,11a.
    Mit III,14 beginnt die Auslegung von Psalmversen, die sich, auch wenn
die Psalmen nicht fortlaufend Vers für Vers zitiert werden, an der
Reihenfolge des Psalters orientieren. Diese für die Auslegung
strukturbestimmende Rolle der Psalmen findet sich auch in den folgenden
Kolumnen von 4QFlor (Kol. IV–VI) und wird von 4Q177 (Kol. VIII–
XII) inhaltlich, strukturell und thematisch gut fortgesetzt. Für die
jeweiligen Auslegungen der einzelnen Psalmzitate wird, wie dies bei der
Auslegung der Nathan-Weissagung in Kol. III beobachtet werden konnte,
auf sekundäre Schriftstellen zurückgegriffen. So dient etwa Jes 8,11 in
III,15f dazu, den vorangehend zitierten Ps 1,1a als Lobpreis über
denjenigen, der von Rat und Weg der Frevler umkehrt, zu interpretieren.
Mit Ausnahme des expliziten Zitates von Ex 15,17 werden für solche
Schriftbezüge ausschliesslich prophetische Stellen zitiert. Explizit werden
in 4QFlor Jesaja, Ezechiel und Daniel zitiert, wobei alle drei zusätzlich

---

[167] Eine hypothetische Rekonstruktion der Wiedergabe von Dtn 33 in 4QFlor findet
    sich bei Steudel, *Midrasch zur Eschatologie*, 37–40.

jedes Mal noch als Propheten bezeichnet werden. Als implizites Zitat
findet sich Am 9,11a in III,12. In 4Q177 finden sich explizite Zitate von
Jes (VIII,2 und 6) und Ez beide werden wiederum jedes Mal zusätzlich als
Propheten bezeichnet – sowie in VIII,5 eine fragmentarisch erhaltene
explizite Einleitungsformel, bei welcher der Buchtitel (möglicherweise hiess
es einmal «Buch Jesajas») nicht mehr erhalten ist. Einen wahrscheinlich
weiteren Schriftbezug stellt das explizit als von David (d. h. aus dem
Psalter) stammende Zitat von Ps 6,2a.3–5a in Kol. XI,4f dar, das, da die
Psalmen in Qumran als Prophetie von David galten, dann ebenfalls als
prophetischer Schriftbezug zu zählen ist.

Bei den Prophetenzitaten wird in beiden Schriften am meisten aus
Jesaja, danach aber aus dem Zwölfprophetenbuch zitiert. Ein Teilzitat von
Jes 8,11 findet sich in 4QFlor III,12; Jes 65,22–23bα wird in VI,1 zitiert. In
4Q177 finden sich folgende Jesaja-Zitate: Jes 37,30aβ–γ in VIII,2, 32,7bα–
β in VIII,6, 27,11bα in VIII,12, 22,13aβ–γ in VIII,15.[168] Vom Zwölfprophetenbuch wird in 4QFlor Am 9,11a in III,12 zitiert in 4QCatena^a Sach
3,9a–bα in IX,2, Nah 2,11b in X,3 und Hos 5,8,aα in X,13 zitiert.[169] Jesaja
wird immer explizit, die zwölf kleinen Propheten dagegen werden nie explizit zitiert. Bemerkenswert ist die Erwähnung Ezechiels in den Zitationsformeln (4QFlor III,16 sowie 4QCatena^a IX,13), da dieser Prophet neben
4QFlor und 4QCatena^a nur in CD explizit zitiert wird. Der Beginn des
Zitates von Jer 18,18a ist nicht mehr erhalten. Anzunehmen ist, dass auch
Jer 18,18a mit einer Zitationsformel versehen war; vermutlich handelte es
sich gar, wie in dieser Schrift bei den grossen Propheten üblich, um ein
explizites Zitat. Ebenfalls explizit wird das Zitatenkonglomerat Dan 12,10
und 11,32b in 4QFlor IV,3 eingeführt. Das Buch Daniel wird hier wie
eines der grossen Prophetenbücher behandelt. Bemerkenswert ist, dass in
4QMidrEschat^{a.b} Jesaja, Ezechiel und Daniel (möglicherweise auch Jeremia) durchgehend nicht nur explizit zitiert, sondern jeweils zusätzlich als
Propheten bezeichnet werden, wobei die Bezeichnung eine besondere
Ehrerweisung darstellen dürfte. Da die Tatsache, dass Jes, Jer, Ez, aber
auch Dan zu den Prophetenbüchern gehören, bei den Adressaten als
bekannt vorausgesetzt werden kann, liegt eine Bezeichnung honoris causa
auf der Hand.[170] Bei Jesaja wird einmal zusätzlich noch angegeben, dass
sich seine Prophetie auf die letzten Tage bezieht (III,15). Die zitierten
Jesaja-Stellen haben zwar keine zentrale Bedeutung in 4QMidrEschat^{a.b},
zeigen aber eine hohe Wertschätzung dem Jesajabuch gegenüber.

---

[168] Mit Ausnahme der ersten Stelle sind die Auslegungen zu diesen Zitaten nicht oder
nur fragmentarisch erhalten, so dass kaum Inhaltliches darüber gesagt werden kann.

[169] Anders Steudel, *Midrasch zur Eschatologie*, 135, Anm. 6. Die ebd. genannte Korrelation
der Zitate zu den Büchern, zu welchen Pescharim gefunden wurden, ist nur begrenzt
aussagekräftig; sie könnte auch durch archäologische Zufälligkeit mitbedingt sein.

[170] Eine solche Ehrenbezeichnung von Jesaja und Ezechiel ist wie erwähnt auch in der
Damaskusschrift zu finden (siehe oben, Anm. 107).

Der Charakter von 4QFlor mit seiner Schriftauslegung des Mose-Segens (Dtn 33), der Nathan-Verheissung (2Sam 7,10–14a) und einzelner Psalmen ist am treffendsten als eine lehrhafte Sammlung über Selbstverständnis, Geschichte und Zukunft der Gemeinschaft zu beschreiben.[171] Es ist denkbar, dass dazu bewusst je ein Bereich aus Tora, Propheten und den Schriften genommen wurde,[172] wobei die drei Teile dadurch verbunden sind, dass sie alle als prophetische Texte galten. Der Mose-Segen (Dtn 33) wird gemäss seiner Darstellung durch Mose, der als Prophet schlechthin gilt, in prophetischer Vollmacht gesprochen, und die Nathan-Weissagung gilt nach 2Sam 7 als vom gleichnamigen Propheten ausgesprochen. Die Psalmen schliesslich werden in Qumran als Prophetie von David angesehen.[173] In 4QCatena^a wird die Psalm-Auslegung von 4QFlor fortgeführt. Bei der Zusammenstellung der beiden Schriften 4QFlor und 4QCatena^a zu 4QMidrEschat^a.b bleibt der oben beschriebene Charakter der Schrift als lehrhafte Sammlung daher erhalten. Der dritte Teil, die Psalm-Auslegung, bildet dabei deutlich den längsten Teil von 4QMidrEschat^a.b.

Die einzelnen Bereiche von 4QMidrEschat^a.b (Mose-Segen, Nathan-Verheissung und Psalm-Auslegung) sind durch die graphische Gestaltung deutlich voneinander abgetrennt. Auch beim Übergang von Zitat und Auslegung und umgekehrt finden sich graphische oder textliche Markierungen, wenn auch nicht durchgehend. Mehrfach findet sich die aus den Pescharim bekannte Einleitung des Kommentars mit פשר הדבר. Für die Darlegung der einzelnen Verse wird sowohl bei der Auslegung der zitierten Verse aus der Nathan-Weissagung als auch bei der Auslegung der zitierten Psalmverse jeweils auf sekundäre Schriftstellen zurückgegriffen, denen dabei die Funktion eines Schriftbeweises zukommt.

Die in 4QMidrEschat^a.b beobachtbaren Techniken, *Schriftbezug*, und *Aufnahme und allegorische Deutung von Einzelelementen* sowie der Gebrauch von identifizierenden Nominalsätzen und mit dem Wortstamm פשר gebildeten Deutungsformeln bei der Schriftinterpretation sind aus den Pescharim bekannt. Die Gattung dieser Schrift muss demzufolge als vergleichbar mit den Pescharim bezeichnet werden.[174] Die jeweiligen Auslegungen sind zudem wie in den Pescharim getrieben von der Erwartung, dass sich die zitierten Schriftworte in den letzten Tagen, die nach Meinung der Verfassenden von 4QMidrEschat bereits angebrochen sind, erfüllen. Trotz der vorfindlichen Bezeichnung מדרש zu Beginn der Psalm-Auslegung in III,14 ist die Gattungsbestimmung als «Midrasch» für 4QMidrEschat eher irre-

---

[171] Vgl. Pietsch, *Spross Davids*, 212.

[172] So Steudel, *Midrasch zur Eschatologie*, 133.

[173] Mit Steudel, *Midrasch zur Eschatologie*, 133.

[174] Vgl. Brooke, *Exegesis at Qumran*, 149f.

führend. Zwar ist 4QMidrEschat der Form nach mit den rabbinischen Midraschim vergleichbar, doch bestehen auch Unterschiede.[175]

Da 4QMidrEschat[a,b] sowohl die Schriftauslegungstechniken als auch die ihr zugrundeliegende Offenbarungs-Hermeneutik mit den Pescharim teilt, wird die Bezeichnung «thematischer Pescher» dem Charakter dieser Schrift und damit auch ihrer beiden Teile (4QFlor und 4QCatena[a]) wohl am ehesten gerecht.

---

[175] Vgl. dazu auch Brooke, *Exegesis at Qumran*, 149–156, der 4QFlor ebd., 155, als «*Qumran midrash* of a particular *haggadic* kind, that of *pesher*» (Hervorhebungen ebd.) bezeichnet.

11QMelch ist ein exegetischer Text, dessen zentrales Thema der Hohepriester Melchisedek darstellt. Der Text und natürlich auch die Figur des Melchisedeks waren schon mehrfach Gegenstand ausführlicher Arbeiten, auf welche diese Untersuchung zurückgreifen kann.[176] Auch wenn es nicht das Ziel der Untersuchung ist, sich mit den Positionen zu diesen Themen auseinanderzusetzen, sondern die Schriftzitate, insbesondere diejenigen Jesajas, und ihre Funktion im Text zu erheben, werden vorangehende Arbeiten wo nötig kritisch beigezogen. 11QMelch ist eine exegetische Schrift, in welcher zur Interpretation der Gestalt von Melchisedek unterschiedliche Schriftstellen beigezogen werden. Sie besteht aus einem einzigen Fragment, von dem noch drei Kolumnen erhalten sind. Von Kol. I und III sind bloss noch Textreste erhalten, Zitate sind darin nicht erkennbar. Nur einzelne Wörter oder Buchstaben bieten die Frg. 5–11. Die Untersuchung wird sich daher schwergewichtig auf Kol. II konzentrieren.[177]

Die paläographische Datierung der Fragmente ist umstritten; aus inneren Gründen ist eine Datierung in die Mitte des 1. Jh. v. Chr. wahrscheinlich.[178] 11QMelch wurde erstmals 1965 von Adam S. Van der Woude publiziert. Emile Puech bot 1987 eine Neuedition mit einer Rekonstruktion von Kol. III. Die 1998 erschienene Edition in DJD folgt im Wesentlichen der Arbeit Puechs, ohne jedoch seine Rekonstruktion von Kol. III zu übernehmen. Die Edition in DJD ist auch Grundlage für den Text in DSSEL. PTSDSSP bietet dagegen eine eigenständige Edition.[179] Im Gegensatz zu den umstrittenen Editionen der Jesaja-Pescharim, des Florilegiums und der Catena[a] in DJD V von Allegro ist die Edition von 11QMelch in DJD XXIII eine sehr seriöse und fundierte Arbeit. Anders als bei den vorangehenden Texten wird sich die Arbeit für 11QMelch daher auf die Edition in DJD stützen und von eigener editorischer Arbeit absehen.[180]

---

[176] Insbesondere Van der Woude, *Melchisedek*, ferner Milik, *Milkî-sedeq*, Zimmermann, *Messianische Texte*, 389–412, und schliesslich Mason, *Priest Forever*.

[177] Dieselbe Entscheidung trifft Mason, *Priest Forever*, 168–190.

[178] So Charlesworth, *Pesharim*, 264f. Eine frühe Datierung erwog bereits Milik, *Milkî-sedeq*; vgl. auch García Martínez/Tigchelaar/Woude, *Qumran Cave 11 II*, 223, und Steudel, *Texte aus Qumran II*, 175; anders Van der Woude, *Melchisedek*, 356f. Mason, *Priest Forever*, 170, referiert die verschiedenen Datierungsvorschläge ohne explizit eigenen Positionsbezug.

[179] Van der Woude, *Melchisedek*, Puech, *Notes*, García Martínez/Tigchelaar/Woude, *Qumran Cave 11 II*, 221–241, Tov, *DSSEL*, Charlesworth, *Pesharim*, 264–273. Als deutschsprachige Ausgabe ist Steudel, *Texte aus Qumran II* zu nennen, die auf der Arbeit Puechs basiert.

[180] Mason, *Priest Forever*, 168–190, stützt sich ebenfalls ausschliesslich auf DJD.

8.2.1 Kol. I und III

Von Kol. I sind nur noch in Zeile 12 die Wörter כיא מושה שׁון]... lesbar, aus deren Inhalt «Mose, denn ...» sich nicht mehr erschliessen lässt als das Vorkommen des Namens «Mose» in diesem Text. Die in die Forschung eingebrachten weitergehenden Rekonstruktionsvorschläge sind als zu spekulativ zu werten.[181]

Von Kol. III sind folgende Worte bemerkenswert:

- Zeile 6: עןליהמה] התורה (Das Gesetz über sie)
- Zeile 7: יתממן]ון בליעל באש (Sie werden Belial durch Feuer verzehren)
- Zeile 8: במזמות בלבם (Durch die Pläne in ihrem Herzen)

Zwar ist der Kontext dieser Worte verloren. Dafür werden in diesen Zeilen Worte wie תורה (Gesetz) oder בליעל (Belial) bezeugt, die in den Qumranschriften vielfach eine wichtige Rolle spielen. Die in den übrigen Zeilen noch erhaltenen Worte sind dagegen deutlich weniger prägnant, zudem ist ihre Lesung teilweise unsicher.[182] Während in Zeile 9 die Worte «die Mauern Judas ...» und in Zeile 10 «Mauer, und um aufzustellen eine Säule ...» gelesen werden können, bezeugen die übrigen Zeilen nur noch einzelne Buchstaben bzw. einzelne Wörter (Zeile 16: «zweihundert», Zeile 17: «die Woche», Zeile 18: «Einteilung») ohne Sinnzusammenhang.

8.2.2 Kol. II

In Zeile 1 sind nur noch einzelne Buchstaben zu erkennen. Zu Beginn von Zeile 2 findet sich die Zitationsformel ואשר אמר mit anschliessendem Zitat von Lev 25,13,[183] von dem lediglich die ersten zwei Wörter erhalten sind. Vor dem nächsten Zitat von Dtn 15,2 in den Zeilen 2f ist von den Platzverhältnissen her eine weitere Zitationsformel anzunehmen. Die in DJD rekonstruierten Wörter ועליו אמר finden sich in Zeile 10 und dienen dort dazu, nach einem Psalmzitat ein weiteres einzuleiten.[184] Die Zitationsformel ועליו אמר findet sich in den Qumranschriften nur in 11QMelch. Sie dient in Zeile 10 dazu, ein Zitat aus der gleichen Bezugsgrösse einzuleiten (in Zeile 10 «von David», d. h. aus dem Psalter). Die Rekonstruktion geht davon aus, dass bei diesem Zitat, das ebenfalls aus der gleichen Bezugsgrösse stammt wie das vorangehende, nämlich der Tora bzw. «von Mose», dieselbe Formel verwendet wird. Diese Annahme ist zwar plausibel, aber nicht zwingend. Wie die bisherigen Untersuchungen zeigten, gibt es in den Pescharim zwar gewisse Tendenzen, bestimmte Formeln für bestimmte Zwecke einzusetzen, aber keine festen Regeln. Allerdings ist die Rekonstruktion ועליו אמר von allen möglichen rekonstruierbaren Zitationsformeln die wahrschein-

---

[181] García Martínez/Tigchelaar/Woude, *Qumran Cave 11 II*, 224. Zu einzelnen Vorschlägen siehe ebd.

[182] Vgl. García Martínez/Tigchelaar/Woude, *Qumran Cave 11 II*, 233–236.

[183] Mit Zimmermann, *Messianische Texte*, 395f.

[184] Dieselbe Rekonstruktion bietet Charlesworth, *Pesharim*, 266. Prinzipiell sind auch andere Zitationsformel denkbar. Vgl. כאשר כתוב bei Steudel, *Texte aus Qumran II*, 179.

lichste. Im daran anschliessenden Zitat von Dtn 15,2 wird anstelle des Tetragramms das
Wort אל geschrieben. Nach dem Zitat ist in Zeile 4 eine Einleitungsformel anzunehmen, womöglich פשרו. Die Auslegung bezieht Dtn 15,2 auf die «letzten Tage» und wird
auf «die Gefangenen» bezogen: פשרו]לאחרית הימים על השבויים. Das Wort השבויים
findet sich nicht im Zitat; möglicherweise bestand ein Zusammenhang zu einem
nachfolgenden Schriftbezug, der wahrscheinlich mit אמר אשר[ן eingeleitet wurde. Die
Textlücke nach dem an die Deutung anschliessenden אשר ist nicht mehr rekonstruierbar. Da aber die in den Zeilen 5–9 erhaltene Auslegung sich inhaltlich auf Gefangenschaft und Freilassung bezieht, ist anzunehmen, dass in Zeile 4 ein Zitat stand, in
welchem die beiden Themen behandelt werden. Weitere Themen dieser Auslegung sind
das Erbe Melchisedeks sowie das Jobeljahr. Damit bezieht sich die Auslegung auch auf
das Zitat von Lev 25,13 am Anfang von Kol. II. Die Lesung der ersten drei Wörter von
Zeile 5 ist umstritten.[185] Bei der Lesung von DJD וסתרו[ן ist מורייהמה החבאו וסתרו[ן
aktivisch zu übersetzen und, da ansonsten ein Objekt fehlen würde, vielleicht besser als
q. Perf. 3. Sing. mit Suffix als wie in DJD als q. Perf. 3. Pl. zu interpretieren.[186]

Mit כאשר כתוב עליו בשירי דויד אשר אמר wird in Zeile 9f in ein Zitat von
Ps 82,1 (ohne Zuschreibung) eingeleitet. Gleich nach diesem Zitat folgt die nur hier
belegte Zitationsformel ועליו אמר. Ihr folgt ein Zitat von Ps 7,8b–9a, wobei von 9a nur
die ersten drei Wörter zitiert werden. Statt des Tetragramms findet sich wiederum אל.
Danach folgt die Zitationsformel ואשר אמר und das Zitat von Ps 82,2. Die Auslegung
wird (wie vermutlich auch oben) mit פשרו eingeleitet. Da in der Auslegung in Zeile 18
das Wort משיח gebraucht und die Auslegung mit einem Wort Daniels[187] in Zusammenhang gebracht wird, werden in der anschliessenden Textlücke aus Dan 9,25 die Worte
עליו עד משיח נגיד שבועים שבעה und daran anschliessend das Wort ומבשר rekonstruiert.[188] Dan 9,25 und 26 sind die einzigen Stellen, in denen das Wort משיח in
Dan vorkommt. Vers 25 passt von den Platzverhältnissen her besser. Beim Zitat von
Jes 61,2b in Zeile 20 fehlt gegenüber dem MT das Wort כל. Es ist anzunehmen, dass
bereits in Zeile 19 aus Jes 61,2 zitiert wurde, da nach der unüblichen Zitationsformel
הכתוב עליו אשר eine grössere Textlücke bezogen wird.[189] Das Zitat von Lev 25,9 in
Zeile 25 ist stark gekürzt und so in keiner Textvariante zu finden.[190]

Übersetzung und Interpretation von Kol. II

1   …
2   und wenn es heisst: (Lev 25,13) *In [diesem] Jobeljahr [sollt ihr ein jeder wieder zu seinem*
     Besitz kommen. Und über dieses hat er gesagt: (Dtn 15,2) *Und dies ist*
3   *die Sache mit dem Erlass:] Erlassen soll jeder Schuldherr, was er geliehen hat [seinem Nächsten;*
     er soll seinen Nächsten und seinen Bruder nicht drängen, denn man hat ausgerufen] einen Erlass
4   *für Go[tt. Seine Deutung] geht auf die letzten Tage und bezieht sich auf die Gefan-
     genen, die […] und wenn […]

---

[185] Vgl. Charlesworth, *Pesharim*, 266.
[186] Anders García Martínez/Tigchelaar/Woude, *Qumran Cave 11 II*, 224–233.
[187] Die Rekonstruktion von [דנ]יאל ist Konsens, vgl. Zimmermann, *Messianische Texte*,
       400.
[188] Vgl. García Martínez/Tigchelaar/Woude, *Qumran Cave 11 II*, 224–233, insbesondere
       232, die zweite Anm. zu L. 18.
[189] Vgl. García Martínez/Tigchelaar/Woude, *Qumran Cave 11 II*, 224–233, insbesondere
       232, die Anm. zu L. 19.
[190] Vgl. García Martínez/Tigchelaar/Woude, *Qumran Cave 11 II*, 233, die Anm. zu L. 25.

5 Lehrer versteckt wurden; und er verbarg [ihn] und vom Erbe Melchisedeks, den[n ...] ... und sie sind das Erb[e Melchise]deks, denn

6 er wird sie zurückbringen zu ihnen. Und er wird ihnen ausrufen Freilassung, um ihnen die [Last] all ihrer Sünden zu erlassen. Und s[o wird sei]n diese Sache:

7 In der ersten Woche des Jubiläums nach ne[un der] Jubiläen. Und der T[ag der Versö]hnung, d[a]s ist das E[nde des zehnten [Ju]biläums,

8 um an ihm zu entsühnen alle Söhne [des Lichtes und] die Männer [des] Loses Mel-[chi]sedeks [...]... über [ihn]en ..[.] vor a[ll] ihren [Ta]ten.

9 Dies ist die Zeit des Jahres des Wohlgefallens für Melchisedek und sein Heer zu-sammen mit den Heiligen Gottes zur Gerichtsherrschaft, wie geschrieben steht

10 über ihn in den Liedern Davids, welcher sagt: (Ps 82,1) *Gott [st]eht in der Ver[samm-lung Gottes]*, *inmitten der Götter richtet er*. Und über ihn hat er gesag[t: (Ps 7b) *Und*] *über [ihnen]*

11 *zur Höhe kehre zurück.* (8a) *Gott wird die Völker richten.* Und wenn es he[isst: (Ps 82,2) *Wie lange noch wollt*] *ihr ungerecht richten und Partei er[greifen] für die Frevler? Sela,*

12 so bezieht sich seine Deutung auf Belial und auf die Geister seines Loses, di[e ... .]..indem sie abwich[en] von den Vorschriften Gottes, um zu [freveln.]

13 Aber Melchisedek wird die Rache der Gerichte Got[tes] gewiss an die Hand neh-men [und an diesem Tag wird er sie entrei]ssen [aus der Hand] Belials und aus der Hand aller Gei[ster seines Loses.]

14 Und ihm zur Hilfe sind alle Götter [der Gerechtigkeit und e]r ist es, d[er ...] alle Söhne Gottes und ..[. ...]

15 dieses. Dies ist der Tag des [Friedens, ü]ber den er gesprochen hat [... durch Jesa]ja, den Propheten, der gesagt hat: (Jes 52,7) [*Wie*] *lieblich*

16 *sind auf den Bergen die Füss[e des] Freudenbo[ten, der ver]kündet Heil, der Freuden[bote des Guten, der Hil]fe, der [sp]richt zu Zion: [König] ist dein Gott.*

17 Seine Deutung: Die Berge, [sie] sind die Prophete[n], sie .[.. ... .].[.] zu allen .[..]

18 Und der Freudenbote, e[r ist] der Gesalbte des Geis[tes], von dem Dan[iel gesagt hat über ihn: (Dan 9,25) *Bis zum Messias, eines Fürsten sieben Wochen.* Und der Freu-denbote]

19 des Guten, der verkün[det Hilfe], das ist der, über den geschrieben steht, dass [...]

20 (Jes 61,2b) ... *die Trauernden zu trösten.* Seine Deutung: Sie zu [be]lehren über alle Zeiten der W[elt ...]

21 in der Wahrheit ..[. ... .].. .[... ...]

22 [... .]. sie ist entfernt worden; durch Belial und sie wird zurück[kehren ... .].[. ...]

23 in den Gericht[en] Gottes, wie geschrieben steht darüber, (Jes 52,7b) [*der spricht zu Zi]on, König ist dein Gott.* [Zi]on, d[as ist]

24 [die Versammlung aller Söhne der Gerechtigkeit. Sie sind die,] die den Bund hal-t[en], die davon abgewichen sind, zu gehen [auf dem W]eg des Volkes. Und dein G[o]tt, das ist

25 [... Melchisedek, der sie entreiss]en [wird aus der Han]d Belials. Und wenn es heisst: (Lev 25,9*) *Und ihr sollt erschallen lassen Scho[phar im] ganzen [La]nd.*

In den Zeilen 2–9 geht es um die Auslegung des ausgewiesenen Zitates von Lev 25,13, vor allem des dort behandelten Jobeljahres (שנת היובל). Dazu wird in Zeile 2f ein weiteres ausgewiesenes Zitat aus der Tora hin-zugezogen (Dtn 15,2). Es ist anzunehmen, dass in der Textlücke in Zeile 4 ein weiteres Zitat stand, auf welches sich der davor gebrauchten Ausdruck «die Gefangenen» bezog. Dieses Zitat kann jedoch nicht mehr rekonstru-iert werden. Neben dem Jobeljahr werden in der Auslegung die Themen

Melchisedek, sein Erbe, Gefangenschaft und *Freilassung* behandelt. Zeile 7 ist möglicherweise als Zeitangabe dieses Ausrufs der Freilassung zu verstehen.[191] Nur das Wort Jubiläum היובל aus dem Zitat von Lev 25,13 wird in der Auslegung in dieser Zeile wieder aufgenommen. Der weitere Zusammenhang zwischen den Zitaten und der Deutung kann nicht mehr ermittelt werden. Aus Zeile 9 kann entnommen werden, dass Melchisedek eine wichtige Rolle im Gericht Gottes zukommt, was die folgende Auslegung bestätigt.

In Zeile 10 folgt ein explizites Zitat von Ps 82,1–2, das von einem weiteren explizit eingeleiteten Zitat aus Ps 7,8b–9a unterbrochen und danach in Zeile 11 mit der Formel ואשר אמר wieder aufgenommen wird. Die Einleitungsformel des Zitates von Ps 82,1 bezieht das nachfolgende Zitat auf die in Zeile 9 genannte Figur Melchisedeks[192] und besteht aus einer um die explizite Buchangabe עליו בשירי דויד ausgeweitete Kombination der beiden Zitationsformeln אשר אמר und כאשר כתוב. Da das Zitat durch diese Einleitungsformel als ein Lied von David eingeführt wird, erstaunt es nicht, dass die dem Psalm eigene Zuschreibung durch die ersten beiden Wörter von Vers 1 מזמור לאסף (ein Lied von Asaf) nicht zitiert wird. Dem Zitat folgt keine Auslegung, sondern ein Einschub eines weiteren Zitates, eingeleitet durch die Zitationsformel ועליו אמר, mit dem klar gemacht wird, dass nun bezüglich der Figur Melchisedeks ein weiteres Zitat aus den «Liedern Davids» (d. h. dem Psalter) zu erwarten ist. Danach folgt ein Zitat aus Ps 7,8b–9a. Nach diesem Unterbruch werden die Lesenden mit ואשר אמר zurück zu Vers 2 des Zitates von Ps 82,1–2 geführt. Die mit פשרו eingeleitete Auslegung nimmt in Zeile 12 die Thematik von Ps 82,1–2 bzw. des Zitates aus Ps 7,8b–9a auf. Die Seite der Götter, denen von Gott vorgeworfen wird, dass sie ungerecht handeln, wird in der Auslegung von Belial und seinen Geistern eingenommen. Von ihnen wird gesagt, dass sie widerspenstig gewesen und von den Vorschriften Gottes abgewichen seien. Entgegen der Aussage von Ps 82,1, die zusätzlich mithilfe des Zitates aus Ps 7,9a bestätigt wird, ist es in der Auslegung nicht Gott selbst, der die Widermächte richtet, sondern Melchisedek ist es, der die Rache in die Hand nimmt und so die Rechtssache Gottes gegen die Götter bzw. gegen Belial und seine Geister durchführt.[193]

Das in dieser Auslegung beschriebene Gericht Gottes wird in Zeile 15 als Tag des Friedens bezeichnet und mit einem expliziten Zitat von Jes 52,7 in Zusammenhang gebracht. In der mit פשרו eingeleiteten Deutung wird der Ausdruck «die Berge» mittels eines identifizierenden Nominalsatzes auf die Propheten hin ausgelegt. Mit der gleichen Technik wird in

---

[191] Nach Zimmermann, *Messianische Texte*, 397, findet der Ausruf des Schuldenerlasses in der ersten Woche des 10. Jubiläums, die Versöhnung dagegen am Endes dieses Jubiläums statt, doch das ist unsicher.

[192] Vgl. Mason, *Priest Forever*, 179f. Zur Übersetzung von עליו als «über ihn» vgl. ebd. Ebenso Zimmermann, *Messianische Texte*, 398.

[193] Vgl. Van der Woude, *Melchisedek*, 367.

Zeile 18 «der Freudenbote» als der Gesalbte des Geistes interpretiert. Diesen Deutungen folgte ein Schriftbezug zu einem Wort Daniels, das offenbar als Schriftbeweis diente, das aber nicht mehr erhalten ist. Unter der Annahme, dass das vor dem Zitat gebrauchte Wort משיח aufgenommen wurde, ist Dan 9,25 als Zitat wahrscheinlich.[194] Während mit Dan 9,25 das Wort «Gesalbter» mit einem Schriftzitat in Verbindung gebracht wird, ist anschliessend nochmals das Wort «Freudenbote» aufgenommen und mit einem Zitat von Jes 61,2 in Zusammenhang gebracht. Die Aussage von Versteil b, die Trauernden zu trösten, wird in der wiederum mit פשרו eingeleiteten Auslegung in Zeile 20 als Belehrung über die Zeiten der Welt verstanden. In Zeile 23 werden nochmals Worte von Jes 52,7b aufgenommen und mit identifizierenden Nominalsätzen allegorisch ausgelegt; zuerst das Wort «Zion» als die Versammlung aller Söhne der Gerechtigkeit, die den Bund halten und vom Weg des (ungehorsamen) Volkes abgewichen sind. Da bei der Deutung von Ps 82,1–2 in der Auslegung Melchisedek die Stelle Gottes einnimmt, wurde vermutetet, dass danach das Wort «dein Gott» in Zeile 25 als Melchisedek gedeutet wurde, der die Söhne der Gerechtigkeit aus der Hand Belials befreien wird.[195] Ausgehend von der Aussage der in Zeile 23 zitierten Worte מלך אלוהיך («dein Gott ist König») liegt die Identifizierung אלוהיך הואה מלכי צדק («dein Gott, das ist Melchisedek») schon sprachlich nahe, es sind dazu im Zitat nur anstelle von מלך die Wörter מלכי צדק zu lesen.[196] Diese Aussage wird mit einem weiteren Schriftbezug zusammengebracht, einem gekürzten Zitat von Lev 25,9, dessen Auslegung jedoch nicht mehr erhalten ist.

8.2.3 Theologische Thematik von 11QMelch

Wie bereits Van der Woude feststellen musste, ist 11QMelch derart lückenhaft überliefert, dass seine Deutung in vielem ungewiss bleibt.[197] Ein wichtiges theologisches Thema von Kol. II ist die Rolle Melchisedeks, welcher den Vorsitz im Gericht über Belial übernimmt. Unklar bleibt, ob Melchisedek als das Subjekt der Aussagen in Zeile 6 anzusehen ist.[198] Deutlich ist hingegen, dass Melchisedek mit dem folgenden, um Vers 7b ergänzten Zitat von Ps 82,1f in Zusammenhang gebracht wird.[199] Aus der nachfolgenden Auslegung, die vom Gericht Melchisedeks gegen «Belial und die Geister seines Loses» handelt, wird klar, dass die Verfasser das erste אלוהים auf Melchisedek, das zweite אלוהים dagegen auf Belial und seine

---

[194] Anders Zimmermann, *Messianische Texte*, 400.

[195] Siehe Van der Woude, *Melchisedek*, 367f (die Zeilen 22–25 werden dort als Zeilen 23–26 gezählt). Ebenso García Martínez/Tigchelaar/Woude, *Qumran Cave 11 II*, 233.

[196] Vgl. Mason, *Priest Forever*, 180–183.

[197] Vgl. Van der Woude, *Melchisedek*, 367.

[198] Vgl. Van der Woude, *Melchisedek*, 367.

[199] Vgl. dazu Mason, *Priest Forever*, 179f.

Geister bezogen.[200] Wie oben erwähnt, findet sich eine solche Identifizierung von אלוהים mit Melchisedek ebenfalls bei der Auslegung von Jes 52,7
in den Zeilen 24f. Es ist daher davon auszugehen, dass die Verfasser Melchisedek als himmlische Gestalt verstanden.[201] Dennoch weckt die Deutung von אלוהים auf Melchisedek Erstaunen und Befremdung. Die Un-
geheuerlichkeit einer solchen Deutung kann nicht mit dem Hinweis ab-
geschwächt werden, dass die Verfasser dieser Auslegung für Gott in diesem Text ausschliesslich das Wort אל, nicht aber das Wort אלוהים gebrauchen.[202] Melchisedek ist daher nicht nur einfach als himmlische Gestalt anzusehen,[203] sondern in diesem Gericht gegen Belial auch als Gottes Stell-
vertreter.[204] Eine weitere wichtige Rolle nimmt Melchisedek in der göttlichen Rache gegen Belial ein, in welcher er die Gefangenen aus der Hand
Belials befreien wird. Neben dieser Freilassung der Gefangenen spricht
11QMelch auch davon, dass ihnen alle Schuld erlassen werde.

Obwohl Melchisedek im Gericht stellvertretende Funktion für Gott hat, ist
er nicht mit dem Messias gleichzusetzen, der in 11QMelch ebenfalls eine
Rolle spielt. Auch von einer vorschnellen Identifizierung Melchisedeks mit
Michael ist abzuraten.[205] Die Auslegung von Jes 52,7 bringt wie dargelegt
das Wort אלוהים mit Melchisedek zusammen. Als Messias, «Gesalbter des
Geistes», wird dagegen der Freudenbote gedeutet (Zeile 18).[206] Als Schriftbeweis für diese Deutung wird Dan 9,25 gebraucht, wo die Zeit bis zur
Ankunft des Messias als sieben Wochen dauernd bestimmt wird. Eine
weitere Bestimmung des Freudenboten erfolgt durch einen Schriftbezug
auf Jes 61,2. Er wird als derjenige bestimmt, der die Trauernden tröstet.
Dieses Trösten der Trauernden aus Jes 61,2 wird als ein Belehren über alle
Zeiten der Welt gedeutet. Trost soll demnach durch Kenntnisse über den
apokalyptischen Fahrplan vermittelt werden, also die Einsicht, dass alles so
kommen muss und dass es nicht mehr lange dauern wird bis zum Ende. In
dieselbe Richtung weist bereits das Zitat von Dan 9,25.

---

[200] Vgl. Van der Woude, *Melchisedek*, 367, sowie Mason, *Priest Forever*, 179f.

[201] Mit Van der Woude, *Melchisedek*, 367.

[202] Gegen Van der Woude, *Melchisedek*, 367f.

[203] So Van der Woude, *Melchisedek*, 367f.

[204] Zur Rolle Melchisedeks in 11QMelch vgl. auch Mason, *Priest Forever*, 183–185.

[205] Gegen Van der Woude, *Melchisedek*, 368f. Der Hinweis ebd., dass Michael in anderen
frühjüdischen Schriften dieselben Funktionen einnehme wie hier Melchisedek, genügt nicht für eine solche Identifizierung der beiden Gestalten, da sich die frühjüdischen Schriften nicht unter eine einheitliche Dogmatik subsumieren lassen. Mit
Zimmermann, *Messianische Texte*, 406 sind Schlussfolgerungen von der Identität der
Aufgaben auf die Identität der Personen auch generell als kritisch zu beurteilen. In
den übrigen Qumrantexten wird Michael ausserdem nie mit Melchisedek identifiziert.

[206] Mit Wilk, *Bedeutung*, 175.

Eine wichtige Thematik ist das Halten der Gebote Gottes (dazu passt auch das Vorkommen des Wortes «Tora» in der fragmentarischen Kol. III). Hier stehen sich zwei gegensätzliche Möglichkeiten gegenüber. Von Belial und seinen Geistern wird gesagt, dass sie von den Geboten Gottes abgewichen sind, um zu freveln. Die Verfasser hingegen werden sich mit denjenigen identifiziert haben, von denen in II,24 gesagt ist, dass sie abgewichen sind vom (frevelhaften) Weg des (übrigen) Volkes. Die Thematik vom Abweichen vom Weg findet sich auch in 4QFlor Kol. III,14–16. Die Auslegung von Ps 1,1 wird dort sekundär mit Jes 8,11 zusammengebracht: «Und es geschah, als mich ergriff [die Hand, da brachte er mich davon ab, zu gehen den Weg] dieses Volkes.» Wie bereits in Jes 8 ist dabei sowohl in 4QFlor als auch hier in 11QMelch vorausgesetzt, dass sich das Volk auf einem Weg des Ungehorsams gegenüber Gott befindet. Somit wird auch in 11QMelch die Absonderung der eigenen Gruppe vom übrigen Volk betont, die sowohl in den Jesaja-Pescharim als auch in 4QFlor eine wichtige Rolle spielt.

Als Schlüsseltext für die Auslegung in 11QMelch ist aber Jes 61,1f zu nennen, in welchem bereits die theologischen Themen dieser Auslegung anklingen, nämlich *die Freilassung der Gefangenen, das Jahr des Wohlgefallens, die Rache* sowie das *Trösten der Trauernden:*[207]

> 1 Der Geist des Herrn, Jhwh, ist auf mir; denn Jhwh hat mich gesalbt. Er hat mich gesandt, den Elenden frohe Botschaft zu bringen, die zu verbinden, die gebrochenen Herzens sind, Freilassung auszurufen den Gefangenen und Öffnung des Kerkers den Gebundenen,
>
> 2 auszurufen das Jahr des Wohlgefallen Jhwhs und den Tag der Rache für unseren Gott, zu trösten alle Trauernden.

Zu diesem Text lassen sich in Kol. II verschiedene Anspielungen finden. Bereits das Wort השבויים (die Gefangenen) in Zeile 4 ist als Anspielung auf Vers 1 zu werten,[208] aber auch וקרא להמה דרור («und er wird ihnen ausrufen Freilassung») in Zeile 6.[209] Das Personalpronomen להמה in Zeile 6 dürfte sich auf das Wort השבויים in Zeile 4 beziehen, so dass in diesen Zeilen alle Worte aus Jes 61,1bβ «auszurufen *den Gefangenen* Freilassung» (לקרא לשבוים דרור) aufgenommen sind. Auch die Formulierung in Zeile 9 «Jahres des Wohlgefallens für Melchisedek» (לשנת הרצון למלכי צדק) lehnt sich eng an die Formulierung des Schlüsseltextes «Jahres des Wohlgefallens für Jahwe» (לשנת הרצון ליהוה) an und kann aufgrund der anderen Anspielungen in diesem Text als Anspielung auf Jes 61,2 gewertet werden.[210]

---

[207] Anders (Anspielung auf Jes 61,1–3) García Martínez/Tigchelaar/Woude, *Qumran Cave 11 II*, 230; ebenso Zimmermann, *Messianische Texte*, 401.

[208] Jes 61,1 ist im AT die einzige Belegstelle für שבוים (in 11QMelch plene als שבויים geschrieben).

[209] Mit Zimmermann, *Messianische Texte*, 397.

[210] Vgl. Zimmermann, *Messianische Texte*, 397. Die weiteren in García Martínez/Tigchelaar/Woude, *Qumran Cave 11 II*, 230–232, genannten Anspielungen sind unsicher.

Demgegenüber steht die Tatsache, dass in Kol. II vom Textbereich Jes 61,1–2 nur Vers 2b bezeugt ist und sich in der vorangehenden Textlücke von den Platzverhältnissen her nicht mehr als Versteil a rekonstruieren lässt. Aufgrund dieser prominenten Rolle von Jes 61,1–2 bei der Auslegung in Kol. II wäre es erstaunlich, wenn in 11QMelch nur Vers 2b bzw. auch der ganze Vers 2, nicht aber Vers 1 zitiert worden wäre. Da das Zitat von Vers 2b in Zeile 19 zudem nicht mit einer üblichen Einleitungsformel eingeleitet wird, sondern mit den Worten «Das ist der, über den geschrieben steht, dass» (הואה הכתוב עליו אשר), ist zu vermuten, dass Jes 61,1f vorangehend im Text zitiert wurde und nun bei dieser Auslegung darauf zurückgegriffen wird. Ist diese Annahme korrekt, könnte der erhaltene Text von 11QMelch eine explizite Auslegung zu Jes 61,1f darstellen, für die dann zusätzlich auf weitere Schriftstellen zurückgegriffen wurde. Doch selbst wenn diese Möglichkeit nicht zutreffen sollte, so spielen Text und Thematik von Jes 61,1f wie dargestellt eine wichtige Rolle für diese Auslegung.

Melchisedek wird in dieser Auslegung als himmlische Gestalt angesehen. Der Messias als geistbegabter Gesandter des Herrn aus Jes 61,1f, ist dagegen eine irdische Figur, auf die hin auch der Freudenbote aus Jes 52,7 gedeutet wird. Der Messias hat die Aufgabe, auf Erden den Elenden frohe Botschaft zu verkünden, für die Gefangenen Freilassung auszurufen, die nun durch Melchisedek vollzogen wird (Zeile 6) und ein Jahr des Wohlgefallens des Herrn anzukündigen, welches mittels Schriftbezug auf Lev 25,13 als eschatologisches Jobeljahr verstanden wird.[211] Auch der Tag der Rache, den der jesajanische Gesandte ausruft, wird indirekt aufgenommen, indem Melchisedek die Rechtssache Gottes gegen Belial übernimmt. Schliesslich ist wie dargestellt das Trösten der Trauernden aufgenommen durch die Belehrung über den apokalyptischen Fahrplan als Aufgabe dieses Gesandten aus Jes 61,1f, der wie in Lk 4,18–21 mit dem Messias gleichgesetzt wird. In 11QMelch hat der Messias die Aufgabe, die eschatologischen Ereignisse anzukündigen, Melchisedek dagegen hat als himmlische Erlösergestalt die Aufgabe, diese zu vollziehen.[212]

11QMelch verwendet die aus den Pescharim bekannten Techniken zur Schriftauslegung wie Zitationsformeln, die Formel פשרו, identifizierende Nominalsätze bzw. die Methoden der *Aufnahme und allegorischen Auslegung von Einzelelementen* und *Schriftbezug*. Bemerkenswert ist dabei, dass alle Zitate mit Schriftbezug eingeführt sind. Dabei werden die verschiedenen Schriftzitate eschatologisch interpretiert und auf die eigene Gruppierung bezogen, wie dies ebenfalls von den Pescharim her bekannt ist. Anders als in den fortlaufenden Pescharim werden die verschiedenen Schriftzitate nicht nach chronologischen Gesichtspunkten zitiert, sondern sind thematisch auf-

---

[211] Vgl. Zimmermann, *Messianische Texte*, 396.
[212] Mit Zimmermann, *Messianische Texte*, 410f.

einander bezogen und kreisen alle um die Themen *Freilassung der Gefangenen, die Rache Gottes* sowie um die *Figur Melchisedek*, der diese Rache in die Hand nimmt.

11QMelch ist mit seiner gut strukturierten Form und seiner Themen-zentriertheit geradezu als Paradebeispiel eines thematischen Peschers an-zusprechen.[213]

---

[213] Mit Lim, *Pesharim*, 53. Zurückhaltender bezüglich dieser Klassifizierung ist Mason, *Priest Forever*, 176. Vgl. zudem die dortigen Angaben zu den verschiedenen Positionen in der Forschung, ebd., Anm. 103.

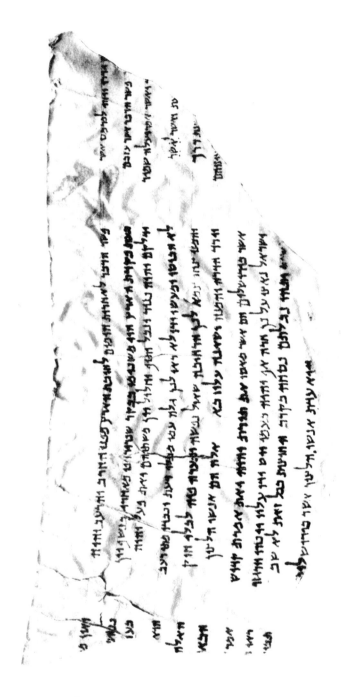

Abb. 3: 4QpJes^b, aus: Allegro, J.M., *Qumrân Cave 4*, DJD 5, Oxford 1968, Plate VI
(mit freundlicher Genehmigung der Israel Antiquities Authority)

9. Pescher-Exegese und Traumdeutung

Die bis dato unternommenen Vergleiche der Schriftinterpretation in Qumran mit derjenigen in apokrypher oder alttestamentlicher Literatur können gewisse methodisch auffällige Eigenheiten dieser Schriftinterpretation nicht hinreichend erklären. Dies gilt insbesondere für die als *Pescher-Exegese* bezeichnete Auslegungsmethode. Bei dieser Methode werden aus der rezipierten Schriftstelle einzelne Worte aufgenommen, denen anschliessend teils implizit, teils explizit mittels eines Nominalsatzes eine allegorische Interpretation attributiv zugeordnet wird.[1] Die Auslegung selbst wird zumeist mit einer mittels des hebräischen Wortstammes פשר (Deutung) gebildeten Deut-Formel eingeleitet. Mit פשר wird dabei, etwa durch die Formeln פשרו על, פשרו oder פשר הדבר, jeweils ein *Terminus technicus* gebildet,[2] welcher als textliche Markierung Zitat und Auslegung voneinander trennt. Die beschriebene Methode findet sich vornehmlich in den Pescharim, aber auch vereinzelt in weiteren Qumranschriften wie etwa in der Damaskusschrift. Bei der Auslegung nach der Methodik der *Pescher-Exegese* werden die überlieferten Worte als Träger für eine neue Bedeutung behandelt und demzufolge allegorisch ausgelegt.[3] Die ursprüngliche Bedeutung der Worte (die mangels historischen Wissens oft auch nicht mehr bekannt waren) liegt nicht mehr im Blickfeld; vielmehr kommt den überlieferten Worten nur noch uneigentliche oder vorläufige Geltung zu. Während es für rein allegorische Deutungen auch innerbiblische Belege gibt, findet sich das bei der *Pescher-Exegese* verwendete Auslegungsverfahren biblisch ausschliesslich bei der Deutung von Träumen und Visionen.

Der Traum wurde in der Antike als Mitteilung der Götter angesehen. Traum und Traumdeutung spielten daher eine grosse Rolle im gesellschaftlichen Leben. Wer seine Träume deuten konnte, kannte den Ratschluss der Götter und konnte seine Handlungen danach richten. Professionelle Traumdeuter hatten dadurch Macht und hohes Ansehen.[4] In hellenistischer Zeit sind professionelle Traumdeuter häufiger als sonst je bezeugt und seit Alexander dem Grossen ist es *en vogue*, wirkungsvolle Träume von Herrschern und anderen Grossen zu erzählen. Auch die breite hellenistische Traumdeutungsliteratur, von der wir leider zumeist nur noch die Titel kennen, lässt darauf schliessen, dass Traumdeutungspraxis in jener Zeit

---

[1] Zur Allegorese als eine in den Pescharim verwendete Auslegungsform vgl. Elliger, *Studien*, 142–144. Klauck, *Art. «Pescher-Exegese»*, 119, bezeichnet die Pescher-Exegese gar als Sonderform der Allegorese.

[2] Der Gebrauch als Terminus technicus ist aus der Verwendung der Formeln mit פשר in festen Sprachwendungen erkennbar; mit Fabry, *Schriftverständnis*, 92.

[3] Vgl. Stolz, *Art. «Allegorie/Allegorese I»*.

[4] Vgl. Näf, *Traum und Traumdeutung*, 11. Die Autorität professioneller Traumdeuter wurde aber auch immer wieder in Frage gestellt; siehe ebd.

offenbar weit verbreitet war.[5] Der hohe Stellenwert der Träume für die antiken Menschen und die Wichtigkeit ihrer rechten Deutung lässt sich auch daraus ablesen, dass ihnen in der Bibel (wie generell in der antiken Literatur) eine besondere Rolle zukommt.

In diesem Teil der Arbeit soll untersucht werden, ob und inwieweit sich für diese Deutungsmethode ein Einfluss aus der antiken Traumdeutungs-literatur bzw. Traumdeutungspraxis wahrscheinlich machen lässt. Einflüsse der Traumdeutung auf die Schriftauslegung in den Pescharim sind aufgrund verschiedener Analogien zu vermuten[6] und wurden teilweise auch schon postuliert.[7] Die Fragestellung darf aber nicht auf die Traum-deutung allein enggeführt werden, dies ist angesichts der Tendenz in der Qumranforschung, die Fragestellung vornehmlich allein auf die Traum-deutung zu beziehen, festzuhalten,[8] vielmehr muss die im Alten Orient weit verbreitete Divination allgemein mitberücksichtigt werden.

---

[5] Vgl. Näf, *Traum und Traumdeutung*, 63–79.

[6] Frenschkowski, *Art. «Traum. I–V»*, notiert, dass religionsgeschichtlich die Dechif-friersysteme der Traummantik vielfach Einfluss auf die Schriftinterpretation gehabt hätten (ebd. 29). Nach Klauck, *Art. «Allegorie/Allegorese III»*, 306, setzt die Ent-wicklungslinie der Methode der Allegorese innerhalb der Bibel bei den Traum-erzählungen ein; die Methode wird in den Visionen in Sach und Dan ausgebaut und etabliert sich dann in der Apokalyptik, bis sie in Qumran schliesslich dazu verwendet wird, um Schriftworte auszulegen.

[7] Siehe dazu Silbermann, *Unriddeling the Riddle*, 323–364, der die Verbindung zur Traumdeutung als Erster in die Forschungsdiskussion einbrachte. Weiter: Finkel, *Pesher of Dreams*, und Rabinovitz, *Pêsher/Pittârôn*. Anders Lange, *Interpretation*.

[8] Neben den in Anm. 7 genannten älteren Arbeiten von Silbermann, Finkel und Rabinovitz wird die Fragestellung auch bei neueren Arbeiten, etwa Fuß, *Zeit*, 109–111, oder Brooke, *Biblical Interpretation at Qumran*, 312–314, allein auf die Traum-deutung bezogen. Anders Rabin, *Notes*, 148–151, der auf Parallelen zur Demotischen Chronik hinweist, und Lange, *Interpretation*, der die Fragestellung auf die Divination allgemein ausweitet.

9.1 Etymologische Indizien

Ein starkes Indiz für die Verwandtschaft von Pescher-Exegese und Traumdeutung besteht schon in der Etymologie des jeweils in der Deutung
verwendeten einleitenden Wortes. Das in den die Pescher-Deutungen prä-
genden *Termini technici* verwendete Substantiv פשר ist einerseits sprachlich
verwandt mit dem hebräischen Verb פתר (deuten, auslegen) und seinem
Derivativum פתרון (Auslegung). Beide werden in den Traumdeutungen der
Josephgeschichte verwendet. Andererseits besteht eine Verwandtschaft mit
dem aramäischen Verb פשר (deuten, auslegen) bzw. dem Substantiv פשרא
(Auslegung), welche in den Traumdeutungen im Danielbuch verwendet
werden.

In seinem wegweisenden Aufsatz untersuchte Lou H. Silbermann[9] die Methode der
Pescher-Deutung, mit welcher in Qumran praktisch ausschliesslich prophetische Literatur interpretiert wird.[10] Wie vor ihm bereits Karl Elliger[11] verweist er darauf, dass das
in diesen Deutungen gebrauchte Wort פשר im Dan als Terminus technicus gebraucht
wird, um die Deutung der Träume der babylonischen Könige anzugeben, aber auch dazu, die Schrift an der Wand zu enträtseln.[12] Schon Elliger verglich die Deutung im Habakuk-Pescher mit den Deutungen der Träume im Dan.[13] Silbermann verweist zusätzlich auf die Traumdeutungen in den historisch späteren Midraschim. Dort ersetzt פתר
das mit diesem verwandte פשר. Den Grund, weshalb eine Methode aus der Traumdeutung in Qumran zur Deutung prophetischer Worte übernommen worden sein könnte,
sieht Silbermann einerseits darin, dass die prophetischen Bücher zu drei Fünfteln aus
Visionen bestehen, andererseits würden in Num 12,6 sowie in rabbinischen Äusserun-
gen über diese Stelle Prophetie mit Träumen und Visionen identifiziert.[14] Den Parallelen der Pescher-Deutungen mit den rabbinischen Traumdeutungen geht auch der Beitrag von Asher Finkel nach. Zusätzlich weist er darauf hin, dass die Schriftauslegung im
Talmud sowohl derjenigen in den Pescharim als auch den rabbinischen Traumdeutungen sehr ähnlich ist. Er schliesst daraus, dass die Methode der Pescher-Deutung sowohl

---

[9]   Silbermann, *Unriddeling the Riddle*.

[10] Neben Pescharim zu prophetischen Schriften gibt es auch solche zu den Psalmen.
      Diese gelten in Qumran jedoch als prophetische Literatur; vgl. Kister, *Common
      Heritage*, 109. Zu den Pescharim zu Gen bzw. zu 4QFlor vgl. Fabry, *Schriftverständnis*,
      89–91, insbesondere Anm. 10.

[11] Elliger, *Studien*.

[12] Die Deutung des Menetekels beginnt zwar wie die *Pescher-Exegese* mit dem Terminus
      פשר. Da sie aber (anders als die Traumdeutungen in Dan) keine identifizierende No-
      minalsätze aufweist, steht sie formal/strukturell der in den untersuchten Qumran-
      schriften vorfindlichen *Pescher-Exegese* weniger nahe als die im Dan zu finden den
      Traumdeutungen. Die an ein Silbenrätsel erinnernde Deutung ist zudem kaum als
      Schriftinterpretation, da keine für die Protagonisten *autoritative Schrift* zitiert wird,
      sondern eher als Ominadeutung (Deutung der von Zauberhand geschriebenen
      Rätselworte) zu charakterisieren. Zum Terminus Schrift siehe oben Seite 17.

[13] Vgl. Elliger, *Studien*, 156f.

[14] Vgl. Silbermann, *Unriddeling the Riddle*, 330f.

für die Auslegung von Träumen als auch für die Auslegung der Schrift verwendet wurde.[15] Isaac Rabinovitz schliesslich zog aus dem Vergleich der Pescharim mit der Traumdeutung in der Hebräischen Bibel den Schluss, dass es bei der Pescher-Deutung nicht
darum geht, den Text intellektuell zu verstehen und zu interpretieren, sondern darum,
die verborgene Bedeutung seiner Worte zu enthüllen.[16]

Gegen eine direkte Abhängigkeit der Pescher-Deutung aus der Traumdeutung bzw.
generell zu divinatorischen Methoden, besonders auch der Ominadeutung, spricht sich
der neuere Beitrag von Armin Lange aus.[17] Für Lange muss aus den Analogien der
Pescher-Deutung zu divinatorischen Methoden wie Orakel, Traum- und Ominadeutung nicht zwingend auf deren Abhängigkeit von Traumdeutungsbüchern oder Omina-
und Orakelsammlungen geschlossen werden. Vielmehr sei von einer natürlichen Entwicklung auszugehen, die dazu führte, Prophetenworte (als verschriftlichte Omina) mit
denselben Methoden auszulegen, die für die Deutung von Omina seit langer Zeit prak-
tiziert wurden.[18] Damit plädiert Lange aber ebenfalls für eine Abhängigkeit der Pescher-
Deutung von den in der Traum- und Ominadeutung angewandten divinatorischen
Methoden, allerdings für eine traditionsgeschichtliche. Auf seine Thesen, dass die
Methodik der Pescher-Deutung auf über längere Zeit mündlich vermittelten divinatorischen Methoden beruht, wird weiter unten nochmals einzugehen sein.

Die Verwandtschaft der Pescher-Exegese mit der Traumdeutung wird auch
in neueren Arbeiten betont.[19] Sprachgeschichtlich wird פשר mit dem akka-
dischen Verb pašaru (berichten, deuten) sowie dem Substantiv pišru (Deutung von Träumen/Omen) zusammengebracht.[20] Das Lexem pašaru kann
aber auch die «Lösung» von Träumen bezeichnen. Die Traumlösung ver-
suchte, mit magischen Mitteln die Konsequenzen eines Traumes mit
schlimmer Bedeutung für die Zukunft abzuwehren.[21] Rein von der
Etymologie des namengebenden Substantivs פשר her lassen sich Schriftinterpretationen in den Pescharim demnach nicht nur mit der Traumdeutung, sondern auch mit anderen Formen der Divination zusammenbringen. So verwies schon Fabry bezüglich der Bedeutung des Wortes פשר
sowohl auf die Traumdeutung als auch generell auf die Ominadeutung.[22]
Es ist demnach zu fragen, ob weitere Indizien vorliegen, welche die Deu-
tungsformen in den Pescharim exklusiv mit der Traummantik zusammenbringen, oder ob diese mit der Divination allgemein in Verbindung gebracht werden müssen.

---

[15] Vgl. Finkel, *Pesher of Dreams*, 357–370.

[16] Vgl. Rabinovitz, *Pêsher/Pittârôn*, 219–232.

[17] Lange, *Interpretation*.

[18] Vgl. Lange, *Interpretation*, 32f.

[19] Vgl. Berrin, *Art. «Pesharim»*, 644, oder die ausführliche Zusammenfassung in
       Blenkinsopp, *Sealed Book*, 103–105, aber auch Fuß, *Zeit*, 109–111.

[20] Vgl. Fabry/Dahmen, *Art. «פשר»*; anders Görg, *Joseph, ein Magier oder Seher?*

[21] Vgl. Lanckau, *Herr der Träume*, 205f, und Zgoll, *Traum und Welterleben*, 383–385.

[22] Vgl. Fabry/Dahmen, *Art. «פשר»*. Träume werden einerseits zum Teil genau gleich
       wie Omina gedeutet, andererseits sind Träume allen Menschen zugänglich und ihre
       Deutung ist nicht bloss Spezialisten vorbehalten, weshalb es sinnvoll ist, Traum- und
       Ominadeutung zu unterscheiden; vgl. Renger, *Art. «Traum, Traumdeutung I»*, 786, und
       Walde, *Art. «Traum, Traumdeutung II»* , 771.

Neben den etymologischen Hinweisen werden auch immer wieder Analogien in der jeweilig verwendeten Deut-Technik zwischen der Pescher-Exegese und den Traumdeutungen in der Josephgeschichte und im Danielbuch genannt.[23] Daher soll nun der Frage nachgegangen werden, ob sich neben den etymologischen Hinweisen in der angewandten Deut-Technik und den ihr zugrundeliegenden hermeneutischen Voraussetzungen sowie in der strukturellen Gestaltung Hinweise für eine Herkunft der Pescher-Exegese aus der Traumdeutung finden lassen.

Eine auffällige Übereinstimmung zwischen der Schriftinterpretation in den Pescharim und der Traumdeutung findet sich in der jeweilig angewandten Deut-Technik sowie in ihrem hermeneutischen Verständnis. Die angewandte Deut-Technik besteht in einem Übersetzungsvorgang, bei welchem einzelne Elemente des Textes (des Prophetenbuches bzw. des erzählten bzw. niedergeschriebenen Traumes) isoliert und anschliessend auf die Welt des Empfängers der Deutung hin kontextualisiert werden.[24] Das dieser Technik zugrundeliegende hermeneutische Verständnis besteht bei der Traumdeutung darin, dass davon ausgegangen wird, dass sich die Botschaften der Götter im Traum verschlüsselt gezeigt haben und diese nun entschlüsselt werden müssen.[25] Ein entsprechendes Verständnis zeigt explizit 1QpHab VII,1–5 über die Prophetie: Die Offenbarung Gottes an die Propheten ist nicht *per se* verständlich, sondern muss erst durch den Lehrer der Gerechtigkeit als Empfänger von Gottes Geheimnissen ausgedeutet werden. [26] Wie die Untersuchung der jeweiligen Auslegungen zeige, verstanden auch die Verfasser der Jesaja-Pescharim die Botschaft des Propheten als eine für die letzten Tage aufgezeichnete verschlüsselte Botschaft. Eine ähnliche Offenbarungs-Hermeneutik zeigen implizit auch die Auslegungen in der Damaskusschrift, in 4QMidrEschat[a.b] und in 11QMelch.[27]

Traumdeutung löst sich in der Antike mehr und mehr vom religiösen Bereich ab und wird nicht als Gottesgabe, sondern als erlernbare Technik verstanden.[28] Die Darstellungen im Danielbuch, aber auch in der Josephgeschichte verstehen demgegenüber die Kunst der Traumdeutung dezidiert als Offenbarung Gottes, auch wenn bei beiden gezeigt werden kann, dass Techniken der damaligen Traumdeutung angewendet wurden. Ähnliches lässt sich in Dan auch zur Schriftdeutung beobachten. Auch wenn die Deutung der 70 Jahre Jeremias in Dan 9 als Offenbarung dargestellt wird, fällt diese nicht

---

[23] Vgl. die in Anm. 19 genannten Monographien a. a. O.

[24] Vgl. Lange, *Interpretation*, 19f.

[25] Vgl. Walde, *Antike Traumdeutung*, 154.

[26] Siehe oben Seiten 29–32.

[27] Siehe oben Seiten 164–172, 264f, 310–313, 319–323.

[28] Vgl. Walde, *Antike Traumdeutung*, 146.

vom Himmel, sondern verdankt sich innerbiblischer Exegese.[29] In 1QpHab VII,1–5 wird die Deutung der Schrift durch den Lehrer der Gerechtigkeit ebenfalls als Gottesgabe dargestellt. Die Feststellung, dass die in Qumran vorfindliche Schriftauslegung auf bestimmten Techniken beruht, muss daher nicht als Widerspruch dazu aufgefasst werden. Für die Verfasser der Pescharim sind die prophetischen Texte nicht nur verschlüsselte Offenbarung dessen, was kommen wird; ihre Deutung mittels divinatorischen Techniken ist selbst ein Offenbarungsvorgang.[30]

Die beobachtbare Methodik und die ihr zugrundeliegende hermeneutische Voraussetzung der Pescharim korrespondiert jedoch nicht nur allein mit der Traumdeutung, sondern auch generell mit Omina-Deutungstechniken. Erwähnenswert sind hier besonders die Demotische Chronik, eine Kommentierung älterer astrologischer Orakelberichte aus dem 3. Jh. v. Chr., deren Deut-Technik derjenigen der Pescharim sehr ähnlich ist, aber auch die nicht erhaltenen und nur indirekt bezeugten griechischen Orakelsammlungen.[31] Die der Pescher-Exegese zugrundeliegende Hermeneutik, welche die Einzelelemente des zu deutenden Textes als Träger für eine neue Bedeutung behandelte, war weit über das antike Judentum hinaus verbreitet.[32] Dennoch lag die in den Pescharim zu findende Schriftauslegung nicht einfach auf der Hand. Die Pescher-Exegesen in den Qumrantexten zeigen nämlich Merkmale einer ausgefeilten, formalisierten Methodik, welche ihre Verfasser irgendwo gelernt haben mussten.[33] So lassen etwa der praktisch schematisierte Gebrauch von Einleitungsformeln sowie die Verwendung identifizierender Nominalsätze zur Deutung einzelner Elemente aus den Zitaten, aber auch die Tatsache, dass einzelne Begriffe in verschiedenen Schriften in die gleiche Richtung gedeutet wurden, darauf schliessen, dass die Auslegung auf einem vermittelten Wissen beruhte.[34] Wenn die verwendeten Methoden wie vermutet aus der Traumdeutung stammen, so müssten sich neben den allgemein verbreiteten hermeneutischen Voraussetzungen noch weitere Parallelen aufzeigen lassen.

Eine auffällige Nähe der Schriftdeutungen in den Pescharim zur Traumdeutung zeigt sich auf der literarischen Ebene. Im Unterschied zu anderen Omina-Deutungstechniken ist Traumdeutung immer *Textinterpretation*, da (in der durch einen «Experten» durchgeführten Traumdeutung) nicht das Traumbild selbst, sondern immer der erzählte oder niederge-

---

[29] Siehe oben Seiten 53–64.

[30] Mit Lange, *Interpretation*, 21.

[31] Vgl. Lange, *Interpretation*, 23–30.

[32] Mit Lange, *Interpretation*, 32.

[33] Gegen Lange, *Interpretation*, 32f.

[34] Etwa die Herrschaftssymbole *Stab* und *Zepter*, die in den untersuchten Texten zwar nicht immer genau gleich gedeutet werden, wohl aber entsprechend ihrer Symbolik jeweils auf eine in der eigenen Gemeinschaft hochstehende Person bezogen werden (siehe oben Seiten 127f, 140, und 242). Eine ähnliche Technik zeigt sich beispielsweise auch im Traumbuch Artemidors, in welchem die Traumsymbole keine feststehende Bedeutung haben. Vielmehr wird jeweils danach gefragt, was die jeweiligen Symbole für den Träumer bedeuten; vgl. Näf, *Traum und Traumdeutung*, 124–128.

schriebene Traum*bericht* gedeutet wird.[35] Dies gilt besonders bei der literarischen Darstellung von Bildträumen und ihrer Deutung. Die Darstellung in dem von Oppenheim übersetzten Assyrischen Traumdeutungsbuch dagegen erinnert, wie Oppenheim selbst konstatiert, noch stark an die Ominadeutungen.[36] Das Buch enthält eine lexikalische Auflistung verschiedener möglicher Traumbilder, denen je eine Bedeutung zugeordnet wird; z. B. «Wenn er Wasser zu trinken bekommt, so wird er ein langes Leben haben ... wenn er Wein zu trinken bekommt, werden seine Tage kurz sein.»[37] Ebenfalls rein listenförmig sind die in Qumran erhaltenen Omentexte 4Q186 und 4Q561 sowie der astrologische Text 4Q218. In den Omina-Sammlungen, aber auch in lexikalisch angelegten Traumdeutungsbüchern wie etwa dem Assyrischen Traumdeutungsbuch, finden sich somit keine literarischen Parallelen zu den Pescher-Deutungen in der Qumranliteratur. In Traumdeutungsbüchern und in literarischen Darstellungen von Träumen, worin jedoch die Bilderwelt der jeweiligen Träume erzählt und anschliessend gedeutet wird, sind literarische Parallelen zur Pescher-Exegese zu finden.[38]

Parallelen der Pescher-Exegese zur literarischen Darstellung von Traumdeutungen sind zudem auf der strukturellen Ebene zu finden. Dies gilt besonders für diejenigen Darstellungen der Träume in antiken Traumdeutungsbüchern sowie in literarischen Verarbeitungen von Traumdeutungen, welche das Schema *Erzählung des symbolischen Rätseltraumes mit anschliessender Aufnahme und allegorischer Deutung der einzelnen Symbole* aufweisen. Zu diesen sind in den Pescharim in ihrer formalen Gestaltung in Struktur und Aufbau entsprechende Schriftdeutungen zu finden. Biblisch finden sich solche Traumerzählungen in der Josephgeschichte und im Danielbuch. Träume werden dort als Gottesoffenbarungen verstanden, in welchen verschlüsselt zukünftige Ereignisse dargestellt werden. Bei der Deutung müssen daher die einzelnen Züge des Traumes mit der Wirklichkeit identifiziert werden. Am Beispiel von Gen 40,9–13 und 1QpHab XII,6–10 lassen sich die strukturellen Parallelen zwischen einer biblischen Traumerzählung mit anschliessender Deutung und einer Schriftdeutung in einem Pescher gut aufzeigen.[39]

---

[35] Vgl. Walde, *Antike Traumdeutung*, 153.

[36] Siehe Oppenheim, *Interpretation of Dreams*, 256. Nach Lanckau, *Herr der Träume*, 31, zeigt ihre Darstellungsart noch das literarische Strukturschema der Ominadeutung.

[37] Siehe Oppenheim, *Interpretation of Dreams*, 280.

[38] Als Textinterpretationen sind auch die bei Lange, *Interpretation*, 25–30, genannten griechischen Orakelsammlungen anzusprechen. Im Gegensatz zur Traumdeutung ist jedoch fraglich, ob diese von den Trägerkreisen der Qumrantexte rezipiert wurden.

[39] Mit 1QpHab XII,6–10 wird bewusst ein noch nicht behandeltes Beispiel aufgenommen. Aufgrund des guten Erhaltungszustandes ist 1QpHab für einen solchen Vergleich besonders geeignet. Die im Folgenden damit illustrierte allegorische Deutung von Einzelelementen zeigt sich bei den viel fragmentarischen Jesaja-Pescharim, am deutlichsten in 4QpJes^b III,6f (Deutung des Wortes «Libanon» auf die Kittim) und in 4QpJes^d 1,1f (Deutung des Wortes «Saphir» auf die Priester). Ein Beispiel aus der

Gen 40,9–13[40]

> 9 Da erzählte der Oberste der Mundschenke dem Josef seinen Traum und sagte
> zu ihm: *In meinem Traum, siehe, da war ein Weinstock vor mir* 10 *und an dem Weinstock*
> *drei Ranken; und als er zu treiben begann, brachen seine Blüten hervor, und an seinen Trauben*
> *reiften Beeren.* 11 *Und der Becher des Pharao war in meiner Hand, und ich nahm die Trauben*
> *und presste sie in den Becher des Pharao aus und gab den Becher in die Hand des Pharao.* 12
> Da sagte Josef zu ihm: Das ist seine Deutung: *Die drei Ranken, sie sind drei Tage.*
> 13 Noch drei Tage, dann wird der Pharao dein Haupt erheben und dich wieder in
> deine Stellung einsetzen, und du wirst den Becher des Pharao in seine Hand ge-
> ben wie früher, als du sein Mundschenk warst.

1QpHab XII,6–10 (Übersetzung von Lohse)[41]

> ... Und wenn es heißt: *Wegen der Bluttaten* 7 *an der Stadt und der Gewalttat am Lande*,
> so ist seine Deutung: *Die Stadt,* das ist Jerusalem, 8 wo der gottlose Priester Greu-
> eltaten verübte und das 9 Heiligtum Gottes verunreinigte. Und *die Gewalttat am*
> *Lande,* das sind die Städte Judas, wo er 10 den Besitz der Armen raubte ...

In Gen 40,9–13 wird zuerst der zu deutende Traum des Mundschenks erzählt. Der an
die Traumerzählung anschliessende Deutungsvorgang wird mit פתרנו eingeleitet. Danach folgt ein identifizierender Nominalsatz, in welchem die Worte שלשת השרגים (die
drei Ranken) als drei Tage gedeutet werden. Schliesslich folgt eine ausführende Explikation. Auch in 1QpHab XII,6–10 wird zuerst die zu deutende Schriftstelle dargeboten.
Der anschliessende Deutungsvorgang wird mit dem Terminus technicus פשרו eingeleitet. Die Deutung der Worte הקריה (die Stadt) und וחמס ארץ (Gewalttat am Lande)
geschieht ebenfalls je durch einen identifizierenden Nominalsatz. Den beiden Nominalsätzen ist jeweils je ein explizierender Relativsatz angehängt.

Der Deutungsvorgang ist sowohl sprachlich als auch strukturell in beiden
Fällen derselbe.[42] Zuerst wird der zu deutende Text (der Traum bzw. die
Schriftstelle) zitiert. Die Überleitung zur Deutung wird jeweils mit einem
spezifischen Terminus markiert: פשרו/פתרנו («Dies ist seine Deutung»). In
der Deutung werden Elemente des Zitates aufgenommen und mittels eines
Nominalsatzes mit einer allegorischer Deutung identifiziert. Danach
schliesst sich in den zitierten Beispielen noch eine ausführende Explikation
an. Wie bereits erwähnt, sind auch die der beiden Deutungsvorgänge zu-

---

Damaskusschrift ist CD VI,3–9 (die Auslegung von Num 21,18). Eine mit 1QpHab
XII,6–10 strukturgleiche, ebenfalls mit פשרו eingeleitete allegorische Deutung von
Einzelelementen ist beispielsweise in 11QMelch II,17f erhalten: «Seine Deutung: Die
Berge, [sie] sind die Prophete[n] ...» (siehe oben Seiten 317–319).

[40] Zur Illustration der Deutungsmethode sind der Traumbericht bzw. der zitierte Text
und das jeweils aufgenommene Element kursiv wiedergegeben.

[41] Vgl. Lohse, *Texte aus Qumran,* 234f.

[42] Ähnlich strukturiert sind auch die Deutungsvorgänge der übrigen erzählten Traum-
deutungen in der Josephsgeschichte (Gen 40,16–19, 41,17–31). In den erzählten
Traumdeutungen in Dan finden sich selten Deutungen mit identifizierendem
Nominalsatz (Dan 2,38, 4,19). In allen Träumen und Visionen werden aber Einzel-
symbole aufgenommen und ausgedeutet. Zur strukturellen und hermeneutischen
Vergleichbarkeit des Peschers mit der Traumdeutung vgl. auch Fuß, *Zeit,* 109–111.

grundeliegenden hermeneutischen Voraussetzungen vergleichbar. Sowohl in der Josephsgeschichte als auch in 1QpHab wird dieses Verständnis thematisiert. Die Träume in der Josephgeschichte gelten als göttliche Offenbarungen über die Zukunft (explizit in Gen 41,28). Da sie aber literarisch nicht *per se* verständlich sind, bedürfen sie der Deutung durch eine autorisierte Persönlichkeit. Dass Joseph eine solche Persönlichkeit darstellt, geht bereits aus seiner Biographie hervor. So lassen sich die beiden ersten Träume Josephs als Initialträume verstehen.[43] Andererseits gibt der Protagonist durch seine Worte in Gen 40,8 zu verstehen, dass er versuchen möchte, die ihm erzählten Träume zu deuten. Schliesslich wird durch die Erfüllungsnotiz in 40,20–22 die Fähigkeit Josephs, Träume zu deuten, bestätigt.[44] In 1QpHab VII,1–5 wird der literarische Sinn der zitierten prophetischen Schrift explizit als deutungsbedürftige Offenbarung Gottes und der Lehrer der Gerechtigkeit als autoritativer Deuter dargestellt. Sowohl bei der Traumdeutung in der Josephgeschichte als auch bei der Schriftdeutung in 1QpHab genügt die Deutungskompetenz des jeweiligen Auslegers nicht allein; vielmehr bedarf dieser, wie dies Gen 41,16 und 1QpHab VII,4–5 zeigen, für den Deutungsvorgang selbst der göttlichen Offenbarung.[45]

Diese an 1QpHab VII,4–5 erhebbare Offenbarungs-Hermeneutik kann bei den in dieser Arbeit untersuchten Texten insbesondere mit der Methode der *Aufnahme und allegorischer Deutung von Einzelelementen* in Verbindung gebracht werden, welche auch bei den oben zitierten Texten, Gen 40,9 und 1QpHab XII,6–10, angewendet wird. Diese Methode findet sich wie dargestellt bei der Damaskusschrift, den Jesaja-Pescharim und den thematischen Pescharim.[46] Andererseits zeigt sich diese Offenbarungs-Hermeneutik generell bei der in den untersuchten Texten recht oft gebrauchten *Pescher-Exegese*, welche wie bei der Traumdeutung jeweils mittels eines mit פשר gebildeten spezifischen Terminus technicus eingeleitet wird.[47] Wo die mittels פשר gebildete Einleitung, so wie bei 1QpHab XII,6–10, mit der *Aufnahme und allegorischen Deutung von Einzelelementen* kombiniert ist, zeigt sich sogar genau dasselbe Strukturschema wie bei der Traumdeutung in Gen 40,9–13. In den untersuchten Texten betrifft dies allerdings nur die Schriftdeutungen in 4QMidrEschat[b] X,13f und in 11QMelch II,17f.23.[48]

---

[43] Vgl. Lanckau, *Herr der Träume*, 322f.

[44] Vgl. Lanckau, *Herr der Träume*, 230.

[45] Zur Dimension der Offenbarung in der Schriftdeutung in 1QpHab vgl. Betz, *Offenbarung*, 75–77. Hinweise auf diesbezüglichen Parallelen in der Josephsgeschichte und bei Dan finden sich bereits bei Elliger, *Studien*, 156f. Weniger kritisch als ebd., 155f, steht etwa Dautzenberg, *Urchristliche Prophetie*, 60–64, dem Phänomen gegenüber.

[46] Siehe oben Seiten 168–171, 264, 312f, 322f.

[47] Siehe die obige Darlegung auf Seiten 323–325.

[48] Siehe oben Seiten 306f, 317–319. Der geringe Befund hängt auch mit dem teilweise schlechten Erhaltungszustand der untersuchten Texte zusammen. Es ist anzunehmen, dass es ursprünglich noch mehrere Auslegungen mit diesem Strukturschema gegeben hat. 4QpJes[c] II,4f (siehe oben Seite 210) und 4QMidrEschat[a] III,19 (siehe oben Seite 278) bezeugen wahrscheinlich noch Reste solcher Auslegungen.

Neben den sprachlichen Hinweisen, methodischen und strukturellen Parallelen zwischen den Auslegungstechniken in den Pescharim und denjenigen der Traumdeutung kann anhand der literarischen Darstellung in den Prophetenbüchern erschlossen werden, dass Traumempfang und Traumdeutung für die Prophetie im alten Israel und insbesondere bei der nachexilischen Prophetie eine wichtige Rolle zugesprochen wurde. Die von Silbermann genannte Gleichsetzung von Prophetie mit Träumen ist nur *eine* von verschiedenen Verhältnisbestimmungen, die sich in den biblischen Schriften finden. Sowohl die verschiedenen Einschätzungen über den Stellenwert der Träume in der Bibel als auch die Funktion und Bedeutung der biblischen Traumerzählungen sind trotz vereinzelter Arbeiten noch wenig erforscht. Ein wichtiger Beitrag für die neuere Forschung stellt die Monographie von Lanckau dar.[49] Lanckau zeigt an den verschiedenen Stellungnahmen zu den Träumen in der Bibel auf, dass das Medium Traum als Offenbarung umstritten war. Einerseits werden etwa in 1Sam 28,6 Träume neben Losorakel und Propheten ganz selbstverständlich als divinatorische Methode genannt, durch welche der Wille Gottes üblicherweise zu vernehmen ist, andererseits fehlen auch kritische Stimmen zum Phänomen Traum nicht.

Deutliche Skepsis gegenüber der Bedeutsamkeit von Träumen wird etwa in Koh 5,6a geäussert: *Denn bei vielen Träumen sind auch viele Nichtigkeiten und Worte*. Kritische Worte sind auch in den Prophetenbüchern überliefert. Zwar richten sich prophetische Polemiken, insbesondere Jer 23,23–29, oder auch die Warnung vor Propheten und Traumsehern in Dtn 13,2–6 nicht gegen das Medium Traum als solches, sondern gegen die nicht von Jhwh gesandten Propheten und damit auch gegen ihr Medium.[50] Dennoch dominierte in der Literatur des antiken Israels bis in exilischer Zeit offenbar eine gewisse Skepsis gegenüber Träumen als Gottesoffenbarung. Die diversen Verbindungen von Prophetie oder Propheten mit Träumen zeigen aber, dass Träume als das originale Medium des Propheten zum Empfang von Offenbarung angesehen wurden.[51] Nach Num 12,6–8 zeigt sich Gott den Propheten in Visionen und spricht zu ihnen in Träumen.[52] Aber auch die Warnung vor falscher Prophetie in Dtn 13,2–6, in welcher Pro-

---

[49] Lanckau, *Herr der Träume*.

[50] Vgl. Lanckau, *Herr der Träume*, 106–119.

[51] Siehe Lanckau, *Herr der Träume*, 45.103–118.

[52] Die Aussage zielt im Kontext von Num 12 vor allem daraufhin, die Einzigartigkeit Moses zu betonen, da im Gegensatz zu den Propheten, zu denen Gott nur durch Visionen und Träume redet, Mose die göttlichen Offenbarungen von Angesicht zu Angesicht erhalten habe. Kanonisch gelesen dient die Aussage dazu, die Prophetie gegenüber der Tora zurückzusetzen. Vgl. Seebass, *Numeri 10,11–22,1*, 70–75.

pheten zusammen mit Traumsehern genannt werden, legt nahe, dass zwischen dem Phänomen Prophetie und dem Phänomen Traum bzw. seiner Deutung schon immer Affinitäten gesehen wurden. Weiter kann beobachtet werden, dass in nachexilischer Zeit Träume wieder unbefangener mit Gottesoffenbarungen gleichgesetzt werden.[53] In der eschatologischen Perspektive in Joel 3,1 wird ein *Prophetentum aller Gläubigen* gerade dadurch möglich, dass alle Menschen Visionen und Träume empfangen.

Sehr nahe beim Traum stehen die Nachtgesichte Sacharjas. Im Gegensatz zu den Visionen der älteren Propheten bedürfen die symbolhaften Bilder mehrmals der Deutung durch den *Angelus interpres*. In dessen Erklärungen werden einzelne Teile der Vision mit einer allegorischen Deutung versehen. Diese Erklärungen haben grammatikalisch die Form eines interpretierenden Nominalsatzes. In Sach 4,14 etwa werden die Ölbäume als die zwei Messiasse und in Sach 5,3 wird die Schriftrolle als Fluch gedeutet. Strukturell identische Deutungen sind in den Pescharim zu finden.[54] Die Nachtgesichte selbst haben Beziehungen zu den Visionen der älteren Propheten; inhaltlich stehen sie insbesondere DtJes nahe. Gelegentlich scheinen die Bilder an verschiedene Vorstellungen gleichzeitig anzuknüpfen, andererseits sind auch deutliche Bezugnahmen auf bestimmte Botschaften von Sacharjas Vorgänger zu finden.[55]

Die ältere Prophetie wird mittels dieser Visionen aufgenommen und anschliessend neu gedeutet. Der deutlichste Bezug findet sich im ersten Nachtgesicht in Sach 1,12. Hier wird die 70-Jahr-Prophetie aus Jer 29,10 aufgenommen. Anders als in Jer werden die 70 Jahre innerhalb dieser Vision nicht mehr als die Zeit für Babel verstanden, sondern als Zeit des Zornes Jhwhs über Israel. Das Ende der 70 Jahre ist für Sach 1,14–16 auch nicht mehr mit dem Ende des Exils, sondern erst mit dem Tempelneubau erreicht.[56] Die Umdeutung geschieht allerdings bereits in der Vision selbst; eine Deutung durch den *Angelus interpres* ist hier nicht mehr notwendig. Dort jedoch, wo die einzelnen Bilder der Visionen gedeutet werden, entspricht der Vorgang demjenigen der Traumdeutung. Die gesehenen Symbole werden als symbolisierte Botschaften über die Zukunft aufgefasst und durch den *Angelus interpres* allegorisch gedeutet. Indem Sacharja zudem Visionen empfängt, in welchen ältere Prophetien aufgenommen werden, ist er gleichzeitig ein (allerdings impliziter) Ausleger der älteren Propheten. Die Propheten werden also nicht ummittelbar interpretiert, sondern nur dadurch, indem sie in den Nachtgesichten neu ausgelegt werden. Dennoch kann man sehen, dass sich bei Sacharja die Deutung der Propheten und die Deutung der Nachtgesichte verbinden.

Ebenfalls ein Ausleger älterer Prophetien ist Daniel, von welchem zugleich berichtet wird, dass er auch Träume deute. Einerseits sind dies die

---

[53] Mit Lanckau, *Herr der Träume*, 119–122.
[54] Siehe oben den Vergleich von Gen 40,9–12 mit 1QpHab VII,6–10.
[55] Delkurt, *Sacharjas Nachtgesichte*, 319–324.
[56] Anders Delkurt, *Sacharjas Nachtgesichte*, 57–61.

Träume des babylonischen Königs, andererseits empfängt Daniel selbst traumartige Visionen, die dann gedeutet werden müssen.[57] In diesen Visionen werden wie bei Sacharja ältere Prophetien aufgenommen, die durch die Deutung dieser Visionen ebenfalls eine neue Deutung erfahren. In Dan 9 findet sich zudem die einzige biblische Erzählung, in welcher explizit die Auslegung von prophetischen Schriftstellen (ebenfalls die 70-Jahr-Prophetie Jeremias) dargestellt wird.[58] Daniel, der in der Erzählung als idealer Weiser dargestellt wird, ist nicht nur Prophet und (wie schon andere Propheten vor ihm) prophetischer Prophetenausleger, sondern auch Schriftausleger und Traumdeuter.[59] In der Person Daniels vereinigen sich somit prophetische Begabung, Schriftauslegungs- und Traumdeutungskunst. Für die jeweilige Deutung der Träume und Visionen, aber auch der Schriften braucht der Deuter eine göttliche Offenbarung. Somit ist die Deutung Schlüsseloffenbarung einer vorangehenden Offenbarung. Genau dieses hermeneutische Verständnis zeigen auch die Pescher-Exegesen in Qumran.[60]

Visionen werden zur dominierenden Gattung in der apokalyptischen Literatur. Für ihre rechte Deutung braucht es eine auserkorene Person. Erwähnenswert ist hier vor allem die Traumdeutungs-Kompetenz des Propheten und Schriftgelehrten Henoch. In dem für Qumran wichtigen Henochbuch erhält der Protagonist Henoch Gottesoffenbarungen in Visionen, aber auch durch Träume wie etwa in 1Hen 12,8–10. Aber auch die allegorische Nacherzählung von Gen–Dtn in 1Hen 85,3–89,40 im sogenannten Buch der «Traumvisionen» ist in der Fiktion des Henochbuches Zukunftsoffenbarung der Heilsgeschichte Israels im Traum, andererseits ist sie als faktische Nacherzählung von Gen–Dtn aber auch Schriftinterpretation. Im Gigantenbuch wird vom Schriftgelehrten (ספר) Henoch gesagt, dass er Träume deuten (פשר) könne.[61] Darstellung von Traumdeutungen, in denen erzählt wird, wie die einzelnen Traumsymbole gedeutet werden (so wie in Gen 40f), finden sich weder in 1Hen noch im Gigantenbuch. Die dem Schriftgelehrten zugeschriebene Traumdeutungs-Kompetenz ist jedoch bemerkenswert. Wird davon ausgegangen, dass Schriftgelehrte auch Träume deuten können, so vermag umgekehrt wenig zu überraschen, wenn in den Pescharim Methoden der Traumdeutung dazu verwendet werden, die Schrift auszulegen. Im Vergleich mit der Apokalyptik ist zudem die in der Pescher-Exegese vorgenommene Deutung des Bibeltextes als Offenbarung über die Zukunft erwähnenswert.[62]

---

[57] Mit Dautzenberg, *Urchristliche Prophetie*, 46, sind im Danielbuch die Träume des Königs und die Visionen Daniels bezüglich ihrer Offenbarungsqualität kaum zu unterscheiden.

[58] Siehe oben Seiten 53f.

[59] Vgl. Lanckau, *Herr der Träume*, 120, der zudem ebd. notiert, dass der Terminus für Traum nach der Genesis am häufigsten im Danielbuch belegt ist.

[60] Vgl. Fabry/Dahmen, *Art. «פשר»*, 815. Die Vergleichbarkeit der Hermeneutik von Dan 9 mit derjenigen in den Pescharim wurde bereits von Elliger (siehe oben Anm. 13) notiert. Siehe jedoch auch Lange, *Interpretation*, 21, sowie die ebd. weitere angegebene Literatur.

[61] IX,14; zum Text siehe Beyer, *ATTM II*, 157–159.

[62] Vgl. Fabry, *Schriftverständnis*, 94.

Im Gegensatz zu anderen Formen induktiver Mantik[63] wird Traumdeutung in der Hebräischen Bibel nie explizit als verbotene Praxis genannt. Träume gelten vielmehr als *legitimes* Offenbarungsmittel. Einerseits wie dargestellt als Medium, durch welches die Propheten Worte Jhwhs empfangen, andererseits wird immer wieder vorausgesetzt, dass Gott zu allen Menschen durch Träume sprechen kann. In den beiden Auseinandersetzungen um die Träume und ihre Deutung, Dtn 13,2–6 und Jer 23,23–29, geht es (wie oben erwähnt) nie um eine Verurteilung der Traumdeutung an sich, sondern lediglich um ihre Gewichtung gegenüber der Tora oder gegenüber direktem prophetischem Wortempfang. Nicht die Legitimität der Träume als Offenbarungsmittel, sondern ihre *Zuverlässigkeit* stand zur Disposition. Die Diskussionen um den Stellenwert der Träume in den Prophetenbüchern lassen aber auch darauf schliessen, dass die Traummantik immer als eng mit der Prophetie verbunden angesehen wurde. Zeigte die vorexilische Prophetie, insbesondere Jeremia, eine gewisse Skepsis gegenüber dem Phänomen Traum, so ist die nachexilische Prophetie Träumen gegenüber wieder sehr offen. Insbesondere in der Darstellung von Sacharja und Daniel, aber auch bei Henoch werden Traumdeutung und Schriftauslegung *personell* verbunden. Da Prophetie schon in der biblischen Überlieferung selbst mit Träumen und Gesichten identifiziert wurden, erscheint es naheliegend, dass die in den Qumranschriften neu auftretende Art und Weise der Deutung prophetischer Worte durch die vergleichbaren, in der Traumdeutung bereits etablierten Methoden vermittelt wurde.

---

[63] Angesichts der listenförmigen Darstellung von Traumsymbolen und ihren Deutungen in antiken Traumdeutungsbüchern, die dem literarischen Schema der Omendeutung entspricht, ist dem Urteil von Lanckau, *Herr der Träume*, zuzustimmen, dass antike Traumdeutung als eine Form *induktiver* Mantik begriffen werden muss; vgl. ebd., 36.

Wenn die Methodik der Pescher-Exegese aus der Traumdeutung übernommen wurde, stellt sich noch die Frage, wie es zu dieser Übertragung
kam bzw. wie sie vermittelt wurde. Da in hellenistischer Zeit die Erzählung
von Träumen sowie die Traumdeutungsliteratur eine noch nie dagewesene
Verbreitung fanden,[64] ist zu vermuten, dass Kenntnisse dieser Methodik
vornehmlich über Traumdeutungspraxis oder Traumdeutungsliteratur aus
hellenistischer Zeit vermittelt wurden.

Dafür, dass sich die Autoren der Qumranschriften nicht nur mit
Schriftauslegung, sondern auch mit Traumdeutung auskannten, hat vor
einiger Zeit schon Finkel einen wichtigen Hinweis geliefert. In seiner
Untersuchung zum Habakuk-Pescher verweist er auf Josephus, welcher
den Essenern Kenntnisse in der Traumdeutungskunst zugeschrieben
habe.[65] Hier ist vor allem Bellum II,112–113, die Erzählung von Simon
dem Essäer[66] zu nennen, welcher den Traum des Archelaus deutet (vgl.
Antiquitates VII,345–348):

> Bevor er übrigens zu Augustus beschieden wurde, soll er im Traume neun volle,
> reife Ähren gesehen haben, die von Ochsen abgefressen wurden. Er ließ hierauf
> die Wahrsager und einige Chaldäer rufen und fragte sie, was der Traum wohl
> bedeuten könne. Die einen legten ihn auf diese, die anderen auf jene Weise aus;
> ein gewisser Simon indes, der zum Orden der Essener gehörte, hielt dafür, die
> Ähren bedeuteten Jahre, die Ochsen aber einen Wechsel der Verhältnisse, weil sie
> beim Pflügen das Land veränderten. Archelaus werde daher so viele Jahre regie-
> ren, als die Zahl der Ähren anzeige, und endlich, nach mannigfachem Schicksals-
> wechsel, sein Leben beschließen. Fünf Tage, nachdem er diese Traumdeutung
> vernommen hatte, ward Archelaus nach Rom berufen, um sich daselbst zu
> verantworten.[67]

Die methodische Ähnlichkeit dieser Deutung mit den Traumdeutungen der Josephgeschichte (und damit auch zu den Schriftdeutungen in den Pesharim) ist auffallend.
Einzelne Elemente aus dem Traum werden aufgenommen und mit einer Deutung
versehen. Die Ähren werden als Jahre, die Ochsen als Wechsel der Verhältnisse
gedeutet. Strukturell ist diese Traumdeutung nicht mit Gen 41,17–31 vergleichbar, dies
aber deswegen, weil diejenige Simons von Josephus *in indirekter Rede* erzählt wird,
diejenige von Joseph dagegen in *direkter* Rede dargestellt ist. Wird die Differenz in der
Erzähltechnik berücksichtigt, sind die Ähnlichkeiten zur Deutung der Träume des

---

[64] Vgl. Näf, *Traum und Traumdeutung*, 67–70.

[65] Vgl. Finkel, *Pesher of Dreams*, 357f. Zu den Essenern/Essäern siehe oben Seiten 38–
43, die Behandlung der *Sozial- und religionsgeschichtliche Hintergründe* der Qumrantexte.

[66] Zu den Bezeichnungen Essener/Essäer vgl. Bergmeier, *Essener-Berichte des Flavius
Josephus*, 12f, wo die Differenz vornehmlich literarkritisch profiliert wird; vgl. ebd.,
114–121. Zur Etymologie siehe oben Seite 38f.

[67] Übersetzung nach Clementz, vgl. Clementz, *Josephus, Jüdischer Krieg*, 167.

Pharaos in Gen 41 frappierend. In beiden Träumen stehen die vollen Ähren als Symbol
für die guten Jahre und die fressenden Tiere markieren den Wechsel zu schlechteren
Zeiten. Es ist daher anzunehmen, dass die bei Josephus erzählte Traumdeutung von
Gen 41,17–31 abhängig ist.[68] Dennoch wird es kein Zufall sein, dass Josephus den
Essenern Traumdeutungs-Kompetenz, aber auch generell divinatorische Fähigkeiten
zuschreibt, weil diese in den heiligen Büchern bzw. den Prophetenschriften geschult
seien (vgl. Bellum II,159). Für die Frage, ob sich die Essener in der Traumdeutungs-
kunst auskannten, ist daher nicht die konkrete Darstellung der Traumdeutung durch
Simon bedeutungsvoll, sondern nur die Tatsache, dass ihnen in dieser Erzählung
Traumdeutungs-Kompetenz zugeschrieben wird.

Josephus vermag gemäss seiner Darstellung auch selbst Träume zu deuten.
In Bellum III,351 hebt er hervor, dass er auch *nicht eindeutige Träume* erklären könne, weil er mit den Prophezeiungen der heiligen Bücher vertraut
sei. Die Kenntnis der biblischen Prophetie wird hier für die rechte Traumdeutung geradezu als Notwendigkeit genannt. Ein besonderes Interesse an
Träumen zeigt auch Josephus' Darstellung der jüdischen Geschichte, in
welcher die alttestamentlichen Traumerzählungen breit nacherzählt werden. Auch seine Geschichte des herodianischen Herrscherhauses ist mit
zahlreichen Traumberichten versehen.[69]
   Wie am Beispiel von Josephus zu sehen ist, zeigte das hellenistische
Judentum auch selbst eine intensive Beschäftigung mit dem Thema Traum.
Neben Josephus ist insbesondere noch Philo zu nennen. Für diesen war
nicht nur Daniel ein Meister der Traumdeutung, sondern auch Mose. Philo
verfasste ein Buch über die von Gott an Mose gesandten Träume.[70] Wenn
Mose, der in der Bibel als *der* Prophet schlechthin gilt, plötzlich zum
Traumdeuter wird, so deutet dies darauf hin, dass für Philo (und damit
wohl auch für seine unmittelbaren und mittelbaren Zeitgenossen) Prophetie und Traumdeutung Hand in Hand gehen konnten.

Das Aufkommen von Traum und Traumdeutungserzählungen und die
hohe Verbreitung von Traumdeutungsbüchern in hellenistischer Zeit hat,
wie dies die dargestellten Belege zeigen, sowohl im hellenistischen als auch
im palästinischen Judentum Widerhall gefunden. Eine Partizipation des
Judentums an dem im Hellenismus aufkommenden Interesse am Phänomen Traum und seiner Deutung ist auch zu erwarten.[71] Die erwähnten
Zeugnisse von Josephus können daher m. E. trotz ihrer tendenziösen

---

[68] Anders Bergmeier, *Essener-Berichte des Flavius Josephus*, 16f. Die ebd. angemahnten Pa-
    rallelen zum Traumdeutungsbuch Artemidors sollten m. E. nicht gegen die genannte
    biblische Parallele ausgespielt werden. Vielmehr weisen diese, zusätzlich zur auffäl-
    ligen Nähe zur biblischen Darstellung, auf eine gewisse Vertrautheit mit hellenisti-
    scher Traumdeutungskunst hin.

[69] Vgl. Frenschkowski, *Art. «Traum. I–V»*, 37.

[70] Vgl. Näf, *Traum und Traumdeutung*, 130.

[71] Zur Traumdeutung im Judentum vgl. auch Näf, *Traum und Traumdeutung*, 129–132.

Sichtweise[72] als *external evidence* dafür angesehen werden, dass sich die Essener und damit auch die Trägerkreise der Qumranliteratur in der Traumdeutung auskannten.

---

[72] Zu Charakterisierung der Werke von Josephus siehe dazu oben, Seiten 38–43. Zur Frage, inwiefern die Trägerkreise der Qumranliteratur mit den Essenern zu identifizieren sind, vgl. ebd.

Ausgangspunkt der Untersuchung waren die Analogien, die zwischen der Pescher-Exegese und der antiken Traumdeutung bzw. generell den divinatorischen Methoden bestehen. Es ist sehr wahrscheinlich, dass die in der Pescher-Exegese verwendeten Methoden allgemein aus der Divination stammen. Es ist jedoch nicht anzunehmen, dass Divinationsmethoden durch mündliche Überlieferung allerseits bekannt waren, so dass es für die Verfasser der Pescharim einfach nahe lag, diese Methoden auf die Interpretation prophetischer Worte anzuwenden.[73] Vielmehr stellt sich die Frage, über welche Form der Divination diese Kenntnisse ihren Weg zu den Verfassenden gefunden haben. Hier ist, wie die Untersuchung aufgezeigt hat, von allen Divinationsformen die Traumdeutung wohl die aussichtsreichste Kandidatin.

Man kann methodisch nicht ausschliessen, dass auch andere divinatorische Techniken über mündliche oder schriftliche Texte ihren Weg zu den Verfassern der Pescharim fanden, insbesondere deshalb, weil in Qumran auch solche Texte gefunden wurden. Im Gegensatz zur Traumdeutung enthalten die rein listenförmigen Omentexte 4Q186 und 4Q561 sowie der astrologische Text 4Q218 weder Textinterpretation (und als solche sind die Pescharim anzusprechen) noch finden sich Einleitungsformeln, welche die Auslegungen der Pescharim charakterisieren, oder allegorische Deutungen. Während sich zu anderen Divinationsformen nur vereinzelte Parallelen zeigen lassen, finden sich zur Traumdeutung wie dargestellt Parallelen auf verschiedenen Ebenen. Hinzu kommt, dass für die Trägerkreise der Qumranliteratur Kenntnisse in der (in hellenistischer Zeit weit verbreiteten) Traumdeutungskunst am ehesten wahrscheinlich sind.

Neben den etymologischen Hinweisen, die für eine Vermittlung der Pescher-Deutungsmethode aus der Traumdeutung sprechen, zeigen sich einerseits in der Methodik, ihrer hermeneutischen Voraussetzung sowie in Struktur und Aufbau der jeweiligen Deutungen Parallelen zwischen der *Pescher-Exegese* und den erzählten Traumdeutungen in der Josephgeschichte und im Danielbuch. Andererseits lässt sich innerhalb der literarischen Darstellung historisch wahrscheinlich machen, dass Traumdeutung als eng mit der Prophetie verbunden angesehen wurde. Schliesslich legen die Notizen von Josephus über die Traumdeutungskunst der Essener nahe, dass die Verfasser der Pescharim in der Traumdeutungskunst bewandert waren. Während die dargestellten Überlegungen *je für sich* nicht zur Annahme von Einflüssen aus der Traumdeutung auf die Schriftdeutung in den Pescharim zwingen, so lassen die genannten Argumente *zusammen* es doch als sehr wahrscheinlich erscheinen, dass die in vornehmlich den Pescharim verwendete Deutungsmethode der Pescher-Exegese zwar allgemein aus der Divination stammt, dass sie aber vornehmlich über die Traumdeutungs-

---

[73] Siehe oben Anm. 33.

kunst vermittelt wurde. Die Annahme einer schriftliche Abhängigkeit der Pescharim von Traumdeutungsbüchern oder literarischen Darstellungen von Traumdeutungen ist dazu nicht notwendig.[74] Anzunehmen ist, dass Kenntnisse der Traumdeutung aufgrund des allgemeinen Kulturaustausches und aufgrund der hohen Verbreitung von Traumerzählungen sowie Traumdeutungsbüchern und der damit verbundener Traumdeutungspraxis in hellenistischer Zeit *durch mündliche Überlieferung* weitergegeben wurden. Es ist daher wahrscheinlich, dass vornehmlich Traumdeutung hellenistischer Prägung aufgenommen wurde.

Die Trägerkreise der Qumrantexte sind wie dargestellt als restaurative Gruppierung anzusprechen, die hellenistischen Einflüssen abwehrend gegenüberstand.[75] Es ist jedoch immer wieder zu beobachten, dass gerade solche Gruppierungen dennoch Einflüsse von aussen aufnehmen.[76] Inwiefern die Verfasser der Qumrantexte bezüglich der Schriftauslegung, aber auch generell an der hellenistischen Geisteswelt partizipierten und inwiefern sie hellenistischen bzw. durch den Hellenismus vermittelten älteren Einflüssen ausgesetzt waren, ist ein Desiderat der Forschung. Der dargestellte Einfluss hellenistischer Traumdeutungsliteratur auf die Schriftauslegung in Qumran zeigt jedenfalls, dass auch Trägerkreise der Qumrantexte durchaus (wenn auch selektiv) an dem durch den Hellenismus erfolgten Kulturaustausch partizipierten.

---

[74] Da in Qumran keine Traumdeutungsbücher gefunden wurden, ist der Aussage von Lange, *Interpretation*, 32, dass die Annahme einer Abhängigkeit der Pescharim von Deutungen ägyptischer oder griechischer Orakelsammlungen nicht zwingend sei, zuzustimmen.

[75] Vgl. dazu die *Sozial- und religionsgeschichtliche Hintergründe* oben Seiten 38–43.

[76] Vgl. dazu Carr, *Writing*, 238f, der solches für die soziologische Struktur der Qumran-Gemeinschaft als Vereinigung sowie für deren Schriftkultur postuliert.

IV Schlussfolgerungen

10. Historisch-hermeneutische Einordnung der Jesaja-Auslegung in Qumran

Im Zentrum des Interesses der vorliegenden Arbeit stehen die expliziten und ausgewiesenen Jesaja-Zitate sowie ihre Auslegungen in den Qumrantexten. Die Wahl des Jesajabuches als Objekt der zu untersuchenden Zitate und Auslegungen ist durch seine theologischen Bedeutung als eines der einflussreichsten Bücher des Frühjudentums begründet, aufgrund derer zu Beginn dieser Arbeit eine ähnlich wichtige Stellung dieses Buches und seiner Auslegung in Qumran postuliert wurde.[1] Wegen des fragmentarischen Überlieferungsbestandes der meisten Jesaja-Zitate und ihrer jeweiligen Auslegungen konnte sich die vorliegende Arbeit jedoch nicht allein auf das Jesajabuch als Quelle der Zitate und Gegenstand der Auslegungen konzentrieren. Um die jeweiligen Auslegungsvorgänge und Auslegungstechniken in den untersuchten Schriften angemessen beschreiben zu können, mussten vielmehr *alle* Schriftzitate der jeweils untersuchten Texte mitberücksichtigt werden.

Besonders schwerwiegend für die Fragestellung der Arbeit ist die Tatsache, dass bei den wohl wichtigsten Zeugen der Jesaja-Auslegung, den Jesaja-Pescharim, aufgrund deren fragmentarischen Zustandes nur noch wenige Jesaja-Texte mit zugehöriger Auslegung erhalten sind. Die Breite der Jesaja-Auslegung in Qumran lässt sich daher nicht mehr erheben. Die Untersuchung der noch erhaltenen Jesaja-Auslegungen erwies sich dennoch als fruchtbar, da die noch erhaltenen Zitate und ihre Auslegungen teils sehr aussagekräftig sind; andererseits konnte dank der Ausweitung auf die übrigen Schriftzitate und ihrer Auslegungen die Schriftauslegung in den untersuchten Texten generell analysiert werden.

Ein weiterer wichtige Untersuchungsschwerpunkt der Arbeit war mit der Frage nach der Vorgeschichte der Jesaja-Auslegung in Qumran verbunden. Auch hier konnte die Fragestellung nicht auf das Jesajabuch enggeführt werden. Aufgrund der beobachtbaren Gemeinsamkeiten der Schriftauslegungen in den Qumrantexten mit der Schriftauslegung im Neuen Testament sowie mit derjenigen in rabbinischen Texten wurde vermutet, dass bei der innerbiblischen Prophetenauslegung sowie bei der Behandlung der Prophetie und der Propheten in den Apokryphen und Pseudepigraphen

---

[1] Siehe oben Seiten 3f.

Anhaltspunkte zu finden sind, die sich als Vorgeschichte der Prophetenauslegung im Allgemeinen und damit auch der Jesaja-Auslegung in Qumran im Speziellen profilieren lassen.

Die in den Untersuchungen der einzelnen Qumrantexte unternommenen
Vergleiche der Schriftinterpretation in Qumran mit derjenigen in apokrypher oder alttestamentlicher Literatur konnten allerdings nicht sämtliche Eigenheiten dieser Schriftinterpretation erklären. Dies gilt insbesondere für die Methodik der Pescher-Exegese, in welcher die jeweils zitierten
Schriftworte mit einer allegorischen Interpretation versehen werden. Diese
Deutungsmethode findet sich vornehmlich in den Pescharim, aber auch
vereinzelt in weiteren Qumranschriften wie etwa in der Damaskusschrift.
Während es für rein allegorische Deutungen auch innerbiblische Belege
gibt, findet sich das bei der Pescher-Exegese verwendete Auslegungsverfahren biblisch ausschliesslich bei der Deutung von Träumen und
Visionen.
    Aus diesen Beobachtungen ergab sich die Fragestellung, ob und inwie-
weit sich für die Pescher-Exegese ein Einfluss aus der antiken Traumdeutungsliteratur wahrscheinlich machen lässt. Einflüsse der Traumdeutung
auf die Pescher-Deutung waren aufgrund etymologischer, methodischer
und hermeneutischer Analogien zu vermuten und wurden in der Qumranforschung verschiedentlich schon postuliert. Aufgrund der Untersuchungen in Kapitel 9 ist die Annahme plausibel, dass nicht nur der die Pescher-
Exegese prägende Wortstamm פשר, sondern auch die dabei angewendeten
Methoden sowie auch die ihnen zugrundeliegenden hermeneutischen Voraussetzungen aus der Traumdeutung übernommen wurden.

Die zu Beginn der Arbeit geäusserte Vermutung, dass die Schriftauslegung in Qumran im Allgemeinen, aber auch die Jesaja-Auslegung im Besonderen in einem gewissen Abhängigkeitsverhältnis zur innerbiblischen Schriftauslegung sowie zu Prophetenrezeption und Prophetenbild in den Apokryphen und Pseudepigraphen steht, kann aufgrund der Untersuchung bestätigt werden. Innerbiblische Vorbilder finden sich einerseits für bestimmte in den Qumrantexten verwendete Schriftauslegungstechniken, andererseits sind auch für die hermeneutischen Grundlagen verschiedener Auslegungen innerbiblische Vorbilder auszumachen. Mehr als erwartet zeigten sich dabei Parallelen zu den in der Septuaginta vorfindlichen Schriftauslegungen. Auch gegenüber den Apokryphen und Pseudepigraphen liessen sich bemerkenswerte Parallelen erheben, insbesondere zum Prophetenbild (siehe dazu unten, Kapitel *10.2 Prophetenbild der Qumrantexte*), aber auch zur Behandlung der Prophetie allgemein.

Innerbiblische Pendants gibt es zu der in den untersuchten Texten vielfach verwendeten *Methode der Aufnahme und allegorischen Deutung von Einzelelementen*. Dabei wird den aufgenommenen Worten jeweils mittels eines identifizierenden Nominalsatzes attributiv eine neue Bedeutung zugeordnet. Als Musterbeispiel einer solchen Deutung wurde CD VI,3–10 vorgestellt.[2] Eine innerbiblische Auslegung, bei welcher den aufgenommenen Worten mittels eines identifizierenden Nominalsatzes eine allegorische Deutung zugeordnet wird, ist zudem durch das Zitat von Jes 9,14 in 4QpJes[c] 4.6–7,I,8f in den Pescharim selbst bezeugt. Damit kann gezeigt werden, dass diese Technik den Verfassenden vorlag. Ein innerbiblisches Gegenstück ist auch für die Deut-Technik mittels gleichlautender Wörter belegt, die bei der Auslegung von Dtn 32,33 in CD VIII,9–12 angewandt wird:[3]

8   Und sie wählten ein jeder die Verstocktheit seines Herzens und sie trennten sich nicht vom Volk. Und sie liessen sich gehen mit erhobener Hand,

9   um den Weg der Gottlosen zu gehen, über die Gott gesagt hat: (Dtn 32,33) *Drachengift ist ihr Wein*

10   *und verderbliches Gift der Nattern.* VACAT Die Drachen, sie sind die Könige der Völker, VACAT und ihr Wein, er ist

11   ihre Wege und Gift der Nattern, es ist das Haupt der Könige von Jawan, das kommt, um

12   Rache an ihnen zu üben ...

Dabei macht sich die Interpretation in Zeile 11 die Doppeldeutung der gleichlautenden Worte I ראש (Haupt) und II ראש (Gift) zunutze.

---

[2]   Zur Methode siehe oben Seiten 127f.

[3]   Siehe oben z. St., Seiten 143f.

Ein ähnlicher Deutungsvorgang ist bereits bei der Visionsdeutung in Am 8,2 – קיץ (Sommerobst) wird zum damals wahrscheinlich gleichgeschriebenen und gleichlautenden קץ (Gericht) – aber auch beim Schrifträtsel (mene mene tekel) in Dan 5,25–28 zu finden.

Innerbiblische Vorbilder gibt es ebenso für die den Auslegungen jeweils zugrundeliegende Hermeneutik. Belegt ist beispielsweise die mehrfach in den Schriftauslegungen in Qumran vorfindliche *Aktualisierungen* von älteren Aussagen auf die eigene Zeit hin unter der hermeneutischen Voraussetzung, dass die jeweils aktualisierten Prophetenworte Worte für die eigene Zeit darstellen; so wird beispielsweise in den Jesaja-Pescharim, aber auch in der Kriegsregel der historische Gegner Israels, Assur, auf die «Kittim» bzw. auf die Griechen oder Römer aktualisiert (Jes 10,13 in 4QpJes[c] Frg. 4.6–7,II,4, Jes 10,33 in 4QpJes[a] III,6f bzw. Jes 31,8a in 1QM XI,11f). Bereits im Jesajabuch selbst werden «jesajanische» Worte beständig auf neue Situationen bezogen und neu bedacht. Gerade die Aktualisierung Assurs auf aktuelle, Israel bedrängende und verführende Grossmächte hat in redaktionellen Ergänzungen im Jesajabuch, aber auch generell in nachexilischen Texten ihre Vorläufer.[4] Ähnliche Aktualisierungen von Worten aus dem Jesajabuch finden sich, wie die Untersuchungen zeigten, auch in der LXX, so etwa die Aktualisierung des in Jes 10,9.12 genannten Königs von Assur auf den Seleukiden Antiochus III. in 4QpJes[c] Frg. 4.6–7,II.[5]

Aktualisierungen konnten innerhalb der vorgenommenen Untersuchung auch bei der Auslegung der weiteren Propheten ausgemacht werden. Gleichsam wie die Deutung Assurs auf eine aktuelle Grossmacht in den Jesaja-Pescharim steht auch die Auslegung von 2Sam 7,10–14a in 4QFlor Frg. 1–2.21,1–13 in einer Auslegungstradition, in welcher diese Verheissung fortwährend an die derzeitigen Gegebenheiten angepasst wurde. Die Aufnahme und Auslegung der Nathan-Verheissung (2Sam 7,10–14a) in 1Chr 17.10–14 sowie die Überlieferung dieses Textes in der LXX zeigen, wie der Tempelbau Salomos mehr und mehr zurückgenommen wird und wie als Nachkomme Davids nicht mehr Salomo, sondern der Messias ins Blickfeld gerückt wird. Die Auslassung von Salomos Tempelbau und die eschatologische Deutung des David-Nachkommen auf den Messias in 4QFlor Frg. 1–2.21,1–13 hat folglich in 1Chr 17.10–14 und 2Sam 7,10–14a nach der LXX ihre Vorläufer.[6] Das Phänomen Schriftaktualisierung ist auch von den Apokryphen bekannt; erwähnenswert ist die im Rahmen dieser Arbeit untersuchte Aktualisierung von Jer 10 und 29 in EpJer.

---

[4]   Zu Assur als Chiffre für andere Grossmächte vgl. Becker, *Jesaja*, 212–219; bezüglich Jes 10,10–15 vgl. aber auch Barth, *Jesaja-Worte*, 26f.
[5]   Siehe oben die Behandlung z. St., Seiten 210–212.
[6]   Siehe oben Seiten 283–291.

Den Trägerkreisen der Qumrantexte standen für die Auslegung von Jesaja bzw. generell der Propheten sowie der Tora bereits etablierte Methoden aus einer Tradition jüdischer Schriftauslegung zur Verfügung, die bereits innerbiblisch beginnt.[7] Gegenüber den aufgezeigten Parallelen bleibt aber festzuhalten, dass nicht ausschliesslich Elemente aus dieser Tradition aufgenommen wurden. Wie in Kapitel 9 dargestellt, wird mit der *Pescher-Exegese* auch eine Methode verwendet, welche die Verfasser der untersuchten Prophetenauslegungen aus der hellenistischen Traumdeutungspraxis übernommen haben. Allerdings konnten die Verfasser der untersuchten Prophetenauslegungen auch bei der Verwendung dieser Methode an biblische Vorbilder anknüpfen, nämlich an die Traumdeutungen Josephs und Daniels. Dennoch waren die Trägerkreise der Qumrantexte innerhalb des Frühjudentums die ersten, welche diese Methode nachweislich nicht für die Auslegung von Träumen, sondern zur Deutung prophetischer Worte gebrauchten.[8] Die Deutungsform der Pescher-Exegese zum Zweck der Schriftauslegung wurde (soweit bekannt) auch von keiner anderen jüdischen Gruppierung übernommen.[9] Die Anwendung der Pescher-Exegese auf die Schriftauslegung ist daher als Spezifikum der Schriftauslegung in Qumran anzusehen;[10] die übrigen, bereits in innerbiblischen und apokryphen Schriftauslegungen vorfindlichen Methoden sind dagegen *ein aus jüdischer Tradition stammendes Gemeingut*, das die Trägerkreise von Qumran mit anderen frühjüdischen Strömungen teilten.

Dies gilt namentlich auch für das der Pescher-Exegese zugrundeliegende hermeneutische Verständnis der auszulegenden Worte als deutungsbedürftige Botschaft. Denn diese Voraussetzung wohnt jeder allegorischen Interpretation inne. Die in den untersuchten Texten vielfach verwendete Methode der *Aufnahme und allegorischen Auslegung von Einzelelementen* und die ihr zugrundeliegende *Offenbarungs-Hermeneutik* ist kein Spezifikum der Schriftauslegung in Qumran. Dasselbe gilt (wie oben anhand des innerbiblischen Beispiels Jes 9,14 dargestellt) auch für die bei dieser Methode verwendeten Technik, bei der die aufgenommenen Elemente als Träger einer neuen Bedeutung angesehen werden, weshalb ihnen mittels eines

---

[7] Mit Blenkinsopp, *Sealed Book*, 98–103.

[8] Vgl. Kratz, *Judentum*, 128–135. Auch Mertens, *Buch Daniel*, 130–132, der davon ausgeht, dass die Methode der Pescher-Exegese aus Dan übernommen wurde, muss ebd., 131, konstatieren, dass sie erst in Qumran zu einer festen Methode der Schriftdeutung ausgearbeitet wurde.

[9] Vgl. Fabry, *Schriftverständnis*, 91–95. In den rabbinischen Schriften wird zwar der Wortstamm פתר verwendet, jedoch fast ausschliesslich zur Traumauslegung sowie dort, wo ein in der Schrift genannter Name identifiziert werden soll; vgl. ebd., 91, insbesondere Anm. 13. Die aktualisierende und eschatologische Schriftauslegung bei Paulus ist mit Koch, *Schrift als Zeuge*, 227–230, ebenfalls nicht als Pescher-Exegese zu bestimmen, auch wenn sich deutliche Berührungspunkte zeigen; doch fehlt bei Paulus der mit פתר/פשר gebildete besondere Terminus technicus.

[10] Vgl. Blenkinsopp, *Sealed Book*, 102f.

identifizierenden Nominalsatzes attributiv eine neue Bedeutung zugeordnet
wird.

Innerbiblisch sind solche Auslegungen vornehmlich in der Visions-
deutung der Apokalyptik zu finden.[11] Dort sind auch die hermeneutischen
Grundsätze zu finden, die zu die zu Beginn der Arbeit am Beispiel des
Habakuk-Kommentars (1QpHab) erhoben wurden: *1. Die zu deuten
Botschaft bezieht sich auf das Ende, 2. Die Gegenwart ist die Endzeit,* und *3. Der
wahre Sinn der auszulegenden Worte ist verborgen und bedarf zur rechten Deutung der
göttlichen Offenbarung.*[12] Wie dargestellt ist die hier beschriebene Art der
Schriftauslegung, aber auch die damit verbundene Offenbarungs-
Hermeneutik als jüdisches Gemeingut zu bestimmen,[13] worin auch der
Grund zu sehen ist, dass beide nicht nur in den Texten von Qumran,
sondern auch in weiteren frühjüdischen Texten, namentlich im Neuen
Testament und in rabbinischen Schriften zu finden sind.[14]

Natürlich zeigen sich nicht nur bei der Pescher-Exegese, sondern auch bei
den übrigen Schriftauslegungsmethoden in Qumran Ähnlichkeiten zu den
Auslegungsvorgängen in der Divination allgemein. Es ist gut denkbar, dass
die Schriftauslegungsmethoden generell von verschiedenen Divinations-
Methoden her beeinflusst sind.[15] Eine *direkte Vermittlung* aus einer bestimmten Divinationspraxis lässt sich aber nur bei der Pescher-Exegese
wahrscheinlich machen. Da sich bei den übrigen Schriftauslegungsmethoden und ihren Voraussetzungen Pendants bei den innerbiblischen
Schriftauslegungen bzw. bei der Behandlung und Auslegung der Schrift in
den Apokryphen und Pseudepigraphen zeigen lassen, liegt bei diesen die
Annahme näher, sie als eine Tradition jüdischer Schriftauslegungspraxis zu
profilieren, in welcher auch die Trägerkreise der Qumrantexte anzusiedeln
sind.

Mit der Traumdeutung, aber auch mit der Visionsdeutung in der Apokalyptik ist auch die vielfach zu beobachtende Verwendung von Überna-

---

[11]   Insbesondere bei den Visionsdeutungen Daniels; vgl. Mertens, *Buch Daniel*, 114–120.
[12]   Siehe oben Seiten 29–31.
[13]   Als Gemeingut wird diese Schriftauslegungsform insofern charakterisiert, als diese in
       weiten Kreisen des damaligen Judentums verbreitet war. Die Unterschiede zwischen
       einzelnen Strömungen sollen damit nicht nivelliert werden. Im damalig vielgestalti-
       gen Judentum waren bekanntlich verschiedene Arten von Schriftauslegungen belegt.
[14]   Vgl. dazu Koch, *Neutestamentliche Profetenauslegung*, 328–333, sowie die ebd. genann-
       ten Beispiele. Als expliziter Hinweis des Verständnisses der Schriftinterpretation als Of-
       fenbarung ist diesen Beispielen noch 2Kor 3,12–18 hinzufügen, da dort die Chris-
       tus-Offenbarung zur Grundlage des rechten Schriftverständnisses erhoben wird. In
       diesem Beispiel findet sich zudem eine Auslegung mittels der Methode der *Aufnahme
       und allegorischen Deutung von Einzelelementen,* bei welcher das zu deutende Wort als Trä-
       ger einer neuen Bedeutung behandelt wird; vgl. dazu Metzenthin, *Abraham*, 83–90.
[15]   Siehe dazu das vorangehende Kapitel *9. Pescher-Exegese und Traumdeutung,* insbe-
       sondere die Seiten 339f.

men anstelle richtiger Namen in Verbindung zu bringen.[16] Aufgrund der Behandlung der auszulegenden Worte als Träger für eine neue Bedeutung, liegt die Verwendung von anonymen Übernamen, auch in den jeweiligen allegorischen Deutungen selbst, eigentlich nahe. Übernamen wie etwa die «Kittim» für die Griechen/Römer können auch als Decknamen verstanden werden; polemische Bezeichnungen wie der aus 1QpHab II,1f und V,11 bekannte «Lügenmann» (איש הכזב), aber auch der in CD VIII,13 genannte «Windwäger und Lügenprediger» (שוקל רוח ומטיף כזב) sind dagegen als eigentliche Spitznamen zu betrachten. Insbesondere in den Jesaja-Pescharim werden für die Bezeichnung der Gegner Spitznamen wie «Schwätzer» (אנשי הלצון) oder «diejenigen, die nach glatten Dingen suchen» (דורשי החלקות) verwendet, die wahrscheinlich aus den entsprechenden, im Jesajabuch vorfindlichen Polemiken (Jes 28,14 bzw. 30,9f) hergeleitet wurden.[17]

Wie in Kapitel 4 dargestellt ist die innerbiblische Prophetenauslegung in ihrem Anspruch als prophetisch zu begreifen (vgl. insbesondere die Selbstreflexion prophetischer Prophetenauslegung in Jes 59,21 sowie die Schriftauslegung in Dan 9). Dasselbe kann auch von der Schriftauslegung in Sir gesagt werden. Sir versteht seine Lehre explizit als prophetische Interpretation der Prophetie (24,30–34 und 39,1–6). Gilt Ähnliches auch für die Prophetenauslegung in Qumran? Explizit findet sich ein solches Verständnis zwar nur in 1QpHab VII,1–5. Dort erscheint der Lehrer der Gerechtigkeit als Empfänger göttlicher Offenbarung, welche die genaue Bedeutung der an Habakuk ergangenen Worte beinhaltet. Ähnlich wie die Auslegungen in 1QpHab zeigen aber auch die untersuchten Jesaja-Auslegungen in Qumran, dass sie die auszulegenden Worte entweder als ethische Weisungen oder dann als prophetische Offenbarung für die letzten Tage auffassen. Mit 1QpHab teilen diese Auslegungen (wie in Kapitel 7 dargestellt) dieselbe Offenbarungs-Hermeneutik. Die prophetischen Offenbarungen werden als Botschaft für die letzten Tage aufgefasst und in den jeweiligen Auslegungen auf die konkreten Ereignisse der Welt- und Gemeindegeschichte gedeutet. Es ist daher durchaus wahrscheinlich, dass die Verfasser der untersuchten Jesaja-Auslegungen in Qumran sich selbst so wie «Sirach» als prophetische Prophetenausleger verstanden und darin eine Tradition fortsetzen, die sich bereits bei den Redaktionsvorgängen der Prophetenbücher zeigt.

In der Frühphase der Qumranforschung wurde die Schriftauslegung in den Pescharim vornehmlich mit dem Lehrer der Gerechtigkeit als inspiriertem Schriftausleger in Verbindung gebracht.[18] Besonders durch den Ver-

---

[16] Mertens, *Buch Daniel*, 138–140, illustriert Letzteres anhand des Danielbuches, wobei er den Begriff «Decknamen» gebraucht. Allerdings darf der Vergleich nicht auf das Buch Daniel enggeführt werden.

[17] Siehe dazu auch oben, Seiten 264f.

[18] Vgl. Elliger, *Studien*, 154–164, sowie Mertens, *Buch Daniel*, 121–124.

gleich mit Dan wurde die Schriftauslegung in Qumran nicht als schriftgelehrte Auslegung, sondern vornehmlich als prophetische Offenbarung
profiliert.[19] Gerade der Vergleich mit Dan 9 in Kapitel 4.3 (Seiten 53–64)
zeigte aber, dass der Anspruch einer Offenbarungs-Hermeneutik durchaus
mit der Anwendung schriftgelehrter Auslegungstechniken Hand in Hand
gehen kann. Ähnlich wie bei der Schriftauslegung in Dan 9 zeigen auch die
in den untersuchten Qumrantexten verschiedenen verwendeten Auslegungstechniken, dass es sich bei der Schriftauslegung in Qumran nicht
einfach um eine inspirierte, sondern zusätzlich auch um eine gelehrte Auslegung der Schrift handelt.[20]

Die dargestellten Gemeinsamkeiten der Jesaja-Auslegung in Qumran mit
der innerbiblischen Schriftauslegung sowie mit der Behandlung von Propheten und Prophetie in den Apokryphen und Pseudepigraphen legen die
Annahme von innerbiblischen, apokryphen bzw. pseudepigraphischen Einflüssen auf die Jesaja-Auslegung in Qumran nahe. Nimmt man die Übereinstimmungen im Prophetenbild hinzu (siehe das nachfolgende Kapitel
10.2 Prophetenbild der Qumrantexte), so lässt sich feststellen, dass den Trägerkreisen der Qumrantexte eine jüdische Prophetenauslegungs-Tradition
sowie ein bestimmter Umgang mit Propheten und Prophetie bereits vorlag.

   Die innerbiblische Schriftauslegung und Fortschreibung findet in den in
den Qumrantexten vorfindlichen Schriftauslegungen gewissermassen eine
Fortsetzung, allerdings mit dem Unterschied, dass die Auslegung nicht nur
in den Text der Schrift eingewoben wird – diese Art von Schriftauslegung
ist in Qumran nach wie vor belegt,[21] sondern nun auch deutlich *neben den
Text* gestellt wird. Die durch die bibelwissenschaftliche Forschung bereit-
gestellten Kenntnisse über die literarisch produktiven Formierungsvor-
gänge im Alten Testament waren daher für die vorliegende Arbeit eine
wichtige Hilfe zum Verständnis der Schriftauslegungen in den untersuchten Texten. Umgekehrt ist zu hoffen, dass die Untersuchungen dieser
Arbeit einen Beitrag für die weitere Erforschung der redaktionellen Ergänzungen die und Fortschreibung der biblischen Texte leisten kann.

---

[19] Insbesondere Rabinovitz, *Pêsher/Pittârôn*; vgl. aber auch Betz, *Offenbarung*, 73–82.
      Ähnlich auch noch bei neueren Arbeiten, so Koch, *Bedeutung der Apokalyptik*, 191–
      200, oder Jassen, *Divine*, 214–221; anders Feltes, *Gattung des Habakukkommentars*,
      138–143.
[20] Profilierung der Jesaja-Auslegung in Qumran als schriftgelehrte Auslegung mit
      Blenkinsopp, *Sealed Book*, 102f.
[21] Einerseits in interpretierenden Nacherzählungen biblischer Inhalte wie etwa der
      sogenannte «Reworked Pentateuch»; andererseits waren bei den jeweilig unter-
      suchten Zitaten teilweise interpretative Änderungen festzustellen. Qumran bezeugt
      damit ein Nebeneinander von Fortschreibung und Kommentierung, was zeigt, dass
      der Übergang von der Fortschreibung zur Kommentierung biblischer Texte ein
      fliessender Prozess war.

Die untersuchten Jesaja-Auslegungen zeigen einheitlich ein ganz bestimmtes Prophetenbild. Jesaja kommt in den untersuchten Texten eine hohe Wertschätzung entgegen. Der Prophet gilt nicht als Autor der im Jesajabuch gesammelten Worte, sondern lediglich als deren Vermittler, während als ihr Autor Gott angesehen wird. Bereits die Einleitung zum nachfolgenden Zitat von Jes 7,17a in CD VII,10f «Wenn das Wort eintrifft, das geschrieben steht in den Worten Jesajas, des Sohnes des Amoz, des Propheten, der gesagt hat» weist in diese Richtung. Da das einzutreffende Wort explizit bloss als in den Worten Jesaja geschrieben dargestellt wird, kann davon ausgegangen werden, dass es implizit nicht als Wort des Propheten, sondern als Wort Gottes gilt. Die Einleitung «Wie Gott durch Jesaja, den Propheten, den Sohn des Amoz, gesprochen hat» zu Jes 24,17 in CD IV,13 macht dann deutlich, dass nicht Jesaja, sondern Gott als Autor der zitierten Worte wahrgenommen wurde, insbesondere auch dadurch, dass die Herkunftsangabe dieser Einleitung in einem bemerkenswerten Gegensatz zur Darstellung dieser Worte im Jesajabuch als Ich-Rede des Propheten steht. Ebenfalls deutlich zeigt sich dasselbe Phänomen bei den Einleitungen zu den Zitaten aus dem Ezechielbuch in CD III,21–IV,2: «Wie Gott es ihnen bestimmt hat durch die Hand Ezechiels» und in XIX,12: «Wie er gesagt hat durch die Hand Ezechiels.»

Die Mittlerfunktion kommt somit nicht nur Jesaja, sondern auch den weiteren Propheten zu, wobei neben Jesaja nur Ezechiel, Jeremia und Daniel explizit genannt werden. Viel häufiger sind Zitate aus den Prophetenbüchern ausschliesslich als göttliche Worte bezeichnet wie etwa bei der Einleitung «Über die Gott gesagt hat» in CD VI,13 und VIII,9. Häufiger belegt sind Einleitungen mit unpersönlichem Objekt wie «Wie er gesagt hat» u. Ä.,[22] wobei insbesondere bei CD VII,8, XX,16 und 4QFlor Frg. 1–2.21,7 aus dem Zusammenhang klar wird, dass mir «er» Gott gemeint ist. Bereits in den Apokryphen werden die Propheten allesamt als Mittler des *einen* Willen Gottes wahrgenommen. Differenzen zwischen den einzelnen Botschaften spielen keine Rolle mehr; die Prophetie wird vielmehr als Einheit wahrgenommen. So können in Sir Aussagen aus Jes und Ez ungetrennt und unbezeichnet nebeneinanderstehen oder es kann, wie etwa in

---

[22] So in CD VII,8.14.16, IX,2.7, XVI,6.22, XX,16 sowie in 4QD^a Frg. 6,I,8f und 4QD^f Frg. 3,4.9. In den Pescharim (vgl. die Untersuchungen in den Kapiteln 7 und 8) sind die Einleitungen ואשר אמר und כאשר אמר bereits zu Zitationsformeln erstarrt und wurden daher mit «Und wenn es heisst» bzw. «Wie es heisst» wiedergegeben. Wie bereits oben, Seiten 26–28 bei der Behandlung der *Einleitungsformeln für Zitate in den Qumranschriften* festgestellt wurde, verweisen die so verwendeten Formeln (ähnlich wie die aus der rabbinischen Schriftauslegung bekannte Formel שנאמר) indirekt auf Gottes Sprechen in der Schrift.

Tob, generell auf die Weissagungen der Propheten verwiesen werden ohne zu spezifizieren.

Das Bild des Propheten als Mittler des göttlichen Willens findet sich insbesondere im Jubiläenbuch. In den weiteren untersuchten Apokryphen gelten die Propheten ähnlich als ethische Mahner (Sir, Tob, Jub) oder als weisheitliche Lehrer für die Lebenspraxis (EpJer). Daneben werden sie aber vornehmlich als Künder der Zukunft wahrgenommen (Sir, Tob).[23] Die Deutung von Jesaja-Worten auf die Zukunft ist vor allem in den untersuchten Pescharim, aber auch in der Damaskusschrift zu finden. In der Damaskusschrift (CD VI,13, IX,5, XI,20f, XVI,15) können zur Begründung von gesetzlichen Bestimmungen nicht nur Zitate aus der Tora, sondern auch Zitate aus prophetischen Schriften als Schriftbelege beigezogen werden. Daraus lässt sich schliessen, dass auch in den Qumrantexten Prophetenworte nicht nur als Zukunftsoffenbarungen, sondern teilweise auch als ethische Weisungen verstanden wurden.[24] In den Pescharim finden sich dagegen keine gesetzlichen Auslegungen.

Wie in den untersuchten Apokryphen und Pseudepigraphen, so haben die Propheten auch in den Qumrantexten eine doppelte Funktion. Sie geben einerseits ethische Weisungen als Gottes Willen für die Menschen weiter, andererseits verkünden sie die Zukunft als Gottes Plan für die Welt. In diesen zwei Funktionen zeigt sich die *eine* Grundbedeutung des Prophetenbildes der Qumrantexte: Propheten sind danach vor allem *Mittler des göttlichen Willens*, welcher sich sowohl in Form von Geboten für die Menschen als auch als göttlicher Plan für die Zukunft äussern kann.

Bezüglich der *Funktion* als Mittler göttlichen Willens sind die Propheten sowohl in den untersuchten Apokryphen und Pseudepigraphen als auch in den untersuchten Qumrantexten Mose gleichgestellt. Mose gilt in den Apokryphen als der vornehmste Mittler des göttlichen Willens, der sich in Geboten oder in Prophetie äussern kann. Die Propheten sind generell hoch angesehen, wie dies insbesondere das Väterlob Sir 44–50, aber auch die Ermahnung an Tobias in Tob 4,12f explizit zeigen. Obwohl sie in der Funktion als Mittler Mose gleichgestellt sind, sind sie ihm rangmässig deutlich nachgestellt. Besonders im Jubiläenbuch ist Mose den Propheten klar überlegen, da er am Sinai nicht nur das ganze Gesetz, sondern auch die Offenbarung der ganzen Weltgeschichte empfangen hat. Die Propheten künden demgegenüber nicht Neues mehr; ihre Vermittlung des göttlichen Willens beschränkt sich darauf, an die an Mose ergangene göttliche

---

[23] Vgl. die Schlussfolgerungen zu den jeweiligen Schriften oben in Kapitel *5. Prophetenrezeption in den Apokryphen und Pseudepigraphen* (Seiten 82, 94–98, 104, 109 sowie 111).

[24] Wie die neuere Untersuchung von Jassen, *Prophets as Lawgivers* (vgl. auch Jassen, *Divine*, 37–63) zeigt, erscheinen die Propheten in verschiedenen Qumrantexten nicht nur wie in den rabbinischen Texten als Mahner, die zum Einhalten des göttlichen Gesetzes aufrufen, sondern wie Mose auch als Mittler desselben.

Willenskundgebung zu erinnern.[25] Eine Einordnung der Tora *über* die
Propheten lässt sich auch aus Sir 38,34b–39,5 erschliessen. Im dortigen
Idealbild des Schriftgelehrten werden die prophetischen Schriften (neben
anderen, mehr hellenistischen Bemühungen) als Mittel genannt, um die
Tora auszulegen, und werden ihr damit untergeordnet. In den untersuch-
ten Qumrantexten lässt sich diese Unterscheidung so nicht finden. Wohl
aber zeigt die Damaskusschrift, dass den Worten der Propheten dadurch
Autorität zukommt, dass sie als göttliche Worte gelten bzw. gelegentlich
gar explizit als solche bezeichnet sind (CD III,21–IV,2, IV,13, VI,13 und
VIII,9), während dem Wort Moses für gesetzliche Bestimmungen auch
Kraft seiner selbst Autorität zukommen kann, wie dies CD V,8 und
VIII,14 zeigen. Es ist daher anzunehmen, dass auch bei den Trägerkreisen
der Qumrantexte Mose eine höhere Autorität zugesprochen wurde als den
Propheten.

Das in den untersuchten Auslegungen immanente Prophetenbild zeigt sich
demnach zu grossen Teilen bereits in den apokryphen und deuterokanonischen Schriften, die in Qumran gefunden wurden. Diese Schriften
sind die ersten Zeugnisse eines solchen Prophetenbildes; innerbiblisch ist
das den untersuchten Qumrantexten immanente Prophetenbild noch nicht
festzumachen. Ausserdem ist gegenüber der biblischen Darstellung der
Propheten auch ein gewichtiger Unterschied festzustellen. In den untersuchten Apokryphen und Pseudepigraphen spielt das kritische Element der
Prophetie gegenüber dem eigenen Volk oder gegenüber dem eigenen Kult
keine Rolle mehr. In den Qumrantexten werden solche, das eigene Volk
anklagende Texte dagegen zwar gerne gebraucht – allerdings nicht als
Selbstkritik der eigenen Gruppierung oder als kritisches Moment der eigenen Tradition gegenüber, sondern ausschliesslich als Polemik gegenüber
den Gegnern der eigenen Gruppierung. So werden in 4QpJes[b] II die
Wehe-Rufe in Jes 5,11–14.24.f auf die als «Schwätzer in Jerusalem» bezeichneten Gegner bezogen und in 4QMidrEschat[b] VIII,6f wird wahrscheinlich aus Jes 32,7 derjenige, «der auf Ränke sinnt», auf die Gegner der
Verfasser gedeutet.

---

[25] Siehe oben Seiten 108f.

Das Jesajabuch war in Qumran wie auch im übrigen damaligen Judentum hochgeschätzt und seine rechte Auslegung war wichtig. Die Hochschätzung des Jesaja-Buches für die Trägerkreise der Qumrantexte lag einerseits darin begründet, dass Jesaja im damaligen Judentum als der grösste und zuverlässigste aller Propheten galt. Die hohe Wertschätzung des Jesajabuches ergibt sich daher zu einem guten Teil bereits aus dem jüdischen Erbe der Trägerkreise der Qumrantexte. Andererseits fanden die Verfasser der Jesaja-Auslegung in Qumran in den Worten des Jesajabuches offensichtlich verschiedene Vorstellungen, die sie mit ihren eigenen theologischen Überzeugungen in Zusammenhang zu bringen vermochten. So konnten etwa die Verfasser der Gemeinderegel ihr Selbstverständnis und ihren Lebensstil mit einem Zitat aus Jes 40,3 als Wegbereitung für Jhwh profilieren. Dabei bestand ihrer Auffassung nach die Wegbereitung insbesondere im Studium der Tora und der damit verbundenen gesetzlichen Lebenspraxis.[26]

Die Verfasser der Jesaja-Pescharim sahen sich als diejenigen aus Israel, welche sich zu Gott bekehrten, und identifizierten sich offenbar mit dem «Rest, der umkehrt» (Jes 10,21f). Eine ähnliche Umkehr setzt die Auslegung von Jes 8,11 in 4QFlor Frg. 1–2.21,I,15 voraus, mithilfe derer Ps 1,1 als Lobpreis desjenigen interpretiert wird, der den Weg der Spötter verlassen hat. Besonders wichtig für das Selbstverständnis der Trägerkreise der Jesaja-Pescharim dürfte auch Jes 54,11b–12a gewesen sein, die Steine des Neuen Jerusalems, welche in 4QpJes^e spiritualisiert ausgelegt und auf den aus 12 Priestern und 12 Laien bestehenden Rat ihrer Gemeinschaft hin gedeutet werden. Die Gemeinschaft selbst wird dabei als das neue (geistige) Jerusalem verstanden – eine ähnliche Vorstellung wie diejenige von der Gemeinde als Tempel in 1Petr 2,5.

Die Trägerkreise der Qumrantexte verdanken ihre Überzeugungen und ihren Lebensstil aber nicht der besonderen Exegese des Jesajabuches oder einer anderen biblischen Schrift in den untersuchten Texten. Dies zeigt sich insbesondere deutlich bei der Gemeinderegel, deren Jesaja-Zitate erst

---

[26] Die Auslegung dieses Verses in der Gemeinderegel wurde in der Qumranforschung gerne so verstanden, dass sich die Qumran-Gemeinschaft aufgrund der Aufforderung «In der Wüste bereitet den Weg des Herrn, macht seine Strasse gerade» in die «Wüstensiedlung» Chirbet Qumran zurückgezogen hätten, um dort die Tora zu studieren und damit (metaphorisch) den Weg des Herrn zu bereiten. So bereits Betz, *Offenbarung*, 158, gefolgt von Leaney, *Rule of Qumran*, 221. Als neueren Beitrag vgl. Charlesworth, *Isaiah 40:3*, 214–222. Zur Kritik dieser Position vgl. Shum, *Use of Isaiah*, 112–115.

nachträglich in das bereits bestehende Regelwerk eingebunden wurden.[27] Die Überzeugungen und der besondere Lebensstil dieser Trägerkreise ist daher vielmehr beim Verfassen dieser Texte schon *vorgegeben*. Erst nachträglich werden Überzeugungen und Lebensstil durch die Schrift-Deutungen in den Qumrantexten als den durch die Propheten bzw. durch Mose vermittelten Willen Gottes dargestellt. Zweck der Schriftauslegung ist es, die Übereinstimmung der eigenen Überzeugungen und Lebensform mit der Schrift auszuweisen.

Besonders wichtig für die Auslegung des Jesajabuches ist für die Trägerkreise der Qumrantexte offenbar die Vorstellung des Eingreifen Gottes in den *letzten Tagen*. Obwohl im Jesajabuch der Begriff «letzte Tage» nur in 2,2 (einem Redaktionstext des Jesajabuches) zu finden ist, werden diese zur bestimmenden Kategorie für die meisten Jesaja-Auslegungen. Sofern die auszulegenden Jesaja-Worte nicht ethische Bestimmungen betreffen, werden sie nämlich vornehmlich auf die letzten Tage bezogen. Die Worte werden dann mit konkreten Begebenheiten oder mit Personen aus der Geschichte und Gegenwart der Trägerkreise der Qumrantexte in Zusammenhang gebracht oder sie werden auf das für die baldige Zukunft erwartete Gericht Gottes hin gedeutet. So ist etwa Jes 7,17a – interpretiert als Vorhersage der eschatologischen Heimsuchung der Gottlosen durch Gott – ein zentraler Text für die Damaskusschrift. Die Schriftstelle dient im ersten Teil der Damaskusschrift einerseits dazu, den Aufruf zur eigenen Gemeinschaft abzustützen, anderseits wird anhand derselben Schriftstelle am relativen Ende der Damaskusschrift den Mitglieder dieser Gemeinschaft die Bewahrung in der kommenden Heimsuchung Gottes verheissen.[28]

In verschiedenen Texten spielt bei dieser Heimsuchung die erwartete Messias-Figur eine wichtige Rolle. In 4QpJes^a III, aber auch in 4Q285 wird Jes 10,34–11,5 auf das durch den Messias vollzogene Gericht Gottes gedeutet. Nach 11QMelch II besteht eine wichtige Aufgabe des Messias darin, gemäss Jes 61,1f den Elenden frohe Botschaft und den Gefangenen Freilassung zu verkünden, die Trauernden zu trösten sowie ein eschatologisches Jubeljahr auszurufen.[29] Bei diesen Ereignissen spielt nach 11QMelch neben dem Messias, der als irdische Figur gezeichnet ist, die himmlische Gestalt «Melchisedek» eine wichtige Rolle. Während die Aufgabe des Messias darin besteht, Erlösung auf Erden anzukünden, liegt es an Melchisedek, im Himmel Erlösung zu vollziehen, indem er Belial und seine Geister richtet und damit die Menschen aus seiner Macht entreisst.

---

[27] Vgl. Metso, *Damascus Document*, 117–119, sowie die ausführliche Argumentation z. St., Seiten 183–188.

[28] Zur Funktion von Jes 7,17a in der Damaskusschrift siehe oben Seite 177.

[29] Wie in Lk 4,18–21 wird der Gesandte aus Jes 61,1f auf den Messias gedeutet. Zu 11QMelch siehe oben Seiten 319–323.

Nicht in einer bestimmte Jesaja-Stelle, sondern vielmehr mit der im dritten
Teil des Jesajabuches *insgesamt* vorfindlichen Heilsbeschränkung auf die
Frommen hat die in den Auslegungen in den Jesaja-Pescharim sich zei-
gende Einschränkung des Heils auf die eigene Gruppierung ihren sach-
lichen Vorläufer. Mit TtJes setzen die Trägerkreise der untersuchten Jesaja-
Auslegung eine innerisraelitische Scheidung voraus. Diese innerisraelitische
Scheidung tritt in den Qumran-Pescharim aber nicht etwa durch die Aus-
legung von Texten aus TtJes auf, sondern erweist sich vielmehr durch die
Auslegung von zentralen Texten aus dem übrigen Jesajabuch gewonnen.
Die Nähe zu TtJes zeigt sich somit nicht durch Auslegung von dessen
Textpassagen, sondern vielmehr dadurch, dass (ähnlichwie in TtJes) Kern-
texte aus dem übrigen Jesajabuch ausgelegt werden und diese in die gleiche
Richtung wie bei TtJes interpretiert werden. Dazu gehört vor allem die
oben erwähnte Identifizierung mit dem Rest, der umkehrt (Jes 10,21f).
Sowohl in 4QpJes[c] Frg. 4.6–7,II,10–19 als auch in 4QpJes[a] II,1–9 wird die
Umkehr des Restes aus Israel (Jes 10,21f) auf die Mitglieder der eigenen
Gruppierung als die Umkehrenden bezogen. Die innerjüdische Scheidung
wurde wahrscheinlich auch bei der Auslegung von Jes 10,24–27 in
4QpJes[a] II,10–19 thematisiert. In CD VII wird dieses Ereignis mit dem
bereits erwähnten Zitat von Jes 7,17a in Zusammenhang gebracht. Der
dort erwähnte Abfall Ephraims von Juda dient als Vergleich mit der gegenwärtigen Situation der Trägerkreise gegenüber dem abgefallenen übrigen Israel.

Die bei TtJes vorfindliche Heilsbeschränkung auf die Frommen wird
insbesondere in den Jesaja-Pescharim nochmals radikalisiert, indem die
Heilserwartung auf die eigene Gruppe eingeschränkt wird. Damit wird den
Aussenstehenden das Frommsein und die damit verbundene Möglichkeit
der Rettung von vornherein abgesprochen. Die Trägerkreise der Qumrantexte verstanden sich offenbar als *die einzig wahren Frommen Israels* – der Rest
der Welt, ob Israelit oder nicht, ging ihrer Auffassung nach verloren. Die
Existenz einer besonderen Gruppe, welche sich vom übrigen Israel unterscheidet, lässt sich aber auch aus der Damaskusschrift ableiten. In dieser
Schrift ist mehrfach von einem «Bund von Damaskus» die Rede als einem
neuen Bunde Gottes, welchem die Menschen beitreten sollen.[30] Mit diesen
Vorstellungen – aber (wie in Kapitel 3 dargestellt) auch durch divergierende Ansichten bezüglich Reinheit oder Kalender – setzten sich die Trägerkreise der Qumrantexte deutlich vom übrigen Judentum ab. Religionsgeschichtlich sind sie (wie bereits bei der Darstellung der sozial- und
religionsgeschichtlichen Hintergründe in Kapitel 3 erörtert) daher als Sondergruppe im damaligen Judentum anzusprechen. Dementsprechend werden in den untersuchten Texten Heilsworte aus dem Jesajabuch häufig auf
die eigene Gruppierung eingeschränkt, Gerichtsaussagen und polemische
Worte dagegen konsequent auf die Gegner der Verfasser bezogen.

---

[30] Siehe oben Seite 117.

Trotz des beobachtbaren Bezuges vieler Jesaja-Stellen auf die eigene Gemeinschaft ist Jesaja für die Trägerkreise der Qumrantexte durchaus der
grosse Prophet der Weltgeschichte. Da diese aber nach ihrem Verständnis
auf die Bewahrung der Mitglieder ihrer eigenen Gemeinschaft als die einzig
gottgefälligen Frommen und auf die Vernichtung aller anderen Menschen
hinausläuft (ein Ereignis deren Erfüllung bald erwartet wurde), erfüllen
sich auch die universalen Voraussagen des Propheten Jesaja nun in ihrer
konkreten Geschichte. Nach dem Verständnis der Trägerkreise der Qumrantexte kulminiert sich somit der von Jesaja vorausgesagte Verlauf der
Weltgeschichte in der konkreten Geschichte ihrer eigenen Gemeinschaft.

Die Jesaja-Auslegung in Qumran ist ein origineller, aber auch wichtiger
Teil der Auslegungsgeschichte dieses im Juden- und Christentum hochgeschätzten Propheten. Dadurch, dass sie historisch in die Zeit zwischen
innerbiblischer Jesaja-Auslegung und seiner Auslegung in neutestamentlichen und rabbinischen Texten gehört, kann sie dazu beitragen, die dortigen Jesaja-Auslegungen besser zu verstehen. Die Erhebung der Jesaja-
Auslegung in den untersuchten Qumrantexten im Rahmen der vorliegenden Arbeit schliesst noch vorhandene Lücken und leistet damit auch einen
Beitrag für die Auslegungsgeschichte Jesajas insgesamt.

Literaturverzeichnis

- Abegg, M.G./Bowley, J.E., *The Dead Sea Scrolls Concordance*, Leiden 2003.
- Allegro, J.M., *Fragments of a Qumran Scroll of Eschatological Midrašîm*, JBL 77 (1958), 350–354.
- Allegro, J.M., *Further Messianic References in Qumran Literature*, JBL 75 (1958), 174–187.
- Allegro, J.M., *More Isaiah Commentaries from Qumran's Fourth Cave*, JBL 77 (1958), 215–221.
- Allegro, J.M., *Qumrân Cave 4*, DJD 5, Oxford 1968.
- Amusin, J.A., *Historical Events in Qumran Commentaries*, HUCA 48 (1978), 123–152.
- Applegate, J., *Jeremiah and the Seventy Years in the Hebrew Bible. Inner Biblical Reflections on the Prophet and his Prophecy*, in: Curtis, A.H.W./Römer, T. (Hgg.), *The Book of Jeremiah and its Reception*, BEThL 128, Leuven 1997, 91–110.
- Bachmann, V., *Die Welt im Ausnahmezustand*, Diss., Zürich 2009.
- Baillet, M. u. a., *Le travail d'édition des Fragments Manuscripts de Qumrân*, RB 63 (156), 49–67.
- Baillet, M./Milik, J.T./de Vaux, R. (Hgg.), *Les ‹petites Grottes› de Qumrân*, DJD 3, Oxford 1962.
- Barth, H., *Die Jesaja-Worte in der Josiazeit. Israel und Assur als Thema einer produktiven Neuinterpretation der Jesajaüberlieferung*, WMANT 48, Neukirchen-Vluyn 1977.
- Barthélemy, D., *Critique textuelle de l'Ancien Testament. Rapport final du Comité pour l'analyse textuelle de l'Ancien Testament hébreu institué par l'Alliance Biblique Universelle*, OBO 50,1, Freiburg, Schweiz 1982.
- Barthélemy, D./Milik, J.T., *Qumran cave 1*, DJD 1, Oxford 1955.
- Baumgarten, J.M., *Art. «Damascus Document»*, in: *Encyclopedia of the Dead Sea Scrolls* 1, Oxford 2000, 166–170.
- Baumgarten, J.M., *The Damascus Document (4Q266–273)*, DJD 18, Oxford 1996.
- Baumgarten, J.M., *The Duodecimal Courts of Qumran, Relevation and the Sanhedrin*, JBL 95 (1976), 59–78.
- Baumgarten, J.M., *The Exclusion of the «Netinin» and Proselytes in 4Q Florilegium*, in: Baumgarten, J.M. (Hg.), *Studies in Qumran Law*, SJAL 24, Leiden 1977, 75–87.
- Becker, U., *Jesaja – von der Botschaft zum Buch*, FRLANT 178, Göttingen 1997.
- Beentjes, P.C., *Inverted Quotations in the Bible*, Biblica 63 (1982), 506–523.
- Beentjes, P.C., *Relation Between Ben Sira and the Book of Isaiah. Some Methodical Observations*, in: Vermeylen, J. (Hg.), *The book of Isaiah*, BEThL 81, Leuven 1989, 155–159.
- Beentjes, P.C., *The book of Ben Sira in Hebrew. A text edition of all extant Hebrew manuscripts and a synopsis of all parallel Hebrew Ben Sira texts*, VT.S 68, Leiden u. a. 1997.
- Berger, K., *Das Buch der Jubiläen*, in: Lichtenberger, H. (Hg.), *Unterweisung in erzählender Form*, JSHRZ 2, Gütersloh 1981, 275–575.
- Berges, U., *Jesaja 40–48*, HThKAT, Freiburg 2008.
- Bergmann, J./Ottosson, M., *Art. «ארץ»* in: *ThWAT* 1, Stuttgart u. a. 1973, 418–436.
- Bergmann, J./von Soden, W./Ackroyd, P., *Art. «יד»* in: *ThWAT* 3, Stuttgart u. a. 1982, 421–455.
- Bergmeier, R., *Die Essener-Berichte des Flavius Josephus. Quellenstudien zu den Essenertexten im Werk des jüdischen Historiographen*, Kampen 1993.
- Bergmeier, R., *Erfüllung der Gnadenzusagen an David*, ZNW 86 (2003), 277–286.

- Bergmeier, R., *Rez. Hirschfeld, Yizhar, Qumran – die ganze Wahrheit*, ThLZ 132 (2007), 146–148.
- Bergmeier, R., *Zum historischen Wert der Essenerberichte von Philo und Josephus*, in: Frey, J./Stegemann, H. (Hgg.), *Qumran kontrovers*, Ergebnisse – Berichte – Reflexionen aus Tagungen der Katholischen Akademie Schwerte 6, Paderborn 2003, 11–22.
- Berner, C., *Jahre, Jahrwochen und Jubiläen. Heptadische Geschichtskonzeptionen im Antiken Judentum*, BZAW 363, Berlin 2006.
- Bernstein, M.J., *Art. «Pesher Isaiah»*, in: *Encyclopedia of the Dead Sea Scrolls* 2, Oxford New York 2000, 651–653.
- Bernstein, M.J., *Introductory Formulas for Citation and Re-Citation of Biblical Verses in the Qumran Pesharim. Observations on a Pesher Technique*, DSD 1 (1994), 30–70.
- Berrin, S.L., *Art. «Pesharim»*, in: *Encyclopedia of the Dead Sea Scrolls* 2, Oxford 2000, 644–647.
- Berrin, S.L., *The Pesher Nahum scroll from Qumran. An exegetical study of 4Q169*, Leiden 2004.
- Betz, O., *Offenbarung und Schriftforschung in der Qumransekte*, Tübingen 1960.
- Betz, O./Riesner, R., *Verschwörung um Qumran? Jesus, die Schriftrollen und der Vatikan*, München 2007.
- Beuken, W.A.M., *Jesaja 1–12*, HThK.AT, Freiburg i. Br. 2003.
- Beuken, W.A.M., *The ‹Messianic› Character of Isaiah 11*, in: Dimitrov, I.Z. (Hg.), *Das Alte Testament als christliche Bibel in orthodoxer und westlicher Sicht. Zweite europäische orthodox-westliche Exegetenkonferenz im Rilakloster vom 8.–15. September 2001*, WUNT 174, Tübingen 2004, 347–358.
- Beyer, K., *Die aramäischen Texte vom Toten Meer. Samt den Inschriften aus Palästina, dem Testament Levis aus der Kairoer Genisa, der Fastenrolle und den alten talmudischen Zitaten*, ATTM 1, Göttingen 1984.
- Beyer, K., *Die aramäischen Texte vom Toten Meer. Samt den Inschriften aus Palästina, dem Testament Levis aus der Kairoer Genisa, der Fastenrolle und den alten talmudischen Zitaten*, ATTM 2, Göttingen 2004.
- Blenkinsopp, J., *Opening the Sealed Book. Interpretations of the Book of Isaiah in Late Antiquity*, Grand Rapids Cambridge 2006.
- Boccaccini, G., *Beyond the Essene Hypothesis. The Parting of the Ways Between Qumran and Enochic Judaism*, Grand Rapids 1998.
- Bosshard-Nepustil, E., *Rezeptionen von Jesaja 1–39 im Zwölfprophetenbuch. Untersuchungen zur literarischen Verbindung von Prophetenbüchern in babylonischer und persischer Zeit*, Freiburg i. Ü. 1997.
- Brooke, G.J., *Art. «Florilegium»* in: *Encyclopedia of the Dead Sea Scrolls* 1, Oxford 2000, 297–298.
- Brooke, G.J., *Biblical Interpretation at Qumran*, in: Charlesworth, J.H., *The Bible and the Dead Sea Scrolls. The Second Princeton Symposium on Judaism and Christian Origins* 1, Waco, TX 2006.
- Brooke, G.J., *Biblical Interpretation in the Qumran Scrolls and in the New Testament*, in: Schiffman, L.H./Tov, E./VanderKam, J.C. (Hgg.), *The Dead Sea scrolls fifty years after their discovery [1947–1997]. Proceedings of the Jerusalem congress, July 20–25, 1997*, Jerusalem 2000, 60–73.
- Brooke, G.J., *Exegesis at Qumran 4QFlorilegium in its Jewish context*, JSOT.S 29, Sheffield 1985.

- Brooke, G.J., *Exegetical Strategies in Jubilees 1–2*, in: Albani, M./Frey, J./Lange, A. (Hgg.), *Studies in the Book of Jubilees*, Texte und Studien zum antiken Judentum 65, Tübingen 1997, 39–57.
- Brooke, G.J., *Isaiah 40:3 and the Wilderness Community*, in: Brooke, G.J./García Martínez, F. (Hgg.), *New Qumran Texts and Studies*, STDJ 15, Leiden New York Köln 1994, 117–132.
- Brooke, G.J., *Isaiah in the Pesharim and other Qumran Texts*, in: Broyles, C.C./A., E.C. (Hgg.), *Writing and Reading the Scroll of Isaiah. Studies of an Interpretive Tradition*, VT.S 70.2, Leiden New York Köln 1999, 607–632.
- Brooke, G.J., *New Perspectives on the Bible and its Interpretation*, in: Dimant, D./Kratz, R.G. (Hgg.), *The Dynamics of Language and Exegesis at Qumran*, FAT.2 35, Tübingen 2009, 19–37.
- Brooke, G.J., *On Isaiah at Qumran*, in: McGinnis, C.M./Tull, P.K. (Hgg.), *«As those Who are Taught». The Interpretation of Isaiah from the LXX to the SBL*, SBL Symposion Series 27, Atlanta 2006, 69–85.
- Brooke, G.J., *Shared Intertextual Interpretations in the Dead Sea Scrolls and in the New Testament*, in: Stone, M.E./Chazon, E.G. (Hgg.), *Biblical Perspectives. Early Use and Interpretation of the Bible in Light of the Dead Sea Scrolls. Proceedings of the First International Symposium of the Orion Center for the Study of the Dead Sea Scrolls and Associated Literature, 12–14 May, 1996*, STDJ 28, Leiden Boston Köln 1998, 35–57.
- Brooke, G.J., *Rez. Steudel, A., Der Midrasch zur Eschatologie aus der Qumrangemeinde (4QMidr Esch^{a.b}). Materielle Rekonstruktion, Textbestand, Gattung und traditionsgeschichtliche Einordnung des durch 4Q174 («Florilegium») und 4Q177 («Catena A») repräsentierten Werkes aus den Qumranfunden, STDJ 13, Leiden 1994*, JSJ 26 (1995), 380–384.
- Brooke, G.J., *Thematic Commentaries on Prophetic Scriptures*, in: Schiffman, L.H./Tov, E./VanderKam, J.C. (Hgg.), *Biblical Interpretation at Qumran*, SDSSRL 1, Grand Rapids Cambridge 2005, 134–157.
- Broshi, M./Eshel, H., *How and Where Did the Qumranites Live*, in: Parry, D.W./Ulrich, E. (Hgg.), *The Provo International Conference on the Dead Sea Scrolls Technological Innovations. New Texts and Reformulated Issues*, STDJ 30, Leiden Boston Köln 1999, 267–273.
- Broshi, M./Eshel, H., *Was there a Agriculture at Qumran?*, in: Galor, K./Humbert, J.-B./Zangenberg, J. (Hgg.), *Qumran, the Site of the Dead Sea Scrolls. Archaeological Interpretations and Debates (Proceedings of a Conference held at Brown University, November 17–19, 2002)*, STDJ 57, Leiden 2006, 249–252.
- Brownlee, W.H., *The Midrash Pesher of Habakkuk*, SBL.MS 24, Missoula, MT 1979.
- Bruce, F.F., *The Book of Daniel and the Qumran Community*, in: Ellis, E.E./Wikcox, M. (Hgg.), *Neotestamentica et Semitica. Studies in Honor of Matthew Black*, Edinburgh 1969, 221–235.
- Burrows, M./Trever, J.C./Brownlee, W.H., *The Dead Sea Scrolls of St. Mark's Monastery 1*, New Haven 1950.
- Burrows, M./Trever, J.C./Brownlee, W.H., *The Dead Sea Scrolls of St. Mark's Monastery 2*, New Haven 1951.
- Campbell, J.G., *The Use of Scripture in the Damascus Document 1–8, 19–20*, BZAW 228, Berlin u. a. 1995.
- Carr, D.M., *Writing on the Tablet of the Heart. Origins of Scripture and Literature*, New York, NY 2005.
- Charlesworth, J.H. (Hg.), *Damascus Document II, Some Works of the Torah and Related Documents*, The Dead Sea Scrolls. Hebrew, Aramaic and Greek Texts with English Translations 3, Tübingen Louisville 2006.

- Charlesworth, J.H. (Hg.), *Damascus Document, War Scroll and Related Documents*, The Dead Sea Scrolls. Hebrew, Aramaic and Greek Texts with English Translations 2, Tübingen Louisville 1995.
- Charlesworth, J.H. (Hg.), *Pesharim, Other Commentaries and Related Documents*, The Dead Sea Scrolls. Hebrew, Aramaic and Greek Texts with English Translations (The Princeton Theological Seminary Dead Sea Scrolls Project) 6B, Tübingen Louisville 2002.
- Charlesworth, J.H., *Art. «Pseudepigraphen des Alten Testaments»*, in: *TRE* 27, Berlin New York 1997, 639–645.
- Charlesworth, J.H., *Isaiah 40:3 and the Serek ha-Yahad*, in: Evans, C.A./Talmon, S. (Hgg.), *The Quest for Context and Meaning*, Biblical Interpretation Series 28, Leiden New York Köln 1997, 197–224.
- Charlesworth, J.H., *Rule of Community and Related Documents*, The Dead Sea Scrolls. Hebrew, Aramaic and Greek Texts with English Translations (The Princeton Theological Seminary Dead Sea Scrolls Project) 1, Tübingen Louisville 1994.
- Charlesworth, J.H., *The Pesharim and Qumran History. Chaos or Consensus?*, Grand Rapids, MI 2002.
- Chazon, E.G., *The Use of the Bible as a Key to Meaning in Psalms from Qumran*, in: Paul, S.M./al., e. (Hgg.), *Emanuel. Studies in Hebrew Bible, Septuagint, and Dead Sea Scrolls in Honor of Emanuel Tov*, VT.S 94, Leiden 2003, 85–96.
- Clementz, H. (Hg.), *Falvius Josephus, Geschichte des Jüdischen Krieges*, Wiesbaden (Neuauflage) 2005.
- Collins, J.J., *The Scepter and the Star. The Messiahs of the Dead Sea Scrolls and other Ancient Literature*, Anchor Bible Reference Library, New York u. a. 1995.
- Cross, F.M./Eshel, E., *Ostraca from Khirbet Qumrân*, IEJ 47 (1997), 17–28.
- Dautzenberg, G., *Urchristliche Prophetie. Ihre Erforschung, ihre Voraussetzungen im Judentum und ihre Struktur im ersten Korintherbrief*, BWANT 104, Stuttgart 1975.
- Davies, P.R., *The Damascus Covenant. An Interpretation of the «Damascus Document»*, JSOT.S 25, Sheffield 1983.
- Davies, P.R./Brooke, G.J./Callaway, P.R., *Qumran. Die Schriftrollen vom Toten Meer*, Stuttgart 2002.
- de Vaux, R., *Art. «Qumran, Khirbet, and Ein Feshka»*, in: *NEAEHL* 4, Jerusalem 1993, 1235–1241.
- de Vaux, R., *Die Ausgrabungen von Qumran und En Feschcha. Die Grabungstagebücher von Roland de Vaux OP*, NTOA.SA 1A, Fribourg Göttingen 1996.
- de Vaux, R., *Exploration de la région de Qumrân. Rapport préliminaire*, RB 60 (1953), 555–557.
- de Vaux, R., *Fouilles au Khirbet Qumrân. Rapport préliminaire sur la deuxième campagne*, RB 61 (1954), 206–236.
- Dehn, U., *Art. «Sekten»*, in: *RGG* 7, Tübingen 2004, 1144–1145.
- Delkurt, H., *Sacharjas Nachtgesichte. Zur Aufnahme und Abwandlung prophetischer Traditionen*, BZAW 302, Berlin 2000.
- Deselaers, P., *Das Buch Tobit*, Geistliche Schriftlesung Bd. 11, Düsseldorf 1990.
- Di Lella, A.A., *God and Wisdom in the Theology of Ben Sira: An Overview*, in: Egger-Wenzel, R. (Hg.), *Ben Sira's God. Proceedings of the International Ben Sira Conference Durham – Ushaw College 2001*, BZAW 321, Berlin New York 2002, 3–17.
- Dimant, D., *4QFlorilegium and the Idea of the Community as Temple*, in: Caquot, A./Hadas-Lebel, M./Riaud, J. (Hgg.), *Hellenica et Judaica. Hommage à Valentin Nikiprowetzky*, Leuven Paris 1986, 165–189.

- Dohmen, C., *Art. «Kanon (Biblischer Kanon). I.1. Biblisch-theol. – Kanon des AT»*, in: *LThK* 5, Freiburg i.Br u. a. ³1996, 1177–1179.
- Donner, H., *Der Redaktor. Überlegungen zum vorkritischen Umgang mit der Heiligen Schrift*, in: Donner, H. (Hg.), *Aufsätze zum Alten Testament aus vier Jahrzehnten*, BZAW 224, Berlin New York 1994, 259–285.
- Donner, H., *Jesaja LVI 1–7: Ein Abrogationsfall innerhalb des Kanons – Implikationen und Konsequenzen*, in: Donner, H. (Hg.), *Aufsätze zum Alten Testament aus vier Jahrzehnten*, BZAW 224, Berlin New York 1994, 165–179.
- Doudna, G.L., *4Q Pesher Nahum a Critical Edition*, Sheffield 2001.
- Duhaime, J., *The War Texts. 1QM and Related Manuscripts*, Companion to the Qumran Scrolls 6, London 2004.
- Ego, B., *Buch Tobit*, in: Kümmel, W.G./Lichtenberger, H. (Hgg.), *Unterweisung in erzählender Form*, JSHRZ 2, Gütersloh 1973–1999, 871–1007.
- Elledge, C.D., *The Bible and the Dead Sea Scrolls*, Archaeology and Biblical Studies 14, Atlanta, GA 2005.
- Elliger, K., *Studien zum Habakuk-Kommentar vom Toten Meer*, Beiträge zur historischen Theologie 15, Tübingen 1953.
- Eshel, E./Eshel, H., *New Fragments from Qumran: 4QGenᶠ, 4QIsaᵈ, 4Q226, 8QGen and XQpapEnoch*, DSD 12 (2005), 134–157.
- Eslinger, L., *Inner-Biblical Exegesis and Inner-Biblical Allusion: The Question of Category*, VT XVII (1992), 47–58.
- Fabry, H.-J., *Archäologie und Text*, in: Küchler, M./Schmidt, K.M. (Hgg.), *Texte – Fakten – Artefakte. Beiträge zur Bedeutung der Archäologie für die neutestamentliche Forschung*, NTOA 59, Fribourg 2006, 69–101.
- Fabry, H.-J., *Die Friedhöfe von Chirbet Qumran*, in: Frey, J./Stegemann, H. (Hgg.), *Qumran kontrovers. Beiträge zu den Textfunden vom Toten Meer*, Ergebnisse – Berichte – Reflexionen aus Tagungen der Katholischen Akademie Schwerte 6, Paderborn 2003, 173–191.
- Fabry, H.-J., *Die Handschriften vom Toten Meer und ihre Bedeutung für den Text der Hebräischen Bibel*, in: Dahmen, U./Stegemann, H./Stemberger, G. (Hgg.), *Qumran – Bibelwissenschaften – Antike Judaistik.*, Ergebnisse – Berichte – Reflexionen aus Tagungen der Katholischen Akademie Schwerte 9, Paderborn 2003, 11–29.
- Fabry, H.-J., *Die Jesaja-Rolle in Qumran*, Bibel und Kirche 61 (2006), 227–230.
- Fabry, H.-J., *Qumran – Jahrestag: 60 Jahre Qumran*, WuB 46 (2007), 60–61.
- Fabry, H.-J., *Qumran und die Essener*, in: Konradt, M. (Hg.), *Ethos und Identität. Einheit und Vielfalt des Judentums in hellenistisch-römischer Zeit*, Paderborn 2002, 123–147.
- Fabry, H.-J., *Schriftverständnis und Schriftauslegung der Qumran-Essener*, in: Merklein, H./Müller, K./Stemberger, G. (Hgg.), *Bibel in jüdischer und christlicher Tradition* BBB 88, Frankfurt a. M. 1993, 87–96.
- Fabry, H.-J./Dahmen, U., *Art. «פשר»*, in: *ThWAT* 6, Stuttgart Berlin Köln 1989, 810–816.
- Fabry, H.-J./Scholtissek, K., *Der Messias*, NEB Themen 5, Würzburg 2002.
- Feltes, H., *Die Gattung des Habakukkommentars von Qumran (1 QpHab). Eine Studie zum frühen jüdischen Midrasch*, FzB 58, Würzburg 1986.
- Finkel, A., *The Pesher of Dreams and Scriptures*, RdQ 4 (1963), 357–370.
- Fitzmyer, J.A., *Review of John M. Allegro, Qumrân Cave 4*, CBQ 31 (1969), 235–238.
- Fitzmyer, J.A., *Rez. Broshi, M. (Ed.), The Damascus Document Reconsidered*, JAOS 113 (1993), 505f.

- Fitzmyer, J.A., *The Use of Explicit Old Testament Quotations in Qumran Literature and in the New Testament*, in: Fitzmyer, J.A. (Hg.), *Essays on the Semitic Background of the New Testament*, London 1971, 3–58.
- Flint, P.W., *«Apocrypha», Other Previously-Known Writings and «Pseudepigrapha» in the Dead Sea Scrolls*, in: Flint, P.W./VanderKam, J.C./Alvarez, A.E. (Hgg.), *The Dead Sea Scrolls after Fifty Years. A Comprehensive Assessment* II, Leiden u. a. 1998, 24–66.
- Flint, P.W., *Art. «David»* in: *Encyclopedia of the Dead Sea Scrolls* 1, Oxford 2000, 187–180.
- Flusser, D., *Qumran und die Zwölf*, in: Bleeker, C.J. (Hg.), *Initiation. Contributions to the Theme of the Study-Conference of the International Association for the History of Religions held at Strasburg, September 17th to 22nd 1964*, SHR, Leiden 1965, 134–146.
- Frenschkowski, M., *Art. «Traum. I–V»*, in: *TRE* 34, Berlin New York 2002, 28–46.
- Frey, J., *Zur historischen Auswertung der antiken Essenerberichte. Ein Beitrag zum Gespräch mit Roland Bergmeier*, in: Frey, J./Stegemann, H. (Hgg.), *Qumran kontrovers. Beiträge zu den Textfunden vom Toten Meer*, Ergebnisse – Berichte – Reflexionen aus Tagungen der Katholischen Akademie Schwerte 6, Paderborn 2003, 23–56.
- Fuß, B., *«Dies ist die Zeit, von der geschrieben ist ...». Die expliziten Zitate aus dem Buch Hosea in den Handschriften von Qumran und im Neuen Testament*, NTA NF, Münster 2000.
- García Martínez, F., *Messianische Erwartungen in der Qumrangemeinde*, JBTh 8 (1993), 171–208.
- García Martínez, F., *The History of the Qumran Community in the Light of Recently available Texts*, in: Cryer, F.H./Thompson, T.L. (Hgg.), *Qumran between the Old and New Testaments*, Sheffield 1998, 194–216.
- García Martínez, F./Tigchelaar, E.J.C., *The Dead Sea Scrolls Study Edition* 2, Leiden u. a. 1997.
- García Martínez, F./Tigchelaar, E.J.C./Woude, A.S.v.d., *Qumran Cave 11 II: 11Q2–18, 11Q20–31*, DJD 23, Oxford 1998.
- Gärtner, B.E., *The Temple and the Community in Qumran and the New Testament. A Comparative Study in the Temple Symbolism of the Qumran Texts and the New Testament*, MSSNTS 1, Cambridge 1965.
- Görg, M., *Joseph, ein Magier oder Seher?*, BN 103 (2000), 5–8.
- Goshen-Gottstein, A., *Ben Sira's Praise of the Fathers: A Canon-conscious Reading*, in: Egger-Wenzel, R. (Hg.), *Ben Sira's god. Proceedings of the International Ben Sira Conference Durham - Ushaw College 2001*, BZAW Bd. 321, Berlin 2002, 235–267.
- Goshen-Gottstein, M.H., *The book of Isaiah*, The Hebrew University Bible, Jerusalem 1995.
- Gunneweg, A.H.J., *Der Brief Jeremias*, in: Kümmel, W.G./Hermann, L. (Hgg.), *Unterweisung in lehrhafter Form*, JSHRZ 3, Gütersloh 1974–2001, 185–192.
- Hartman, L., *Asking for a Meaning. A Study of 1 Enoch 1–5*, Uppsala 1979.
- Hatch, E./Redpath, H.A., *A Concordance to the Septuagint and the other Greek Versions of the Old Testament (including the Apocryphal Books)* 1, Grand Rapids, MI[Repr. v. 1897] 1991.
- Hempel, C., *The Damascus Texts*, Companion to the Qumran Scrolls Series 1, Sheffield 2000.
- Hengel, M., *Judentum und Hellenismus. Studien zu ihrer Begegnung unter besonderer Berücksichtigung Palästinas bis zur Mitte des 2. Jhs v. Chr*, WUNT 10, Tübingen [3]1988.
- Hermisson, H.-J., *Deuterojesaja*, BK 11,2, Neukirchen-Vluyn 1991.
- Hildesheim, R., *Bis dass ein Prophet aufstand wie Feuer. Untersuchungen zum Prophetenverständnis des Ben Sira in Sir 48,1–49,16*, TThSt 58, Trier 1996.

- Hirschfeld, Y., *Qumran in Context. Reassessing the Archaeological Evidence*, Peabody, MA 2004.
- Hirschfeld, Y., *Qumran die ganze Wahrheit. Die Funde der Archäologie – neu bewertet*, Gütersloh 2006
- Horgan, M.P., *Pesharim: Qumran Interpretations of Biblical Books*, Catholic Biblical Quarterly Monograph Series 8, Washington 1979.
- Hossfeld, F.-L./Reuter, E., *Art. «ספר»*, in: *ThWAT* 5, Stuttgart Berlin Köln Mainz 1986, 929–944.
- Humbert, J.-B./Gunneweg, J., *Khirbet Qumrân et ʾAïn Feshkha II. Etudes d'anthropologie, de physique et de chimie*, NTOA.SA 3, Fribourg Göttingen 2004.
- Iwry, S., *Was there a Migration to Damascus? The Problem of* שבי ישראל, in: Abraham, M. (Hg.), *W.F. Albright Volume*, Jerusalem 1969, 80–88.
- Japhet, S., *1 Chronik*, HThK, Freiburg i. Br. Basel Wien 2002.
- Japhet, S., *I and II Chronicles. A commentary*, OTL, London 1993.
- Jassen, A.P., *Mediating the Divine. Prophecy and Revelation in the Dead Sea Scrolls and Second Temple Judaism*, STDJ 68, Leiden Boston 2007.
- Jassen, A.P., *The Presentation of the Ancient Prophets as Lawgivers at Qumran*, JBL 127 (2008), 307–337.
- Jaubert, A., *Le Pays de Damas*, RB 65 (1958), 214–258.
- Jay, P., *Art. «Jesaja»* in: *RAC* 16, Stuttgart 1994, 764–821.
- Jeremias, J., *Das Proprium der alttestamentlichen Prophetie*, in: Jeremias, J. (Hg.), *Hosea und Amos. Studien zu den Anfängen des Dodekapropheton*, FAT.2 13, Tübingen 1996, 20–33.
- Kaiser, O., *Die Furcht und die Liebe Gottes. Ein Versuch, die Ethik Ben Siras mit der des Apostels Paulus zu vergleichen*, in: Egger-Wenzel, R. (Hg.), *Ben Sira's god. Proceedings of the International Ben Sira Conference Durham – Ushaw College 2001*, BZAW Bd. 321, Berlin 2002, 39–77.
- Kessler, R., *Micha*, HThK (AT), Freiburg 1999.
- Kister, M., *A Common Heritage. Biblical Interpretation at Qumran and its Implications*, in: Stone, M.E./Chazon, E.G. (Hgg.), *Biblical Perspectives. Early Use and Interpretation of the Bible in Light of the Dead Sea Scrolls. Proceedings of the First International Symposium of the Orion Center for the Study of the Dead Sea Scrolls and Associated Literature, 12–14 May, 1996*, STDJ 28, Leiden Boston Köln 1998, 101–111.
- Kittel, R./Elliger, K./Schenker, A., *Biblia Hebraica Stuttgartensia*, Stuttgart ⁵1997.
- Klauck, H.J., *Art. «Allegorie/Allegorese. III Bibel»*, in: *RGG* 1, Tübingen ⁴1998, 305–306.
- Klauck, H.J., *Art. «Pescher-Exegese»*, in: *NBL* 3, Düsseldorf Zürich 2001, 118–119.
- Klinzing, G., *Die Umdeutung des Kultus in der Qumrangemeinde und im Neuen Testament*, StUNT 7, Göttingen 1971.
- Knibb, M.A., *The Use of Scripture in 1 Enoch 17–19*, in: García Martínez, F./Luttikhuizen, G.P. (Hgg.), *Jerusalem, Alexandria, Rome*, JSJ.S 82, Leiden Boston 2003, 165–178.
- Koch, D.-A., *Die Schrift als Zeuge des Evangeliums. Untersuchungen zur Verwendung und zum Verständnis der Schrift bei Paulus*, BHTh 69, Tübingen 1986.
- Koch, K., *Dareios der Meder*, in: Rösel, M. (Hg.), *Die Reiche der Welt und der kommende Menschensohn. Studien zum Danielbuch*, Gesammelte Aufsätze zum Danielbuch 2, Neukirchen-Vluyn 1995, 125–139.
- Koch, K., *Die Bedeutung der Apokalyptik für die Interpretation der Schrift*, JudChr 11, Bern Frankfurt a. M. New York Paris 1987.

- Koch, K., *Neutestamentliche Profetenauslegung in vorchristlicher Zeit? Der Habakuk-Päscher aus Qumran*, in: Kratz, R.G./Krüger, T./Schmid, K. (Hgg.), *Schriftauslegung in der Schrift. FS Steck, Odil Hannes*, BZAW 300, Berlin New York 2000, 321–334.
- Köhler, L./Baumgartner, W., *Hebräisches und aramäisches Lexikon zum Alten Testament* 1, Leiden ³2004.
- Köhler, L./Baumgartner, W., *Hebräisches und aramäisches Lexikon zum Alten Testament* 2, Leiden ³2004.
- Kooij, A.v.d., *Die alten Textzeugen des Jesajabuches. Ein Beitrag zur Textgeschichte des Alten Testaments*, OBO 35, Freiburg i. Ue. 1981.
- Kratz, R.G., *Das Judentum im Zeitalter des Zweiten Tempels*, FAT.2 42, Tübingen 2004.
- Kratz, R.G., *Der Brief des Jeremia*, in: Steck, O.H./Kratz, R.G./Kottsieper, I. (Hgg.), *Das Buch Baruch, der Brief des Jeremia, Zusätze zu Ester und Daniel*, ATD Apokryphen 5, Göttingen 1998, 71–108.
- Kratz, R.G., *Die Rezeption von Jeremia 10 und 29 im pseudepigraphen Brief des Jeremia*, JSJ 26 (1995), 2–31.
- Kratz, R.G., *Die Visionen des Daniel*, in: Kratz, R.G./Krüger, T./Schmid, K. (Hgg.), *Schriftauslegung in der Schrift. Festschrift für Odil Hannes Steck zu seinem 65. Geburtstag*, BZAW 300, Berlin 2000, 219–236.
- Kratz, R.G., *Innerbiblische Exegese und Redaktionsgeschichte im Lichte empirischer Evidenz*, in: Kratz, R.G. (Hg.), *Das Judentum im Zeitalter des Zweiten Tempels*, FAT.2 42, Tübingen 2004, 126–156.
- Kratz, R.G., *Kyros im Deuterojesaja-Buch. Redaktionsgeschichtliche Untersuchungen zu Entstehung und Theologie von Jes 40–55*, FAT.2 1, Tübingen 1991.
- Kratz, R.G., *Translatio imperii. Untersuchungen zu den aramäischen Danielerzählungen und ihrem theologiegeschichtlichen Umfeld*, Wissenschaftliche Monographien zum Alten und Neuen Testament Bd. 63, Neukirchen-Vluyn 1991.
- Küchler, M., *«Wir haben seinen Stern gesehen ...»*, Bibel und Kirche 44 (1989), 179–186.
- Kühlewein, J., *Art. «ספר»*, in: THAT 2, München Zürich 1976, 162–173.
- Kvanvig, H.S., *Henoch und der Menschensohn: Das Verhältnis von Hen 14 zu Dan 7*, ST 38 (1984), 101–133.
- Lanckau, J., *Der Herr der Träume. Eine Studie zur Funktion des Traumes in der Josefsgeschichte der Hebräischen Bibel*, AThANT 85, Zürich 2006.
- Lange, A., *Art. «Essener»*, in: DNP 4, Stuttgart 1998, 141–146.
- Lange, A., *Art. «Sektenregel»*, in: RGG 7, Tübingen 2004, 1150–1151.
- Lange, A., *Interpretation als Offenbarung. Zum Verhältnis von Schriftauslegung und Offenbarung in apokalyptischer und nicht apokalyptischer Literatur*, in: García Martínez, F. (Hg.), *Wisdom and Apocalypticism in the Dead Sea Scrolls and in the Biblical Tradition*, BEThL 168, Leuven Paris Dudley, MA 2003, 17–33.
- Lange, A./Lichtenberger, H., *Art. «Qumran»* in: TRE 28, Berlin New York 1997, 45–79.
- Leaney, A.R.C., *The Rule of Qumran and its Meaning*, London 1966.
- Lichtenberger, H., *Art: «Essener/Therapeuten»*, in: RGG 2, Tübingen 1999, 1590–1592.
- Lim, T.H., *Art. «Kittim»* in: *Encyclopedia of the Dead Sea Scrolls* 1, Oxford 2000, 469–471.
- Lim, T.H., *Pesharim*, Companion to the Qumran Scrolls 3, London 2002.
- Lohse, E., *Die Texte aus Qumran. Hebräisch und Deutsch. Mit masoretischer Punktation, Übersetzung, Einführung und Anmerkungen*, Darmstadt 1964.
- Lust, J./Eynikel, E./Hauspie, K., *Greek-English Lexicon of the Septuagint*, Stuttgart (Rev.) 2003.

- Mach, M., *Art. «Angels»*, in: *Encyclopedia of the Dead Sea Scrolls* 1, Oxford New York 2000, 24–27.
- Maier, J., *Art. «Rule of Blessings»*, in: *Encyclopedia of the Dead Sea Scrolls* 2, Oxford 2000, 791–792.
- Maier, J., *Die Qumran-Essener. Die Texte vom Toten Meer I*, UTB 1862, München Basel 1995.
- Maier, J., *Die Qumran-Essener. Die Texte vom Toten Meer II*, UTB 1862, München Basel 1995.
- Maier, J., *Die Qumran-Essener. Die Texte vom Toten Meer III*, UTB 1916, München Basel 1996.
- Maier, J., *Die Qumrangemeinde im Rahmen des frühen Judentums*, in: Talmon, S. (Hg.), *Die Schriftrollen von Qumran. Zur aufregenden Geschichte ihrer Entdeckung und Deutung*, Regensburg 1998, 51–69.
- Maier, J., *Die Tempelrolle vom Toten Meer und das «Neue Jerusalem» 11Q19 und 11Q20, 1Q32, 2Q24, 4Q554–555, 5Q15 und 11Q18 Übersetzung und Erläuterung, mit Grundrissen der Tempelhofanlage und Skizzen zur Stadtplanung*, UTB 829, München 1997.
- Maier, J., *Weitere Stücke zum Nahumkommentar aus der Höhle 4 von Qumran*, Judaica 18 (1962).
- Maier, J., *Zum Stand der Qumranforschung*, in: Fieger, M./Schmid, K./Schwagmeier, P. (Hgg.), *Qumran – Die Schriftrollen vom Toten Meer. Vorträge des St. Galler Qumran-Symposiums vom 2./3. Juli 1999*, NTOA 47, Fribourg Göttingen 2001, 23–95.
- Maier, J., *Zwischen den Testamenten. Geschichte und Religion in der Zeit des Zweiten Tempels*, NEB, Würzburg 1990.
- Marböck, J., *Jesaja in Sirach 48,15–25. Zum Prophetenverständnis in der späten Weisheit*, in: Kratz, R.G./Krüger, T./Schmid, K. (Hgg.), *Schriftauslegung in der Schrift. FS Steck, Odil Hannes*, BZAW 300, Berlin New York 2000, 305–319.
- Mason, E.F., *«You Are a Priest Forever». Second Temple Jewish Messianism and the Priestly Christology of the Epistle to the Hebrews*, STDJ 74, Leiden 2008.
- Mathewson, D., *Isaiah in Revelation*, in: Moyise, S./Menken, M.J.J. (Hgg.), *Isaiah in the New Testament*, The New Testament an the Scripture of Israel, London 2005, 189–210.
- Mertens, A., *Das Buch Daniel im Lichte der Texte vom Toten Meer*, Würzburg 1971.
- Metso, S., *The Damascus Document and the Community Rule*, in: Baumgarten, J.M./Chazon, E.G./Pinnick, A. (Hgg.), *The Damascus Document. A Centennial of Discovery. Proceedings of the Third International Symposium of the Orion Center for the Study of the Dead Sea Scrolls and Associated Literature, 4–8 February, 1998*, STDJ 34, Leiden Boston Köln 1999, 85–93.
- Metso, S., *The Textual Development of the Qumran Community Rule*, STDJ 21, Leiden New York Köln 1997.
- Metzenthin, C., *Abraham in der Damaskusschrift und im Galaterbrief. Vergleichende Überlegung zur Schriftauslegung*, BN.NF 134 (2007), 79–103.
- Metzenthin, C., *Neuer Wirbel um Qumran. Ein Sachbuch mit apologetischen Untertönen*, RP 23/2009, 13.
- Milik, J.T., *10 Years of Discovery in the Wilderness of Judaea*, SBT 26, London 1959.
- Milik, J.T., *Milkî-sedeq et Milkî-reša' dans les anciens écrits juifs et chrétiens*, JJS 23 (1972), 95–144.
- Milik, J.T., *The Book of Enoch. Aramaic Fragments of Qumran Cave 4*, Oxford 1976.
- Moyise, S./Menken, M.J.J., *Isaiah in the New Testament*, The New Testament an the Scripture of Israel, London 2005.

- Näf, B., *Traum und Traumdeutung im Altertum*, Darmstadt 2004.
- Nickelsburg, G.W.E., *1 Henoch 1. A Commentary of the Book of 1 Enoch, Chapters 1–36; 81–108* 1, Minneapolis 2001.
- Nitzan, B., *Pesher Habakkuk a scroll from the wilderness of Judaea (1QpHab)*, Jerusalem 1986.
- O'Day, G.R., *Art. «Intertextuality»*, in: Hayes, J.H. (Hg.), *Dictionary of biblical Interpretation* I, Nashville 1999, 546–548.
- Oppenheim, L.A., *The Interpretation of Dreams in the Ancient Near East. With a Translation of an Assyrian Dream-Book*, TAPhS NS 46 (1956), 179–374.
- Parry, D.W./Qimron, E., *The Great Isaiah Scroll (1QIsa a). A New Edition*, Leiden u. a. 1999.
- Parry, D.W./Tov, E., *Exegetical Texts*, DSSR 2, Leiden 2003.
- Parry, D.W./Tov, E., *Texts Concerned with Religious Law* DSSR 1, Leiden 2004.
- Patrich, J., *Agricultural Development in Antiquity: Improvements in the Cultivation and Production of Balsam*, in: Galor, K./Humbert, J.-B./Zangenberg, J. (Hgg.), *Qumran, the Site of the Dead Sea Scrolls. Archaeological Interpretations and Debates (Proceedings of a Conference held at Brown University, November 17–19, 2002)*, STDJ 57, Leiden 2006, 241–248.
- Pfann, S.J./Alexander, P., *Qumran Cave 4 XXVI. Cryptic Texts and Miscellanea, Part 1*, DJD 36, Oxford 2000.
- Piegay-Gros, N., *Introduction à l'intertextualité*, Collection Lettres supérieures, Paris 1996.
- Pietsch, M., *«Dieser ist der Spross Davids ...». Studien zur Rezeptionsgeschichte der Nathanverheissung im alttestamentlichen, zwischentestamentlichen und neutestamentlichen Schrifttum*, WMANT 100, Neukirchen-Vluyn 2003.
- Puech, E., *Notes sur le manuscript de XIQMelkîsédeq*, RdQ 12 (1985–87), 483–513.
- Qimron, E., *The Text of CDC*, in: Broshi, M. (Hg.), *The Damascus Document Reconsidered*, Jerusalem 1992, 9–49.
- Rabenau, M., *Studien zum Buch Tobit*, BZAW Bd. 220, Berlin u. a. 1994.
- Rabin, C., *Notes on the Habakkuk Scroll and the Zadokite Documents*, VT 5 (1955), 148–162.
- Rabin, C., *The Zadokite Documents*, Oxford 1958.
- Rabinovitz, I., *Pêsher/Pittârôn. Its Biblical Meaning and its Significance in the Qumran Literature*, RdQ 8 (1973), 219–232.
- Redditt, P.L., *Daniel 9: Its Structure and Meaning*, CBQ 62 (2000), 236–249.
- Renger, J., *Art. «Traum, Traumdeutung. I. Alter Orient»*, in: *DNP* 22, Stuttgart Weimar 2002, 768.
- Reventlow, H., *Die Propheten Haggai, Sacharja und Maleachi*, Das Alte Testament Deutsch 25, Göttingen 1993.
- Rigger, H., *Siebzig Siebener. Die «Jahrwochenprophetie» in Dan 9*, TThSt 57, Trier 1997.
- Ringgren, H., *Art. «רע»*, in: *ThWAT* I, Stuttgart Berlin Köln Mainz 1973, 621–629.
- Rohrhirsch, F., *Wissenschaftstheorie und Qumran. Die Geltungsbegründungen von Aussagen in der biblischen Archäologie am Beispiel von Chirbet Qumran und En Feschcha*, NTOA 32, Fribourg 1996.
- Rüger, H.-P., *Art. «Apokryphen I»*, in: *TRE* 3, Berlin New York 1987, 289–316.
- Sandmel, S., *Parallelomania*, JBL 81 (1962), 1–13
- Sauer, G., *Jesus Sirach – Ben Sira*, ATD Apokryphen 1, Göttingen 2000.
- Sauer, G., *Jesus Sirach*, in: Lichtenberger, H. u. a. (Hgg.), *Unterweisungen in lehrhafter Form*, JSHRZ 3, Gütersloh 1981.

- Scharper, J., *Inner-Biblical Exegesis of Divine Oracles in Ezekiel 44 and Isaiah 56*, in: Levinson, B.M./Otto, E. (Hgg.), *Recht und Ethik im Alten Testament. Beiträge des Symposiums «Das Alte Testament und die Kultur der Moderne» anlässlich des 100. Geburtstags Gerhard von Rads (1901–1971), Heidelberg, 18.–21. Oktober 2001*, ATM 13, Münster 2004, 125–144.
- Schenker, A., *Die Verheissung Natans in 2Sam 7 in der Septuaginta*, in: Knibb, M.A. (Hg.), *The Septuagint and Messianism*, BEThL 145, Leuven 2004, 177–192.
- Schiffman, L.H., *The Eschatological Community of the Dead Sea Scrolls. A Atudy of the Rule of the Congregation*, SBL.MS 38, Atlanta, GA 1989.
- Schmid, H.H., *Art. «בּין»*, in: *THAT* I, München Zürich 1984, 305–308.
- Schmid, K., *Ausgelegte Schrift als Schrift*, in: Anselm, R./Schleissing, S./Tanner, K. (Hgg.), *Die Kunst des Auslegens. Zur Hermeneutik des Christentums in der Kultur der Gegenwart*, Frankfurt a. M. u. a. 2000, 115–129.
- Schmid, K., *Buchgestalten des Jeremiabuches. Untersuchungen zur Redaktions- und Rezeptionsgeschichte von Jer 30–33 im Kontext des Buches*, WMANT 72, Neukirchen-Vluyn 1996.
- Schmid, K., *Buchtechnische und sachliche Prolegomena zur Enneateuchfrage*, in: Beck, M./Schorn, U. (Hgg.), *Auf dem Weg zur Endgestalt von Genesis bis II Regum FS Hans-Christoph Schmitt*, BZAW 370, Berlin 2006, 1–14.
- Schmid, K., *Hintere Propheten (Nebiim)*, in: Gertz, J.C. (Hg.), *Grundinformation Altes Testament. Eine Einführung in Literatur, Religion und Geschichte des Alten Testaments*, UTB 2745, Göttingen ³2009, 313–412.
- Schmid, K., *Innerbiblische Schriftauslegung*, in: Kratz, R.G./Krüger, T./Schmid, K. (Hgg.), *Schriftauslegung in der Schrift. FS Steck, Odil Hannes*, BZAW 300, Berlin New York 2000, 1–22.
- Schmid, K., *Jesaja*, in: Krieg, M. (Hg.), *Erklärt. Der Kommentar zur Zürcher Bibel*, Zürich 2010 (in Vorbereitung).
- Schmid, K., *Klassische und nachklassische Deutungen der alttestamentlichen Prophetie*, ZNThG 3 (1996), 225–250.
- Schmid, K., *Literaturgeschichte des Alten Testamentes. Eine Einführung*, Darmstadt 2008.
- Schmitz, T.A., *Moderne Literaturtheorie und antike Texte*, Darmstadt 2002.
- Schniedewind, W.M., *Textual Criticism and Theological Interpretation: The Pro-Temple Tendenz in the Greek Text of Samuel-Kings*, HThR 87 (1994), 107–116.
- Schultz, R.L., *The Search for Quotation. Verbal Parallels in the Prophets*, JSOT.S 180, Sheffield 1999.
- Schüngel-Straumann, H., *Tobit*, HThK AT, Freiburg i. Br. 2000.
- Schwagmeier, P., *Untersuchungen zu Textgeschichte und Entstehung des Ezechielbuches in masoretischer und griechischer Überlieferung*, Zürich 2004.
- Schwarz, O.J.R., *Der erste Teil der Damaskusschrift und das Alte Testament*, Diest 1965.
- Schwesig, P.G., *Prophetie im Alten Testament*, Akzente für Theologie und Dienst 102 (2007), 68–85.
- Seebass, H., *Numeri 10,11–22,1*, BK 4/2, Neukirchen-Vluyn 2003.
- Seebass, H., *Numeri 22,2–24,25*, BK 4/3, Neukirchen-Vluyn 2005.
- Shemesh, A., *Scriptural Interpretation in the Damascus Document and their Parallels in Rabbinic Midrash*, in: Baumgarten, J.M./Chazon, E., G./Pinnick, A. (Hgg.), *The Damascus Document a Centennial of Discovery Proceedings of the Third International Symposium of the Orion Center for the Study of the Dead Sea Scrolls and Associated Literature, 4–8 February, 1998*, STDJ 34, Leiden 2000, 227.
- Shum, S.-L., *Paul's Use of Isaiah in Romans. A Comparative Study of Paul's Letter to the Romans and the Sibylline and Qumran Sectarian Texts*, WUNT 156, Tübingen 2002.

- Silbermann, L.H., *Unriddeling the Riddle. A Study in the Structure and Language of the Habakkuk Pescher*, RdQ 3 (1961), 323–364.
- Skehan, P.W./Di Lella, A.A., *The Wisdom of Ben Sira*, AncB 39, New York, NY 1987.
- Stadelmann, H., *Ben Sira als Schriftgelehrter. Eine Untersuchung zum Berufsbild des vormakkabäischen Sofer unter Berücksichtigung seines Verhältnisses zu Priester-, Propheten- und Weisheitslehrertum*, WUNT 6, Tübingen 1980.
- Staubli, T., *Die Bücher Levitikus, Numeri*, NSK, Stuttgart 1996.
- Steck, O.H., *«... ein kleiner Knabe kann sie leiten»*, in: Hausmann, J./Zobel, H.-J. (Hgg.), *Alttestamentlicher Glaube und biblische Theologie. FS Horst Dietrich Preuss*, Stuttgart, Berlin, Köln 1992, 104–113.
- Steck, O.H., *Bereitete Heimkehr. Jesaja 35 als redaktionelle Brücke zwischen dem Ersten und dem Zweiten Jesaja*, SBS 121, Stuttgart 1985.
- Steck, O.H., *Der Abschluss der Prophetie im Alten Testament. Ein Versuch zur Frage der Vorgeschichte des Kanons*, BThSt 17, Neukirchen-Vluyn 1991.
- Steck, O.H., *Der Neue Himmel und die Neue Erde. Beobachtungen zur Rezeption von Gen 1,3 in Jes 65,16b–25*, in: van Ruiten, J./Vervenne, M. (Hgg.), *Studies in the Book of Isaiah. FS Willem A.M. Beuken* 123, Leuven 1997, 215–230.
- Steck, O.H., *Der sich selbst aktualisierende «Jesaja» in Jes 56,9–59,21*, in: Zwickel, W. (Hg.), *Biblische Welten. FS Martin Metzger*, OBO 123, Freiburg i. Ü. Göttingen 1993, 215–230.
- Steck, O.H., *Die erste Jesajarolle von Qumran (1QIs^a). Schreibweise als Leseanleitung für ein Prophetenbuch*, SBS 173/1, Stuttgart 1998.
- Steck, O.H., *Die erste Jesajarolle von Qumran (1QIs^a). Textheft*, SBS 173/2, Stuttgart 1998.
- Steck, O.H., *Die Prophetenbücher und ihr theologisches Zeugnis. Wege der Nachfrage und Fährten zur Antwort*, Tübingen 1996.
- Steck, O.H., *Exegese des Alten Testaments: Leitfaden der Methodik. ein Arbeitsbuch für Proseminare, Seminare und Vorlesungen*, Neukirchen-Vluyn 1999.
- Steck, O.H., *Gottesknecht und Zion. Gesammelte Aufsätze zu Deuterojesaja*, FAT.2 4, Tübingen 1992.
- Steck, O.H., *Prophetische Prophetenauslegung*, in: Geißer, H.F. u. a. (Hgg.), *Wahrheit der Schrift – Wahrheit der Auslegung*, Zürich 1997, 198–244.
- Steck, O.H., *Studien zu Tritojesaja*, BZAW 203, Berlin u. a. 1991.
- Steck, O.H., *Weltgeschehen und Gottesvolk im Buche Daniel. FS Günther Bornkamm*, in: Lührmann, D./Strecker, G. (Hgg.), *Kirche*, Tübingen 1980, 53–78.
- Stegemann, H., *Die «Mitte der Schrift» aus der Sicht der Gemeinde von Qumran*, JudChr 11, Bern Frankfurt a. M. New York Paris 1987.
- Stegemann, H., *Die Entstehung der Qumrangemeinde*, Bonn 1971.
- Stegemann, H., *Die Essener, Qumran, Johannes der Täufer und Jesus. Ein Sachbuch*, Freiburg i. Br. Basel Wien ³1994.
- Stegemann, H., *Die Schriftrollen von Qumran. Geschichte ihrer Entdeckung, Erforschung und Auslegung*, in: Talmon, S. (Hg.), *Die Schriftrollen von Qumran. Zur aufregenden Geschichte ihrer Erforschung und Deutung*, Regensburg 1998, 11–26.
- Stegemann, H., *The Qumran Essenes*, in: Barrera, J.T./Montaner, L.V. (Hgg.), *The Madrid Qumran Congress*, STDJ 11,1, Leiden New York Köln 1992, 83–166.
- Stemberger, G., *Was there a Mainstream Judaism in the Late Second Temple Period?*, Review of Rabbinic Judaism 4 (2001), 189–208.
- Steudel, A., *Der Midrasch zur Eschatologie aus der Qumrangemeinde (4QMidrEschat$^{a.b}$). Materielle Rekonstruktion, Textbestand, Gattung und traditionsgeschichtliche Einordnung des*

durch 4Q174 («Florilegium») und 4Q177 («Catena A») repräsentierten Werkes, STDJ 13, Leiden New York Köln 1994.

- Steudel, A., *Die Texte aus Qumran II. Hebräisch/Aramäisch und Deutsch*, Darmstadt 2001.
- Steudel, A., *The Houses of Prostration. CD XI,21–XII,1 – Dublicates of the Temple*, RdQ 16 (1993–1995), 49–68.
- Stol, M., *Art. «Kaiwan»*, in: *DDD*, Leiden Boston Köln ²1999, 478.
- Stol, M., *Art. «Sakkuth»*, in: *DDD*, Leiden Boston Köln ²1999, 722–723.
- Stolz, F., *Art. «Allegorie/Allegorese. I Religionswissenschaftlich»* in: *RGG* 1, Tübingen ⁴1998, 303–304.
- Strugnell, J., *Notes en marge du volume V des ‹Discoveries in the Judaean Desert of Jordan›*, RdQ 7 (1969–71), 183–186.
- Sukenik, E.L., *The Dead Sea Scrolls of the Hebrew University*, Jerusalem 1955.
- Suter, D.W., *Mašal in the Similitudes of Enoch*, JBL 100 (1981), 193–212.
- Sweeney, M.A., *Prophetic Exegesis in Isaiah 65–66*, in: Broyles, C.C./Evans, C.A. (Hgg.), *Writing and Reading the Scroll of Isaiah. Studies of an Interpretive Tradition*, VT.S 70.1, Leiden New York Köln 1997, 455–474.
- Tov, E. (Hg.), *The Dead Sea Scrolls Electronic Library. Incorporating The Dead Sea Scrolls Reader*, Dead Sea Scrolls Electronic Reference Library 3, Leiden 2006.
- Tov, E., *Die biblischen Handschriften aus der Wüste Juda – eine neue Synthese.*, in: Dahmen, U. (Hg.), *Die Textfunde vom Toten Meer und der Text der Hebräischen Bibel*, Neukirchen-Vluyn 2000, 1–34.
- Tov, E., *Der Text der Hebräischen Bibel. Handbuch der Textkritik*, Stuttgart Berlin Köln 1997.
- Tov, E., *Die Veröffentlichung der Schriftrollen vom Toten Meer*, in: Fieger, M./Schmid, K./Schwagmeier, P. (Hgg.), *Qumran – Die Schriftrollen vom Toten Meer. Vorträge des St. Galler Qumran-Symposiums vom 2./3. Juli 1999*, NTOA 47, Fribourg Göttingen 2001, 1–21.
- Tov, E., *Rez. Campell, J.G,.The Use of Scripture in the Damascus Document 1–8, 19–20*, JAOS 119 (1999), 156–157.
- Tov, E./Abegg, M.G., *The Texts from the Judaean Desert. Indices and an Introduction to the «Discoveries in the Judaean Desert» Series*, DJD 39, Oxford 2002.
- Tov, E./Hendel, R.S./Bernstein, M.J., *Art. «Scriptures»*, in: *Encyclopedia of the Dead Sea Scrolls* 2, Oxford New York 2000, 832–842.
- Uhlig, S., *Das Äthiopische Henochbuch*, JSHRZ 5, Gütersloh 1984.
- Utzschneider, H./Nitsche, S.A., *Arbeitsbuch literaturwissenschaftliche Bibelauslegung. Eine Methodenlehre zur Exegese des Alten Testaments*, Gütersloh 2001.
- Van der Woude, A.S., *Melchisedek als himmlische Erlösergestalt in den neugefundenen eschatologischen Midraschim aus Qumran Höhle XI*, OT 14 (1965), 354–373.
- VanderKam, J.C., *Einführung in die Qumranforschung*, UTB 1998, Göttingen 1998.
- VanderKam, J.C., *The Book of Jubilees*, Guides to Apocrypha and Pseudepigrapha 9, Sheffield 2001.
- VanderKam, J.C., *The Origins an Purposes of the Book of Jubilees*, in: Albani, M./Frey, J./Lange, A. (Hgg.), *Studies in the Book of Jubilees*, Texte und Studien zum antiken Judentum 65, Tübingen 1997, 3–24.
- Vermes, G., *The Etymology of «Essenes»*, RdQ 2 (1959/1960), 427–443.
- von Rad, G., *Weisheit in Israel*, Neukirchen-Vluyn 1970.

- Wacholder, B.Z., *The New Damascus Document. The Midrash on the Eschatological Torah of the Dead Sea Scrolls: Reconstruction, Translation, and Commentary*, STDJ 56, Leiden Boston 2007.
- Wagner, J.R., *Heralds of the Good News. Isaiah and Paul «In Concert» in the Letter to the Romans*, Leiden 2002.
- Walde, C., *Antike Traumdeutung und moderne Traumforschung*, Düsseldorf Zürich 2001.
- Walde, C., Art. *«Traum, Traumdeutung. II. Klassische Antike»*, in: *DNP* 22, Stuttgart Weimar 2002, 769–773.
- Washburn, D.L., *A Catalog of Biblical Passages in the Dead Sea Scrolls*, Society of Biblical Literature Text-Critical Studies 2, Leiden 2002.
- Weiß, H.F., Art. *«Sadduzäer»*, in: *TRE* 291998, 589–594.
- Werman, C., *Apart from your Sabbaths*, in: Baumgarten, J.M./Chazon, E.G./Pinnick, A. (Hgg.), *The Damascus Document. A Centennial of Discovery. Proceedings of the Third International Symposium of the Orion Center for the Study of the Dead Sea Scrolls and Associated Literature, 4–8 February, 1998*, STDJ 34, Leiden Boston Köln 2000, 201–212.
- Westermann, C., *Das Buch Jesaja. Kapitel 40–66*, ATD 19, Göttingen 1981.
- Wildberger, H., *Jesaja 1–12*, BK 10,1, Neukirchen-Vluyn [2]1972.
- Wildberger, H., *Jesaja 28–39*, BK 10,3, Neukirchen-Vluyn 1982.
- Wilk, F., *Die Bedeutung des Jesajabuches für Paulus*, FRLANT 179, Göttingen 1998.
- Wilk, F., *Paulus als Nutzer, Interpret und Leser des Jesajabuches*, in: Alkier, S./Hays, R.B. (Hgg.), *Die Bibel im Dialog der Schriften. Konzepte intertextueller Bibellektüre*, Neutestamentliche Entwürfe zur Theologie 10, Tübingen Basel 2005, 93–116.
- Wilson, G.H., *The Prayer of Daniel 9: Reflection on Jeremiah 29*, JSOT 48 (1990), 91–99.
- Wolff, C., *Jeremia im Frühjudentum und im Urchristentum*, TU 118, Berlin 1976.
- Wolff, H.W., *Joel und Amos*, BK 14,2, Neukirchen-Vluyn 1969.
- Yadin, Y., *A Midrash on 2Sam. vii and Ps. I–ii (4QFlorilegium)*, IEJ 9 (1959), 95–98.
- Zangenberg, J., *Region oder Religion?*, in: Küchler, M./Schmidt, K.M. (Hgg.), *Texte – Fakten – Artefakte. Beiträge zur Bedeutung der Archäologie für die neutestamentliche Forschung*, NTOA 59, Fribourg 2006, 25–67.
- Zgoll, A., *Königslauf und Götterrat. Struktur und Deutung des babylonischen Neujahrsfestes*, in: Blum, E./Lux, R. (Hgg.), *Festtraditionen im Alten Orient* 28, Gütersloh 2006, 11–80.
- Zgoll, A., *Traum und Welterleben im antiken Mesopotamien. Traumtheorie und Traumpraxis im 3.–1. Jahrtausend v. Chr. als Horizont einer Kulturgeschichte des Träumens*, AOAT 333, Münster 2006.
- Ziegler, J., *Ieremias. Baruch. Threni. Epistula Ieremiae*, S.VTG 15, Göttingen [2]1976.
- Zimmermann, J., *Messianische Texte aus Qumran. Königliche, priesterliche und prophetische Messiasvorstellungen in den Schriftfunden von Qumran*, WUNT 104, Tübingen 1998.
- Zwickel, W., *Biblische Archäologie (I)*, ThR 72 (2007), 150–178.

Bildnachweis

- Abb. 1: Wegnetz im Gebiet des Toten Meeres.
- Abb. 2: Chirbet Qumran – Gesamtansicht der Anlage von Norden.
- Abb. 3: 4QpJes[b] © Israel Antiquities Authority.

Stellenregister

Neues Testament